한국사

13

고려 전기의 정치구조

史 국사편찬위원회

자문위원

민 병 하　　변 태 섭

편찬위원

박 용 운　　최 병 헌　　홍 승 기

집필(고려 전기의 정치구조)

김 용 선　　김 윤 곤　　박 용 운
변 태 섭　　정 경 현　　조 인 성
하 현 강

기획 · 편집

신 재 홍　　변 승 웅　　최 근 영
이 근 택　　박 희 호　　고 혜 령
최 용 규　　권 영 국　　김 영 미
박 남 수　　박 한 남　　장 득 진

복간 간행 : 김 용 곤 · 장 득 진

한국사 간행취지

우리 겨레가 앞으로 어떻게 살아갈 것인가 하는 문제는 우리들은 물론 우리와 더불어 살아가는 세계인들의 관심사일 것이다. 이에 대한 해답은 과거에 어떻게 살아왔는가 하는 우리 역사에 대한 인식을 통해 찾을 수 있을 것이라고 생각된다.

본 위원회에서는 이미 1970년대에 『한국사』 25권을 간행하여 해방 이후 한국사의 연구성과를 집대성함으로써 한국사에 대한 인식을 새롭게 한 바 있다. 그 이후 한국사회는 놀라운 성장과 발전을 이루었고 역사학계도 상당한 연구성과를 축적하였다. 이러한 변화에 발맞추어 한국사학계는 새로운 『한국사』 편찬의 필요를 느끼게 되었다.

이에 본 위원회는 일차적으로 한국사 연구지원비를 마련하여 역사학계로 하여금 1980년대 중반까지 연구성과가 미진하다고 생각되는 분야를 연구할 수 있도록 하였다. 이어서 1989년부터 1990년까지의 준비를 거쳐 1991년에는 '신편 한국사 편찬위원회'를 따로 구성하고 총 60권에 달하는 새로운 『한국사』를 편찬하기로 하였다. 그리고 다음과 같은 『한국사』 편찬의 목표를 세웠다.

① 한국의 역사와 문화에 대한 객관적 인식의 토대를 제공할 수 있는 한국사를 편찬한다.

② 민족의 창조적 문화활동과 민족사의 내재적 발전을 드러내는 한국사를 편찬한다.

③ 최근까지의 연구성과를 체계화하고 새로운 영역을 개척함으로써 한국사 연구의 지평을 넓힌다.

④ 한국사 연구와 관련하여 고고학·인류학·사회학·경제학 등 인접학문의 연구성과를 수용하여 한국사 인식의 폭을 넓히는 데 기여한다.

새로운 『한국사』를 펴내면서 우리 모두가 바라는 바는, 민족의 통일에 대비해야 하고 급격히 변화하는 시대상황 속에서, 한국사 연구자의 깊이 있는 연구를 도와주고 독자들의 역사인식을 드높일 수 있는 길잡이 구실을 할 수 있었으면 하는 것이다.

국사편찬위원회 위원장

목　차

Ⅱ. 지방의 통치조직

Ⅲ. 군사조직

Ⅳ. 관리 등용제도

개 요

I

고려 초기의 정치제도는 泰封의 옛 제도를 답습한 廣評省 체제였다. 즉 고려 건국 후 成宗 이전까지는 광평성을 비롯하여 內奉省·徇軍部·兵部의 네 관부가 정치·군사의 실권을 장악하고, 여기에 국왕의 측근에서 文翰을 담당한 고문기관으로 內議省이 또한 큰 비중을 차지하고 있었다.

그러나 성종 때부터 고려는 중국 관제를 채용하여 새로운 정치기구로 개편하였다. 唐制를 모방하여 3省·6部를 설치하고 아울러 宋制의 中樞院(樞密院)·三司를 가설한 것이다. 여기에 고려는 또한 독자적인 都兵馬使와 式目都監의 회의기관을 첨설하여 세 계통의 정치기구가 함께 존립하였다. 고려의 정무기구라 할 수 있는 3省·6部 및 諸寺·署·局 등 행정기관이 당제를 기본으로 하면서도 송제와 고려의 독특한 제도를 가미함으로써 고려 특유의 정치구조를 완성하였다.

고려의 정부기구가 당제를 모방한 것은 사실이지만 그것을 그대로 채용한 것은 아니었다. 우선 3성은 中書省·門下省·尙書省이 분립된 것이 아니라 中書門下省(처음의 內史門下省)이 하나의 관부로 병합되고 그 장관인 門下侍中이 수상이 됨으로써 일원적인 최고 정무기관을 이루었다. 이에 대하여 상서성은 그 중앙기구인 都省이 무력화되고 다만 尙書 6部가 국무를 분담하게 되었다. 즉 중서문하성에서 결정된 사항을 상서 6부에서 시행하는 상하관계를 이루었다.

송제에 따라 설치된 중추원·삼사도 고려에서 변질된 것은 당연하다. 원래 송에서는 당의 3성·6부제가 허설이 되고 실제로는 중서문하가 政務, 추밀원이 軍務, 삼사가 財務를 총괄하는 거대한 세 기구로 구성되었다. 그런데 고려에서는 3성·6부·諸司가 정상적인 기능을 발휘하고 있었으므로 이들 중추원(추밀원)과 삼사는 제 기능을 나타낼 수 없었다. 가령 고려에서는 군무를

兵部 및 都兵馬使에서, 재무를 戶部에서 담당하였으므로 중추원과 삼사의 군무 및 재무의 역할은 축소되지 않을 수 없었다.

여기에 고려 독자적인 제도인 도병마사(후의 都評議使司)와 식목도감의 설치는 고려의 정치체계와 권력구조에 커다란 변화를 가져오게 하였다. 도병마사와 식목도감은 宰樞가 모여 국가 내외의 중대사를 회의 결정하는 기구로 매우 중요한 위치를 차지하고 있었다. 특히 고려 후기에 도병마사가 도평의사사로 개편되어 百僚 庶務를 총괄하는 都堂의 지위로 격상하면서 고려 정치체제는 도당 중심으로 변화되었다.

이상에서 살핀 바와 같이 고려의 정치제도는 당제를 기본으로 하면서도 다시 송제와 고려의 독특한 기구를 설치하여 세 계통으로 분립되었으며, 이에 따라 그의 정치체제와 권력구조는 특수성을 지니지 않을 수 없었다. 또한 처음의 3성·6부를 중심으로 한 정치체제는 후기에 가서 도평의사사가 도당의 기능을 가짐으로서 재추의 회의기관일 뿐 아니라 직접 국가 행정도 실천하는 최고 기구로 확대되는 변화를 보게 되었던 것이다.

Ⅱ

고려의 지방제도는 州縣制度 위에 성립되었다. 고려 초기에는 신라 이래의 州府郡縣을 그대로 이용하였으나 성종 이전에는 아직 외관(수령)이 파견되지 못하고 다만 今有·租藏 등 使者로 하여금 조세를 거두게 하였을 따름이었다. 그러므로 고려 초기에는 주부군현이 각기 토착적인 호족의 자치에 일임되고 중앙에서 수령은 파견되지 못하는 상태에 놓여 있었다고 하겠다.

중앙에서 처음으로 지방에 외관이 파견된 것은 성종 2년(983)의 12牧의 설치이다. 이 때는 큰 고을인 12목에만 수령이 파견되었지만 점차 다른 주현에도 증치되어 지방에 대한 중앙집권화가 진전되었다. 顯宗 9년(1018)에는 4都護·8牧·56知州郡事·28鎭將·20縣令이 설치되었으니 외관의 수는 도합 116개가 된 셈이다. 이것은 《高麗史》 地理志 구성의 기본체제이기도 하지만 그만큼 집권적인 통치체제가 강화되었음을 보여준다.

고려의 주현제도는 설치된 외관에 따라 세 단계로 구분되었다. 첫째는 가장 아래 단계인 屬縣이었다. 이 속현은 아예 수령이 설치되지 않은 고을로 지리지에는 373개나 계산되었다. 고려시대에는 약 500개의 주현이 있었는데 외관이 없는 곳이 373개(고려중기 기준)나 되었다는 것은 그만큼 중앙통치력의 지방 침투가 불완전하였음을 나타낸다.

이에 대하여 외관이 설치된 主縣은 130개에 불과하였다. 이들 主縣에는 똑같이 수령이 파견되었으나 그들의 官秩과 기능으로 보아 두 단계로 구분되었다. 3京·8牧·3都護의 이른바 界首官 14개와 그밖의 일반 지주부군사·현령 116개가 그것이다. 고려는 중앙정부가 외관이 파견된 주현에 直牒하는 행정체계를 이루고 주현으로 하여금 이웃 속현을 관할케 하였는데, 그 주현의 수가 적지 않았으므로 14개의 계수관으로 하여금 제한된 기능에서나마 중간 기구의 역할을 담당케 하였다. 즉, 계수관은 부근의 領郡을 아울러 鄕貢의 進上이나 外獄囚의 推檢 등을 맡게 하였던 것이다. 그러므로 같은 주부군현이라 하지만 고려의 주현제는 계수관, 영군(일반 주현), 그리고 속현의 누층적 구조였던 것이다.

이러한 중앙정부의 主縣에 대한 직첩관계와 계수관에 의한 제한된 기능의 중간 기구의 지방통치 체제는, 속현에 대한 외관 설치의 증가에 따라 더 이상 계속하기 곤란하였다. 고려의 집권화정책의 진전은 속현에 외관을 증파하거나 비정규수령인 監務를 설치하는 수가 늘게 되었으며, 이것은 보다 짜여진 중간 기구의 출현을 요구케 되었다. 여기서 나타난 것이 兩界의 兵馬使와 남부 5道의 按察使 제도이다. 이들 양계 병마사와 5도 안찰사는 종래의 계수관에 대치하여 관할 주현을 통할하는 지방행정관으로 부상하여 갔다. 이리하여 고려의 지방제도가 점차 속현에 대한 외관이 증가되고 양계 병마사나 5도 안찰사가 착실히 중간 기구로 대두함에 따라 보다 정비 강화되었던 것이다. 이 때 경기 지방은 開城府가 관할하여 양계·5도를 합하면 모두 8개 구역이 된 셈이다.

고려 주현제의 또 하나의 특징은 鄕·部曲·所의 특수 행정조직이 광범하게 존재한 점이다. 이들 향·부곡·소에도 일반 주현과 같이 部曲吏 등 外吏가 있었으나 대개 주현보다 규모가 작았고, 그 주민은 國學의 입학이나 科擧의 응시를 금하는 등 일반 주현의 주민에 비하여 천대되었다. 그러나 이들 향·부곡·소도 후기에 가서는 점차 일반 주현으로 승격하여 소멸하는 과정을 밟았으니, 그것도 고려 지방제도 발전의 일환이 된 것이다.

고려시대의 가장 말단 행정조직은 村이었다. 촌은 주부군현 안에 몇 개씩 분포하였는데 여기에는 그 지방의 유지가 村長·村正이 되어 자치에 임했을 뿐 중앙의 외관이 파견되지는 않았다. 중앙정부는 주현을 통하여 말단의 촌을 지배하고 조세를 징수하는 행정체제를 편성하였던 것이다.

Ⅲ

건국 초기에는 아직도 왕권이 강화되지 못하고 집권적 정치체제가 확립되지 못하였으므로 兵權도 또한 중앙에 집중되지 못하였다. 중앙에 있는 勳臣이 거의 반독립적인 병권을 장악하고 있었을 뿐 아니라 지방의 호족은 각기 주부군현 官司의 兵部에서 군사조직을 관장하고 있었다. 그러나 고려가 중앙집권적 통치체제를 확립함에 따라 군사조직도 이에 맞춰 정비되어 갔다.

고려의 중앙군은 2軍과 6衛의 8개 부대로 편성되었다. 6위는 성종 때 형성되었고 2군은 좀 늦게 현종 때 성립되었다. 2군은 국왕의 친위부대인 鷹揚軍·龍虎軍으로 이를 近仗이라고 부르고 그 장군을 親從將軍이라 불렀으며, 특히 응양군의 최고 지휘관인 上將軍은 전체 무반의 우두머리라는 班主가 되었으니, 2군은 6위보다 우위에 있었고 그 중에서도 응양군이 서열 제일의 지위에 놓여 있었다. 6위는 左右衛·神號衛·興威衛·金吾衛·千牛衛·監門衛의 6개 부대였는데, 그 중 좌우·신호·흥위의 3위가 京軍의 주력부대로 개경의 경비 뿐 아니라 국경 방수의 임무까지 맡고 있었다. 금오위는 수도의 치안을 담당하고 천우위는 국왕의 儀仗, 감문위는 궁성의 여러 문을 수위하는 임무를 담당하였다.

2군·6위에는 모두 45개의 領이 소속되어 있었다. 영은 1,000명의 군인으로 조직되었으므로 고려의 경군은 모두 45,000명이 되는 셈이다. 그러나 평상시에는 결원이 많아 이보다 그 수가 적었고 전쟁시에는 그 수가 증가하여 이보다 훨씬 많았다. 이 영은 兵種에 따라 保勝·精勇·役領·常領·海領으로 구분되었는데 그 가운데 보승·정용이 핵심적인 전투 병종으로 거의 주력부대인 좌우·신호·흥위의 3위에 소속되었다.

2군·6위의 부대장은 정3품의 상장군이고 부부대장은 종3품의 大將軍으로 그 가운데 가장 서열이 높은 응양군의 상장군이 반주가 되어 상·대장군으로 구성된 무반의 합좌기관인 重房의 의장이 되었다. 각 영의 부대장은 정4품의 장군으로 그들도 역시 합좌기관인 將軍房을 구성하였다. 200명으로 구성된 大隊는 郎將이 지휘관이 되었고 그 밑에 50명의 伍에는 伍尉, 25명의 隊에는 隊正이 지휘관이 되었다.

처음 2군·6위의 경군은 특정한 軍班氏族에서 충당된 전문적인 직업군인이었다. 이들은 군역을 세습하는 대신 그에 대한 반대급부로 軍人田을 지급받아 생활기반으로 삼았다. 그러나 이러한 군반씨족제는 곧 붕괴되고 대신 일반 농민으로 군인을 충당케 되었으므로 군인의 질을 떨어뜨리게 되어 후에 특수부대인 別武班과 三別抄를 설치하게 된 요인이 되었다.

서울의 경군에 대하여 지방에는 주현군이 설치되고 있었다. 5도·경기에는 일반 주현군이 조직되어 이들은 그 곳 수령의 지휘하에 그 지방의 방수나 군사훈련에 임하기도 하고 축성 등 공사에 동원되기도 하였으나 평상시에는 자기 토지를 경작하는 농민들로 兵農 일치의 군인이었다. 이에 대하여 국경지대인 양계에는 특별히 防戍軍인 州鎭軍이 설치되고 있어 都領이라는 최고 지휘관이 통솔하는 抄軍·左軍·右軍의 정규군이 주둔하였으니 이들은 예비군적인 주현군과는 다른 상비군이었다.

Ⅳ

앞의 중앙 정치기구와 지방 행정조직, 그리고 군사조직에는 문무의 관리가 임명되고 있다. 고려시대에도 文班과 武班이 兩班制度를 이루고 문반은 일반 정치기구의 관리로 등용되고 무반은 군사기구에서 활동하였다. 그러나 고려에서는 문반에 비해 무반은 차별대우를 받고 그 지위가 낮았는데, 거기에는 고려시대에 文科만 시행되고 武科는 시행되지 않은 데도 하나의 요인이 있었다.

고려시대의 관리등용 방식의 가장 중심이 된 것은 科擧였다. 처음 광종은 훈신세력을 억제하기 위하여 과거를 통해 관리를 선발하였다. 고려의 과거제도는 시험을 보는 과목에 따라 製述業(科)과 明經業(科), 그리고 雜業(科)의 셋으로 나누어졌다. 제술업에서는 詩·賦·頌·時務策 등의 문학을 初場·中場·終場의 세 차례에 걸쳐 시험을 보았으며, 명경업에서는 周易·尙書·毛詩·禮記·春秋 등 유교경전을 역시 3場으로 나누어 고시하였다. 잡업은 法·書·算學 및 醫學·天文·地理 등 기술관 시험으로 그리 중시되지 않았으며, 이밖에 僧科가 있었다. 武科는 睿宗 때 일시 실시되고, 또한 고려 멸망 직전에 잠깐 시행되었을 뿐이었다.

본 시험인 위의 禮部試(東堂監試)는 처음에 중앙관리의 자제인 12徒生과 지방 출신의 鄕貢이 응시하게 되어 있었으나 중기에는 예비시험인 國子監試를 거쳐 응시토록 정비되었다. 국자감시는 國子生과 12도생, 그리고 지방의 界首官試에서 선발된 향공이 응시하고 여기 합격하면 進士의 칭호를 받고 본 시험에 나갈 수 있는 자격이 부여되었다.

고려시대에는 과거 외에 蔭敍를 통하여 관리가 되는 경우가 많았다. 즉, 고려에서는 5품 이상의 관리의 자제에게 門蔭으로 관리가 될 수 있는 특권이 부여되어 귀족사회 성립의 기반이 되었다. 고려시대에는 이 음서제가 일반화되어 귀족의 자손은 이 통로를 거쳐 관리에 등용되고 가문의 덕택으로 고관의 지위까지 오르는 경우가 많았다.

고려시대에는 위의 과거와 음서가 관리 등용의 양대 仕路였다. 그러나 이밖에도 遺逸의 천거와 成衆愛馬의 選補, 그리고 南班·雜路의 승진 등의 길이 있었지만 이것은 매우 드문 경우에 불과하였다.

〈邊太燮〉

Ⅰ. 중앙의 정치조직

1. 중앙의 통치기구

2. 관직과 관계

3. 중앙 정치체제의 권력구조와 그 성격

Ⅰ. 중앙의 정치조직

1. 중앙의 통치기구

1) 고려 초기의 정치제도

(1) 건국 초기의 정치기구

고려의 기본적인 정치제도는 3省·6部를 중심으로 한 것으로 唐制를 모방한 것이다. 그러나 이러한 당제에 따른 3성·6부제가 고려에서 실시된 것은 成宗代였다. 《高麗史》 百官志 서문에는 太祖 2년(919)에 3省·6尙書·9寺·6衛가 설치되었다고 서술되고 있으나 실제로 당제와 같은 3성·6부제가 처음으로 실시된 것은 건국 후 60여 년이 지난 성종 때였다.

그러면 이러한 당제에 따른 3성·6부제가 실시되기 이전 고려 초기의 관제는 어떤 내용이었을까. 고려 초기란 이 중앙 관제상에서 볼 때 성종 이전까지를 말한다. 고려시대에 있어서 성종 때는 유교정치에 입각한 왕권의 안정을 기하였던 시기였다. 이에 반하여 그 이전은 아직도 왕권이 안정되지 못하여 왕조의 기반이 확립되지 못하였던 시기라 할 수 있다. 성종 이전을 고려 초기라 하는 것은 이런 점에서 수긍이 간다. 특히 정치제도로 보면 성종 때는 그 이전과 커다란 획을 긋게 한다. 전술한 대로 중앙 관제상 3성·6부제가 실시되었을 뿐 아니라 또한 지방제도에서도 12牧의 설치로 처음 外官이 파견되었기 때문이다. 역으로 말한다면 고려 초기는 중앙 관제로 보아도 3성·6부제가 아닌 임시적인 정치기구가 설치되고 지방제도로는 아직도 州縣에 외관이 파견되지 못하고 있었다고 하겠다.

결론적으로 말하여 고려 초기의 정치제도는 그 전의 弓裔의 泰封官制를 답습한 것이라 말할 수 있다. 아직 건국 초창기로 고려 자신의 정치제도를 제정 실시하지 못하고 옛 제도를 그대로 이어 사용하였던 것이다. 그러면서도 어떤 부문에서는 태봉의 제도를 현실에 맞게끔 조금씩 변형한 것은 당연한 일이었다.

태조가 건국한 후 채용한 정치기구는 태봉의 관제인 廣評省을 정점으로 한 것이었다. 태조 王建은 태봉에서 侍中의 최고 관직까지 오른 사람이었으므로 궁예를 넘어뜨리고 고려를 건국하자 그 때까지의 구제를 그대로 이어받았을 것은 쉽게 짐작할 수 있다. 태조가 건국한 지 5일만에 단행한 관직임명을 보면 이 때의 정치기구의 구성이 그대로 나타난다. 이 때 임명된 관직과 사람을 표로 만들면 다음과 같다.[1)]

이 〈표 1〉을 보면 이 때의 관서는 廣評省·內奉省·徇軍部·兵部·倉部·義刑臺·都航司·物藏省·內泉部·珍閣省·白書省·內軍 등 12개 기구이다. 즉 5省·4部·1臺·1司·1軍이 된다. 이들 관서의 순서는 단순한 나열이 아니라 서열로 보여진다. 그것은 실제로 광평성이 최고 기관이고 이어 내봉성·순군부·병부가 강력기구의 위치에 있었기 때문이다.

이들 태조 즉위 직후의 관서를 보면 태봉의 제도를 그대로 채용하였음이 눈에 띤다. 《三國史記》 職官志 弓裔官號에 기록된 태봉의 관서를 보면 광평성 등 19개가 된다. 이 태봉의 관서 중 고려 초와 같은 것은 광평성·내봉성·병부·의형대·물장성의 다섯 기관이다. 그러나 중요 관서인 순군부·창부, 그리고 진각성도 태봉 때 있었다는 기록이 있으므로[2)] 고려 초의 12개 관서 가운데 4대 중요 관부인 광평성·내봉성·순군부·병부를 비롯하여 모두 9개가 태봉제였음을 알 수 있다. 또 건국 직후에 설치된 12개 관서에는 없으나 元鳳省도 궁예 이래 그대로 존속되었음이 나타난다.[3)] 그 밖의 도항사·내천부·백서성의 3개 관부도 비록 사료에는 보이지 않으나 역시 궁예 때부터의 관서로 보인다.

이와 같이 태봉 구제를 답습한 고려 건국 직후의 관제는 그대로 성종 초까

---

1) 《高麗史》 권 1, 世家 1 ; 《高麗史節要》 권 1, 태조 원년 6월 신유.
邊太燮, 〈高麗 初期의 政治制度〉(《韓沽劤停年紀念 史學論叢》, 知識産業社, 1981).

2) 건국 직후의 인사에 "前守徇軍部卿 能駿·倉部卿 權寔 並爲內奉卿"이라 하여 이미 태봉 때 순군부와 창부가 있었음이 증명되고, 또 태조 원년 9월에 珍閣省卿 柳陟良이 혁명이 일어났을 때 진각성 창고의 소관물자를 잘 지킨 공으로 廣評侍郞을 특별히 수여하였다는 기록으로 역시 태봉 때 진각성이 있었음이 나타난다.

3) 《高麗史》 권 92, 列傳 5, 崔凝傳에는 최응이 건국 직후에 태봉구제에 따라 知元鳳省事에 임명되었다 한다.

〈표 1〉 太祖 元年의 官職任命

官　署	長　官(人名)	次　官(人名)	郎・史(人名)
廣 評 省	侍　中 (金行濤)	侍　郎 (林積璵)	郎　中 (申　一) 郎　中 (林　寔) 員外郎 (國　鉉)
內 奉 省	令 (黔　剛)	卿 (能　駿) 卿 (權　寔)	內奉監 (康允珩) 內奉理決(倪　言) 評　察 (曲衿會)
徇 軍 部	令 (林明弼)		郎　中 (劉吉權)
兵　部	令 (林　曦)	卿 (金　堙) 卿 (英　俊)	
倉　部	令 (陳　原)	卿 (崔　汶) 卿 (堅　術)	
義 刑 臺	令 (閻　萇)		
都 航 司	令 (歸　評)	卿 (林湘煖)	
物 藏 省	令 (孫　逈)	卿 (姚仁暉) 卿 (香　南)	
內 泉 部	令 (秦　勁)		
珍 閣 省	令 (秦　靖)		
白 書 省		卿 (朴仁遠) 卿 (金言規)	
內　軍		卿 (能　惠) 卿 (曦　弼)	

지 계속되었다. 태조가 처음 관직을 임명한지 7일 후에 새 관제를 개정하였다고 하면서 내린 詔書에서 지금부터는 모두 신라의 구제에 따르고 그 명의가 알기 쉬운 것만 궁예의 신제에 따르라고 하였지만, 이것은 궁예의 광평성 체제의 변화를 뜻하는 것이 아니라 다만 신라의 官階를 사용케 한 사실을 말한 것이었다.[4] 다만, 태조 중엽에 새로운 권력기구가 출현하였으니, 그것은

4) 《高麗史》 권 77, 志 31, 百官 2, 文散階.

內議省이라는 관서이다. 내의성에 관한 최초의 기사는 태조 13년(930) 3월 內議舍人 임명의 사실이며, 그 후 26년(943) 5월 태조가 서거할 때 백관이 내의성문 밖에 列位하여 宰臣인 王規가 遺命을 宣示하였다 하니, 내의성이 태조 중기부터 설치되고 그 지위가 자못 높았음을 짐작할 수 있다. 이로써 고려 초기에는 태봉의 구제인 광평성 중심의 기구에다가 새로이 내의성이 부가된 정치제도로 구성되었음을 알 수 있다.

(2) 건국 초기 정치기구의 기능과 권력관계

건국 직후에 설치된 12개 정치기구 가운데 가장 중추적 기능을 가진 것은 광평성·내봉성·순군부·병부의 네 기구였다. 이것은 이 때의 인사발령에서 서열이 가장 높은 기구일 뿐 아니라 뒤의 사실이지만 景宗 즉위년 金傅誥書에 서명한 사람들도 바로 이들 네 관부의 장·차관이었기 때문이다. 따라서 이들 네 개의 관부는 고려 초기의 宰府로 행세하였다고 보여진다.

권력기구인 4부 가운데 광평성과 내봉성은 정치면을 관장하고 순군부와 병부는 군사면을 담당하여 그 기능이 분화되고 있었다. 그러면 정치적인 두 기관과 군사적인 두 기관은 각각 그 기능상 어떤 차이가 있었을까. 먼저 광평성과 내봉성의 관계부터 검토해 보려 한다.

광평성은 그 서열이 가장 앞서고 또 수상에 해당하는 시중이 있는 것으로 보아 최고 관부임을 알 수 있다. 광평성이 이미 태봉 때부터 최고 정무기관이었던 것은 913년 왕건이 태봉의 波珍粲·兼侍中이 됨으로써 그 위계가 百僚의 으뜸이 되었다는 사실로 증명된다.5) 고려의 광평성은 그 관부명에서 보이는 바와 같이 조정에서 널리 정치를 평의하는 정부기관이며, 시중의 존재로 보아 신라 執事省의 후신으로 뒤의 中書門下省으로 바뀐 최고 관부로 보여진다. 《高麗史》 백관지에서 광평성을 뒤의 상서성에 해당한다고 한데 반하여 《三國史記》 궁예관호에서는 광평성의 관원인 匡治奈, 徐事를 고려의 시중, 시랑이라 하여 중서 문하성의 전신으로 본 것은 타당하다고 하겠다.

내봉성은 그 명칭으로 보아 국왕 측근에서 왕명을 받들어 시행하는 행정

---

5) 《高麗史》 권 1, 世家 1.

기구로 보여진다. 《三國史記》 궁예관호에서는 내봉성을 지금의 都省(尙書省)이라 한데 대하여 《高麗史》 백관지에서는 전술한 바와 같이 광평성을 상서성에 비유하여 그 견해가 다르나 대체로 상서성의 기능과 보다 관련이 있었다고 짐작된다. 고려 초기의 정치체제가 뒤의 3성의 그것과 전혀 이질적이었으므로 그들의 전후관계의 계보를 연결해 보려는 시도 자체가 무의미하다고 보고 있다. 그러나 고려 초에 吏部에 해당하는 기구가 없었으므로 내봉성에서 관리의 인사를 관장하고 그 관원에 특별히 監·理決·評察을 설치하여 행정사무를 評理·監察하였던 것으로 여겨진다. 이렇게 보면 내봉성을 상서도성에 비정한 《三國史記》의 견해가 보다 현실에 가까웠다고 하겠다.

이와 같이 광평성은 정책결정의 최고 정무기관인데 대하여 내봉성은 행정 집행기관이었다. 그런데 광평성은 호족세력에 의한 정책결정 기관이고 내봉성은 왕권을 배경으로 정책을 시행하는 집행기관이라 하여 양자를 대립시켜 이해함으로써 호족연합정권설의 주장을 뒷받침한 견해가 있다.[6] 그러나 광평성을 호족세력의 대변기관으로 보는 이러한 견해는 몇 가지 문제점을 지니며, 역시 광평성은 공식적인 정부기관으로 왕조측에 서 있었다고 보는 것이 옳을 듯하다.

그 이유는 첫째 광평성은 고려건국 후에 새로 설치된 것이 아니라 궁예때부터 존재하였다는 점이다. 전제적인 궁예가 독립적인 호족세력의 발언권을 인정하였다고 생각할 수 없기 때문이다.

둘째는 광평성에 시중이 존재하였다는 사실이다. 시중은 정부의 수상으로 신라의 집사성 때부터 국왕측에 서 있던 관료였다. 이런 점에서 시중이 장관이었던 광평성을 호족세력의 집중기관으로 볼 수 없을 것이다.

셋째는 광평성과 내봉성의 관리 임명에 실제로 호족세력 출신의 開國功臣이 포함되지 않고 실무행정의 능력과 경험이 있는 사람을 채용하였으며, 또한 두 관서의 관리가 서로 교차하여 전직되었다는 사실이다.[7] 이것은 양자가 호족과 국왕 양편의 대립적 관계가 아니었음을 증명하는 것이다.

넷째는 《高麗史》 백관지에 있는 西京留守官의 조직이다. 태조 때 서경의 관

---

6) 李泰鎭, 〈高麗宰府의 成立〉(《歷史學報》 56, 1972).
李基白, 〈貴族的 政治機構의 成立〉(《한국사》 5, 국사편찬위원회, 1975).

7) 태조 원년에 崔凝이 廣評郎中으로 있다가 곧 內奉卿이 되었고, 다시 廣評侍郎으로 승진시키자 이를 사양한 사실은 이를 나타낸다(《高麗史》 권 92, 列傳 5, 崔凝).

부는 중앙관제를 기본으로 구성되었는데 廊官은 시중·시랑·낭중 등이 있어 광평성에 해당되며, 衙官은 具壇·卿 외에 監·粲·理決·評察이 설치되어 내봉성에 비유된다. 한낱 지방관청인 서경 유수관에 광평성에 해당되는 장관이 존재하였다는 것은 호족세력의 대변기관이라는 견해를 무의미하게 만든다. 서경에 호족과 국왕세력의 대립관부가 병설되었다는 것은 있을 수 없기 때문이다. 이렇게 보면 광평성은 호족세력, 내봉성은 국왕측의 대립적 기관이라는 견해는 설득력이 없다고 하겠다.

다음으로 고려 초기의 군사기능을 가졌던 순군부와 병부도 역시 권력기구였음은 그들이 서열 3·4위였으며 뒤에 金傅誥書에 서명한 재부였던 점으로 알 수 있다. 같은 군사기관이지만 순군부가 典兵하는 권한을 가진 병마권의 행사 기관인데 대하여 병부는 단순히 군사행정 기구의 역할만 담당하였을 따름이었다. 徇軍이란 명칭 자체가 군중에 宣令하는 병마통수권의 소유를 의미하며 병부보다 권력이 상위에 있었던 것이다.[8] 이와 같이 순군부가 병마통수권을 장악한 강력기구인데 대하여 병부는 단순한 군사행정 기구에 불과하였다. 그런데 광평성을 호족세력의 대변기관, 내봉성을 국왕권 직속기관으로 병립시킨 견해를 이들 군사적인 두 기구에도 적용하여, 순군부를 호족세력의 군사적인 협의체로, 병부를 왕명에 예속되는 행정기구로 본 견해가 있다.[9]

그러나 이 견해도 다음과 같은 이유로 설득력을 얻지 못한다. 첫째 순군부도 병부와 함께 궁예 때부터 있었던 관제이기 때문에 이를 호족군사력의 협의체라고 주장한 가설은 성립될 수 없으며, 실제로 병마권이란 군대를 동원 지휘하는 發兵權으로 국왕 고유의 권한이니만큼 독립적인 여러 호족세력에게 위임한다는 것은 있을 수 없는 일이다. 건국 직후 아직도 중앙이나 지방에 독자적인 사병을 소유한 호족세력이 존재하던 시기에는 국왕 직속의 병마통수권을 가진 순군부의 설치가 필요하였을 것이다. 중앙관제를 모방하여 제정한 西京官制에 병부만 있고 순군부가 설치되지 않은 것은 병마통수

8) 《高麗史節要》 1, 태조 원년 9월에 의하면 靑州人 玄律을 徇軍郎中으로 삼자 裵玄慶 등 개국공신들이 같은 청주인인 林春吉이 전에 徇軍吏로서 모반한 예를 들어 순군부가 병권을 장악하는 관부라는 까닭으로 이를 반대하자 왕은 玄律을 순군낭중 대신 병부낭중으로 개수한 것은 좋은 예이다.

9) 앞의 주 6) 참조.

권이 국왕에만 있었기 때문이라 여겨진다.

위에서 우리는 정치적 기능을 가진 광평성과 내봉성, 군사적 기능을 가진 순군부와 병부가 고려 초기의 재부의 위치에 있었음을 해명하였다. 그러나 태조대 중기부터는 새로이 內議省이 설치되어 중요한 기능을 행사하기 시작했다. 내의성은 국왕 측근의 고문기관으로 특히 국왕의 詔勅을 작성하여 유교적인 두뇌의 역할을 담당하였다. 태조가 서거할 때 백관이 내의성문 밖에 列位하여 學士 金岳이 작성한 遺命을 재신 왕규가 宣示한 것이나, 뒤의 사실이지만 김부고서를 작성한 王融이 內議令·兼摠翰林이었던 것으로 보아 내의성이 국왕 측근의 문필기관으로서 그 권력이 대단하였음을 짐작케 한다. 이와 같이 文翰官이 임명된 내의성이 유교적인 草制機關으르 국왕 측근에서 정책적인 고문의 역할을 담당한 것은 태조가 유교정치의 실현과 왕권 강화의 수단으로 삼으려는 의도에서 비롯한 것이라 여겨진다.

위의 광평성·내봉성·순군부·병부, 그리고 내의성의 5개 관부는 고려 초기의 재부로서 국가정치의 중추적 지위에 있었다. 그 중에서 광평성·내봉성 내의성의 3성이 정치면을 담당한 중요 역할을 가졌으나 또한 순군부·병부도 단순히 군사면의 기능을 넘어 국정에 참여한 재부라는 점에서는 다름이 없었다. 이들 재부 외에도 초기에는 창부·의형대 등 많은 관서가 설치되어 각각 자체의 기능을 실천하였는데, 이것은 후대의 3성·6부·7시 등 당제를 본 딴 정치체제와는 전혀 다른 것이었다. 따라서 태조 건국 후 3성·6부가 성립된 성종 초까지는 고려의 독자적인 정치체제가 운영되었다고 하겠다.

그러나 여기서 간과해서는 안될 것은 건국 초기에는 개국공신 계열이나 王妃族 등 호족 출신의 중신들이 이들 공식적인 관부 밖에서 관계만 지닌 채 실권을 장악하였다는 사실이다. 건국 직후에 임명된 광평성 시중 金行濤나 내봉성령 黔剛, 순군부령 林明弼, 병부령 林曦 등 정부고관을 보면 건국공신은 한 명도 보이지 않는다. 이것은 건국 당시에 정부공직에는 행정적 능력을 가진 실무자들이 임명되고 실질적인 권력을 소유한 혁명 주체세력들은 관계만 지닌 채 정부 밖에서 활동하고 있었음을 표시하는 것이다. 따라서 건국 직후에는 중요한 정부기구라 하여 권력을 독점한 것이 아니라 건국공신들이 정부 밖에 따로 존재하여 실권을 행사하는 이원적 구조였다고 할 수 있다.

그러나 이러한 이원적 권력구조는 시간이 흐름에 따라 점차 일원화의 과정을 밟게 되었다. 즉 국가정부의 실질적 기능을 가진 정부기구가 대두하면서 개국공신 등 호족과 왕비족들의 중신들이 점차 관직을 차지하게 되었고, 지금까지 중앙정계에서 어느 정도 독립적인 지위를 점하고 있었던 호족세력이 점차 재신으로 轉身하였다. 이와 같은 현상은 특히 태조 19년 후삼국 통일 후에 촉진되었으며, 이러한 추세는 태조 이후에도 그대로 진행되어 정부기구의 권력은 시간이 갈수록 보다 실질화되어 갔던 것이다.

(3) 고려 초기 정치기구의 변화

태조대의 광평성 중심의 정치체제는 성종 초 3성 6부가 성립될 때까지 계속되었다. 태조 중엽에 새로이 내의성이 설치되고 점차 독립적인 개국공신계열이 공식기구 안에 편입되는 변화가 진행되었다. 그러나 건국 후의 정치체제는 그 골격이 그대로 유지되었으니, 그것은 경종 즉위년(975)에 만들어진 김부고서에 잘 나타나 있다. 이 김부고서는 고려 초기의 정치기구의 기능과 권력관계를 명백히 표시하는 동시에 또한 그 동안의 정치기구의 변화를 보여준다는 점에서 중요한 자료가 된다.

김부고서는 경종 즉위년에 김부(신라 敬順王)를 尙父에 책봉하는 告身이다. 《高麗史》에는 김부에게 尙父·都省令의 호를 가하고 功臣號를 내리고 있는데[10] 《三國遺事》에는 이런 冊誥의 主文에 이어 그 시행절차가 실려 있어[11] 당시의 정치기구의 관계를 고찰하는데 큰 도움을 준다. 여기에는 고서의 시행 절차가 3단계로 되어 있는데 이를 검토해 보면 정치기구 사이의 기능관계를 명백히 이해할 수 있다.

김부고서의 제1단계는 大匡·內議令·兼摠翰林 臣 融이 宣奉行한 것이고, 제2단계는 시중·내봉령 등 광평성·내봉성·군부·병부의 장관과 차관이 署 또는 無署한 것이며, 제3단계는 郎中·主事 등 吏屬이 완결한 것이다. 원래 당의 고신은 중서성에서 초안을 기초하고 문하성에서 심사하며 상서성에서 집행하는 세 단계의 과정을 밟았는데, 이런 점에서 김부고서는 당의 고

10) 《高麗史》 권 2, 世家 2, 경종 즉위년 10월.
11) 《三國遺事》, 紀異 2, 金傅大王.

신 형식을 취하였다고 하겠다. 그러나 실제로 그 내용을 분석해 보면 양자 사이에 큰 차이가 있었음이 드러난다.

제1단계로서 고신의 초안을 기초하고 그 내용을 확인하여 상신하는 것은 당에서는 중서성의 장관·차관·판관인 중서령·중서시랑·중서사인이 각각 宣·奉·行하였다. 그러나 김부고서에서는 내의령·겸총한림인 融이 혼자 宣奉行하여 차이가 있다. 융은 당시의 유신으로 유명한 王融이었음은 틀림없는 사실이다.[12] 이것은 당시 당의 중서성에 해당하는 기능을 내의성이 수행하였고, 또 중서령·중서시랑·중서사인의 宣·奉·行도 내의령 1인에 의해 수행되었음을 나타낸다. 이 김부고서에 의하면 고려 초기에 있어서 당의 중서성의 기능을 내의성이 담당하였다고 보아야 하겠다.

제2단계인 고신의 심사절차는 고려의 특수성이 보다 잘 나타나 있다. 당제에서는 중서성에서 회부된 고신을 문하성에서 심의하는데, 여기에는 역시 장관·차관·판관인 문하시중·시랑·급사중이 각각 서명하게 되어 있다. 그러나 이 김부고서에서는 광평성·내봉성·군부·병부의 장관과 차관이 서명에 참여하여 그 형식이 전혀 다르다. 실제로 《三國遺事》에 기록된 김부고서의 서명 내용을 보면 다음 〈표 2〉와 같다.

여기 보이는 서명자는 광평성·내봉성·군부·병부 등 네 관부의 장관·차

〈표 2〉 金傅誥書의 署名內容

官府	長官	次官
廣評省	侍中 署 侍中 署	侍郎 署 侍郎 無署
內奉省	令 署	侍郎 無署 侍郎 署
軍部	令 署 令 無署	卿 無署 卿 署
兵部	令 無署 令 署	卿 無署 卿 署

12) 경종 6년에 제찬한 智谷寺 眞觀禪師碑文에 "大匡·內議令·判摠翰林 王融"이라 하여 왕융임이 증명된다.

관 15명이다. 이들 네 관부는 태조 즉위 직후에 단행된 관직 임명에서 상위 관서를 차지한 바로 그 기구들이다. 군부는 처음의 순군부를 개정한 것이다. 이것은 건국 직후의 정치체제가 이 때까지 그대로 계속되었음을 나타내는 동시에 이들 네 관부의 장관과 차관이 고신을 서명하는 재신의 지위에 있었다는 뜻이 된다. 이와 같이 고신을 심사·서명하는 문하성의 기능을 고려 초기에는 광평성·내봉성·군부·병부의 장·차관이 행사하였다는 것은 가장 특이한 점이 아닐 수 없다.

다음 제3단계인 고신의 집행절차도 당제와 차이가 있었음은 당연한 일이다. 당제의 고신은 문하성의 서명을 받아 국왕의 「制可」가 내리면 이를 집행기관인 상서성에 보내서 인사를 관장하는 이부상서·이부시랑·상서좌승의 서명을 받고 그 밑의 실제 문서를 취급하는 이부의 낭중과 주사·영사·서령사 등 하급 서기가 서명함으로써 고신은 완결된다. 그러나 김부고서에서는 집행 과정에서 그저 낭중·주사·서령사·공목 등의 이름만 나와 당제와 차이가 있다. 이 때 고려에는 아직 상서성과 이부가 존재하지 않았으므로 이들 실무자들이 어느 기구에 속한 관리였는지 알 길이 없지만, 고려 초기에는 내봉성이 실무집행기관으로 인사도 담당하였다고 생각되므로 이들 낭중과 이속은 내봉성 소속이 아닌가 짐작된다.

이상에서 본 바와 같이 김부고서의 절차는 당제의 고신 형식을 취하면서도 그 내용이 판이하였다. 이것은 고려가 고신 절차는 당제를 모방하면서도 아직 정치체제는 당의 3성·6부제를 채용하지 못하고 있었기 때문이었다. 즉, 고신 형식에 의하면 중서성의 기능은 내의성에서 관장하였고, 문하성의 서명권은 광평성·내봉성·군부·병부의 장·차관이 소유하였으며, 상서성의 집행과정은 내봉성의 낭중과 이속이 담당하였다. 고려 초기의 권력기구는 이들 광평성·내봉성·군부(전 순군부)·병부의 네 관부와 내의성에 집중되었다고 할 수 있다.[13]

---

13) 광종 23년(972) 宋에 파견된 사행에 正使 內議侍郎, 副使 內奉卿, 判官 廣評侍郎이었고, 광종 초에 세워진 〈覺淵寺通一大師塔碑 陰記〉(《朝鮮金石總覽》 上, 朝鮮總督府, 1919)에도 "內議令 匡謙, 內奉省令 俊弘, 侍中 仁奉"이라 하여 광종대에는 오히려 내의성-내봉성-광평성의 서열로 표기되어 있어 광평성의 격하를 주장하는 견해도 있지만, 이 경종 즉위년 김부고서로 보아 이들 관부의 서열에는 변화가 없었다고 보여진다(李泰鎭, 앞의 글 참조).

경종 즉위년 김부고서에 보이는 정치기구의 구성과 권력관계는 기본적으로 태조대의 그것과 다름이 없었으나 그 사이에 몇 가지 변화가 일어났음을 알 수 있다. 첫째는 태조 즉위 직후의 인사 때 각각 1명씩이었던 광평성과 군부·병부의 장관이 복수화되어 2명씩이 되었는데 이것은 정부기구의 확대 강화를 모색한 것이었다. 이 때 내봉령만은 여전히 1명이었는데, 내봉성은 내의성과 함께 국왕 측근직이었기 때문에 일반 관부와 달리 모두 장관이 1명씩이었던 것 같다. 둘째는 광종 11년(960)에 순군부를 군부로 개정하였는데, 이는 혁명기에 필요하였던 병권의 집중기관을 축소시켜 왕권의 안정을 도모하려는 의도로 풀이된다.[14] 셋째는 내봉성의 지위 상승이었으니 지금까지 광평성·내의성의 차관만 시랑이라 하고 다른 관부는 경이라 칭하였는데, 여기서는 내봉성 시랑으로 격상되고 군부·병부는 여전히 경으로 호칭되고 있다. 이와 같이 김부고서에서는 태조 이래의 정치제도를 근간으로 하면서도 광종의 강력한 왕권강화 정책을 겪으면서 점진적으로 변화하였던 것이다.

그러나 사실상 고려 초기 정치제도의 커다란 변화는 경종 즉위 이후에 나타났는데, 執政과 內史令職의 출현이 그것이다. 즉, 경종 원년(976)에 荀質·申質을 左右執政으로 삼으면서 모두 內史令을 겸하게 하였다는 기사로 미루어 보아, 이 때 집정과 내사령의 관직이 있었음을 알 수 있다. 순질과 신질이 가진 관직은 집정이 主職이고 내사령은 겸직으로 되어 있다. 아마 집정이란 정식 관직명이 아닌 까닭에 내사령직을 겸하게 한 것 같다.

집정은 순질·신질에 앞서 이미 존재했는데 그것은 집정 王詵이었다. 경종은 처음 광종조에 피참된 사람의 자손에게 복수를 허용하였는데, 이 때 왕선도 복수를 핑계삼아 태조의 아들 天安府院君을 함부로 죽였기 때문에 마침내 경종 원년 11월에 그를 내쫓고 그 자리에 순질과 신질을 좌우집정으로 앉게 한 것이다. 이것을 보면 경종은 광종의 과격한 개혁정치에 대한 반동으로 「執政」이란 비상대권을 가진 사람을 두어 개혁 주체세력을 제거하고자 했던 모양이다. 왕선을 내쫓은 직후에 순질과 신질을 좌우집정·겸내사령으로 삼은 것은 집정제를 존속시키되 좌우 복수로 삼아 그 권한을 서로 견제케 한 것이고,

---

14) 李基白, 〈高麗京軍考〉(《高麗兵制史硏究》, 一潮閣, 1968), 61쪽에서 지금까지 호족들 병권의 협의체였던 순군부가 군부로 개편됨으로써 그 권한이 축소되었다고 논하였다.

또 임시적인 집정에게 새로운 당제의 내사령을 겸하게 함으로써 정식 관직의 뒷받침으로 삼은 것이다.

다음 내사령은 광종 16년(965)에 왕자 伷를 王太子로 삼고 內史·諸軍事·內議令을 가하였다는 데서 처음으로 보인다.[15] 그러나 이 해 왕태자는 만 10세에 불과하였기 때문에 이들 관직은 모두 형식적인 것으로 실직이 아니었다. 또한 광종 16년에 죽은 내의령 徐弼에게 三重大匡·太師·內史令을 증여하였는데,[16] 이 내사령은 추증직이었으므로 실직이 아니다. 그러므로 실직으로서의 내사령의 출현은 역시 경종대였다고 할 수 있다.

이와 같이 집정과 내사령직은 경종 때 정식으로 성립하여 그 후 계속 실시되었다. 경종이 서거하자 성종은 원년(982)에 내의령 崔知夢에게 左執政·守內史令을 가하였는데 이로 미루어 보아 당시에 우집정이 있었으며 전례에 따라 함께 내사령을 겸하였다고 짐작된다. 최지몽은 성종 3년(984)에 나이가 78세에 이르기 때문에 네 번이나 글을 올려 사직을 청하여 마침내 왕명으로 朝參을 제하고 內史房에서 예전과 같이 視事하게 되었는데 3년 후에 죽었다.[17]

최지몽이 성종 6년 죽을 때까지 내사령이었던 것은 內史房에서 시무한 것으로 알 수 있으나 언제까지 집정직을 지니고 있었는지는 분명치 않다. 그러나 성종 2년에 李夢游가 좌집정이었던 점으로 미루어 보아 그보다 서열이 높았던 내사령 최지몽이나 門下侍郎平章事 崔承老는 집정직을 겸하지 않았다고 보여진다. 좌집정은 우집정보다 상위에 있었기 때문이다. 경종 때 비상대권으로 설치된 집정제는 성종 원년 최지몽이 좌집정이 될 때까지 그 지위와 권력이 컸지만 이제 이몽유에 와서는 점차 그 지위가 낮아지고 마침내 3성·6부의 정식 관제가 성립함으로써 소멸되었던 것 같다.

한편 경종 때 성립한 내사령직은 정식 3성의 하나로 계승 정착되었다. 경종 때에 집정이 내사령을 점하였다 하여 이 때 정식 내사성 기구가 존재하였는지는 의문이다. 이 시기에는 엄연히 종래부터의 내의성이 있었기 때문이다. 그러나 성종 원년에 내의령 최지몽이 守內史令이 되고 내사방에서 시무한 것을 보면 내의성은 새로 발족된 3성제의 내사성에 흡수되었다고 보여진

15)《高麗史》권 2, 世家 2, 광종 16년 2월.
16)《高麗史》권 93, 列傳 6, 徐弼.
17)《高麗史》권 92, 列傳 5, 崔知夢.

다. 그러므로 경종 때 출현한 집정과 내사령직은 성종 초에 3성제가 성립함으로써 집정제는 자연히 소멸되고 내사성은 정식기구로 편입되었던 것이다.

(4) 새 정치기구의 성립

태조 때부터 성종 초에 이르는 고려 초기의 정치체제는 태봉의 옛 제도를 그대로 답습한 광평성 중심의 관제였다. 광평성·내봉성·순군부(군부)·병부를 재부로 하고 내의성을 文翰의 고문기관으로 삼은 고려 초기의 독특한 정치체제는 이제 성종 때에 이르러 왕권이 강화되고 왕조의 기반이 확립됨에 따라 그에 적합한 새 정치기구로의 개편이 요구되었다. 이에 새로 성립된 것이 당제에 따른 3성·6부제였다.

고려 왕조는 이미 광종 16년에 王太子를 內史에 임명하고 경종 때 순질 등을 내사령직에 겸임케 했던 것으로 미루어 보아 당제를 채용하려는 움직임이 있었음을 알 수 있다. 그러나 고려가 정식으로 3성·6부제를 실시한 것은 역시 성종 초였다. 《高麗史節要》에 성종 원년 백관의 호를 개정하여 내의성을 內史門下省, 광평성을 御事都省으로 삼았다는 것이 그것이다.[18] 《高麗史》 백관지에서도 역시 성종 원년에 똑같은 개정이 있었음을 기술하고 있다. 그러므로 3성·6부제의 출발은 성종 원년이라 할 수 있다. 성종 원년 6월에 최승로가 行選官御事였던 것은 이 때 이미 御事 6官(뒤에 尙書 6部)이 존재하였으며, 2년(983) 정월에는 문하시랑평장사가 되었으니 내사문하성과 어사도성 및 어사 6관의 3성·6부제의 골격이 갖추어져 있었음을 드러낸다. 《高麗史》 세가와 《高麗史節要》에는 똑같이 성종 2년 5월에 처음으로 3省·6曹·7寺가 정해졌다는 기사가 나와 우리를 혼동케 하지만 이 때는 실제 6曹 대신 6官의 기록이 있었기 때문에 6관의 착오임이 확실하다.[19]

---

18) 《高麗史節要》 권 2, 성종 원년 3월.

19) 여기서 3省·6曹·7寺란 물론 고려의 기본관제인 3성·6부·7시를 가리킨 것이다. 그러나 이 때는 엄연히 御事 6官으로 6曹가 아니었으며, 7寺도 이 때 한번에 설치되지도 않았다. 성종 원년 어사 6관의 속사 9개 가운데 庫曹 등 6개 曹名이 보이지만 이는 6부와는 전혀 무관한 것이다. 이와 같이 성종 원년에 내사문하성·어사도성 및 어사 6관의 제도가 성립하였다 하여 이 때 모든 관원이 임명되었는지는 의문이다. 이 때는 엄연히 최고직으로 崔知夢이 左執政·守內史令에 있었고, 서열 제2의 崔承老는 行選官御事로 있다가 2년 정월

어사성은 성종 14년(995)에 상서성으로 개칭되어 어사도성은 상서도성, 어사 6관은 상서 6부로 바뀜에 따라 명실공히 3성·6부제가 완결되었다. 이 3성·6부제는 당제를 채용한 것으로 고려가 새로운 정치기구를 마련하는데 모범으로 삼은 것이다. 이는 당의 9寺를 본 따서 만든 뒤의 7寺와 함께 고려의 정부기구가 전적으로 당제를 이용하였음을 뜻한다. 그러나 고려는 이들 당제 외에 또한 송제도 일부 받아 들여 권력기구로 삼았는데 그것은 中樞院과 三司였다.

원래 고려의 중추원은 송의 樞密院을 본딴 것인데 성종 10년 병관시랑 韓彦恭의 건의에 따라 처음으로 설치되었다.[20] 이 때 한언공은 '송의 추밀원은 곧 우리나라 直宿員吏의 직'이라 하였는데, 이로 미루어 보아 고려는 국초부터의 직숙원리의 직을 개편하여 송 추밀원과 같은 국왕 측근의 강력기구인 중추원을 설치했음을 알 수 있다. 중추원은 出納·宿衛·軍機의 일을 담당한 기관인데, 경종은 집권체제의 확립과정에서 이 기구를 설립함으로써 왕권의 바탕을 삼고자 하였던 것이다.[21]

三司도 또한 송제를 모방하여 성종 때에 설치한 中外錢穀 出納會計의 기능을 가진 중요 기구이다. 《高麗史》 백관지에는 태조가 태봉의 調位府를 삼사로 고쳤다고 하였는데,[22] 태조 건국 후의 인사발령에는 삼사직이 보이지 않으며 그 후에도 여전히 삼사의 이름은 나타나지 않는다. 그러므로 태조 때 삼사가 설치되었다는 기사는 어떤 착오임이 확실하다.[23] 실제로는 孝肅仁惠王太后(獻貞王后)가 성종 12년(993) 서거하였을 때 三司廳 안으로 殯을 옮겼다는 기사로 보아[24] 역시 성종대에 설치된 것으로 보인다.

이와 같이 고려는 당제를 채용하여 기본적인 3성·6부의 정부기구를 만들면

에 門下侍郎平章事를 거쳐 성종 6년에 최지몽이 죽자 비로소 이듬해 門下守侍中에 올랐기 때문에 3성·6관의 모든 관리가 일시에 충당된 것 같지 않다.

20) 《高麗史》 권 96, 志 30, 百官 1, 密直司.
《高麗史節要》 권 2, 성종 10년 10월.
21) 邊太燮, 〈高麗의 中樞院〉(《震檀學報》 41, 1976).
朴龍雲, 〈高麗의 中樞院 硏究〉(《韓麗史硏究》 12, 1976).
22) 《高麗史》 권 76, 志 30, 百官 1, 三司.
23) 邊太燮, 〈高麗의 三司〉(《歷史敎育》 17, 1975).
24) 〈玄化寺碑〉(《朝鮮金石總覽》 上, 朝鮮總督府, 1919).

서도 또 한편으로 송제를 본따서 중추원과 삼사의 권력기구를 설치하였다. 이러한 이중적인 정치기구의 병설은 이들 정치기구 사이의 기능과 권력관계에 비정상적인 현상을 초래하지만 성종으로서는 집권체제의 확립상 필요한 조치였다.

그러나 고려의 권력기구는 이들 당제를 본 딴 3성·6부와 송제를 모방한 중추원·삼사에 한정된 것이 아니었다. 또한 고려의 독자적인 중요 기구가 설치되어 고려의 정치기구를 3원화시켰는데, 그것은 都兵馬使와 式目都監의 설치였다. 도병마사와 식목도감은 宰樞兩府의 합작기관으로 전자가 대외적인 국방·군사관계를 의논하였음에 대하여 후자는 대내적인 법제·격식문제를 결정한 중요 기구였다. 백관지에는 도병마사가 국초에 있었다고 하지만, 실제로는 성종 8년(989)에 兩界兵馬使를 중앙에서 통령하는 兵馬判事制가 모체가 된 듯하며, 사료에는 현종 2년(1011)에 都兵馬錄事가 보이고 있어 적어도 성종대에서 현종 초 사이에 성립되었다고 보여진다.[25] 또한 식목도감은 명확히 언제 설치되었다는 기록은 보이지 않으나 사료에는 현종 14년(1023)에 식목도감이 詹事府의 公廨田을 의론 결정하였다는 내용이 보인다. 그러나 전술한 바 도병마사가 식목도감과 유사한 합좌기구였으니 만큼 역시 식목도감도 고려의 기본적인 중앙관제가 성립한 후인 성종 후년부터 현종 초 사이에 설치되었다고 생각된다.[26]

위의 중요 권력기구 외에 또한 諸寺(文宗 때는 7寺)와 諸監 및 署·局·庫 등 잡사가 있었으나 이들은 그 설치시기도 각각 다를 뿐 아니라 관서명도 자주 바뀌어 종잡을 수 없다. 그러나 고려의 전성기인 문종 관제는 고려의 정치기구조직의 완성을 표시한다고 보아 좋을 것이다.

2) 중서문하성

(1) 3성의 성립

고려는 당나라제도를 채용하여 3省·6部의 제도를 마련하였다. 그러나 이러한 3성·6부제는 처음부터 실시한 것이 아니라 고려 왕조의 기반이 확립

25) 邊太燮, 〈高麗都堂考〉(《高麗政治制度史研究》, 一潮閣, 1971), 85쪽.
26) 邊太燮, 〈高麗의 式目都監〉(《歷史教育》 15, 1973).

된 成宗 때에 이르러 비로소 성립되었다. 그 때까지는 국초부터 채택한 廣評省體制의 임시적 제도를 실시하고 있었다.

《高麗史》 세가에는 太祖 2년(919) 정월에 송악 남쪽에 도읍을 정하고 궁궐을 지으며 3省·6尙書官·9寺를 설치하였다고 하였다.[27] 여기의 3성·6상서·9시의 제도는 바로 당제를 말하는 것으로 이미 태조 초에 3성·6부제가 실시되었다는 말이 된다. 그러나 이런 사실이 옳지 못한 것은 두말할 나위가 없다. 어떤 사람은 이 때의 3성은 앞에서 살핀 국초의 廣評省·內奉省·內議省을 지칭한다 하여 이 기사에 틀림이 없다는 의견도 있는 모양이지만, 그것은 온당치 못한 해석으로 생각된다. 첫째 내의성은 태조 초에는 없었고 10년대에 이르러서야 설치되었기 때문에 사실과 다르며, 무엇보다도 3성 외에 6상서관·9시는 바로 당제였기 때문에 3성도 역시 中書省·門下省·尙書省으로 보아야 할 것이다. 따라서 태조 2년에 3성·6부·9시의 제도가 마련되었다는 기록은 잘못으로 보아야 할 것이다.[28] 이 때의 관직명에 있어서도 중서성·문하성·상서성이나 6부의 명칭은 보이지 않고 廣評省·內奉省·徇軍部·兵部 등의 고려 초기 관직명만이 기록되고 있어 이를 뒷받침해 준다.

그러면 정식으로 당제에 따른 3성제가 실시된 것은 언제일까. 성종 이전부터 이미 「內史」라는 관직명이 나타난다. 내사란 3성의 하나인 중서성의 전신인 內史省으로 볼 수 있다. 光宗 16년(965)에 왕자 伷를 왕태자로 세우고 內史·諸軍事·內議令·正胤으로 삼은 것과 景宗 원년(976)에 荀質과 申質을 左右執政·兼內史令으로 삼았다는 것이 그 예이다.[29] 그렇다고 이 내사, 내

---

27) 《高麗史》 권 1, 世家 1, 태조 2년 정월.

28) 《高麗史》 태조 2년의 기사 중 「置三省·六尙書官·九寺」가 잘못 삽입되었음은 다음 기록으로 증명된다.

즉, 태조 2년 기사는 "定都于松嶽之陽 創宮闕 置三省·六尙書官·九寺 立市廛辨坊里 分五部 置六衛"인데 비하여, 《高麗史》 권 56, 志 10, 地理 1, 王京 開城府조에는 "太祖二年 定都于松嶽之陽 爲開州 創宮闕 立市廛 辨坊里 分五部"라 하여 바로 3성·6상서관·9시만 빠져 있으며, 《高麗史節要》 권 1, 태조 2년 정월에도 역시 "定都于松嶽之陽 陞其郡 爲開州 立市廛 辨坊里 分五部 置六衛"라 하여 3성·6부의 설치를 기록하지 않고 있다. 아마 태조 세가의 기사는 태조 2년에 도읍을 정하고 궁궐을 세웠다는 데서 후대의 관부인 3성·6부·9시의 건물도 지었다고 잘못 이해한 데서 나온 오류로 보인다.

29) 《高麗史》 권 1, 世家 1, 광종 16년 2월.
《高麗史》 권 1, 世家 1, 경종 원년 11월.

사령의 명칭으로 정식 당제의 3성이 성립되었다고 볼 수는 없을 것 같다. 그것은 성종 때 명확하게 3성이 설치되었다는 기록이 있기 때문이다.

《高麗史節要》에는 성종 원년(982)에 백관의 호를 개정하여 내의성을 內史門下, 광평성을 御事都省으로 바꾸었다 한다.30) 그리고 《高麗史》 백관지도 역시 똑같은 내용을 기록하고 있다.31) 과연 내사문하성의 전신이 내의성이고 어사도성의 전신이 광평성이었느냐에 대하여는 문제가 있지만, 이 때 당제에 따른 3성인 내사문하성·어사도성이 설치된 것만은 사실이다. 어사도성이란 御事 6官이 딸려 있는 곳으로 성종 14년(995)에 정식 尙書都省 및 尙書 6部로 이름이 바뀌었다. 문종 15년(1061) 내사문하성이 中書門下省으로 개정되었지만 역시 3성제는 성종 원년에 성립하였다고 보아야 할 것이다. 《高麗史》 세가와 《高麗史節要》에는 성종 2년 5월에 처음으로 3省·6曹·7寺가 제정되었다고 하였는데, 이것은 3성·6부제의 완성과 모든 관원의 충당을 뜻한 것이 아닌가 추측된다.

(2) 중서문하성의 단일기구화

3성이란 조칙을 작성하는 중서성(처음에는 내사성)과 이를 심의하는 문하성, 그리고 이를 집행 실천하는 상서성을 말한다. 이들 3성은 각각 그의 장관인 中書令·門下侍中·尙書令이 다스리는 3두체제를 이룬다. 이렇게 보면 3성은 각각 그 기능은 달랐지만 똑같이 최고 官階(종1품)를 가진 3장관이 동렬로 존재한 최고 관부라 할 수 있다.

그러나 《高麗史》를 보면 좀 이상한 느낌을 갖게 된다. 중서문하성이라 기록하여 마치 중서성과 문하성이 하나의 단일 기구로 합친 것 같이 쓰여 있기 때문이다. 이렇게 보면 상서성은 따로 독립하고 있었으므로 중서문하성과 함께 2성이 되는 셈이다. 그러면 과연 고려는 중서문하성이 단일 기구로 합쳐 있었던 것이 사실이었을까.

고려의 중서문하성이 단일 기구가 아니라 각각 독립된 중서성과 문하성을 병칭한 것이라는 의견이 있다. 이를 뒷받침하는 증거는 첫째 고려가 당

---

30) 《高麗史節要》 권 2, 성종 원년 3월.

31) 《高麗史》 권 76, 志 30, 百官 1, 門下府·尙書省.

제를 채용하였기 때문에 역시 3성은 각각 독립되었을 것이라는 점이다. 당나라에서 중서성·문하성·상서성이 3원적으로 존재하였는데 이를 모방한 고려의 3성도 똑같았을 것은 당연하다는 설명이다.

둘째로 《高麗史》 選擧志 銓注에는 원래 고려의 인사는 吏部·兵部(상서성에 속함)에서 문무관의 政案을 만들면 중서성에서 그들의 陟黜을 헤아려 아뢰고 문하성은 왕의 제칙을 받들어 실행하였다는 기사가 있다. 이는 중서성과 문하성이 각각 독립하여 그 기능이 달랐으며 상서성과 함께 3성체제를 이루고 있었음을 증명한다.[32]

셋째는 고려에 3성의 관부가 따로따로 있었다는 《高麗圖經》의 기록이다. 즉, 承休門 안에 상서성이 있고 이 상서성의 서쪽과 春宮의 남쪽 앞의 한 문을 열면 중서성·문하성·추밀원의 세 관아가 나란히 서 있다고 하였으니 이는 3성이 각각 독립된 관아를 가지고 있었음을 보여준다.[33] 이것은 중서문하성이 하나의 단일 관청이라는 사실을 깨끗이 부정하는 기사라 하겠다.

넷째는 《高麗史》에 엄연히 중서령·상서령·문하시중의 실제 관직이 나타나고 있다는 사실이다. 《高麗史》 백관지에 중서령(내사령) 1인(종1품), 시중 1인 (종1품), 그리고 상서령 1인(종1품)으로 3성의 장관이 실재하였음이 기록되어 있다.[34] 또한 《高麗史》 食貨志 문종 30년(1076)의 兩班田柴科에는 제1과에 중서령·상서령·문하시중의 세 사람이 열거되어 있으며 같은 문종 30년 文武班祿에도 역시 최고액 400석에 중서령·상서령·문하시중이 들어 있어 3성의 장관이 존재하였다는 증거가 된다. 실제로 고려시대에는 중서령·상서령·문하시중의 관직을 가졌던 예가 상당히 나타나 3장관의 존재는 부정할 수 없으며, 이런 점에서 3성이 독립된 기구라는 점은 확실해진다.[35]

다섯째로 가장 중요한 사실은 《高麗史》 여러 곳에 엄연히 중서성·문하성의 독립된 관부명이 보인다는 점이다. 물론 중서문하성이라는 병칭도 있지만

---

32) 《高麗史》 권 75, 志 29, 選擧 3, 銓注. 여기서는 高宗 12년 政房을 설치하면서 舊制에 그랬다는 것으로 그 당시의 사실은 아닌 것 같이 쓰여 있다. 이 《高麗史》의 내용은 李齊賢의 《櫟翁稗說》에서 취한 것이다.

33) 《高麗圖經》 권 16, 官府, 臺省.

34) 《高麗史》 권 76, 志 30, 百官 1, 判門下·侍中·尙書省.

35) 《高麗史》 권 78, 志 32, 食貨 1, 田制 田柴科.
《高麗史》 권 80, 志 34, 食貨 3, 祿俸 文武班祿.

또한 적지 않게 중서성·문하성의 분리 명칭이 나오고 있다. 그러므로 중서성·문하성은 각각 독립기구이고 중서문하성은 양성의 기능이 연관된 데서 나온 병칭으로 이해할 수 있다.36)

그러나 이러한 여러 가지 증거에도 불구하고 중서성과 문하성은 단일기구로 중서문하성을 이루고 있었음이 확실하다. 고려는 당제를 채용하여 3성·6부제를 수용하였지만 정치현실에 상응하여 고려의 독자적인 성격을 지니게 되었는데 그 하나가 중서문하성의 단일기구화이다. 《高麗史》 백관지에 중서문하성을 단일관부로 표기한 것은 이를 단적으로 보여준다. 《高麗史》 백관지 門下府條에 의하면 성종 원년에 내사문하성을 설치하고 문종 15년(1061)에 중서문하성으로 개정하였다고 한다. 동 백관지는 각각 독립된 관부별로 기술하는 것이 원칙이었으므로 중서문하성도 역시 하나의 기구였음이 확실하다.

《高麗史》와 《高麗史節要》에는 「중서문하성」이란 표기 이외에 따로 「중서성」·「문하성」의 관부명이 상당히 많이 보인다. 가령 「中書門下省奏」와 함께 「中書省奏」·「門下省奏」가 섞여 나온다. 그러나 여기 보이는 중서성이나 문하성은 결코 각각 독립된 단독관청을 뜻하는 것이 아니었다.37) 그것은 다음 사실에서 여실히 증명된다. 내사문하성이 중서문하성으로 개정된 것은 문종 15년이다. 그러므로 성종 원년부터 문종 15년까지는 내사문하성이라 칭하였고, 그 후부터 僉議府로 개편된 충렬왕 원년(1275)까지는 중서문하성이라 불렀다. 그런데 문종 15년 내사문하성 시기에는 「내사문하성주」 또는 「문하성주」로만 나오는데 반하여 그 이후 중서문하성 시기에는 「중서문하성주」 또는 「중서성주」로만 씌여 있다. 다시 말하면 문종 15년까지는 내사문하성과 문하성의 명칭만이 보이고 내사성의 명칭은 나타나지 않으며, 반면 문종 15년 이후에는 중서문하성과 중서성의 명칭만이 보이고 문하성 명칭은 나오지 않는다.38)

---

36) 고려에서도 중국의 예에 따라 중서성을 鳳閣, 문하성을 鸞臺라고도 별칭하였는데 《東文選》 除任元厚門下平章事條를 보면 「鳳閣·鸞臺兼兩省」이라 하고, 《朝鮮金石總覽》 上 文公元墓誌에서는 그의 관직이 줄곧 鸞臺·鳳閣을 떠나지 않았다 하여 중서성과 문하성의 독립성을 비치고 있다.

37) 邊太燮, 〈高麗의 中書門下省에 대하여〉(《歷史敎育》 10, 1967 ; 《高麗政治制度史硏究》, 一潮閣, 1971), 48쪽.

38) 이런 현상에 상반된 異例가 있으나 극히 적은 사례에 불과하므로 이 원칙은 그대로 실시되었다고 보아 좋을 것이다.

이러한 사실은 아무리 생각해 보아도 납득이 가지 않는다. 똑같은 宰臣·郞舍이면서 처음에는 문하성만 上奏하고 내사성은 하지 않으며, 뒤에는 반대로 중서성만 상주하고 문하성은 제외되고 있는 것은 이해할 수 없다. 이는 처음의 문하성과 뒤의 중서성이 협의의 호칭이 아니라 내사문하성 또는 중서문하성의 약칭이 아닌가 생각케 한다. 바꾸어 말하면 문종 15년까지는 정식명칭이 내사문하성이었지만 간략하게 문하성만으로도 사용했으며 그 이후는 중서문하성을 중서성으로 약칭하기도 하였다고 보아야 할 것이다.

이를 분명히 증명하는 사실이 있다. 그것은 문종 12년(1058) 6월과 7월의 두 차례 상주를 《高麗史》 세가에서는 「중서문하성주」라고 기록한데 대하여 《高麗史節要》에서는 그저 「門下省奏」라고만 쓴 사실과 문종 14년 12월의 "內史門下省火"를 이듬해 3월에 그 직숙자에 대한 문책 때 「문하성」이라고만 칭한 것이 그 좋은 예이다. 이것은 내사문하성 시기에는 그저 문하성이라 약칭하였음을 나타낸다.

이와 반대로 문종 15년 이후에는 중서문하성의 약칭으로 중서성이 사용되었다. 이 때의 중서성이 문하성에 대립된 독립관청이 아니라 중서문하성을 가리킨 사실은 여러 곳에서 증명된다. 李齊賢이 고려의 관제가 상국(元)과 비슷하다 하여 중서성과 상서성을 합하여 첨의부로 개정하였다는 것은 이 때의 중서성이 중서문하성을 의미한 것이 된다.[39] 또 고려 말 趙浚의 상서문에 중서성에는 令·侍中·平章·參政·政堂의 다섯 宰臣이 있었다 한 것도 이 때의 중서성이 역시 문하시중을 포함한 중서문하성을 가리킨 것이 틀림없다.[40] 明宗 때 鄭仲夫가 문하시중의 수상이었는데도 문하성 아닌 중서성에서 정사를 보았다는 기사는 무엇보다도 명확한 증거가 될 것이다.[41]

그러면 앞에 예시한 바 중서성과 문하성이 분리된 기록은 왜 나타났을까. 《櫟翁稗說》에는 문무관리의 인사에 상서성(吏部·兵部)과 중서성·문하성이 각각 독립하여 그들의 기능을 행사하였다고 하였다. 이 기록을 인용한 《高麗史》 선거지 전주에서는 高宗 12년(1215) 崔瑀가 사제에 政房을 설치하였는데

39) 李齊賢, 《益齋亂藁》 9, 上.
40) 《高麗史》 권 118, 列傳 311, 趙浚.
41) 《高麗史》 권 128, 列傳 41, 叛逆 2, 鄭仲夫.

구제에는 상서성의 이·병부 및 중서·문하가 각각 인사를 나누어 관장하였다고 서술하였다. 고종 12년에 엄연히 중서문하성이 존재하였는데 여기에서 "구제"라 쓴 것을 보면 당시에는 이미 이 3성의 분립 기능이 행하여지지 않았음을 알 수 있다. 더욱이 《櫟翁稗說》의 저자인 이제현은 중서문하성과 상서성이 합하여 첨의부로 개정된 지 한참 뒤의 사람이므로[42] 고려 본래의 3성을 그저 중국의 제도와 같았던 것으로 생각했던 모양이다.

다음으로는 《高麗圖經》에 상서성·중서성·문하성의 3성 청사가 각각 따로 존재하였다는 기록은 무엇을 뜻하는 것일까. 《高麗圖經》을 쓴 徐兢은 멀리 송나라에서 사신을 수행하여 잠시 고려를 다녀간 사람이다. 그의 기록 가운데에는 고려 사정을 비교적 똑바로 서술한 부분도 없지 않지만 반대로 정확하지 못한 내용이 허다하다. 역시 중국인으로서 고려에서 중국제도를 실시하였을 것이라는 선입관에서 그렇게 서술했을 가능성이 많다고 생각된다.

문제는 《高麗史》·《高麗史節要》 및 문집·금석문에 허다하게 나타나는 중서령·상서령·문하시중의 존재를 어떻게 보느냐 하는 점이다. 이들 세 장관이 실존하였다면 3성은 3두체제로 각각 병립하여 그 기능을 행사하였다고 보아야 하기 때문이다. 그러나 실제로 세 장관을 하나하나 검토하면 이 문제는 저절로 해결된다. 우선 중서령은 죽은 사람에게 추증하거나 산 사람에 致仕職으로 주는 것이 원칙이어서, 실제 중서성의 장관으로 그 직능을 행사한 실직이 아니었다. 중서령은 비록 「人臣之極」으로 서열상으로는 상서령·문하시중보다도 위에 있었으나 실무직이 아니었음이 확실하다.[43]

이와 같은 사실은 상서령에도 해당된다. 실제로 상서령을 제수 받은 것은 宗親이다. 종친들은 형식적인 명예직으로 중서령이나 상서령에 임명되었던 것이다. 따라서 상서령이 존재하였다 하여 실제 상서성의 장관으로 행세하였다고 보면 잘못이다. 중서령이 일반 재신에 대한 추증직이나 치사직으로 제수하였는데 대하여 상서령은 이들 재신에게는 수여하지 않고 종친에게만 주었음이

42) 이제현은 충렬왕 13년에 출생하고 동 34년에 초임되어 주로 충선왕 이후 공민왕 때까지 재직하였으므로 충렬왕 원년에 첨의부로 개정되기 이전의 모습을 잘 알지 못하고 있었던 것 같다.

43) 邊太燮, 앞의 책, 61쪽.

달랐다.[44]

세 장관 가운데 실무직은 문하시중 뿐이다. 고려의 최고 정무기관인 중서문하성에서는 여러 재신이 존재하여 국가의 중요 정무를 관장하였는데 그 중 가장 높은 관직이 바로 문하시중이었던 것이다. 따라서 문하시중은 冢宰 또는 首相이라 칭하여 중서문하성 전체의 수반의 위치에 있었다. 고려에서는 재신으로 하여금 6부의 判事를 겸하게 하는 제도가 있었는데 수상은 이부, 亞相은 병부, 3宰는 호부 등 그들 재신의 서열에 따라 6부를 각각 분담케 하였다. 여기서도 문하시중이 중서문하성의 수반이었음을 알게 한다.[45]

이상에서 본 바와 같이 고려는 중서성과 문하성이 분립되지 않고 중서문하성이라는 하나의 단일기구를 이루고 있었다. 고려에서 중서문하성을 그저 宰府라 칭한 것도 이를 나타낸다. 즉, 고려는 중서성과 문하성이 병칭되는 것보다 오히려 중서문하성으로서 중추원과 함께 「宰樞兩府」라 불리웠으며 尙書都省의 外省·南省의 호칭에 대하여 중서문하성은 內省·禁省으로 호칭되었으니, 이것은 중서문하성이 어디까지나 하나의 재부, 내성으로서 단일기관의 성격을 가지고 있었음을 나타내는 것이다.

(3) 중서문하성의 구성

고려의 최고 정무기관인 중서문하성의 구성을 살펴보기 위하여는 먼저 《高麗史》 백관지에 기록된 관원 구성을 검토할 필요가 있다. 이제 백관지에 나타난 중서문하성의 인원 구성을 보면 〈표 3〉과 같다.

〈표 3〉에서 중서문하성은 25인의 품관과 271인의 이속으로 구성되어 있음을 알 수 있다. 그리고 이들은 그 성격상 좌우·상하로 구분되고 있음이 눈에 띈다. 즉, 좌우로는 당나라 제도를 기준으로 삼아 좌측은 문하성 소속이고 우측은 중서성 소속으로 양분되어 있으며, 상하로는 2품 이상의 宰臣과 3품 이하의 郎舍로 구분되고 있다.

먼저 좌우의 구별을 검토하면 당제에 따라 문하성은 좌, 중서성은 우에 속하게 되어 있다. 《高麗史》 백관지에는 중서문하성의 단일 관부에 좌우 모든

---

44) 邊太燮, 위의 책, 69쪽.
45) 邊太燮, 위의 책, 61쪽.

〈표 3〉 中書門下省의 人員構成(文宗官制)

從 1 品	門下侍中(1)	中書令(1)
正 2 品	門下侍郎平章事(1) 門下平章事(1)	中書侍郎平章事(1) 中書平章事(1)
從 2 品	參知政事(1) 政堂文學(1) 知門下省事(1)	
正 3 品	左常侍(1)	右常侍(1)
從 3 品	直門下(1)	
正 4 品	左諫議大夫(1)	右諫議大夫(1)
從 4 品	給事中(1)	中書舍人(1)
從 5 品	起居注(1) 起居郎(1)	起居舍人(1)
正 6 品	左補闕(1)	右補闕(1)
從 6 品	左拾遺(1)	右拾遺(1)
從 7 品	門下錄事(1)	中書注書(1)
掾 屬	主 事(6) 令 史(6) 書令史(6) 注 寶(3) 待 詔(2) 書 藝(2) 試書藝(2) 記 官(20) 書 手(26) 直 省(8) 電 吏(180) 門 僕(10)	

* 唐制를 기준으로 하여 좌는 門下省, 우는 中書省, 가운데 쓴 것은 兩省에 직접 관계되지 않는 것이다.

관원을 나열하고 중서성·문하성의 소속을 구별하지 않고 있지만 관직명으로 양자로 나눌 수 있다. 우선 郞舍 중에는 명확히 좌우로 표기된 직명이 있는데, 좌로는 左常侍·左諫議大夫·左補闕·左拾遺 등이 있는 반면, 우로는 右常侍·右諫議大夫·右補闕·右拾遺 등이 병립하고 있다. 또한 문하성 관직명으로는 門下侍中·門下侍郎平章事·門下平章事·知門下省事·直門下·門下錄事와 給事中·起居郎이, 중서성 관직명으로는 中書令·中書侍郎平章事·中書平章事·中書注書와 中書舍人·起居舍人이 있어 역시 양자가 구분된다. 중서문하성에는 당제상 좌우 어디에 속하는지 분명치 않은 參知政事·政堂文學·起居注 등도 있으나 대개는 문하성 계열과 중서성 계열로 병립되었다고 보여진다.

이와 같이 중서문하성이라고 하면서도 그 관원 구성은 중서성과 문하성의 직관이 함께 포함되고 있으므로 중서성·문하성이 독립기관이 아닌가 생각하기도 하지만, 실제로는 양성이 단일화된 하나의 기구였음은 이미 말한 바 있다. 다시 말하면 양자의 관원은 비록 그 관직명이 구별되었지만 별개의 관부에서 각각 다른 직능을 행사한 것이 아니라 같은 중서문하성의 관원으로 동료적인 임무를 수행하였던 것이다. 오히려 중서문하성에 직능상의 차이가 있다면 중서성·문하성의 구별이 아니라 상하의 재신과 낭사의 구분이었던 것이다.

고려의 중서문하성은 2품 이상의 재신과 3품 이하의 낭사로 구분된다. 이들은 같은 중서문하성의 관원이라 하지만 양자는 명확히 구분되어 어떤 면으로 보면 한 관부의 관원이라 볼 수 없을 정도였다. 이들은 한 관청의 상관과 하급관리라는 연계성이 없는 직능상의 구별이 있었다.

고려의 宰臣은 宰相 또는 省宰라고도 불리웠는데, 백관지에 나타난 〈표 3〉을 보면 문하시중·중서령·문하시랑평장사·문하평장사·중서시랑평장사·중서평장사·참지정사·정당문학·지문하성사 각 1인으로 도합 9인이다. 고려에는 5宰·7樞라 하여 재신이 다섯이었다 한다. 이 5宰란 재신이 5명이었다는 뜻이 아니라 관직이 다섯 개였다는 의미이다. 그것은 실제로 《高麗史》 세가나 《高麗史節要》에 나타난 인사발령에 동시에 7, 8명이나 되는 재신이 존재하였기 때문이다.[46]

5宰는 門下侍中·平章事·參知政事·政堂文學·知門下省事의 다섯 관직이었다. 고려말 趙浚의 상서문에는 고려의 中書(중서문하성의 뜻)는 令(중서령)·侍中·平章(평장사)·參政(참지정사)·政堂(정당문학)의 다섯이 法天의 5星이었다 하여 이들을 5재로 보았다.[47] 그러나 이제현의 《櫟翁稗說》에는 都兵馬使의 판사로 시중·평장사·참지정사·정당문학·지문하성사를 들음으로써 이들이 5재임을 표시하였다.[48] 조준이 중서령을 넣은 데 대하여 이제현은 중서령 대신 지문하성사를 포함시킨 것이다. 앞에서 본 바와 같이 사실상 중서령은 실직이 아니었고 지문하성사는 종2품의 재신직이었으므로 문하시중을 수상으로 한 이

---

46) 《高麗史節要》 권 13, 명종 20년 12월.
《高麗史》 권 20, 世家 20, 명종 20년 12월.
47) 《高麗史》 권 118, 列傳 31, 趙浚.
48) 李齊賢, 《櫟翁稗說》 前集 1.

제현의 5재가 맞는다고 보아야 하겠다.

문하시중은 중서 문하성의 최고직인 수상(冢宰)으로 실직으로는 가장 높은 종1품직이다. 중서령은 같은 종1품직이지만 실직이 아니었으므로 당연히 문하시중이 최고 관직이 되었다. 그러나 고려시대에는 때에 따라 문하시중이 결원일 때가 있었다. 이 때는 가장 서열이 높은 평장사가 수상이 되었다. 또한 수상이 이부의 판서를 겸하고 아상(2재)이 병부, 3재가 호부 등의 판사를 차례대로 겸하는 제도가 있었다. 따라서 특별한 비상시국이 아닌 이상 문하시중이 수상으로 判吏部事가 되었으며, 문하시중이 결원일 때는 평장사 가운데 가장 서열이 높은 재신이 판이부사로 수상이 되었다.

평장사는 문하시중의 다음가는 정2품의 재신이다. 백관지에는 성종 때 내사시랑평장사와 문하시랑평장사 각 1인을 두었는데 문종 때에 가서 다시 중서평장사와 문하평장사 각 1인을 더 두었다고 한다. 그러나 실제로 고려의 평장사는 이와 같지 않았다. 즉, 고려시대에는 중서성과 문하성의 차관인 중서시랑과 문하시랑은 자동적으로 재상을 뜻하는 평장사의 관직명을 지니게 되어 있었으므로 중서시랑은 곧 중서시랑평장사이고 문하시랑은 문하시랑평장사를 의미하였던 것이다. 문종 때 중서평장사와 문하평장사를 두었다고 하였지만 정식으로 이런 관직명은 고려 말 복구된 관제에서나 보일 뿐 실제로는 중서시랑평장사와 문하시랑평장사를 뜻하였던 것이다. 오히려 고려에서는 평장사가 양성을 겸하는 同中書門下平章事를 가하는 경우가 보통이었는데 즉, 門下侍郎 同中書門下平章事와 中書侍郎同中書門下平章事가 그것이었다. 따라서 고려의 평장사는 중서성·문하성 각 1인이 아니고 각각 복수인 경우가 많았으며, 동중서문하평장사를 가하는 데서도 중서성과 문하성의 연관성을 엿볼 수 있다.

평장사 밑에는 종2품의 재신으로서 참지정사·정당문학·지문하성사가 있었다. 참지정사는 당제에서는 他官에 있는 자에게 이를 가하여 재상직의 반열에 들게 하였는데, 고려에서는 엄연히 하나의 독립된 재상직의 명칭이었다. 이에 대하여 정당문학과 지문하성사는 고려 자체의 필요에서 생긴 독특한 재상직이었다. 정당문학은 문하에 능한 재신이 임명되는 것이 통례였고 지문하성사는 재부의 최하위직이었다.

위에서 본 바와 같이 중서문하성의 재신은 문하시중을 수반으로 하여 평장사로서 문하시랑평장사·중서시랑평장사 및 동중서문하평장사가 있고, 그 밑에 참지정사·정당문학·지문하성사의 순으로 일원적인 구성을 이루었다. 즉, 이들은 중서성과 문하성의 구별없이 하나의 중서문하성의 재신으로서 함께 국가 중요 정무를 회의 결정하는 최고의 지위에 있었던 것이다.

2품 이상의 재신에 대하여 3품 이하는 낭사라 하였는데 양자는 한 관청의 관원인 것이 이상할 만큼 전혀 그 직능이 달랐다. 따라서 같은 중서문하성의 관리이지만 대개 「宰臣·郎舍」 또는 「省宰·省郞」·「宰相·諫官」 등 양자를 구분하여 호칭하였다. 여기 낭사·성랑·간관이라 칭한 것이 바로 중서문하성의 3품 이하의 관원을 말하는 것이다.

3품 이하의 관원이라 하지만 실제로 낭사는 6품 이상의 參上官만을 가리킨다. 즉, 3품 이하에서도 정3품 좌우상시부터 종6품 좌우습유 14명만을 낭사라 하고 참외관인 종7품의 문하녹사와 중서주서는 일반 사무직으로 제외되었다. 따라서 중서문하성의 낭사란 3품 이하 6품 이상의 참상관을 가리킨다.

같은 낭사라 하지만 중국제도에 따르면 세 부류로 나눌 수 있다. 그 중심이 된 것이 常侍 이하 간의대부·보궐·습유 등의 간관이고 또 하나는 기거주·기거랑·기거사인 등의 史官職이며 또한 급사중·중서사인의 判官職이 포함된다. 그러나 고려시대의 낭사는 실제에 있어서 이러한 직능의 구별을 넘어 같은 성랑으로 그들의 임무인 諫諍·封駁을 담당하였음이 특징이었다. 고려시대에 국왕에게 간언을 할 때 순수한 간관 뿐 아니라 기거주 등 사관직이나 급사중·중서사인 등 판관 등도 함께 참여한 사실은 이를 증명한다.

이상에서 본 바와 같이 중서문하성의 관원 구성은 문하성·중서성의 좌우 구분과 재신·낭사의 상하 구분이 있었다. 그러나 실제에 있어서는 관직상 문하성과 중서성의 두 계열이 병치되고 있었으나 양자는 각각 따로 직능을 본 것이 아니라 중서문하성의 같은 동료로서 함께 임무를 수행하였다. 그러나 상하의 구분인 2품 이상의 재신과 3품 이하의 낭사는 같은 중서문하성의 관원이라 보기 어려울 만큼 따로 직능이 분리되고 그 성격도 달랐음이 특징이었다. 이러한 중서문하성의 구성은 그의 기능에서도 여실히 나타난다.

(4) 중서문하성의 기능

중서문하성의 기능에 대하여는 《高麗史》 백관지에 "門下府(중서문하성)는 百揆·庶務를 관장하고 그 낭사는 諫諍·封駁을 관장한다"고 하였다.[49] 중서문하성은 곧 2품 이상의 재부를, 낭사란 3품 이하의 낭사를 가리킨다. 이것은 중서문하성이 재부와 낭사로 구분되고 그 직능도 달랐음을 뜻한다.

재부의 기능을 백규 서무를 관장하였다고 표현한 것은 좀 추상적이다. 그러나 이것은 재부가 재상들이 모여 국가의 중요사를 회의 결정하였다는 의미로 보아 좋을 것이다. 원래 재상이란 論道經邦, 국가의 중요 軍國事를 의론하는 대신이었으므로 재부도 고려의 최고 정무기관이라 할 수 있다.

재부는 최고 정무기관으로 국내외의 중요사를 의론 결정하였다. 여기에는 국방문제 등 군국대사도 포함되었음은 물론이다. 제도적으로도 재부는 중추원과 함께 都兵馬使 및 式目都監의 회의원으로 국방문제와 법제문제 등을 합좌 회의하였는데, 그렇지 않아도 재신은 대신으로 국가 중대사의 결정권이 있었던 것이다. 고려에서는 재추 양부가 넓은 의미의 재상이 되었지만 그 중에서도 재신은 眞宰라 하여 그 지위가 보다 높았다.

이와 같이 재신은 중요한 국정 일반을 관장하였으며, 또한 구체적으로 특정 국무를 한가지씩 나누어 관장케 하였으니 그것은 尙書 6部의 判事 겸직이다. 고려시대에는 재신의 班次에 따라 각각 6부의 판사를 겸하는 제도가 있었다. 재신의 반차란 제1위가 冢宰 또는 首相으로 문하시중이 보통 이에 해당되었다. 제2위는 2宰 또는 亞相이라 하였으며, 다음에 3宰·4宰·5宰 등으로 불렀다. 이들이 겸하는 6부도 그 순차에 따라 결정되었는데 고려의 6부는 吏部·兵部·戶部·刑部·禮部·工部의 순이었으므로, 수상은 이부의 판사를 겸하고 아상은 병부, 3재는 호부 등을 자동적으로 겸대케 하였다.[50] 재신의 6부 판사 겸대는 형식적인 것이 아니라 실제 실무에 관여하였다. 관리의 인사

---

49) 《高麗史》 권 76, 志 30, 百官 1, 門下府.

50) 문하시중이 수상으로 判吏部事를 겸한 것은 당연하지만 때에 따라서는 그렇지 않았던 사례도 있었다. 睿宗 5년 12월에 문하시중·판이부사였던 尹瓘이 여진정벌 패전의 죄로 아상 崔弘嗣에게 이부를 넘겨 주고 병부를 맡게 된 것은 그 예이다. 그러나 이것은 비상시의 이례에 불과하며 원칙적으로는 문하시중인 수상이 판이부사를 겸하게 되어 있었다.

를 결정할 때 이부·병부판사가 각각 이부·병부에 앉아 그들 관원과 함께 전주를 의론 결정하였다는 사실은 이를 보여준다.[51] 이러한 재신의 6부판사제는 상서성의 권한을 중서문하성에 흡수시키는 결과를 초래하였다.

위와 같은 재신의 기능에 대하여 3품 이하의 관원인 낭사의 직능은 전혀 다르다. 백관지에는 낭사의 임무를 간쟁·봉박이라 표현하였다. 국왕의 잘못에 대한 간언과 부당한 결정사항에 대한 반박을 직능으로 하였다는 뜻이다. 낭사를 간관이라고도 표현한 것은 이런 까닭이다. 이들은 국왕 뿐 아니라 상관인 재상의 잘못에 대하여도 言官의 직사를 하였다.

이와 같이 낭사는 언사를 담당하고 있었으므로 그에 부수된 사항이라 할 수 있는 署經의 권한도 가졌다. 고려시대에는 관직을 제수할 때 중서문하성의 낭사와 御史臺의 臺官에게 그 관리의 告身을 심사 동의하는 제도가 있었는데 이것이 서경이다. 아무리 국왕의 명이라 하더라도 대간의 서경이 받아 들여지지 않으면 그 관직은 제수되지 못하였다. 이 밖에 어떤 법을 세울 때도 대간의 서경이 반드시 필요하였으므로[52] 낭사의 권한이 지극히 컸음을 알 수 있다.

이들 언사와 서경의 권한이 간관 뿐 아니라 사관·판관직 등 6품 이상의 모든 성랑에 해당되었음은 앞에서 언급한 바 있다. 그런데 때에 따라서는 이들 낭사와 더불어 재신도 언사와 서경을 함께 한 사실이 보인다. 가령 인종 18년에는 재신이 성랑과 함께 時弊를 상서한 바 있으며,[53] 의종 11년에는 환관인 鄭諴의 고신에 재신과 간관의 서경이 요구되었던 사실도 있었다.[54] 그러나 이 때의 재신의 언사나 서경은 국사를 관장한 재상으로서의 권한으로 행한 것으로 법제적인 것은 역시 낭사의 기능에 속했다고 생각된다. 그것은 언사와 서경을 대간이 함께 행하였는데, 어사대는 재신과 다른 성랑과 같은 지위였기 때문이다.

위에서 본 바와 같이 재신과 낭사는 같은 중서문하성의 관원이면서도 전혀 그 기능이 달랐다. 그렇다고 양자가 완전히 유리되었다고는 볼 수 없다.

---

51) 《高麗史》 권 75, 志 29, 選擧 3, 銓注.
52) 《太宗實錄》 권 5, 태종 3년 4월 기사에 前朝(고려)는 하나의 法을 세우거나 하나의 관직을 설정할 때 반드시 대간의 합의가 필요하였다고 하였다.
53) 《高麗史節要》 권 10, 인종 18년 윤 6월.
54) 《高麗史節要》 권 11, 의종 11년 11월.

《高麗史》에는 「재신·낭사」 또는 「재상·간관」·「성재·성랑」의 표현이 자주 보이고, 실제 앞의 예와 같이 재신이 낭사와 함께 언사와 서경을 한 사실이 있다. 따라서 낭사로 볼 때는 재신과 함께 「재신·낭사」로 共議할 때도 있고 또한 어사대와 함께 「臺諫」으로 공동 활동한 경우도 있었던 것이다.

(5) 중서문하성의 변화

이상에서 고려의 중서문하성은 형식적으로는 좌우로 문하성과 중서성이 병립되고 상하로는 재신과 낭사로 구분되었지만, 실제에 있어서는 양성은 중서문하성으로 통합된 단일기구였으며 다만 재신과 낭사는 그 기능과 성격이 이질적이었음을 알게 되었다. 이러한 중서문하성의 단일기구화는 고려의 정치체제에서 큰 의미를 지닌다.

원래 고려의 3성제는 당제를 본 딴 것이다. 3성제란 중서성·문하성·상서성의 3성 체제이지만 고려는 그 정치 구조상 복잡한 3성 병립제가 필요하지 않았다. 여기에 나타난 것이 문하시중을 수반으로 한 일원적인 중서문하성의 성립이었다. 그러므로 고려에서는 중서문하성이 단일기구로 최고의 정무기관의 지위에 있었으며 3성의 하나인 상서성도 이에 예속하게 되었다. 다시 말하면 고려는 중서문하성을 정점으로 한 일원적인 정치체제를 이루고 있었다고 할 수 있다.

그러나 이러한 중서문하성 중심의 정치체제에 큰 변화가 나타났다. 먼저 무신정권기에 들어가면서 중서문하성의 기능이 약화되었다. 무신정권기에도 제도상 엄연히 중서문하성이 존속되고 여전히 재상이 앉아 정무를 보았지만, 무신의 집정기구가 강한 권력을 독점함으로써 정부의 공식기구를 무력화시켰다. 즉, 무신정권기에는 重房·政房·敎定都監 등 집정기구가 권력의 중심 기관이 되어 종래의 공식적인 중서문하성 및 상서성 등은 유명무실하게 되고 말았다.

중서문하성은 元의 지배하에 들면서 더욱 축소 약화되었다. 충렬왕 원년(1275)에 전체적인 관제가 격하되었을 때 중서문하성은 상서도성과 함께 僉議府로 개편되고 6부도 4司로 감축되었다. 그 후 첨의부는 충렬왕 19년(1293)에 都僉議使司로 승격되고, 공민왕 5년(1356) 관제복구에 따라 다시 중서문하성으로 회복되었지만, 11년 다시 도첨의부로 환원되었으며 18년에 문하부로

개칭되었던 것이다.[55]

이와 같이 고려 후기의 중서문하성은 그 원형이 상실되고 명칭이나 기능도 크게 바뀌었다. 그러나 무엇보다도 중요한 사실은 중서문하성이 都評議使司의 설치에 따라 무력화된 점이다. 고려 후기에는 도평의사사가 都堂이라 일컬을 만큼 일원적인 국정의 최고 기관으로서 백료 서무를 관장하였으므로 중서문하성(첨의부)은 형식적으로 존재하였을 뿐이었다. 이제 고려 후기의 중서문하성은 전기의 그것과는 전혀 다른 유명 무실한 기구로 되고 말았던 것이다.

3) 상서성

(1) 상서성의 조직

尙書省은 中書省·門下省과 함께 3성을 구성하는 중요기관이다. 그러나 고려에서는 중서성과 문하성이 단일기구인 중서문하성을 이루고 최고 정무기관의 위치에 있었으므로 상서성의 지위는 상대적으로 격하되지 않을 수 없었다. 상서성의 실체를 밝히기 위하여 먼저 그 조직을 살펴보기로 하자.

상서성은 성종 원년(982) 廣評省을 御事都省으로 삼았다는 데서 비롯된다.[56] 같은 해 6월에 崔承老가 吏部의 전신인 選官御事였다는 점으로 보아 이 때 御事 6官이 존재하였음을 알 수 있다. 어사도성은 성종 14년(955) 상서도성으로 개정되고 選官, 兵官, 民官, 刑官, 禮官, 工官의 어사 6관도 吏部, 兵部, 戶部, 刑部, 禮部, 工部의 상서 6부로 바뀌었다.

상서성의 기본조직은 3층으로 구성되었다고 볼 수 있다. 중앙본부라 할 수 있는 尙書都省과 이에 소속된 尙書 6部, 그리고 6부에 예속된 屬司가 그것이다. 도성은 6부를 통할하고 속사는 각 부의 기능 중 어떤 특별 부문을 담당한 예하기구였다. 그러나 고려시대 상서성의 중심 기관은 국가행정을 각각 분담 실시한 6부라 할 수 있다. 이러한 상서성의 조직을 문종관제를 중심으로 표로 만들면 〈표 4〉와 같다.[57]

---

55) 《高麗史》 권 76, 志 30, 百官 1, 門下府.

56) 《高麗史》 권 76, 志 30, 百官 1, 尙書省.

57) 邊太燮, 〈高麗時代 中央政治機構의 行政體系〉(《歷史學報》 47, 1970 ; 《高麗政治制度史研究》, 一潮閣, 1971, 8쪽).

〈표 4〉 尙書省의 組織

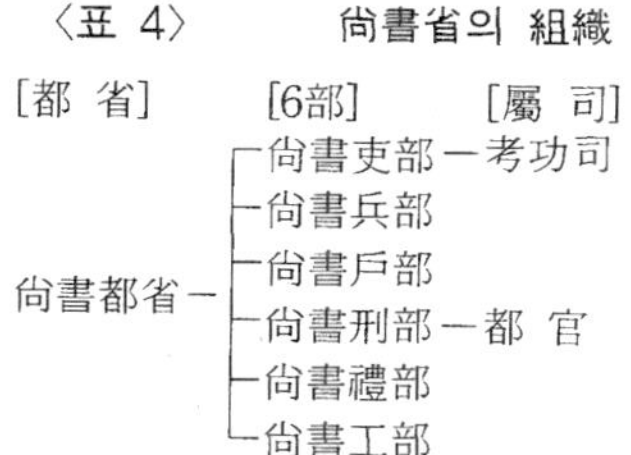

[都 省] [6部] [屬 司]

尙書都省 ─ 尙書吏部 ─ 考功司
尙書兵部
尙書戶部
尙書刑部 ─ 都 官
尙書禮部
尙書工部

이러한 고려 상서성의 조직은 그를 본 딴 당제와 상당한 차이가 있다. 원래 당의 상서성 조직은 都堂이 좌우로 分司되어 각각 3부씩을 관할하였는데 각 부는 각각 4개의 속사가 딸려 있어 도합 24사가 있었다. 당 상서성의 조직을 표로 만들면 다음의 〈표 5〉와 같다.

〈표 5〉 唐 尙書省의 組織

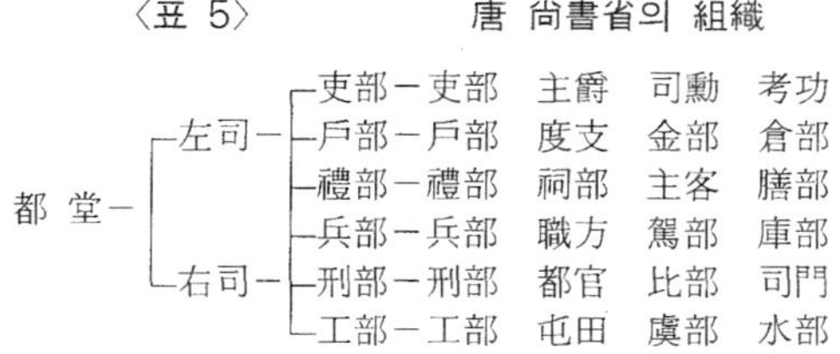

都 堂 ─ 左司 ─ 吏部 ─ 吏部 主爵 司勳 考功
戶部 ─ 戶部 度支 金部 倉部
禮部 ─ 禮部 祠部 主客 膳部
右司 ─ 兵部 ─ 兵部 職方 駕部 庫部
刑部 ─ 刑部 都官 比部 司門
工部 ─ 工部 屯田 虞部 水部

고려의 상서성 조직인 〈표 4〉와 당의 조직인 〈표 5〉를 비교해 보면 상당한 차이가 있었음을 알 수 있다. 물론 좌우로 나뉘어 僕射 이하 郎中, 員外郎이 좌우로 分置되고 있었음은 같다고 하겠다. 그러나 고려의 각사와 우사는 당과 같이 각각 3부씩을 정연하게 분속시키고 있었던 것 같지는 않으며[58] 또 실제로 좌우사가 대립된 병립제로 운영된 흔적도 보이지 않는다. 또한 당의 상서도성은 도당이라 하였는데 대하여 고려는 그저 도성이라고만 표현하였음이 달랐다.

고려 상서성의 두번째 차이점은 상서 6부의 서열이다. 당의 6부는 周禮의 6典制에 따라 이·호·예·병·형·공으로 구성되고 이것이 6부의 순서가 되었다. 그러나 고려의 6부는 당과 같이 6전체제임에는 다름이 없었으나 그 순서에 차이가 있었다. 즉, 고려에서는 당제와는 달리 이·병·호·형·예·공의 순서로 바뀌었는데 이것은《高麗史》백관지 상서 6부의 순서로 나타났다.

58)《高麗圖經》권 16, 官府 臺省.

이러한 상서 6부의 순서는 고려 일대를 통하여 줄곧 실행되었고 조선 世宗 때(1418)에 이르러 비로소 원상으로 개정되었다.[59] 이 고려의 상서 6부의 순서는 단순한 次序를 넘어 6부의 서열이 되고 있었다. 고려 상서 6부의 또 하나의 특징으로 재신이 6부의 판사를 겸대하는 제도가 있었는데 이 때 재신은 그 班次에 따라 6부의 서열대로 판사를 맡게 하고 있다. 즉 수상은 이부, 아상은 병부, 3재는 호부 등으로 재상의 반차와 6부의 순서가 서로 결부되었는데, 이것은 6부의 순서가 또한 정부기구상의 서열도 되고 있었음을 나타내는 것이다.[60]

셋째로 고려 상서성 조직의 차이점은 그 속사에 있다. 당의 속사는 6부에 각각 4사씩이 딸려 있어 전 24사로 구성되었다(앞의 〈표 5〉 참조). 당의 6부는 모두 主部司(예 : 吏部에는 속사로 또한 吏部가 있음)가 있고 여기에 다른 3사씩이 더 설치되어 각 부 모두 4사로 구성되었는데, 고려는 각 부가 單司制로 운영되었으며 속사는 이부의 考功司와 형부의 都官 2개밖에 없었다.

6부 소속의 속사는 고공사와 도관 둘 밖에 없지만 그 이전에는 더 많았다. 성종 원년의 御事 6官에는 9개 속사가 있었는데 이것은 성종 14년 상서성으로 개칭한 후에도 그대로 존속되었다. 이 때의 9개 속사는 다음과 같다.

〈표 6〉 成宗朝의 屬司

吏部－考功	刑部－(都官)
兵部－庫部	禮部－祠部
戶部－度支 金部 倉部	工部－虞部 水部

* 백관지에는 都官이 보이지 않고 文宗官制에만 나올 뿐이지만 실제로는 처음부터 설치되었음이 확실하다.

즉, 이 때의 6부에는 하나 또는 세 개의 속사가 딸려 있고 호부의 경우는 主部司(즉 호부)를 합하여 4사가 이에 속하는 셈이므로 당제와 같다. 그러므로 6부에 딸린 속사는 모두 9개이지만 각 부서의 주부사를 합하면 모두 15사가 된다. 그러나 이들 속사 중에서도 현종 2년에 7사가 폐지되었기 때문에 그 후 순전한 속사로는 고공사와 도관 두개만 남게 되었다.

---

59) 《世宗實錄》 권 2, 세종 즉위년 12월조는 고려 이래 兵曹를 戶曹·禮曹의 위에 두었다고 하였으며, 이 때 비로소 이·호·예·병·형·공의 순서로 바뀌었던 것이다.

60) 邊太燮, 앞의 책, 79쪽.

그러면 고려 6부에 속사가 적은 이유는 무엇일까. 그것은 역시 고려의 단순한 행정체제상 당과 같은 방대한 24사의 설치가 필요없기 때문이라 생각된다. 즉, 고려의 6부는 單司制를 원칙으로 하여 주부사가 각 부의 모든 사무를 담당해도 충분하였을 것이다. 다만 수많은 모든 관리의 인사장부를 소관 처리하고 막대한 노비의 簿籍을 관장한 고공사와 도관만은 그 방대한 사무량으로 부득이 속사를 별도로 설치하지 않을 수 없었을 것이다.

이와 같이 고려 상서성의 조직체계는 여러 면으로 당제와 차이가 있었다. 이러한 차이점은 고려가 당제를 채용하면서도 실제로 정치체제상 방대한 기구의 설치가 불필요한 데 연유한 것이라 생각된다. 더욱이 고려는 3성제라 하지만 중서문하성이 최고 정무기관의 지위에 있었기 때문에 상대적으로 상서성은 그에 예속된 기구로 전락하여 운영되고 있었다고 할 수 있다.

(2) 상서성의 관원 구성

고려 상서성을 이해하기 위하여서는 그 조직내용을 구명하는 동시에 또한 인원구성을 밝히는 작업이 필요하다. 상서성에는 어떤 관원이 설치되고 그 지위는 어떠하였는가를 검토하는 것은 상서성의 실체를 규명하는데 중요한 방법이 될 것이다. 백관지를 중심으로 고려 상서성의 관원 구성을 살피면 다음 〈표 7〉과 같다.

이 표를 보면 상서도성은 장관인 尙書令을 수반으로 하여 2품 이상이 4인이고 3품 이하의 참상관이 6인이며 參外가 2인, 이속이 39인이 되어 도합 51인의 정원이었음을 알 수 있다. 또한 6부에는 장관인 정3품의 尙書를 필두로 전임관과 이속이 딸려 있었는데, 특히 6부의 낭관은 부에 따라 직원수가 다르고 재신이 6부판사를 겸대하였음이 특징이다. 속사에도 낭관이 있고 역시 양사에 도합 39인의 이속이 딸려 있었다.

이 상서성의 인원구성을 보면 우선 상서도성의 관원이 좌우직으로 병치되어 당제와 같이 좌사·우사로 구성된 느낌이 든다. 또한 상서도성의 장관이 종1품인 상서령인데 대하여 6부는 정3품의 상서이고 속사는 정5품의 낭중이 최고직으로 이들 세 기구가 단계적으로 조직되었음을 살필 수 있다. 그러면 실제로 이들 도성 및 6부·속사의 관원 구성은 어떠하였는가.

〈표 7〉 尙書省의 관원구성(文宗朝)

	都 省	6 部	屬 司
從 1 品	尙書令 1	判事 각 1(宰臣겸)	
正 2 品	左僕射 1 右僕射 1		
從 2 品	知省事 1		
正 3 品		尙書 각 1	
從 3 品	左丞 1 右丞 1	知部事 각 1(겸직)	
正 4 品		侍郞 각 1(또는 2)	
從 4 品			
正 5 品	左司郞中 1 右司郞中 1	郞中 각 1(또는 2)	郞中 각 2
從 5 品			
正 6 品	左司員外郞 1 右司員外郞 1	員外郞 각 1(또는 2)	員外郞 각 2
從 6 品			
參 外	都事 2		
吏 屬	主事 등 39	합 161	합 39

우선 상서도성은 상서성의 중앙기구로서 관원 구성면에서도 중요 기관이었음을 보여준다. 재상은 보통 2품 이상관이었는데 상서성에는 도성에만 尙書令(종1품) 1인, 左右僕射(정2품) 각 1인, 그리고 知省事(종2품) 1인 등 네 명이나 설치되었으며 6부나 속사에는 2품 이상관이 한 사람도 없다(재신이 겸대하는 6부판사 제외). 더욱이 도성의 장관인 상서령은 중서령·문하시중과 같이 종1품으로서 그들의 지위가 서로 동등하였음을 알 수 있다.

그러나 실제로 상서도성의 재신을 검토해 보면 반드시 도성의 지위가 그렇지만은 않았던 듯하다. 백관지에 따르면 상서령은 상서성의 장관으로 종1품직이었지만 실제로 고려에서는 종친에게 수여하는 등 爵職으로 이용되었을 뿐이고 재신의 실직은 아니었다.[61] 따라서 고려의 상서성은 실직의 장관인 상서령이 없음으로써 그 지위가 떨어졌음을 알 수 있다.

상서령이 없었기 때문에 실질적인 도성의 장관은 좌우복야였다고 할 수 있다. 백관지에 따르면, 복야는 중서문하성의 평장사와 같은 정2품직으로서 품질이 높았다. 그러나 실제에 있어서는 상서성의 복야는 종2품의 중서문하성의 재신이나 중추원의 樞臣보다도 하위에 놓여 재상에 끼지 못하였다. 고려의 재상은 중서문하성의 재신과 중추원의 추신에 한정되었고 상서성의 복야는 여기에 포함되지 못하였다. 오히려 좌우복야는 6부 상서와 함께 「八座」로 불림으로써 정3품의 6부 상서와 동등하게 취급되었다. 다만 복야 중에서 서열이 높은 좌복야가 司空에 가해지면 재상의 열에 들게 하였다. 관제상 정2품이며 실제로 상서도성의 장관이라 할 수 있는 복야가 이렇게 낮은 대우를 받은 것은 역시 고려 상서성의 위치를 반영한 것이라 할 수 있다.[62]

이러한 현상은 그 밑의 知省事에도 엿보인다. 지성사는 知都省事를 일컫는데, 관제상 종2품의 재상직이지만 실제로는 한직으로 결원일 경우가 많았고 그 지위도 정3품의 6부 상서보다 하위에 있었다. 이것은 앞에서 살핀 복야의 지위로 보아 당연한 처사였다고 생각된다.

이상에서 본 바와 같이 상서도성의 장관인 상서령은 실직이 아니었고, 좌우복야는 재상에 끼지 못한 한직이었으며, 지도성사는 임명되는 경우도 적지만 6부 상서보다도 서열이 낮아 재신과는 현격한 거리가 있었다. 즉 백관지에는 관제상 상서도성에 네 명의 재상이 있는 것으로 기록되어 있으나 사실에 있어서는 한 명의 재상도 없었다. 이것은 상서성의 재신이 중서성·문하성과 동격으로 구성된 것 같지만 사실상 현격한 차이가 있었음을 나타내는 것이다.

상서도성 밑의 상서 6부의 관원 구성을 보면 각 부의 장관인 상서가 정3품이고 차관인 시랑이 정4품직이었다. 따라서 6부의 상서나 시랑은 2품 이상으로 구성된 재상에 들지 못한 것은 두말할 나위가 없다. 다만 앞에서 서술한 바와 같이 6부 상서는 「八座」에 포함되어 재추로 올라가는 요직이었으며,

---

61) 尙書令과 그 밖의 상서성의 재신에 대하여는, 邊太燮의 위의 책에서 상세히 논하였다.

62) 守司空僕射가 실직일 때도 있었으나 실무직이 아닌 허직일 경우도 많았음은 역시 복야직의 성격을 보여 주는 것이다(邊太燮, 위의 책, 72~73쪽 참조).

때에 따라 상서는 추신을 겸하는 경우가 많았다. 특히 6부에는 재신이 각각 판사를 겸대함으로써 권한이 보다 강화되었다.

끝으로 속사인 고공사와 도관의 관원 구성을 보면 낭중과 원외랑의 낭관만 있고 각각 14명, 25명의 이속이 딸려 있었다. 이들 속사는 스스로의 단독 관청에서 자기 고유의 기능을 실행하였지만 역시 그 기능이나 관원의 지위로 보아 본부의 명령에 예속되었음을 쉽게 짐작할 수 있다.

(3) 상서성의 기능

상서성은 국가행정을 관장하는 기관이다. 원래 3성은 병립된 기능을 행사하여 중서성에서 詔勅을 작성하면 문하성에서 심의하고 그것을 상서성에서 실천하였다. 이런 점에서 고려의 상서성도 3성의 병립된 체계 안에서 제 기능을 수행하였다고 볼 수 있다. 그런데 고려에서는 중서문하성이 최고의 재부였으므로 상서성은 이와 동등한 관계에서 업무를 수행한 것이 아니라 그에 예속된 하부기관으로서 기능하였다. 이러한 점이 본래의 중국 상서성의 기능과 다른 점이라 하겠다.

먼저 상서성의 중앙기구인 도성은 관원의 지위가 낮았던 점으로 미루어 보아 그 기능이 변변치 않았을 것으로 추측된다. 상서령이 실직이 아니고 실질적 장관인 좌우복야도 재상에 포함되지 못한 점을 생각할 때 도성에 큰 권한이 수여되었을 것 같지 않다. 그러나 상서도성이 엄연히 존재하고 있었음을 감안할 때 상서도성이 아무런 일도 하지 않고 있었다고 생각되지는 않는다.

실제로 도성은 京所司가 지방으로 발송하는 공문을 관장하였다. 즉 중앙의 여러 관서가 외방 州府로 公貼을 보낼 때는 상서성(도성)에 보고하여 그 확인을 받은 뒤 靑郊驛館에 부쳐 발송하였다.[63] 또한 老人賜設도 예부에서 국왕께 아뢰어 王旨를 받아 도성에 통첩하면 도성은 이를 지방의 3京·諸都護府·州牧에 傳牒하여 酒食을 베풀고 布穀을 내리게 하였다.[64] 이것은 상서도성이 일원적으로 6부와 여러 관서의 공첩을 지방의 界首官에 발송하는 기능을 수행하였음을 보여 준다.

이와 같이 상서도성이 주부 등 계수관에 공문을 발송하였다는 것은 도성

63) 《高麗史》 권 82, 志 36, 兵 2, 站驛.
64) 《高麗史》 권 68, 志 22, 禮 10, 老人賜設儀.

이 지방에 대한 중앙정부의 기능을 행하였음을 나타낸다. 현종 9년(1018)에 3개의 속현을 가진 開城縣令과 7개의 속현을 가진 長湍縣令이 모두 상서도성에 直隷되었다가 문종 16년(1062)에 知開城府事가 다시 설치됨으로써 그 쪽으로 예속되었다는 것도, 상서도성이 京畿 주현을 통할하였음을 말한다.65)

고려의 모든 군현은 직접 중앙정부에 예속되었고, 한정된 중요사는 계수관을 통해 연결되었다. 이 때의 중앙정부의 행정기관이 바로 상서도성이었던 것이다. 그러므로 상서도성은 전국을 통치한 권력기구라기보다는 중앙 여러 관서의 지방 발송공문을 취급하고 계수관을 통하여 군현과 연결하는 일원적 사무기관이었다고 할 수 있다.

이 밖에도 상서도성은 외국에 발송하는 외교문서를 관장하였으며 또한 議刑·迎詔·齋戒·禱雨·科擧 등을 관장하였다. 이러한 사무는 6부의 통할기관인 도성으로서의 당연한 기능이라 할 수 있지만 실제로는 거대한 都省廳이나 광대한 都省庭을 이용한 행사였다고 볼 수 있다. 이렇게 보면 고려 상서도성은 정무를 보는 권력기구라기보다 국가의 여러 행사를 주관하고 그 공문을 발송하는 등 일반사무를 취급하는 무력한 기구였다고 할 수 있다. 이러한 상서도성의 권력없는 기구로서의 기능은 앞에서 살핀 인원 구성이나 그 관원의 낮은 대우나 한직화와 관계된다고 하겠다.66)

이에 대하여 상서도성의 하부기구인 6부의 기능은 오히려 강대하였다. 고려의 6부는 6典 체제에 따라 각각 국가행정을 나누어 관장하였다. 《高麗史》 백관지에 의하면 이부는 文選·勳封의 일을 맡았으며, 병부는 武選·軍務·儀衛·郵驛의 일, 호부는 戶口·貢賦·錢粮의 일, 형부는 法律·詞訟·詳讞의 일, 예부는 禮儀·祭享·朝會·交聘·學校·科擧의 일, 공부는 山澤·工匠·營造의 일을 각각 분담하였다. 그러므로 국가의 모든 행정사무는 크게 이들 6부에서 나누어 맡았다고 할 수 있으며, 6부가 실질적인 행정사무를 관장하였기 때문에 강력한 권한을 지녔던 것으로 판단된다.

그러면 이들 6부의 정치체제상의 위치는 어떠하였을까. 6부의 행정체계에 대하여 백관지 서문에는 재상이 6부를 통할하고 6부는 寺·監·倉庫(百司)를

65) 《高麗史》 권 56, 志 10, 地理 1, 王京 開城府.
66) 邊太燮, 앞의 책, 25쪽.

통할하였다고 쓰여 있다. 이러한 행정체계는 다음의 〈표 8〉로 정리할 수 있다.

〈표 8〉 高麗의 行政體系

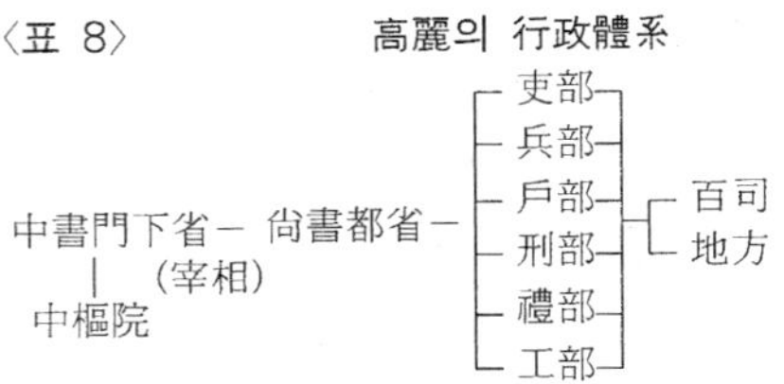

위 〈표 8〉에서 6부는 재상(중서문하성)의 통할을 받지만 중앙의 百司와 지방의 모든 주현을 관장하였음을 알 수 있다. 고려의 정치조직상 6부는 국가 행정의 중심기구의 지위에 있었다. 고려 말에 趙浚이 "무릇 6부는 백관의 근본으로 정사가 나가는 곳이다"[67]라고 한 것은 바로 이러한 고려시대 6부의 중요성을 말한다.

6부가 재상의 통할을 받은 것은 상서성이 중서문하성의 예하에 놓인 고려시대 정치체제로 볼 때 당연한 것이다. 그러나 실제로 《高麗史》에는 '吏部尙書奏' '戶部奏' '刑部奏' '禮部奏' 등 6부가 직접 왕에게 상주한 사실이 보인다. 또 6부가 각각의 해당 사무를 왕께 아뢰면 왕은 대체로 이를 따르고 있다. 국왕의 결정과정에서 중요 문제는 재상과 상의하였으나, 6부는 그의 상관인 도성의 복야나 중서문하성의 재상을 통하여 상주하지 않고 6부상서가 직접 국왕께 상품하였다. 이것은 6부가 직무상 국왕과 직결되는 관계였음을 보여주는 것이라 하겠다.

이러한 6부의 독립성은 재신이 6부의 판사를 겸대하는 제도와도 무관치 않을 것이다. 재신이 차례로 각 부의 판사를 겸하여 집무함으로써 그 발언권을 강화시킬 수 있었던 듯하다. 그러나 역시 6부의 장관은 상서로서 각 부의 책임을 맡았으며, 재신 판사는 각 부에 상주하는 것도 아니고 중요사만 결정하는데 참여하였을 것이다.

그러면 6부와 하부기구와의 관계는 어떠하였을까. 백관지에는 6부가 시·감·창고를 관할하였다고 하였는데, 公牒相通式에는 6부가 7寺·3監 및 諸署

67) 《高麗史》 권 118, 列傳 31, 趙浚.

局의 상부기구인 것으로 되어 있다.[68] 이것은 고려의 6부가 百僚 庶司를 통할하였다는 의미로 풀이된다. 고려 말 조준이 各司를 고려 초와 같이 6부에 분속케 할 것을 건의한 것도 백사가 6부에 예속되었음을 나타낸다.

6부는 중앙의 백사와 더불어 지방의 주현과 연결되었다. 문종 4년(1015) 判에는 주현이 水旱蟲霜으로 禾穀이 부실할 때 수령은 호부에 보고하도록 되어 있다.[69] 주군이 매년 호구를 조사하여 호부에 올렸다는 제도 등[70] 주현이 6부와 직결된 예는 그 밖에도 허다하게 보인다. 고려 전기에는 아직 道의 按察使가 행정기구화되지 못하고 주현의 수령이 중앙정부와 직접 연결되었으며 한정된 부문에서만 계수관이 중간기구의 역할을 담당하였는데, 이 중앙정부가 바로 6부였다. 일반적인 공문의 발송을 도성에서 맡았던 것은 전술한 바 있지만 기본적으로 주현은 6부에 申報하였고 반대로 6부는 그 소관사무를 주현에 하달하는 상하관계였다.

그러나 고려의 상서성은 후기에 가서 크게 변화하였다. 충렬왕 원년(1275)에 상서도성은 중서문하성과 함께 僉議府가 되고 상서 6부도 典理司(이·예부)·軍簿司(병부)·版圖司(호부)·典法司(형부)의 4司로 축소되어 대체로 고려 말까지 계속되었다.[71] 이와 같이 상서도성이 폐지되고 6부도 4사로 축소됨으로써 상서성의 지위는 약화되었다. 그러나 무엇보다도 고려 후기 상서성의 기능을 약화시킨 결정적인 요인은 都評議使司, 즉 都堂을 중심으로 한 정치체제로의 개편이었다.

고려 후기에는 정치제도의 일대 변혁이 일어나서 종래의 중서문하성을 정점으로 한 정치체제가 도당 중심으로 전환되었다. 이제 도당은 백료 서무를 관장하는 최고 정무기관으로 화하여 6전 체제의 행정체계를 갖추었다. 즉 도당에서는 6色掌이 각각 6전의 일을 관장하였는데, 昌王 때 이것이 吏·禮·戶·刑·兵·工의 6房錄事로 개정되고 공양왕 2년(1390)에는 이 6방을 통할하는 經歷司가 설치되어 도당은 국가의 정무 뿐 아니라 행정실무까지 전담케 되었다.[72]

---

68) 《高麗史》 권 84, 志 38, 刑法 1, 公牒相通式 京官.

69) 《高麗史》 권 78, 志 32, 食貨 1, 田制 踏驗損實.

70) 《高麗史》 권 79, 志 33, 食貨 2, 戶口.

71) 첨의부는 恭愍王 5년에 중서문하성과 상서성으로 복구되고 6부가 설치되었으나 11년에 다시 都僉議府, 18년에 門下府로 개칭되면서 6부에도 변동이 있었다.

72) 邊太燮, 앞의 책, 110쪽.

정부안의 6부가 虛設로 유명무실하게 된 것은 당연한 결과였다.

백관지 서문에서 고려 초기에는 행정체계가 잘 유지되었으나 도당이 실권을 잡은 후에는 6부가 허설이 되고 백사가 계통을 유지하지 못하였다고 한 것은 이러한 사실을 명백하게 보여준다. 고려 말 조준이 왕께 時務를 진언할 때 "무릇 6부는 백관의 근본으로 정사가 나가는 곳인데 요즈음에는 6부가 그 임무를 제대로 행하지 못하고 있어 정치체계가 난맥상태이므로 6전의 일은 6부에 귀속시키고 각사를 이 6부에 분속시키면 정사가 정상화될 것"이라 건의한 것도 이를 나타낸다.[73] 마침내 공양왕 4년(1392)에는 각사로 하여금 상부에 아뢰올 일을 직접 도당에 보고하도록 법제화함으로써 6曹(6부) 본래의 기능을 잃게 되었다. 이것은 고려 후기에 상서도성 뿐 아니라 6부도 유명무실하게 무력한 기구로 전락하였음을 보여준다.

4) 중추원

(1) 중추원의 설치

고려의 中樞院은 왕명의 출납과 숙위, 그리고 軍機之政을 관장하는 중요기관이다. 중추원의 하부구조인 承宣은 왕명 출납을 담당하였고 상부구조인 樞臣은 군기의 일을 담당하여 고려 정치체제 가운데 중요한 위치를 차지하였다. 樞府가 중서문하성과 함께 宰樞兩府로 병칭되고 중요 국사를 의논하였음은 중추원이 권력기구였음을 나타낸다.[74]

처음으로 고려에 중추원이 설치된 것은 성종 때의 일이다. 즉 성종 10년(991) 宋에 사신으로 갔다 돌아온 兵部侍郞 韓彦恭이 왕께 "송의 樞密院은 우리나라 直宿員吏의 직입니다"라고 말하여 이 때 처음으로 중추원을 두었다는 것이다.[75] 그러므로 중추원은 송의 추밀원제를 본 따서 고려 초의 직숙

73) 《高麗史》 권 118, 列傳 31, 趙浚.

74) 고려의 中樞院에 대한 연구로는 다음과 같은 것이 있다.
朴龍雲, 〈高麗의 中樞院硏究〉(《韓國史硏究》 12, 1976).
邊太燮, 〈高麗의 中樞院〉(《震檀學報》 41, 1976).

75) 《高麗史》 권 76, 志 30, 百官 1, 密直司.
《高麗史節要》 권 2에는 성종 10년 10월에 설치된 것으로 쓰여 있다.

원리의 직을 개편한 것이라 할 수 있다.

성종은 당제를 채용하여 내외 관제를 정비하고 중앙집권적인 정치체제를 확립한 군주이다. 원년(982)에 內史門下省과 御事都省·御事 6官을 두어 3성·6부제를 실시하고 2년에 지방에 12牧을 두었다가 14년(995)에는 10道와 12州節度使制를 편제하여 집권체제를 확립하고자 힘썼는데, 이들 여러 제도는 주로 당제를 기본으로 하였다. 그러므로 중추원은 새로운 송제를 본 따서 만들었다는 점에서 성종대에 정비된 다른 관제와 차이가 있지만 그 설치는 성종의 중앙집권화 정책의 일환이었다는 점에서 동일하였다. 처음 중추원의 설치 동기가 고려 초의 직숙 원리의 직을 개편하여 국왕 측근기관으로 출발하였기 때문이다.

그러나 중추원은 顯宗 즉위 직후에 변동이 일어났다. 즉 현종 즉위(1009)초에 중추원 및 銀臺·南北院을 파하고 3官 機務를 관장하는 中臺省을 설치하였다.[76] 현종은 康兆 등의 쿠데타에 힘입어 왕위에 오른 왕인데, 즉위 후 가장 먼저 실행한 것이 중대성의 개편이었다. 이 때 中臺使에는 강조, 副使에는 李鉉雲, 直中臺에는 蔡忠順과 尹餘가 임명되었다.

중대성으로의 개편은 그 기구를 확대하고 기능을 강화하기 위한 것이었다. 우선 중추원·은대 및 남북원 3관의 기무를 총괄하게 된 것은 이를 나타낸다. 이 때 중추원에 병합된 은대는 역시 송제의 銀臺司를 본딴 것으로 進奏·直宿의 임을 맡는 국왕 측근직으로서 중추원과 밀접한 관계에 있었던 기관이다. 남북원도 바로 송의 安徽院을 채용한 것인데, 그것은 역시 송에서도 안휘원이 南北 2院으로 갈라져 있었던 것으로 알 수 있는데, 이는 內諸司와 三班內侍의 籍을 총령하는 내직이었다.[77] 실제로 은대·안휘원은 내직으로 중추원과 밀접한 관계에 있었던 기구로서 강조의 쿠데타 후 병합되어, 그 기구명도 「중대성」이라 하여 중추원과 은대에서 명칭를 취하고 또 「省」으로 승격하였다.

이 때 중대성에 임명된 사람들을 보아도 중대성이 권력기구였음을 알 수

76) 《高麗史》 권 76, 志 30, 百官 1, 密直司.
《高麗史節要》 권 2, 현종 즉위 2월에는 銀臺·中樞·南北院을 파하고 中臺省을 설치하였다고 씌여 있다.

77) 朴龍雲은 앞의 글에서 南北院을 契丹의 中樞南北院을 가리킨 것이라 하였는데 고려가 거란제도를 채용하였다는 점은 설득력이 약하므로 역시 安徽院의 南北 2院으로 보는 것이 옳을 것 같다(邊太燮, 앞의 글, 57~58쪽 참조).

있다. 중대성사에는 강조, 부사에는 이현운, 직중대에는 채충순·윤여가 임명되었는데 이들은 현종 영립의 공신들이었다. 강조와 이현운은 바로 西北面都巡檢使와 副使로 직접 무력을 사용하여 穆宗을 축출하고 현종을 즉위케 한 주인공들이며 채충순도 역시 중추원 부사로 궁내에서 金致陽 일파를 축출하고 현종 영입에 공을 세운 사람으로서 현종 즉위공신이다. 이러한 인원 구성은 새로 출발한 중대성이 권력기구였음을 분명하게 보여준다.

그러나 이 중대성은 곧 폐지하고 말았다. 현종 2년(1011) 정월에 중대성을 파하고 다시 중추원을 설치하였다는 기사가 그것이다. 이렇게 중추원이 2년도 못되어 파하여진 것은 그의 중추인물인 강조가 對契丹戰의 과정에서 제거되었기 때문이다. 현종으로서도 혁명주체 세력들의 권력기관인 중대성의 비대화는 바라는 바가 아니었을 것이다. 이에 현종 2년부터는 다시 중추원이 복구되어 정상적인 체제로 환원되었다. 그러나 이때 은대와 안휘원은 예전과 같이 따로 설치한 것이 아니라 중추원에 병합하면서 그들 기능도 아울러 흡수했던 것 같다.[78]

(2) 중추원의 구성

고려 중추원의 특징은 2원적 구조라는 데에 있다. 상층부에 추신이 있고 하층부에 승선이 있어 각각 그 기능을 달리하고 있었다. 이것은 마치 중서문하성이 상층부에 재신이 있고 하층부에 낭사가 있어 그 기능을 달리했던 것과 흡사하다. 처음 중추원이 설치된 성종 때에는 使와 副使를 각각 2명씩 두고 여기에 좌우승선을 설치한 단순한 구성이었으나 그 후 점차 여러 관직을 증치하여 문종관제에서는 전형적인 관원 구성으로 정비되었다.

이제 고려 중추원의 기본적 구성인 문종관제에 나타난 관원 구성을 표로 정리하면 〈표 9〉와 같다. 이 표를 보면 종2품 5인, 정3품 9인으로 참상관이 14인이고, 이 밖에 堂後官 2인, 吏屬 36인으로 구성되어 있다. 이들 중 중추

78) 中樞院에 銀臺·安徽院을 그대로 병합하였음은 목종 원년의 改定田柴科에 '中樞·宣徽·銀臺別駕'가 文宗 30년의 更定田柴科에서는 그저 '中樞院別駕'로 된 것에서도 확인된다. 단 그 후에도 安徽使의 이름이 나오는데 이는 안휘원의 설치를 의미하는 것이 아니라 南班 관직의 하나로서 존재하였고 그것마저 미구에 폐지되고 말았다.

〈표 9〉 中樞院의 官員構成(문종관제)

품계	관원
從 2 品	判院事(1)・院使(2)・知院事(1)・同知院事(1)
正 3 品	副使(2)・簽書院事(1)・直學士(1)
正 3 品	知奏事(1)・左右承宣(各 1)・左右副承宣(各 1)
正 7 品	堂後官(2)
吏 屬	別駕(10)・主事(10)・試別駕(2)・令史(2)・記官(8)・通引(4)

원의 직능을 담당한 것은 참상관으로 그들에 대한 검토가 필요하다.

중추원의 참상관은 품계상 두 층으로 나누어져 있었으니, 종2품직과 정3품직이다. 2품직은 判院事・院使・知院事・同知院事이고 3품직은 副使・簽書院事・直學士와 知奏事・左右承宣・左右副承宣이다. 고려에서는 일반적으로 2품 이상을 「宰相」이라 하고 3품 이하를 「文武兩班」이라 불렀으므로 동지원사 이상의 2품직과 부사 이하 承宣團의 3품직 사이에는 획이 그어졌다고 할 수 있다. 그러나 여기서 우리를 의아케 하는 것은 같은 정3픔직이면서도 부사 등과 지주사 등을 굳이 구분하였다는 사실이다. 이것은 곧 부사 등은 비록 3품직이지만 추신에 들어가고 지주사 이하는 승선단이기 대문이었다.

고려의 추신은 품계상 2중성이 있었음이 특징이다. 부사・첨서원사・직학사가 엄연히 정3품직임은 백관지에 명기되고 또 문종조 文武班祿에서 중추원부사・첨서원사・직학사가 같은 정3품인 6부 상서와 함께 300석에 편입되고 있는 것으로 알 수 있다. 그러나 이들 부사 등은 추신으로 간주되어 3품이하 관과는 구별되는 것이 원칙이었으니, 즉 '宰樞・及文武三品以下'라 한 것에서 이를 알 수 있다. 그러므로 부사 등은 정3품직이면서도 추신에 포함되어 다른 3품직과는 구별되는 지위에 있었던 것이다.79)

고려시대에 재추에 포함되는 추신은 동지원사 이상의 종2품직만을 가리킨

79) 朴龍雲은 앞의 글에서 樞密은 3품관과는 엄연히 구분되는 宰相으로서 일단 直學士 이상의 7樞가 모두 2품관이었다고 결론을 내린다고 하면서도, 이들 직학사 이상은 고려 전기에는 3품관이었으나 후기에 가서 2품으로 되었다는 좀 애매한 견해를 피력하고 있다. 그러나 부사 이하관의 3품직은 부정할 수 없는 사실이며 고려 후기의 승질은 그들 樞臣으로서의 애매한 지위를 해결하는 방법이었다고 보여진다.

것이 아니라 정3품직인 부사 이하 직학사까지도 포함시켰다. 고려에서는 중서문하성의 재신을 「5宰」라 하고 중추원의 추신을 「7樞」라 하여 이들 5宰·7樞가 재추 또는 재상을 구성하였는데 7추는 바로 백관지에 나오는 7개 직인 중추원 판사·지원사·동지원사·부사·첨서원사·직학사로서 그 가운데 부사 이하는 관품상으로는 3품직이지만 동지원사 이상의 2품직과 함께 같은 추신으로서 「宰樞兩府」에 들어가 議政에 참여하였다. 2품 이상관을 재상이라 한 고려의 제도상 이런 중추원 추신의 지위는 좀 묘한 데가 있었음이 확실하다.

정3품인 부사·첨서원사·직학사는 추신에 들어갔지만 같은 정3품인 지주사 이하 승선단은 여기에 포함되지 않았다. 승선단은 지주사를 비롯하여 좌우승선·좌우부승선 각 1인씩이 있어 모두 5인으로 구성되고 있었다. 이들은 같은 정3품이지만 지주사가 우두머리였고, 그 외의 승선도 순서대로 서열이 매겨져 있었다.

고려시대에는 「樞密·承宣」이란 말이 자주 나오는데 이것은 추밀과 승선은 같은 중추원의 관원이지만 서로 구별되고 있었음을 나타낸다. 추밀이 중추원의 상층부로서 의정에 참여한 데 대하여 승선은 하층부로 왕명 출납을 담당하여 양자는 확연히 구분되었던 것이다. 그러므로 고려의 중추원은 상층의 추신, 하층의 승선으로 구분되고 그 기능도 의정과 출납으로 나뉘어져 2원적 구조를 이루고 있었던 것이다.

이상에서 우리는 중추원이 구성상으로나 기능상으로 완전히 2원적 구조임을 알게 되었다. 즉 중추원은 직학사 이상 7추를 樞臣(樞密)이라 하여 국가의정에 참여케 하고, 따로 지주사 이하를 승선이라 하여 왕명 출납을 담당케 하였던 것이다. 이 때 중추원부사·첨서원사·직학사는 형식상 승선단과 같은 정3품직이지만 실질적으로는 2품관의 대우를 받고 재추에 포함되었음이 특이한 점이다. 따라서 고려의 중추원은 상층부의 추신과 하층부의 승선을 각각 구분하여 검토해야 할 것이다.

(3) 승선의 기능

《高麗史》 백관지에는 중추원의 기능으로서 출납·숙위·군기의 일을 관장하였다고 하였는데 여기 나오는 왕명의 출납이 바로 승선의 직능에 해당된다. 승선은 중추원 本司에서 시무하는 추신과는 별도로 承宣房에서 왕명을 출납하는 일을 맡고 있어 독립된 기관과 같이 존재하였다.[80] 이 승선방이 조선시대에 들어와 承政院이라는 독립관서를 이룰 요소는 이미 고려시대부터 있었다고 하겠다.

승선의 기능에 대하여는 恭愍王 20년(1371) 7월의 羅州牧使 李進修의 상소에 잘 나타나 있다.

> 國制에 知申事 1인, 承宣 4인은 官位가 모두 3품에 불과하나 날을 교대로 입직하여 報平廳에서 예를 집행하고 왕명을 출납하되 한 마디 말이라도 감히 함부로 할 수 없으니, 이를 龍喉 또는 內相이라고도 말하는 것입니다(《高麗史》 권 43, 世家 43, 공민왕 20년 7월).

이것은 승선의 기능이 ① 更日 入直 ② 報平廳(聽政하는 곳)에서의 執禮 ③ 왕명의 출납 등 세 가지였다는 것이지만 그 중에서 가장 중요한 임무가 왕명출납이었기 때문에 승선은 龍喉 또는 內相이라고도 불렀던 것이다(承制라고도 칭하였음). 여기 나타나는 바와 같이 승선은 3품관의 낮은 관질이며 그 직책도 단순히 왕의 喉舌 곧 왕명을 출납하는데 그쳐 한 마디라도 자의로 말할 수 없는 문자 그대로 「龍喉」였다. 그는 국사의 의정과정에 참여하지 못하고 다만 재추회의에서 결정된 사항을 함께 아뢰어 재가를 받는 비서역에 불과하였다. 그러나 승선은 국왕 측근직이라는 유리한 지위로 인하여 커다란 권한을 가지게 되었으며 이것이 「內相」이란 또 다른 이름을 갖게 된 이유가 되었다.

실제로 승선은 단순한 왕명 출납에 그치지 않고 국왕의 고문역할도 담당하였다. 明宗朝의 승선이었던 柳公權은 왕의 고문과 獻替에 보필한 바 컸다고 한다.[81] 이러한 고문과 헌체는 국왕을 보좌하여 국사에 관여하였다는 의미가 된다. 국왕 측근의 비서직이니 만큼 국가의 대소사에 그 의견을 개진할 수 있는 기회가 있었으며 이것이 그들의 권한을 크게 한 원인이 되었을 것이다. 최

80) 承宣房이란 이름은 고려 초기에는 보이지 않고 후기에 보인다. 《牧隱詩藁》 권 29에 '承宣房 口傳'이라 하였고, 《太宗實錄》 권 2, 태종 원년 7월에 '承宣房 爲代言司'라 하여 고려 말에 承宣房이 代言司로 되었음을 보여준다. 이와는 따로 《高麗史》 권 77, 志 31, 百官 諸司都監各色에는 '承宣房'이라 하였고, 《高麗史》 권 129, 列傳 42, 叛逆 3 崔忠獻傳에는 '知奏事房'이 보인다.

81) 〈柳公權墓誌〉(《朝鮮金石總覽》 上, 朝鮮總督府, 1919).

씨정권을 넘어뜨리고 집권한 승선 柳璥의 실권을 빼앗기 위하여 국왕이 그의 승선을 파하고 簽書樞密院事에 임명하였다는 사실은, 첨서추밀원사가 엄연히 추신으로 승선보다 상위직이지만 실권은 승선만 못하였음을 나타내는 것이다.

이와 같이 승선의 직능이 중대하고 실권이 컸기 때문에 누구나 승선에 임명되는 것을 바랐지만 여기에는 여러 가지 까다로운 자격이 갖춰져야 했다. 우선 승선은 왕명을 출납하였기 때문에 교양을 갖춘 儒者가 아니면 안되었고, 또한 거동과 언어, 기무 등이 뛰어나야 했다. 지주사에 임명된 李詹이 일찍이 승선의 조건을 지적한 바 있는데, 첫째 擧止가 민첩해야 하고, 둘째 언어가 精詳하며, 셋째 기무를 强記해야 한다는 것이 그것이다. 이렇게 승선이 되는 조건이 까다롭기 때문에 대개 과거에 합격하고 가문이 좋은 유능한 사람이 임명되었으며 이 직에 오르면 그 후 요직에 승진하는데 유리하였다.

승선 외에 이와 유사한 것으로 樞密院執奏가 있다. 이 執奏는 무신란 후에 승선의 자격이 못되는 권신들이 임시적으로 임명된 왕명 출납의 관직이었으나 崔忠粹가 죽은 후 폐지되었다. 같은 국왕 측근의 출납직으로 무신란 전까지 內侍로서 임명된 임시적인 掌奏事가 있었는데 이는 중추원과 무관하였으나 집주는 엄연한 추밀원 소속이었던 것이다.

(4) 추신의 기능

승선이 중추원의 관원이면서도 따로 승선방에서 집무한 데 대하여 상부구조인 추신은 본원에서 중추원 본래의 임무를 수행하였다.《高麗史》백관지에 보이는 중추원 기능 중 출납·숙위·군기지정 가운데 승선이 출납을 맡았다면 추신은 군기의 일을 담당하였다고 할 수 있다. 고려의 중추원은 軍政을 담당한 송의 추밀원제를 본딴 것이므로 고려에서도 군기지정을 관장하였다고 한 것은 당연한 일이다.

그러나 실제로 고려의 중추원이 수행한 직능을 보면 이런 군기와는 무관한 것이 많다. 목종조 김치양의 난 때 국왕측에 중추원 관인이 여러 사람 관여하였고 중대성 개편에 西北面都巡檢使 康兆, 副都巡檢使 李鉉雲이 그의 장·차관이 된 사실로 미루어 보아 이 때의 중추원은 무력을 가진 군정기관의 성격이 있지 않았나 추측되지만 중대성이 파해진 후부터는 그런 기능이 보이지 않는다. 《高麗史》에 보이는 중추원의 구체적인 업무는 궁내의 貢物, 內府文書의 보존, 封爵·立府의 의전, 죄수의 사면, 軍目靑冊의 보유, 그리고 궁내 숙위자의 점검, 국가 제사의 與祭官의 差定, 燃燈·八關會 행사의 관장 등이다. 이것은 중추원이 궁중 內府의 모든 일을 관장하고 儀注·典章 등 예식에 관여하여 禮司와 같은 직무를 행사하였음을 보여준다.[82)]

그런데 고려 후기에 이르러 중추원은 군정을 관장하기 시작했다. 지금까지 內府·典章·儀衛 등 예사에 가까운 기능을 가졌던 중추원(樞密院·密直司로도 개칭)이 비로소 軍政·兵機의 군사적 기능을 되찾게 되었던 것이다. 이것은 공민왕 때 萬戶府의 군목청책을 추밀원에 納藏하였고[83)] 같은 공민왕 23년(1374) 밀직사로 하여금 空名의 千戶牒·百戶牒을 수여케 한 것으로 알 수 있다.[84)] 고려 후기의 중추원이 군정을 담당하였음을 가장 명확히 증명하는 것이 공양왕 원년(1389) 鄭道傳이 쓴 〈新作都評議使司廳記〉이다.

> 국가는 門下府를 설치하여 理典을 관장케 하고 三司를 설치하여 錢穀을 관장케 하며 密直을 설치하여 군무를 관장케 하였다(《三峯集》 권 4, 記).

이것은 고려말의 밀직사가 군무를 관장한 군정기관임을 명시한 것이다. 조선건국 후 중추원이 병기·군무를 관장한 군사기관이었음은 고려말의 이 제도를 그대로 계승하였기 때문이다.

이와 같이 고려 후기에 중추원이 군정기관으로 화하였는데 그것이 언제 어떻게 변하였는지 명확하지 않다. 아마 元에 굴복한 충렬왕 초에 모든 관제가 개편되어 추밀원이 밀직사로 바뀌고 도병마사도 도평의사사로 승격되면서 정무를 담당한 첨의부에 대하여 군무를 관장한 밀직사를 만들지 않았나 생각된다.[85)] 특히 도평의사사의 기능 강화는 6部의 허설을 초래하고 이것이 병부(軍簿司)에 대신한 밀직사의 군사적 기능의 강화로 나타났다고 짐작된다.

---

82) 邊太燮, 앞의 글, 73~75쪽. 朴龍雲도 똑같은 견해를 발표하고 중추원은 軍政에 관여한 것같지 않고 의례를 집행하고 궁중 서무를 관장하는 것이 큰 임무였다고 하였다(朴龍雲, 앞의 글, 130쪽).

83) 《高麗史》 권 111, 列傳 24, 柳濯.

84) 《高麗史》 권 83, 志 37, 兵 3, 船軍 및 권 113, 列傳 26, 鄭地.

85) 朴龍雲도 역시 忠烈·忠宣王代로 추정하면서 그 중에서도 密直司를 陞秩하여 僉議府와 함께 양부로 같이 칭한 충선왕 2년설을 제시하였다(朴龍雲, 앞의 글, 131~132쪽).

중추원이 군기의 일을 관장하였다고 하는데 이 「軍機」란 軍國의 기밀 또는 기무를 표현한 것으로 이해된다. 이것은 《宋史》 職官志에 추밀원의 기능을 "軍國機務・兵防・邊備・戎馬의 정령을 관장한다"고 한 것에서 비롯된다고 하겠다. 이러한 군기지정에 대한 설명 조선초 定宗 2년(1400)에 臺省이 上章한 내용에 잘 나타나 있다. 이에 따르면 고려의 군령 체계는 재상의 발령권, 摠制의 발병권, 諸衛將軍의 掌兵權으로 상하가 서로 유지되었는데 邦治・軍國의 일을 맡은 성재가 발령자이고 군기를 관장한 중추관이 곧 총제로 발병자이며, 府兵을 관장한 제위상대장군이 장병자였다. 즉 재상(성재)이 왕명을 받들어 명령을 내리면 중추원이 이를 받아 장병자인 제위상대장군에게 발병하게 하였던 것이다. 과연 고려에서 이러한 군령 계통이 잘 짜여져 실천되었는지는 확언하기 어려우나 고려 후기에 중추원이 군무를 장악한 병권의 소유기관이었음은 사실로 여겨진다.

그러면 충렬왕대 이전에 중추원이 군사적 기능을 갖지 못한 이유는 무엇일까. 고려의 중추원이 군정을 담당한 송의 추밀원을 본땄던 만큼 당연히 군기를 장악해야 할 것이었는데 실제로는 內府, 禮司의 일을 보는 기관으로 행세하였을 따름이었다. 그렇게 된 이유는 역시 고려 정치제도의 전반적인 성격에서 찾아야 할 것 같다. 전술한 바와 같이 고려는 송과는 달리 3성・6부가 정상적인 기능을 행사하여 병부는 군사행정 기구로서 건재하였으며, 또한 도병마사가 주로 양부재추로 구성되어 군사, 변방의 일을 회의 결정하는 권한을 장악하고 있었다. 이러한 틈바구니 속에서 중추원이 군정・병기의 기능을 행사한다는 것은 극히 어려운 일이었다. 물론 중추원의 추신은 재추(재상)로서 군국의 중대사를 회의하는 지위에 있었고 도병마사에도 참여하였지만 이것은 중추원의 고유 권한이 군정에 있었기 때문은 아니었다. 그러므로 고려 전기에 중추원이 군기를 관장하지 못한 것은 송제와는 다른 정치체계 속에 설치된 때문이라 하겠다.

끝으로 고찰해야 할 중추원의 기능은 백관지에 있는 「宿衛」에 대한 문제이다. 처음 성종 10년(991) 우리나라 「直宿員吏」의 직이 송 추밀원과 성격이 비슷하다고 하여 이를 바탕으로 중추원을 설치하였는데 이 직숙이 숙위로 표현되었다고 하겠다. 송 추밀원은 侍衛諸班直・內外禁兵 및 內侍省官 등의 일을 관장하였으므로[86] 고려에서도 숙위를 담당하였을 것은 당연하다. 실제로 승선이 「更日入直」하였으며 추신도 궁내에 직숙하는 예가 허다하였음을 사료에서 살필 수 있다. 그러나 중추원이 숙위의 기능을 가졌다는 것은 그 관원의 숙직만이 아니라 전반적인 직숙을 총괄하였기 때문이다. 중추원의 堂後官이 궁문의 수직자를 往監하고 또 직숙 승선의 供億을 담당한 것은[87] 이 숙위의 기능을 말한 것이 될 것이다. 공양왕 때의 사실이지만 도당이 밀직·중방으로 하여금 입직자를 점검케 할 것을 요청하여 왕의 윤허를 받은 것도 같은 맥락에서 이해된다.

이상에서 본 바와 같이 백관지에는 중추원의 기능으로 출납·숙위·군기의 세 가지를 들고 있지만, 이 중 승선이 왕명의 출납을 담당하였고 중추원이 수직자를 관장하여 왕궁의 숙위를 맡았으나 군기만은 충렬왕대 이후에 가서야 비로소 관계하였음을 알게 되었다. 이제 고려 후기에 들어와 재신이 정무를 관장한 데 대해 중추원의 추신이 군무를 맡아 이원적인 체제를 이루었던 것이다. 물론 재추는 함께 도당의 회의원이 되어 정치, 군사 등을 비롯하여 광범한 중요 국사를 의정하였으나 중추원은 일단 군국기무를 관장하는 고유 직능을 갖게 되었다고 하겠다.

5) 삼 사

(1) 삼사의 설치

고려의 三司는 중외 전곡의 출납과 회계를 관장하는 관부로서 송의 삼사를 본따서 설치하였다. 고려는 당제를 기본으로 3성·6부의 정부기구를 만들었으나 다른 한편으로는 송제의 樞密院과 삼사를 본 따서 중추원과 삼사를 설치하였던 것이다. 그러면 고려에서 삼사를 처음 설치한 것은 언제일까.

《高麗史》 백관지에 의하면 삼사는 태조 때 설치된 것이라고 한다.[88] 즉 태조가 태봉의 調位府를 고쳐 삼사를 설치하였다고 하였으므로 삼사는 태조 때

86) 《宋史》 권 162, 志 115, 職官 2, 樞密院.
87) 權近, 《陽村集》 권 15, 送金堂後序.
88) 《高麗史》 권 76, 志 30, 百官 1, 三司.
邊太燮, 〈高麗의 三司〉(《歷史敎育》 17, 1975) 참조.

설치되고 그것이 태봉의 調位府를 개정한 것이라 할 수 있다.[89] 또한 洪汝河의 《彙纂麗史》에도 국초에 내의성·광평성·삼사를 설치하여 3성을 삼았다고 하여[90] 역시 태조대에 삼사가 설치된 것으로 되어 있다.

그러나 실제로 고려의 삼사가 태조 또는 국초에 설치되었다는 것은 사실이 아니다. 그것은 태조 즉위 초(918)에 발령된 인사 임명에 삼사직이 없을 뿐 아니라 그 후에도 삼사의 관직은 전혀 보이지 않기 때문이다. 실제로 삼사가 처음으로 자료에 나타나는 것은 훨씬 뒤인 성종 12년(993)이다. 즉 玄化寺碑銘에 孝肅仁惠王后(獻貞王后)가 淳化 4년에 서거하자 三司廳 안으로 殯을 옮겼다고 하였는데,[91] 이 순화 4년은 성종 12년에 해당된다. 그러므로 삼사는 고려의 기본관제인 3성·6부나 중추원 등과 함께 성종대에 설치되었다고 보아야 할 것이다.

고려의 삼사는 백관지에서 태봉의 조위부를 고쳐 만들었다고 하였다. 태봉의 조위부는 또한 신라의 調府에서 연유하였는데, 이들은 함께 貢賦를 관장하였으므로 고려의 삼사도 역시 공부에 관한 사무를 관장하였을 것이다. 그러나 고려의 삼사는 그 관서명 자체가 중국제도에서 나왔고 또 그의 기능도 調(공부)보다도 광범한 중외 전곡의 출납과 회계를 전담하였기 때문에, 신라의 조부나 태봉의 조위부의 후신의 성격이 아니라 재정 전반의 사무를 관장한 송의 삼사제를 채용하였다고 보는 것이 옳을 것 같다. 송은 최고의 재정기관으로 삼사를 두고 방대한 기구 조직을 만들었는데 고려도 이 송제를 채용하였던 것이다.

성종 때 설립된 삼사는 얼마 안가서 큰 변을 당하였다. 현종 5년(1014)에 上將軍 金訓과 崔質이 무신란을 일으켜 삼사를 혁파하고 대신 都正司를 설치한 것이다. 이 무신란은 현종 때 軍額의 증가로 백관 녹봉이 부족하게 되자 문신들이 京軍永業田을 빼앗아 녹봉에 충당하려는데 반발하여 일으킨 거사였다. 이 때 정권을 잡은 무신들은 御史臺를 폐하여 金吾臺를 만드는 동시에 또한 삼사 대신에 도정사를 설치한 것이다. 이 때 어사대와 함께 삼사가 집권무신

89) 《三國史記》 권 40, 志 9, 職官 下, 弓裔官號에도 調位府는 지금 三司라 하여 태봉의 조위부가 고려의 삼사로 되었음을 말하고 있다.

90) 洪汝河, 《彙纂麗史》 권 15, 百官志.

91) 〈玄化寺碑銘〉(《朝鮮金石總覽》 上, 朝鮮總督府, 1919).

의 개혁 대상이 된 것은 이들이 문신들의 세력기관인 동시에 삼사가 백관 녹봉을 관장하였기 때문이었다. 삼사를 도정사라 개칭한데서 지금까지 삼사의 녹봉 급여에 문신 중심의 불공정성이 있었지 않았나 짐작된다.

현종 14년(1023) 도정사는 다시 삼사로 복구되었다. 현종 6년(1015) 김훈·최질의 무신정권이 무너지자 금오대가 다시 어사대로 복구되고 그 밖의 집권 무신이 건립한 것이 모두 혁파되었지만, 도정사만은 그대로 계속되다가 14년에 가서야 삼사로 환원되었던 것이다. 비록 무신정권이 개정한 도정사이지만 새 문신정권도 종래의 삼사에 대한 혁신적 기운을 존속케 한 듯하다. 이제 고려의 삼사는 현종 14년에 도정사로부터 환원됨으로써 새로운 출발을 하게 되었다.

(2) 삼사의 기구 조직

고려의 삼사가 송제를 채용하였다는 것은 앞에서 말한 바 있다. 당나라 말기에는 같은 재정기구로서 鹽鐵使·判度支·判戶部의 3사가 각각 독립하여 있다가 송에 이르러서는 이들 삼사가 단일화되어 하나의 방대한 재정 총괄기관이 되었으므로, 하나의 단일기구란 점에서 고려의 삼사는 송제를 본땄다고 할 수 있다. 그러나 실제로 고려의 삼사를 검토해 보면 송제와 상당한 차이가 있음을 알 수 있다. 그 첫째가 기구 조직면의 차이점이다.

고려 삼사의 기구가 어떻게 편성되었는지는 분명하지 않다. 다만《高麗史》백관지의 관원구성이 있으므로 이를 통하여 살펴 볼 수밖에 없다. 이제 백관지에 나타난 삼사의 관원 구성을 표로 만들면 다음과 같다.

〈표 10〉 三司의 官員構成

職	數	品
判 事	1	宰臣이 兼
使	2	正3品
知司事	1	從4品
副 使	2	從4品
判 官	4	(從5品)
吏 屬	52	(主事 6, 令史 11, 書令史 2, 記官 25, 重監 2, 計史 2, 算士 4)

이 표를 보면 品官이 10인(겸관 포함)이고 이속이 52인이다. 품관의 수가 의외로 적은 것은 삼사의 기구 조직이 송제에 비하여 보잘 것 없었음을 나타내는 것이고, 이속이 많은 것은 회계사무의 실무기관의 기능을 반영한 것으로 생각된다. 그런데 이 관원 구성을 보면 고려의 삼사가 송과 같이 鹽鐵·度支·戶部의 3부분으로 구성된 것 같지 않다는 점을 알 수 있다. 송의 삼사는 비록 단일기관이지만 앞의 세 기능을 분담하는 삼원적 구조였는데, 고려의 삼사는 1인의 判三司事(재신이 겸)에 三司使 2인, 副使 2인, 判官 4인으로 구성되었고, 또 회계를 담당한 이속도 重監 2인, 計史 2인, 算士 4인으로 복수로 구성되어 송의 삼사와 차이가 있음을 알 수 있다. 만약 송제와 같이 삼사가 3부제였다면 각 부를 관장한 부사부터 3명이고 그 밑의 관원도 삼부로 구성되어야 할 것이다. 따라서 고려의 삼사는 송제를 채용하였지만 염철·탁지·호부의 3부제는 아니었다고 하겠다. 또한 고려의 삼사는 송제와 같은 도합 20개나 되는 諸案이나 여러 子司 등 방대한 하부기구도 딸려 있지 않은 단순한 단일기구에 불과하였다.

그러면 고려가 송제의 삼사를 채용하면서도 기구 조직상 현격한 거리가 있는 이유는 무엇일까. 송에서는 3성·6부·9시의 정부기구가 있었으나 형식화되고 실제로는 정무를 총괄한 中書門下와 군무를 관장한 樞密院, 그리고 재무를 관장한 三司의 세 기관이 실질적으로 국무를 분담하였다. 따라서 송의 삼사는 최고의 일원적인 재정기관이었으며, 이에 戶部·工部·將作監 등의 공식기구는 이름만 있을 뿐 직사는 삼사에 빼앗겨 허구가 되고 말았다. 그러나 고려에서는 성종대에 3성·6부·諸寺의 정부기구가 정상적으로 운영되어 일단 재정 사무는 호부에서 관장하고 있었으므로, 삼사의 기능은 약화되고 기구편성도 단순하게 되었던 것이다.

(3) 삼사의 기능

고려의 삼사의 기능에 대하여《高麗史》백관지에는 모든 중외 전곡의 출납 회계의 사무를 관장하였다고 하였다. 이것은 삼사가 전국 재정의 수입과 지출을 관장하여 고려의 일원적인 재무기관이었음을 말하는 것이다. 이런 면에서 본다면 고려의 삼사는 천하의 財計를 관장한 송 삼사의 그것과 흡사하다고 하겠다. 그러나 실제로 고려의 삼사가 관장한 기능은 송의 그것과는 상당한 차이가 있었다.

고려의 삼사가 실행한 직능 가운데 가장 중요한 것은 租稅와 貢賦에 관한 사무였다. 《高麗史》 식화지 조세조에는 삼사가 조세의 수납과 감면 등에 관한 사무,[92] 또 歲貢을 관장하였음을 보여준다.[93] 즉 삼사는 전곡 수입의 주요 세원인 조세와 공부의 일을 맡았던 것이다.

또한 삼사는 전곡의 지출도 관장하였는데, 그 중요한 것은 녹봉과 賜穀이었다. 《高麗史節要》 예종 2년(1107) 4월조에는 실제로 삼사에서 녹봉을 급여한 사례가 보인다.[94] 給祿 자체는 左倉(뒤의 廣興倉)에서 담당하고 삼사는 祿牌만을 급여하는 사무를 보았을 따름이지만 녹봉의 주무관청은 어디까지나 삼사였던 것이다. 또한 삼사는 졸거한 중신에 대해 賜穀을 하고[95] 多産한 백성에게도 역시 사곡을 하였으며,[96] 또 기근 때 농민들에게 곡식을 주어 진휼하기도 하였다.[97]

이상 삼사가 실제로 집행한 기능을 보면 조세수취·조세감면·세공, 그리고 녹봉·사곡·賑恤·物價折米法 등을 관장하였음을 알 수 있다. 국가의 수입으로서는 조세·세공이 주가 되었고 지출로서는 녹봉·사곡이 중요하였다. 이렇게 보면 고려의 삼사는 백관지에 있는 바와 같이 바로 중외 전곡의 출납 회계를 관장하였다고 할 수 있다.

그러나 실제로 고려의 삼사는 명실공히 일원적인 최고재정기관의 기능을 하지 못하고 있었다. 앞에서 논한 바와 같이 고려에서는 6부의 하나인 戶部와 그 밖의 재정관서(寺·署)가 정상적인 기능을 행사하고 있었으므로 자연히 삼사는 유명무실하게 되지 않을 수 없었다. 고려의 삼사가 송과 같은 3부제도 아니며 그 관원 구성도 방대하지 않은 것은 이 때문이었다.

백관지에는 호부가 戶口·貢賦·錢粮의 사무를 관장하였다고 하였는데, 실제로 호부는 토지·호구·공부·전량·농상 등 전반적인 경제사무를 담당하

92) 《高麗史》 권 78, 志 32, 食貨 1, 田制 租稅 문종 7년 6월 참조.
93) 《高麗史》 권 78, 志 32, 食貨 1, 田制 租稅 정종 7년 정월.
94) 《高麗史節要》 권 7, 예종 2년 4월.
95) 《高麗史節要》 권 5, 문종 20년 2월.
96) 《高麗史》 권 12, 世家 12, 예종 3년 8월.
97) 《高麗史》 권 80, 志 34, 食貨 3, 賑恤 水旱疫癘賑貸之制 현종 7년 9월.

고 있었다. 고려에서는 삼사보다는 호부가 실질적으로 재정사무의 주무 관청 노릇을 하고 있었던 것이다. 문종 4년(1050) 11월 判에 의하면 주현이 水旱蟲霜으로 화곡이 부실할 때 수령이 호부에 신고하면 호부는 삼사에 이를 송부하도록 하고 있는데, 이로 미루어 보면 호부가 삼사의 하부기구가 아닌가 생각케 된다. 그러나 실제로 삼사와 호부는 그 인원 구성도 병렬적으로 동등하였고 관원의 관품과 대우는 오히려 호부가 우세한 편이었다. 다만 삼사가 회계담당의 이속의 수만 많았던 것으로 보아 삼사는 회계를 담당한 이른바 計司로서의 역할만을 맡았던 것 같다.

이와 같이 고려에서는 호부가 재정사무의 주무 관청 노릇을 하고 있었고 삼사는 권력기구가 아닌 단순한 회계기관이었을 뿐이었다. 고려는 비록 송제의 삼사를 채용하였지만 3성·6부가 정상적으로 운영되었기 때문에 기형적인 기구가 될 수밖에 없었다. 그러므로 고려 삼사의 기능이 송의 그것에 비해 보잘 것이 없었던 것은 당연한 일이었다.

(4) 삼사의 변질

삼사는 인종 때부터 무신정권기에 걸쳐 뚜렷한 활동이 보이지 않는다. 그러나 元에 굴복된 충렬왕 때부터는 삼사가 변질된 형태로 나타난다. 이 때는 원의 강요로 모든 관제가 격하되고, 또 都評議使司는 都堂으로서 그 기능을 강화시킨 시기였기 때문에 자연히 삼사에도 변화가 일어난 것이다. 충렬왕 이후에도 삼사의 명칭은 그대로 존속되었지만 그 기구와 기능에는 많은 변화가 있었다.

우선 기구상에 변화가 일어났다. 고려 후기에는 제도적으로 삼사가 두 번이나 혁파되는 운명을 맞이하였다. 충렬왕 34년(1308) 충선왕이 民部(호부)를 개정하여 여기에 삼사·軍器監·都鹽院을 병합시켰다가 곧 환원하였으며,[98] 또한 공민왕 5년(1356) 3성 복구 때 삼사를 폐지하고 그 기능을 상서성에 병합시켰다가 11년(1362)에 다시 삼사를 설치한 사실이다. 그러나 이러한 천대에도 불구하고 고려 후기 삼사의 기구편성은 제도적으로 상승 강화되었다.

첫째 고려 후기에는 삼사의 관직이 단독직으로 바뀌었다. 지금까지의 삼사

98) 《高麗史》 권 76, 志 33, 百官 1, 戶曹.

직은 모두 겸직으로 判三司事는 대개 樞密院使(中樞院使)가 겸하고 三司使는 6尙書 등 타 직이 겸하여 삼사의 전임직이 아니었다. 그러나 충렬왕 이후에는 삼사직이 전임직으로 독립하게 되어 판삼사사나 삼사사 등이 하나의 어엿한 독립직이 되었다.

둘째는 삼사직의 품질이 승격한 점이다. 지금까지 삼사는 겸직인 동시에 그의 품질도 낮은 편이었다. 종래 판삼사사는 추밀원사가 겸하고 삼사사는 6상서보다 하위에 있었으나 충렬왕 때부터는 판삼사사는 그 서열이 수상과 아상의 사이에 놓이고 삼사사도 재상의 열에 끼게 되었다. 이제현의《櫟翁稗說》에 재상의 합좌 때 판삼사사는 亞相의 위에 앉고 左右使는 評理의 상하에 앉는다고 한 것은[99] 이제 판삼사사와 삼사좌우사가 宰樞와 함께 도당에 합작하고 동시에 그들의 지위가 樞臣(密直)보다 상위였음을 나타내는 것이다. 실제로 백관지에도 판삼사사는 종1품이고 삼사좌우사는 정2품으로 승품되어 재상에 들어가고 있다.

셋째는 위에서 본 바와 같이 삼사직이 도당에 앉아 국정에 참여케 되었다는 사실이다. 원래 도당에는 재추만 합좌 회의하였는데 충렬왕 이후에는 삼사직이 전임직이 되는 동시에 품질도 승격하여 재추와 함께 도당에서 국사를 회의 결정하게 되었던 것이다. 이제 고려말에는 宰·樞·三司의 3府가 도당의 구성원이 되었던 것이다.

넷째는 삼사관원의 증가이다. 지금까지는 품관이 겸직이면서도 10인이었는데 이제는 전임직인 동시에 15인으로 증원되었으며 그들의 품질도 역시 승급되고 있다. 특히 禑王 때부터는 삼사에도 門下府와 같이 판사 위에 領事가 설치되고 권신들이 임명되었는데,[100] 이는 삼사가 기구상 크게 강화되었음을 표시하는 것이다.

이상에서 본 바와 같이 고려 후기에는 삼사의 관원 구성이 확대 강화되었다. 삼사의 관원이 겸직에서 독립직으로 바뀌었고 그의 지위와 품질이 높아졌으며 판삼사사와 삼사좌우사도 도당에 합좌하여 국정에 참여케 되고, 또 삼사의 품관의 수가 10인에서 15인으로 증가하는 동시에 특별히 영삼사사가 설치되어

99) 李齊賢,《櫟翁稗說》前集 1, 合坐之禮.
100) 여말에 領三司事에 임명된 사람으로는 崔瑩·李仁任·林堅味·邊安烈·李成桂 등 권신들이 있었다.

기구 편성면으로 크게 승격되었다. 충렬왕 이후 고려의 삼사는 제도적인 기구면에서 확실히 강화되는 변화가 일어났던 것이다.

그러나 이러한 기구상의 강화에도 불구하고 고려 후기의 삼사는 그 기능이 약화되는 역현상이 일어났다. 물론 판삼사사·삼사좌우사, 그리고 영삼사사가 도당에 합좌하여 국사를 의정한 것은 사실이지만 삼사라는 기구의 직능 자체는 오히려 후퇴한 것이다. 전술한 바 인종 이후 그 활동이 보이지 않던 삼사가 충렬왕 이후 변질되면서도 그 기능은 더욱 보잘 것이 없게 되었다. 고려 말 左常侍 金子粹의 상소에 "삼사관의 수가 15에 이르지만 祿牌를 署하는 외에는 餘事가 없다"라 한 것을 보면[101] 고려말의 삼사는 녹패나 서명할 뿐 다른 직사는 없었음을 알 수 있다.

《高麗史節要》를 보면 고려가 멸망하기 1년 전에 삼사의 기능이 환원된 기사가 나온다. 즉 공양왕 3년(1391) 4월에 삼사에 명하여 중외 전곡의 출납을 회계케 하였다는 것이다.[102] 이러한 사무는 본래 삼사의 기본적인 직능이었는데, 이 때 삼사로 하여금 다시 그 직무를 담당케 한 것은 그 이전에는 그렇지 못하고 있었다는 반증이 된다. 고려 후기에 유명무실하였던 삼사의 기능은 이제 고려 멸망 직전에 가서야 회복되기에 이른 것이다.

그 동안 삼사에 대신하여 중외 전곡의 출납을 관장한 것은 바로 都評議使司, 즉 도당이었다. 고려 후기의 최고 정무기관으로 행세하였던 도당이 국가의 전곡 출납도 담당하였던 것이다.[103] 이러한 도당의 비대화가 삼사의 제도적 기구의 확대에도 불구하고 그 기능을 약화시켰던 것이다. 그러나 공양왕 3년의 삼사 기능의 회복에도 불구하고 도당의 일원적인 최고 정무기관으로서의 위치에는 변함이 없었으니 이것이 삼사로 하여금 그 기능을 제약하는 요인이 되었다.

공양왕 3년 이후에도 삼사는 여전히 도당의 지휘를 받아야만 했다. 이는 金子粹의 상소문이나 沈德符의 상언에서 분명하게 드러난다. 즉 전술한 김자수

101) 《高麗史》 권 120, 列傳 33, 金子粹.
102) 《高麗史節要》 권 35, 공양왕 3년 4월.
103) 《高麗史節要》 권 33, 창왕 즉위 8월, 趙浚의 陳時務에 "지금 도평의사사가 중외 官司에 移文하는 것은 모두 出納錢穀·殺生威福·發號施令 등의 일로 관계되는 바가 크다"고 한데서 증명된다.

의 상소문에 삼사관원의 曠職을 비판하면서 지금부터는 중외 전곡의 출납을 먼저 도평의사사에 보고하면 도평의사사는 이를 삼사에 이첩하여 정밀히 회계케 하자고 하였다. 또, 공양왕 4년에 시중 심덕부의 상언에 국가의 錢財 출납은 도평의사사에서 각사에 文牒을 직행하면 각사는 그 출납 액수를 월말마다 삼사에 보고케 하자고 하였다.[104] 이것은 삼사의 기능이 회복한 후에도 국가의 전곡출납을 어디까지나 도평의사사가 일원적으로 통할하되, 다만 출납의 회계사무만은 삼사에서 맡았음을 보여준다. 이와 같이 고려 후기의 허설화된 삼사는 공양왕 때 그 기능을 회복하였지만 그것은 도당에 예속된 상태에서였다. 그리고 이러한 삼사의 지위는 큰 변동 없이 조선에 계승되었던 것이다.[105]

이상에서 본 바와 같이 고려의 삼사는 방대한 재무기관인 송제의 그것을 채용하여 설치되었으나, 전기나 후기를 막론하고 그 기능과 지위는 보잘 것 없었다. 전기에는 당제에 따른 3성·6부의 정부기구가 정상적으로 운영되었기 때문에 삼사는 제자리를 찾을 수 없었고, 후기에는 3성·6부의 공식기구가 허설화되었지만 반면 도당이 최고의 정무기관으로 등장함으로써 역시 삼사는 무력기구로 남을 수밖에 없었다. 이렇게 유명 무실한 삼사는 고려말에 다시 그 기능을 회복하는 듯하였지만 일원적인 최고 기관인 도당이 존재하는 한 삼사의 기능은 제약을 받지 않을 수 없었다. 이렇게 보면 고려의 삼사는 송제를 모방하여 설치되었지만 고려 자체의 정치체제에 따라 특수한 형태가 되고 말았다고 하겠다.

6) 도병마사

(1) 도병마사의 설치

고려의 都兵馬使는 式目都監과 함께 고려 독자적인 정치기구이다. 중국 관제에 따라 정식기구로 나열된 정규 관부가 《高麗史》 백관지에는 본문에 수

---

104) 《高麗史》 권 79, 志 33, 食貨 2, 貨幣 공양왕 4년 4월.

105) 鄭道傳, 《三峯集》 권 7, 朝鮮經國典 上, 治典 錢穀條를 보면, "국가는 三司로서 전곡의 수입하는 수를 관장하고 그 지출에 있어서는 도평의사사의 명을 받아 실행케 하였으니 대개 周官의 遺意에서 얻은 바 있다고 하겠다"라 하였다.

록된 데 반하여 이들 기구는 임시적인 관청으로 간주하여 백관지 말미에 부록의 형식으로 쓴 「諸司都監各色」에 편입되어 있다. 고려 후기에 百僚 서무를 통괄하는 최고 정무기관으로 都堂의 이름까지 가진 도병마사가 백관지 말미에 편입된 것은 그것이 중국제도와 무관한 까닭이었다. 이런 백관지의 서술에 따라 종래 학계에서 도병마사, 즉 후기의 都評議使司(즉 도당)에 대하여 주목하지 않은 것은 충분히 이해가 간다. 그러면 이렇게 중요한 정치기구인 도병마사는 언제 어떻게 설치되었는지 살펴보아야 하겠다.

백관지에 따르면 국초의 도병마사는 충렬왕 5년(1279)에 도평의사사로 개칭되었다고 하였다. 이것은 도병마사가 국초로부터 존재하였다는 것을 의미하는데 그것이 언제인지는 분명하지 않다. 대개 국초라 하면 건국 초기인 태조대를 가리키는 경우가 많지만 실제로 이 때 설치되었는지는 의문이다. 확실히 도병마사가 처음 기록에 나타난 것은 현종대이다. 현종 2년(1011)에 都兵馬錄事를 임명한 기록이 처음 보이고,[106] 6년에는 도병마사가 거란과의 싸움에서 전공이 있는 장군과 군사에게 增級할 것을 청한 사실이 있다.[107] 이것을 보면 적어도 현종 초에는 도병마사가 설치되었음을 알 수 있다.

그러나 도병마사의 기원은 이미 성종 때 나타난 東西北面兵馬使의 判事制에서 구할 수 있을 것 같다. 즉 성종 8년(989)에 동서북면에 병마사를 설치할 때 門下侍中·中書令·尙書令을 判事로 삼아 京城에서 遙領케 하였는데,[108] 이 兵馬判事가 도병마사의 모체가 되었다고 생각된다. 도병마사는 양계의 병마사를 중앙에서 통령하는 기능을 가졌기 때문이다. 단 성종 8년의 병마판사제에 관한 기사에 문제가 없는 것은 아니다. 문하시중·중서령·상서령인 3성의 장관이 병마판사가 되었다고 하였지만 이 때 실제로 존재한 것은 문하시중 뿐이고 중서령·상서령은 허직이었기 때문이다. 아마 이것은 뒤에 도병마사의 판사가 宰臣으로 구성된 것을 이렇게 표현한 것으로 보인다. 성종 10년(991)의 中樞院이 설치되어 이들 樞臣이 도병마사의 使가 됨으로써 현종 초에 이르는 사이에 고려의 도병마사제는 완성되었다고 하겠다.[109]

---

106) 《高麗史節要》 권 3, 현종 2년 정월.
107) 《高麗史》 권 4, 世家 4, 현종 6년 7월.
108) 《高麗史》 권 77, 志 31, 百官 2, 外職 兵馬使.
109) 邊太燮, 〈高麗 都堂考〉(《歷史敎育》 11·12, 1969 ; 《高麗政治制度史硏究》, 一潮閣, 1971).

(2) 도병마사의 구성

성종 8년의 병마판사는 문하시중·중서령·상서령, 즉 3성의 장관이었다. 하지만 실제로 도병마사의 관원 구성은 자못 다르다. 이제 문종 관제에 따른 도병마사의 관원 구성을 보면 다음 〈표 11〉과 같다.

〈표 11〉 都兵馬使의 官員構成

判　事		侍中·平章事·參知政事·政堂文學·知門下省事
使		6樞密 및 職事 3品 이상
副　使	6인	正4品 이상 卿·監·侍郎
判　官	6인	少卿 이하
錄　事	8인	甲科權務
吏　屬	25인	記事(12)·記官(8)·書者(4)·算士(1)

이 표를 보면 도병마사는 宰·樞로 임명된 判事·使와 副使·判官 등 12인과 錄事 8인, 그리고 吏屬 25인으로 구성되고 있다. 이 가운데 도병마사의 정식 회의원은 역시 판사와 사였던 것 같다. 이것은《高麗史》에서 도평의사사는 무릇 국가의 대사가 있으면 사 이상이 회의하여 합좌의 명칭이 있었다고 한데서 알 수 있다.[110] 이 기사는 이제현의《櫟翁稗說》에서 국가가 도병마사를 설치하여 侍中·平章事·參知政事·政堂文學·知門下省事로 판사를 삼고 判樞密 이하로 사를 삼아 대사가 있을 때 회의를 하였다는 자료를 채용한 것이었다. 판사로 임명된 시중 이하 재신은 바로 중서문하성의 5宰이다.《高麗史》에서는 사는 6추밀과 직사 3품 이상관으로 임명되었다고 하였는데, 대개 중추원의 추신은 정3품관인 6尙書나 御史大夫·左右常侍 등을 겸하는 것이 통례였으므로 이들을 가리킨 것 같다. 물론 6추밀은 고려시대 5재·7추라는 일반적인 용례와 비교할 때 문제가 있지만 도병마사의 정회원인 판사와 사가 재추로 임명되었음을 알 수 있다.

그러나 실제로는 재추가 자동적으로 도병마사의 판사와 사에 임명된 것

---

110)《高麗史》권 77, 志 31, 百官 2, 諸司都監各色 都評議使司.

같지 않다. 가령 徐訥은 德宗 때 문하시중이 되었는데 그 후 靖宗 때 가서야 判都兵馬使에 임명된 사실은 이를 보여준다.[111] 또한 中樞使 吏部尙書 王寵之가 도병마사가 되었는데 그 후 內史侍郎을 거쳐 門下侍郎平章事에 승진하는 동안 그대로 도병마사를 겸하고 있다가 뒤에 이 병마사직만을 사직하려 상장하였으나 왕이 윤허치 않았던 것도,[112] 도병마사의 판사와 사가 자동적으로 재추에 겸직하도록 규정된 것이 아니었음을 나타낸다. 재신 중에서 도병마사의 판사가 임명되고 추밀 중에서 사가 임명된 것은 사실이지만, 재추라 하여 모든 구성원이 무조건 겸임된 것이 아니라 특정한 사람만 임명된 것 같다.[113] 단 앞의 서눌의 예에도 불구하고 문하시중은 자동적으로 판사를 겸하여 의장이 되는 것이 원칙이었던 것 같다.

고려 후기의 도평의사사와 다른 또 하나의 특징은 판사·사 뿐 아니라 그 밑의 부사·판관도 회의에 참여하였다는 사실이다. 부사·판관 각 6인이 叅上 이상관의 타 직으로 겸임된 사람들인 까닭에 이들도 도병마사에서 발언권을 가졌을 것임은 충분히 짐작할 수 있다. 실제로 정종 5년(1039)에 도병마부사 朴成傑이 東路 靜邊鎭의 축성을 청한 사실이나[114] 예종 4년(1109)에 재추 이하 문무 3품 이상관을 宣政殿에 모이게 하여 9城의 환부를 물을 때 도병마판관 이상을 참여케 한 것은[115] 이를 나타낸다. 고려 전기의 도병마사에서는 판사·사와 더불어 부사·판관도 회의에 참여한 것으로 보인다.

(3) 도병마사의 기능

도병마사의 설치 동기가 현지에 부임한 兩界兵馬使를 중앙에서 통령하기 위한 데 비롯하였으므로 그 기능은 당연히 변경의 군사적인 문제를 의론·결정하는 것이었다. 백관지 도평의사사에는 "凡有大事 使以上會議"라 하여 국

111) 《高麗史》 권 94, 列傳 7, 徐訥.
112) 《高麗史》 권 95, 列傳 8, 王寵之.
113) 재신이라 하여 반드시 判事가 되었는지도 의문이다. 앞에 서술한 王寵之는 中樞使일 때 使였지만 그 후 門下侍郎平章事의 재신이 된 후에도 「使」職의 사임을 요청하였기 때문이다. 의종 2년 정월에 參知政事 李仁實이 權判都兵馬事였다는 점도 재신이 정식 판사가 아닐 때도 있었음을 보여준다.
114) 《高麗史節要》 권 4, 정종 5년 9월.
115) 《高麗史》 권 13, 世家 13, 예종 4년 7월.

가의 대사를 회의하였다고 하지만 실제로 고려 전기에는 국방·군사관계의 일을 관장하였다.

이러한 사실은 《高麗史》의 도병마사에 관한 기록에도 여실히 드러난다. 즉 뒤에 도평의사사로 변질되기까지의 실제 기능은 양계 將卒에 대한 상벌, 변경 州鎭民에 대한 진휼, 양계의 축성·屯田·군사훈련, 국경문제 및 대외관계 등을 논의하는 것이었다. 이것은 고려 전기의 도병마사가 어디까지나 변경·군사·대외문제 등 국방관계의 회의기관임을 보여준다.

또한 도병마사는 이들 국방문제 뿐 아니라 일반 민생문제도 관여하였다. 처음에는 양계민의 생활 안정에 대하여 의논하였지만 시간이 흐름에 따라 점차 지역적으로 확대되어 점차 準邊境 지방으로 넓혀지고 마침내 의종 때에는 내외 인민 전반의 구휼 방법을 의논하게 되었다. 이러한 도병마사의 민생문제의 관장과 특히 그의 전국적인 확대는 도병마사의 기능의 강화·확대를 뜻한다.

이들 《高麗史》에 보이는 도병마사의 활동은 국왕에 대한 請奏가 대부분이다. 이것은 도병마사가 어떤 실무의 집행기관이 아니라 순전히 회의기관이었음을 반영한다. 그러나 도병마사의 上奏가 비교적 자주 나오고 또 그것이 거의 그대로 채택 실행된 것으로 보아 고려 전기 도병마사의 권한이 매우 컸음을 알 수 있다.

(4) 도평의사사로의 개편

고려 전기에 자주 나오던 도병마사의 기록이 무신란 후에는 전혀 보이지 않는다. 그 이유는 확실치 않으나 무신정권이 재추의 도병마사 기능을 제약하였을 가능성이 있다. 그러나 崔氏政權의 말기인 고종 후년에 가서 도병마사는 새로운 모습으로 다시 등장한다. 그런데 이 때의 도병마사는 이미 전의 그것과는 자못 다른 면이 있었다.

고종 45년(1258)의 기사에 의하면 按察使가 지방관리의 탐학을 도병마사에 탄핵 보고하였으며, 또한 도병마사를 「都堂」이라 칭하고 도병다녹사를 「堂吏」라고 일컬음을 볼 수 있다.[116] 도당이란 이름은 도병마사가 재상들의 정치 중심지임을 표시하는 뜻이 된다. 같은 해 「都兵馬宰樞所」가 공신에 대한 포상을

116) 《高麗史節要》 권 17, 고종 45년 정월.

상주하였는데[117] 이것은 도병마사가 재추로 구성된 사실을 보여준다. 뒤에 가서는 도당을 곧 宰樞所라고도 정하였기 때문이다.

고종 말에는 「兩府合坐」란 말이 나온다.[118] 이 양부합좌란 곧 재추들이 합좌 회의하는 도병마사를 가리킨다. 이제 고종 말기에는 도병마사가 양부재추로 구성되고 국가의 대사를 합좌 회의하는 중요 기구로 변질된 것이다. 종래의 도병마사는 재추 가운데 특정인만이 판사·사에 임명되고 그 밑의 부사·판사도 회의원이 되었는데, 이제는 부사·판관은 보이지 않는 대신 재추 전원이 정회원으로 합좌하게 되었다. 또한 그 기능도 종래에는 국방·군사관계에 한정되었던 것이 이제는 중요 국사 전반에 걸쳐 합작하는 명실상부한 「도당」이 되었던 것이다.

이러한 도병마사의 都堂化는 마침내 충렬왕 5년(1279) 도평의사사로 승격하는 결과를 초래하였다. 누구나 다 아는 바와 같이 고려는 충렬왕 원년에 모든 관제를 격하시켜 3성을 합하여 僉議府로 일원화하고 尙書 6部는 4司로 축소시켰으며 그 밖의 다른 관부도 개편하였다. 그러나 도병마사만은 그대로 계속하다가 4년 후인 충렬왕 5년에 가서야 도평의사사로 개칭한 것이다. 다른 고려 관제는 元의 제도와 비슷하여 참월하다는 이유로 격하 개편하였지만 도병마사는 고려 독자적인 제도였기 때문에 개칭할 필요가 없어 그대로 존속하였는데, 이제 도병마사가 병마에 대한 문제 뿐 아니라 국사 전반에 걸친 광범한 문제를 회의하고 재추 전원에 의한 「도당」으로 승격하였으므로 그에 알맞은 칭호인 도평의사사로 바뀐 것이다. 즉 도병마사의 도평의사사로의 개칭은 원의 간섭에 의한 것이 아니라 그 구성과 기능의 확대에 따라 고려 자체의 필요성에서 이룬 것이었다.

(5) 도평의사사 기구의 확대

고종 말년에 이미 도병마사는 종래의 관원 구성에서 탈피하여 재추의 합좌기관으로 화하였음은 앞에서 살핀 바 있다. 이제 도병마사는 고려의 재상이라 할 수 있는 재신과 추신의 회의기관으로 승격한 것이다. 앞에서 든 바《櫟

117)《高麗史節要》권 17, 고종 45년 7월.
118)《高麗史》권 123, 列傳 36, 嬖行 1, 白勝賢.

翁稗說》에서 도병마사는 시중·평장사·참지정사·정당문학·지문하성사로 판사를 삼고 판추밀 이하로 사를 삼았다 하고, 《高麗史》 백관지에도 시중 이하 5재를 판사로 삼고 6추밀 및 직사 3품 이상으로 사를 삼았다 한 것은, 이러한 재추가 판사·사가 되어 정식 회의원이 되었음을 나타낸다. 특히 백관지에 도평의사사로 개칭된 이후에는 국가대사를 僉議(재신)·密直(추신)이 항상 합작하였다 하였으니, 이제 고려 후기의 도당이 재신과 추신을 구성원으로 삼을 만큼 확대되었음을 알 수 있다.

그런데 고려 후기에는 이들 재추뿐만 아니라 三司의 관원도 도당의 회의원이 되게끔 확대되었다. 즉 충렬왕 때는 삼사도 재추와 함께 재상으로서 도당의 구성원이 되었다. 《櫟翁稗說》의 도평의사사조에 지금은 첨의·밀직이 증원되고 여기에 또 각각 商議의 관원이 있었으며, 삼사의 판사와 左右使도 재신열에 끼어 도당에 합좌하였다고 한 것은, 재추와 함께 삼사도 정식 회의원이 되었음을 표현한 것이다. 더욱이 昌王 때에는 開城·厚德(禑王 謹妃의 立府)·慈惠府(恭愍王 益妃의 立府)의 판사와 尹도 도평의사사를 겸하게 하였으며, 또한 藝文館員도 이에 포함한 듯하다.

이제 도당은 재·추·삼사의 요원으로 회의원을 구성하였던 만큼 그 수가 증가하였음은 당연한 일이다. 그런데 고려 후기에는 재추의 수 자체가 증원되었는데, 그것은 앞에서 살핀 《櫟翁稗說》의 서술로써 알 수 있다. 더욱이 《櫟翁稗說》에는 증원된 재추에 다시 商議까지 더하여 그 수가 엄청나게 증가되었다고 하였다. 상의란 정식 직사자가 아닌 재추로 비록 도당회의에 참여하였지만 서명권이 없었으나 뒤에는 그들도 서명권을 가지고 국정에 참여하였다. 이리하여 고려 말기에 가서는 재·추 외에 삼사의 요원까지 도당에 합좌하고 다시 여기 상의까지 포함되어 도당의 회의원은 확대 일로에 있었던 것이다.

충렬왕 24년(1298) 충선왕 즉위 후의 下敎에서 재추의 수가 古制의 배나 되어 의정하는데 어려움이 많다고 한 바 있으며,[119] 우왕 2년(1376) 金續命은 원래 양부는 5재·7추뿐이었는데 지금은 하루에 제수되는 재추가 50인이 되었다고 한탄하였다.[120] 그런데 실제 그 해 말에 임명된 재추는 59명이나 되었다.[121]

---

119) 《高麗史節要》 권 22, 충렬왕 24년 및 충선왕 즉위년 5월.
120) 《高麗史節要》 권 30, 우왕 2년 3월.
121) 《高麗史節要》 권 30, 우왕 2년 12월.

그 후에도 재추의 수는 계속 증가하였는데 우왕 5년 간관의 上言에는 당시 양부의 수는 60명이나 되었다 하였고,[122] 창왕 즉위(1388) 8월 趙浚의 陳時務에서는 근래 도당에 합좌하여 국정에 참여하는 재상이 6·70인에 이르렀다 하였으며,[123] 恭讓王 원년(1389) 郞舍 具成祐 등의 상소에는 재추의 수가 7·80인이나 되었다고 하였다.[124]

이와 같이 도당에 합좌하는 재추의 수는 증가일로였는데 이는 그만큼 도당의 지위를 높이는 요인이 되었다. 그러나 이러한 도당 회의원의 과다한 증가는 오히려 도당의 의정활동에 불편을 가져오는 부작용을 일으켜 이를 타개하기 위해 內宰樞制를 만들었다. 충렬왕 4년(1278) 재추가 많아 의정에 부적합함이 있다 하여 새로이 必闍赤을 두고 禁中에서 常會하여 기무를 참결케 하여 이를 別廳宰樞라 불렀는데[125] 이것이 내재추제의 기원이 된다. 우왕 때 林堅味 등이 내재추에 임명되어 항상 금중에서 왕명의 출납을 관장하였는데,[126] 이로 인한 다른 재추의 국정에서의 소외는 공민왕 20년(1371) 羅州牧使 李進修로 하여금 내재추 폐지의 상소를 올리게끔 만들었던 것이다.[127] 그러나 도당 회의원의 관직 확대와 그 수의 증가는 제도적으로 도당의 지위를 높이는데 절대적인 계기를 마련하였음이 확실하다.[128]

고려 후기 도당기구의 변질 중 중요한 것은 그 안에 행정기구가 정비된 점이다. 상부구조에 있어서의 회의원 증가와 함께 하부구조로서 행정사무를 담당한 기구와 기능이 확충 정비되었으니, 이는 도평의사사가 도당으로서 최고 정무기관이 된 이상 당연한 일이었다.

원래 도병마사에 甲科權務로 임명된 錄事 8인이 이속을 통솔하고 있었다. 이들 녹사는 재추의 합좌 때 먼저 앞에서 안건을 말하고 회의원 사이를 돌

122) 《高麗史節要》 권 31, 우왕 5년 정월.
123) 《高麗史節要》 권 33, 우왕 14년(창왕 즉위) 8월.
124) 《高麗史》 권 75, 志 29, 選擧 3, 銓注 공양왕 원년 12월.
125) 《高麗史節要》 권 20, 충렬왕 4년 10월.
126) 《高麗史》 권 126, 列傳 39, 姦臣 1, 林堅味.
127) 《高麗史》 권 43, 世家 43, 공민왕 20년 7월.
128) 《高麗史》 권 77, 志 31, 百官 2, 都評議使司. 이 때 藝文館員도 포함되었던 것은 공양왕 2년 門下府·三司·密直司의 정원으로 判司事·同判司事·兼司事를 삼고 그 밖의 商議와 開城府, 藝文館員은 제외되었다는 것으로 짐작된다.

아다니며 논의를 정한 연후에 시행토록 하는[129] 이른바 堂吏로서의 직능을 지녔던 것이다. 그런데 공민왕 때부터는 도당에 6色掌이 있어 도당 합좌 때 의론할 사항을 가지고 사무를 본다고 하였는데, 이들이 앞의 녹사의 후신으로 보인다.[130] 이 6색장은 6전 체제의 이름을 가진 것으로 보아 6部의 일을 직접 관장하였음을 알 수 있다.

이 6색장은 창왕 때 정식으로 6방녹사로 개편되었다. 즉 창왕 때 도평의사사의 6색장을 吏·禮·戶·刑·兵·工의 6방 녹사로 고치고 여기에 또한 知印 10인과 宣差 10인을 두었던 것이다.[131] 이제 6색장은 6방녹사로 정비되었고 그 밖의 중앙 여러 관아의 일을 보는 10인의 지인과 지방에 使外하는 선차 10인을 둠으로써 도당이 내외를 총령하게 되었던 것이다.

이리하여 도평의사사는 상부에 재추와 하부에 사무요원으로 구성되었으며 이들의 청사도 구분되었다. 공양왕 2년(1390)에 새로 건립된 도평의사사 청사는 중앙에 使司廳이 있고 좌우에 首領官廳이 있었으니,[132] 여기에 재추 합좌소와 사무관청이 나뉘어 있었음을 볼 수 있다.

도당의 행정사무 기능은 마침내 공양왕 때에 이르러 사무관청인 經歷司의 설치를 보게 되었다. 즉 공양왕 2년에 6방 녹사를 통할하는 경력사를 설치하고 여기에 3·4품의 經歷 1인과 5·6품의 都事 1인을 두었다 한다.[133] 이제 도당에는 경력사가 설치되어 3·4품의 고위 관직으로 경력을 임명함으로써 행정기구의 성격이 강화되었고, 그들은 새로 지은 수령 관청에서 집무하였던 것이다.

이와 같이 도당은 고려 후기로 갈수록 상층부의 회의원 임명의 관부가 확대되고 그 수가 증가하였으며, 또한 하층부의 사무처가 정비 강화되었다. 이러한 도당의 기구확대는 그에 비례하여 그 기능의 확충을 초래케 하였을 것은 당연한 일이다.

---

129) 李齊賢, 《櫟翁稗說》 前集 1, 合坐之禮.
130) 《高麗史》 권 84, 志 38, 刑法 1, 職制 공민왕 8년 7월.
131) 《高麗史》 권 77, 志 31, 百官 2, 都評議使司.
132) 鄭道傳, 《三峯集》 권 4, 高麗新作都評議使司廳記.
133) 《高麗史》 권 77, 志 31, 百官 2, 都評議使司 공민왕 2년.

(6) 도평의사사의 기능 확충

도당기구의 확대와 정비는 그 기능의 확충을 가져오게 하였다. 고려 전기의 도병마사가 국방·군사문제만을 의논한 데 대하여 이미 고종 이후에는 국가 중대사를 합의하는 宰樞合坐制로 변질되었으나 충렬왕 때 도평의사사로 개칭되면서 이러한 기능은 보다 확대되었다. 실제로 고려 후기의 도당의 議政機關으로서의 내용은 田制·租稅·刑獄·儀禮·銓注·軍事·對外關係 등 내외의 모든 중대사가 해당되고 이러한 안건은 도당에 합좌한 재추들의 합의와 서명으로 시행케 되었던 것이다.[134]

이러한 합좌기관으로서의 도당의 기능은 이전보다 확충되었지만, 그러나 무엇보다도 고려 후기 도당 기능의 커다란 변질은 그것이 합의기능 뿐 아니라 행정기능도 가졌다는 점이다. 즉 도평의사사는 국가 중대사를 회의하였을 뿐 아니라 여기서 결정된 사항을 실제로 시행하는 집행기구가 되었던 것이다. 앞에서 본 바 도평의사사에 직접 행정사무를 맡은 6색장 또는 6방녹사, 그리고 이를 통할하는 사무처인 경력사를 설치한 것은 이러한 행정기능에서 비롯된 것이었다.

이제 도당은 중외 官司를 통령하는 최고 정무기구가 되었다. 공민왕 20년(1371) 12월 교서에서 百僚 서무는 도당에서 摠斷하는 바 중앙의 모든 관서는 도당을 통하여 지방관에게 하첩하라고 명하고 있는 것은 이를 나타낸다.[135] 중앙정부의 공문이 도당을 통하여 諸道按廉使에게 하달되는 동시에 또한 지방에서 올라오는 공문도 제도안렴사가 직접 도당에 올리게 되었다. 고려 후기 도당은 중앙 諸司를 총령하고 지방의 제도안렴사에게 직첩하는 명실공히 일원적인 중앙 최고 정무·행정기관이 되었던 것이다.

이러한 도당의 국가행정의 관장은 종래의 상서 6부의 기능을 무력화시켰을 것은 당연하다. 백관지 서문에 都堂權의 확대로 6부는 허설이 되고 백사는 계통을 유지하지 못하게 되었다고 쓴 것은 이를 표현한 것이다. 실제로 공양왕 4년(1392)에는 각사가 受稟할 일은 6曹를 통하지 않고 도당에 直報하게끔 법제

---

134) 宰樞入坐法에 대하여는 앞의《櫟翁稗說》에 잘 서술되어 있고, 합좌소의 모습과 서명의 방법 등은《高麗史》권 84, 志 38, 刑法 1, 職制 공민왕 8년 7월에 나타나 있다.

135)《高麗史》권 84, 志 38, 刑法 1, 職制.

화되기에 이른 것이다.

이와 같이 고려말의 도당은 재추가 국정을 합좌 회의할 뿐 아니라 국가 모든 사무를 직접 시행하는 사무행정 기능도 갖게 되었다. 중앙의 백사도 도당을 통하여 지방의 제도안렴사에게 하첩하고 반면 제도안렴사도 중앙의 도당에 상첩하였으며, 王旨도 역시 도당을 경유하여 시행케 되고 왕에게 올린 상소문도 다시 도당에 내려 의논케 하였으니, 도당은 완전히 정치·행정의 최고 중심기관이 되었다. 여말에 조준이 本朝의 제도는 도당이 百揆를 총할하고 號令을 반포하는 기관이었다고 말한 것은 그 단적인 표현이라 하겠다.[136]

처음 고려의 정치체제는 3성·6부를 바탕으로 한 것이었다. 중서문하성이 최고 정무기관이 되고 상서 6부에서 국무를 분담 시행하였으며, 여기에 중추원이 추가 설치되어 재추가 국가대사를 의논하였다. 그러나 고려 후기에는 이러한 정치체제에 일대 변동이 일어났으니 그것은 도평의사사체제로의 전환이었다. 이제 후기에는 도평의사사가 도당의 호를 가질 만큼 일원적인 최고 정무·행정기관의 지위로 승격하여 百僚 庶務를 총단하는 권력기구의 총본산이 되었던 것이다.

7) 식목도감

(1) 식목도감의 설치와 구성

式目都監은《高麗史》百官志에 중앙관제 본문이 아니라 말미에 「諸司都監各色」이라고 부록 형식의 細註로 실려 있다. 식목도감은 都評議使司(처음의 都兵馬使)와 함께 宰樞들이 국가 내외의 중대사를 회의 결정하는 중요 기구였으나 중국 관계와 다른 고려의 독자적인 임시기관이었기 때문에 부록에 실리는 천대를 받아야 했다. 종래 도평의사사와 식목도감이 都堂이라고 불리우는 최고 기관이었으면서도 고려 정치제도에서 무시된 이유도 여기에 비롯한 것이었다.[137]

도평의사사와 식목도감은 전혀 별개의 직능을 가진 독립된 회의기관 이

136)《高麗史節要》권 34, 공민왕 원년 12월.
137) 式目都監에 대한 논문으로는 邊太燮, 〈高麗의 式目都監〉(《歷史敎育》15, 1973)이 있을 따름이다.

었다. 그것은 같은 시기에 양자가 함께 존재하였던 사실로 증명된다. 따라서 백관지에서도 도평의사사와 식목도감은 따로 항목을 설정하였던 것이다. 그러나《高麗史》찬자는 이들 두 기관을 처리하는데 크게 고민하지 않을 수 없었다. 그것은《高麗史》편찬에 많이 이용한 李齊賢의《櫟翁稗說》에 "도병마사를 뒤에 都評議使로 개칭하였는데 또한 式目都監使라고도 칭하였다" 하여 양자를 동일시하고 있기 때문이었다. 이에 따라《高麗史》편찬자는《櫟翁稗說》의 도평의사사 내용을 전재하면서도 식목도감을 별개의 항목으로 설정하였기 때문에 부득이 "或稱爲式目都監使"라는 구절을 삭제하지 않을 수 없었다.

그러면 과연 도병마사(도평의사사)와 식목도감은 별개의 기관이었는가, 만약 별개의 기관이었다면 양자의 기능은 각각 어떻게 달랐으며, 이제현이 두 기관을 동일시한 이유는 어디에 있는가 하는 문제점을 해결해 보고자 한다. 전술한 바와 같이 양 기관은 동시대에 독립하여 함께 존재하였기 때문에 일단 다른 회의기관으로 보고 식목도감의 설치와 구성부터 살펴보기로 하겠다.

백관지에는 식목도감에 대하여 文宗朝 관원 구성을 썼을 뿐 언제 설치되었다는 기록은 나오지 않는다. 실제로《高麗史》에 식목도감의 기사가 보이는 것은 현종 14년(1023)에 식목도감이 詹事府의 公廨田을 의논하여 정하고 또 첨사부 관원의 給從數를 아뢰어 정했다는 기사가 처음이다.[138] 그러나 식목도감은 宰樞를 중심으로 구성된 회의기관이란 점에서 唐·宋의 제도와 다른 독자적인 기구란 점에서도 도병마사와 유사하므로 도병마사가 성립된 시기인 성종조부터 현종조 사이에 설치되었다고 보여진다.

그러면 식목도감의 관원 구성은 어떠하였을까. 식목도감은 정식 행정관서가 아니라 하나의 회의기관이었기 때문에 그 관원은 타 직으로 임명된 회의원의 성격을 띠지 않을 수 없었다. 이제《高麗史》에 기록된 식목도감의 관원 구성을 문종조 관제로 표로 만들면 〈표 12〉와 같다.

이 표를 보면 식목도감은 省宰로 임명된 使 2인, 정3품 이상의 副使 4인, 5품 이상의 判官 6인, 그리고 甲科權務의 錄事 8인 등 도합 20인으로 구성되어 있었다.

---

138)《高麗史》권 78, 志 32, 食貨 1, 田制 公廨田.
《高麗史》권 72, 志 26, 輿服, 鹵簿 百官儀從.

〈표 12〉 式目都監의 官員構成(文宗朝)

使	2인	省 宰
副 使	4인	正3品 이상
判 官	6인	5品 이상
錄 事	8인	甲科權務

이 식목도감의 관원 구성은 같은 회의기관인 도병마사의 그것과 기본적으로 유사하였음을 나타내고 있다. 도병마사가 성재로 判事를 삼고 3품 이상 추신이 使가 된 것은 식목도감이 성재로 사를 삼고 정3품 이상으로 부사를 삼은 것과 서로 통하며 그 이하 판관·녹사도 인원수나 관질도 비슷하다. 다만 차이가 있다면 도병마사에는 최고직으로 판사가 있는데 대하여 식목도감은 사가 최고직임이며 성재의 수도 2인으로 적었다는 점이 다를 뿐이다. 그러므로 식목도감은 도병마사와 똑같은 회의기관으로 기본적인 관원 구성이 유사하였으나 약간 격이 떨어졌다고 할 수 있다.

식목도감의 최고직인 사 2인은 성재로 임명되었는데 실제르는 首相인 門下侍中이 임명되는 것이 원칙이었다. 고려에서는 수상이 자동적으로 도병마사의 판사가 되고 동시에 식목도감의 사가 되어 양 기관의 의장이 되는 제도를 시행하였던 것이다. 성재 2인이라 한 것을 보면 문하시중 이외의 또 한 사람의 재신이 사가 된 것 같다. 식목도감의 부사는 정3품 이상이 임명되었는데 이것은 6樞密 및 職事 3품 이상이 겸하였고 도병마사의 사와 맞먹는 지위로 보여진다. 그렇다면 식목도감의 부사도 역시 도병마사의 사와 같이 3품직을 겸한 추밀을 임명하는 것이 보통이었다고 생각된다. 이것은 식목도감도 도병마사와 같이 재·추로 임명된 사·부사를 정식 회의원으로 삼은 것을 나타낸다.

이와 같이 식목도감의 정식 회의원이 재추로 구성된 사·부사이지만 그 확대회의에는 판관도 포함되었을 것은 도병마사의 예에서 짐작할 수 있다.[139] 이에 반하여 式目錄事는 순전히 사무직이었다. 식목논사는 刀筆吏인 갑과권무로 임명되었는데 이들은 회의원이 되지 못하고 회의에서 결정된 사

139) 邊太燮, 〈高麗都堂考〉(《歷史敎育》 11·12, 1969 ; 《高麗政治制度史研究》, 一潮閣, 1971), 89~90쪽.

항을 처리하는 실무 사무원에 불과하였던 것이다.

식목도감에는 도병마사에 있는 吏屬이 보이지 않는다. 식목도감도 하나의 독립된 기관이므로 당연히 실무 잡사를 처리하는 이속이 없을 수 없다. 이것은 〈諸司都監各色〉에 또 하나의 기구로 立項된 會議都監에 이속이 없는 것과 서로 통한다. 아마 이것은 뒤에서 살펴보려는 바와 같이 도병마사와 식목도감이 같은 會議都監으로 지칭되어 도병마사의 이속이 모든 사무를 처리한 데서 비롯한 것이 아닌가 추측된다.

(2) 식목도감의 기능

식목도감의 기능에 대하여는《高麗史》忠宣王 2년의 교서에서 邦國重事를 관장하였다고 쓰여 있다. 그러나 이것은 고려 후기의 식목도감을 말하였을 따름이고 원래의 그것은 아니었다. 그러면 식목도감 본래의 기능은 무엇이었을까.

식목도감의 기능이 그 관서명인「式目」과 관계가 있었을 것은 두 말할 나위가 없다. 식목이란 格式·條目을 일컫는다.

> 고려의 制度·條格이 역사에 빠지고 간략함이 많은데 지금 古今詳定禮·式目編修錄 및 諸家의 雜錄을 취하여 諸志를 만든다(《高麗史》凡例).

위에서 말하는 〈式目編修錄〉이 제도·조격과 관계가 있음을 표시한 것이다. 그러므로 식목도감이 제도·격식을 관장한 기관이었음은 확실하다 하겠다.

구체적으로《高麗史》에 나타난 식목도감의 기능을 보면 전술한 바 현종 14년의 첨사부의 공해전과 관원의 給從數 제정을 비롯하여 주군의 僧官印을 수납하고[140] 氏族不錄者나 雜路 및 흠 있는 가문 출신의 登仕문제,[141] 三禮·三傳業 출신자의 서용,[142] 學式의 제정,[143] 관리 품질의 승진,[144] 그리고 判案의 소장[145]

140)《高麗史》권 6, 世家 6, 정종 원년 10월.
141)《高麗史》권 95, 列傳 8, 崔冲·李子淵·金元鼎.
142)《高麗史》권 73, 志 27, 選擧 1, 科目 숙종 7년 윤 6월.
《高麗史》권 74, 志 28, 選擧 2, 科目 崇奬之典 숙종 7년 7월.
143)《高麗史》권 74, 志 28, 選擧 2, 學校 인종조.
144)《高麗史》권 75, 志 29, 選擧 3, 銓注 選法 신종 5년 4월.
145)《高麗史》권 100, 列傳 13, 杜景升.

등이 있다. 이것은 식목도감이 바로 격식·법규를 제정하는 기능을 가졌음을 표시하는 것이다. 특히 여기서는 관리 등용의 신분제한 문제를 많이 논의하여 식목도감이 귀족사회 유지에 밑받침이 되었다는 느낌을 갖게 한다.

식목도감의 기능 중에서 주목되는 것은 판안의 소장이다. 식목도감은 제도·격식을 의정하였을 뿐 아니라 결정된 내용의 기록을 간직하여 후대의 참고로 이용케 한 것이다. 《高麗史》의 諸志를 작성하는데 이용한 앞의 〈式目編修錄〉이나 禮志에 이용된 〈式目編錄〉(두 책은 동일한 것으로 추정됨), 또한 고려의 兩界州縣軍 편성 등을 수록한 〈高麗式目形止案〉[146] 등은 바로 이러한 법제의 기록이라 생각된다. 즉 식목도감은 의논 결정된 내용의 자료를 보관하여 후세의 龜鏡으로 삼아 稽考케 하였던 것이다.

이와 같이 식목도감은 법제에 관한 문제를 관장하였으나 그것은 사무처리를 하는 행정기관이 아니라 중요 안건을 회의하는 기관이었음을 잊어서는 안될 것 같다. 그것은 도병마사가 변경·군사에 대한 문제를 회의하는 기관인 점과 동일하였다. 그러므로 고려는 법제·격식 등 대내적인 문제를 재추를 중심으로 한 식목도감의 회의원으로 의논케 하는 동시에 변경·군사 등 대외적인 문제는 역시 재추를 주로 한 도병마사에서 의논 결정케 하였던 것이다. 이와 같이 식목도감과 도병마사는 재추로 구성된 회의기관이란 점에서 동일하였기 때문에 비록 그들 기능은 구분되었지만, 때에 따라서는 식목도감에서 군사문제를 다루기도 하고 도병마사에서 법제문제를 취급하기도 하였다. 그러나 식목도감의 정식 기능은 어디까지나 제도·법규 등 내부적인 중요 문제를 회의하고 결정하는 회의기관이란 점에는 틀림이 없었던 것이다.

(3) 식목도감의 변질

식목도감과 도병마사는 국내외의 중요사를 의논 결정하는 재추들의 회의기관으로 양자는 동등한 위치로 병립하였다. 그러나 앞에서도 살폈던 것처럼 식목도감은 도병마사에 비하여 그 관원 구성에 있어서 약간이나마 격이 떨어졌을 뿐 아니라 실제 그 활동에 있어서도 약세를 면치 못하고 있었다. 무신

146) 《文宗實錄》 권 6, 문종 즉위년 10월 기묘.

란 전에 있어서 도병마사의 활동 기사가 상당히 많고 그것이 자못 권력기구였음을 나타내는 반면 식목도감은 그 활동도 미미하여 상당한 차이가 있다. 이제 같은 재추로 구성된 두 회의기관 사이에 어떤 변화가 일어날 것은 반드시 이르게 될 사실이었다.

도병마사는 고종 때부터 「都堂」의 칭을 갖고 종래의 대외적인 국방문제를 넘어서 모든 국정의 중심 기관으로 대두되었다. 더욱이 충렬왕조에 도병마사가 도평의사사로 승격하면서 그 지위는 한결 높아지게 되었다. 이러한 도병마사(도평의사사)의 都堂化는 식목도감으로 하여금 그에 종속하는 관계로 격하케 되었다. 이제는 식목도감이 단순히 식목녹사가 일을 처리하는데 그치는 무력기구로 전락되었던 것이다.

이러한 식목도감이 일약 그 지위를 격상시킨 일대 변동이 일어났다. 충선왕이 식목도감의 구성과 기능을 확대 강화시킨 것이다. 즉 충선왕 2년(1310)에 식목도감으로 하여금 나라의 중대사를 관장케 하고 僉議政丞·判三司事·密直使·僉議贊成事·三司右左使·僉議評理 이상으로 판사를 삼고 知密直 이하로 사를 삼게 개정하였다.147) 이것은 재신·추신·삼사의 재상으로 하여금 식목도감의 판사·사로 삼아 국가의 중대사를 관장케 한 것이다.

이와 같은 식목도감의 기능과 구성은 바로 도당인 도평의사사의 그것과 동일한 것이다. 그러면 엄연히 도평의사사가 있는 데도 불구하고 구태여 다시 식목도감으로 하여금 똑같은 기능을 갖게끔 격상시킨 이유가 무엇인지 궁금해진다.

결론부터 말한다면 이 때 도평의사사에 대신하여 식목도감이 최고 정무기관인 도당으로 바뀌었다고 하겠다. 실제로 《高麗史》를 보면 충선왕 2년부터 충숙왕 후년까지 식목도감이 도당과 같이 국가의 중대사를 관장한 기록이 나타나고 있는 반면 도평의사사에 대한 기록은 전혀 보이지 않고 있다. 이것은 이 기간 동안 도평의사사에 대신하여 식목도감이 도당으로 바뀌었음을 나타낸다.

전술한 바와 같이 이제현은 그의 《櫟翁稗說》에서 도평의사사를 또한 식목도감사라고도 불렀다고 하였다. 《櫟翁稗說》의 내용은 상당히 많은 부분이

147) 《高麗史節要》 권 23, 충선왕 2년 8월. 이 내용은 《高麗史》 百官志에도 그대로 실려 있다.

《高麗史》에 인용되었는데《高麗史》편찬자는 도평의사사가 곧 식목도감이라고 한데서 당혹하지 않을 수 없었다. 그것은 백관지에서 양자를 각각 별개의 항목으로 나누었기 때문에 이 '或稱爲式目都監使'의 구절을 빼버릴 수밖에 없었다. 그리고 오늘의 학자들도 이것은 이제현의 착오라고 단정하고 있다. 그러나 이제현은 바로 충선왕·충숙왕 때 재상직을 역임하여 직접 도평의사사나 식목도감의 회의원이 되었고, 또 당대의 유명한 문인으로 유식층이었기 때문에 착오를 일으킬 리가 만무하다.[148] 실제로 충선~충숙왕조에는 식목도감이 도평의사사를 대신하였던 까닭에 그렇게 서술하였다고 믿는다.

그러면 엄연히 국가 중대사를 관장하는 도평의사사가 존재하였는데도 불구하고 구태여 충선왕이 새삼스레 식목도감으로 하여금 도당이 되게끔 개편한 이유는 무엇일까. 이것은 역시 충선왕의 개혁정치의 일환으로 이해하는 것이 옳을 것 같다. 충선왕 2년(1310) 식목도감의 기능이 강화될 때 密直司를 2품 관부로 승격하여 僉議府와 함께 양부를 칭하게 하였다. 본국을 떠나 멀리 원에 머물고 있었던 충선왕으로서는 대립적인 충렬왕파의 구세력을 제거하지 않으면 안되었으며, 이것이 옛 첨의부와 도평의사사 중심체제에서 양부와 식목도감으로의 권력 이동을 단행한 이유로 생각된다. 충선왕이 식목도감을 개편한 직후 도당의 구성원인 양부·삼사의 재상을 새로 임명하고 또 식목도감도 새로운 충선왕의 측근으로 임명한 것은 이를 표시하는 것이다.[149]

충선~충숙왕대에 도당으로 행세한 식목도감은 얼마 후 다시 도평의사사에게 그 자리를 되돌려 주게 되었다. 충목왕 원년(1345)에는 다시 도평의사사가 도당으로서 기능한 사실이 나타나고 있다.[150] 충숙왕 12년(1325)에 식목도감이 나오고 충목왕 원년에 도평의사사가 보이므로 그 사이에 도당이 식목도감에서 도평의사사로 환원되었다고 하겠다. 忠惠王 후 3년에 이제현이 쓴《櫟翁稗說》에서 "改爲都評議使 或稱爲式目都監使"라고 한 문맥을 보면 이미 이 때는 식목

148) 이제현이《櫟翁稗說》을 저술한 것은 忠惠王 복위 3년(1342), 그가 56세가 되던 해이다.

149) 충선왕은 3년 7월 元에 있으면서 式目錄事 李桂英을 본국에 보내어 傳旨케 한 것은 측근으로 식목녹사를 삼은 것을 뜻한다.

150) 忠穆王 원년의 整理都監狀에는 行省이 외방의 公事를 行移할 때는 도평의사사에 보고하면 도평의사사는 諸道存撫使·按察使에 移文하는 것이 원칙이라 하여, 전의 도당의 지위로 환원되었음을 보여준다(《高麗史》권 84, 志 38, 刑法 1, 職制).

도감 시기가 지난 것 같다. 따라서 적어도 충혜왕 후 2년 이전에 식목도감은 도평의사사에게 도당의 자리를 넘겼다고 보여진다.

도평의사사가 도당으로 환원된 이후에도 식목도감 자체는 그대로 존속되었다. 그것은 고려말에도 그대로 식목녹사가 존재한 것으로 알 수 있다. 그러나 이제는 그 기능이 다시 충선왕 2년 이전처럼 무력한 기구로 되돌아갔다. 그리고 식목도감은 고려말 도평의사사의 강화에 비례하여 보다 약화의 길을 걷게 되었다. 식목도감이 재추들의 법제 회의기관으로서의 기능은 보이지 않고 다만 식목녹사만 존재하여 일을 보는 무력한 기구로 전락하고 말았던 것이다.

8) 어사대와 낭사

(1) 대간의 설치

고려에는 臺諫이라는 言官이 있어 중요한 직능을 행사하였다. 대간이란 臺官과 諫官을 말하는 것으로 御史臺와 中書門下省의 郎舍에 있는 관원이었다. 고려시대에는 주로 「臺諫」이라 불렀으나 또한 「臺省」 또는 「省臺」라고도 칭하였다. 여기의 「省」이란 중서문하성의 省郎의 뜻이다. 이들은 전혀 다른 기구에 속해 있었으나 같은 언관이라는 점에서 함께 대간이라 병칭되었던 것이다. 그러면 이들 대간의 관서인 어사대와 낭사는 언제 정립되었는지 살펴보아야 하겠다.[151]

백관지에 의하면 국초에 司憲臺가 설치되고 성종 14년(995)에 어사대로 고쳤는데 여기에는 大夫·中丞·侍御史·殿中侍御史·監察御史가 있었다고 하였다. 대개 국초라 하면 태조대를 생각케 되지만 실제로 성종 이전에는 관제가 정비되지 않았고 사서에 대관직이 보이지 않기 때문에 역시 성종대 이후로 보는 것이 옳을 것 같다. 어사대로 개정하기 전인 성종 9년(990)에 金審言의 건의에 따라 西京에 分司司憲 1인을 두었다 하였고,[152] 성종 12년에 서경의 常平倉 미곡을 分司司憲臺가 맡아 출납을 관장토록 하였으며[153] 같은 해

151) 고려의 臺諫制度에 대하여는 朴龍雲, 《高麗時代 臺諫制度硏究》(一志社, 1980)가 있다. 이 글은 이에 의지한 바 컸음을 밝혀 둔다.

152) 《高麗史》 권 93, 列傳 6, 金審言.

153) 《高麗史》 권 80, 志 34, 食貨 3, 常平義倉.

윤 10월에 監察司憲 李蒙戩을 거란 군영에 請和使로 파견한 사실을 보면,[154] 이미 성종 12년 이전에 사헌이 있는 사헌대가 설치되었음이 증명된다. 성종 9년에 서경에 분사사헌대가 있었다면 이 때 중앙에 本臺가 있었을 것은 당연한 일이다. 아마 사헌대는 백관의 호를 개정하여 3성·6관제가 출발한 성종 초에 설치되었다고 보는 것이 온당할 것 같다.[155]

사헌대는 성종 14년에 정식으로 어사대로 개정되었다. 성종 원년에 御事都省이라는 고려 독자적 명칭이 당제대로 尙書都省으로 개정되고 국초의 內書省이 秘書省으로, 司衛寺가 衛尉寺 등 당제로 이름이 바뀐 성종 14년 사헌대도 역시 어사대로 개칭된 것이다. 그리고 그 관원도 백관지에 있는 바와 같이 御史大夫 등의 정식 관직으로 정비되기에 이른 것이다.

다음 諫官制度는 언제 성립하였을까, 백관지에는 門下府는 百揆·庶務를 관장하고 그 낭사는 諫諍·封駁을 관장하였는데, 국초에 內議省이라 하였다가 성종 원년(982)에 內史門下省으로 개정되고 문종 15년(1061)에 중서문하성으로 개칭되었다고 하였다. 이것을 보면 태조대에 설치된 내의성은 낭사가 소속된 간쟁기관이었고 성종 원년에 정식으로 당제에 따라 내사문하성으로 개정되었음을 알 수 있다. 그러나 내의성이 내사문하성으로 개정되었다는 《高麗史》 찬자의 견해는 곧 찬동할 수 없다. 왜냐하면 廣評省 중심의 고려 초기 정치체제는 뒤의 당제를 채용한 3성·6부제와는 전혀 이질적인 것이었으므로 이를 도식적으로 비정하는 것 자체가 무의미하다고 생각되기 때문이다. 따라서 정식으로 낭사가 설치된 것은 성종 원년의 내사문하성의 설치에서 비롯한다고 보아야 할 것이다. 이 낭사에 散騎常侍(常侍) 諫議大夫 등의 간관이 존재하여 언관의 직무를 맡았던 것이다.

이상에서 본 바와 같이 고려의 대간제도는 성종 원년을 시점으로 하여 14년에 정식 당제의 명칭으로 완성되었다. 물론 건국 후 태조대부터 그에 준하

154) 《高麗史節要》 권 2, 성종 12년 윤 10월.

155) 성종 이전에도 臺官이 있었던 자료가 보인다. 태조 20년에 건립된 海州의 廣照寺 眞澈大師寶月乘空塔碑의 비문을 書幷篆한 사람이 御史大夫 李奐相이었고, 또 태조 22년에 세워진 砥平의 菩提寺大鏡大師玄機塔碑의 비문 찬자가 역시 御史大夫 崔彦撝로서 엄연히 어사대부직이 나타나 있다(《朝鮮金石總覽》 上, 朝鮮總督府, 1919). 그러나 이들 어사대부는 신라의 崔致遠의 예와 같이 고려에 사환하기 이전 당에서 받은 형식적 관직으로 짐작된다.

는 기능의 관원이 있었을 것은 충분히 고려할 수 있으나 그것이 하나의 제도로 확립된 것은 성종에 이르러서였다. 성종대는 유교적 정치이념의 구현으로 왕권이 확립되고 중앙집권적 정책이 추구된 시기로서, 중국의 제도를 채용하여 정치제도를 정비하였으므로 이 때 대간제가 성립된 것이다.

(2) 대간의 조직

고려시대에 대관은 어사대의 관원이고 간관은 중서문하성의 하부조직인 낭사의 관원이었다. 따라서 이들 대간의 조직을 고찰하기 위하여는 이들 어사대와 낭사의 관원 구성을 살필 필요가 있다. 이들 관부의 관원 구성은 때에 따라 여러 번 개정되었지만 여기서는 고려의 기본형태라 할 수 있는 문종 관제를 중심으로 구명하려 한다.

먼저 어사대의 관원 구성을 백관지에서 찾아보면 다음 〈표 13〉과 같다.

〈표 13〉 御史臺의 官員構成

判事	1인	
大夫	1인	正 3品
知事	1인	
中丞	1인	從 4品
雜端	1인	從 5品
侍御史	2인	從 5品
殿中侍御史	2인	正 6品
監察御史	10인(文 5, 吏 5)	從 6品
吏屬	錄事 이하	83인

이 표에 의하면 대관은 判事 이하 8개직 19인의 參上官으로 구성되고 이속이 83인이나 되고 있다. 판사·지사는 타 직의 겸관이었으므로 실제 장관은 어사대부였다. 처음 성종 14년(995)의 어사대에는 대부·중승·시어사·전중시어사·감찰어사가 있었는데 이것은 바로 당제의 조직을 취한 것이었다. 즉 당의 어사대에는 장관인 대부와 차관인 중승 밑에 3院이 있어 각각 시어사·

전중시어사·감찰어사를 두었는데,[156] 성종 14년의 어사대는 바로 이에 따른 관원 구성을 채용하였다. 그런데 문종 관제에서는 이들 5官 외에 다시 판사·지사의 겸관과 잡단이란 실무 대관을 더 두었으니, 이는 고려의 특수제도였다.[157] 그러므로 고려의 어사대는 당의 3원제 외에 다시 10인이나 되는 잡단을 가설한 점이 특징이며, 83인의 이속 중 특히 所由 50인이 臺吏의 실무를 집행하였다.

고려 어사대의 8관직 19인, 그리고 이속 83인의 방대한 관원 구성은 그 기능과 권력의 소재를 느끼게 한다. 이는 조선의 4관직 6인, 당의 4관직 13인, 그리고 송의 4관직 5인에 비해 자못 확대된 조직이었음을 나타내며, 고려시대에 있어서 어사대의 정치적 지위를 명백히 드러내는 특성이라 하겠다. 그러나 여기에서 주목되는 점은 감찰어사에 대한 문제이다. 문종 관제에서는 감찰어사가 엄연히 대관의 한 관직으로 편입되고 있으나 실제에 있어서는 이들은 다른 대관, 즉 어사대부 등 7관직 9인과는 별도의 조직을 가지고 있었던 것 같다. 즉 일반 대관이 臺長廳에서 時政의 論執과 署經 등에 참여한데 대하여 감찰어사는 따로 監察房에서 백관 규찰 등의 직능을 가지고 있어 구별되었으니, 이것이 고려 대관제의 특수성이라 하겠다. 이들 감찰어사가 특별히 서경과 양계에도 파견되어 分臺가 되었는데, 이것도 어사대 조직의 일부였던 것이다.

어사대의 장관인 어사대부가 정3품인 것을 보아 2품 이상이 되는 재상직의 관부가 아니었음을 알게 한다. 단 백관지에는 품질이 표기되지 않았지만 판사는 재상들이 겸하는 것이 통례였으나 어사대의 실질적 장관은 역시 어사대부였다.[158] 어사대부는 문종조 田柴科에서 같은 정3품인 6부상서와 함께 4科에 들어 있고, 역시 祿俸에서도 6부상서와 함께 300석을 받음으로써 정확히 정3품의 대우를 받았음을 알 수 있다. 그러므로 간관이 역시 3품 이하의 품질이라는 점에서 고려의 대간은 재상직에는 들지 못한 3품 관부였음을 알 수 있다.

---

156) 《唐書》 권 48, 志 38, 百官 3, 御史臺.

157) 당에도 雜端이 있었으나 侍御史의 次者로 잡사를 맡았다 하여 정식 臺官에 포함시키지 않은 것에 비하여 고려에서는 엄연히 하나의 대관으로 고정되어 있었음이 다르다.

158) 어사대부가 어사대의 장관이지만 그만을 臺長이라 부르지 않고 그 외의 대관도 臺長의 호칭을 가진 자가 있었다고 하는 연구가 있다(朴龍雲, 앞의 책, 61쪽 참조).

다음 간관에 대하여는 그것이 중서문하성의 하부조직인 낭사이므로 앞의 「中書門下省」에서 상술한 바 있다. 이들 낭사는 정3품의 左右常侍[159] 이하 종6품의 左右拾遺 등 7개직 14인을 말한다. 중서문하성에는 이 밖에 종7품의 門下錄事와 中書注書가 있으나 이들은 낭사에 들지 못한 사무직에 불과하였다. 그러면 이들 낭사들은 모두 간관이었을까. 일반적으로 諫議大夫·補闕·拾遺 등만을 간관으로 들고 있지만,[160] 실제로 낭사는 상시(산기상시)·간의대부·보궐·습유 등의 순 간관직과 起居注·起居郎·起居舍人 등의 史官職, 그리고 給事中·中書舍人 등의 判官職으로 구성되며 이들 성랑이 모두 간관의 역할을 담당하였다는 점에서는 다름이 없었다. 이들 14명의 낭사는 순 간관직이나 사관직 또한 판관직을 구별하지 않고 함께 간쟁·봉박이나 서경 등 간관의 기능을 행사하였던 것이다.

우리는 이들 낭사가 고려시대에 중서문하성의 하부기구로 존재한 점을 주목할 필요가 있다. 이것은 물론 당제에 따른 기구조직이지만 실제로는 2품 이상의 宰臣과는 그 연관성이 없었던 것이다. 즉 낭사는 재신의 지휘하에 간관의 기능을 행사한 것이 아니라 독자적인 지위에 있었던 것이다. 재신과 낭사는 각각 그 기능이 달랐을 뿐 아니라 또한 관청도 따로 있었다. 때에 따라 재신과 간관이 함께 국왕에 대하여 상언하고 조칙에 반대한 일도 있기는 하였지만 대개는 오히려 대간이 함께 언관의 활동을 벌였다. 여기서 「臺諫」이라 하여 양자를 함께 고찰하는 이유도 바로 여기에 따른 것이다.

(3) 대간의 직능

대간은 言事를 담당한 언관이다. 우리가 전혀 별개의 관원인 어사대와 중서문하성 낭사를 한데 묶어서 보는 것도 그들의 직능에 공통성이 있기 때문

159) 문종 때 左右散騎常侍나 常侍냐에 대하여는 백관지의 서술이 애매하지만 문종 30년의 田柴科나 文科班祿에는 상시로 되어 있어 이에 따른다.

160) 李丙燾, 《韓國史－中世篇》(震檀學會, 1961)에서 낭사는 左右諫議로부터 正言(拾遺)까지를 포함한다고 하였고, 金龍德은 〈高麗時代의 署經에 대하여〉(《李丙燾博士 華甲紀念論叢》, 一潮閣, 1956)에서 간관은 순 간관직인 常侍·諫議大夫·補闕·拾遺 등이었다고 하였다.

이다. 그러면 과연 대관과 간관의 직능은 똑같았는지, 아니면 어떤 차이가 있었는지를 고찰해 보아야 하겠다.

어사대의 직임에 대하여는《高麗史》백관지에 시정을 논집하고 풍속을 교정하며 糾察 탄핵하는 일을 맡는다고 하였다. 즉 어사대는 시정의 득실을 논하였을 뿐 아니라 백관을 규찰하는 직능이 있었고, 또한 風憲官에서 常賤에 이르는 모든 사람들의 의례·복장 등 사회기강을 숙정하는 임무도 맡고 있었다. 그러나 어사대의 가장 주요 직능은 백관을 감찰하는 것이었으니 그것은 事元期에 監察司라고 개칭한 데서도 알 수 있다.

이와 같은 대관의 직능에 대하여 간관의 직능은 백관지에 간쟁과 봉박을 맡는다고 하였다. 이것은 국왕의 과실을 간쟁하여 시정케 하고 또 敎旨가 부당하면 封還 駁正하는 것이었다. 즉 간관은 국왕 측근에서 부당한 처사를 간언하고 논박하여 이를 바로 잡는데 주요 임무가 있었음을 의미하는 것이었다.

이상 대관과 간관의 직능을 보면 전자가 백관의 감찰에 그 주임무가 있는 반면 후자는 국왕에 대한 간쟁에 주임무가 있어 양자가 대조를 이루고 있음을 다음의 사료를 통해서 볼 수 있다.

> 諫官과 御史는 비록 모두 言責의 臣이지만 그 직은 각기 다르다. 간관은 獻替를 관장하여 人主를 바르게 하였는데 대하여 어사는 규찰을 관장하여 百僚를 바로 잡는다. 그러므로 군주에 과오가 있으면 간관이 奏牘하고 신하에 위법이 있으면 어사가 封章한다.(鄭道傳,《三峯集》권 6, 經濟文鑑 下, 臺官).

위에서 보다시피 간관과 대관은 다같이 언론의 책임을 맡고 있으나, 간관은 군주에 간언하고 어사는 백관을 규찰하는데 차이가 있다고 하였다. 충렬왕 6년(1280)에 국왕이 “간쟁은 성랑의 직임이므로 감찰사가 人君의 시비를 간언하는 것은 그 본연의 임무가 아니다”[161]라고 한 것도 대관과 간관의 본 임무가 각기 다르다는 것을 강조한 것이다.

그러나 이와 같이 대관·간관의 형식적 본디 임무의 구분에도 불구하고 실제에 있어서는 양자의 직능의 한계는 명확하지 못하였다. 간관이 백관의 비리를 탄핵하는가 하면 대관이 군주의 과실을 간언하기도 하여, 대간은 다같이 언관으

---

161)《高麗史節要》권 20, 충렬왕 6년 3월.

로서의 직책을 실행하였던 것이다. 그러므로 이른바 「臺諫一體」로서 어사대와 낭사는 합동으로 언사를 행하여 군주의 과오와 백관의 비위를 논박하였다. 비록 전혀 다른 양 기구로 분립되고 형식적 직능도 달랐지만 실제로는 똑같은 언관으로서 함께 활동하였으므로 모두 「대간」이란 명칭으로 일컬었던 것이다.

이와 같이 대간의 직임은 첫째 간쟁으로 국왕의 과실을 간언 시정케 하는 것이었다. 이 간쟁을 백관지에는 다만 낭사의 직임으로 규정하였지만 사실에 있어서는 대관도 간쟁을 행사하였음이 여러 사료에 나오고 있다.

둘째 기능은 봉박이다. 이것은 국왕의 부당한 조칙을 봉환하여 駁正한다는 것으로 하나의 거부권 행사의 의미를 갖는 것이었다. 그러나 대관도 시정의 논집이라는 임무가 있는 데서 국정의 잘못을 논박하였으니, 이는 간관의 봉박과 서로 통하는 직능으로 보아 좋을 것이다. 대간은 함께 군주나 재상들의 국정의 잘못을 논박하고 시정케 하는 언론기관이었으니, 이 기능은 크게 보아 첫째의 간쟁기능의 일부로 볼 수 있다.

셋째는 어사대의 직능으로 표기된 백관을 규찰하고 탄핵하는 내용이다. 이것은 대관의 고유 직능이지만 사실은 이것도 간관이 관여하고 있었음을 여러 사료에서 살필 수 있다. 간관은 단독으로도 백관을 규찰하였지만 또 대·간 합동으로 행하기도 하였다. 이 때 규찰·탄핵의 대상은 宰相으로부터 下吏에 이르는 모든 관리가 포함되었다. 이렇게 보면 대간은 군주에 대한 간쟁 봉박의 직능과 함께 모든 관리에 대한 규찰·탄핵의 직능도 가졌다고 하겠다. 즉 지금까지 든 세 가지 직능은 대간이 언관으로서 군주 이하 모든 관리의 과오 비리를 논박 시정케 하는 권한을 세분한 데 불과하다고 할 수 있다.

끝으로 대간은 署經의 직능이 있었다. 서경이란 관리의 임명에 있어서 대간의 동의 서명을 뜻하는 것으로 아무리 국왕의 재가가 있어도 告身에 대한 서경을 얻지 못하면 효력이 없게 되었다. 이와 같이 관리 임명에 대한 대간의 서경이 없는 한 관직 제수는 무효가 되었는데, 이 때 모든 관직 임명이 이에 해당되었는지는 분명치 않다. 고려시대의 서경제도에 대한 조선 초기의 기록에는 9품으로부터 1품에 이르는 모든 관리가 이에 해당되었다고 하고, 실제 《高麗史》에도 1품인 政丞까지도 대간의 서경을 경유한 예가 보여 최고 관직인 수상까지도 대간의 심사과정을 거쳤음이 나타나 있다. 이것은 5품 이하관리에 한

하여 대간의 서경이 필요했던 조선시대와 다른 점이다. 그러나 고려시대의 서경 절차가 1품까지의 재상도 포함되었다는 점에는 의문이 간다. 고려 말에 종1품인 僉議政丞의 고신을 대간이 서경한 사료는 확실히 보이지만, 그러나 그 이전에도 재상에 대한 서경이 실제 실행되었는지 분명치 않다. 조선시대에 5품 이하에만 서경이 필요하였다는 점과 아울러 볼 때 역시 고려에서도 5품 이하나 최고 3품 이하의 관리에만 적용치 않았나 짐작된다. 아무래도 3품 이하관으로 구성된 대간이 2품 이상의 재상의 임명까지도 심의한다는 것은 정상적인 제도로 볼 수 없기 때문이다.

서경은 비단 관직 임명에 필요하였을 뿐 아니라 새로운 법제를 제정하는 데도 반드시 요구되었다. 후대 조선시대의 기록이지만 고려에서는 一法을 세우고 一官을 설치하는데 있어서도 반드시 대간으로 하여금 完議 參詳케 하여 합의에 이른 뒤에 그 依牒을 내보내 시행하였다고 하고,[162] 또한 고려로부터 지금에 이르기까지 무릇 立法·定制에는 반드시 대간으로 하여금 서경케 한 후에 시행하였는데 이를 依貼이라 하였다고 한 것은[163] 이를 말하는 것이다.

이상에서 본 바와 같이 간관과 대관은 간쟁·봉박 및 시정의 논집, 풍속의 교정, 백관에 대한 규찰·탄핵, 그리고 서경의 일들을 맡았는데 이들은 그들의 구분된 직임을 넘어 하나의 대간으로서 같이 활동하였던 것이다. 이 직임의 내용은 비록 군주·재상·백관 및 일반 상천 등 그 대상에 차이가 있었으나 잘못된 정치와 인사 및 풍속을 바로 잡는데 있다는 점에서 공통성이 있었다. 이것은 고려 대간의 직능이 모든 분야에 걸쳐 기강을 확립하여 국가사회의 안정을 도모하는 장치가 되었음을 말하는 것이다.

(4) 대간의 정치적 지위

위에서 본 바와 같이 대간은 간쟁·봉박이나 시정의 논집, 백관의 감찰, 그리고 관리 임명의 서경 등 중요한 직능을 가지고 있었다. 이것은 고려에 있어서 대간의 역할이 얼마나 중요한가를 엿보게 하는 것이다. 이러한 언관으로서의 대간은 국왕의 이목과 같은 近侍職이었던 까닭에 자연히 여러 가

162)《太宗實錄》권 5, 태종 3년 4월 경술.
163)《世宗實錄》권 37, 세종 9년 7월 임자.

지 특권이 부여되고 있었다.

대간은 不逮捕의 특권이 주어져 있었다. 대간은 비록 죄가 있더라도 재직시에는 왕명이라 해도 붙잡아 갈 수 없으며 또 어사대 안에 직접 들어올 수도 없었다. 또한 간관도 마찬가지로 不可罪의 원칙이 있었는데, 이것은 대간이 언론에 관한 한 처벌할 수도 없거니와 그 밖의 죄에 대하여도 관부 안에서는 체포되지 않았음을 나타내는 것이다. 특히 백관을 감찰하는 어사대는 공경·재상도 움츠리는 위세와 명망있는 관부로 여겨졌다.

또한 대간은 언관으로서 근시직인 까닭에 국왕의 측근에 있으며 幸行에 수행할 뿐 아니라 직접 국왕 앞에서 面啓를 할 수 있는 특권이 부여되었다. 대간이 언사를 할 때는 「글」로서 하는 경우와 「말」로서 하는 경우의 두 종류가 있었는데, 전자가 「上疏」이며 후자가 「奏」였다. 이들 대간은 언론을 위하여 직접 국왕께 접하는 기회를 가졌으며 이에 따라 그들의 정치적 비중은 커질 수밖에 없었다. 이러한 중대한 직능과 정치적 비중을 가진 대간직이 선망의 대상이 되는 중요한 자리일 것은 당연하다. 따라서 대간직은 우선 淸要職으로 간주되어 특별시되었다. 고려에서는 대간·政曹·學士와 知制誥를 청요직으로 여겼는데[164] 정조는 관리의 인사를 담당한 吏·兵部이고, 학사·지제고는 국왕의 조칙을 제술하는 文翰官이었다. 대간이 이들 청요직에 포함되었다는 것은 그의 지위가 중대하였음을 나타내는 것이다.

대간이 청요직인 까닭에 그들은 가문이 좋은 자제가 임명되었다. 귀족사회인 고려에서 문벌이 좋은 집안에서 대간이 나온 것은 당연한 일이다. 즉 고려에서는 신분과 가문이 좋은 사람들만 대간에 임명될 수 있었던 것이다. 「대간의 신분」에 대해 세밀히 검토하여 귀족가문과 대간직 임명을 일일이 분석함으로써 구체적으로 대간직에 올랐던 사람들 대부분이 명문 귀족출신이라는 사실을 밝힌 바 있다.[165] 비록 무신란 이후에는 무신이나 천계도 대간직에 오르는 변화가 있었지만 무신집권기가 끝난 후에는 다시 재정비되어 대간의 대부분이 여전히 權門世族에서 나오고 있다고 하였다. 이것은 고려의 대간제가 귀족사회 구조 내의 한 제도로서 존재하였다는 의미가 될 것이다.

164) 이 밖에 中樞院의 承宣도 淸要職에 들었다고 생각된다.
165) 朴龍雲, 앞의 책, 112~169쪽.

그러면 이러한 고려 대간의 정치적 기능과 지위는 어떻게 보아야 할 것인가를 고찰할 단계에 이르렀다. 이것은 고려의 대간 연구에 중요한 문제, 어떻게 보면 그의 실체를 밝히는 결론이라 해도 좋을 것이다. 지금까지 상식적으로 간관은 국왕에 대한 간쟁기능으로 국왕 견제의 위치에 있었고, 어사대는 백관에 대한 감찰기능으로 백관 견제의 위치에 있었다는 견해가 일반적이었다. 국왕의 입장에서 본다면 어사대는 국왕편에 서고 간관은 그 반대편에 놓여 균형을 이룬 셈이다. 그러나 실제로 대간이 같은 직능을 함께 행사하였다는 점에서 이와 같은 도식적인 해석은 무리를 일으킨다.

고려시대 대간의 정치적 기능에 주목하여 왕권의 규제를 강조한 연구에서는,166) 대간에게 부여된 시정의 논집, 서경, 간쟁·봉박 등의 직임 자체가 그러할 뿐 아니라 실제적으로 그 직임을 수행하는 과정에도 왕권 견제가 나타난다고 하였다. 유교정치 이념 위에 설치되고 귀족가문 출신으로 충당된 고려시대 대간들은 과감한 직언과 불요불굴의 감투정신으로 국왕의 실정을 시정케 하여 대간제도 설치의 기본정신이 잘 실현되었으며, 간혹 국왕이 받아들이지 않을 경우에도 일치 단결된 대간의 집요한 투쟁으로 왕권도 어쩔 수 없이 굴복되었다는 것이다. 무신집권기에는 대간제도도 일시 타격을 받았지만 그 후 다시 그 기능이 회복됨으로써 왕권의 전제가 견제되고 왕권과 신권의 세력싸움은 결국 후자의 승리로 귀결되었다는 것이었다.

대간이 국왕에 대한 견제적 역할을 수행했다는 견해는 충분한 설득력을 갖는다. 실제로 대간의 언관으로서의 직능은 국왕으로 하여금 탈법적인 횡포를 방지하는 역할을 하였으며 유교적인 王道에 어긋나는 실정을 시정케 하는 효과를 거두었기 때문이다. 그러나 그 반대로 왕권을 보좌하는 정치적 기능이 강하였다는 점도 아울러 고려해야 할 것 같다. 오히려 필자는 대간이 왕권 견제보다도 그 강화에 보다 큰 역할을 담당하였다는 견해를 지지하고 싶다.

앞에서 우리는 대간이 간쟁·봉박, 그리고 시정의 논집이나 백관의 규찰·탄핵, 또는 서경 등의 기능을 가졌고 이것이 왕권 견제의 역할을 담당하였다는 점을 들은 바 있다. 위의 기능 가운데 백관을 감찰하는 직능은 확실히 국왕편에 유리한 점이었다는 것은 누구나 부정할 수 없다. 신하들의 비리와 과

166) 朴龍雲, 위의 책 참조.

오를 규찰하고 탄핵하는 것은 신권에 대한 견제가 되었을 것이 확실하다. 재상이나 문무양반 등 모든 관리는 대간의 감찰을 통하여 그 행동이 규제되었으며 이는 왕권 강화의 직접적 역할을 하였던 것이다. 즉, 어사대가 왕권을 견제하는 면보다는 오히려 왕권을 강화하는 면이 더 강하였다고 주장한 것은 이를 나타낸 것이라 할 수 있다.[167]

간쟁·봉박이나 시정의 논집이 국왕에 대한 간언이나 반박을 뜻한다는 면에서 왕권의 견제적 기능이란 점은 이해된다. 그러나 따지고 보면 국왕의 개인적인 행동이 아닌 국가적 정책에 대한 간쟁이나 봉박은 시정의 논집과 함께 이미 재상 등 관련된 관리와의 협의 끝에 내려진 시책에 대한 논박이 된다. 그러므로 여기에는 국왕에 대한 반박과 함께 시정에 참여한 고관들도 포함된 국가정무에 대한 시비가 되는 셈이다. 이렇게 보면 간쟁·봉박이나 시정의 논집 자체도 반드시 국왕에 대한 개인적 책임을 묻는 것이 아님을 알게 된다. 서경이 국왕의 방자한 관직 제수를 거부하는 기능도 있었지만 이것 또한 재상이나 政曹(이·병부)의 인사관리를 바로 잡는 측면이 있었다는 것도 이와 똑같은 의미로 해석된다. 이것은 지금까지 일방적으로 대간의 직능을 왕권 견제의 측면으로만 본 시각에 대한 반성을 요구하는 것이 될 것이다.

대간은 유교적 정치이념에 따른 王道政治를 요구하였고 이는 국왕의 전제정치를 방지하는 기능을 가졌다. 그러나 유교적 정치이념은 반대로 국왕에 대한 신하의 충성을 요구하고 있다. 유교는 이른바 「帝王의 學」으로서 부모에 대한 孝와 함께 국왕에 대한 忠을 강조하는 학문이며 사상이다. 오히려 유교는 왕도정치의 구현과 더불어 국왕권의 안정을 뒷받침해 주는 유리한 역할을 담당하였던 것이다.

본시 대간은 언제나 국왕 측근에 시종하는 侍臣이다. 시신이란 국왕 행행에 수행할 뿐 아니라 직접 국왕과 면접하는 특권이 부여된 사람들이었다. 따라서 시신은 국왕의 측근에서 보좌하는데 그 직능이 있었다고 할 수 있다. 측근정치의 주역이라 할 수 있는 시신이 국왕편에 서서 왕권 강화에 이바지하였을 것은 당연한 일이다. 특히 낭사는 고려에서 詞臣으로 文翰官의 임무를 띠고 있었다. 국왕의 조칙을 작성하는 문한관이란 국왕의 직접적인 보좌역인

167) 宋春永, 〈高麗 御史臺에 관한 一硏究〉(《大丘史學》 3, 1971).

데, 이들이 바로 간관이었다는 것은 그들이 간쟁·봉박의 직임을 넘어 국왕권에 서 있는 존재임을 확인해 준다.[168]

이상에서 우리는 고려시대 대간의 정치적 기능상 왕권을 규제하는 면과 반대로 왕권을 강화하는 양면이 있었음을 일별하였다. 이러한 양면은 고려시대 전반에 걸쳐 동일한 것이 아니라 왕권의 消長에 따라 시기적 차이가 있었다. 우리는 앞에서 유교의 정치이념이 군주에 대한 충성을 요구한 데서 왕권에 유리하게 작용한 동시에, 또한 聖君의 德政을 요구하는 왕도정치의 면에서는 재상정치를 요구하는 양면이 있었다는 점을 든 바 있다. 고려의 대간은 이를테면 이러한 유교적 정치이념의 양면과 비슷하였다고 할 수 있다. 그러면서도 대간의 근시직과 문한관으로서 조칙을 작성하는 직능으로 미루어 보아 왕권 강화에 보다 비중을 두었던 것이라 하겠다.

9) 한림원과 문한관

(1) 한림원의 설치와 조직

翰林院은 詞命을 제찬하는 기구이다. 따라서 한림원은 국왕측근의 文翰官으로 문필에 능한 유신이 임명되고 청요직으로 중시되었다. 이와 같이 한림원은 왕명을 기초하는 측근직에 있었으므로 그 정치적 위치가 자못 높았으며, 반대로 국왕은 이들 측근의 문한관을 통하여 왕권을 신장시킬 수 있었다.[169] 《高麗史》 백관지에 의하면 태조가 태봉의 제도에 따라 元鳳省을 설치하고 그 후 學士院으로 고쳤다가 현종 때 한림원으로 개정하였다 한다. 이것을 보면 고려의 한림원이 정식으로 설치된 것은 현종조라 할 수 있다. 그러나 실제로 한림원이 출범한 것은 그 이전의 광종대였다.

고려 건국 후의 文翰機構는 백관지에 있는 바와 같이 태봉의 옛 제도를

168) 邊太燮, 〈高麗의 文翰官〉(《金哲埈華甲紀念史學論叢》, 知識産業社, 1983).
169) 高麗時代 翰林院·文翰官에 대한 논문으로는 다음과 같은 것이 있다.
李基東, 〈羅末麗初 近侍機構와 文翰機構의 擴張〉(《歷史學報》 77, 1978).
崔濟淑, 〈高麗翰林院考〉(《韓國學論叢》 4, 誠信女大, 1981).
邊太燮, 앞의 글.

답습한 원봉성이었다. 《三國史記》는 궁예의 관제로서 “元鳳省 今翰林院”이라 하였으므로 원봉성이 고려 한림원의 전신으로 문한기구였음을 알 수 있다. 이 원봉성에는 元鳳省令·元鳳省大學士·學士·知元鳳省事·元鳳省待詔·元鳳省學生 등이 있어 制誥를 작성하였다.

그러나 원봉성의 이름은 광종 원년에 孫紹가 守元鳳令·兼知制誥였다는 기록을[170] 끝으로 다시 나타나지 않는다. 그 대신 광종대부터는 翰林學士의 기록이 자주 보이기 시작하여[171] 이미 광종 초년에 金岳이 翰林學士·大相·兵部令이었고, 이어서 金廷彦·雙冀·趙翼·李夢游·王融·崔行歸 등 많은 문인이 한림학사였음을 볼 수 있다. 특히 광종 16년(965)에 세워진 鳳巖寺靜眞大師圓悟塔碑를 보면[172] 한림학사 이몽유가 奉勅撰하고 翰林院書博士 張端說이 奉勅書하고 있어, 이 때 한림원이 존재하고 여기 학사와 서박사가 있었음을 알 수 있다. 또한 성종 14년(995) 교서에도 한림원으로 출제하여 문관들의 詩賦를 제술케 하고 이를 다시 한림원에서 品題하여 上聞케 하였으니,[173] 이 때 한림원이 있었음은 의심할 수 없다. 따라서 현종조에 한림원이 성립하였다는 백관지의 기록은 사실과 다르며 실제로는 이미 광종 때 원봉성에서 한림원으로 개칭된 듯하다. 아마 현종대에는 한림원의 실질적인 장관이라 할 수 있는 翰林學士承旨를 비롯하여 모든 관원의 정원이 완성된 것이 아닌가 추측된다.

한림원의 관원 구성은 백관지에 나타나는데 이는 〈표 14〉와 같다. 여기서는 문종 관제를 보다 정비한 예종 때의 내용을 취하였다. 여기서 한림원의 관원은 재신이 겸하는 判院事를 비롯하여 모두 12인이고 이속이 8인임을 알 수 있다. 그런데 예종 11년(1116)에 員吏를 刪定할 때 侍講學士 이상은 모두 本院官을 겸하고 아울러 本品의 行頭를 삼았다 한다. 이것은 한림원의 학사들이 비록 본품의 행두지만 따로 본직이 있고 모두 겸직이었음을 표시하는 것이다. 고려의 한림원이 문한의 중심기관이면서도 그 기능에 제약이 생긴

---

170) 〈大安寺廣慈大師碑〉(《朝鮮金石總覽》上, 朝鮮總督府, 1919).

171) 光宗 이전에도 翰林官이 보인다. 太祖 23년에 세운 淨土寺法鏡大師慈燈塔碑에서 知元鳳省事 崔彦撝를 「知翰林院事」로 표기한 것이 그 예이다. 그러나 이 때의 한림관명은 옛 신라제도에 따른 혼용으로 생각되며 정식 명칭은 어디까지나 元鳳省이었다고 하겠다.

172) 《朝鮮金石總覽》上, (朝鮮總督府, 1919).

173) 《高麗史節要》권 2, 성종 14년 2월.

〈표 14〉 翰林院의 官員構成(睿宗朝)

判院事	(1인)	宰臣 兼
學士承旨	1인	正3品
學士	2인	正3品
侍讀學士	1인	正4品
侍講學士	1인	正4品
直院	4인	(2인은 權務)
醫官	2인	
吏屬	錄事 등 8인	

이유도 바로 여기에 있었던 것이다.

고려의 문한관에는 내외의 兩制가 있었는데 한림원은 바로 內制로 중요시되었다. 백관지에는 翰林院·寶文閣으로 知制誥를 겸한 사람은 內知制誥라 하고 그 밖의 관으로 겸한 사람을 外知制誥라 하였다 한다. 지제고란 바로 문한관을 가리킨 관직이었는데 내제와 외제로 구분되었다. 이러한 고려의 양제 제도는 당송의 제도를 채용한 것이다. 당대에는 천자 측근에 있는 한림원이 내제로서 천자 직접의 중요한 조칙을 작성하였는데 대하여 中書舍人과 지제고는 외제로서 그 밖의 조칙을 기초하였으며, 송대에도 계속하여 역시 한림학사가 내제이고 중서사인·지제고가 외제였던 것이다. 따라서 고려의 한림원은 국왕의 직접 조칙을 작성하는 내제로서 그 지위가 높았다고 하겠다.

그러나 실제로 고려의 한림원은 이러한 백관지의 서술과는 달리 내제가 아니라 외제였다. 崔滋의 《補閑集》에서는 "唐制 內翰林 外中書 本朝 內省郎 外誥院"이라 하여 당제는 내제가 한림(한림학사)이고 외제가 중서(중서사인)이지만 고려는 내제가 성낭이고 외제는 고원이라는 것이다. 최자는 고종조에 正言(知制誥), 寶文閣待制, 國子大司成·知御史臺事, 尙書右僕射·翰林學士承旨, 樞密副使를 거쳐 門下侍郎同中書門下平章事·判吏部事로 致仕한 사람이다. 그는 유교에 능하고 직접 성랑·지제고와 한림학사승지를 역임하고 수상직으로 치사한 재신이므로 고려의 내외제를 잘못 알 리가 만무하여 성랑이 내제이고 고원은 외제였음이 틀림없다고 생각된다.

내제인 성랑이란 중서문하성의 낭사(간관)를 말한 데 대하여 외제인 고원이란 타관으로 지제고를 겸한 사람을 말하였다. 이 외제에 한림원관으로 지제고가 된 사람이 포함되었을 것은 당연하다. 실제로 성랑으로 한림원학사를 겸한 경우가 많았으므로 이들은 물론 내제가 되었다. 조선 초에도 承政院·司諫院(고려의 성랑)이 모두 內知製敎(고려의 內知制誥)를 띠고 타관 10인이 外知製敎를 겸하였는데, 세종 11년(1429)에 이르러 集賢殿의 전원과 修文殿·寶文閣의 일부가 외지제교를 겸하게 하였다는 사실은 바로 고려의 내외제가 이때까지 계속되었음을 표시한다. 이와 같이 고려에서는 성랑이 내제로 중요시 되었는데 대하여 한림원은 외제로 그 지위가 떨어졌던 것이다.

(2) 한림원의 기능

한림원의 기능은 백관지에 "詞命을 제찬하는 곳"이라 하였다. 즉 국왕의 조칙을 기초 작성하는 기관이란 뜻이다. 이것은 비록 한림원이 외제라 하더라도 지제고인 까닭에 맞는 말이다. 그러나 고려에서 조칙을 작성하는 보다 중추적인 기관은 성랑으로 임명된 내제였다는 사실은 한림원으로 하여금 그 기능에 제약을 받게 하였다.

성랑으로 지제고를 겸한 내제란 우선 국왕 측근에 입시하고 또 국왕의 직접적인 명령에 따라 중요한 조칙을 작성하였는데, 한림원 등 타관으로 지제고를 겸한 외제는 고원에서 王言이면서도 그리 중요하지 않은 詞疏를 작성하였다. 당대에는 내제인 한림원이 冊書·制書 등 가장 중대한 왕언을 작성한데 대하여 외제인 중서사인은 詔旨·勅制 등을 작성하였으며, 송대에도 내제는 왕언 가운데 大制誥·詔令·赦文 등을 관장하고 외제는 誥詞의 종류를 관장하여 차이가 있었으므로[174] 고려의 내제·외제도 기초하는 조칙에 차이가 있었을 것으로 짐작된다.

고려시대의 왕언에는 국왕이 왕실을 책봉하는 冊文이나 신하에게 내리는 교

---

174) 《大唐六典》 권 9, 中書省 및 《舊唐書》 권 43, 志 23, 職官 2, 中書舍人.
《朝野類要》 권 2, 兩制 및 《宋史》 권 161, 志 114, 職官 1, 中書省 및 권 162, 志 115, 職官 2, 翰林學士院.

서, 관리의 고신인 制誥, 국왕의 회답인 批答, 외교국서인 表箋, 그 밖의 佛道疏·祝文 등의 禁中 문서가 있었지만[175] 이것은 거의 지제고가 고원에서 제술하였고, 그 중 형식화된 文詞의 일부를 한림원에서 담당하였다. 그런데 이때 한림원이란 지제고를 겸한 학사가 아니라 최하위직인 直翰林院을 가리켰다. 그것은 李奎報의 《東國李相國集》에 "在翰林 受勅述"이라 하여 조칙을 작성하였는데, 그것은 이규보가 직한림이었던 사실로 증명된다. 고려에서는 성랑이 詞臣으로 문한관의 중심을 이루어 비록 내제·외제의 차이는 있었지만 실제 사소의 종류는 구분되지 않고 있었던 것 같다.

비록 직한림 중심이지만 한림원이 조칙 작성의 행정기관으로서의 기능을 가졌음은 불가피한 일이었다. 성랑과 고원이 양제를 이루고 있었으나 이를 일원적으로 통할하는 행정기구는 한림원이 될 수밖에 없었던 것이다. 고려말의 사실이지만 우왕 2년에 성랑인 諫議大夫 李悅이 지은 疏文이 미리 준비가 되지 않았다 하여 국왕이 藝文檢閱(즉 직한림원)을 巡軍獄에 가두게 한 것은 이를 나타낸다. 그러나 고려의 한림원은 학사들이 모두 겸직이고 최하위직인 직한림이 실무를 담당하였으며 특히 내제가 되지 못하였다는 점에 그 직능이 약화되었음을 볼 수 있다.

(3) 한림원의 지위

한림원은 사명을 제찬하는 문한기관이다. 국왕 측근에서 왕명을 받들어 조칙을 기초 작성하는 중요 기관인 것이다. 한림원은 玉堂이라 칭하고 그 학사가 되는 것을 영광으로 삼은 것은 당연한 일이다.

원래 고려에는 문한직으로 궁중 안에 禁內 6관이 있었는데, 그것은 翰林院·史館·秘書省·寶文閣·同文院·留院이었으며 그 가운데 앞의 한림원과 사관을 으뜸으로 삼았다 한다.[176] 이들 금내 6관을 문한직이라 하였지만 직접 왕명에 따라 조칙을 작성하는 것은 한림원이었다. 한림원이 사관과 함께 6관 가운데 으뜸이라 한 것은 이 때문이었다.

한림원의 문한직으로서의 직능은 그들의 지위를 높이는 현상을 초래하였

175) 崔濟淑, 앞의 글 참조.
176) 李穀, 《稼亭集》 권 2, 禁內廳事重興記.

다. 한림원을 「玉堂」이라 불렀으며, 한림학사를 「內翰」이니 「內相」 등으로 높이 표현한 것은 이런 까닭에서였다.[177] 따라서 한림학사에 임명되는 것은 그의 문필 능력을 인정하는 것으로 커다란 영광일 뿐 아니다 장래의 출세를 기약케 하는 것이기도 하였다. 직한림의 자격이 과거의 합격자에게만 주어졌던 것은 당연한 것이었다.

직한림원은 한림원의 초급직이지만 「翰林」이란 곧 직한림원직을 표시하는 경우가 많았다. 그것은 한림학사가 타 직으로 겸하고 지제고가 되어 문한을 담당한데 대하여 직한림은 한림원의 본직으로 직접 制草도 하고 본원 사무와 지제고의 일반행정도 담당하였기 때문이었다. 이 직한림은 과거에 급제할 뿐 아니라 그 중에서도 대개 장원으로 합격되어 문필에 뛰어난 재능이 있어야 했으며 특히 청요직인 까닭에 가문에 흠이 없어야 했다. 대개 재상들의 천거로 임명되었는데 그만큼 그 자리는 중요하고 장래의 승진이 기약되는 동경의 대상직이었다.

그러나 이러한 직한림 중심의 한림원의 운영은 표면적인 우대에도 불구하고 그 지위의 하락을 가져오게 하였다. 조선시대 사람인 李詹의 〈代藝文館上政府書〉[178]에서 고려의 예문관(翰林院)은 위에 體統의 權이 없고 아래로 長久의 計가 없었는데 그 이유는 그들 관직이 모두 실직이 아니고 大提學 이하 提學·直提學 등이 모두 타관으로 겸직이었으며, 문과 출신의 史翰職이 승진하여 참상관이 되더라도 결국 여기서 떠나야 하기 때문이었다고 하였다. 고려말에 文行者 8인이 史翰의 일을 분담하였으나 이러한 연관성과 장구성이 결여되어 있었으므로 비록 대우는 좋았으나 겨우 그 직을 다스릴 뿐 오직 詩酒로 自娛하였다 하니, 고려말의 한림원이 희망도 없는 비권력직이었음을 표시하고 있다.

이러한 고려 한림원의 지위는 전술한 바 성랑이 내제로서 문한관의 중추를 이룬 데 그 직접적인 원인이 있었다. 성랑은 중서문하성의 낭사로 간쟁과 봉박을 담당한 간관이었는데, 그들은 또 국왕 측근에서 詞臣으로 문한을 담당하여 그 지위가 높았으니 고려 한림원이 여기서 밀려나게 된 것은 당연한 현

177) 崔濟淑, 앞의 글 참조.

178) 《東文選》 권 63, 書, 代藝文館上政府書.

상이었다. 더욱이 전술한 바와 같이 한림원의 학사가 모두 타 직으로 겸하여 최하위직인 직한림원 중심으로 운영되었고 또 이들이 참상관으로 승진하려면 부득이 한림원과 관계없는 타관으로 전직되는 제도는 그들의 희망을 없애는 결과를 초래했던 것이다. 이렇게 보면 고려 문한기관의 중추기관인 한림원의 지위가 그렇게 중요성을 갖지 못한 것은 당연한 일이었다고 생각된다.

10) 사와 도감

(1) 제사의 조직

고려시대에는 3성·6부나 중추원·삼사 등 중요 관부 이외에 여러 司가 설치되어 기타 잡무를 관장하고 있었다. 이들 百司는 비록 하부관청이지만 고려 정치제도상 무시할 수 없는 실무를 담당한 기구였다. 이들 백사에는 어떤 기구가 있었고 그들은 어떤 구조로 조직되어 있었는가를 살펴보기로 하자.

《高麗史》 백관지 서문에는 성종 때 중앙에[179] 省·部·臺·院·寺·司·館·局이 있었다 하고, 처음에는 재상이 6부를 통할하고 6부는 寺·監·倉庫를 통할하는 명령체계가 확립되었으나, 고려 말에 가서는 都堂의 확대로 6부는 그저 허설이 되고 백사도 "渙散 無統"으로 계통을 잃게 되었다고 하였다. 여기서 6부가 시·감·창고를 통할하였다고 한 것은 모든 庶司가 6부에 예속되었다는 뜻이 된다. 그러면 과연 고려의 諸司는 6부의 관할 하에 놓이는 일사불란한 정치체계를 이루고 있었을까.

백관지에는 중앙관제 말미에 부록형식의 〈諸司都監各色〉이란 조항으로 여러 관서를 간단한 細註로 설명하고 있다. 여기 나오는 「諸司」란 이 글에서 말하는 백사가 아니며 이들 백사는 백관지 본문에 나오는 정식 관제에 따른 엄연한 관서이다. 따라서 고려의 제사를 엿보기 위하여는 위의 〈諸司都監各色〉이 아니라 백관지 본문의 정규 관서를 고찰해야 할 것이다.

고려가 모방한 당의 관제는 3省·6部·9寺·5監·1臺로 구성되었다고 한

---

179) 고려의 諸司·都監에 대한 논문은 전무하다. 다만 文炯萬이 〈高麗特殊官府硏究-諸司都監各色의 分析〉(《釜山史學》 9, 1985)에서 百官志 중앙관제 말미에 있는 〈諸司都監各色〉 조항을 검토한 논문이 있을 따름이며, 따라서 백관지 본문에 있는 제사에 대한 논문은 전혀 없다고 하겠다.

다. 1臺란 御史臺를 말한 것인데 9시·5감이 3성·6부와 병칭된 것을 보면 상하관계가 아닌 것으로 이해된다. 이것은 고려에서 6부가 시·감 등 제사를 통할하였다는 백관지 서문과 다른 것이다. 그러면 과연 고려에서도 당제와 같이 제사에 9시·5감·1대가 있었는가부터 고찰해야 할 것이다.

1臺인 어사대가 고려에도 설치되고 6부와는 별도로 독립하여 존재한 것은 누구나 다 아는 사실이다. 그러나 당의 9시가 고려에서 그대로 채용된 것 같지 않다. 《高麗史》 세가 태조 2년(919) 정월에는 개경에 3성·6상서관·9시를 설치하였다고 하였는데 이 기사는 찬자의 오류임이 확인되었기 때문에 이 때 9시가 세워졌다는 것은 사실이 아니다. 그러나 성종 2년(983) 5월에 처음으로 3성·6조·7시가 마련되었다고 한 기사는 이 때 3성·6부(6조란 표현은 잘못이다)가 성립한 것이 확실한 까닭에 7시의 설치도 사실로 보여진다. 고려는 성종 때 당제에 따른 정치기구를 마련하였기 때문에 3성·6부 이하 제사도 그에 따랐을 것은 의심할 수 없다. 그러나 실제로 《高麗史》 백관지에는 이 때 한 번에 7시가 성립한 것 같지 않다. 오히려 백관지에는 많은 제사가 목종 때 세워진 것으로 나타나 7시도 성종 이후 점차적으로 정비되었다고 보여진다. 여기서 나타나는 바와 같이 고려는 당의 9시가 아니라 7시로 축소되어 설치되었음이 달랐던 것이다.

고려의 寺는 때에 따라 그 명칭의 변화가 많아 어떤 고정된 수를 말하기 어렵지만 7시가 원형인 것만은 사실인 것 같다. 그것은 위의 성종 2년의 7시의 설치와 더불어 《高麗史》 刑法志 公牒相通式에도 6官諸曹·7寺·3監의 이름이 나오기 때문이다. 실제로 문종 30년(1076)의 更定田柴科에서는 「7寺卿」·「7寺少卿」·「7寺丞」 등이 나타나 당시 7시가 존재하였음이 증명된다. 그러나 같은 문종 30년 文武班祿에는 「7寺丞」·「7寺主簿」가 나오지만 상관은 「6卿」·「6少卿」으로 한 寺가 빠져 있다. 이어 인종조 문무반록에도 역시 「5寺丞」·「5寺少卿」으로 오히려 두 寺가 빠져 있다. 이것은 7시의 존재가 부정되는 것이 아니라 문종 관제 이후 인종조까지도 7시는 그대로 존속되었지만 다만 7시 중 나머지 1시 또는 2시의 卿·少卿의 문무반록 대우에 차등이 생겼다고 풀이된다.

그러면 이들 고려의 7시는 어떤 관부로 구성되었을까. 당대의 9시는 太常寺·光祿寺·衛尉寺·宗正寺·太僕寺·大理寺·鴻臚寺·司農寺·太府寺였다.

이에 대하여 고려의 7시가 어떤 관부로 구성되었는지는 백관지의 기록으로는 가려내기 어렵다. 그런데 고려의 7시로는 太常寺·衛尉寺·太僕寺·禮賓省·大府寺·司農寺·司宰寺를 들기도 한다.[180)]

寺와 동격인 기구로 監·省이 있다. 감으로서는 國子監·小府監·將作監·軍器監·司天監·太醫監이 있고 성에는 秘書省·殿中省이 있었으나 그 장관도 監이었다. 고려에서는 전기 공첩상통식에도 7시·3감의 이름이 있고 또 문종 30년 전시과나 인종조 녹봉조에도 역시 3감의 이름이 보이지만 그것이 어떤 監을 가리키는지는 분명치 않다. 이상은 대체로 문종조를 중심으로 한 시기의 관부 구조로 볼 수 있다.

이들 시·감·성 밑에는 署와 局이 딸려 있었다. 백관지에는 이들 관부의 예속관계가 명기된 것이 없지만 당의 관제는 일목 요연하게 상하 계통이 규정되어 있다. 이로 보건대 고려에서도 서와 국은 시·감·성에 예속되게끔 分置되었을 것이다. 가령 당의 太常寺에는 太廟署·郊社署·太樂署·鼓吹署·太醫署·太卜署·廩犧署의 7서가 딸려 있었고 太僕寺에는 乘黃署·典廐署·車府署·典牧署의 4서가 예속되어 있었으므로, 고려의 태상시에는 大廟署·大乘署·掌牲署 등이 딸려 있고 태복시에는 供驛署·典廐署 등이 예속되었을 것이다. 감에도 시와 같이 대체로 서가 예속되었는데 그러나 과연 고려의 모든 시가 당과 같이 7寺와 諸監 밑에 전부 예속되었는지 분명하지 않다.

당의 2省인 비서성과 전중성에는 국이 예속되어 있었는데 비서성에는 著作局·太史局(司天臺), 전중성에는 尙食局·司藥局·尙衣局·尙舍局·尙乘局·尙輦局이 속해 있었다. 고려의 비서성에도 저작국은 없었으나 局長인 著作郎이 고려 후기에 秘書監(典校寺)에 속해 있었으며 태사국은 고려 후기에는 書雲觀에 병속되었으나 그전에는 이에 속했을 것이며, 전중성에는 상식국·상약국·상의국·상사국·상승국 등이 예속되었을 것이다. 그러나 전술한 바와 같이 고려의 모든 서·국이 도표화할 수 있게끔 시·감·성에 예속관계에 있었는지는 의문이다. 백관지 서문에서 諸衙門이 통할·소속되는 바 내용이 분명하지 않다고 쓴 것은 이 때문일 것이다.

다음의 중요한 과제는 백관지 서문과 같이 6부가 寺·監·倉庫를 통할하

180) 李丙燾, 앞의 책, 115~117쪽.

였느냐의 문제이다. 당제는 전술한 바 3성·6부·9시·5감·1대로 이들이 각각 독립기관임을 나타내고 있었으니, 이것은 9시·5감·양성에 서·국이 예속된 것과 다른 점이다. 이들 9시 5감이 어떻게 6부에 소속되고 있었다는 표현이 없기 때문이다. 누구나 다 아는 바와 같이 당의 6부에는 각각 그 자체에 4司씩 있어 모두 24司로 구성되고 있었으나 다른 관부를 예속하고 있었다는 내용은 볼 수 없다. 이런 점으로 보면 고려의 6부도 7寺·諸監을 관할하였다고 할 수는 없을 것 같다.

고려에서는 署의 장관인 令이 종5품 내지 종8품이었으며 局의 장관인 奉御도 역시 정6품으로 그 품질이 낮은 편이었다. 그러나 7시의 최고직인 판사는 정3품, 卿은 종3품이고 양성도 역시 판사 정3품, 監 종3품이며 諸監은 판사가 종3품, 감이 정4품으로 모두 그 장관의 품질이 높았으므로 그 지위가 높았다고 하겠다. 특히 이들 시·성·감에는 서·국과는 달리 3품관인 판사가 있어 그의 독립성이 나타나고 있다.

전기한 公牒相通式에는 京官들의 공문발송의 양식이 서술되고 있는데 여기에는 그 단계로 內史·門下·尙書都省－6官諸曹－7寺·3監－諸署局 등으로 고려의 여러 관부에 4단계의 계층이 있었음을 알게 해 주고 있다. 그러나 그렇다고 이들이 각각 상하의 행정계통을 구성하고 있었느냐에 대하여는 문제가 있다. 전술한 바 시·감은 그 관부의 독립성이 엿보이고 있기 때문이다. 그렇지만 이들 시·감이 6부와 전혀 무관하지 않은 것 같으니, 그 기능상 6부의 감독을 받았을 가능성이 있기 때문이다. 가령 교육기관인 국자감은 예부의 관할하에 있었고, 財貨·廩藏을 관장한 대부시는 호부, 魚梁·川澤을 관장한 사재시는 공부의 관할을 받았을 것이다. 고려 후기인 우왕 14년(1388) 8월 창왕 즉위 후 趙浚의 陳時務에 各司를 원래와 같이 6부에 분속할 것을 건의하고 또 공양왕 원년(1389) 12월에도 역시 조준이 6부로 하여금 소속 각사를 점검케 할 것을 요청한 사실을 보면 원래 6부는 소속 관사를 지휘하였던 것 같다.

그러나 이들 시·감이 도식적으로 6부에 예속된 하부기구로 조직되었다고는 볼 수 없다. 이렇게 보면 고려의 寺·監·省은 독립관청이지만 그 기능에 따라 해당 6부의 지휘를 받았다고 보는 것이 옳을 것이다. 그리고 그 밑의 시·감과 서·국의 관계도 이와 유사하였다고 짐작된다.

(2) 도감의 구성과 기능

고려에는 寺·監·署·局 등 諸司 외에 따로이 비정규 관부가 있었다.《高麗史》백관지에서는 이들 특수 관부를 중앙관제 말미에 부록형식으로 〈諸司都監各色〉이란 조항으로 나열하고 있다. 여기에 서술된 기구는 都監을 주축으로 한 고려 독자적인 임시관부로 잡다한 내용이 혼잡하게 수록되어 있다. 여기 「諸司」라는 용어가 있으나 이는 앞에서 본 바 百僚 庶司, 즉 百司와는 다른 것이다.

실제로 〈諸司都監各色〉에 「司」가 붙은 관부명은 제일 앞에 있는 都評議使司와 尙瑞司·典牧司·光軍司의 4司 밖에 없으며 또한 도평의사사를 제외하면 그리 중요 관부도 아니다. 아마 「諸司」의 명칭이 앞에 붙여진 이유는 고려 후기의 최고 정무기관인 도평의사사가 제일 먼저 立項되었기 때문이라 생각된다. 따라서 〈제사도감각색〉의 조항명에 「諸司」를 앞에 쓴 것은 「司」의 수나 비중, 그리고 백사와의 혼동으로 적절한 표현은 못된다고 느껴진다.

실제로 〈제사도감각색〉의 내용은 제사가 아니라 도감과 各色을 중심으로 구성되어 있다. 여기 수록된 관부는 총 109개가 되는데 그 가운데 도감이 58개, 각색이 10개가 되어 특히 도감의 수가 절대 다수를 이루고 있음을 알 수 있다. 이들 司·都監·色 외에 관부 명칭으로 17개의 종류가 있어 총 20개로 분류되지만 그 가운데 역시 도감과 각색이 가장 많은 편이다.[181] 「諸司」라는 명칭이 붙은 것은 좀 이상하지만 도감·각색의 명칭은 타당성이 있다고 하겠다. 요컨대 〈제사도감각색〉 조항에는 정규 관부가 아닌 잡다한 고려 관부를 모두 混入시켰다고 보면 좋을 것이다.

〈제사도감각색〉 조항의 중심이 되는 것은 전술한 바 제사가 아니라 도감과 각색이다. 그것은 〈제사도감각색〉의 총 109개 관부 가운데 도감이 과반수나 되고 각색도 두번째로 많으며 그 중에는 매우 중요 관부가 끼어 있는 것으로 알 수 있다. 도감·각색에 대하여는 백관지 서문에 도감·각색은 어떤 일이 있을 때 설치하고 그 일이 끝나면 폐지하였지만 그 중에는 그대로 존속시킨 것도 있었다 하고, 그 관부명은 대다수가 무신란 후 무인이 제멋대로

181) 文炯萬은 앞의 글에서 「房」과 「坊」을 한데 묶어 19개 종류로 분류하였다.

제정하여 거의가 鄙俚하였다고 하였다. 이것은 도감·각색이 임시적인 비정규 관부임을 나타내는 동시에 무인들이 많이 설치하였음을 엿보게 하는 것이다. 실제로 고려의 대다수 도감·각색은 거의 중도에 폐지되고 극히 일부만이 그대로 존속되었으며, 또 그 대부분은 무신란 후 고려 후기에 설치된 것이 많았으므로 백관지 편찬자의 말은 옳은 것이다.182) 여기서 특히 관부명이 「鄙俚」하다고 한 것은 중국 관제에 대한 고려 독자적인 名號에 대한 자기 비하를 나타낸다. 따라서 본고에서는 〈제사도감각색〉의 중심이 되는 도감과 각색에 대하여 중요한 부문만 골라 고찰하려 한다.

〈제사도감각색〉에서 제일 먼저 나오는 도감은 都評議使司 다음에 기술한 式目都監이다. 식목도감은 도평의사사가 재추로 구성된 변방·군사문제를 다룬 회의기관인데 대하여 역시 재추로 구성된 법제·격식을 다룬 회의기관이라는데 유사성이 있다. 다시 말하면 도평의사사와 식목도감은 국가 내외의 중요사를 재추들이 회의 결정하는 중대 기구였던 것이다. 따라서 식목도감을 도평의사사 다음에 항목을 세우게 된 것은 타당하다고 하겠다.

식목도감 다음으로 항목이 설정된 도감은 8번째의 會議都監과 9번째의 迎送都監이다. 따라서 이들 회의도감과 영송도감도 도감으로서는 중요 관부임을 느낄 수 있다. 백관지 通文館條에는 細註로 禁內學官으로 비서성·사관·한림원·보문각·어서원·동문원을 들고 式目·都兵馬·迎送을 아울러 禁內 9官이라 하였다 한다. 그러므로 식목도감과 영송도감은 도병마사와 함께 금내 3官이 되었던 것이다. 고려 후기에는 「3官」 또는 「3都監」의 명칭이 자주 보인다. 3관이란 여기 나타나는 바와 같이 식목도감·도병마사·영송도감의 관원을 표시하였다. 전기 통문관조에 금내학관이 參外인 점으로 보아 3관도 역시 참외이며 그것은 곧 錄事를 가리켰음이 확실하다. 금내 9관에 포함된 식목도감·도병마사·영송도감의 녹사를 「3관」이라 불렀던 것이다.

3도감은 바로 이들 3관이 있는 세 관부 즉 식목도감·도병마사·영송도감을 표시하였다. 이 때 식목도감과 영송도감은 엄연한 도감이지만 도병마사(뒤의

182) 文炯萬은 위의 글에서 이러한 서문의 서술에 반대하고 있다. 즉 都監·各色은 임시기구라고 할 수도 없거니와 그 名號를 무인들이 마음대로 제정하였다고 한 것도 역시 적당치 않다고 말하였다.

도평의사사)를 3도감에 포함시키는 데는 주저하지 않을 수 없다. 그러나 이 세 기구는 항상 한데 묶여 금내 3관이 되었으므로 3도감이라 통칭되었던 것 같다. 인종 9년(1131)에 軍國 이해에 관한 封事를 올리는데 文官常參 이상과 한림원·사관·국학·보문각 및 식목·도병마·영송도감 녹사 등을 포함시킨 것은 역시 식목도감·도병마사·영송도감이 3도감으로 연속되었음을 표시하는 것이다.[183] 鄭道傳의《朝鮮經國典》에 보면 고려의 補吏의 방법에는 두 종류가 있었는데 이른바 3都監·3軍錄事·諸評議使司知印·宣差는 모두 士人으로 임명하고 그 밖의 椽吏·典吏·書吏·令史 등 이속은 良家 자제로 충당하였다고 하였는데 여기 3군 녹사와 나란히 나오는 3도감 녹사는 위의 식목도감·도병마사·영송도감의 녹사라 생각된다.[184] 사실상 도병마사(도평의사사)는 식목도감과 함께 재추양부가 국가 내외의 중대사를 회의 결정하는 병립기관으로 애당초 도감의 성격을 지닌 기구였는데 다만 성종 때의 兩界兵馬判事制의 기원 때문에 도병마사로 명명되었으며 그렇지 않으면 의당히「都兵馬都監」으로 불렸을 것이다. 도병마사를 3도감의 하나로 포함한 것은 자연스러운 일이라 생각된다.

영송도감이 식목도감·도병마사와 함께 금내 3도감이 되고 그 녹사가 3관에 포함될 정도로 그 지위가 높았으므로 도감으로서는 식목도감·회의도감에 이어 세번째로 올라서게 되었다. 영송도감은 외국 사신의 영송을 담당한 중요 기구였으므로 금내 3관에 포함되었던 것 같다. 전기한 바 영송도감이 금내 9관에 포함되었을 뿐 아니라 전술한 인종 9년 制에서는 군국 이해에 대한 봉사를 올리게끔 한 것도 그 지위가 높았음을 표시한다.

그러면 식목도감 다음의 도감인 회의도감은 어떤 기구였을까. 그보다 하나 아래인 영송도감이 3도감에 포함되었는데 그보다 앞의 관부인 회의도감이 여기서 빠져 있는 것은 좀 이해가 안 간다. 이상한 것은 이것만이 아니다. 백관지에는 엄연히 회의도감이 하나의 기구로 기술되고 문종 때 제정되었다고 쓰여 있지만《高麗史》에는 그 어디에도 회의도감이 존재하고 어떤 일을 하였다는 기사가 전혀 보이지 않는다. 이것은 회의도감이 실제 존재하였는지 조차 의심케 하는 사실이다. 셋째로 회의도감에 대해 의심을 품게 되는 것은 고려

183)《高麗史》권 16, 世家 16, 인종 9년 3월.
184) 邊太燮,〈高麗의 式目都監〉(《歷史教育》15, 1973), 68~69쪽.

의 회의기관으로서 엄연히 도병마사(도평의사사)와 식목도감이라는 거대한 양대 관부가 엄존하였는 데 다시 애매하기 짝이 없는 회의도감이라는 막연한 회의기관이 설치되었다는 점이다. 이것은 여기 보이는 회의도감이란 실재 존재하지 않았지 않은가 하는 생각을 갖게 한다.

《高麗史》에도 회의도감의 명칭이 전혀 없는 것은 아니다. 그러나 그것은 하나의 관부명이 아니라 商議에 부수된 '商議會議都監事'라는 관직명으로 나오고 있는 것이다. 가령 고려 후기의 사람인 趙浚이 密直提學·商議會議都監事에 임명된 사실이나,185) 柳珣이 前簽書密直司事·商議會議都監事였던 것은 이를 나타낸다.186) 고려 후기에는 재추에 직사자가 아닌 상의가 임명되어 도당에 참여하는 재추의 수가 증가하여 많을 때는 7~80명에 이르렀다. 이 상의는 같은 재추로서 도당에 합좌하였을 뿐 서명권이 없었으나 뒤에는 이들도 합의된 문서에 서명할 수 있는 자격이 부여되었다.187) 이들 직사를 갖지 못한 재추의 상의가 정식으로 상의회의도감사였다고 생각된다. 모든 재추직에 상의가 있었으며 그들은 도당이나 식목도감에서 회의하는 회원이란 뜻의 상의회의도감사를 겸하였던 것이다.188) 식목도감에 상의식목도감사가 있었다 하지만 실제로는 도평의사사와 식목도감에 같은 상의회의도감사가 있었던 것으로 보인다. 이렇게 보면 회의도감이란 정식 관부가 아니라 앞의 도평의사사(도병마사)와 식목도감의 회의기관의 회의원을 표시한 것이라 할 수 있다.189) 《高麗史》 찬자는 상의회의도감사의 이름에서 회의도감을 하나의 관부로 잘못 이해했던 것이다.

이상에서 도병마사(도평의사사)도 도감에 속하는 관부이고 식목도감·영승도감과 함께 금내 3도감의 중요한 관부였으며, 회의도감은 하나의 독립관부

185) 《高麗史》 권 118, 列傳 31, 趙浚.

186) 〈安心寺指空懶翁舍利石鐘碑〉(《朝鮮金石總覽》 上, 朝鮮總督府, 1919).

187) 邊太燮, 〈高麗都堂考〉(《歷史敎育》 11·12, 1969 ; 《高麗政治制度史硏究》, 一潮閣, 1971, 101쪽).

188) 職事宰樞가 合坐會議에 참여한 것은 당연하지만 商議도 商議會議都監事로서 여기에 참여하였다. 이 밖에 공민왕 7년 2월에 慶千興이 知門下政事·商議會議都監事, 柳淑이 同知樞密院事·商議會議都監事 등 여러 예가 있다. 여기서 會議都監은 독립하여 나오지 않고, 반드시 商議에 붙어 표기되고 있어 그가 기구명이 아님을 나타낸다.

189) 文炯萬도 앞의 글에서 會議都監이 都評議使司나 式目都監에 종속되었던 관부로 독립된 업무를 수행하지 않았을 것으로 보았다.

가 아니라 합좌기관인 도병마사·식목도감의 회의원을 나타내는 관직명이었다. 이 밖에도 55개나 되는 많은 도감이 있었으나 거의 모두 일시적인 관부로 곧 폐지된 경우가 많았다. 앞에서 본 백관지 서문에서 도감을 임시적인 기관으로 본 것은 이 때문이었다.

도감 다음으로 중요한 것은 各色이다. 각색은 모두 10개나 되어 조항명에 〈諸司都監各色〉이 붙여지게 된 것이다. 「色」이란 담당직을 나타낸 것으로 비교적 하위 직원을 가리켰다. 10개 색 가운데 淨事色만 고종조에 기능했을 뿐 다른 9개 색은 전부 고려말에 설치되었다. 고려 후기에 도평의사사에 6色掌이 설치된 것도 색이 하나의 직사를 가리키며 그 지위가 낮았음을 나타낸다.[190] 따라서 색이란 고려시대의 직사 담당자의 뜻으로 관부라고 할 수는 없다. 이것은 〈제사도감각색〉에 8개가 되는 直이 관원인 것과 같았다.

이상 백관지의 〈제사도감각색〉의 내용을 간단히 고찰하였다. 여기 관부 가운데 도평의사사나 식목도감 등 고려 정치제도 가운데 아주 중대한 기관이 포함되었으나 백관지 편찬자는 그것이 고려 독자적인 관부라는 점에서 부록 형식의 〈諸司都監各色〉에 집어넣었다. 특히 편찬자는 이들 관부를 「鄙俚」라 하여 비하시켰는데, 그것은 중국 관제와 다른 데서 나온 표현이었다. 그러나 실제로 이들 여러 관부가 고려 정치제도에서 중요한 역할을 하였음은 두 말할 나위가 없다.

〈邊太燮〉

190) 朝鮮時代에도 各色掌이 있어 이들은 각기 所掌하는 일을 맡아보는 사람을 뜻하였는데, 궐내(司饔院)에서 음식을 마련할 때 각기 소장을 달리하여 湯水色·床排色·炙色·酒色·燈燭色 등이 이에 속하여 신분은 천하였다 하니 고려 말의 色도 그 지위가 낮았음을 짐작케 한다(《譯註 經國大典》, 韓國精神文化硏究院, 1986, 135쪽).

2. 관직과 관계

1) 관직의 구조

(1) 관직의 설치와 구분

《高麗史》 권 76의 百官志 1 서문에, "高麗 太祖가 개국한 처음에는 新羅와 泰封의 제도를 叅用하여 관을 설치하고 직을 나누어 서무를 보게 했다"고 한 바와 같이 초창기의 관제는 신라와 태봉, 그 중에서도 주로 후자의 것에 의거하였다. 그러다가 光宗朝(950~975)에 이르러 새로운 몇몇 제도를 마련한 데 이어 중국의 것을 모범으로 하면서 고려 나름으로의 관제를 정비하는 때는 成宗朝(982~997)였다. 이후 거기에 얼마간의 첨삭을 가하여 완성을 보는 것은 文宗朝(1046~1083)이지만, 이에 대해서는 역시 백관지 서문에서도 "성종이 크게 새로이 제작하여 내외의 관서를 정하였는데, 안(중앙)으로는 省·部·臺·院·寺·司·館·局이 있고, 밖(지방)으로는 牧·府·州·縣이 있었다. 官에는 常守가 있고 位에는 定員이 있어 이에 一代의 제도가 크게 갖추어졌다. 문종·예종이 비록 조금 增損하였으나 대체적으로는 성종 때의 옛(제도를) 承襲하여 자손으로써 준수하는 바가 있었다"고 설명하고 있다. 성종조에 들어와 고려왕조의 정치와 행정을 담당할 각 관서와 거기에 설치된 관직 및 그들의 직분과 정원 등의 제도가 갖추어졌으며, 그것이 문종조에 이르기까지 약간의 변혁을 거치면서 완비되어 갔음을 분명하게 알려 주고 있거니와, 이는 현재 개별 관서에 대한 연구를 통해서도 다시 확인되고 있다.

이렇게하여 설치된 관직은 그들의 고하에 따라 正·從1品부터 正·從9品까지의 품계가 매겨졌다. 즉 가장 높은 관직은 정1품이 되었고 다음이 종1품, 다음이 정2품, 이하 차례로 내려가 말직은 종9품이 되었던 것이다. 이러한 9품 관제는 역시 중국에서 빌어 온 것인데, 고려에서 이 제도를 처음 도입한 것은 광종조가 아닌가 생각된다. 물론 官品을 칭한 최초의 사료는 景宗 원년(976) 2

월 文武兩班의 墓制를 정할 때 그 넓이와 높이의 기준을 1품부터 9품에 이르는 품계에 의거하고 있는 사실에서[1] 보인다. 하지만 이것은 광종이 죽은 지 9개월 후의 일로서 이미 先王代에 마련된 9품 체계에 따라 이 때 와서 묘제에 대한 法式을 제정한 것이 아닌가 짐작되는 것이다. 광종은 "華風을 존중하고 華士를 예우했다"는 崔承老의 평과도 같이[2] 중국의 제도를 모형으로 삼아 왕조의 체제를 정비하기에 많은 노력을 기울인 군왕의 한 사람이었다. 광종 7년(956)에 저들의 제도를 좇아 백관의 衣冠을 제정하고[3] 또 동 9년에는 後周人 雙冀의 건의를 받아 들여 처음으로 科擧制를 실시한 것과[4] 역시 중국의 제도인 文散階의 부분적인 채용이[5] 그 구체적인 사례들이다. 그리하여 광종조는 "조정의 儀制가 자못 볼만한 게 있는" 시기였다는 것이지만,[6] 이와 같은 상황을 참작컨대 9품 관제가 광종 때에 도입되었다는 이해는 그런 대로 납득이 가는 것이다.

관직에 품계를 부여하는 9품 관제는 이후 점차 널리 시행되어 간 듯하다. 실례를 보건대 위에서 든 경종 원년 2월의 기사 이외에 동년 11월 田柴科 始定을 할 때, '職散官各品'에게 지급하되 "官品의 고저는 논하지 않았다"고 한[7] 경우의 '官品'도 9품 체계내의 品과 같은 뜻으로 해석되며, 또 성종 원년(982) 6월에 "京官 5품 이상은 각기 封事를 올려 時政의 득실을 논하라"고 한[8] 일과, 동 9년 10월 西京에 行幸하여 入流者 중 80세 이상에게 상을 줄 때 '3품 이상'·'5품 이상'·'9품 이상' 등으로 나누고 있는 것[9] 등에서 그 점을 엿볼 수 있는 것이다. 아마 9품 관제는 광종조에 도입된 후 경종을 거치고 성종조에 이르러서는 정착되는 단계에 들어가 있지 않았나 생각된다. 《高麗史》 百官

1) 《高麗史》 권 85, 志 39, 刑法 2, 禁令 경종 원년 2월. 여기에는 "六品以下"라고만 보이나 그것은 곧 6품부터 9품까지를 의미했다고 해석된다.
2) 《高麗史》 권 93, 列傳 6, 崔承老.
3) 《高麗史》 권 2, 世家 2, 광종 7년.
4) 《高麗史》 권 73, 志 27, 選擧 1, 科目 1, 광종 9년 5월.
5) 末松保和, 〈高麗初期의 兩班에 대하여〉(《東洋學報》 36-2, 1953 ; 《靑丘史草》 1, 笠井出版社, 1965).
武田幸男, 〈高麗初期의 官階-高麗王朝 確立過程의 一考察-〉(《朝鮮學報》 41, 1966).
6) 《高麗史》 권 93, 列傳 6, 崔承老.
7) 《高麗史》 권 78, 志 32, 食貨 1, 田制 田柴科 경종 원년 11월.
8) 《高麗史》 권 3, 世家 3, 성종 원년 하 6월.
9) 《高麗史》 권 3, 世家 3, 성종 9년 동 10월.

志에는 각 관서에 설치된 대부분 관직의 정원과 품계가 문종조에 이르러 제정된 듯이 나타나 있으나, 이것은 그 때를 기준으로 정리한 결과일 뿐 저들 제도는 이미 성종조에 정비된 상태였다고 파악하는 것이 옳을 듯싶다.

9品 체계에 해당하는 관직은 다시 말할 필요도 없이 品官職이었다. 그리고 이들은 다시 고하에 따라 몇 개의 단층을 이루어 宰樞職과 叅上職·叅下職 등으로 구분되고 있었다. 하지만 관직은 이들 품관직만으로 구성되었던 것은 아니었다. 그 아래에 品外의 吏屬職(胥吏職)이 다수 설정되어 있었으며, 그들도 또한 크게 人吏層 이상이 視務하는 入仕職과 掌固 等類가 일을 보는 未入仕職으로 나뉘어져 있었다. 그런가 하면 이상의 實職에 비하여 散職 체계가 따로 마련되어 상층에는 檢校職이, 그리고 하층에는 同正職이 설치되고 있었다. 이제 그들 구분을 보기 쉽게 도표로 나타내면 다음과 같다.[10]

〈표 1〉 高麗時代 官職上의 區分

<table>
<tr><td colspan="4">品 官</td><td colspan="2">吏 屬(胥 吏)</td></tr>
<tr><td>宰 樞</td><td colspan="2">叅 上(叅內)</td><td>叅 下(叅外)</td><td>人 吏</td><td>掌 固</td></tr>
<tr><td colspan="2">檢 校 職</td><td colspan="3">同 正 職</td><td></td></tr>
<tr><td colspan="5">入 仕 職</td><td>未 入 仕 職</td></tr>
</table>

관직은 이러한 방식 이외에 흔히 東班職과 西班職으로 양분하기도 하였다. 이것은 원래 北座 南面한 왕에 대하여 동쪽에 서는 文官의 班列을 東班, 서쪽에 서는 武官의 班列을 西班이라 한 데서 비롯하거니와, 그렇기 때문에 동반은 문반, 서반은 무반이라고도 칭하였다. 兩班이란 바로 이들을 이르는 말로써 우리들에게 익히 알려져 있는 터이지만, 이에 따라 관직은 文班職(東班職)과 武班職(西班職)으로 구분되기도 하였던 것이다. 다른 시기도 대개 그러하였지마는 특히 고려시대에는 이 두 계열의 관직 중 전자가 후자보다 우월한 위치에 있었으며, 또 양반에 대칭되는 南班이 따로 더 존재하였으나 이 반열의 관직은 殿中의 당직이나 국왕의 호종 및 단순한 왕명 전달 등을 맡아보던 궁중의 內僚職으로 문반직과는 말할 것 없고 무반직과도 비교·상대될 수 있는 위치에 있지 아니하였다.

10) 金光洙, 〈中間階層〉(《한국사》 5, 국사편찬위원회, 1975), 230쪽.

위의 구분이 직능에 의한 것인데 비해 관직은 또한 지역에 따라서 京職과 外職으로 나누어 볼 수도 있었다. 새삼 말할 필요도 없이 전자는 당시의 서울인 開京에 위치한 중앙관서 소속의 관직이며, 후자는 각 지방행정 단위의 관직이었지마는, 이들의 경우는 물론 경직이 외직보다 우월한 위치에 있었다. 그러므로 조정에서는 이에 수반된 문제를 해결할 겸 관원들에게 대민업무를 이해시킨다는 뜻에서 初職을 아예 외직으로 임명하거나 또는 관직상의 승진에 앞서 외직을 거치도록 하는 장치를 마련하여 놓고도 있었다.

淸要職이나 館職은 그의 중요성 내지 성격을 기준으로 한 구분이었다. 이 중 청요직은 국왕과 백관에 대한 諫諍과 監察 등을 맡은 臺諫職과 文翰을 담당한 翰林院職 및 문·무관의 인사를 관장한 吏部와 兵部의 관직 등을 말하는데, 글자 그대로 「맑고도 요긴한 관직」이란 뜻에서 그같이 구분하여 부른 것 같다. 관직 가운데는 淸·濁과 要·閑이 있어 그처럼 분류하기도 했던 듯 싶거니와, 이들은 당시 門閥貴族의 仕路와 관련이 깊었던 것으로 알려져 있다.[11]

館職은 청요직의 하나이기도 했던 藝文館(翰林院)과 時政의 기록을 관장한 史館(春秋館)의 관직 등을 일컫는 말이었다. 이들은 文筆을 담당한 기구의 관직이라는 특성으로 인해 다른 官職과 구별되어 그와 같이 불렸던 것이거니와, 이들은 모두가 과거 급제자들만이 진출할 수 있는 仕路였다는 데서[12] 또한 논자들의 관심을 모은 바 있었다.

官職은 지금까지 살펴보는 동안 알 수 있듯이 어디에 기준을 두느냐에 따라 다양한 구분이 가능하다. 그러나 이 자리에서는 분류에 대한 더 이상의 언급은 피하고, 위에서 지적한 바 그들의 구조에 관하여 좀 더 살펴보기로 한다.

(2) 재추직과 참상직·참외직

고려 때의 각급 관서와 그 곳에 설치된 관직 및 그들의 정원과 품계 등을 종합적으로 정리하여 놓은 것이 《高麗史》 권 76·77의 2권으로 구성된 백관지이다. 그러므로 우리들은 이 백관지를 통해서 당시의 관제에 대한 전체적인 윤곽을 대략 파악할 수가 있는데, 먼저 그것이 가장 잘 정비되었다고 생

11) 朴龍雲, 〈臺諫의 身分〉(《高麗時代 臺諫制度 硏究》, 一志社, 1980).
12) 許興植, 〈高麗 禮部試의 諸業別 出題와 及第者의 進出〉(《白山學報》 20, 1976 ; 《高麗科擧制度史硏究》, 一潮閣, 1981).

각되는 문종조를 중심으로 하여 거기에 보이는 중앙관서의 관직과 정원수를 품계별로 도표를 그리면 다음의 〈표 2〉와 같다.

그런데 이미 널리 알려진 대로《高麗史》백관지는 그렇게 정밀하게 짜여진 史料가 아니다. 食貨志 田柴科나 祿俸條에 열거된 관직과만 비교해 보더라도 전자에 있는 것이 후자에 없는가 하면 그 반대의 경우도 나타나며, 또 어떤 관직은 품계 혹은 정원이 누락되어 있고, 또 겸임직 여부도 좀 불분명한 게 있는 등 여기 저기에 문제점이 있는 것이다. 나아가서 여기서는 통계를 내는데 여러 가지로 어려움이 뒤따르는 '諸司都監各色'을 제외시켰지마는, 諸妃主 府·諸王府 같은 것은 숫자에 변동이 있을 수 있으므로 그 합계가 그다지 정확하다고는 말하기가 어렵다. 하지만 이러한 사료상이나 통계 처리 과정 상의 한계성을 감안하더라도 전체적인 윤곽을 파악하는 데는 큰 지장이 없다고 판단되어 〈표 2〉로 제시하였거니와, 그에 의하면 고려 때의 문반 품관은 대략 350職 521員－이 중 26직 29원은 겸임직이므로 실제로는 324직 492원－이며, 무반 품관은 대략 315職 1,757員[13]이었음을 알 수 있다.

이상의 京職에 비해 外職은 兩界의 兵馬使 기구와 3京(西京·東京·南京) 및 4都護府·8牧에다가 관직의 구성이 동일한 防禦州·知州府郡을 대략 70, 縣과 鎭을 대략 60으로 잡고[14] 계산하면 3품이 19직 19원, 4품이 17직 19원, 5품이 70직 70원, 6품이 88직 92원, 7품이 148직 149원, 8품이 145직 145원, 9품이 28직 28원이라는 숫자가 나온다. 현재 州縣軍이나 州鎭軍의 체계와 조직에 대해서는 논란이 많아 단정하기 어려우므로 그에 부수된 숫자는 제외시키고자 하지만, 그 이외의 외직 품관수는 대략 515직 522원이었음을 확인할 수가 있는 것이다.

대범하게 말해서 고려 때의 품관직 수와 그 정원은 이상과 같았다고 할 수가 있는데, 그것들은 더 말할 나위도 없이 고하에 따라서 정1품부터 종9품

---

13) 隊正 48직 1,814원(?)은 品外이므로 그것을 제외한 숫자이다.

14)《高麗史》地理志를 자료로 하여 산출한 防禦州鎭과 州府郡縣의 숫자는 논자에 따라서 약간씩 다르다. 이에 대해서는 河炫綱, 〈高麗地方制度의 一硏究(下)－道制를 中心으로－〉(《史學硏究》14, 1962 ; 〈地方行政構造와 社會狀態〉, 《韓國中世史硏究》, 一潮閣, 1988, 266쪽) 및 邊太燮, 〈高麗兩界의 支配組織〉(《高麗政治制度史硏究》, 一潮閣, 1971, 201~204쪽) 참조.

까지의 어느 한 품계에 위치하였다. 그리하여 실제적으로 관원들은 考課에 따라[15] 하위직에서부터 점차 상위직으로 승진하였던 것이다. 물론 외직보다는 경직이 우월한 위치에 있었으므로 품계가 높은 외직에서 그보다 하위의 경직을 받기도 하였고, 또 같은 경직 가운데서도 앞서 지적했듯이 淸·濁, 要·閑이 있었으므로 품계가 조금 높다고 해서 반드시 우월한 관직이었다고 말할 수 없는 면이 있었다. 그러나 대체적으로 품계가 올라 갈수록 높고 중요한 관직이었던 것은 틀림없는 사실이었다.

그런데 고려 때의 관직은 이처럼 9계 18품의 한 단계, 한 단계가 고하에 따른 것이었지만, 동시에 그것들은 다시 몇 단계씩 묶인 3개의 斷層으로 구분되어 그 각각이 특별한 기능과 의미를 지니고 있었다는 점에 주목할 필요가 있다. "叅上·叅外·人吏·掌固가 宰樞를 알현하고 人吏·掌固가 叅上·叅外를 알현하는 의례"와[16] "왕이 康安殿에서 즉위하는데…太孫·公侯伯·宰樞·文武兩班 叅上은 차례로 殿庭에 들어서고 叅外는 殿門 밖에 서서 表를 올려 예를 행하고 만세를 불렀다"고[17] 한 데서 드러나는 재추와 참상·참외가 그것들인데, 이들 사이에는 품계에 의한 구분 이상의 뚜렷한 차이점이 내재하여 있었던 것이다.

그 중 宰樞는 품계상 2품 이상관을 지칭하는 말이었다. 그렇다면 이들이 존재했던 기관은 〈표 2〉에 보이듯이 3師·3公과 中書門下省·尙書省·三司·中樞院·尙書6部·翰林院·史館·諸館殿(弘文館)·東宮官 등임을 알 수가 있는데, 이 가운데에서 삼사와 상서 6부·한림원·사관 소속의 2품 이상직은 모두 겸임직이었고, 제관전과 동궁관의 그들 역시 저들과 유사하거나 또는 그렇지 않다 하더라도 이들이 어떤 정치적·행정적인 실무를 담당하는 관직은 아니었던 것으로 생각된다. 홍문관의 종2품직인 大學士는 學士職이었고, 동궁관의 종1품직인 太師·太傅·太保와 종2품직인 少師·少傅·少保는 모두 동궁의 師傅職으로 판단되기 때문이다. 이렇게 되면 결국 독자적인 2품 이상직을 두고 있던 宰相의 관서로는 3사·3공과 중서문하성·상서성·중추원만이 남게

15) 《高麗史》 권 75, 志 29, 選擧 3, 銓注 凡考課之典.
16) 《高麗史》 권 68, 志 22, 禮 10, 叅上叅外人吏掌固謁宰樞及人吏掌固謁叅上叅外儀.
17) 《高麗史》 권 25, 世家 25, 원종 원년 하 4월 무오.

〈표 3〉 高麗時代 宰樞職의 구성

官署 品階	三師·三公	中書門下省	尙書省	中樞院
正 1 品	太師·太傅·太保 太衛·司徒·司空 각 1인			
從 1 品		中書令 1인 門下侍中 1인	尙書令 1인	
正 2 品		中書侍郎平章事 1인 中書平章事 1인 門下侍郎平章事 1인 門下平章事 1인	左僕射 1인 右僕射 1인	
從 2 品		叅知政事 1인 政堂文學 1인 知門下省事 1인	知省事 1인	判院事 1인 院使 2인 知院事 1인 同知院事 1인
正 3 品				副使 2인 簽書院事 1인 直學士 1인

되는 셈인데, 먼저 여기에 속해 있던 2품 이상직, 즉 재추직을 구체적으로 열거하면 위의 〈표 3〉과 같다.

그런데 이들 중에서 3사·3공은 비록 정1품의 최고 품직이지만 실무에 종사하지 않는 대우직·명예직일 뿐 아니라 타당한 인물이 없으면 비워 두기가 일쑤인 그런 직위였다.[18] 그리고 중서문하성의 中書令과 상서성의 尙書令은 역시 실무직이 아니었다. 중서령직은 종친에게 수여한 封爵에 대응하여 겸하게 한 명예직일 때가 많았고 신하에게 수여하는 경우에도 주로 致仕職 또는 贈職으로 이용되어 視事하지 않는 게 원칙이었으며, 상서령직도 이와 유사한 기능을 담당하는데 불과하였던 것이다.[19]

그런가 하면 당시 僕射는 그들의 기구인 尙書都省(尙書省의 상층구조)이 정

18) 《高麗史》 권 76, 志 30, 百官 1, 三師三公.
19) 邊太燮, 〈高麗宰相考-三省의 權力關係를 중심으로-〉(《歷史學報》 35·36, 1967 ; 《高麗政治制度史研究》, 一潮閣, 1971).

무를 처리하는데 발언권이 있는 권력기구가 되지 못하고 국가행사를 주관하거나 공문을 발송하는 사무관청으로서의 역할이 컸던 만큼 자신의 지위에 합당한 대우를 받지 못하였으며,[20] 知都省事는 그보다도 더 형편이 좋지 않았다. 따라서 宰樞職의 중심은 역시 그 나머지 직위들인 중서문하성의 門下侍中과 諸平章事·叅知政事·政堂文學·知門下省事, 즉 「宰五」(宰臣 5職)와 중추원의 判院事 이하 直學士까지의 「樞七」(樞密[21] 7職)이 되었으리라는 짐작을 할 수 있다. 다만 이럴 때에 「樞七」 중 判院事로부터 同知院事까지 4직은 종2품이므로 별 문제가 없으나 백관지에 정3품으로 되어 있는 副使·簽書院事·直學士 3직은 2품 이상으로 규정한 넓은 의미의 재상, 즉 재추의 개념과 맞지 않아 문제가 되겠는데, 하지만 이 때 주목되는 것은 부사가 忠烈王 24년(1298)부터 忠宣王 2년(1310)까지, 그리고 첨서원사의 경우 恭愍王 11년(1362)부터 동왕 17년까지 품계가 종2품으로 상승되었다는 사실이다. 이처럼 중추원 부사와 첨서원사는 재상의 품질로 올라 간 시기도 있었지마는, 비록 그렇지 못하여 정3품의 품계에 머물러 있을 때에도 직학사 이상이 「추밀 7직」으로 2품의 대우를 받고 재상에 포함되어 있었다는 사실만은 어느 정도 확실하다.[22] 추밀은 이런 점에서 좀 묘한 성격을 가지고 있었다.

하여튼 재추의 중심은 중서문하성과 중추원의 고관인 이들로써, 그들은 다 같이 재상의 지위에 있으면서 국왕과 더불어 國事를 의논하는 의정의 기능을 담당하였다. 나아가서 이들은 행정의 집행기관인 상서 6부를 통할하는 위치에 있어서 고려 때는 그 지위가 한층 강화되어 있었지만, 이와 같은 재상

20) 邊太燮은 위의 글 70~74쪽에서 僕射는 실제로 宰相에 포함되지 못하였다고 논증하고 있다. 그러나 그의 官品을 보거나 또 반드시 宰臣이 겸직하게 되어 있는 6部의 判事職을 帶有하고 있는 실례가 눈에 띠는 점으로 미루어(周藤吉之, 〈高麗 初期의 宰相, 尙書左右僕射에 대하여〉, 《古代東アジア史論集》, 吉川弘文館, 1976 ; 《高麗朝官僚制의 硏究》, 法政大學出版局, 1980, 106~107쪽) 역시 최하위이기는 하지만 재상직으로 간주하는 것이 합당할 듯싶다.

21) 흔히 樞密 대신으로 樞臣이란 용어를 사용하고 있으나 그것은 적절치 못한 것 같다. 이 점에 대해서는 朴龍雲, 〈高麗의 中樞院 硏究〉(《韓國史硏究》 12, 1976), 104쪽 참조.

22) 邊太燮, 〈高麗都堂考〉(《歷史敎育》 11·12, 1969 ; 앞의 책, 95~96쪽).
———, 〈高麗의 中樞院〉(《震檀學報》 41, 1976, 61~63쪽).
朴龍雲, 앞의 글, 105~110쪽.

의 자리가 곧 재추직이었던 것이다.

이들 재추직에 대하여 그 이하의 정3품부터 대체적으로 종6품 이상직을 참상직이라 하였으며, 다시 대체적으로 정7품부터 종9품직까지를 참외직이라 칭하였다. 그 중 참상직은 달리 叅職 또는 叅內職이라고도 하였고, 참외직은 叅下職이라 불리기도 하였지만, 이들의 분계선이 되는 6품과 7품 사이에는 2품과 3품 사이에서와 마찬가지로 커다란 단층이 개재해 있었던 것이다. 그리하여 외형상으로도 재추가 玉帶를 띤 데 비해 6품 이상은 犀帶, 7품 이하는 黑帶를 띠도록 규정되어 있었다.[23]

그런데 위에서 이들의 분계선이 되는 6품과 7품 앞에 '대체적으로' 라는 단서를 붙인 것에서도 짐작되듯이 고려시대는 조선시대에서와는 달리 6품 이상직이라 하여 일률적으로 참상직이 되고, 또 7품 이하직이라 하여 역시 일률적으로 참외직이 되지는 않았던 것 같다. 실제로 "(神宗) 5년 4월에 式目都監使인 崔詵 등이 아뢰기를, '문반 참외 5·6품을 아울러 犀帶를 띠게 하여 叅秩로 하옵소서' 하니 왕이 말하기를, '員數가 太多한데 어찌 가히 일시에 陞秩하겠는가' 하여 이에 叅秩 6, 7인을 증가시켰다"라든가,[24] "(神宗) 5년 4월에 비로소 문반 5·6품의 丞과 令에게 서대를 띠게 하여 참질로 삼았다"고[25] 한 데서 보듯이 6품, 심지어는 5품직 중에도 참외직이 있었던 것이다. 그런가 하면 閤門祗候는 오히려 정7품이었음에도 참상직이 되고 있다.[26] 지금 6품 또는 5품 가운데에서 어떤 관직이 참외직이었고, 또 7품 가운데에서 어떤 관직이 참상직이었는지 그 하나 하나 전부를 밝힐 수는 없다. 그렇지만 비록 일률적이지는 아니라 하더라도 5품은 거의 모두가 참상직이었고, 6품직도 대체적으로 그러했으리라 짐작되며, 7품직 또한 대체적으로는 참외직이었으리라 추측되는 것이다. 5품 또는 6품 가운데에 참외직이 있고, 7품 가운데에 참상직이 있는 것은 앞서도 말했듯이 그 관직의 중요성 여부와 관계가

---

23) 《高麗史》 권 72, 志 26, 輿服 冠服 冠服通制 충렬왕 원년 7월. 그러나 이 이전부터도 그같은 구분은 있었던 것 같다. 이 점에 대해서는 朴龍雲, 〈高麗時代의 文散階〉(《震檀學報》 52, 1981), 23쪽 참조.

24) 《高麗史》 권 75, 志 27, 選擧 3, 銓注 選法.

25) 《高麗史》 권 72, 志 26, 輿服 冠服 冠服通制.

26) 《高麗史》 권 76, 志 30, 百官 1, 通禮門. 이에 대해서는 金塘澤, 〈高麗時代의 叅職〉(《省谷論叢》 20, 1989), 782~783쪽 참조.

깊으리라 생각된다.

그러면 이와 같은 참상직과 참외직의 구분은 무엇에 기준을 둔 것일까. 그것은 아마 朝會에 참석할 수 있는 관직이냐 그렇지 못한 관직이냐의 구별로 판단된다.[27] 즉, 고려에서는 대략 6품 이상관만이 국왕이 임석하는 조회에 참여할 수 있었던 것이다. 어떤 관직의 관원이 조회에 참여한다는 것은 그가 국정에 대해서 자신의 견해를 표명할 수 있었음을 의미한다. 동시에 그것은 당해 관직이 그만큼 중요한 위치에 있었다는 뜻이기도 하겠거니와, 일단 그같은 참상직을 거치게 되면 그 후 고위직으로 승진하는 길도 순조로웠던 것 같다.[28] 이에 비해 참외직은 그같은 참상직에 상대되는 입장에 있는 관직이었다고 할 것이다. 〈표 2〉에 보였듯이 문반 京職의 경우 재추직과 참상직·참외직의 대략적인 숫자는 41직 42원 : 198직 257원 : 111직 222원으로 나타나며, 무반 京職의 경우는 참상직과 참외직이 각기 대략 160직 384원 : 155직 1,373원으로 나타나고 있다.

그런데 이 품관직 구조에서 한 가지 더 짚고 넘어가야 할 문제는 常叅 내지 常叅官에 관한 것이다. 상참관이란 글자 그대로 '일상의 조회에 참석하는 관원'이라는 뜻이거니와,[29] 종래 여기에는 6품관도 몇몇 포함되기는 하였으나 그들의 주축은 唐에서처럼[30] 5품 이상관이었다고 설명하여 왔다.[31] 그런데 근자에 이와는 달리 상참은 참상과 같은 것으로, 그 품계 역시 6품 이상이었다는 견해가 제시된 것이다.[32] 그러나 상참관은 부모의 봉작이나 政事에 대한 의견의 개진 및 宴會·賜物·從人의 지급 등에 있어서 여러 가지 우대를 받고 있지마는,[33]

---

27) 《太宗實錄》 권 30, 태종 15년 8월 무인·갑술.
이에 대해서는 李成茂, 〈兩班과 官階組織〉(《朝鮮初期兩班硏究》, 一潮閣, 1980), 85쪽 및 朴龍雲, 〈高麗時代의 文散階〉(《震檀學報》 52, 1981), 22~23쪽 참조.

28) 金塘澤, 앞의 글, 786~790쪽.

29) 《世宗實錄》 권 44, 세종 11년 4월 정유.

30) 《唐書》 권 48, 志 38, 百官 3, 御史臺.

31) 李基白, 〈高麗 貴族社會의 形成〉(《한국사》 4, 1974, 194쪽 ; 《高麗貴族社會의 形成》, 一潮閣, 1990, 70쪽).
朴龍雲, 앞의 글, 34~35쪽.

32) 金塘澤, 앞의 글, 776~777쪽.

33) 朴龍雲, 앞의 글, 35쪽.

5품관 이상 역시 그들과 유사하게 蔭敍나 功蔭田柴 및 國子學과 太學에의 입학 등에 있어서 특혜를 받고 있고, 또 6품 이하는 四考加資케 하면서도 5품 이상은 반드시 王旨를 취득한 후 제수토록 한 규정을 보거나,[34] 중국의 예이기는 하지만 참상관 중에 다시 상참관 또는 6衆官·9衆官·朔衆官 등의 구분이 있었던 사실을 염두에 올릴 때 과연 고려에서는 상참관과 참상관이 동일했으며, 그 한계선도 6품이었을까에 대해서는 여전히 얼마간의 의문이 남는다. 이 문제는 앞으로 더 천착되어져야 하리라 생각된다.

(3) 서리직과 권무직

중앙의 각 관서에는 품관의 아랫자리에 위치하여 행정의 실무에 종사한 품외의 하급관리들이 다수 존재하였다. 胥吏와 權務官이 그들로서, 이들이 일보는 직위가 바로 胥吏職과 權務職이었다.

그 중 胥吏는 단순히 吏 또는 吏屬·掾屬 등으로 불리기도 하고, 또 보통 기록이나 文簿를 관장하는 刀筆의 임무를 띠고 있어 刀筆吏라 칭하여지기도 하였다.[35] 이들은 위에서 설명했듯이 중앙의 각사에 소속하여 행정의 말단을 맡아보았는데, 예컨대 가장 중요한 관부였던 중서문하성에는 主事가 6인, 令史 6인, 書令史 6인, 注寶 3인, 待詔 2인, 書藝 2인, 試書藝 2인, 記官 20인, 書手 26인, 直省 8인, 電吏 180인, 門僕 10인 등 도합 12직 271원이나 설치되어 있었고,[36] 중추원에는 別駕 10인, 主事 10인, 試別駕 2인, 令史 2 인, 記官 8인, 通引 4인으로 도합 6직 36원이,[37] 그리고 尙書戶部에는 主事 6인, 令史 6인, 書令史 10인, 計史 1인, 記官 25인, 算士 1인으로 도합 6직 49원이[38] 각각 설치되어 실무에 임하였던 것이다. 이처럼 중앙의 거의 모든 관서에는 그의 중요도나 규모 및 업무의 다소에 따라서 많고 적은 차이는 있었지만 주사·영사·서령사·기관을 비롯하여 각각의 업무수행에 필요한 각종 명칭의

34) 《高麗史節要》 권 2, 성종 8년 4월.
35) 李佑成, 〈高麗朝의 「吏」에 대하여〉(《歷史學報》 23, 1964, 3쪽 ; 《韓國中世社會研究》, 一潮閣, 1991, 91쪽).
36) 《高麗史》 권 76, 志 30, 百官 1, 門下府.
37) 《高麗史》 권 76, 志 30, 百官 1, 密直司.
38) 《高麗史》 권 76, 志 30, 百官 1, 戶曹.

이속을 설치해 두고 있었거니와, 그 전체 숫자는 문반의 관서간 하더라도 대략 1,450여 원에 이르고 있다.

《高麗史》 백관지 등에는 이들 각자가 분담하였던 직무에 대해 아무런 설명이 보이지 않는다. 하지만 명칭이나 중국의 예에 비추어 어느 정도까지는 짐작이 가능한데, 예를 들면 主事나 令史·書令史는 文簿를 관장하는 직위였던 것 같고, 監作은 工作關係의 일을 감독하는 직이었으며, 注寶는 國印 같은 御寶를 담당하는 직이었고, 記官은 기록, 計史·算士는 회계를 맡은 직이었던 듯 생각된다.[39] 아울러 電吏는 여러 관청과의 연락관계상 신속히 일을 처리하는 使令職이었던 듯싶고, 門僕은 성문의 수위를 주임무로 하는 직이었으며, 그 밖에 尙食局에 설치된 注膳은 主食 담당이었고, 尙舍局 등에 설치된 幕士는 張設을 맡은 것으로 추측되는 등[40] 개략적인 내용은 파악할 수가 있는 것이다.

그런데 이들 吏屬職은 구조상 일반적인 의미의 서리직 계통과, 그와 약간 성격을 달리하여 잡역에 종사하는 잡직 계통으로 양분되어 있었던 것 같다. 그리하여 전자는 人吏層의 仕路로서 入仕職이 되었던 반면 후자는 下典·雜類層의 사로로서 未入仕職이 되었던 것으로 이해된다. 이제 아래에다 저들의 대략적인 서열도 곁들여 그 내용을 보기 쉽게 도표로 나타내면 다음과 같다.[41]

〈표 4〉 高麗時代 胥吏職制의 구조

分類	入仕職—人吏					未入仕職—下典·雜類	
序列	1	2	3	4	5	6	
文班	主事 錄事 別駕 待詔	令史 書史 監史 書藝 醫針史 孔目	史 書令史 計史	記事	記官	掌固 書者 書手 算士 給使 丁吏 醫士	注膳 幕士 所由 門僕 電吏 杖首 大丈

39) 金光洙, 〈高麗時代의 胥吏職〉(《韓國史硏究》 4, 1969), 7~8쪽 참조.

40) 洪承基, 〈高麗時代의 雜類〉(《歷史學報》 57, 1973), 61~68쪽 참조.

41) 〈표 4〉는 金光洙, 앞의 글, 10쪽에 제시되어 있는 내용에 약간의 수정을 가한 것이다.

이처럼 같은 이속직이면서도 입사직과 미입사직 사이에는 앞서 지적했듯이 커다란 단층이 개재해 있었으며, 그리하여 未入仕職에서 출발한 사람들은 入仕職으로, 다시 입사직의 하위직에서 출발한 사람들은 서열을 따라 상급 직위로 점차 진급하게 되어 있었던 것이다. 그런데 여기서 한 가지 주목되는 점은 입사직으로서의 서리직은 곧바로 품관과 맞닿아 있었다는 사실이다. 다시 말할 필요도 없이 서리직은 吏族이나 鄕吏들 자제의 사로였지만, 그러나 蔭職을 줄 때 입사직으로서의 서리직이 널리 이용되고 있는 데서 알 수 있듯이 그것은 일반 관직체계의 初職으로 기능하여 다음 단계의 품관으로 진출하는데 별다른 제약이 따르지 않았다.[42] 품관과 서리직 사이의 단층은 역시 큰 것이었지마는 동시에 양자는 서로 연결되어 있기도 하였던 것이다. 우리는 이런 점에서 고려시대 서리직의 한 특성을 발견할 수 있거니와, 이와 동시에 서리직에 취임하는 인원의 신분이 일반 관인과 일맥상통하고 있다는 사실도 함께 이해하게 된다.

未入仕職은 말단 이속직이었던 셈인데, 그들 중에 특히 注膳 이하 大丈에 이르는 부류는 따로 잡류라는 칭호로 불리었다. 그런데 이들도 물론 일정한 기간 동안 立役한 후 입사직으로는 진출할 수 있었으나, 그러나 품관과는 단절되어 있었다.[43] 그들은 서리직 내에 묶여 있는 이족이었던 것이다. 이런 점에서 역시 입사직으로서의 서리직과 잡류를 포함한 미입사직 및 각기 그곳에 취임하는 인원들 사이에는 커다란 차이가 있었다는 것을 알 수 있다.

다음 權務職은 글자 그대로 임시적인 직무를 맡은 관직이었다. 고려에서는 수시로 발생하는 正職 소관 이외의 사무를 처리하기 위하여 權務官을 따로 두고 있었던 것이다. 구체적으로 都兵馬錄事와 四面都監判官(이상 甲科權務), 그리고 迎送都監錄事·都齋庫判官(이상 乙科權務), 書籍店錄事·祭器都監判官(이상 丙科權務), 諸陵直·諸壇直(이상 雜權務) 등 100여 기구에 설치된 직위가 그것들인데, 이들이 文翰 계통이나 西京의 각 기구에도 얼마간 두어졌지만 주로 諸司都監各色에 설치되었던 것은 그들의 저 같은 성격과 무관하지 않다고 생각된다.

---

42) 李佑成, 앞의 글, 8~14쪽 ; 앞의 책, 96~101쪽 및 金光洙, 위의 글, 18~20쪽 참조.

43) 洪承基, 앞의 글, 72~76쪽.

그런데 이렇게 해서 처음 설치된 권무직이 본래의 취지와는 달리 곧 고정직화하여 품관과 이속 사이에 개재하는 하나의 직제로 발전하였다. 그러하여 갑과와 을과권무는 9품보다 상위에, 병과와 雜權務는 그보다 하위에 위치하는 직위가 되었던 것이다.[44] 이에 따라 그들은《高麗史》食貨志 權務官祿條에 명시되어 있는 바와 같이[45] 자기네의 직위에 상응하는 녹봉을 지급받고 있었다. 권무직도 吏職制와 마찬가지로 고려시대 관직체계의 특성을 보여 주는 하나의 제도였다.

(4) 실직과 산직

관직은 實職과 散職으로도 구분되고 있었다. 이 같은 분류의 기준이 된 것은 職事가 있느냐 또는 없느냐 하는 것이었는데, 전자는 물론 직사가 있는 관직이었던데 비해 후자는 그것이 없는 관직이었다. 여기에서 직사가 있다는 말은 쉽게 이야기해서 일정한 직임을 맡고 있다는 뜻으로서, 통치기구 내의 定額에 포함된 관직은 모두 실직이었다고 할 수 있다. 그러니까 우리들은 위에서 이 실직에 관하여 살펴 본 셈이다.

이러한 실직에 대해 산직은 일정한 직임이 부여되지 아니한 虛職으로, 이에는 檢校職과 同正職 및 添設職이 있었다.[46] 그러면 실제적인 직무를 맡고 있지 않은 이러한 산직제의 설치가 필요한 이유는 무엇이었을까. 그 주된 요인은 아마 관직에 취임하기를 희망하는 인원은 많은데 비해 실직은 정해진 액수가 있어서 수용에 한계가 있었던 만큼 가능한 한 그 문제를 해결하여 보고자 하는데 있지 않았나 짐작된다.[47] 첨설직은 여말인 공민왕 때에야 설치되지만 검교직과 동정직은 관제의 정비와 함께 중앙집권화가 본격화하는 성종조부터 마련되는 것도 그와 관련이 깊다고 생각되는 것이다.

그런데 이들 중 검교직과 동정직은 하나의 체계를 이루고 있었던 것 같다.

---

44) 金光洙, 〈高麗時代의 權務職〉(《韓國史硏究》 30, 1980), 50쪽.
45)《高麗史》권 80, 志 34, 食貨 3, 祿俸 權務官祿.
46) 李成茂, 〈兩班과 官職〉(《朝鮮初期 兩班硏究》, 一潮閣, 1980), 138쪽.
47) 韓沽劤, 〈勳官「檢校」考－그 淵源에서 起論하여 鮮初 整備過程에 미침－〉(《震檀學報》 29·30, 1966), 90쪽.
金光洙, 〈高麗時代의 同正職〉(《歷史敎育》 11·12, 1969), 120·125쪽.

구체적인 검교직의 예를 볼 것 같으면 문반의 경우 檢校太師(정1품)·檢校侍中(종1품)·檢校右僕射(정2품)·檢校尙書(정3품)·檢校太醫少監(종5품) 등이 찾아지며, 무반의 경우는 檢校大將軍(종3품)·檢校將軍(종4품) 등이 찾아진다.[48] 이처럼 검교직은 문반 5품, 무반 4품 이상에 해당하는 관직에만 설정되고 있는 것이다. 반면에 동정직의 예로는 문반의 경우 尙食奉御同正(정6품)·殿中內給事同正(종6품)·衛尉注簿同正(종7품)·良醞令同正(정8품)·良醞丞同正(정9품) 등이, 무반의 경우 中郎將同正(정5품)·郎將同正(정6품)·別將同正(정7품)·散員同正(정8품) 등이 찾아지며, 다시 이속직으로는 主事同正·令史同正·書藝同正 등이 보여,[49] 그것은 문반 6품, 무반 5품 이하의 관직에 널리 설정되고 있음을 알 수 있다. 이와 같이 검교직은 문반 5품, 무반 4품 이상의 상층부에 해당하는 관직에, 동정직은 문반 6품, 무반 5품 이하의 하층부에 해당하는 관직에 설치된 것으로 미루어 양자는 산직체계라는 하나의 구조를 이루고 있었을 가능성이 많다고 판단되는 것이다.[50]

목종 원년(998)에 제정된 改定田柴科에 의하면 제5과에 散左右僕射, 제6과에 散六尙書가 들어 있는 것을 비롯하여 이하 차례로 이어져 제17과에 散殿前承旨와 散隊正에 이르기까지 본직 앞에 '散'字가 붙어 있는 관직이 다수 포함되어 있는데,[51] 이들도 산직체계 내의 관직으로 이해된다. 본직의 앞 또는 뒤에 '檢校'·'同正'을 넣어 표시하는 방식을 취하지 않을 경우 단순히 '散'자를 넣어 산직임을 나타냈다고 생각되기 때문이다.[52] 이는 張文緯가 檢校禮部尙書였는데 그를 달리 '散秩禮部尙書'라 부르고 있는 사실과[53] 崔忠獻이 門蔭으로 '散補良醞令'이 되고 뒤에 '散加衛尉注簿'를 했다고 전하는데,[54] 문음제의 초임은 동정직을 받는 게 상례였으므로 그것은 필시 양온령동정과 같은 관직이었을 것으로 짐작된다는 점에서 어느 정도 확실한 것 같다. 물론

48) 韓㳓劤, 위의 글, 88~93쪽 참조.
49) 金光洙, 앞의 글, 129~131쪽 참조.
50) 金光洙, 위의 글, 132~133쪽.
51) 《高麗史》 권 78, 志 32, 食貨 1, 田制 田柴科 목종 원년 12월.
52) 이 점은 이미 金光洙가 앞의 글, 121쪽에서 지적한 바 있는데, 朴龍雲은 앞의 글, 24~25쪽에서 그것을 다시 확인하고 있다.
53) 〈張文緯墓誌銘〉(李蘭暎 編, 《韓國金石文追補》, 亞細亞文化社, 1968).
54) 〈崔忠獻墓誌〉(《朝鮮金石總覽》 上, 朝鮮總督府, 1919).

이에 대해서는, "개정전시과에서 給田의 대상으로 규정된 산직은 실직이 없이 단지 품계만 보유하는 去官 이전의 전직관이거나 혹은 전보관계로 대기중에 있는 대우관을 말하는 것이 아닐까 생각되는데 확실치는 않다"는 매우 신중한 이견이 제시된 바 있으나[55] 아마 그렇지는 않았던 듯싶다. 하여튼 고려시대에는 이런 검교직과 동정직이 상당히 비중있는 직제로써 널리 이용되고 있었다고 생각된다.

관직이 이처럼 광범하게 활용되고 있었던 데는 그것이 관직세계로의 편입이라는 의미 뿐 아니라 勳職의 성격도 가지고 있었다는 사실과 관계가 깊었다. 검교직의 賜與가 우대 조치의 일환이었다는 것은 더 말할 나위가 없거니와, 동정직도 음서자에게 주어진 사실에서 드러나듯이 포상의 의미가 많이 내포되어 있는 관직이었던 것이다.[56] 나아가서 후자는 관직의 初職으로 기능하였고, 그리하여 여기에서 얼마간의 기간을 지내면 실직으로 진출할 수 있었던 만큼 그 역할은 한층 주목받을 만한 것이었다.

산직을 지니고 있는 자에게는 또한 토지가 지급되고 있었다.[57] 이는 무엇보다 목종 원년에 제정된 개정전시과의 제3과에 검교태사가 들어가 있을 뿐더러, 위에서 설명한 바와 같이 그 아래의 科等에 배치된 '散'字가 붙은 관직들을 검교직과 동정직으로 볼 수 있는 가능성이 많은 만큼 그로써도 뒷받침받을 수 있는 것이다. 한데 그 뒤에 갱정된 문종 30년(1076)의 전시과에서는 그같은 산직자들이 토지 지급대상에서 일체 배제되고 있다. 그렇다면 이 때에 이르러 저들에 대한 토지 지급이 아예 중단된 것일까, 아니면 별도의 규정이 따로이 마련된 것일까. 이 점은 좀 불분명한데, 그러나 다시 그로부터 얼마의 시기가 지난 인종 때의 사실을 기록한 《高麗圖經》에 의하면, "내외의 見任 受祿官이 3,000여 원이요, 散官同正으로 녹은 없으나 給田하는 자가 또한 14,000여 원이었다"고[58] 전하고 있는 것으로 보아 산직자에게 토지 지급이 없지는 않았던 것 같다. 다만 만성적인 토지 부족현상으로 현직자들에게 지급하는 데도 어려움을 겪었다고 보여지는 당시에 그렇게 많은 수의 산직

55) 姜晋哲, 《高麗土地制度史硏究》(高麗大出版部, 1980), 43쪽.
56) 韓沽劤, 앞의 글, 90·94쪽 및 金光洙, 앞의 글, 124쪽.
57) 韓沽劤, 위의 글, 90쪽 및 金光洙, 위의 글, 157~163쪽.
58) 《高麗圖經》 권 16, 官府 倉廩.

자들에게 과연 어느 정도로 혜택이 돌아갈 수 있었을까에 대해서는 의문이 가지 않는 것은 아니지만 토지를 분급한 사실만은 분명한 듯하다. 산직의 帶有는 이런 면에서 역시 실제적인 의미를 지닌 것이었다고 이해된다.

이러한 산직은 고려 후기의 정치적 사회적 혼란과 더불어 濫授되면서 질적 저하를 가져왔다. 동정직만이 설정되어 있던 하급 관직에 검교직이 나타나고 있는 데서 그 같은 사실을 엿볼 수 있는 것이다. 그리하여 결국 검교직은 고위 관리에 한하지 않고 향리·백성에게까지 미쳐서 避役의 수단이 되기에 이르렀다고 전하거니와,[59] 이에 따라 동정직을 띤 인원들 역시 크게 증가하여 그것이 지니는 의미는 그만큼 감소되지 않을 수 없었다.[60]

이와 같은 실정에서 공민왕 3년(1354)에는 또 첨설직이 설치되었다. 紅巾賊과 倭寇의 잦은 침입이 있는 데다가 元에 구원병까지 파견해야 했던 당시의 현실 속에서 전쟁이 계속되는 동안 軍功을 세운 士人과 향리 등이 다수 나오게 되는데, 이들을 관직으로 상 주기 위해서였다. 그리하여 政曹(吏曹와 兵曹)를 제외한 6부의 判書(전기의 尙書)와 摠郞(전기의 侍郞)의 수를 배로 늘리고, 각 司의 3·4품 숫자도 늘리는 한편 42都府의 每領마다 역시 中郞將·郎將은 각 2인씩, 別將·散員은 각 3인씩 첨설하도록 했던 것이다.[61] 이러한 조처가 여말의 무인세력 성장과 관계가 깊었다는 연구가 있어 주목되거니와,[62] 그러나 어떻든 이로써 고려의 관제는 더욱 문란해지는 결과를 초래하였다.

2) 국초의 관계와 문산계

(1) 국초의 관계

官階란 관인들의 지위와 신분을 나타내는 공적 질서체계를 말한다. 고려에

59) 《高麗史》 권 35, 世家 35, 충숙왕 12년 동 10월 을미. 이에 대해서는 韓㳓劤, 앞의 글, 96쪽에서 언급하고 있다.

60) 金光洙, 앞의 글, 165~175쪽.

61) 《高麗史》 권 75, 志 29, 選擧 3, 添設職 공민왕 3년 6월.

62) 鄭杜熙, 〈高麗末期의 添設職〉(《震檀學報》 44, 1978).
———, 〈高麗末 新興武人勢力의 成長과 添設職의 設置〉(《李載龒還曆紀念 韓國史學論叢》, 1990).

서 이러한 질서체계로 기능한 것은 중국의 산관제를 도입하여 성종 14년(995)부터 정식으로 채택한 문산계였는데, 하지만 그 이전에도 고려 나름의 독자적 관계가 없었던 것은 아니었다. 大匡·正匡·大丞·大相 등 이른바 개국 초의 관계가 그들로서, 《高麗史》 백관지에는 이에 대해, "國初에는 관계를 문·무로 나누지 않았다. 大舒發韓·舒發韓·夷粲·蘇判·波珍粲·韓粲·閼粲·一吉粲·級粲은 新羅의 제도요, 大宰相·重副·台司訓·輔佐相·注書令·光祿丞·奉朝判·奉進位·佐眞使는 泰封의 제도였는데, 太祖는 泰封主가 제 뜻대로 제도를 고쳐 백성들이 잘 익혀 알지 못하므로 모두 신라의 것을 따르고 다만 名義를 쉽게 알 수 있는 것만 태봉의 제도를 좇았다. 얼마 후에 대광·정광·대승·대상의 칭호를 사용하였다"고[63] 전하고 있다.

이 백관지에 의하면 대광·정광 등 국초의 관계는 고려 태조 王建이 즉위한 「얼마 후」부터 사용되고, 다시 그 이전에는 신라의 위계였던 서발한(伊伐湌)·이찬(伊尺粲)·소판(迊湌) 등과 태봉의 관계였던 대재상·중부 등이 쓰인 것으로 되어 있다. 그러나 실제의 용례를 보면 대재상·중부 등은 찾아지지 않아 확인할 수가 없고 소판·파진찬·한찬 등도 태조 원년(918)의 것이 대부분이며,[64] 이후 몇 예가 더 나타나다가 동 6년부터 아예 새로이 수여한 사례는 눈에 띄지 않는다.[65] 반면에 대광·정광 등의 고려적 관계는 역시 태조 원년부터 수여되고 있으며,[66] 이후 점차 널리 사용되고 있다. 그러니까 신라의 위계제를 이용한 것은 잠시 동안일 뿐[67] 일찍부터 고려적 관계가 주로 쓰였다고 할 수 있는 것이다.

---

63) 《高麗史》 권 77, 志 31, 百官 2, 文散階.

64) 武田幸男, 앞의 글, 24~26쪽. 이 글에서는 高麗的 官階가 처음 사용된 시기를 태조 2년으로 잡고 있으나, 아마 그렇지는 않았던 것 같다.

65) 金甲童, 〈高麗初期 官階의 成立과 그 意義〉(《歷史學報》 117, 1988, 5~6쪽 ; 《羅末麗初의 豪族과 社會變動硏究》, 高麗大 民族文化硏究所, 1990, 180~181쪽).

66) 《高麗史》 권 92, 列傳 5, 洪儒.

67) 李純根, 〈高麗初 鄕吏制의 成立과 實施〉(《金哲埈華甲紀念 史學論叢》, 知識産業社, 1983, 225~229쪽)에서 後代에도 신라식 위계를 칭한 사례가 있음을 들어 아마도 성종 14년까지는 이것이 고려적 관계와 병용되었으리라는 의견을 피력하였다. 하지만 그같은 현상이 있게 된 것은 이미 그 전에 받았던 위계를 고려왕조에서도 인정해준 데 따른 것으로, 형식적인 의미를 지니는 것에 지나지 않으므로 그렇게 보기는 어렵다는 견해가 여러 논자들에게서 제시되어 있다(武田幸男, 앞의 글, 29~30쪽 및 金甲童, 앞의 책, 181쪽).

그런데 이렇게 고려 초기의 관계로 기능한 정광·대상 등의 칭호도 사실 그 기원은 태봉에 있었다. 弓裔는 상기한 두 칭호 이외에 元輔·元尹·佐尹·正朝·甫尹·軍尹·中尹 등의 官號를 제정해 사용하였었다.[68] 그러한 가운데에서 궁예의 정권을 인수한 고려 태조는 새로이 개국한 후 그것들을 이끌어다가 신라식 위계제에 대신하는 고려 나름의 관계로 기능하게 했던 것이라 짐작되거니와, 위에서 지적했듯이 그들은 점차 널리 사용되어 갔던 것이다.

고려 초기의 관계는 9품계 16등급으로 구성되어 있었다. 그 내용이 《高麗史》 권 75 選擧志 3 鄕職條에 전하는데, 간편하게 도표로 보이면 다음의 〈표 5〉와 같다.

검토하여 보면 이와 같은 16등급의 고려 초기 관계가 처음부터 모두 갖추어지지는 않았던 것 같다. 태조가 후삼국을 통일하는 즉위 19년(936) 이전에는 실례상 그들 중의 반수 가까운 칭호가 찾아지지 않기 때문이다. 아마 처음에는 이들 가운데 몇몇 칭호만이 사용되다가 역시 후삼국의 통일사업이 완수되는 것을 계기로 〈표 5〉와 같은 16등급으로 확대 완비된 것이 아닌가 짐작되는 것이다.[69]

그러나 어떻든 이들 관계는 태조 원년부터 성종 14년까지의 약 80년간 고려 왕조의 공적인 질서체계로서 여러 모로 중요한 기능을 담당하였다. 이는 우선 광종 11년(960)에 마련되는 백관의 公服에서 맨 위층인 紫衫層이 '元尹 이상'이라는[70] 관계에 기준을 두고 제정되었다는 데서 엿볼 수 있거니와, 그 아래의 丹衫·緋衫·綠衫層은 中壇卿·都航卿·小主簿와 같이 관직에 기준을 두고 있었다는 사실과 비교된다는 점에서도 한층 주목할 필요가 있다. 그 뒤 경종 원년(976)에는 시정전시과가 제정되지만, 여기에서 가장 후대를 받은 부류는 자삼층으로[71] 역시 원윤이 그 기준이 되고 있는 것이다. 이어서 성종 2년(983)에는 왕이 "詳政殿에 나와서 문·무 원윤 이상의 각 사람에게 말1필

68) 《三國史記》 권 50, 列傳 10, 弓裔, 天祐 원년 갑자 및 권 40, 志 9, 職官 下.
69) 武田幸男, 앞의 글, 14~23쪽 및 金甲童, 앞의 책, 181쪽에서 그 시기를 태조 23년으로 추정하고 있다.
70) 《高麗史》 권 72, 志 26, 輿服, 冠服 公服 광종 11년 3월.
71) 《高麗史》 권 78, 志 32, 食貨 1, 田制 田柴科 경종 원년 11월.

〈표 5〉 高麗 初期의 官階

品階	官階名	等級
1 品	三重大匡	1
	重大匡	2
2 品	大匡	3
	正匡	4
3 品	大丞	5
	佐丞	6
4 品	大相	7
	元甫	8
5 品	正甫	9
6 品	元尹	10
	佐尹	11
7 品	正朝	12
	正位	13
8 品	甫尹	14
9 品	軍尹	15
	中尹	16

씩 하사한" 기사도[72] 눈에 띤다. 이처럼 서열 체계로서의 관계가 담당한 기능을 각 방면에서 확인할 수가 있는데, 한편 그들 용례를 통해 관계는 그 구조상 크게 원윤 이상과 좌윤 이하로 나뉘어져 그 사이에 획선이 그어져 있었다는 사실도 함께 파악된다.[73]

관계는 물론 중앙의 관인들에게 수여되었다. 그리하여 저들은 관계만을 지니고서도 중요한 정치적 사회적 지위를 확보할 수 있었다.[74] 하지만 관계는 그렇게 중앙의 관인들에 한정하여 수여된 것은 아니었다. 城主·將軍 등을 일컬은 이른바 지방의 豪族들에게도 주어졌던 것이다. 태조 6년에 '下枝縣將軍' 元奉에게 원윤을 준 것을[75] 비롯하여 이후 그와 같은 예는 다수 보이고 있

72) 《高麗史》 권 3, 世家 3, 성종 2년 3월.
73) 武田幸男, 앞의 글, 36~42쪽.
74) 金甲童, 앞의 책, 192~199쪽.

다.[76] 아마 태조는 관계를 매개로 호족들을 포섭함으로써 자기의 세력범위를 확대하려 했던 것 같다.

그런데 관계의 수여는 여기에서 그치지 않고 于山國과 女眞族의 추장 및 耽羅國의 왕자 등에게 미치고 있다.[77] 그를 통한 포섭의 범위가 이방인에게까지 확대되고 있는 것이다. 이는 관계라는 질서체계가 고려의 영역을 넘어서 그 주변까지도 포섭하여, 고려왕조를 중심으로 하는 질서세계의 수립을 보여 준다는 점에서[78] 지니는 바 의미가 크다고 생각된다.

이와 같은 國初의 관계는 앞서 설명했듯이 성종 14년에 중국식 문산계가 유일의 공적 질서체계로 자리를 잡음으로써 생명을 잃게 된다. 이후 그것은 변질되어 鄕職化하는 것이다.[79]

(2) 문산계

大匡·正匡 등에 대신하여 성종 14년(995)부터 고려에서 정식 관계로 기능하는 것은 앞서 지적했듯이 文散階였는데, 그에 대한 백관지의 내용을 소개하면 다음과 같다.

> 국초에는 관계를 문·무로 나누지 않았다. …(中略)…얼마 후에 大匡·正匡·大丞·大相의 칭호를 사용하였다. 성종 14년에 처음으로 문·무의 관계를 나누어 紫衫이상에게는 正階를 賜與하고, 문관의 대광은 고쳐 開府儀同三司로, 정광은 特進, 대승은 興祿大夫, 대상은 金紫興祿大夫, 銀青光祿大夫는 銀青興祿大夫라 하였다. 문종 때 관제를 고쳐 문산계는 무릇 29등이었다. 종1품은 開府儀同三司요, 정2품은 特進, 종2품은 金紫光祿大夫, 정3품은 銀青光祿大夫…종9품 上은 文林郞, 下는 將仕郞이라 하였다(《高麗史》권 77, 志 31, 百官 2, 文散階)

그러나 이 설명이 꼭 맞는 정확한 이야기라고 말하기는 어렵다. 문산계가 유일의 공적 질서체계로 지위를 굳힌 것은 성종 14년이지만 사용하여 온 것

---

75) 《高麗史》권 1, 世家 1, 태조 6년 춘 3월.
76) 武田幸男, 앞의 글, 36~37쪽 및 金甲童, 앞의 책, 190쪽.
77) 武田幸男, 위의 글, 32쪽 및 金甲童, 위의 책, 191쪽.
78) 武田幸男, 위의 글, 31~33쪽.
79) 武田幸男, 〈高麗時代의 鄕職〉(《東洋學報》47-2, 1964).

은 그 이전부터라고 보여지기 때문이다. 이는 위의 설명 가운데에서 성종 14년의 개정시에 "銀靑光祿大夫를 銀靑興祿大夫로 하였다"는 데서도 시사를 받는다. 은청광록대부나 은청홍록대부는 모두 문산계의 일부였던 것이다. 그러니까 은청광록대부를 비롯한 몇몇 문산계는 성종 14년 이전부터 이미 사용되어 왔음을 스스로 뒷받침하고 있는 셈이지마는, 이는 사례에 의해서도 명확하게 입증된다. 결국 대광·정광 등 국초의 관계가 사용되고 있던 시기에도 일정 기간 동안은 중국식 문산계가 병용되어 왔다고 할 수가 있는 것이다.

國初의 관계에 더하여 문산계가 이용되기 시작한 그 시기에 대해서는 논자간에 견해가 달라, 혹자는 광종 9년이라 말하고,[80] 혹자는 성종 2년부터라고 말하고[81] 있다. 성종 14년 이전에도 문산계를 칭한 사례가 꽤 여럿 찾아지는데, 그 중 일부는 분명히 중국으로부터 수여 받은 것이다. 그러므로 언제까지가 중국측으로부터 받은 것이고, 언제부터가 고려 조정에서 수여한 것인가의 견해 차이에 따라 사용되기 시작한 시기에 대해서 의견이 달라지게 된 것이지만, 지금으로서는 그 어느 한 쪽이 옳다고 단정하여 말하기 어려운 실정이다. 그러나 어떻든 일정한 시기부터 중국에서 문산계가 도입되어 국초의 관계와 병용된 것은 분명하며, 그러한 가운데에 점차로 전자가 후자를 밀어내고 성종 14년부터 유일의 공적 질서체계로 자리잡은 것은 어느 정도 확실한 듯하다.

앞서 인용한 百官志 文散階條에 의하면 성종 14년 당시에는 開府儀同三司와 特進·興祿大夫·金紫興祿大夫·銀靑興祿大夫 등 문산계 중 일부분만이 채용되고, 문종 30년(1076)에 이르러 비로소 29등급 전체가 완비된 듯이 서술되어 있는데, 이 점 역시 정확한 설명인 것 같지는 않다. 성종 14년부터 문종 30년 사이의 사료를 찾아 보면 문산계 29階號의 대부분이 발견되기 때문이다. 아마 문산계는 이미 성종 14년부터 완비된 제도로 출발했던 것 같다.[82] 그러므로 문종 30년의 기사는 제도의 부분적 개정을 전해 주는 사료로

---

80) 武田幸男, 〈高麗初期の 官階－高麗王朝 確立過程の 一考察－〉(《朝鮮學報》 41, 1966), 7~14쪽.
朴龍雲, 앞의 글, 5~7쪽.

81) 金甲童, 앞의 책, 181~185쪽.

82) 末松保和, 앞의 글, 161쪽.
武田幸男, 앞의 글, 4~7쪽.

이해되거니와, 문산계는 그 뒤에도 여러 차례 변천을 거듭한다. 그러면 다음에 백관지 문산계조의 내용을 중심으로 하고 보충된 부분은 ( )속에 넣어 같이 도표로 보이면 다음 〈표 6〉과 같다.

여기에서 문산계의 조직은 크게 상층의 大夫階(종1품부터 종5품까지 13資級)와 하층의 郎階(정6품부터 종9품까지 16資級)로 나뉘어지고 있음을 알 수 있다. 보다시피 그것은 품계상으로 5품과 6품이 경계가 되고 있지마는, 이는 단순한 품계상의 한 단계 차이라는 점에 그치는 것이 아닌 듯하다. 양자 사이에는 그 이상의 의미를 지닌 큰 단층이 개재해 있었던 것이다.

이렇게 5품 이상과 6품 이하로 나뉘어졌던 대부계와 낭계는 충렬왕 34년(1308)에 충선왕이 복위하여 4품 이상과 5품 이하로 각각 한 품계씩 상향 조정하였다. 백관지 문산계조에도 이 때 "5품을 처음으로 郎이라 하였다"는 기록과 함께 5품 通直郎 이하의 낭계를 서술하여 놓고 있지마는, 아마 이 같은 상향 조정은 정1품계인 三重大匡의 설치와 관련이 있는 것 같다. 본래 고려의 9품 관계에는 정1품을 두지 않아 종1품인 개부의동삼사가 최고위로 되어 있었다. 이러한 체계를 충선왕이 들어서서 개부의동삼사와 같은 위계로 삼중대광을 신설하고 正品으로 올림으로써 그 이하의 위계도 차례대로 한 품계씩 상승하지 않았나 생각되는 것이다. 이렇게 되면 결국 대부계의 하계인 종5품의 朝請·朝散 양대부가 정5품으로 되었음 직하나 그와 같은 상호 대응관계는 보이지 않고 계호의 대폭적인 개정과 더불어 종4품에서 대부계가 끝나 정5품부터는 낭계로 되고 있다. 한 품계씩 상향한다는 원칙 위에 내부적으로 어떤 조정이 있었던 듯하다. 하여튼 이 때 제정된 4품 이상을 大夫, 5품 이하를 郎이라 칭하는 문산계의 조직은 여말까지 변하지 않으며, 계속하여 조선조까지 이어져갔다.

고려의 문산계가 이와 같이 5품 이상과 6품 이하—충선왕 이후에는 4품 이상과 5품 이하—를 기준으로 하여 각기 대부와 낭을 칭한 사실은 매우 큰 의의가 있는 것 같다. 더구나 그것은 士大夫—실제로는 大夫·士—와 일정한 상응관계를 가지고 있었다는 점에서 크게 주목되는 것이다.

그런데 자세히 살펴보면 대부계와 낭계 자체내에도 각각 하나씩의 단층이

朴龍雲, 앞의 글, 3~5쪽.

〈표 6〉 高麗의 文散階와 그 變遷

成宗 14년 이전	成宗 14년	文宗 30년	等級	忠烈王 원년	忠烈 24년 (忠宣王 즉위)	後 (忠烈王 復位)	忠烈 34년 (忠宣王 복위)
							正1品 三重大匡
	開府儀同三司	從1品 開府儀同三司	1		從1品 崇祿大夫		從1品 重 大 匡
	特　進	正2品 特　進	2		正2品 興祿大夫		正2品 匡靖大夫
(光祿大夫)	興祿大夫	從2品 金紫光祿大夫	3	匡靖大夫	從2品 正奉大夫	(匡靖大夫)	從2品 通憲大夫
	金紫興祿大夫	正3品 銀青光祿大夫	4	(奉翊大夫)	正3品 正議大夫	(奉翊大夫)	正3品 上 正順大夫 下 奉順大夫
銀青光祿大夫	銀青興祿大夫	從3品 光祿大夫	5	(正獻大夫)	從3品 通議大夫	正獻大夫	從3品 上 中正大夫 下 中顯大夫
	(正議大夫)	正4品 上 正議大夫 下 通議大夫	6 7	(榮列大夫) (中列大夫)	正4品 太中大夫	榮列大夫 (中列大夫)	正4品 奉常大夫
(中大夫)	(太中大夫) (中 大 夫)	從4品 上 太中大夫 下 中 大 夫	8 9	(朝奉大夫) (朝顯大夫)	從4品 中 大 夫	(朝奉大夫) 朝顯大夫	從4品 奉善大夫
	(中散大夫) (朝議大夫)	正5品 上 中散大夫 下 朝議大夫	10 11	(中散大夫) 朝議大夫	正5品 上 中散大夫 下 朝議大夫		※ 5品始爲郎 5品 通直郎
	(朝請大夫) (朝散大夫)	從5品 上 朝請大夫 下 朝散大夫	12 13	(朝請大夫) (朝散大夫)	從5品 上 朝請大夫 下 朝散大夫		
		正6品 上 朝 議 郎 下 承 議 郎	14 15	※ 擬	正6品 上 朝 議 郎 下 承 議 郎		6品 承奉郎
(奉議郎) (通直郎)	(奉 議 郎) (通 直 郎)	從6品 上 奉 議 郎 下 通 直 郎	16 17	上 國	從6品 上 奉 議 郎 下 通 直 郎		
	(朝 請 郎) (宣 德 郎)	正7品 上 朝 請 郎 下 宣 德 郎	18 19	者	正7品 上 朝 請 郎 下 宣 德 郎		7品 從事郎
	(宣 議 郎)	從7品 上 宣 議 郎 下 朝 散 郎	20 21	悉 改	從7品 上 宣 議 郎 下 朝 散 郎		
		正8品 上 給 事 郎 下 徵 事 郎	22 23		正8品 上 給 事 郎 下 徵 事 郎		8品 徵事郎
	(承 務 郎)	從8品 上 承 奉 郎 下 承 務 郎	24 25		從8品 上 承 奉 郎 下 承 務 郎		
(儒林郎)	(儒 林 郎) (登 仕 郎)	正9品 上 儒 林 郎 下 登 仕 郎	26 27		正9品 上 儒 林 郎 下 登 仕 郎		9品 通仕郎
(文林郎)	(文 林 郎) (將 仕 郎)	從9品 上 文 林 郎 下 將 仕 郎	28 29		從9品 上 文 林 郎 下 將 仕 郎		

尋	忠宣王 2년	恭愍王 5년	恭愍王 11년	恭愍王 18년	恭愍王 21년 以後
壁上三韓三重大匡	正1品 三重大匡	正1品 上 開府儀同三司 下 儀同三司	正1品 「大匡 上 壁上三韓三重 下 三重大匡	正1品 「大匡 上 特進輔國三重 下 特進三重大匡	(壁上三韓三重大匡) (三重大匡)
壁上三韓重大匡	從1品 重大匡	從1品 上 金紫光祿大夫 下 金紫崇祿大夫	從1品 重大匡	從1品 上 三重大匡 下 重大匡	(重大匡)
	正2品 上 大匡 下 正匡	正2品 上 銀靑光祿大夫 下 銀靑榮祿大夫	正2品 匡靖大夫	正2品 上 光祿大夫 下 崇祿大夫	(大匡) (匡靖大夫)
	從2品 上 匡靖大夫 下 奉翊大夫	從2品 上 光祿大夫 下 榮祿大夫	從2品 奉翊大夫	從2品 上 榮祿大夫 下 資德大夫	(奉翊大夫) (通憲大夫)
	正3品 上 正順大夫 下 奉順大夫	正3品 上 正議大夫 下 通議大夫	正3品 上 正順大夫 下 奉順大夫	正3品 上 正議大夫 下 通議大夫	(正順大夫) (奉順大夫)
	從3品 上 中正大夫 下 中顯大夫	從3品 上 太中大夫 下 中大夫	從3品 上 中正大夫 下 中顯大夫	從3品 上 太中大夫 下 中大夫	(中正大夫) (中顯大夫)
	正4品 奉常大夫	正4品 中散大夫	正4品 奉常大夫	正4品 上 中散大夫 下 中議大夫	(奉常大夫)
	從4品 奉善大夫	從4品 朝散大夫	從4品 奉善大夫	從4品 上 朝散大夫 下 朝列大夫	(奉善大夫)
	正5品 通直	正5品 朝議郎	正5品 通直郎	正5品 朝議郎	(通直郎)
	從5品 朝奉郎	從5品 朝奉郎	從5品 朝奉郎	從5品 朝奉郎	
	正6品 承奉郎	正6品 朝請郎	正6品 承奉郎	正6品 朝請郎	
	從6品 宣德郎	從6品 宣德郎	從6品 宣德郎	從6品 宣德郎	
	正7品 從事郎	正7品 修職郎	正7品 從事郎	正7品 修職郎	
	8品 徵事郎	8品 承事郎	8品 徵事郎	8品 承事郎	
	9品 通仕郎	9品 登仕郎	9品 通仕郎	9品 登仕郎	

존재했음을 발견할 수 있다. 대부계의 경우에 나타나는 종2품의 通憲大夫(奉翊大夫, 전기에는 은청광록대부) 이상과 그 이하 사이와, 낭계에 있어서도 6품과 7품을 경계로 하는 參秩과 參外秩간의 구분이 그것이다. 본래 관계는 관직과 표리관계에 있었고, 따라서 관직세계의 재추·상참·참상·참외와 같은 단층이 관계에도 보이는 것은 일면 당연하다고 할 수 있다.[83]

이 문산계는 위에서 말했듯이 문·무 관인들의 지위를 나타내는 질서체계였던 만큼 현직에 있을 때 뿐 아니라 초입사나 휴직·퇴관 등 어느 경우를 막론하고 일단 官界에 발을 들여놓은 사람이면 누구나가 받게 되어 있었다.[84] 국가로서는 관계에 들어 온 모든 인원에게 우선 散階를 수여하여 일정한 위계질서 안에 편성해 놓고 필요에 따라 현직관리로 뽑아 쓰는 제도를 마련하고 있었던 것이라 하겠다. 문산계 소지자는 장차 관직에 취임할 후보자들인 셈이었다. 그렇기 때문에 이들 후보자들은 관직을 수여 받는 경우에야 비로소 산계와 관직을 아울러 지닐 수 있었던 것이다. 그런데 이 때 양자의 품계는 일치시키도록 되어 있었다. 산관에 맞추어 職事를 제수한다는 원칙이 그것이었다.

그렇지만 고려에서는 이러한 원칙이 오랫동안 잘 지켜지지 않았다. 용례를 검토해 볼 것 같으면 충렬왕조(1275~1308)까지만 하더라도 그 원칙이 제대로 지켜지지 않다가 충선왕 復位年에 이르러서야 비로소 階品과 本品 간의 차이 문제가 해소되는 것이다. 이미 설명한 바 있듯이 충선왕 복위년에는 문산계 내부에 조정이 있었지만, 아마 이 해에는 그와 같은 변혁 뿐 아니라 계품과 본품을 일치시켜야 한다는 원칙도 특히 강조된 모양이다. 이후로부터 여말에 이르기까지 이 원칙은 비교적 잘 준수되고 있는 것이다.[85]

원칙론을 준수하면서 계품과 본품 사이의 불일치 현상을 해결해 보려는 제도가 行守法이었다. 이것은 조선시대 초기부터 시행된 법제로서 '階高職卑'한 경우에 관직명 앞에 '行'字를, '階卑職高'한 경우에 '守'字를 넣어 표시하는 제도가 그것인데,[86] 구체적인 사례를 참작컨대 高麗期에 있어서는 그와 같은 제도가 시행되지 않은 것 같다. 고려기에 있어서의 행수법은 관계와 관직간

83) 朴龍雲, 위의 글, 17~33쪽.
84) 李成茂, 〈兩班과 官職〉, 앞의 책, 116~117쪽.
85) 朴龍雲, 앞의 글, 27~32쪽.
86) 《經國大典》 권 1, 吏典 京官職.

의 관계를 나타내는 제도가 아니라 그보다는 오히려 산직과 실직 사이의 관계를 표시하는 법제로 기능한 것처럼 생각되는 것이다.[87] 고려와 조선의 행수법은 그 내용을 좀 달리하고 있었던 모양이다.

고려의 문산계는 문·무 관료의 위계로서 그들의 관직세계를 규율하는 기준이었다. 물론 고려시대에는 관계보다는 관직을 중시하였고, 또 양자간의 품계가 일치하지 않는 경우가 많았을 뿐더러 그것을 조절하는 행수법도 시행되지 않은 것 같아 제도로서의 미숙성을 드러내고는 있다. 그러나 산관에 맞추어 직사를 제수한다는 원칙만은 고려기에 있어서도 변함이 없었으며, 실제로 충선왕 이후로는 잘 지켜졌던 것이다. 이와 같은 관계 속에서 문산계의 4층 구조가 재추·상참·참상·참외 및 公卿·大夫·士와 같은 관직 내지는 관료들의 중층 구조와도 상응관계를 이루는 것이어서 한층 주목할 필요가 있다고 생각된다.

3) 무산계와 향직

(1) 무산계

고려시대에는 文散階에 상대되는 또 하나의 위계로서 武散階가 있었다. 이것이 설정되는 것은 문산계와 마찬가지로 성종 14년(995)인데, 이에 대해《高麗史》권 77, 백관지 문산계조에는 앞서도 인용한 바 "國初의 관계는 문·무로 나뉘지 않았다" 그 뒤 "성종 14년에 (이르러) 비로소 문·무의 관계가 나뉘어졌다"고 보이며, 거기에 이어져 있는 무산계조에도 "국초에 무관은 역시 大匡·正匡·佐丞·大相으로써 관계를 삼다가 성종 14년에 무산계가 정해졌는데 무릇 29등이었다"고 전하고 있다. 무산계조에는 그에 잇대어서 종1품 驃騎大將軍 이하 종9품 下 陪戎副尉에 이르는 29등급이 차례로 소개되어 있지마는, 그것들을 하나하나 도표로 정리하면 〈표 7〉과 같다.

백관지 무산계조에는 정6품 上이 耀武將軍으로, 종6품 下는 振武副尉로, 그리고 종7품 上은 翊威校尉로 되어 있다. 그러나 이것은 그 체계나 唐의 무산

---

87) 李成茂, 앞의 글, 140쪽.
朴龍雲, 앞의 글, 32~33쪽.

〈표 7〉 高麗의 武散階

品階		武散階	等級
從 1 品		驃騎大將軍	1
正 2 品		輔國大將軍	2
從 2 品		鎭國大將軍	3
正 3 品		冠軍大將軍	4
從 3 品		雲麾大將軍	5
正 4 品	上	中武將軍	6
	下	將武將軍	7
從 4 品	上	宣威將軍	8
	下	明威將軍	9
正 5 品	上	定遠將軍	10
	下	寧遠將軍	11
從 5 品	上	遊騎將軍	12
	下	遊擊將軍	13
正 6 品	上	耀武校尉	14
	下	耀武副尉	15
從 6 品	上	振威校尉	16
	下	振威副尉	17
正 7 品	上	致昊校尉	18
	下	致昊副尉	19
從 7 品	上	翊麾校尉	20
	下	翊麾副尉	21
正 8 品	上	宣折校尉	22
	下	宣折副尉	23
從 8 品	上	禦侮校尉	24
	下	禦侮副尉	25
正 9 品	上	仁勇校尉	26
	下	仁勇副尉	27
從 9 品	上	陪戎校尉	28
	下	陪戎副尉	29

관과 비교해 볼 때 각기 耀武校尉와 振威副尉·翊麾校尉의 잘못일 것으로 판단된다.[88] 그러므로 도표에는 바로 잡아 넣었지만, 원칙대로 하자면 문산계는 문반의 관계가 되고 이들 무산계는 무반의 관계가 되어야 했다. 이는 명칭상으로 보아도 그러하거니와, 중국의 당이나 우리 나라의 조선시대에는 실제로 그와 같이 시행되었던 것이다. 바로 이러한 이해 때문에 위에 든 문산계조나 무산계조와 같은《高麗史》撰者의 설명이 있게 되었다고 생각되며, 오늘날의 학자 역시 무산계는 무관의 관계라고 주장하기도 했던 것이다.[89]

그러나 사실은 그렇지가 않았다. 고려조에서는 앞 대목에서 설명했듯이 문

88) 旗田巍, 〈高麗의 「武散階」－鄕吏·耽羅의 王族·女眞의 酋長·老兵·工匠·樂人의 位階－〉(《朝鮮學報》21·22, 1961;《朝鮮中世社會史の硏究》, 法政大學出版局, 1972, 381~382쪽).
朴龍雲, 위의 글, 8쪽.
89) 末松保和, 앞의 책, 162~163쪽.

반 뿐 아니라 무반들도 모두 문산계를 받았던 것이다. 그러니 무관들 중에 무산계를 帶有한 사람이 있을 리 없었다. 이와 같은 실정을 잘 모르고 있던 《高麗史》 찬자가 무산계조 말미에 보이는 바, "지금 史冊에 나타나는 것을 고찰한즉 무관은 모두 산계가 없다"고 당황해 하고 있는 것도 여기에 원인이 있었던 것이다.

그러면 고려에서는 왜 무산계가 본래의 구실인 무관의 관계로선 기능하지 못했을까. 이에 대해 어떤 연구자는 "고려 전기 문반귀족들의 文治主義 경향에서 기인하는 것"으로 "문반의 지위가 무반보다 높았기 때문"이라고 해명하고 있다.[90] 그러나 앞서 지적하였듯이 무신들도 문신귀족들이 대유하는 문산계에 같이 참여하고 있다는 점을 감안할 때 이러한 설명이 꼭 맞는다고 결론짓기는 어려울 것 같다. 아마 그 이유는 고려조 관료조직의 특수성에서 찾는 것이 더 합당하지 않을까.[91] 추측컨대, 고려왕조는 당과는 달리 자기의 실정에 맞게끔 문무양반 관료층은 모두 문산계로 파악하는 방식을 취하고 무산계는 이와 다른 각도에서 이용했던 것 같다.

그렇다면 실제로 고려에서 무산계를 받은 사람들은 어떤 부류였으며, 또 그것이 지니는 의미는 어떠했을까. 구체적인 사례를 검토하여 보면 무산계를 지급받은 사람들은 향리와 탐라의 왕족·여진의 추장·노령의 兵士·工匠과 樂人들로 나타나고 있다.[92] 이들은 더 말할 나위도 없이 문산계를 띠고 있는 문무관료층과는 구별되는 계층으로, 무산계 설정의 의미는 바로 이런 점에 있었던 것 같다. 그것은 특정인들에게 주어진 영예적 칭호였다고 생각되는 것이다.

향리는 지방사회의 실력자들이었거니와, 중앙의 조정은 상층 향리들에게 무산계를 수여함으로써 그들의 지위·실력을 인정하고 우대하는 뜻을 보임과 동시에 권력의 지방 침투를 용이하게 하고 또 鄕役을 포함한 각종의 임무에 충실하도록 유도하였던 것 같다. 탐라의 왕족이나 여진의 추장에게 무산계를 수여하는 경우도 이와 유사한 의미가 있었다고 생각되며, 80세 이상의 노병사에게 수여한 경우 역시 영예를 부여함과 아울러 군인들의 사기를

90) 李成茂, 앞의 책, 72·78쪽.
91) 朴龍雲, 앞의 글, 10쪽.
92) 旗田巍, 앞의 책, 385~402쪽.

진작시키기 위함이었던 듯하다. 우수한 기술을 가지고 있는 공장·악인들에 대한 수여는 무거운 부담을 지고 있으면서도 사회적 대우가 좋지 않았던 이들을 회유하는 의미가 컸던 것 같은데, 물론 이 때에도 국가로서는 그들의 충실한 임무 수행을 기대했으리라 짐작된다.[93]

이처럼 무산계의 수여에는 국가의 입장이 많이 작용하고 있었지만, 그것을 받은 당사자에게는 커다란 우대요 영예였을 뿐 아니라 경제적인 혜택까지 뒤따랐다. 武散階田이라 하여 그것을 수여 받은 사람들에게 토지가 지급되었던 것이다. 그에 관한 규정은《高麗史》권 78, 식화지 전시과 문종 30년조에 전하는데, 그 내용을 도표로 보이면 〈표 8〉과 같다.

이와 같이 무산계 전시과는 6등급으로 구분되어 田 35결·柴 8결을 받는 1등급은 冠軍大將軍과 雲麾將軍이 해당되었고, 이하 차례로 내려가 무산계의 맨 하위인 陪戎校尉와 陪戎副尉 등은 5등급에 해당되어 전 20결을 지급받았으며, 大匠·副匠·雜匠人·御前部樂件樂人 등은 무산계에 준하는 대우를 받

〈표 8〉 武散階 田柴科

등급	지 급 액 수	수 급 자
1	田 35결·柴 8결	冠軍大將軍·雲麾將軍
2	田 30결	將武將軍[94]·宣威將軍·明威將軍
3	田 25결	寧遠將軍·定遠將軍·遊騎將軍·遊擊將軍
4	田 22결	耀武校尉·同副尉·振威校尉·同副尉·致果校尉·同副尉·翊麾校尉·同副尉
5	田 20결	宣折校尉·同副尉·禦侮校尉·同副尉·仁勇校尉·同副尉·陪戎校尉·同副尉
6	田 17결	大匠·副匠·雜匠人·御前部樂件樂人[95]

93) 旗田巍, 위의 책, 407~409쪽.

94) 규정에는 掌武將軍이라 보이는데 이는 아마 將武將軍의 잘못일 것이다.

95) 규정에는 이것에 이어서 "地理業·僧人"이 더 첨가되어 있으나, 사실 이들은 무산계 전시과의 제6등급에 해당하는 게 아니라 그 다음에 이어지는 別賜科의 수식어로 보아야 한다. 이 점에 대해서는 旗田巍, 앞의 책, 399쪽 참조.

아 6등급으로 전 17결을 지급 받고 있다. 그런데 여기에는 무산계 29급 가운데 제6급인 中武將軍이 보이지 않는데, 이는 기록상의 잘못으로 인한 누락으로 짐작된다. 하지만 각기 1·2·3급인 驃騎大將軍과 輔國大將軍·鎭國大將軍도 보이지 않는데, 그 이유에 대해서는 잘 알 수가 없다. 무산계는 위에서 설명했듯이 탐라의 왕족과 여진의 추장 등 이방인에게도 사여되었지마는, 이들에게까지 전시가 지급되었을까는 역시 의문시되는 점이 많다.

(2) 향 직

鄕職은 앞에서 설명하였듯이 국초의 관계가 성종 14년(995)에 이르러 변신하여 이룩된 것이다. 따라서 그것은 명칭 등의 외형에 있어서는 앞의 〈표 5〉의 官階와 같았으나 그 기능에는 큰 차이가 있었다.

종래 향직은 향리의 직 또는 계로 이해하려는 경향이 많았다. 명칭상으로 보아도 그러하지만, 대광·정광 등의 향직에 관한 내용이 戶長·副戶長 등의 향리직에 대한 내용과 동일하게 《高麗史》 권 75, 선거지 향직조에 수록되어 있는 데서 그같은 해석이 나온 듯하다. 그러나 향직이 곧 향리의 직이 아닌 것만은 분명하다. 대광·정광 등의 향직과는 계통을 달리하는 호장·부호장 등의 향리직이 따로 있었기 때문이다.

하지만 향직이 향리의 계가 아닐까 하는 점에 대해서는 그렇게 한마디로 단정하여 말할 수 없는 일면이 있는 것 같다. 실제로 향리들이 향직을 수여받고 있는 경우가 많이 눈에 띄는 까닭이다. 그러나 논자 가운데는 이 점에 관해서도 강력하게 부인하는 견해를 표명하고 있다. 향직은 성종 14년에 정비된 데 비해 향리직은 동왕 2년에 정비되고 있어서 제도 정비상 12년의 차이가 난다는 것과, 전자는 궁예가 摩震時代에 창설했던 관품에서 기원하는데 비해 후자는 신라의 관직명에서 이끌어 온 것으로서 양자는 그 계보가 다르다는 것, 그리고 최고의 향리층인 호장이 하급의 향직인 佐尹·正朝·甫尹·中尹 등을 받고 있는 예에서 알 수 있듯이 양자간에는 서열상의 상응관계가 보이지 않는다는 것 등이[96] 그 같은 주장의 논거들이다.

이어서 향직을 받는 계층은 위에 든 향리(長吏) 뿐 아니라 無官의 노인·무

96) 武田幸男, 앞의 글(1964), 8~10쪽.

산계를 가진 자·군인·양반·서리 및 여진의 추장 등임을 밝힌 이 논자는, 그것은 이들에게 준 爵과 같은 의미를 지닌 조직이었다고 말하고 있다. 이처럼 향직은 대체적으로 관인과 구별되는 특정부류에게 수여한 영예적 칭호였다는 것이다. 이러한 조직·서열체계를 향직이라고 이름한 그 때의 「鄕」은 京에 대칭되는 「鄕」이 아니라 唐樂에 대한 鄕樂의 예 등에서 보듯이 「唐」에 대비되는 「鄕」으로서, 그것은 국풍 내지는 고려풍을 의미하는 뜻이었다고 한다. 그리하여 향직은 관인을 상대로 한 중국식 문산계와는 계통을 달리하는 고려적 질서체계로서 고려 고유의 영역은 말할 것 없고 여진의 추장에게 수여한 사례에서 파악되듯이 영역 밖의 사회까지도 포괄하는 조직의 기능을 했다는 것이다.[97]

그러나 이러한 주장에 대해서, 향직은 여전히 「鄕階의 의미를 갖는 것」으로, “이것은 지방 위계제로서의 성격이 짙다”는 견해도 표명되어 있다. “이른바 향직체계는 문산계에 대응하기는 하지만 그것이 중국관계와 고려관계의 대항에서 대치되는 방식으로의 변동이 아니라, 고려 중앙정부 자체 내에서의 어떠한 요인으로 말미암아 중앙의 위계로서 중국의 문산계 체계를 도입하고 기존의 위계제를 지방화해 버리는 그러한 과정에서” 생겨나게 된 것이라는[98] 이해인 것이다. 따라서 이 문제는 앞으로 좀더 깊이 천착되어져야 하리라고 생각된다.

향직의 소지자에게는 토지가 賜給되었다. 거기에는 경제적 혜택까지 부가되어 있었던 것이다. 그 구체적인 내용은 문종 30년(1076)에 제정된 更定田柴科의 규정에 보이는데, 그것에 의하면 대상·좌승은 武職인 산원과 함께 田 40결·柴 10결을 받는 제12과에, 원보·정보[99]는 교위와 함께 田 35결·柴 8결을 받는 제13과에, 그리고 원윤은 대정과 함께 田 30결·柴 5결을 받는 제14과에 각각 배정되어 있다.[100] 전체 18과등 중 전지와 시지를 아울러 받는 제14과 이상에 모두 배정되고 있음이 주목된다.

그런데 이와 같은 향직에 관한 대우 규정이 그보다 앞서 제정된 목종 원

97) 武田幸男, 위의 글, 12~15쪽 및 26~30쪽.
98) 李純根, 앞의 글, 223쪽.
99) 본문에는 正朝로 되어 있으나 이는 正甫의 잘못임이 분명하다.
100) 《高麗史》 권 78, 志 32, 食貨 1, 田制 田柴科 문종 30년.

년(998)의 改定田柴科에는 보이지 않아 약간의 의아심을 갖게 한다. 그렇다면 문종 30년(1076) 이전에는 이들 향직 소지자에게 경제적 대우를 하지 않았다는 것일까. 아마 그렇지는 않았던 듯하다. 동일한 식화지 전시과조에 현종 19년(1028) 5월 判으로, "鄕職 大丞 이상과 正職 別將 이상 인원은 身死後에 田丁을 遞立하고, 향직 左丞 이하와 元尹 이상 (및) 정직 散員 이하로 나이가 70세에 찬 사람은 그 자손으로 하여금 체립케 하며, 無後者는 身歿後에 체립케 한다"[101]는 기록이 전하고 있기 때문이다. 나아가서 관계로 존재하고 있을 때의 일이기는 하지만 경종 원년(976)에 제정된 시정전시과에도 자삼 이상, 곧 원윤 이상에게 전시를 지급한 규정이[102] 있는 것으로 미루어, 향직 소지자에게는 처음부터 토지를 사급하였다고 보는 것이 온당할 듯싶다. 그렇다면 개정전시과에 이들에 관한 규정이 들어 있지 않은 것은 기사의 누락일 듯 짐작되나, 혹 그 이외에 어떤 또 다른 이유가 있었는지 그 점은 분명하지 않다.[103] 하여튼 향직 소지자에게는 제도가 마련된 처음부터 경제적 혜택이 부가되어 있었던 것이 어느 정도 확실한데, 하지만 그와 같은 전시의 사급이 여진의 추장과 같은 외국인에게까지 베풀어졌을까는 의문시되는 점이 많다.

지금 외국인을 제외한 향직의 소지자에게 토지의 사급이 있었다고 했지마는, 그러나 그들 모두에게 혜택이 돌아간 것은 아니었다. 보다시피 그것은 원윤 이상층에게 한정되고 있는 것이다. 이 점은 위에 든 사료 모두가 공통되고 있다. 따라서 좌윤 이하의 하급 향직자에게는 토지의 지급이 없었다고 볼 수 밖에 없는데, 이것은 향직이 크게 원윤 이상층과 좌윤 이하층으로 나뉘어지고 있음을 시사해 준다는 점에서도 주목할 필요가 있을 것 같다. 그런데 문종 30년의 전시과 지급규정에는 다시 향직 중 원윤 이상・左丞(佐丞) 이하층만을 열거하고 대승 이상층에 대해서는 언급이 없어 역시 의문이 남고 있다. 하지만 현종 19년의 田丁遞立 규정에서는 대승 이상을 들고 있는 것으로 보아 이들에게도 토지의 지급이 있었다고 간주하는 게 옳을 것 같다. 이것은 일면 토

101) 《高麗史》 권 78, 志 32, 食貨 1, 田制 田柴科 현종 19년 5월.
102) 《高麗史》 권 78, 志 32, 食貨 1, 田制 田柴科 경종 원년 11월.
103) 武田幸男, 앞의 글, 18쪽.
姜晋哲, 〈田柴科制度의 制定 및 그 內容〉, 앞의 책, 41쪽.

〈표 9〉 鄕職의 구조

文宗 30년 田柴科			顯宗 19년 田丁遞立	
品階	武職	鄕職	正職	品階
		大匡	(郎將)	正 6 品
		正匡	(別將)	正 7 品
		大丞	別將以上	〃
正 8 品	散員	佐丞	散員以下	正 8 品
〃	散員	大相	(散員)	〃
正 9 品	校尉	元甫	(校尉)	正 9 品
〃	校尉	正甫	(校尉)	〃
	隊正	元尹	(隊正)	
		佐尹		
		正朝		
		正位		
		甫尹		
		軍尹		
		中尹		

지의 수혜자층 내에서도 다시 좌승 이하층과 대승 이상층의 구분이 있었음을 시사하는 것으로, 향직의 구조를 이해하는데 큰 도움을 준다.104) 이제 그와 같은 내용의 향직의 구조를 문종 30년의 전시과 규정과 현종 19년의 전정체립 규정과 함께 비교하여 표로 보이면 위와 같다.105)

향직은 충렬왕 24년(1298)을 마지막으로 하여 그 이후에는 보이지 않는다. 아마 이 시기를 전후하여 점차 소멸되어 간 것 같다. 향직은 11세기부터 13세기까지 대략 300년 동안 존속했던 조직・체계였던 것이다.106)

〈朴龍雲〉

104) 武田幸男, 위의 글, 22~26쪽.
105) 위와 같음.
106) 武田幸男, 위의 글, 30쪽.

3. 중앙 정치체제의 권력구조와 그 성격

1) 중앙 정치체제의 권력구조

(1) 국왕과 재추와 상서 6부

전근대 왕조국가에 있어서 흔히 '萬化之源이며 出理之本'으로 묘사되는 국왕의 권력은 절대권에 가까운 것이었다. 근대적인 의미의 입법권과 사법권·행정권 등을 모두 장악하고 있던 국왕의 권한은 아무리 강조해도 지나치지 않을 정도로 강했던 것이다.

하지만 그렇다고 하여 국가가 국왕 한 사람의 의지에 의해서 전적으로 운영된 것만은 아니었다. 국왕 밑에는 당연히 그의 여러 보필기구가 마련되어 있었지마는, 그들에 의한 보필은 거기에 그치지 않고 왕권에 대해 제약하는 구실을 할 수도 있었기 때문이다. 주로 儒教政治理念에 입각하고 있던 동양 내지 한국사회에 있어서 天子·國王은 하늘의 뜻(天意)에 따라 정사를 펴야만 한다는 책무가 주어졌던 만큼 그에 의해 제약을 받기도 했지만, 그 같은 사상·이념에서 뿐 아니라 실제로 통치기구들을 담당하고 있던 臣僚群에 의해서도 왕권은 어느 정도 규제를 받았던 것이다. 정치권력 구조의 문제는 바로 이런 점에 핵심이 있다고 생각되거니와, 그것은 물론 각 사회가 자리한 역사적 위치나 여건에 따라 차이가 났으리라 짐작된다. 그러면 고려왕조의 경우는 어떠했을까.

고려에서 정치의 중심기구는 흔히들 3省 6部로 일컬어지는 中書門下省과 尙書省, 그리고 中樞院(樞密院)이었다. 이 중에서도 핵심이 되는 기구는 중서문하성의 상층부를 구성하고 있던 宰府였거니와, 여기에는 省宰·宰臣·宰相으로 불리는 2품 이상의 門下侍中 이하 諸平章事·叅知政事·政堂文學·知門下省事 등 「宰五」(宰臣 5職)가 소속하여 국왕과 더불어 국정을 의논하는 의

정의 기능을 담당하고 있었던 것이다. 품계상 상서성의 상층기구인 尙書都省 역시 이 같은 재상의 司로써 여기에는 정2품인 左·右僕射 등이 있어 일을 보았다. 하지만 이 기구는 앞 대목에서도 설명했듯이 정무를 처리하는데 발언권이 있는 권력기구가 되지 못하고 사무관청적인 성격이 강하였으며, 따라서 그 곳의 관원들 역시 자신의 지위에 합당한 대우를 받지 못하였다.[1] 이에 비해 오히려 중서문하성의 재부와 어깨를 견줄 수 있는 기구는 중추원의 상층부인 樞府였다. 이곳 소속의 樞密·宰相인 判院事 이하 直學士까지가 「樞七」(樞密 7職)로서 이들도 의정기능을 담당하였던 것이다. 史書에 자주 보이는 「兩府」·「宰樞兩府」니, 또는 「宰樞」·「宰五樞七」·「兩府宰相」이니 하는 서술들이 바로 이들을 지칭하는 말이었다.

그리하여 고려에서는 국가의 중대사가 이들 宰樞의 협의에 의해 처리되었다. 그렇다면 이렇게 유사한 위치에 있는 재상의 司인 재부와 추부를 함께 설치해 놓고 국사를 같이 보게 한 이유는 무엇이었을까. 그것은 아무래도 재·추 상호간의 견제적 작용에 본뜻이 있었던 것 같다. 말하자면 국가의 중사가 재부의 독단으로 처리되는 것을 막는 하나의 제동기적 조처로 같은 재상의 위치에 있는 추부를 따로 설치한 게 아닌가 생각되는 것이다. 더구나 재추회의는 議合이라 하여 만장일치제를 채택하고 있다는 데서 더욱 그러한 뜻을 짐작할 수 있다. 이러한 재·추간의 견제작용은 재상권의 분화를 뜻하며, 그것은 곧 왕권의 안정과 관계가 깊다.[2] 하지만 귀족사회체제였던 고려사회에서 중추원 추부가 현실적으로 과연 어느 정도 그 본래의 취지에 맞게 기능하였을까는 의문시되는 점이 많다.[3] 양부재상은 모두 귀족의 대표적 존재들이었기 때문이다. 만약에 재신과 추밀이 상호 견제하는 작용보다는 같은 귀족의 입장에서 긴밀히 협조하는 면이 많았다고 했을 때 왕권은 오히려 이들에 의해 제약을 받았을 가능성이 높다. 아마 고려의 정치적 실정은 후자의 경우가 더 현실에 가까운 이해일 것 같다는 생각이 많이 드는 것이다.

---

1) 邊太燮, 〈高麗宰相考－3省의 權力關係를 중심으로－〉(《歷史學報》 35·36, 1967 ; 《高麗政治制度史硏究》, 一潮閣, 1971, 70～74쪽). 그 내용에 관한 설명은 이 책 I편 2장 1절 2항의 주 20) 참조.

2) 邊太燮, 〈高麗의 政治體制와 權力構造〉(《韓國學報》 4, 1976), 29쪽.

3) 朴龍雲, 〈高麗의 中樞院 硏究〉(《韓國史硏究》 12, 1976), 97～98·136～138쪽.

그런데 고려시대에는 정치권력이 이들 재추에게 집중되도록 짜여져 있었다. 그같은 사실은 무엇보다 兼職制에서 잘 드러나고 있다.[4] 중서문하성의 재신은 三司와 翰林院의 판사 및 史館의 監修國史·修國史·同修國史를 겸직하도록 제도화되어 있었고, 또 비록 그와 같이 법제화되어 있지 않은 경우라 하더라도 여러 요직을 겸임하는 예가 많았으며, 중추원의 추밀 역시 臺諫의 최고직 등을 두루 겸직하였던 것이다.

그러나 권력구조상 더욱 커다란 의미를 지니는 것은 재신이 정무집행기관인 상서 6부의 判事를 겸직하도록 제도화되어 있었다는 점이다. 상서 6부는 문선과 훈봉의 정사를 관장한 吏部와, 무선·군무·우역 등의 정사를 관장한 兵部, 호구와 貢賦·전량의 정사를 관장한 戶部, 법률·사송 등을 맡은 刑部, 예의와 제향·조회·교빙·학교 등을 맡은 禮部, 그리고 산택과 工匠·영조를 맡은 工部를 말하거니와, 이들 각 부서의 장관인 尙書는 정3품으로 재상의 모임인 재추회의에는 참석할 수가 없었다. 그러므로 고려시대에는 상서 위에 판사를 따로 두고 중서문하성의 재신으로 하여금 겸직하게 하였다. 즉, 그들은 상서 6부의 서열에 따라 首相이 判吏部事, 亞相은 判兵部事, 三宰는 判戶部事와 같이 차례로 내려가 六宰가 判工部事를 겸직하도록 법제화되어 있었던 것이다.[5] 거기에다가 상서직도 중추원의 추밀이 겸직하는 예가 많았으므로, 상서 6부는 자연히 재추양부, 그 중에서도 특히 재부의 통제에 놓이게 마련이었다. 이 점에 대해서는《高麗史》권 76 백관지 서문에서도 "그 입법한 처음의 시기에 재상은 6부를 통할하고, 6부는 寺·監·倉·庫를 통할하였다"는 설명을 붙여 놓고 있다.

고려 때의 재추는 이처럼 의정기능을 하였을 뿐 아니라 행정의 실무를 담당하는 집행기구인 상서 6부를 장악하였던 만큼 그들의 권한은 그만큼 강화되어 있었다고 할 수 있다. 그리고 그것은 더 말할 필요도 없이 왕권에 대해 제약적

---

4) 兼職制에 대해서는 張東翼,〈高麗前期의 兼職制에 대하여 (上)·(下)〉(《大丘史學》11·17, 1976·1979) 및 崔貞煥,〈高麗 中書門下省의 祿俸規定〉(《韓國史硏究》50·51, 1985 ;《高麗·朝鮮時代 祿俸制硏究》, 慶北大出版部, 1991, 96~99쪽) 참조.

5) 邊太燮, 앞의 책, 79~82쪽.

———,〈高麗時代 中央政治機構의 行政體系-尙書省機構를 中心으로-〉(《歷史學報》47, 1970 ; 위의 책, 17~18쪽).

인 요소로 작용하였을 것이다. 물론 관점에 따라서는 상서6부가 자기의 소관 사무를 국왕에게 직접 아뢰고 처리하는 直奏制가 강조되어 있기도 하다.[6] 하지만 재신이 겸하는 6부 판사제가 따로 마련되어 있는 당시에 있어서 직주제가 어느 정도의 실효성을 갖는 제도였을까에 대해서는 의문이 없지 않다. 판사제가 없는 조선에서 6曹直啓制를 채택함으로써 얻을 수 있었던 왕권의 강화와 같은 효과를[7] 고려에서는 거두기가 어려웠으리라 생각되는 것이다.[8]

고려시대의 정치체제는 재추 중심이었다는 이해가 가능할 듯싶다. 그리하여 왕권도 이들에 의해 상당한 제약을 받았으리라 짐작할 수 있었지만, 그같은 점은 이미 처음으로 국가의 기틀을 잡아가던 성종조부터 논의된 바 있었다. 즉 崔承老가 時務策을 올리는 가운데 왕권의 전제화에 반대하면서, 군주는 신하들을 예우하며 넓은 포섭력을 가지고 아랫사람의 의견에도 귀를 기울일 줄 알아야 한다고 설명하고 있는 것이다.[9] 그리하여 국왕과 귀족관료가 권력의 조화를 이루면서 원만하게 국가를 운영하여 갈 것을 건의하고 있거니와, 고려의 정치체제는 그런 점에서는 비교적 잘 균형이 잡힌 권력구조였다고 생각된다.

(2) 국왕과 재추와 대간

고려시대의 권력구조에서 큰 비중을 차지하고 있던 또 하나의 조직으로 대간이 있었다. 대간이란 臺官과 諫官을 합하여 부르는 명칭으로, 이 중 간관은 중서문하성의 하층부를 이루는 郎舍 소속의 散騎常侍(常侍)와 直門下・諫議大夫(司議大夫)・給事中・中書舍人・起居注・起居郎・起居舍人・補闕(司諫・獻納)・拾遺(正言) 등을 말하며, 대관은 御史臺(監察司・司憲府) 소속의 判御史臺事・御史大夫・御史中丞・雜端・侍御史・殿中侍御史・監察御史 등을 일컫는다. 《高麗史》 권 76 백관지에 의하면 이들 가운데 간관은 군주의 불가한 처사나 과오에 대하여 힘써 간언하는 諫諍과 부당한 조칙을 봉환하여 駁正

6) 邊太燮, 앞의 글(1976), 25~26쪽.
7) 末松保和, 〈朝鮮議政府考〉(《朝鮮學報》 9, 1956 ; 《靑丘史草》 1, 笠井出版社, 1965, 269쪽).
8) 姜晋哲, 〈邊太燮著 《高麗政治制度史研究》 書評〉(《歷史學報》 52, 1971), 134쪽.
9) 《高麗史》 권 93, 列傳 6, 崔承老.

하는 封駁을 담당하였다고만 전하고 있다. 그러나 구체적인 활동 사항을 검토해 보면 이들에게는 署經權도 부여되어 있었다는 사실이 확인된다. 서경은 다시 문무관의 임명에 있어서 비록 국왕의 재가가 있었다 하더라도 이들이 심사, 동의하는 서명을 해야 비로소 효력을 발생하게 한 告身署經과, "신법을 세우고 구법을 고치며 喪 중에 있는 인원을 起復시키는데" 있어서도 같은 절차를 밟게 한 依牒署經으로 나뉘어져 있었지만, 얼핏 보더라도 간관의 직능이 결코 가볍지 않았다는 것을 알 수 있다.

이러한 간관의 직임에 비해 대관의 그것에 대해서는 역시 동일한 백관지에 "시정의 論執과 풍속의 矯正, 그리고 규찰·탄핵을 관장하였다"고 보인다. 이들은 그때 그때의 정치나 시책에 대한 집요한 언론과 常道를 벗어난 풍속의 단속 및 백관의 비위·불법을 규찰 탄핵하는 일을 맡았던 것이다. 아울러 이들에게도 물론 서경권이 주어져 있었다.

이 같은 대관과 간관의 직능을 놓고 볼 때에 각각은 임무가 조금씩 달랐다는 것을 알 수 있다. 후자는 주로 군주를 대상으로 하여 간쟁을 담당하였는데 비하여 전자는 주로 관료들에 대한 감찰을 맡고 있었기 때문이다. 그러나 일면 살펴보면 양자의 직능 한계는 명확치 아니한 점이 더 많이 나타난다. 대·간은 같은 언관으로서 다같이 시정의 득실을 논하고 있을 뿐더러, 간관이 관료의 비법·탐학 등을 논죄하고 있는가 하면, 대관들도 군주에 대한 간쟁 등 간관의 직능을 수행하고 있는 것이다. 앞서 설명했듯이 서경권도 이들이 공통적으로 지니고 있는 권한이었거니와, 그렇기 때문에 「臺諫一體」라는 주장도 나오게 되었다고 생각되는 것이다. 「대간」이라는 용어 자체에 단적으로 드러나고 있는 바와 같이 이들은 흔히 같이 상소를 올려 군주의 과실과 백관의 비위를 논하여 서로 보조하는 입장에 있었다.

이처럼 고려시대의 대·간은 상호 깊은 유대를 가지고, 한편으로는 왕권과, 그리고 다른 한편으로는 재추와 일정한 관계 위에서 중요한 정치적 기능을 수행하였다. 그러면 먼저 이 중에서 왕권과의 관계부터 검토해 보기로 하는데, 결론부터 이야기하면 그 점에 있어 대간은 왕권을 규제하는 쪽으로 많이 기울어져 있었던 것 같다. 이들에게 부과된 시정의 논집이나 서경·간쟁·봉박 등의 직임 자체가 그러하거니와 실제로 그 직임을 수행하는 과정

을 고찰하여 보더라도 그러한 면모가 잘 드러나고 있기 때문이다.[10)]

물론 이와는 의견을 달리하는 입장도 표명되어 있다. 대간의 기능은 왕권을 억제한 면보다 오히려 그것을 강화하는 쪽으로 더 강하게 작용했을 것이라는 견해가 제시되어 있는 것이다.[11)] 원래 대간제도란 왕조측이 자기 보완의 한 방법으로 설치한 것이기 때문에 이들의 간쟁은 국왕이 반성하는 계기를 마련하고, 그리하여 국왕의 행위나 정책이 올바른 방향으로 나가도록 한 것이 사실이고 또 그것이 본래의 목적이기도 하였다. 그러나 생각해 보면 이것은 바라는 바의 목적론이요 당위성의 이론일 뿐 실제적인 권력관계는 그렇지 않았던 것 같다. 鄭諴의 閤門祗候職 제수를 둘러싸고 야기되었던 당시의 국왕 毅宗과 대간 사이의 충돌에서[12)] 잘 나타나듯이 고려시대의 역사적 현실은 국왕이 대간의 간쟁이나 서경문제를 德政的 자기반성의 계기로 삼은 예에 못지 않게 정사에 자기의 의사를 관철시키고자 대간과 서로 날카롭게 대립한 사실이 허다했던 것이다.

다음 宰樞와의 관계를 보면 역시 유사한 양상이었던 것 같다. 이들도 대간의 직권에 의해 자신의 진퇴는 물론 직책의 수행상에서도 감찰을 받게 되어 있었던 것이다. 그렇지만 양자는 이와 같은 규제·대립의 관계에만 있었던 것은 아니었다. 상호 긴밀히 협조하는 다른 일면도 보이는 까닭이다. 우선 양자는 같은 臣僚의 입장에서 왕권에 대하여는 공동운명체적 의식을 가지고 있었다는 사실을 중시해야 할 것 같다. 이미 널리 알려져 있듯이 고려왕조는 귀족제사회였으며, 대간직은 바로 그들 귀족의 중요한 官路였던 것이다. 그리고 이들간에는 조직적인 면에서도 그 같은 유대의 소지가 마련되고 있었다. 앞서 지적한 바도 있듯이 대·간의 장관을 재추가 겸임한다든가, 또는 간관이 성재가 있는 중서문하성의 하급관원으로 존재하고 있었다던가 한 데서 양자간의 밀접한 관계를 살필 수가 있는 것이다.[13)] 여진과의 전쟁에서 일시 패한 尹瓘과 吳延寵의

---

10) 金龍德, 〈高麗時代의 署經에 대하여〉(《李丙燾華甲紀念論叢》, 一潮閣, 1956), 482~484쪽.
朴龍雲, 〈臺諫制度의 成立〉(《韓國史論叢》 1, 1976, 43~47쪽 ; 《高麗時代 臺諫制度 硏究》, 一志社, 1980, 170~174쪽).

11) 宋春永, 〈高麗 御史臺에 관한 一考察〉(《大丘史學》 3, 1971), 21·32쪽.

12) 《高麗史》 권 122, 列傳 35, 宦者 鄭諴.

13) 朴龍雲, 〈高麗時代의 臺諫과 宰樞文武兩班〉(《誠信女大論文集》 12, 1979 ; 앞의

죄를 청할 때에 성재들이 대간과 「더불어[與]」 상소·논핵하고 있고,[14] 또 大寧侯 璟과 鄭叙의 탄핵사건이 발생하였을 때 재상들이 간관을 「거느리고[率]」 논죄하고 있는데,[15] 그 같은 면을 보여 주는 좋은 예라 생각된다.

요컨대 대간은 왕권과 재추 각자와, 그리고 이것들이 서로 얽힌 속에서 규제와 협력의 두 측면을 아울러 지니고 있었음을 알 수 있다. 이러한 정치현실 위에서 어떤 면이 어느 정도로 작용할 것이냐는 그것이 처하고 있는 여러 여건에 의하여 달라졌겠거니와, 고려에서는 대간과 재추 간에 밀접히 연결되어 있던 조직상의 특성이나 귀족제적인 사회체제로 보아 양자 사이에는 규제보다 협력관계가 강하였고, 그에 따라 왕권과의 관계에서는 그의 규제기능에 주안점이 있었던 것으로 이해된다.

지금까지의 검토에서 확인되듯이 고려에서는 권력구조상 왕권에 대한 제약적 요소가 강했다는 것이 큰 특징을 이룬다. 이것은 재삼 되풀이되는 이야기이지만 고려가 귀족제사회였다는 사실과 깊은 관련이 있다고 생각된다. 이와 같은 체제하에서 국왕과 재추·대간이 권력의 균형과 조화를 잡아가는 가운데 국가의 원만한 운영이 이루어졌다고 이해되는 것이다.

(3) 문무양반과 대간

고려 때는 전체 관원을 일컬어 「宰樞文武兩班」이라고 불렀다. 이 중 재추는 앞서 설명해 온대로 재신과 추밀, 곧 2품 이상의 재상들을 의미했거니와, 따라서 「文武兩班」은 3품 이하관을 지칭하는 말이었음을 알 수 있다. 표제어의 문무양반도 그런 의미에서 썼지마는, 대간들도 그 속에 포함됨은 더 말할 나위가 없다. 그러나 대간은 그들의 특이한 직능 때문에 권력구조상에서 재추뿐 아니라 문무양반들과도 관련이 깊었던 만큼 여기서는 그 점을 살펴보려 하지마는, 그 가운데서도 특히 承宣과 尙書6部와의 관계가 주목되는 대목이다.

승선은 중추원의 하층부를 구성하고 있으면서 왕명의 출납을 담당하던 관원이다. 따라서 군주를 주대상으로 하여 간쟁과 시정의 논집·서경 등을 맡

책, 227·234쪽).

14) 《高麗史》 권 13, 世家 13, 예종 4년 11월·5년 5월.
《高麗史節要》 권 11, 의종 5년 5월.

15) 《高麗史》 권 90, 列傳 3, 宗室 1, 大寧侯 璟.

았던 대간과는 상대적인 입장에 서게 마련이었다. 그렇지만 고려 때의 양자 간 관계를 알려 주는 자료가 전해 오지 않아 그 내용을 구체적으로 밝힐 수가 없는데, 다만 조선 초기에 대간들의 끈질긴 항쟁이 있자 국왕이 承政院으로 하여금 그들의 章疏를 啓達치 말도록 조처한 기사가 보인다.[16] 국왕의 요구에 의한 것이기는 하지만 승선이 대간의 언론활동을 중간에서 차단하는 역할을 하고 있는 것이다. 여말에 잠시 시행된 제도이기는 하였으나 대간의 국왕 面啓法이 마련된 사실로[17] 미루어 볼 때 고려에서도 유사한 현상이 있었을 듯 싶으나 사료상으로는 물론 확인되지 않는다.

그런데 이러한 대간의 국왕 면계법보다도 더욱 주목되는 것은 승선이 대간직을 널리 겸임하고 있다는 사실이다.[18] 원칙대로 하자면 승선은 국왕의 비서직과 같은 것이었으므로 그와 밀착되게 마련이었고, 반대로 대간은 왕권을 규제하는 기능을 하였으므로 어느 한 관원이 당해 두 관직을 겸임한다는 것은 사리에 맞지 않는다. 그러므로 이러한 원칙론이 제기되어 聽納된 기사도 찾아지는데,[19] 하지만 그것은 이론에 그쳤을 뿐 실제로는 승선들의 대간직 兼帶가 일반화되어 있었던 것이다. 이는 대간의 기능문제와 함께 승선과의 관계를 이해하는 데도 매우 중요한 의미를 지닌다고 생각된다.

그런데 비슷한 양상은 상서6부와의 관계에서도 발견된다. 본래 대간은 인사문제에 있어서는 이·병부와, 탄핵·국문은 형부, 그리고 의례상에 발생하는 사건에 대해서는 예부 등과 밀접히 관련지어져 있었다. 물론 그 관계는 문제의 성격과 당시의 정황에 따라 양자가 대립되는 수도 있고, 또 협력하는 경우도 있었다. 이 점은 대간의 직능을 감안할 때 쉽게 이해가 된다. 그런데 대간은 이 같은 직능상의 관계에서 뿐 아니라 스스로 상서 6부의 직관을 겸대하고도 있다.[20] 이 역시 제도로서는 좀 어색한 감을 주는 것인데, 그럼에도 그 실제 내용에 있어서는 이와 같은 겸임제가 많이 이용되고 있었다. 이것도 대간의 기능

16) 《太宗實錄》 권 12, 태종 6년 윤 7월 기묘·권 23, 태종 12년 2월 갑술. 《世宗實錄》 권 39, 세종 10년 춘 정월 임인.
17) 《高麗史》 권 45, 世家 45, 공양왕 2년 춘 정월·2월.
18) 朴龍雲, 앞의 책, 238~239쪽.
19) 《高麗史》 권 99, 列傳 12, 文克謙.
20) 朴龍雲, 앞의 책, 240~241쪽.

강화 내지는 정책의 신속하고도 원만한 시행과 관련이 깊을 듯싶은데, 우리는 이런 점에서 또한 당시 권력구조상의 한 성격을 시사 받을 수 있을 것 같다.

臺官과 諫官 자신들 사이의 관계를 보면 직능상으로 후자가 좀 더 우월한 위치에 있지 않았나 생각된다. 서경 등 낭사와 어사대가 같이 처리해야 할 사안에 대해 먼저 전자가 검토한 뒤 후자에게 이첩하는 과정을 밟고 있는 데서 그 같은 내용을 짐작할 수 있다.[21] 그러니까 고려에서는 이러한 양자간의 권력체계가 비교적 잘 준수되어 서로 어떤 문제를 일으키는 일이 없이 긴밀한 협력 관계를 견지하고 있었으며, 그리하여 앞서 설명한 바와 같이 對王權 규제기능에 있어서는 강력한 힘을 발휘할 수 있었던 게 아닌가 생각되는 것이다.

어사대와 낭사는 자신들 성원 가운데에 하자가 있을 경우 자가숙청을 단행하였다. 그리고 이러한 숙청이 어떤 때는 상대편 관부의 탄핵에 의하여 이루어지는 일도 있었다. 그럼에도 고려시대에 있어서 이와 같은 사건은 痕咎者의 제거에 한하였을 뿐 그로 인하여 대간 상호간에 정치적으로 대립·반목한 사례는 별로 눈에 띄지 않는다. 사료가 상대적으로 적게 남아 있기 때문일 것이라는 짐작도 가긴 하지만, 그러나 새로이 朝鮮이 건국되고서는 처음부터 대관과 간관 사이에 갈등과 충돌이 잦았다는 사실과 크게 비교가 되는 점이다. 이는 역시 제도의 운용과 권력구조의 차이에서 비롯된 면도 없지 않다고 보여진다는 점에서 주목되는 것이다.

대간과 무신간의 관계는 서로 규제 내지는 협력하는 권력구조상의 상대방은 아니었으므로 여기에서 따로 언급할 필요가 없을 듯하여 생략한다.

2) 중앙 정치체제의 성격

(1) 귀족적 성격

고려 정치체제의 기본적인 틀을 마련하는 성종은 왕위에 오른 원년(982)에 京官 5품 이상의 고위 신료들로 하여금 封事를 올려 시정의 득실을 논하도록 지시하였다. 이에 응답하여 올린 상소 가운데 하나가 유명한 최승로의 시무책인데, 그 내용은 한마디로 말하면 유교정치이념에 입각한 중앙집권적 귀

21) 朴龍雲, 위의 책, 235~236쪽.

족정치의 실현을 주장한 것이었다.[22] 그는 현실적인 정치의 이념을 유교에 두면서 귀족들이 그 중심을 이루는 귀족정치의 구현을 건의하고 있는 것이다. 그런데 이와 같은 그의 건의는 널리 알려진대로 성종이 대부분 採納하여 직접 국가의 정책에 반영하였다. 그런 점에서 최승로의 시무책 28조는 매우 중요한 의미를 지니고 있거니와, 그 가장 큰 요소의 하나가 귀족정치였다는 데서 우리는 고려왕조 정치체제의 성격을 대략 짐작할 수가 있는 것이다.

정치체제의 기본방향이 이러하였던 만큼 각각의 정치조직에 그 같은 요소가 반영되기 마련이었다. 그러므로 우리들은 실제로 그들 조직에서 귀족적 성격을 발견할 수가 있는 것이다. 우선 통치의 근간이 된 內史門下省(中書門下省)부터 그의 설치 자체가 귀족정치를 지향하는 儒臣세력이 그 중심기구로 내놓았다는[23] 사실에서 시사 받는 바 크거니와, 그것이 행정기관이 아니라 의정기관이었다는 점은 역시 그 같은 면모의 표출이라 할 수 있다. 중요한 안건이 상정되었을 때 국왕은 내사문하성의 재신들에게 의견을 물어 처리하였지마는, 그에 따라 이들은 합좌해 정책을 의논·결정하였다. 그렇기 때문에 이 기구는 흔히 신라의 和白이나 태조 때의 廣評省에 비유되기도 하거니와,[24] 이것은 그의 성격이 관료적이기보다는 귀족적이었음을 나타내 주는 것으로 보아 좋다고 생각되는 것이다.

그런데 이러한 議政의 과정은 비단 내사문하성의 재신간에서 뿐 아니라 중추원 추밀과의 사이에서도 광범위하게 이루어지고 있었다. 국가의 중대사는 앞서 언급한 바와 같이 재추가 합좌하여 의논·처리하는 일이 많았던 것이다. 더구나 그 같은 과정이 議合이라 하여 재추 전원의 만장일치제를 채택하고 있었다는 것에서 정치체제상의 귀족적 성격을 다시 보게 된다.

臺諫制度도 유사한 맥락에서 파악할 수 있을 것 같다. 대간은 서경·간쟁이나 시정의 득실을 논하는 기능 등을 통해 감히 왕권을 제약하는 귀족세력의 한 대표적 존재였기 때문이다. 이것 또한 귀족적 성격을 강하게 풍기는 제도의 하나였다.

---

22) 李基白, 〈新羅統一期 및 高麗初期의 儒敎的 政治理念〉(《大東文化硏究》 6·7, 1969·1970, 157쪽 ; 《新羅時代의 國家佛敎와 儒敎》, 韓國硏究院, 1978).
23) 李泰鎭, 〈高麗 宰府의 成立-그 制度史的 考察-〉(《歷史學報》 56, 1972), 40쪽.
24) 李基白, 〈貴族的 政治機構의 成立〉(《한국사》 5, 국사편찬위원회, 1975), 42쪽.

다음 관직상으로는 檢校職과 같은 勳職制度에서 귀족적 요소를 발견할 수 있다. 검교직은 문반 5품·무반 4품 이상에 해당하는 관직에 설치된 관직으로,[25] 이렇게 고위 관직에 직사가 없는 산직을 설정해 놓고 그것의 소지자에게 일정한 경제적 대우와 함께 영예를 부여하던 훈직제는[26] 역시 귀족적 성격을 보여주는 한 제도로 이해되는 것이다.[27]

이처럼 고려시대 중앙의 정치체제에서 귀족적 요소를 찾는 것은 어렵지 않다. 그것은 위에서도 지적했듯이 고려가 귀족제사회였다는 사실과 관련이 깊지만, 뒤집어 이야기하면 그렇기 때문에 고려사회의 성격을 그와 같이 규정하는 것이라 말해지고 있기도 한 것이다.

(2) 고려 제도의 독자성

고려 때의 중요한 정치기구들을 연원면에서 보면 당나라 제도에 가까운 3省 6部－실제로는 2성 6부－와, 송나라 제도와 관련이 깊은 중추원과 3司, 그리고 고려의 독자적인 필요에 의해 설치된 都兵馬使와 式目都監 등 대략 세 갈래로 나누어 볼 수가 있다. 당시의 지배구조는 이처럼 唐制와 宋制 및 고려의 독자적인 것이 혼합된 속에서 여러 정치기구 사이에 운용의 조화를 이루어 가고 있었는데, 우선 이런 점에서 고려 정치체제의 일 특수성을 발견하게 된다.[28]

그런데 여기에서 한가지 더 주목되는 사실은 고려가 그 나름의 필요에서 만든 기구는 말할 나위도 없지만, 당·송제를 이끌어 온 경우라 하더라도 고려의 실정에 맞게 소화·흡수하고 있다는 점이다. 당에서는 中書省과 門下省·尙書省이 각자 제 기능을 발휘하는 三省並立制였던 데 대하여 고려에서는 중서성과 문하성이 합쳐져 중서문하성이라는 단일기구가 되고 있다든가,[29] 송의 樞密院은 군정기관이었던 데 비해 고려의 중추원(추밀원)은 처음에 그와 같은 기

25) 金光洙, 〈高麗時代의 同正職〉(《歷史敎育》 11·12, 1969), 132~133쪽.
26) 韓沽劤, 〈勳官 「檢校」考－그 淵源에서 起論하여 鮮初 整備過程에 미침－〉(《震檀學報》 29·30, 1966), 90쪽.
27) 李基白, 앞의 책(1975), 46~47쪽.
28) 邊太燮, 앞의 글, 28쪽.
29) 邊太燮, 〈高麗의 中書門下省에 대하여〉(《歷史敎育》 10, 1967 ; 앞의 책, 47~56쪽).

능을 담당하지 않았다든가,[30] 그리고 당에서는 문무양반의 관계로 문산계와 무산계가 분립되어 있었던 데 비해 고려에서는 문산계만이 그들 관계로 기능하고 있었다든지[31] 한 예는 그 중에서도 뚜렷한 것들이다. 이 밖에 삼사의 직능을 보면 송나라와 고려의 것 사이에 현격한 차이가 찾아지는 등[32] 내용을 자세히 검토하면 하나하나 모두를 열거할 수 없을 정도로 많은 상이성을 발견할 수 있는 것이다.

생각컨대 이와 같은 차이점은 고려와 당·송이 자리잡은 역사적 위치가 같지 않았고 사회적 문화적 바탕도 달리하고 있었던 만큼 어떤 점에서는 당연한 귀결이라 할 수 있다. 그럼에도 종래 명칭이나 외형이 중국의 것과 같다고 하여 그 내용·성격까지도 동일 선상에서 파악함으로써 고려 제도의 독자성을 소홀히 다루려는 경향이 없지 않았으나, 그것은 고의가 있었거나 없었거나 간에 잘못된 이해 방식임을 지적하여 두지 않을 수 없다. 우리는 제도의 유사성과 함께 상이성·독자성을 밝힘으로써 사실의 올바른 규명 뿐 아니라 그것이 지니는 의미도 비로소 제대로 이해할 수가 있게되는 것이다.

(3) 조직의 미분화성

고려 때 정치기구들의 조직상 커다란 특징 중의 하나는 상·하 이중으로 구성되어 있었다는 점이다. 중서문하성의 宰府와 郎舍, 중추원의 樞府와 承宣房, 그리고 상서성의 都省과 6部 등의 분립이 그런 것들이었다. 이러한 분립은 앞서 대략 설명했듯이 재부와 추부·상서도성은 재상의 司로써 품계상 2품 이상 관원들의 기구였던데 비해 낭사와 승선방·상서 6부는 각각 그 하층부를 구성하는 3품 이하 관원들의 집사기구로서, 맡은 일도 상층부의 그들과는 매우 달랐다.

그러면 이와 같이 품계상으로 구분되고 기능도 달라 서로 다른 기구와도 같은 조직을 하나의 관서로 묶어 놓은 것을 어떻게 이해하여야 할까. 첫째로

30) 邊太燮, 〈高麗의 中樞院〉(《震檀學報》 41, 1976), 72~76쪽.
朴龍雲, 앞의 글(1976a), 119~120쪽.

31) 旗田巍, 〈高麗의 「武散階」－鄕吏·耽羅의 王族·女眞의 酋長·老兵·工匠·樂人의 位階－〉(《朝鮮學報》 21·22, 1961 ; 《朝鮮中世社會史의 硏究》, 法政大學出版局, 1972, 384~385쪽).

32) 邊太燮, 〈高麗의 三司〉(《歷史敎育》 17, 1975), 44~49쪽.

조직의 미숙성 내지는 미분화성이라는 측면에서 이해될 수 있다는 생각이다. 이 점은 조선시대에 들어와 재부와 추부는 주로 의정부기구에 흡수된 반면 낭사는 司諫院, 승선방은 承政院, 6부는 6曹로 독립되어 각각 하나의 기구를 형성한 사실에 견주어 볼 때 더욱 그러한 느낌이 많이 든다.

하지만 거기에는 그렇게 단순하지만 않은 다른 이유도 있었던 것 같다. 그것은 역시 그들의 기능강화나 정치체제와 관련되는 것으로서, 예컨대 조선초기에 들어와 낭사가 중서문하성의 하층부를 구성하고 있던 때와 사간원으로 독립된 시기에 있어서 간관의 직능 수행을 비교하여, "臣 등이 생각컨대 비록 말하고자 하더라도 진실로 事機를 알지 못하면 구구하게 귀와 눈으로 보고 들어서는 능히 다할 수 없는 것이요, 반드시 政令이 나오는 곳에 참여한 연후에야 그 득실과 이해를 알아 간언하게 되는 것입니다. 그러므로 당나라는 諫省을 두고 좌우로 나누어서 좌는 문하성에, 우는 중서성에 속하게 하였으며, 송나라도 또한 그러하여 다같이 規諫을 맡아 조정의 闕失과 대신으로부터 백관에 이르기까지의 적임자가 아닌 사람 및 三省으로부터 百司에까지 일에 마땅함을 잃은 것은 모두 諫正케 하였습니다. 前朝(高麗)에 이르러서도 간관을 역시 문하부에 참여케 한 것은 모두 간관으로 하여금 일의 경중과 완급을 두루 알아서 간언할 수 있도록 하고자 한 까닭이었습니다. 지금 따로 諫院을 설치한 이후로 비록 진언하고자 하나 모든 일을 잘 알지 못하며, 또 비록 말하더라도 뒤늦어서 시기를 잃는 일이 많습니다"고[33] 한 상소에서 얼마간의 대답을 얻을 수 있다.

여기에서 한 걸음 더 나아가 생각하면 이미 설명했던 대로 같은 귀족의 입장에 있는 省宰와 諫官을 동일 관서의 상·하관으로 조직함으로써 그들이 상호 긴밀한 유대관계를 가지고 對王權 규제 기능을 해낼 수 있도록 한 것 등도 물론 그의 한 중요 원인이었을 것이다.

하지만 상서 6부가 형식상의 상층기구인 도성에서 떨어져 나와 오히려 중서문하성 宰府와 긴밀한 관계를 맺고 있었던 것은 이와는 다른 측면이어서 일률적으로 말하기는 어려울 것 같다. 역시 고려는 권력구조나 통치체계상 자기 나름의 사정과 필요에 따라서 기능이 다른 두 조직을 하나의 기구 안

33) 《太宗實錄》 권 17, 태종 9년 하4월 정해. 이에 대해서는 朴龍雲, 앞의 책, 219~220쪽 참조.

에 묶기도 하고 또 그렇게 하지 않기도 한 듯싶거니와, 조직의 미숙성 내지 미분화성은 여기에서 다시 확인할 수가 있는 것이다.

〈朴龍雲〉

Ⅱ. 지방의 통치조직

1. 지방 통치조직의 정비와 그 구조

2. 군현제도

3. 지방의 중간 통치기구

Ⅱ. 지방의 통치조직

1. 지방 통치조직의 정비와 그 구조

1) 지방 통치조직의 정비

(1) 국초(태조-경종대)

고려시대에 지방제도가 본격적으로 정비되기 시작한 것은 成宗代이다. 성종 2년(983) 2월에 처음으로 전국에 12牧을 설치하는 한편 今有·租藏을 罷하였다.[1] 太祖代에 지방관이 파견되지 못한 이유에 대하여 崔承老는 그의 上書文에서 "우리 聖祖(太祖)께서 (후삼국을) 통합한 뒤에 外官을 두고자 하였으나, 대저 초창으로 인하여 일이 번거로워 겨를이 없었습니다"라고 하였다.[2] 새 왕조의 초창기여서 일이 번거로워 겨를이 없었기 대문이라 하였으나, 실제로는 이 시기 지방의 호족세력이 강대했던 반면 중앙 행정력이 극도로 미약했기 때문에 지방관을 파견할 수 없었을 것이다.

태조는 다만 西京을 경영함으로써 왕실세력의 기반을 보완하거나 군사상의 목적으로 鎭과 都督府·都護府 등 특정지역을 경영하였을 뿐이다.

태조가 왕위에 오른 지 불과 석 달만에 착수하였던 서경에 대한 경영은 처음에는 북방민족에 대한 국방상의 의의가 강조되었다. 그러나 얼마 뒤부터는 국방면보다는 국내 정치상의 필요성, 즉 미약한 왕실 세력의 기반을 육성하려는 취지에서 활발히 추진되었으리라 생각한다. 이에 따라 서경에는 본격적으로 행정기구가 설치되었으며, 이와 동시에 서경은 고려 왕실의 강력한 세력 기반이 되어 고려의 권력구조에서 중요한 몫을 담당하게 되었던 것이다.[3]

---

1) 《高麗史節要》 권 2, 성종 2년 2월.

2) 《高麗史》 권 93, 列傳 6, 崔承老.

3) 河炫綱, 〈高麗 西京考〉(《歷史學報》 35·36, 1967).
――――, 〈高麗 西京의 行政構造〉(《韓國史硏究》 5, 1970).
李根花, 〈高麗 成宗代의 西京經營과 統治組織〉(《韓國史硏究》 58, 1987).

군사상의 필요에 의해서 이루어진 지방에 대한 시책은, 이 시기에 군사적 요지에 설치된 鎭을 통해서 그 사실을 알 수 있다.[4] 또한 태조 때에는 도독부·도호부 등을 설치하기도 하였다. 이미 태조는 원년(918) 9월에 平壤을 도호부로 삼고, 堂弟 王式廉과 廣評侍郞 列評 등을 파견하여 그 곳을 지키게 하였고,[5] 태조 13년(930)에는 후백제와의 관계로 天安都督府를 설치하고 大丞 弟弓을 都督府使, 元甫 嚴式을 副使로 임명하였다.[6] 그리고 후삼국을 통일한 뒤에는 후백제의 수도였던 完山(全州)에 安南都護府를 설치하였으며, 태조 23년(940)에는 신라의 옛 도읍인 慶州를 대도독부로 삼았다. 그러나 이 때 설치된 도호부나 도독부는 짧은 기간 존속하였을 뿐 제도화되지는 못하였다. 후대에 제도화되는 4도호부 또는 5도호부의 실질적인 기원은 광종대를 거쳐 경종대에 나타나는 것으로 생각된다.[7]

군사상의 요충이나 왕실의 기반이 되는 서경과는 달리 호족의 지배력이 강한 지역에 대한 조치로는 태조 23년에 州府郡縣의 칭호를 고친 것을 들 수 있다.[8] 그 해의 지방제도 개편의 특징 중 하나는 대소 읍격에 관계없이 州가 많이 생긴다는 것이다.[9] 같은 해에 주부군현의 칭호를 고친 것에 대해서 태조의 군현 장악으로 적극적인 해석을 하려는 견해가 있으나,[10] 일찍이 지적된 바와 같이[11] 신라적 내지는 후백제적인 지방 행정체제를 명칭상으로나마 고

4) 李基白, 〈高麗 太祖時의 鎭〉(《歷史學報》 10, 1958 ; 《高麗兵制史硏究》, 一潮閣, 1968).
5) 《高麗史節要》 권 1, 태조 원년 9월.
6) 《高麗史節要》 권 1, 태조 13년 추8월.
7) 李基白, 〈高麗 地方制度의 整備와 州縣軍의 成立〉(《趙明基博士華甲記念 佛敎史學論叢》 1966 ; 앞의 책).
8) 《高麗史》 권 2, 世家 2, 태조 23년 춘3월.
《高麗史節要》 권 1, 태조 23년 춘3월.
9) 金甲童, 〈'高麗初'의 州에 대한 考察〉(《高麗史의 諸問題》, 三英社, 1986). 旗田巍는 고려 군현제의 특징으로서 府의 신설을 강조하다가, 최근의 글인 〈高麗王朝 成立期의 府와 豪族〉(《法制史硏究》 10, 1960)에서는 府가 신라 홍덕왕 때 이미 조성되었다고 하였다. 배종도도 같은 견해다(〈新羅 下代 地方制度 개편에 대한 고찰〉, 《學林》 11, 1989).
10) 邊太燮, 〈高麗 初期의 地方制度〉(《韓國史硏究》 57, 1987).
朴宗基, 〈高麗太祖 23年 郡縣 改編에 관한 硏究〉(《韓國史論》 19, 1988).
———, 〈『高麗史』 地理志의 '高麗初'年紀 實證〉(《李丙燾九旬紀念論叢》, 1990).
金甲童, 〈高麗 太祖代 郡·縣의 來屬關係形成〉(《韓國學報》 52, 1980).
11) 李基白, 앞의 글, 1966.

려적인 것으로 개편하려는 데에 있었을 것으로 파악하는 것이 어떨까 한다.

결국 태조 때의 지방통치 조직은 크게 호족의 지배력이 강한 지역인 주현 지역과 군사상의 요충 지역인 진·도호부·도독부 지역, 그리고 왕실 세력의 기반이 되는 지역인 서경에 따라 각각 차이가 있었다고 보아야 할 것이다. 惠宗·定宗은 지방에 대한 정책을 강구할 겨를이 없었다. 적대세력에 의하여 왕권이 매우 불안한 상태에 있었고, 그 재위 기간도 극히 짧았기 때문이다. 따라서 지방에 대한 통제책은 광종 때에 이르러 비로소 가능했을 것으로 보인다. 광종은 즉위 이후 다소 안정된 왕권을 기반으로 지방에 관심을 돌리게 되었다. 직접적인 사료는 아니지만 "정종 4년(949)에 광종이 즉위하여 원보 式會·원윤 信康 등에게 명하여 州縣 歲貢의 액수를 정하게 하였다"는 기사[12]를 통하여 짐작할 수 있다. 광종이 지방 주현에서 바치는 세공 액수를 정하였다면 이 사무를 관장할 관원도 임명하였을 것이다. 이런 外職이 바로 고려 국초의 今有·租藏이 아니었던가 한다.

금유·조장의 임무는 확실치 않지만 「租藏」이라는 관호에서 租賦의 징수와 관련이 있었을 것으로 생각된다.[13] "금유·조장은 外邑使者의 號이다"[14]라든지, 지방관 파견은 성종 때에 실현된다는 사실로 보아, 이들은 지방에 상주하는 외관이 아니라 그때 그때의 필요에 따라 지방에 파견되어 부과된 임무를 마치고 돌아오는 임시직이었다. 금유·조장이 설치된 시기는 자료엔 국초라 하였지만 앞의 주현 세공액을 정한 것과 관련해 보면 광종 때로 보아도 무리가 없을 것이다. 서울로 운송되는 주현 세공의 수집처인 漕倉도 광종 때에 설치된 것으로 보이고,[15] 최승로가 광종 때에 조정의 儀制가 자못 볼 만한 것이

12) 《高麗史》 권 78, 志 39, 食貨 1, 田制 貢賦.

13) 邊太燮은 이와 함께 지방 향호도 통제했을 것으로 보았는데, 뒤에 金杜珍은 租藏은 조세징수, 今有는 지방세력을 통제하는 임무를 지닌 것으로 보았다(邊太燮, 〈高麗 前期의 外官制〉, 《韓國史硏究》 2, 1968 ; 金杜珍, 〈高麗 光宗代의 專制王權과 豪族〉, 《韓國學報》 15, 1979). 그러나 檢務租藏이었던 柳邦憲의 아버지 柳潤謙이 지방 향호였고, "이제 가만히 보건대 鄕豪가 매양 公務를 빙자하고 백성을 침폭하니 백성이 견디지 못합니다"라고 한 崔承老의 언급으로 미루어 보아 지방 향호도 통제하였으리라고 보긴 어렵다(〈柳邦憲 墓誌〉, 《朝鮮金石總覽》 上, 朝鮮總督府, 1919).

14) 《高麗史》 권 77, 志 31, 百官 2, 外職.

15) 《高麗史》 권 79, 志 33, 食貨 2, 漕運에 十二倉의 설치 기사가 보이는데, 이는 광종 때의 제도 정비와 관련이 있을 것이다.

었다고 하고 있는 점도 참고가 될 것이다.16) 이와 더불어 금유 조장이 설치된 지역은 12牧과 같은 지방 행정의 거점이었을 것이다. 이들이 12목의 설치 때에 혁파되는 것으로 보아 그런 추측도 가능하지 않을까 한다. 금유 조장이 수취한 주현 세공액은 轉運使를 통하여 서울로 운반되었을 것으로 생각된다. 전운사 역시 그 임무로 미루어 보아 광종 때에 설치된 것이 아닌가 한다.

요컨대 광종이 즉위하면서 주현 세공액을 정한 것을 기점으로 금유·조장과 전운사를 설치하며 지방의 租賦를 징수 보관하고 轉運하였을 것이다. 이렇게 함으로써 호족세력에 의해 지배되던 지방에 중앙 행정력이 침투할 수 있는 단서를 마련케 된 것이다.

(2) 성종대의 지방제도 정비

성종이 지방제도 정비에 착수한 것은 성종 2년 2월이었다. 성종은 원년(982) 6월에 京官 5품 이상에게 각각 封事를 올려, 時務의 득실을 논하게 하였는데17) 이때 최승로가 올린 시무 28조 중 지방제도에 관한 건의를 받아들여 지방제도 정비에 착수했던 것으로 생각된다. 최승로는 지방제도에 대해서 크게 두 가지를 지적하였다. 하나는 정비의 범위에 대한 것으로, 고려 국초 외관을 두고자 하였으나 초창으로 인하여 겨를이 없었는데, 그 결과 향호의 침학이 심하므로 일시에 외관을 보내지 못할지라도 10여 주현에 一官을 두고 그 관에 각각 2~3員을 두어 愛民하자는 것이었고,18) 다른 하나는 정비의 정도를 정하는 것으로, 지방 호족의 家舍까지 법적 제재를 가하자는 것이었다. 성종이 이 건의를 받아 들여, 전국에 12목을 설치하는 한편 금유·조장을 혁파한 것으로 생각된다.

12목이 설치된 지역19)은 통일신라 시대부터 지방행정상 중요시되던 곳이

16) 《高麗史》 권 93, 列傳 6, 崔承老.
17) 《高麗史》 권 3, 世家 3, 성종 하 6월 갑신.
18) 문종때 정비된 지방관제에 의하면, 牧에는 使·副使·判官·司錄兼掌書記·醫師·文師가 배치되는 것으로 나타나는데, 성종 2년 당시 牧에는 使·副使·判官級의 외관만 배치되었던 것이 아닌가 한다.
19) 12목 설치 지역은 楊州·廣州·忠州·淸州·公州·晋州·尙州·全州·羅州·昇州·海州·黃州이다.

었다. 몇몇 차이가 나는 것을 들면, 통일신라 때에는 지금의 강원도 지역이 지방행정구역으로 편입되고, 황해도 지역이 빠져 있는 반면, 12목 설치 때에는 황해도 지역이 편입되어 있고, 강원도 지역이 빠져 있다는 것이다. 통일신라의 행정력은 황해도 지역에 浿江鎭을 설치하여 별도로 편제하였던 데 반하여, 고려에서는 국초부터 북방이 중요시되었던 결과였다. 한편 강원도 지역이 빠진 것으로 미루어 보아 성종 2년에 12목을 설치하였으나 전국을 체계적으로 파악·통할하지는 못하였음을 알 수 있다.

12목 설치 이후 고려에서는 몇 차례에 걸쳐 보완 조치를 취하였다. 보완 내용은 주로 지방관의 업무를 안정적이고 현실성있게 추진할 수 있는 조치들이었는데, 연도별로 보면 다음과 같다. 12목 설치 당시에는 외관만을 부임케 하였으나 성종 5년(986)에는 12목에 대하여 처자들을 거느리고 부임케 하여,[20] 지방관이 안정된 생활기반 위에서 지방행정에 전념토록 하였다. 또한 경제적 기반조성에도 힘써 성종 2년 州·府·郡·縣·館·驛에 田地를 지급하였다.[21] 성종 6년(987) 8월에는 12목마다 經學博士와 醫學博士 각 1인씩을 뽑아 보내어 지방 교육을 담당하게 하는 한편[22] 성종 12년(993)에는 兩京·12목에 常平倉을 설치하여 물가 조절의 기능을 맡게 하였다.[23]

성종 2년 지방제도 개혁의 다른 한 측면은 향리제 정비에서 볼 수 있다. 국초 호족세력이 강했던 지역에서는 堂大等을 수반으로 하여 실무 하위 기구로서 兵部와 倉部를 두어 자기세력하의 여러 지역을 지배하였던 것으로 생각된다. 이와 관련된 사료가 《高麗史》 권 75, 銓注 鄉職條이다.[24] 이 기사를 도표화하면, 〈표 1〉과 같다.

〈표 1〉

개정 이전

```
                ┌ (?) ― 郎中 ―― 員外郎 ―― 執事
堂大等 ― 大等 ─┼ 兵部 ― 兵部卿 ― 筵上 ――― 維乃
                └ 倉部 ― 倉部卿
```

20) 《高麗史節要》 권 2, 성종 6년 8월.
21) 이에 더하여 12년에 州·府·郡·縣·驛路에 公廨田柴를 지급하였다(《高麗史》 권 78, 志 32, 食貨 1, 田制 田柴科).
22) 《高麗史節要》 권 2, 성종 6년 8월.
23) 《高麗史節要》 권 2, 성종 12년 춘 2월.
24) 《高麗史》 권 75, 志 29, 選擧 3, 銓注 鄉職 성종 2년.

개정 이후

戶長 — 副戶長 ┬ (?) — 戶正 —— 副戶正 —— 史
　　　　　　　├ 司兵 — 兵正 —— 副兵正 —— 兵史
　　　　　　　└ 司倉 — 倉正

위 도표 중 (?)부분에 해당하는 기사는 없다. 이에 대해서 크게 두 가지 견해가 있다. 즉 (?)부분이 개정이전에는 戶部, 개정이후에는 司戶일 것으로 추정하여 堂大等·大等 아래에 戶部·兵部·倉部가 있었을 것으로 파악하기도 하며,[25] 堂大等－大等－郎中－員外郎－執事가 상위의 부서이고, 그 아래 兵部와 倉部가 있었을 것으로 파악하기도 하였다.[26] 그러나 이 기사에 한하는 한, 고려 국초 호족의 향직은 당대등－대등 계열이라는 것은 공통된 이해였다. 그 뒤 금석문을 이용하여 고려 국초 호족직제가 매우 다양하였다는 견해가 속출하였다.[27] 그 결과 고려 국초에는 지역에 따라 다양한 직제가 혼용되었음을 확인할 수 있었다. 이러한 사실은 국초 지방세력들의 독자적인 권력기반을 이해하는데 도움이 된다.

성종대 鄕吏職 개편은 바로 이런 다양한 지방세력들을 당대등－대등체제로 묶어서 이해하고, 이를 호장－부호장체제로 바꾸려 한 조치였다.

성종 2년부터 추진된 지방제도 정비 작업을 바탕으로 성종 14년(995)의 지방제도 개편이 이루어진다. 성종 14년에 단행된 지방제도 개편의 특징은 지방행정조직을 節度使制로 바꾼 데 있다. 성종 2년부터 실시된 12목에 절도사를 두어 12절도사제로 바꾼 것이다. 이것은 단순한 명칭변경이 아니었다. 이때에 와서 군사적인 면이 크게 강조되고 있는 것이다. 14년에 이런 조치가 취해진 배경은 확실치 않지만, 서로 상반되는 두 가지 견해가 있다. 하나는 군사적인 조직으로 지방 호족세력을 통제하여 중앙집권을 꾀한 조치일 것이라는 설[28]과 다른 하나는 당시 외관이 파견된 지역에 고려에 호의적인 호족이 지배하였던 곳이라는 사실을 들어, 이들 지방세력을 대소 지방제도의 조정과

---

25) 李基白, 〈新羅私兵考〉(《歷史學報》 9, 1955).

26) 河炫綱, 〈高麗初期의 地方統治〉(《高麗地方制度의 硏究》, 韓國硏究院, 1977), 11~18쪽.

27) 金光洙, 〈羅末麗初의 地方學校問題〉(《韓國史硏究》 7, 1972).
——, 〈羅末麗初의 豪族과 官班〉(《韓國史硏究》 23, 1979).
蔡尙植, 〈淨土寺址 法境大師碑 陰記分析〉(《韓國史硏究》 36, 1982).

28) 千寬宇, 〈閑人考－高麗初期 地方統制에 관한 一考察－〉(《社會科學》 2, 1958).

정에 반영하기 위한 조치라고 보는 설이 그것이다.[29]

그러나 이 조치는 실제 행정면에서는 큰 성과를 거두지 못한 것 같다. 10년 후인 목종 8년(1005)에 12節度使와 4都護府, 東西 北界 防禦鎭使·縣令·鎭將만을 두고, 나머지 觀察使·都團練使·團練使·刺史 등이 모두 혁파되는 점으로 미루어 보아 이 점은 충분히 예상할 수 있다. 이러한 사실은 당시 그만큼 중앙행정력이 지방에 침투하기 어려운 것을 보여 주는 것이 아닌가 생각된다.

12절도사제와 더불어 주목되는 성종 14년의 지방제도 개편으로는 10道制를 들 수 있다. 《高麗史》 세가와 지리지에 10도를 정하고 나아가 12주를 취하여 각각 절도사를 두었다는 기록이 있고, 《高麗史節要》 해당 연월조를 보면 각 도에 속하는 주현수를 명기하고 있다. 성종이 12절도사제를 근간으로 하면서 다시 10도제를 실시한 목적이 무엇인지 알 수 있는 자료는 없다. 다만 10도 제정도 고려의 집권화 정책과 밀접한 관련이 있지 않을까 한다. 즉 성종은 군사적 체제인 절도사제를 바탕으로 하여 지방 호족세력을 통제하며, 동시에 이런 절도사체제를 순찰함으로써 집권화를 굳히기 위한 정책적 배려에서 10도를 제정한 것이 아닌가 한다.

물론 10도제가 행정구역으로서의 역할을 하였다고 보는 주장도 있다. 그리하여 그 장관으로서 관찰사를 비정하기도 하고, 전운사를 비정하기도 한다. 그러나 10도의 장관이 관찰사나[30] 전운사였다는 것은[31] 다음의 몇 가지 이유로 납득하기 어렵다. 먼저 관찰사설에 대해서는 절도사체제 하에서의 관찰사 기능을 고려하지 못했기 때문에 그렇게 생각한 것이 아닌가 하는 견해가 있다. 唐末의 관찰사는 절도사와 단련사 사이의 외관에 불과하다는 것이다.[32]

---

29) 李純根, 〈高麗初 鄕吏制의 成立과 實施〉(《金哲埈博士華甲紀念論叢》, 知識産業社, 1983), 228~229쪽. 이 조치와 더불어 성종 14년에 중앙 官階가 文散階로 전환함으로써 지방 향호의 位階를 中央位階와 실질적으로 구분하고 있음을 강조하면서 초기 향리신분의 지위하락이 이루어진다고 주장하였다.

30) 李基白, 앞의 글(1966).

31) 邊太燮, 앞의 글(1968).

32) 邊太燮, 앞의 글(1968). "團練使·都團練使·刺史·觀察使 成宗爲州府之職 穆宗罷之"(《高麗史》 권 77, 志 31, 百官 2, 外職)에서 보이듯이 고려시대의 觀察使도 團練使·都團練使와 병칭되고 있다.

실제 고려 초 관찰사의 구체적인 용례를 보면, 古阜郡이 태조 19년(936)에 瀛州觀察使로 칭해진 적이 있었다.[33]

그렇다고 전운사로 보기에도 어려운 몇 가지 점이 있다. 첫째 전운사는 국초에 설치되었다. 국초라는 것은 10도가 제정된 성종 14년 이전일 것이다. 또한 전운사는 앞에서 언급한 바와 같이 지방의 세공을 교통로를 통하여 중앙에 전운하는 것이 주임무였다고 생각된다. 둘째 기록에 의하면 전운사는 현종 20년(1029)까지 존속하였다. 그러나 10도는 그 뒤에도 소멸되지 않고 잔존하였다. 만약 전운사가 10도의 장관이었다면, 현종 20년 이후에는 장관없는 10도가 존속된 셈이 된다.

결국 10도제는 일찍부터 성종이 당 태종의 행적에 심취하여, 그 치적을 본받아 실시한 것이 아닌가 한다. 고려에서 10도제가 성공하지 못한 것은 고려와 당의 사회적 여건이 달랐기 때문이다. 그 결과 고려의 10도제는 실시 직후부터 유명무실하게 된 것이라고 생각된다.

(3) 현종대의 지방제도 정비

顯宗代 지방제도의 정비는 고려 일대의 지방제도의 기본 구조가 마련된다는 점에서 매우 중요한 의미를 지닌다. 이것은 고려 지방제도의 연혁을 기록하고 있는 《高麗史》 지리지가 현종 9년(1018)의 지방제도를 기준으로 하여 편성되어 있다는 사실에서 잘 알 수 있다. 그러나 현종대의 지방제도 정비는 현종 9년에 일시에 이루어진 것은 아니었다. 이미 현종 초부터 지방제도의 개편이 추진되고 있었다. 즉 현종 3년 정월에 성종 14년 이래 지속되어 오던 12절도사를 혁파하고, 그 대신 5都護·75道安撫使를 설치하였다.[34] 이 기사에서 문제가 되는 것은 75도안무사를 어떻게 이해해야 할 것이냐 하는 것이다. 이에 대해서 75도안무사는 7州安撫使의 잘못이라고 보기도 하고,[35] 75도안무사를 액면 그대로 믿어야 한다고 보기도 하였다.[36]

현종대의 지방제도 개편은 현종 3년에 이어 현종 9년에 대폭적으로 개편

33) 《高麗史》 권 57, 志 11, 地理 2, 全羅道 古阜郡.
34) 《高麗史節要》 권 3, 현종 3년 정월.
35) 河炫綱, 〈高麗 地方制度의 一研究(上)〉(《史學研究》 13, 韓國史學會, 1962).
36) 李基白, 앞의 글(1966).

되었다. 즉 이 해 2월에 諸道의 안무사를 파하고, 4都護 8牧을 두었으며, 그 아래에 56知州郡事·28鎭將·20縣令을 설치하였던 것이다.[37] 이와 같은 개편 결과, 고려의 지방제도는 4도호 8목을 중심으로 그 아래에 중앙에서 지방관을 상주시키는 56개의 「州」「郡」, 28개의 「鎭」, 20개의 「縣」으로 편성되었다. 이것은 중앙의 행정력이 현종 9년에 이르러 군·현급의 행정단위에까지 직접 조직적으로 침투되었음을 의미한다. 이렇게 만들어진 지방관직은 문종대에 外職[38]과 外官祿俸의 제정[39]을 통해 일단 제도적으로 완비된 것으로 보인다. 그렇지만 이것으로 전국의 각 지방이 완전히 중앙의 통제 속에 들어가게 된 것은 아니다. 다만 일부 지역만이 중앙의 직접 통제를 받았을 뿐이다.

현종 9년에는 지방관제의 정비와 함께 지방세력에 대한 구체적인 통제책이 단행되었다. 첫째는 州府郡縣의 丁의 대소에 따라, 戶長·副戶長·兵正·副兵正·倉正·副倉正·史·兵史·倉史·公須史·食祿史·客舍史·藥店史·司獄史의 인원수를 규정하였다. 성종 2년의 향리 통제책에 이어 보다 구체적인 정책이 제시되었던 것이다. 현종대 향리 통제책에서 주목되는 것은 공수사 이하 사옥사에 이르기까지 「史」급의 말단 吏職이 첨가되어 있다는 사실이다.

둘째는 이직의 公服 제정이다. 즉 호장 이하 「史」급에 이르기까지 공복을 그 직의 고하에 따라 구분하였던 것이다.[40] 이를 도표화하면 〈표 2〉와 같다.

〈표 2〉 吏職公服表

公　　服	吏　職　名
紫衫·靴·笏	戶長
緋衫·靴·笏	副戶長~兵·倉正
綠衫·靴·笏	戶正~司獄·副正
深靑衫·笏	史
天碧衫·笏	兵·倉史, 諸壇史

셋째 지방관의 임무로서 이직에 대한 감찰을 강조하고 있다. 가령 현종 9년 2월에 州府의 관원이 봉행해야 할 6조를 새로 제정하였는데, 그 가운데 2

37)《高麗史》권 56, 志 10, 地理 1.
38)《高麗史》권 77, 志 31, 百官 2, 外職.
39)《高麗史》권 80, 志 34, 食貨 3, 祿俸.
40)《高麗史》권 72, 志 26, 輿服 冠服.

조목이 이직에 대한 감찰로 되어 있다. 즉 제2조는 黑綬長吏의 能否를 살피는 것이고, 제6조는 향리의 錢穀散失을 살피는 것이다.[41] 그리고 각 지방에 파견된 지방관은 그 지방의 호장을 직접 擧望하여 給貼하게까지 되었다.[42] 이렇게 됨으로써 지방세력은 제도적으로 지방관의 행정을 보좌하는 향리의 지위로 전락한 것 같다. 주현의 長吏가 병으로 100일 동안 이직에 종사하지 못하면, 경관의 예에 따라 그 지방관이 해당 장리를 파직하고, 지급한 토지를 환수하는 조치를 취했다는 것은[43] 이제 이직의 임면도 지방관이 결정할 수 있을 정도가 되었다는 것을 의미하는 것이다. 이처럼 현종대에 정비된 지방세력 통제책은 덕종·정종을 거쳐 문종대에 이르면 제도적으로 더욱 보강된다.[44]

(4) 예종대의 지방제도 정비

睿宗代의 지방제도 정비의 특징은 屬縣에 대한 監務 파견이다. 현종 9년 당시에는 縣令官이 많아야 29현 정도였으므로, 335현에서 이들 29현을 뺀 306현은 외관을 두지 않은 속현이었던 셈이다. 이는 곧 중앙의 행정력이 지방에 철저하게 침투하지 못했다는 방증이 된다. 고려 국가가 속현을 줄이려는 노력을 계속하리라는 것은 충분히 예상할 수 있다. 감무 파견은 이런 상황을 전제로 시행되었다. 감무는 예종 때를 시작으로 하여 인종·명종·공양왕 때까지 계속해서 파견되었다. 예종 때 감무를 파견했던 이유는 넓게 보면 중앙 집권화의 진전 내지 제도 정비의 일환이겠지만, 구체적으로는 당시 국가의 입장에서 流民安集과 더불어 所의 장악 및 수조권자에 대한 통제의 필요성이 있었기 때문이 아니었을까 생각된다.[45] 그러나 감무가 파견된다고 해서 바로 고려 지방제도의 중요 특성인 領屬關係가 해체되지 않는다. 고려정부는 현령관과 감무를 엄격히 구분하여 현령관을 파견하였을 때에는 영현으로 승격시켰으나, 감무를 파견하였을 때에는 여전히 속군현으로 취급하였던 것이다.

---

41) 《高麗史》 권 75, 志 29, 選擧 3, 選用守令 현종 9년 2월.
42) 《高麗史》 권 75, 志 29, 選擧 3, 鄕職 현종 9년판.
43) 《高麗史》 권 75, 志 29, 選擧 3, 鄕職 현종 16년 2월.
44) 《高麗史》 권 75, 志 29, 選擧 3, 鄕職 문종 5년 10월·동 16년 3월·동 23년 3월.
45) 李仁在, 〈고려 중후기 지방제 개혁과 감무〉(《外大史學》 3, 1990).

예종 때 지방제도 정비의 또 다른 특징은 按察使의 파견이다. 안찰사는 靖宗때 이미 파견되었고,[46] 문종 때에 浿西道와 西海道에도 파견되었지만, 전국적인 안찰사 파견은 역시 예종 때에 본격적으로 진행되었다고 보는 것이 타당하다. 예종이 즉위할 당시 가장 크게 대두된 사회문제는 당시 제도의 수령들이 대부분 사리를 중시하여 대체가 손상되고 있고, 생민의 유망이 있다는 것이었다.[47] 이를 막기 위해서는 감찰관을 파견하여 외관들의 治民을 파악하여 이들의 黜陟을 분명히 하여 유민 안집을 하는 것이 가장 효과적인 방법이었다. 주부군현의 외관체제를 원활히 운영하기 위하여 이들에 대한 관리·감찰이 필요했다. 당시 안찰사를 파견했던 것은 이 때문이었다. 가령 제도 按廉使와 別監의 직임이 '察吏治'와 '問民苦'였다는 것은 고려의 지방 파견관의 직능이 조선사회와는 판이하였다는 것을 보여 준다.[48] 따라서 안찰사는 기존의 외관 체제를 유지하는 선상에서 외관의 관리, 감찰 임무를 수행하였다. 안찰사가 주목 중심의 도를 단위로 활동을 하게 된 것은 영속관계를 기초로 한 고려 군현제의 특성에 기인한다.

(5) 명종대 이후의 지방제도 운영실태

明宗代 이후 지방제도 운영의 문제는 지방에 파견된 관인들이 부패하였다는 데 있다. 현령과 감무는 대민안정에 진력하기보다는 권세가에 기생하는 형편이었고, 왕명을 받고 파견된 별감조차도 힘써 權貴를 섬기었다. 이에 더하여 권세가들이 군현의 官格조차도 마음대로 바꾸는 현실 속에서 정연한 지방 제도를 운영하는 것은 매우 어려웠다.

당시 권세가들은 유민 안집을 목표로 파견된 감무를 자신의 지방 장악을 위한 도구로 활용하였다. 권세가들은 이를 위하여 외관 선발의 원칙을 무시한 채, 登科 출신보다는 薦擧를 통해 외관을 충원하였고, 이렇게 파견된 외관들은 국가 행정보다는 중앙 지배층의 사적 이익을 위하여 활동하였다. 중앙권세가들은 이를 위해 添設職을 남발하거나[49] 자신의 생각에 따라 외관들

46) 《高麗史》 권 79, 志 33, 食貨 2, 農桑.
47) 《高麗史節要》 권 12, 숙종 10년(예종 즉위년) 12월.
48) 《高麗史》 권 105, 列傳 18, 鄭可臣.

을 갈아치우기도 하였다.[50] 이 때문에 지방의 호강자들은 이들의 관직이 낮다하여 무시하고 천하게 여겼으며,[51] 외관 본연의 임무는 더욱 더 방치될 수 밖에 없었다.[52]

지방에 파견된 관인들 중에서도 별감 등 왕의 특사들에 의한 민폐는 더욱 극심하였다. 충렬왕 때 전라도에 파견된 王旨別監 權宏이 백성을 割取하여 문제를 일으킨 사건이나[53] 李德孫이 경상도에 王旨使用別監이 되어 백성의 고혈을 짰다는 일,[54] 전라도에 파견된 왕지사용별감 林貞杞가 苛暴聚斂에 힘써 권귀를 섬겼다는 사실[55] 등은 이들이 지방에 내려가서 얼마나 횡포를 부렸는가를 잘 보여 준다.

국가기구의 사적 운영의 경향은 외관 뿐 아니라 관격을 자의로 조정하는 것으로 나타났다. 군현의 관격은 국가에 일정한 공이 있거나 반역 등으로 문제가 있을 때 조정하는 것이 상례이다. 그러나 당시에는 권세가들의 內·外鄕이라고 해서 관격을 올렸고, 혹은 원 사신의 청탁에 의하여, 군현인의 뇌물에 의해서도 군현이 승격되었다. 정상적인 군현의 승격에는 속현이나 부곡의 移屬이 뒤따르는 것이 통례였는데,[56] 이렇듯 자의적인 군현 승격 결과 수령과 향리의 지배구조는 흔들릴 수밖에 없었다. 또한 여러 이유로 관격이 승격된 군현에서 권세가의 횡포가 커짐은 쉽게 추측할 수 있을 것이다.

결국 명종대 이후의 외관제는 국가기구로서 정연한 지배체제를 갖추지 못하였고, 지방파견관의 종별과 직무한계 등이 권문세가에 의해 자의로 정해지고 있었다. 안찰사 뿐만 아니라 안렴사·존무사·별감 등도 임기응변으로 질서없이 운영되고 있었다. 권세가들이 자신의 이익을 위하여 외관을 마음대로 천거하여 활용하였을 뿐 아니라 파견된 외관도 자신의 직무를 제대로 수행하

49) 《高麗史》 권 75, 志 29, 選擧 3, 選用守令.
50) 《高麗史》 권 75, 志 29, 選擧 3, 選用守令 창왕 즉위년 3월.
51) 《高麗史》 권 75, 志 29, 選擧 3, 選用守令.
52) 고려 후기 지방제 개혁에서 가장 중요한 문제로 제기된 것은 바로 이 점이었다.
53) 《高麗史》 권 28, 世家 28, 충렬왕 3년 4월.
54) 《高麗史》 권 123, 列傳 36, 李德孫.
55) 《高麗史》 권 123, 列傳 36, 林貞杞.
56) 인종대 승격된 一善縣 등의 경우 屬縣을 이속받았다.

지 않았던 것이다. 戶口와 田丁數에 따라 정해지는 군현의 관격조차 권세가의 뜻에 따라 승강이 되는 현실에서 지방제도의 정비나 운영은 기대할 수 없었다.

(6) 공민왕대 이후의 지방제도 정비

恭愍王代 이후 지방제도 개혁 방향은 앞선 시기의 제도적 폐단을 극복하는 방향으로 전개되었다. 당시 군현제 개혁방안은 크게 네 가지 방향에서 진행되었다. 이전 외관 파견의 관행이 되었던 외관 천거제는 擧主의 자격을 제한하여 僉議·監察·六曹의 5품 이상자가 하게 하였고, 천거의 책임을 분명히 하여[57] 거주의 자의적인 천거를 막으려 하였다. 뿐만 아니라 외관의 자격을 6품 이상으로 하여 그들의 지위를 보장하였으며,[58] 이를 위하여 외관으로 나가는 자들은 기본적으로 登科士類를 원칙으로 하였다. 한편 수령의 인사고과 기준도 분명히 제시하여 이를 따르도록 하였고,[59]이를 위하여 임기도 보장하려 하였다.[60]

주부군현간의 영속관계도 해체하는 방향에서 지방제도를 정비하려 하였다. 이전과 달리 감무를 현실적인 외관으로 인정하려 했으며, 외관이 파견되지 않은 속현에 대대적인 감무 파견을 결행하였다.[61] 部曲도 가능한 한 直村으로 전환하려 했고,[62] 군현 병합책도 실시하여[63] 관격에 맞는 군현제도를 시행하려 하였다.

그러나 이상과 같은 국가의 조치는 그다지 큰 성과를 보지 못하였다. 이러한 개편은 고려 왕조로서는 해결하기 어려운 사정이 많았다. 고려적인 영속관계를 부정하면서 道制-守令制라는 정연한 지방제도가 정비되는 것은 조선에 들어 와서야 가능한 일이었던 것이다.

---

57) 《高麗史》 권 75, 志 29, 選擧 3, 選用守令 공민왕 12년 5월.
58) 《高麗史》 권 75, 志 29, 選擧 3, 選用守令 공민왕 11년 5월.
59) 《高麗史》 권 75, 志 29, 選擧 3, 選用守令 신우 원년 2월.
60) 李惠玉, 〈高麗時代의 守令制度〉(《梨大史苑》 21, 1985).
61) 공양왕 때 파견된 監務만 41명이었다.
62) 李樹健, 〈朝鮮初期 郡縣制의 整備와 地方統治體制〉(《韓國中世社會史硏究》, 一潮閣, 1984).
63) 독립적인 체제의 군현과 군현이 합쳐지는 것을 병합이라고 보고 고려시기에는 충렬왕 때를 제외하고는 시행되지 않았다고 한다(金東洙, 〈朝鮮 初期의 郡縣制 改編作業〉, 《全南史學》 4, 1990).

2) 지방 통치조직의 구조

고려의 지방통치조직은 경기지역, 남도지역, 양계지역으로 대별해 볼 수 있다. 중앙 행정력이 어느 정도 지방에 영향을 미치고 있었느냐[64]를 기준으로 할 때, 위의 세 지역으로 나누어 살펴보는 것이 가장 타당하다고 생각된다. 그러나 여기에서는 지면 관계상 경기와 양계지역의 통치구조는 생략하고 남도지역을 중심으로 고려 지방통치 조직의 구조를 보고자 한다. 흔히 남도지역에 대해서는 5도지역으로 보고 있으나, 고려시대의 道가 행정구역이라기보다는 감찰구역으로 보는 것이 타당하다고 생각되기 때문에 外官의 역할을 실질적으로 수행한 영현 중심으로 통치구조를 살펴보고자 한다.

(1) 영속관계

남도 주현의 특징은 領屬關係에 있다. 고려시대 지방제도는 흔히 주부군현으로 나타나지만, 주부군현이 그대로 상하 관계를 의미하는 것은 아니다. 가령 南京 留守官 楊州의 屬郡縣인 見州·抱州·幸州 등에서 앞의 둘은 속군이고, 뒤의 것은 속현이며, 또 同 領知事郡인 仁州·水州 등은 외관이 설치된 知事郡이었음을 알 수 있다. 「郡」은 지사군과 속군으로 나눌 수 있다. 예컨대 지사군인 密城郡의 속군으로서 昌寧郡·淸道郡 등을 들 수 있는 것이 그것이다. 「縣」도 역시 마찬가지이다. 그러므로 「주」나 「군」이라 하더라도 「현」보다 상위 행정단위라 할 수 없다. 주부군현의 명호보다 외관의 파견 여부로 고려지방제도를 살펴보아야 할 까닭이 여기에 있다.

영속관계는 영현을 중심으로 몇 개의 속현이 묶여 있는 일정의 광역 통치 조직을 말한다. 이 가운데 영현은 외관이 파견된 지역이고, 속현은 외관이 파견되지 않은 지역이다. 고려 지방제도의 주요 특징인 영속관계는 신라 지방제도의 전통을 이은 것이다. 그러나 고려의 영속관계는 신라의 영속관계를 그대로 인정한 것이 아니라, 나말려초 호족들의 지배 영역을 토대로 이루어

64) 河炫綱, 〈地方行政構造와 社會狀態〉(《韓國中世史硏究》, 一潮閣, 1987).

진 것으로 보인다.[65]

고려시대 領縣 중 서경·동경·남경의 3경의 경우는, 백관지에 의하면 성종 연간에 서경·동경에는 留守事(使)(3품 이상), 副留守(4품 이상), 判官(6품 이상), 司錄參軍事(7품 이상), 掌書記(7품 이상), 法曹(3품 이상), 醫師(9품), 文師(9품)[66] 등을 두었는데, 뒤에 문종이 楊州를 남경으로 바꾸고, 외관을 둔 때에도 비슷한 체제를 갖추었을 것으로 생각된다. 그러나 이들 3경의 장관인 知西京留守事·東京留守使·南京留守의 문종조 녹봉이 각각 270석, 223석, 200석인 것으로 보아 3경에도 각각 차이가 있었음을 알 수 있다.

대도호부·목·대도독부의 경우는 그 員吏의 品秩이 같은 것으로 보아 서로 동등한 위치에 있었을 것이다. 각각 사 1인(3품 이상), 부사 1인(4품 이상), 판관 1인(6품 이상), 사록겸장서기 1인(7품 이상), 의사 1인(9품) 문사 1인(9품)이 배치되어 그 뒤에 다소 변동은 있었으나 대체적인 윤곽은 준수된 것 같다.[67]

도호부에는 문종 때 사 1인(4품 이상), 부사 1인(5품 이상), 판관겸장서기 1인(6품 이상), 법조 1인(8품 이상) 등이 있었으나, 그 후 약간의 변동이 있었다.

防禦郡·知州郡에는 모두 다 사 1인(5품 이상), 부사 1인(6품 이상), 판관 1인(7품 이상), 법조 1인(8품 이상)을 두고, 혹은 文學 1인을 더 드어 講學을 맡기고, 의학 1인으로 療病을 맡겼다. 그런데 방어군의 녹봉이 100석으로 知府·州·郡事의 녹봉 86석 10두 보다 많은 것으로 보아 전자의 임무가 후자보다 상위에 있었던 듯하다. 그러나 지부·주·군사는 행정기구상 같은 위치에 있었다.

---

65) 지금까지의 연구에 따르면 당시 영속현은 나말려초 재편된 공동체간의 세력관계와 교통관계 등에 따라 형성되었다고 한다.
李羲權, 〈高麗의 郡縣制度와 地方統治制度〉(《高麗史의 諸問題》, 三英社, 1986).
朴宗基, 〈高麗時代 村落의 機能과 構造〉(《震檀學報》 64, 1987).
———, 〈高麗太祖 23年 郡縣 改編에 관한 연구〉(《韓國史論》 19, 1988).
金甲童, 〈高麗 太祖代 郡縣의 來屬關係 形成〉(《韓國學報》 52, 1988).
金日宇, 〈高麗 初期 郡縣의 主屬關係形成과 地方統治〉(《민족문화》 12, 1990).

66) 東京과 南京에는 醫師와 文師가 각각 설치된 것 같으나, 西京留守官條에서는 볼 수 없다(《高麗史》 권 77, 志 31, 百官 2, 西京留守官).

67) 《高麗史》 권 77, 志 31, 百官 2, 外職.

縣에는 令 1인(7품 이상), 尉 1인(8품 이상)이 배치되고, 鎭에는 將 1인(7품 이상), 副將 1인(8품 이상)을 두었다.[68]

속현에는 외관이 파견되지 않았다. 그러므로 영현과 속현과의 관계는 邑司를 중심으로 이루어졌다. 읍사는 모든 주부군현과 향소부곡에 있는 지방통치 조직을 말하는데, 영현의 장리가 속현리들을 통괄하면서 지방통치를 하고 중앙과의 연계를 맺었던 것이다.[69]

결국 고려시대 영현의 속현 지배는 주현의 향리(호장)가 중심이 되어 임내의 향소부곡을 통괄하였음을 알 수 있다. 따라서 중앙에서는 수령을 파견하여 지방의 향리를 장악함으로써 제반 행정을 처리하려 하였다. 현종 때 제시한 수령의 임무 중 주된 것이 향리들을 감찰하는 것이었으나[70] 지방으로 파견된 관원의 기능이 '察吏治'에 있었다는 것은[71] 당시 영속현 내부의 운영이 어떻게 진행되고 있었는가 하는 것을 잘 보여준다. 이와 같은 관원의 기능은 결국 역설적으로 지방행정에서 '吏'의 행정 권한이 비대하였음을 증명한다.

(2) 계수관과 영현

영현과 속현이 향리제를 중심으로 운영되었던 데 반하여, 영현 사이에는 외관의 지위에 따라 界首官과 領縣으로 나뉜다. 계수관은 3경·3도호·8목의 수령을 말하는데, 이들 계수관은 각각 界內의 영현들과 상하관계를 맺고 있다.[72] 최근 계수관이 영속관계에 있던 영현 모두를 말한다는 주장[73]도 있으나 조선초기 계수관의 용례를 보아도 역시 군·도호·목을 가리키는 것이 옳지 않을까 한다.

---

68) 鎭은 員吏의 品秩에 있어서는 縣과 같은데, 祿俸은 대체로 知州·府보다 상위였다.

69) 李仁在, 앞의 글.

70) 《高麗史》 권 75, 志 29, 選擧 3, 凡選用守令 현종 9년 2월에 여러 州府員이 받들어야 할 6가지 조목을 새로 정하였는데, 그 내용은 察民庶疾苦·察黑綬長吏能否·察盜賊姦猾·察民犯禁·察民孝弟廉潔·察吏錢穀散失이다(李惠玉, 앞의 글 참조).

71) 가령 《高麗史》 권 105, 列傳 18, 鄭可臣을 보면, "諸道按廉使·別監職 在察吏治問民苦"라고 되어 있다.

72) 尹武炳, 〈高麗時代 州府郡縣의 領屬關係와 界首官〉(《歷史學報》 17·18, 1962).

73) 朴宗基, 〈高麗의 郡縣體制와 界首官〉(《韓國學論叢》 8, 國民大, 1986).

계수관과 영현이 상하관계에 있다 하더라도 이는 행정계통상의 상하관계를 말하는 것은 아니다. 고려에서는 중앙과 영현이 直牒關係를 맺고 있었기 때문에 행정계통상 별도로 운영하였던 것처럼 보인다. 계수관은 上表陳賀, 鄕貢選上, 外獄囚推檢 등의 일을 맡아보았다. 이런 계수관제는 현종 9년(1018) 3경 4도호 8목이 확정되면서 시행되었을 것이다. 고려 지방제도에서 계수관의 중간 기구로서의 기능을 안찰사가 등장하면서 관장하게 된다는 설도 있으나,[74] 최근 무인집권기하에 사록겸장서기로 全州에 파견된 李奎報 사례를 검토하여 안찰사 등장 이후에도 전주가 계수관으로서의 역할을 꾸준히 수행하고 있었다는 연구 결과가 나와[75] 계수관과 안찰사의 역할을 이해하는데 상당한 도움을 주고 있다.

(3) 주목 중심의 도와 안찰사

고려시대에는 그 직책이 지속적인 兩界 兵馬使 및 각 주부군현에 배치된 외관과는 별도로 중앙의 필요에 따라, 중앙 관인을 지방으로 보냈다. 그러나 그들에게 맡겨진 직능은 그때 그때의 편의상 일시적으로 부과되어, 그 임무가 끝나면 곧 그 직책도 자연히 해소되는 것으로서 직무 체통이 명확하게 설정되고 준수된 것은 없었다. 이러한 사정은 고려시대 지방관에 의해 대변되는 중앙 집권의 조직적인 행정력이 여말에 이르도록 지방에 미치지 못했기 때문이다.[76] 고려 일대를 통하여 수많은 관인들이 다양한 명칭을 띠고, 지방에 파견된 것은 위와 같은 사정의 한 예이다.[77] 고려 후기 道制[78]와 按察使도 이 같은 전제하에서 이해되어야 할 것이다.

고려 후기 도제의 특성은 州牧 중심이라는 점이다. 문종 10년(1056) 9월 갑신조 기사에서 후기 도제의 편모가 등장하여[79] 선종 4년(1089)의 기사에서 후

74) 邊太燮, 〈高麗時代 地方制度의 構造〉(《國史館論叢》 1, 1989).
75) 金皓東, 〈高麗 武臣政權時代 地方統治의 一斷面〉(《嶠南史學》 3, 1987).
76) 고려시대 중앙과 지방과의 관계에 대해서는 河炫綱의 앞의 책을 참조할 것.
77) 고려 때 파견된 다양한 지방관에 대해선 河炫綱의 위의 책 참조.
78) 사실 엄격히 따지면 道制라 부를 수 없다. 그러나 뒤에 행정구획으로 정착되는 선구적인 의미를 지니고 있다는 점에서 편리한 대로 정해 본 것이다.
79) 이때 山東南忠慶尙都撫問使·山南晋羅全淸廣公洪州七道撫問使·關西北關內三道撫問使·關內東道撫問使 등의 직명이 보인다(《高麗史》 권 7, 世家 7, 문종 10년 9월).

기 도제의 일면을 찾게 된다.[80] 앞에서 언급한 바와 같이 당시 중앙의 행정력은 한계가 있었다. 그러므로 어떤 지방에 대한 강력한 통제력이 필요할 때에 수시로 그 구획을 결정하여 여러 임시 외관을 파견하였던 것이다. 예를 들면 元이 洪茶丘를 監督造船官軍民總管으로 삼아 役을 동원할 것을 재촉하자, 왕이 樞密院副使 許珙으로써 全州道指揮使로 삼고 右僕射 洪祿遒로 羅州道指揮使로 삼은 것은,[81] 이와 같이 어려울 때에 그 구획을 아주 좁혀서 명령계통을 강화시키려는 데 있었던 것이다. 그렇기 때문에 고려시대 도의 용례는 매우 다양하였고,[82] 그 개념도 시기에 따라 차이가 있었으리라 생각한다.

사실 관인의 파견 기록과 나란히 나오는 도명은 행정상의 명칭이라기보다는 교통로일 때가 많다. 중앙에서 지방으로 관인을 파견할 때 늘 이용하던 것이 교통로였기 때문이다. 이것이 다시 지방행정의 근간이 되어 오던 중요한 고을의 이름과 어울려서 자주 호칭되면서부터, 나중에는 점차 행정적인 면으로서의 성격을 띤 것이 아니었을까 한다.

고려 후기의 안찰사는 중앙의 입장에서 영현을 순찰 감독하는 직책이었다. 안찰사는 사안에 따라 몇 개의 주목을 순찰 구역으로 정하고, 업무를 수행하였다. 안찰사의 업무로는 ① 수령 賢否의 黜陟 ② 問民疾苦 ③ 刑獄의 審治 ④ 租賦의 수납 ⑤ 군사적 기능 등을 들 수 있다.

요컨대 안찰사는 왕명에 의해 지방행정의 감찰임무를 띠고 파견되던 관직이었다. 그렇기 때문에 임기도 6개월이면 되었고,[83] 5·6품의 微官이 임명될 수 있었던 것이다.[84]

이런 사실로 미루어 볼 때, 고려시대 전반에 걸쳐서 비록 제도상으로는 많은 지방세력이 중앙행정력의 통제 속에 들어갔다 하더라도 지방세력이 완전

80) 出推使를 파견했는데, 侍御史 崔思說을 全晋羅州道에, 尙書兵部員外郎 李瑋를 慶尙州道에, 閤門祗候 尹瓘을 廣忠淸州道에 보냈는데, 여기에서는 10道制의 잔재인 山東南·山南·關內 등의 명칭이 떨어져 나갔다(《高麗史》 권 10, 世家 10, 선종 4년 12월).

81) 《高麗史》 권 27, 世家 27, 원종 15년 춘 정월.

82) 고려시대 道의 용례는 ① 구체적인 방면을 나타낼 경우 ② 交通路로서의 경우 ③ 막연한 방향을 나타낼 경우 ④ 지방제도로서의 경우로 대별해 볼 수 있다.

83) 《高麗史》 권 75, 志 29, 選擧 3, 銓注 凡選用監司 명종 11년 9월.

84) 按察使를 道의 長官으로 보는 견해에 대해서는 邊太燮, 〈高麗按察使考〉(《高麗政治制度史硏究》, 一潮閣, 1971)를 참조.

히 무력해지지는 않았다. 그것은 우선 각 지방 행정단위에 지방관이 고루 파견되지 못하였던 조건에서 찾을 수 있을 것이다. 즉 고려 전기는 물론이요, 고려 후기까지도 지방관이 배치된 지역보다는 배치되지 않은 지역이 훨씬 많았다. 따라서 지방관이 배치되지 않은 지역에서는 지방 吏職이 지방행정의 실무를 담당하였을 것이다. 이것은 고려 말기까지 지방에 수시로 파견된 임시직의 가장 큰 임무가 지방 이직의 감찰이었다거나 事審官制와 其人制度가 고려말까지 존속하였다는 데에서 잘 알 수 있다.

고려적인 지방제도가 해체되는 것은 고려 말기인 우왕 이후가 아닌가 한다. 이 무렵에 와서야 비로소 수령의 임무가 지방 이직을 감찰하는 데에서 지방 행정의 담당자로 바뀐다거나, 상급기구로서의 道制가 이전의 감찰기능에서 행정기능으로 바뀌는 등의 사실에서 추측할 수 있다. 그리고 뒤에 조선 초기의 지방제도 정비는 바로 이러한 방향에서 이루어져 갔다. 고려 정부는 국초부터 말기까지 지방제도 정비작업에 나섰지만, 실질적으로 고려 초기 이래의 지방 통치조직을 근본적으로 바꾸어 놓지 못하였다는데 주요한 특징이 있다 할 것이다.

(4) 일원적 지방 통치조직의 진전

고려의 지방 통치조직은 南道지역, 兩界지역, 그리고 京畿지역으로 다원화되어 있었으며 그 통치 내용도 지역에 따라 달랐다. 그러나 고려 말기에는 이러한 다원적이던 지방 통치조직이 점차 일원화되어 가고 있던 사실이 주목된다.

먼저 고려왕조는 남도의 일반적인 통치조직과 달리 양계에 대해서는 군사적 지배체제를 강화하였으나, 고려 말기 공양왕 때에는 양계에도 남도와 마찬가지로 都觀察黜陟使를 설치하여 단일적인 지방 통치조직 편성의 단서를 열었다.[85] 한편 공양왕 2년(1390)에는 종래의 특별 행정구역이던 京畿를 확대하고 그 좌우도에 도관찰출척사를 설치함으로써 경기도 일반 통치조직으로 개편되게 되었다.[86]

그리하여 고려 말기에는 전국이 각도의 도관찰출척사를 정점으로 하는 일원적인 지방통치조직을 갖추게 된 것이다. 이러한 지방제도의 개편은 고려

85) 邊太燮, 〈高麗 兩界의 支配組織〉(위의 책).
86) 邊太燮, 〈高麗時代 京畿의 統治制〉(위의 책).

지방제도의 발전을 의미하는 것이며, 뒤에 조선 초기 八道觀察使制의 밑바탕이 된다는 점에서 그 역사적 의미는 크다 할 것이다.

〈河炫綱〉

2. 군현제도

郡縣制는 전국에 동일한 政令을 가지고 행정구획을 정하여, 중앙정부에서 임명한 지방관으로 하여금 국가의 물적 기반을 구성하는 토지지배 및 조부·공역의 수취체계를 원활히 운영하기 위한 제도적 장치이다. 고려의 집권적 중앙 권력을 뒷받침해 주는 하부조직인 군현제에 관해서《高麗史》에서는 다음과 같이 언급하고 있다.

> 삼한이 처음 평정되어 아직 행정구역을 정리할 여가가 없었다가 태조 23년(940)에야 비로소 전국의 州府郡縣의 명칭을 고쳤고, 성종이 다시 州府郡縣과 關防, 驛站, 江河, 浦口의 명칭을 고쳐 마침내 전국을 10道로 나누고 12州에 각각 節度使를 두었다. … 그 관하의 州, 郡 총수는 580여 개였다. 우리 나라 지리가 이 시기에 가장 발전되었다. 현종 초에 절도사를 폐지하고 전국에 5都護와 75道 安撫使를 두었다. 얼마 후 안무사를 없애고 4도호와 8牧을 두었다. 이후로 전국을 五道 兩界로 정하여 楊廣·慶尙·全羅·交州·西海道와 東界·北界라 하였다. 모두 京 4, 牧 8, 府 15, 郡 129, 縣 335, 鎭 29이다(《高麗史》권 56, 志 10, 地理 1, 序文).

이에 의거해 지리지는 현종조 군현제 개편 이후의 5도 양계 체제하의 520여 군현에 관한 연혁을 서술하고 있다. 위 기록에서 보다시피 고려의 지방 행정단위는 5도 양계 아래에 京·較·府·郡·縣·鎭 등 여섯 체계로 나누어져 있었지만, 지리지의 구체적 서술은 5도 양계를 각기 京·牧·都護府 등의 대읍을 중심으로 하여 그 領邑 및 屬邑의 來屬 관계로 이루어져 있다. 결국 지리지는 소수의 州·府·郡·縣, 즉「主邑」이 다수의「屬邑」을 통할하도록 한 대읍 중심의 군현제의 모습을 보여 주고 있다. 이러한 고려의 대읍 중심의 군현제는 태조·성종·현종 등 각 시대의 단계적 정비, 즉 군현명의 개칭과 관할구역의 재편성 등을 통하여 확립되기에 이르렀음을 위의 자료에서 엿볼 수 있다. 특히 신라와 고려의 양 시대 군현 조직을 서로 비교해 볼 때 그 군현 단위의 면에서 그렇게 큰 변동이 있었던 것은 아니나 군현 조직의 체계적 구조면에서 볼 때 큰 변화가 있었다. 일례를 들면 신라의 9주의 하나인 良州는 그 관내에 1小京·12郡·6停·34縣이 설치되어 있었지만, 태조 23년에 梁州로 개편되면서 安東大都護府-慶州大都督府의 관내 1州로서 편성되었고, 그 관내에 東平縣과, 東萊縣 領縣에서 이속한 機張縣의 단 2읍만을 속읍으로 거느릴 뿐이었다. 또한 신라시대 9주의 하나로서 관내에 15군·34현을 거느리면서 그 자체 3개의 영현을 갖고 있었던 武州는 태조 23년의 군현 개편으로 인해 단지 羅州牧 관내의 하나의 현으로 남게 되면서 그 자체 속읍을 전혀 갖지 못하게 되었다. 결국 고려 태조 23년의 "始改諸州府郡縣名"은 단순한 명칭만의 개칭이 아니라 군현 조직의 구조적 개편작업이 단행되었음을 말해 주는 것이다. 《高麗史》 지리지에 나오는 年紀不明의 '高麗初', '至高麗更今名', '高麗更今名' 등의 기사 중 대부분은 태조 23년을 전후한 시기, 혹은 성종조 이전에 군현의 구조적 개편이 이루어진 것이다. 이를 두고 볼 때 태조 23년의 군현제 작업은 이미 속읍을 주위의 대읍에 내속시키는 대읍 중심의 군현제를 지향하고 있었음을 알 수 있다.[1)]

고려가 대읍 중심의 군현제로 나아가게 된 것은 신라와 태봉 등 그 이전 시기의 군현 조직의 구조적 모순을 해결하고자 나온 방안이었다. 신라의 경우 군·현이 설치된 지역은 모두 중앙에서 외관을 파견하였다. 이 제도는 지방 군현의 농민층을 효과적으로 파악 지배하기에는 매우 좋았지만, 그것이 곧 단점이 될 수도 있었다. 신라 하대에 이르러 각 지방의 城主·將軍 등의 토호세력들의 반기와 농민층의 봉기는 바로 그 단점이 노정된 것이라고 볼 수 있다. 이것은 소규모의 군·현 단위로 租賦·貢役의 연대적 수취, 즉 族徵·隣徵의 강행으로 인한 저항에서 비롯된 것이다.

나말려초의 농촌사회에는 많은 逋戶들이 존재하고 있었다. 이들을 회유하여 본래의 田里로 환집시키는 정책 및 그 상태를 현실적으로 인정한 바탕 위에서 그들을 파악 지배할 수 있는 제도적 장치가 필요하였다. 요컨대 나말려

1) 대읍중심의 군현조직의 성립과 그 변천에 관해서는 金潤坤의 《高麗郡縣制度의 硏究》(慶北大 博士學位論文, 1983) 및 〈麗代의 按察使制度 成立과 그 背景〉(《嶠南史學》 1, 嶺南大, 1984), 그리고 〈羅·麗 郡縣民 收取體系와 結負制度〉(《民族文化論叢》 9, 嶺南大, 1988) 등에 구체적으로 언급되어 있다.

초에 광범위하게 발생했던 포호, 또는 帳籍과 현 거주지가 각각 다른 농민층, 거주지와 농경지가 행정구획을 달리 한 경우 등을 통일적으로 파악 지배하는 데에는 소읍을 단위로 하는 것보다 여러 군읍을 단일적으로 파악 지배하는 것이 훨씬 편리하였을 것이다. 그렇다고 무한정 여러 개의 군현을 통폐합할 수는 없었다. 그것을 통폐합하게 되면 이해관계를 달리하는 세력들의 반발이 생기게 마련이다. 고려 초기에 이르러 귀순한 성주·장군 및 새 왕조의 창건을 지지 협찬한 제세력의 이해를 저버리지 않는 범위에서 새로운 군현제를 창설하지 않을 수 없었던 것이다.

그리고 전시대로부터 내려 온 유제로 인하여 나타난 현상의 하나로서 고려 초까지 일반행정과 조세행정의 구역이 단일화되어 있지 않고 각각 달랐던 경우도 있었으므로, 고려왕조의 성립 이후에 이와 같은 相違를 가급적 일치시키고 또 이웃 다른 읍으로 유리 도산한 포호들을 효과적으로 파악 지배하기 위해서 대읍 중심의 군현제가 필요하였던 것이다. 대읍 중심의 군현제는 태조 때에 그 기초가 이루어진 후 성종조 12목의 설치로 말미암아 더욱 발전하였다.

대읍 중심의 군현제는 현종 때에 이르러 제도적으로 완성되어 소수의 州府郡縣, 즉 주읍이 다수의 속읍을 통치하도록 조직되었다. 이들 각 주읍 수령들은 품계의 차이는 있었지만 각각 그 任內를 통치하는 목민관으로서 동일한 위치에 있었다. 여기에 국가는 그 다수의 주읍들을 통일적으로 파악 통합할 수 있는 조직이 필요하였을 것이다. 다시 말하면 각 주읍들을 효과적으로 감독 관장할 수 있는 관원으로 按察使 제도, 즉 道制의 설치가 요구되었던 것이다. 안찰사는 각 지방의 수령들이 「奉行六條」를 잘 지키고 있는가 없는가를 기준으로 黜陟을 행하게 되었을 것이다. 그런데 그 출척의 대상자 중에는 그의 품계보다 높은 수령도 있었다. 이것은 고려 군현제의 미숙성 즉 안찰사제(도제)의 미숙성에서 나온 것이 아니라, 고려 중앙정부의 고차원적 군현 지배방식에서 비롯된 것이다. 즉 양자를 서로 모순 대립케 하여 감시와 견제 및 상호 협조를 하기 위한 것인 동시에 그들 사이의 수평적 야합을 예방하기 위한 조처였다. 이처럼 안찰사 제도 및 도제는 대읍 중심의 군현제도를 배경으로 하여 성립되었다.

대읍 중심의 군현제도의 상부조직인 도제와 안찰사 제도에 관해서는 별도의 항목에서 다루어지므로 이 글에서는 군현조직체계의 구조적 단위들에 관의 살펴보기로 한다. 먼저 《高麗史》 지리지에 나오는 군현 단위인 京・都護府・牧과 郡・縣의 군현제 영역에 관해서 살펴보고, 다음으로 특수 행정조직인 鄕・部曲・所・莊・處・驛에 관해 살펴 본 후, 군현의 하부단위인 촌락의 구조 그리고 鄕吏・其人・事審官 등에 관해 살펴보기로 한다.

1) 경・도호부・목과 군현

《高麗史》 권 56 지리지 서문에서 먼저 5도 양계의 이름을 들고 이어서 그들이 '京 4, 牧 8, 府 15, 郡 129, 縣 335, 鎭 29'를 총괄한 듯이 서술하고 있다. 다분히 형식적인 조직이긴 하지만 아래에 《高麗史》 지리지에 보이는 각급 행정구역의 숫자를 도표로 풀어 보면 아래 〈표 1〉과 같다.

〈표 1〉

구 분	京	大都護府	牧	大都督府	都護府	知事府	領郡	領縣	鎭	屬府	屬郡	屬縣
王 京	1										1	12
楊廣道	1		3		1	1	5	3			22	75
慶尙道	1		2			2	6	3		1	24	89
全羅道			2			2	5	8			13	74
交州道							3				5	20
西海道		1	1				3	2	1		3	14
東 界				1	1	2	13	8	16			17
北 界	1	1				2	26	6	12			4
合 計	4	2	8	1	2	9	61	30	29	1	68	305

아울러 이들 행정구역의 관원을 《高麗史》 권 77, 백관 2 외직조에 의거하여 품계별로 분류해 보면 다음의 〈표 2〉와 같다.[2)]

이들 표에서 고려의 지방 통치조직이 그렇게 단순하지만은 않았다는 사실을 알 수 있으며, 같은 부・군・현이라 하더라도 내용을 달리하고 있었음을

---

2) 邊太燮, 《高麗政治制度史硏究》(一潮閣, 1971), 137쪽의 〈표 5〉 高麗 外官의 構成과 朴龍雲, 《高麗時代史》(上)(一志社, 1985), 128쪽의 도표 참고.

〈표 2〉

	3품 이상	4품	5품	6품	7품	8품	9품
京 都護府·牧	留守(知西京留守事) 使	副守事 副 使		判官 判官	司錄, 掌書記 司錄, 掌書記	法曹 法曹	醫師, 文師 醫師, 文師
防禦(州)鎭 州府郡			使 (知事)	副使	判官		
縣 鎭					令 將	尉 副將	

알 수 있다. 즉 부의 경우 지리지에 전체 15부로 일괄 기록되어 있으나, 내용상으로는 군사적인 필요성에 의해 설치된 都護府 계열(도호부·도독부)과 조세, 공부, 역역의 수취 등 민사행정적인 知事府 계열 등 두 계열로 구분할 수 있다. 대개 전자는 국방상의 요지에, 후자는 주로 물산이 풍부하거나 교통의 요지인 대읍에 설치되고 있다.《高麗史》지리지 소재 129개 군은 내용상 防禦郡 44, 知事郡 17, 속군 68로 나누어진다. 방어군은 대체로 여진이나 왜구 등과 접촉이 잦던 지역에 군사적 방어를 목적으로 설치한 것이며, 지사군은 조부, 역역의 수취 등 일반 행정을 담당하였다. 그리고 현은 앞의 지사부, 지사군과 같이 독립적으로 민사행정을 수행하는 현령관과 그렇지 못한 속현으로 나누어진다. 고려의 군현제는 기능상 京－牧－知事府－知事郡－縣令官 계열의 민정적 군현계통과 都護府－防禦郡－鎭 계열의 군정적 군현계통으로 나눌 수 있다.[3)]

이렇게 고려의 군현제도는 그 기능상 군정적인 것과 민정적인 것으로 나누어진다. 그 지배 운영방식의 차원에서 독립 관부인 진·현령관급 이상의 관부와 속군현 사이에 커다란 계선이 그어지면서, 중앙정부의 직접적인 지배와 통제는 두 계통의 관부(진·현령관급 이상)에 그치게 된다. 그리고 이들에 예속된 속읍에는 진, 현령관급 이상의 관부를 통한 간접적 지배와 통제의 형식을 취하였다는 점이 고려 군현제의 커다란 특징으로 주목된다. 그러나 이의 구체적 운용에 관해서는 현재 다양한 견해가 표명되고 있다. 우선 三京·八牧·四都護 등 체제, 이른바 경·목·도호부가 주목인 계수관(중간기구)으로서 主牧과, 그

3) 朴宗基,《高麗時代 部曲制硏究》(서울大出版部, 1990).

아래의 지사부, 지사군, 현령관, 방어군을 관할하는 領郡, 즉 주목과 영군 및 屬縣 등의 3층구조로 이해하기도 한다.[4] 일면 이를 인정하면서도 경·목·도호부가 수행한 중간기구로서의 역할은 일반행정 전반에 대해서가 아니라 제한된 몇 가지 사항(上表하여 陳賀하는 일과 鄕貢을 選上하는 일 및 外獄囚 推檢 등의 부문)에 한정되어 있었다고 하면서, 중앙과 지방간의 일반적인 행정 사무체계를 중간기구의 거침이 없이 중앙정부에서 영군(主郡)·영현(主縣)으로 直牒되는 관계였다는 점이 지적되기도 하였다.[5] 이에 한 걸음 더 나아가 주목과 영군 사이에는 행정 명령계통상 실제로 상하의 종속관계가 아니라 상호 등질적인 관계에 있다고 보고 계수관의 범위를 진과 현령관 이상으로 확대하여 해석하기도 하였다.[6]

한편 일부에서는 이규보가 전주목 장서기로 활동할 때 지은 〈南行月日記〉 등의 분석을 통해 주목의 계수관이 그 속읍 및 영군현에 대해 역역의 동원을 비롯한 군사적 지휘관, 즉 주현군 지휘권을 행사하고, 外獄囚의 監檢, 영군현의 諸神에 대한 제사의 기능까지 수행하는가 하면, 그 밖의 배의 척수·水村·沙戶·漁燈·鹽市 등을 검열하는 임무까지 지니고 있어 조세행정 일부분의 수행까지 담당하였다고 하면서, 무신정권 당시에도 주목과 영현과의 관계는 상하 종속의 관계에 있는 것으로 파악하기도 하였다.[7]

이와 같이 고려의 군현제도는 大邑 중심의 군현제를 바탕으로 하고 있다. 여기에 국가는 다수의 주읍들을 통일적으로 파악 통제할 수 있는 조직으로서 道制와 界首官을 중심으로 한 按察使制度를 시행하였다. 고려왕조의 계수관은 시대에 따라 증감이 있기는 하였으나, 대체로 3경·4도호부·8목 등의 외관이 그 기능을 담당해왔다. 이것은 전국의 영역을 14~15개의 행정구역으로 나누어 통치하기 위한 것이었다. 흔히 계수관은 "중앙과 지방주현 사이를 연락하는 중개적인 기능밖에 담당하지 않았고, 이 역시 예종·인종대 이후 5도 안찰사제가 성립되면서 그의 역할은 크게 약화되어 갔다"고 하면서 "그 界內 所領

4) 尹武炳, 〈高麗時代 州府郡縣의 領屬關係와 界首官〉(《歷史學報》 17·18, 1962), 320~323쪽.
5) 邊太燮, 〈高麗前期의 外官制〉(앞의 책, 1971), 130~131쪽.
6) 朴宗基, 앞의 책, 75~82쪽.
7) 金皓東, 〈高麗 武臣政權時代 地方統治의 一斷面－李奎報의 全州牧 司錄兼掌書記의 活動을 中心으로－〉(《嶠南史學》 3, 1987).

의 주현관에 대한 관할과 감독권 및 호구·조세·공부 등 일반 행정사무에 대하여서는 별로 관계한 바 없었다"[8]고 이해하기도 하나, 실상 이것은 계수관과 도의 분리로 상호견제를 통한 효과적 지방통치가 이루어지게 되었음을 의미한다. 따라서 경·도호부·목은 계수관인 동시에 각기 수령의 임무를 지니면서, 그 명칭에 상응하는 독특한 기능을 갖고 있었다.[9]

京 가운데 왕경으로서의 開京을 예외로 돌리면 맨 먼저 마련된 것이 태조 때 설치한 西京(平壤)이었다. 이어 성종 때 東京(慶州)이 설치되고 문종조에 이르러 다시 南京(楊州 : 지금의 서울)을 둠으로써 3京制를 이루었다. 개경은 흔히 上都라 불려진 데 반해 서경은 西都, 동경은 東都, 혹은 都下로 불려지기도 하였다.[10] 이 3경 중에서도 가장 중시된 것은 서경이었다. 그러므로 여기에는 分司制度라 하여 개경의 중앙정부와 유사한 기구와 체제를 갖추고 있었다. 문종 때에 西京畿 4道 설치와 예종이 學士院을 고쳐 分司國子監으로 삼은 것은 그 일단이라 할 수 있다. 그 후 서경의 기구와 체제는 「妙淸의 亂」 이후 대폭 개편되면서 독립성을 상실하고 점차 土官職으로 변모되어 가지만, 어떻든 이곳은 국초 이래 정치적으로 매우 중요한 의미를 지니고 있었다.[11] 본래 고려의 3경제는 풍수설과 밀접한 관련을 가지는 것으로 이해되기도 하지만,[12] 무엇보다도 이들은 도호부, 목과 더불어 계수관으로서 중앙 행정기구로서의 역할을 담당하는 대읍의 하나로서 역할을 하였다는 점에서 군현 조직체계상 그 의미를 갖고 있었던 것이다.

도호부의 수도 시기에 따라 변동이 있어 일정하지는 않았다. 양계에 둔 安北大都護府(寧州)와 安邊都護府(登州), 그리고 海州에 설치한 安西大都護府만은 그 존재가 분명하지만 安南都護府(全州)는 곧 목이 되는 대신 뒤에는 樹州가 그 명칭을 얻게 되며, 安東都護府(慶州)도 留守使의 경이 됨으로써 없어진다. 바로 이들 3~4개의 지역과 廣州·忠州·淸州·晋州·尙州·全州·羅州·黃州의 8목 및 3경이 군현의 상급 행정기구로서 지방통치상 중요한 역할을 하였다.

---

8) 邊太燮, 앞의 책(1971), 137~139쪽.
9) 金潤坤, 앞의 글(1983·1984·1988) 참조.
10) 李奎報, 〈蔚州戒邊城天神祭文〉 및 〈山海神合屈祭文〉(《東國李相國集》 권 38).
11) 河炫綱, 〈高麗西京考〉(《歷史學報》 35·36, 1967).
12) 李丙燾, 〈高麗南京建立に就いて〉(《靑丘學叢》 2, 1930 ; 《高麗時代의 硏究》, 乙酉文化社, 1948 ; 《改訂版 高麗時代의 硏究》, 亞細亞文化社, 1980).

《高麗史節要》 성종 2년(983) 2월조에, "비로소 牧을 두고 今有와 租藏을 폐지하였다. 금유와 조장은 모두 外邑 使者의 칭호이다"라고 한 것에서 목이 처음 설치된 사정을 알 수 있다. 여기서 12목의 始置와 '금유 · 조장'의 혁파는 상호 불가분의 관계가 있다는 사실을 간파할 수 있다. 그간 「금유 · 조장」의 직임을 담당해 왔던 세력들은 대체로 태조의 심복 막료들이었던 소위 「王親權勢之家」들로서,[13] 이들은 유민의 안집과 조세 · 부역의 독촉 · 감독 및 「里審使」(각 지방 촌락의 田丁 · 戶口 · 寺院田 등 심사) 또 이 밖에 鄕豪(堂大等)의 감시 등의 역할을 했던 것으로 짐작된다. 성종 초에 이르러 향호들이 매양 공무를 가탁하고 백성을 침해 · 폭압하므로 백성들이 생명을 유지하지 못할까 염려하여 외관의 설치를 주창하기에 이르렀던 것도[14] 「금유 · 조장」이 그 동안 자기의 직임을 충분히 수행하지 못했음을 의미한다. 그 위에 광종대의 소위 「奴婢按檢法」의 시행은 귀족관인층 내부에 심각한 분열과 갈등을 초래하였는데, 여기에서도 「금유 · 조장」의 폐지와 12목 설치 및 외관 파견 등의 요구가 나오게 된 하나의 동기를 찾을 수 있으리라 생각된다. 성종 2년에 12목을 설치함과 동시에 주부군현의 吏職 개편을 단행, 동왕 6년(987) 12목에 각각 경학 · 의학 박사를 파견하고, 諸村의 大監 · 弟監을 村長 · 村正으로 삼음으로써 지방의 토착세력(향리세력)을 관인으로 흡수하여 왕조의 세력기반으로 흡수하고, 지방 거점도시의 육성으로 말미암아 대읍 중심의 군현조직이 더욱 발전할 수 있었던 것이다. 그리하여 대읍지방의 토착세력(향리)들은 성장기반이 더욱 확고하게 된 반면에 속읍의 토착세력(촌장)들은 역사의 표면에서 자취를 감추어 몰락하게 되었던 것이다.

12목의 외관은 우선 方伯의 임무를 갖고 있었다. 다음 사료는 이와 관련하여 시사하는 바가 있다.

> 성종 5년 5월에 하교하기를…너희 12牧과 諸州鎭使는 지금부터 가을에 이르기까지 모두 잡무를 다 중지하고 오로지 농사를 장려하는 일에만 종사하도록 하라. 나는 장차 사신을 보내어 검열 조사케 하여 田野의 荒闢과 牧守의 勤怠로써 상과 벌을 결정할 것이다(《高麗史節要》 권 2, 성종 5년 5월).

---

13) 《高麗史》 권 2, 世家 2, 태조 17년 5월 을사.
14) 《高麗史》 권 93, 列傳 6, 崔承老.

위와 같이 12목의 외관은 각 지방「州·鎭使」와 동일한 기능을 띠고 있었던 方伯에 불과하였다. 이 방백(수령)의 考課 기준은「전야의 황벽」과「목수의 근태」등이었다.

주지하듯이 성종 14년에 10도를 설치하고 이 도들로 하여금 모두 580여에 달하는 주·현을 소관케 하였다. 각 주·현에는 중앙에서 파견한 상주 외관이든 혹은 향리이든 간에 지방행정을 그들로 하여금 각각 수행케 하였다. 따라서 이들에 대한 일정한 통제와 행정체계가 필요하였다. 이에 서경·동경 등지에 留守使를, 楊·海·廣·黃·忠·公·全·尙·晋·羅·昇州 등 12주에 節度使를 각각 파견하여 '專制方面, 以行黜陟' 등의 직임을 수행케 했던 것은《高麗史》의 백관지에 나타나 있다. 이후의 군현 조직의 변천에 관해서《高麗史》지리지에서는 다음과 같이 기술하고 있다.

> 현종 초에 절도사를 폐지하고 전국에 5都護와 75道 安撫使를 두었다. 얼마 후 안무사를 없애고 4도호와 8목을 두었다. 이후로 전국을 5도 양계로 정하여 楊廣·慶尙·全羅·交州·西海道와 東界·北界라 하였다. 모두 京 4·牧 8·府 15·郡 129·縣 335·鎭 29이다(《高麗史》권 56, 志 10, 地理 1).

이에 의하면 현종 3년(1012)에 동경유수사를 비롯한 12주 절도사는 폐지되고 그에 대신해 5도호부사·75도 안무사 제도가 설치된 것을 알 수 있다. 이 기간은 도호부사 체제의 시기로서 안찰사제도가 확립되기까지의 과도기였으며, 도호부사와 안무사의 관계는 뒤의 안찰사와 계수관의 관계와 비슷했을 것이다. 예컨대 현종 3년부터 21년까지 안동대도호부사는 경주·상주·진주 등 3주의 관내를, 또 그 막하에서 위 3주의 防禦使·安撫使 등은 그의 각 관내 군현을 관장하였다. 당시 안동대도호부사의 본영이 상주에 설치되어 있을 때 경주에 방어사를, 또 그것이 경주로 옮겨왔을 때 상주에 안무사를 각각 두었던 것이다. 그 당시 안동대도호부사는 안찰사와 계수관의 기능을 겸하고 있었으며, 방어사와 안무사 등은 계수관 수령의 기능을 띠고 있었던 것 같다.

고려시대 3경·4도호부·8목 등의 조직정비와 도제의 확립은 지방제도발전 과정에 중요한 의의가 있다고 본다. 종전까지는 도와 계수관의 분리가 이룩되지 않음으로써 각 지방의 실상이 은폐·조작되기도 하고, 혹은 중앙에 사실을 왜곡하여 보고하기도 했던 병폐가 종종 발생했을 가능성이 높다. 그러나 계수관과 도의 분리로 상호 견제가 가능하였을 것이다. 따라서 「3경·4도호부·8목」 등의 조직정비는 곧 계수관체계와 道制의 분리를 위한 조치의 하나로 간주할 수 있을 듯하다. 하여튼 그 두 체제가 서로 깊은 관계가 있다는 사실에 대해서는 이미 鄭道傳(? ~1398)의 논증이 있어 참고된다.

> 前朝(고려)에 3유수·8목·4도호부를 두었고, 후에 혹 늘여 설치하여 그 주민을 각각 다스리게 하였는데, 또 안찰사·안렴사를 별도로 파견하여 관리를 규찰하고 소송을 다스리게 하였다. 또 고쳐서 도관찰사로 하였으니 이가 감사가 되었고 주목의 임무는 군현과 더불어 같다(鄭道傳, 《三峯集》 권 6, 經濟文鑑 下, 州牧).

여기서 「州牧之任」은 군현과 더불어 같다고 한 점에 대해서 먼저 주목해 보자. 이것은 3경유수사·8목사·4도호부사의 기능이 군현의 수령과 같이 각각 그 관내 군현민을 통치하였던 목민관이었다는 사실을 말한다. 다시 말하면 경·목·도호부의 최고 통치자는 수령의 직임을 띠고 있었다는 것이다. 그러나 이들은 단순히 수령의 직임만을 띠고 있었던 것이 아니라, 그 관내 계수관으로서의 지위까지 겸하고 있었다. 정도전은 그 계수관에 대한 직접적인 언급은 없었지만, 3경·8목·4도호부 등의 설치와 때를 같이 하여 안찰사의 제도가 성립되었음을 분명히 증언하고 있다. 이 안찰사는 3경유수·8목사·4도호부사 등과는 별도로 파견되어 관리를 규찰하고 詞訟을 聽斷해 왔으며, 또 그 명칭은 안렴사·도관찰사·감사 등으로 변천해 왔다는 것이다.

그런데 고려시대 지방행정 조직상의 특징 중 하나로 들 수 있는 것은 경·목·도호부의 계수관 보다 5도의 안찰사가 실질적으로 상위직에 있었다는 것이다. 고려시대의 수령(계수관) 보다 안찰사의 품계가 낮도록 제도화하게 된 사정을 이해하는데 정도전의 아래와 같은 기록은 대단히 유익한 자료가 된다.

> 전조의 監司는 혹은 按察이라 칭하기도 하고 한편으로는 按廉이라 칭하기도 했는데, 모두 侍從·郎官으로써 이를 삼았다. 그 관질은 낮으나 권한은 무거워, 스스로 능히 激昂하여 할 만함이 있게 하였다. 이 역시 漢의 部刺史, 宋의 轉運使의 남긴 뜻이었다. 말기에 이르자 법이 오래 되어 폐단이 생기므로 때의 손익에 따라 안렴을 고쳐서 道觀察使로 삼았다(鄭道傳, 《三峯集》 권 6, 經濟文鑑 下, 監司).

여기서 고려시대의 안찰사는 모두 侍從·郎官으로써 삼았다 하고, 그의 관질은 낮으나 권한을 무겁게 한 것은 스스로 능히 激昂하여 할 만함이 있게 하기 위한 것이라고 했다. 그리고 이것은 한의 部刺史와 송의 轉運使 등의 제도를 본받은 것이라고 했다. 한의 "부자사는 秩卑의 연고로 激昂되어 스스로 분발한 때문이요, 權重의 연고로 뜻을 행할 수 있었다"하고 또 송이 전운사를 둔 것도 "한의 부자사의 남긴 뜻이다"라고 했다. 특히 宋의 지방행정이 원활할 수 있었던 건 "비록 監司가 어질어서 다 능히 그 직임을 거행했던 까닭이 있긴 하나 또한 在上者가 激昂·勸勵의 권한이 있었기 때문이었다"[15]라고 한다.

요컨대 고려시대 안찰사의 「秩卑權重」은 격앙되어 스스로 분발하여 그 뜻을 실행하도록 하는데 그 뜻이 있었으며, 또 안찰사 보다 오히려 관질이 높은 외관(在上者)을 둔 것은 격앙·권려의 권한이 있게 하는 데에 그 목적이 있었다는 것이다. 그러나 그와 같은 표면적인 명분과는 달리 서로 모순·대립케 하여 감독과 감시를 철저히 도모하자는 데 근본적인 저의가 있지 않았을까 추측된다. 다시 말하면, 관질이 낮은 안찰사와 이 보다 관질이 높은 외관을 상하관계로 하여 상호 모순되게 해 놓은 것은, 그들의 사이에서 있을 법한 수평적 야합을 예방하고 서로간의 감독과 감시를 통하여 소기의 목적을 달성하자는데 근본적인 뜻이 있었을 것으로 파악된다. 여기에서 우리는 고려의 지방제도가 신라의 「州」 중심의 지방제도에서 탈피하여 도제와 3경·4도호부·8목(계수관제)의 두 체제를 창안 시행하게 된 동기를 찾을 수 있으며, 고려시대 안찰사 제도의 특색의 일면을 발견하게 된다.

그러면 이와 같은 안찰사와 계수관의 관계는 어떠하였겠는가. 결국 도제와 계수관제라는 이원적인 지방제도가 긍정적인 점도 있지만, 그로 인한 폐단 또한 충분히 예상된다. 즉 이 때 파견된 안찰사들이 각 주·목·군·현 등지의 刺史로부터 長吏에 이르는 이들의 '政績勤慢淸濁'을 按檢하고 또 이들의 賢否에 대한 염찰·포폄 등을 할 때 어떤 기준에 입각하였는가 하는 문제는 안찰사들의 객관적인 임무수행 여부와 관련된 것으로 상당히 중요한 문제라고 여겨진다. 그들의 안검·포폄의 기준 문제와 관련하여 현종 9년(1018) 2월에 새로이 정한 諸州 府員의 奉行六條[16]가 있다.

---

15) 鄭道傳, 《三峯集》 권 6, 經濟文鑑 下, 監司.
16) 《高麗史》 권 75, 志 29, 選擧 3, 銓注 凡選用守令.

〈제주·부원 봉행 6조〉

① 民庶의 疾苦를 살필 것.

② 黑綬長吏의 能否를 살필 것.

③ 盜賊·姦猾을 살필 것.

④ 民衆 중에서 法禁을 범한 자를 살필 것.

⑤ 民衆의 孝悌·廉潔을 살필 것.

⑥ 鄕吏들의 錢穀 散失을 살필 것.

위의 6조 가운데, ②와 ⑥의 조항은 향리들의 행정능력과 부정행위 등을, 그 밖의 나머지 조항은 民庶의 질고·범법·효제·염결 등과 도적·간활 등의 동태를 각각 지방 수령들이 살펴 방지하라는 것이다. 이것은 모두 지방통치면에서 뿐만 아니라 정치·사회적으로도 대단히 중요한 과제들이었으므로, 이 과업을 각 지방의 수령들이 잘 봉행하고 있는지의 여부를 조사해 볼 필요성이 있었을 것이다. 이러한 배경 하에 안찰사제도가 창설되었으므로, 안찰사는 각 지방의 수령들이 「봉행 6조」를 잘 실행하고 있는가 없는가를 기준으로 하여 黜陟을 행하게 되었을 것이다. 그런데 그 출척의 대상자 중에는 그의 품계보다 높은 수령도 있었다. 다시 말하면 안찰사는 5·6품의 侍從·郎官에 불과한 데 비해서 그 黜陟의 대상인 수령 중에는 3품 이상도 있었던 것이다. 이것은 행정조직면에서 볼 때 위계질서상 전혀 문제가 되지 않는 것은 아니었다. 이것은 안찰사 제도상의 결함이요, 이 결함으로 말미암아 실제로 많은 폐단이 일어났다.[17)]

지방행정의 운영과정에서 목사가 그의 관내 군현에서 수령 혹은 계수관으로서의 직임을 어떻게 수행하였는가, 이는 이규보의 〈南行月日記〉에 잘 나타나 있다.

① 전주는 옛 백제국이다. 인물이 번호하고 가옥이 즐비하여 故國風이 남아 있다. 그 인민은 질박하지 않고 향리는 모두 衣冠士人과 같아 행동거지의 상밀함이 볼만하다.

② 11월 을사일에 비로소 屬邑을 돌아 본 즉 馬靈縣·鎭安縣은 산골 사이의

---

17) 《高麗史》 권 75, 志 29, 選擧 3, 銓注 凡選用監司.

옛 고을이라. 그 민은 질박하고 야만스러워 얼굴이 원숭이와 같고 杯盤과 음식에는 더럽고 누린내가 나서 蠻貊風이 있으며 질책하면 그 형상이 놀란 사슴과 같아 달아나 숨을 것 같았다.

③ 伊城縣에 들어가니 민호는 凋殘·耗損하고 울타리는 蕭條하며 客館은 草家더라. 향리로 와서 뵙는 자 피로하고 여윈 모양의 4·5인에 불과하니 측은할 뿐이다.

④ 12월에 조칙을 받들어 邊山에서 벌목을 하였다. 변산은 우리나라 재목의 府庫이다. 궁실의 수축과 營建을 위하여 매년 벌채하지 않음이 없으나 아름드리 큰 나무가 떨어지지 않고 있다. 항상 벌목을 감독하기 때문에 나를 斫木使라고 부른다.

⑤ 윤 12월 정미에, 또 朝旨를 받아 諸郡의 寃獄을 감찰하였다. 먼저 進禮縣으로 향하였다. …낮이 지나서야 비로소 郡舍에 들어가니 縣令과 尉가 모두 부재중이었다. 밤 2更 무렵에 현령과 위가 각기 8,000步 쯤에서 모두 달려왔다. …술자리를 허락하니 기생이 비파를 타는데 자못 들을 만하였다. …진례현으로부터 南原府에 이르렀다.

⑥ 경신년(神宗 3년, 1200) 3월에 또 수로를 따라 선박을 조사할 때 무릇 水村·沙戶·漁燈·鹽市 등지를 遊閱하지 않은 것이 없었다. 萬頃縣·臨陂縣·沃溝縣 등지에 들어가서 며칠을 머물다가 長沙로 향하였다. …長沙로부터 茂松에 이르렀다. 모두 殘敗한 小郡이었으므로 사실을 기록할 만한 것이 없다. 단지 강수를 따라 다니면서 船夫들에게 문의하여 배의 수효를 헤아렸을 뿐이다(이상 李奎報, 〈南行月日記〉, 《東國李相國集》 권 23).

위의 ①에서 ⑥까지 그 지역은 전주목을 비롯하여 직할 속읍과 영지사부·군·현 등지에 이르고 있다. 우선 ①, ②, ③을 보면, 전주목과 그 속읍에서 각각 살고 있는 백성들의 생활 모습과 풍속이 서로 다르게 나타나 있어 퍽 대조적이다. ②의 馬靈·鎭安 두 현과 ③의 伊城縣은 모두 전주목의 직할 속읍이다. 전주는 인물이 번호하고 가옥이 즐비하여 故國風이 남아 있으며, 그 인민은 질박하지 않다고 한 데 비해서, 그 속읍인 이성현의 민호는 조잔·모손하고 울타리는 소조하다고 하였으며, 마령현과 진안현 등지의 농민들은 질박하고 야만스러워 얼굴이 원숭이 같고 더러운 냄새도 나서 蠻貊風이 있다는 것이다. 司錄 이규보는 같은 속읍들인 雲梯縣·高山縣·禮(礪?)陽縣·金馬郡 등지를 차례로 돌았다고 했으나, 이 지방민의 생활 모습에 관해서 자세한 언급을 하지 않았다. 이 지방민의 생활 형편도 위의 이성·마령·진안 등지의 농민들과 비슷하였기 때문에 되풀이하지 않았을 것으로 믿어진다.

위 ④의 邊山은 古阜郡의 속읍인 保安縣에 있으며, ⑥의 萬頃縣·沃溝縣

등지는 모두 臨陂縣의 속읍이다. 이 임피현과 앞의 고부군은 모두 전주목의 영군현이며, ⑤의 進禮縣도 역시 같은 영현이다. 다시 말하면, ④⑤⑥의 지역은 모두 전주목의 영군현과 이 영군현의 속읍들이다. 이 지역에서 전주목의 사록 이규보는 朝勅·朝旨를 받들어 벌목과 면옥을 감독하였으며, 수촌·사호·어등·염시를 遊閱하고 선박의 실태를 조사하기도 하였던 것이다. 이것은 곧 사록의 직임인 동시에 계수관과 영군의 관계인 것이다.

3경·4도호·8목, 즉 계수관의 사록과 영현의 현령은 다같이 품계가 7품이었음에도 불구하고 위의 ⑤를 보면, 현령은 사록을 만나기 위해서 8천 보나 떨어진 곳에서 달려왔으며, 또 그를 위하여 주연을 베풀어주기도 하였던 것이다. 여기서 그 두 관원은 평등의 관계가 아니라 상하의 위치에 있었던 계수관과 영주부군현의 관계를 살필 수 있다. 이러한 관계는 다음 사례에서도 살필 수 있다.

고려 무신정권이 몰락하고 삼별초 정부가 수립되었을 때 이 정부가 親蒙 반동적인 관리들을 숙청할 것이라는 소문이 퍼졌다. 이 때 金州(金海)의 수령으로 있던 李柱가 두려워 도망가자 동경의 判官 嚴守安이 權知金州事가 되어 민심을 수습했다고 한다. 또 그 다음해인 원종 12년(1271) 1월에 密城郡人들이 삼별초 정부에 호응하기 위해서 같은 군의 副使인 李頤와 淸道監務 林宗(혹은 崔良梓) 등을 살해하고 진주·상주 등지에 통첩을 보내어 호응해 줄 것을 요청하는 등 그 움직임이 점점 격렬해져 그 통첩을 받은 군현들이 모두 바람을 따라 쓰러지는 것 같았다고 한다. 한편 金州防禦使 金晅은 保勝兵을 출동시켜 먼저 적로를 차단하고 동경의 판관 엄수안에게 연락을 취하였으며, 그가 이르자 함께 군사를 동원하여 안렴사 李淑眞에게 고하여 토적할 계책을 세웠다고 한다.[18] 금주와 밀성군은 모두 東京留守官의 영군이었다. 동경유수관, 즉 계수관의 판관 엄수안은 금주 수령이 도망가자 권지주사가 되어 민심을 수습하였고 또 밀성군의 사람들이 반기를 들자 金州守와 함께 진압하기도 했던 점 등을 우리는 주목할 필요가 있다. 요컨대 계수관은 관내 영군지역에 비상사태가 발생하면 그것을 수습하였으며, 보승병 즉 주현군을 동원하여 반군을 진압하

18) 《高麗史》 권 106, 列傳 19, 嚴守安·金晅.

였던 것이다. 다만 이 경우도 계수관은 안렴사에게 고하고 그의 지휘 감독을 받았던 사실을 우리는 위에서 볼 수 있었다.

중앙정부는 대읍 중심의 군현제 하에서 향리의 수적 증가와 재량권의 확대를 방지하고 나아가 속읍의 효과적 지배를 위해 대읍에 수령을 보좌하는 판관·사록·장서기 등의 외관을 파견하고, 이들로 하여금 관내 속읍 및 영군·현에 이르기까지 순찰토록 통제·감독하였던 것이다.

한편 전국 각지에 파견된 수령의 기능 중에서 가장 중요한 것은 농민들에게 租賦와 貢役을 부과·징수하는 문제일 것이다. 중앙정부는 군현조직을 통하여 전국적으로 양전을 실시하여 군현별로 조세의 수취량을 할당하였다. 그리고 조세의 수취권을 수령에게 주고 그 실질적 임무를 향리가 수행케 하였으나 그 감독권은 안찰사에게 주었다. 아울러《高麗史》食貨志 踏驗損實의 문종 4년(1050) 11월조에 의하면, 작황에 따른 보고체계는 村典→守令→戶部→三司로 된데 반해, 답험은 三司→按察使→別員으로 된 것으로 보아 양전은 대읍 중심의 군현제 하에서 안찰사가 별원을 통하여 실시하였음을 알 수 있다. 이러한 방식의 군현 지배는 결국 주읍에 의한 속읍 수탈을 방지하기 위한 제도적 장치의 일환이었던 것이다.

2) 특수 행정조직－향·부곡·소·장·처·역－

고려에서 일반 군현의 하부구조로서의 특수 행정조직인 향·부곡·소·장·처 등의 기원과 존재형태, 그리고 그 성격에 관한 가장 대표적이면서 종합적인 기록은 다음의《新增東國輿地勝覽》의 내용이다.

> 이제 살펴 보건대, 신라가 州郡을 설치할 때 그 田丁이나 戶口가 縣에 미달하는 곳은 鄕을 두기도 하고 部曲을 두기도 하여 所在邑에 속하게 하였다. 고려 때에는 또한 所라고 칭하는 것이 있었는데 金所·銀所·銅所·鐵所·絲所·紬所·紙所·瓦所·炭所·鹽所·墨所·藿所·瓷器所·魚梁所·薑所 등이 구별이 있어 각기 그 물건을 바쳤다. 또한 處와 莊으로 칭하는 것이 있었는데 각각 궁전과 사원 및 內莊宅에 나뉘어 소속하여 그 세를 바쳤다. 위의 諸所에는 모두 土姓吏民이 있었다(《新增東國輿地勝覽》권 7, 驪州牧, 古跡 登神莊).

위의 사료에 의거할 때, 첫째 향과 부곡은 전정이나 호구가 하나의 독립 고을이 될 수 없는 곳에 설치한 것이며, 그 소재읍에 각각 소속하였다는 것을 알 수 있다. 둘째 향·부곡의 성립 시기는 신라가 주·군을 세울 때부터이며, 그리고 소·장·처의 성립기는 고려시기부터인 것으로 각각 기술하고 있는 점이 주목된다. 셋째 생산기능에 있어서 향·부곡·처·장은 농업생산을 하는데 대하여, 소는 광산물, 해산물 및 특수한 수공업 생산물을 생산하는 곳이라는 점에서 구분하고 있다. 넷째 위의 여러 所에는 그곳의 土姓吏民이 있다는 것이다.[19] 그리고 《新增東國輿地勝覽》에 기록된 향·소·부곡의 총수는 785개이고 그 가운데서 296개가 경상도 지방에 있었다. 더욱이 부곡은 전체수 406개 가운데 그 절반이 넘는 217곳이 경상도에 집중적으로 산재해 있었다. 이 점으로 미루어 보아 부곡의 전성기는 고려 이전의 신라시대로 추측되기도 하지만,[20] 신라를 포함한 삼국시대의 부곡 등에 관한 기록은 보이지 않는 실정이다. 아마 고려시대와 마찬가지로 주군현의 관할 밑의 지방행정체계 속에 포함되어 있었을 터이지만, 그 밖의 자세한 것은 거의 알 수가 없다.

《新增東國輿地勝覽》에 의하면 향과 부곡은 전정이나 호구가 하나의 독립 고을이 될 수 없는 곳에 설치된 것으로 기술되어 있다. 그런데 성종 2년(1983) 6월에 제정한 각급 지방행정단위에 대한 田柴 지급 규정에 의하면, 일반 주군현을 1,000丁 이상의 큰 것에서부터 20丁 이하의 작은 것까지 구분하는가 하면, 향·부곡의 경우도 1,000정 이상의 것에서부터 50정 이하의 것까지 구분되어 있었기 때문에 이로 인하여 향·부곡의 성격을 파악하는데 많은 혼선을 야기하기에 이르렀다. 이에 따라서 일찍부터 다음의 자료들을 바탕으로 향·부곡=천민집단설이 제기되어 왔다.

① 본시 永州의 梨旨銀所는 …옛날에는 縣이었는데 중간에 읍민이 국명을 어겨서 폐하고 백성을 적몰하여 白金을 세로 물게 하였는데, 銀所라고 칭하게 된 지가 오래 되었다(《新增東國輿地勝覽》 권 27, 河陽縣 古跡).

② 毅宗 15년에 縣人 子和 등이 鄭敍의 妻를 誣告하고 縣吏 仁梁과 더불어 임금과 대신을 저주함에 자화를 강에 던지고 현을 강등하여 部曲으로 삼았다

19) 金炫榮, 〈고려시기의 所에 대한 재검토〉(《韓國史論》 15, 1986), 97~98쪽.
20) 金龍德, 〈鄕·所·部曲攷〉(《白樂濬華甲紀念 國學論叢》, 1955), 181~182쪽.

(《高麗史》 권 57, 志 11, 地理 2, 陜州 感陰縣).

③ 군현민과 津·驛·部曲人이 交嫁하여 낳은 자는 모두 진·역·부곡에 속하게 하고 진·역·부곡과 雜尺人이 交嫁하여 낳은 자는 똑같이 나누고 남는 수는 母에 따른다(《高麗史》 권 84, 志 38, 刑法 1, 戶婚).

이들 자료에 근거하여 향·부곡의 발생 자체가 전쟁포로의 집단적 수용지나 또는 본래 일반 군현이었다 하더라도 반역 및 적에의 투항 등 국가에 대해 중대한 범죄가 발생한 군현을 강등하여 향·소 부곡을 삼는다는 사실이 지적되었다. 그리고 향·부곡민은 죄인이거나 그와 같은 취급을 당하는 사람들이었으므로 신분상 천인일 수밖에 없다고 이해하여 왔다. 그리하여 부곡인은 형벌상 奴와 동등하게 취급되었으며, 자손의 귀속문제에 있어서 천인의 취급을 받았고, 과거에도 응시할 수 없었으며, 승려가 되는 것도 금지되어 있는 등 여러 가지의 사회적 제약을 받았다는 것이다. 아울러 所民에 대한 처우도 대략 이와 비슷했을 것으로 보아 같은 천인으로 취급해 왔다.

그러나 이러한 통설에 대한 반론이 이미 오래 전부터 제기되어 왔다. 즉 향·부곡인=양인이었다는 것이 그 요지이다. 이들은 향·부곡인=천인설을 주장하는 논자들이 든 논거가 향·부곡민이 천인이었다는 적극적인 자료가 되지 못한다는 것이다. 가령 '不許入國學'이나 '不許赴學' 등의 규정은 그 주민 일반에 적용되는 것이 아니라 향·부곡의 長吏에 국한시켜 보아야 한다는 입장인가 하면, "賤鄕部曲人等子孫"도 종래에는 '천한 향·부곡인 등의 자손'으로 해석하여 향·부곡인 천인설의 중요한 근거로 삼았으나 실은 이것도 '천인 향·부곡인 등의 자손'으로 보아야 한다는 주장이다. 더욱이 고려시대에는 천민인 이상 姓氏가 없다는 사실을 염두에 둘 때 향·부곡에도 군현과 같이 각기 「土姓吏民」이 있다는 사실로 미루어 보아 이를 천민으로 볼 수 없다는 견해이다. 실제로 14세기 후엽의 나주목 거평부곡을 중심으로 그곳에서 천민집단적 형체를 전혀 찾을 수 없었다는 논증이 이루어지기도 하였다.[21] 따라서 향·소·부곡의 소멸이란 역사적 사실을 종래처럼 천민집단으로서의 신분 해방이란 입장에서만 보지 말고 사회경제적 발전추세와 함께 任內주민의 성장과 자각 및 고려 내지 조선왕조의 지방통치체제와 수취체제

21) 李佑成, 〈高麗末期 羅州牧 居平部曲에 대하여〉(《震檀學報》 29·30, 1966).

의 발전이란 의미에서 이해되어야 한다고 하였다. 그리고 군현의 건치연혁이 다양하듯이 향·부곡도 그 생성과정이 다원적이었을 것이며, 그야말로 현이 될 수 없는 규모에 향·부곡이 설치되기도 하였고, 인구증가와 신생촌의 발생, 혹은 越境地의 발생에 의해 읍치의 외곽지대나 각 읍의 접경지역에서 군현보다 늦게 생성된 것도 있다고 보았다. 물론 이들은 고대국가의 발전과정에서 피정복민이나 포로를 집단적으로 수용하는 경우와 반역향을 총체적으로 천민화하는 경우, 또 이민족을 집단적으로 일정한 지역에 거주시키는 경우에 의한 향·부곡의 발생을 부정하는 것은 아니다. 그러나 이 경우 역시 대체적으로 사회변동이 크게 일어나고 군현제가 개편되는 무신집권기 또는 몽고 침입기 이후부터 점차 양인화의 길을 밟으면서 일반군현과 마찬가지의 존재로 변질되어 있었다는 것이다. 그래서 조선 초기에 들어와서 이들 향·부곡·소는 모두 소멸되어 《新增東國輿地勝覽》에는 이미 고적조에 실릴 정도가 되었다는 것이다.[22]

이러한 논쟁의 과정에서 부곡제를 점차 군현제와 연결시켜 이해함으로써 고려 군현제에 대한 확대된 시각을 마련하는 계기가 되었다. 즉 고려 군현제는 내부적으로 상층구조인 주·부·군·현 등 군현제 영역과 하층구조인 향·소·부곡·장·처 등 부곡제 영역으로 구성되는 다원적인 구조를 이루었음을 지적하면서 고려의 사회경제적 원리, 구체적으로 고려국가의 수취체계 일반과 관련시켜 접근하는 방식까지 나오고 있다.[23] 실제 향·부곡인들이 구체적으로 어떠한 수취체계 하에 놓여 있었는가 하는 점은 그들의 사회적 존재형태를 가늠하는 중요한 단서가 될 수 있을 것이다. 다음의 기사는 향·부곡민들의 부담 내용을 보여 준다.

> 三司가 아뢰기를 "東京管內의 州·府·郡·縣·部曲 19곳은 작년의 오랜 가뭄으로 인해 民이 많이 굶주리고 있습니다. 청하건대 令文에 의거하여 4分 이상의 손실에 대하여는 租를 면제하고, 6分 이상의 손실에는 租와 調를 면제하고, 7分 이상의 손실에는 課役을 모두 면제하되 이미 바친 자는 내년의 조세를 감해 주십시오." 하니 왕이 좋다고 하였다(《高麗史》 권 80, 志 34, 食貨 3, 賑恤 숙종 7년 3월).

22) 李樹健, 〈直村考〉(《朝鮮時代 地方行政史硏究》, 民音社, 1989).
23) 朴宗基, 앞의 책.

위의 자료를 통해 우리는 향·부곡민이 租·調·課役을 부담한다는 사실을 알 수 있다. 그리고 이 밖에도 향·부곡은 稅布와[24] 잡물 및 徭貢을[25] 부담하고 있다. 각각 세목의 구체적 내용이나 상호관계에 대한 충분한 논의는 이루어지지 못한 실정이지만 향·부곡민도 기본적으로 일반 촌락의 농민이 부담하는 기본 세목인 3세를 나란히 부담하고 있다는 것은 이들이 국가에 대하여 동일한 수취의 대상이 되고 있음을 시사한다.[26] 따라서 부곡민과 일반 군현민은 직역의 내용은 다를지언정 기본적으로 국가 수취체계 하에서 각각의 직역을 갖고 있다는 점에서 동질적인 존재로 볼 수 있다.[27]

고려의 수취체계 하에서 상호 이질적인 두 가지 유형의 부곡인이 존재하였다. 즉 특정의 역에 집단적으로 동원되는 부곡인과 일반 군현민과 동질적인 존재로서의 부곡인이 그것이다. 그런데 이는 결국 동일 유형의 부곡인으로서 각기 다른 측면에서 이들의 특성을 밝힌 것에 지나지 않은 것으로 이해할 수 있다. 이에 의하면 부곡인은 일반 군현민과 동일한 생산기능을 가지면서 부가적으로 국가 직속지의 경작과 같은 특정의 역에 집단적으로 동원된다는 사실이 일반 군현민과 동질적인 존재이면서도 굳이 부곡인으로 구분되어 표기되는 중요한 이유가 될 수 있다. 靈山部曲이나 居平部曲에 나타나는 부곡인은 대체로 일반 군현민과 동질적인 양인신분으로서의 존재로 규정될 수 있다. 결과적으로 부곡인은 일반 군현민에 비해 보다 가혹한 역에 시달리게 되는 존재로 규정될 수 있다.

다음으로 所에 대해서 알아보기로 한다. 그 기원에 있어서 소는 향과 부곡이 이미 신라시대부터 존재했던 경우와 달리 고려조에 들어와 처음 발생하였다. 그러면서도《三國史記》지리지에 보이는 成이나, 신라말 지방토호들의 개별적인 수공업장이 고려에 들어와서 소로 재편성되었을 가능성이 거론되고 있다.[28] 고려 시기에 소의 성립시기 및 所民의 제부담에 관한 실상을 가장 구체적으로 보여 주는 사료들로 다음의 것이 주목된다.

---

24)《高麗史》권 80, 志 34, 食貨 3, 賑恤 恩免之制 숙종 5년 3월.

25)《高麗史》권 80, 志 34, 食貨 3, 賑恤 災免之制 숙종 7년 3월.

26) 具山祐, 〈고려시기 부곡제의 연구성과와 과제〉(《釜大史學》12, 1988), 27~28쪽.
朴宗基, 앞의 책, 120~121쪽.

27) 朴宗基, 위의 책, 121쪽.

28) 金炫榮, 앞의 글, 99~100쪽.

① 고려 때에는 소라고 불리어지는 것이 있었는데, 금소·은소·동소·광소·사소·주소·지소·와소·탄소·염소·묵소·곽소·자기소·어량소·강소의 구별이 있으며, 각각 그 물품을 바쳤다(《新增東國輿地勝覽》 권 7, 京畿道 驪州牧 古跡 登神莊).

② 大司憲 柳寬 등이 상소하기를 前朝에 주부군현을 설치하고 드 任內에 향·소·부곡을 두었다. 1주 임내에 많은 것은 10여 현이 있었으며, 큰 현은 본관의 호수보다도 많았고 한 두 호장이 관리했다(《太宗實錄》 권 28, 태종 14년 추 7월 을해).

③ 睿宗 3년 2월에 판하기를 "경기 주현은 常貢 외에 요역이 과중하여 백성들이 고통을 받아 날로 점차 도망을 가고 유리걸식하니 主管所司는 계수관에게 그 공역의 많고 적음을 물어 작정 시행하라. 동·철·자기·지·묵의 잡소는 別貢을 징수하는 것이 너무 지나쳐 장인들이 괴로워하여 도피하니 所司는 각 소의 별공과 상공의 많고 적음을 작정하여 아뢰라" 하였다(《高麗史》 권 78, 志 32, 食貨 1, 田制 貢賦).

위의 ①에서 소는 고려시대의 것이며, 지방의 특정 생산물인 광산물, 해산물 또는 전업적 수공업품을 생산하는 곳이었음을 알 수 있다. ②에서는 향·부곡·소의 설치가 고려의 군현제 편제시기와 관계가 있음을 보여준다. 아울러 이곳에서는 任內라는 용어에 주의해야 한다. 즉 임내란 글자의 뜻을 유념하면, 향·부곡·소는 국가가 직접 그 지역을 관리하는 것이 아니라 주·부·군·현에게 맡겨진 영역임을 알 수 있다. ③은 특히 예종대에 접어들면서 경기도 지역에 살고 있는 백정들의 유리현상이 속출되고 있어 이에 대한 대책이 검토되고 있는 가운데 나타난 기록이다. 유이민 현상의 원인으로 주·현민의 상공과 요역의 과중을 들고 있으며, 소민들의 경우는 과중한 別貢을 통한 수탈을 지적하고 있는 내용이다.[29] 그런데 사료에 보이는 공역을 주현민이 부담해야 할 '공부 조달을 위한 역'이라고 해석할 수도 있지만, 앞의 내용인 상공과 요역의 줄임말로 해석될 여지도 충분히 있다. 이러할 경우 주현이 부담해야할 공부가 현물만을 수납해야 하는 소와 다르다고 단언할 수는 없을 것이다. 뿐만 아니라 "주·부·군·현·부곡·잡소의 금년 稅布를 반으로 면제하라"는 숙종 5년(1100)의 판을[30] 통해 볼 때 소는 특정물품을 생산한다는 점에서는 일반 군현과 구별되어 기술되면서도 한편으로 일반 군현과 동일한 수취체계 하에 놓여있음을 알 수 있는 것이다.[31]

29) 徐明禧, 〈高麗時代 「鐵所」에 대한 硏究〉(《韓國史硏究》 69, 1990), 4~5쪽.
30) 《高麗史》 권 80, 志 34, 食貨 3, 賑恤 恩免之制.
31) 朴宗基, 〈高麗 部曲制의 構造와 性格〉(《韓國史論》 10, 1984 ; 앞의 책), 82~85쪽.

그리고 소의 성립시기와 관련하여 위 사료에서 예종 3년(1108)에 소의 운영상 문제점이 드러나면서 이에 대한 시정안이 검토되고 있는 점으로 보면, 적어도 예종 3년 이전의 어느 시기에 소 제도가 성립되었음이 분명하다. 한편 소의 성립 시기를 좀더 올려 잡아 태조 23년(940)을 기점으로 잡는 예도 있어 주목된다.[32)]

한편 고려시대는 군현민 중에 국가에 불복하는 자가 있으면, 그것을 명분으로 연대책임을 묻게 하여 철저하게 국가에 복속하게 하는 제도를 운영하려 했음을 파악할 수 있다. 梨旨銀所의 경우 읍인이 국명을 어긴 점을 명분으로 은소로 삼은 것은 고려초기 소를 편제하는 기본방침이었던 듯하다.[33)]

고려시대의 소는, 전기에는 특수한 생산물을 생산하는 곳의 의미에 불과하였지만, 후기로 오면서 향·부곡과 같은 임내로서의 확고한 지방 행정단위로서의 지위를 차지하게 된다. 이러한 소의 분포지역이 전국적이었다는 점은 확인되지만 고려의 양계지역은 군사적인 특수 행정지역이었기 때문에 극히 드물게 분포하였던 것이 아닌가 한다. 비단 소뿐만 아니라 향·부곡 등도 마찬가지였다.

소의 생산물은 고려의 공부 중에서 큰 비중을 차지했고 소민의 부담은 주·현민들 보다 과중했다는 것이 일반적이다. 하지만 실질적인 소의 수취구조에 대해서는 앞에 제시한 예종 3년의 기사를[34)] 해석하는 입장에 따라 여러 견해가 있다. 먼저 한 예를 들면, 그 기록을 통하여 볼 때 군현과 소에 대한 국가의 공부수취제도가 절차상 차이가 있다고 보고 주현은 主管所司, 즉 호부－계수관을 통하여 공부를 수취한다고 보았다. 그러나 소는 소의 공부를 특정관사인 所司에서 공부 부담액의 다소를 조절·결정하고 이를 다시

---

32) 徐明禧, 앞의 글, 5쪽.
이와 관련하여 다음의 사료가 참고된다. "태조 23년에 이르러 비로소 주·부·군·현의 이름을 고쳤다"(《高麗史》 권 56, 志 10, 地理 1, 序文).

33) 이와 관련하여 다음의 사료가 참고된다.
① 전조에 五道兩界의 驛子·津尺·部曲人은 모두 바로 태조대에 명을 어긴 사람들이니 모두 천역을 부담했다(《太祖實錄》 권 1, 태조 원년 8월 을사).
② 永州 梨旨銀所는 옛날에는 縣이었는데 중간에 읍민이 국명을 어겨서 폐하고 백성을 籍沒하여 白金을 세로 물게 하는 銀所라고 칭하게 된 지가 오래되었다. 이제 그 土人 중에 那壽와 也先不花가 중국 궁정에서 사환으로 열심히 공로를 쌓아 그 공으로 본관을 올려 다시 현으로 삼았다(崔瀣, 《拙藁千百》 권 2, 永州 梨旨銀所 陞爲縣碑).

34) 《高麗史》 권 78, 志 32, 食貨 1, 貢賦 예종 3년 2월 判.

왕에게 상주하여 재가를 얻는 절차를 취하고 있기 때문에 군현을 매개로 하지 않고 국가와 소가 직접 연결되어 있다고 하였다.[35)]

다른 한 주장은 일반 촌락과 소의 수취체계상의 구별이 없었던 것이라고 한다. 따라서 예종 3년의 사료에서도 주관소사와 소사는 같은 기관을 줄여 표현한 것이며, 경기 주현과 소간의 공부 부담상의 본질적인 차이가 없다는 것이다.[36)] 이와 다른 또 하나의 주장은 일반 군현이 상공을 부담하는 곳인데 대하여 소는 별공만을 특별히 더 부담하는 곳이라고 보고 있다. 상공의 경우는 중앙 각부가 계수관 혹은 군현을 통하여 각 촌민에게 부과하였는데, 별공의 경우는 중앙 각사가 직접 소와 연결하여 각종 별공을 거두어들인 것으로 보고 있다.[37)] 그러나 이 견해는 일반 군현의 경우에도 별공이 징수되었다는 기존의 연구성과가 나와 있으므로[38)] 재고의 여지가 있다.

끝으로 한 예만 더 들면 위의 자료에서 "국가가 주·부·군·현을 설치하고 또 임내에 향·소·부곡을 두었다"라고 표기한 것을 고려해 볼 때 향·소·부곡을 설치한 주체는 국가이고 향·소·부곡을 관리하는 것은 주·부·군·현이라는 것을 알 수 있으며, 이 점을 유의해 보면 국가와 소가 직접 연결되어 수취관계를 맺고 있다거나 주·부·군·현에 임의로 소가 설치되기에 적당한 곳에 소를 설치했다고 보기에는 무리가 있다고 하면서, 결국 국가는 일반 군현과는 차별성을 가지고 있는 소를 지역에 맞게 설치하고 군현으로 하여금 관할하게 한 것으로 보고 있다.[39)]

다음으로 고려시대 수공업 생산체제와 소의 관련성 문제에 대해서 살펴보도록 하자. 《東國輿地勝覽》에서는 금·은·동·철·사·주·지·와·탄·염·묵·곽·자기·어량·생강 등 15개 종류의 생산품을 생산하는 소를 거론하고 있다. 이를 유형별로 정리하면, 금·은·동·철과 같은 광산물, 비단·종이·먹·도자기와 같은 수공업 생산물, 소금·미역·생선과 같은 해산물, 차·

35) 北村秀人, 〈高麗時代の「所」制度について〉(《朝鮮學報》 50, 1969).
36) 朴宗基, 앞의 글(1984).
37) 金炫榮, 앞의 글.
38) 姜晋哲, 〈農民의 負擔〉(《高麗土地制度史研究》, 高大出版部, 1980).
朴鍾進, 〈高麗前期 賦稅의 收取構造〉(《蔚山史學》 1, 1987).
39) 徐明禧, 앞의 글.

생강과 같은 농산물로 분류된다. 즉 광산물, 해산물, 특수생산물과 같은 1차 생산품과 수공업 생산물을 생산하는 곳이 所라는 것을 알 수 있다. 따라서 엄격히 말하면 소를 수공업장이라고만 할 수는 없다. 하지만 광의의 측면에서 고려시기의 수공업 생산체제와 밀접한 관련을 가지는 것은 사실이다.[40]

《東國輿地勝覽》의 편찬자가 금·은·동·철과 같은 광산물, 비단·소금·도자기·해산물·종이·먹·차·생강 등 현지성이 요구되는 생산물들을 생산하는 곳을 모두 소로 파악하고 있으나, 과연 그러한 곳들을 모두 소로 인정할 수 있을지는 의문이다. 또한 이곳들은 모두 각 지역의 특산물을 생산하는 곳으로 파악할 수는 있으나, 그것이 곧 행정단위로서의 소라고 할 수는 없을 것이다. 그러나 소라는 것이 현지성이 요구되는 특산물이나 수공업제품을 생산하는 곳과 밀접한 관계를 가지고 있다는 것은 분명한 사실이다. 따라서 고려시대 소의 가장 기본적인 특징 중의 하나는 바로 현지성이 요구되는 특산물 또는 수공업제품의 생산지라 할 수 있다. 이처럼 고려시대의 소는 관영·민영 수공업과 함께 수공업 생산원료의 공급지로서 또는 수공업제품 생산지로서 고려시대 수공업 생산체제에서 일정한 역할을 담당하고 있었다.[41]

요컨대 소는 반국가적인 행위 때문에 강제적으로 편성되어 그 주민들이 특정의 역에 집단적으로 동원되는 경우와 일반적으로 수령과 향리들이 특정 물품의 생산을 위하여 주변 촌락민들을 요역의 형태로 생산활동에 동원시킨 경우의 두 가지 형태로 분류할 수 있다. 어느 경우에 있어서나 이들의 보다 중요한 생산 활동은 군현민과 같이 역시 토지경작이었을 것이다. 그리고 이들은 국가에 대하여 일정기간 부담하여야 하는 요역의 한 형태로서 특정물품의 생산에 참여하고 나머지 기간은 대부분 본래의 업무인 토지경작에 주력하였을 것이다. 소는 이러한 재정원칙 위에서 이루어지는 수취체계의 독특한 양식하에서 규정될 수 있는 역사적인 존재라고 할 수 있다.[42]

다음으로 莊·處에 대하여 주목해 보기로 한다.[43] 장·처는 왕실을 비롯

---

40) 金炫榮, 앞의 글, 109쪽.
41) 金炫榮, 위의 글, 110~113쪽.
42) 朴宗基, 앞의 글, 94쪽.
43) 莊·處에 대한 종합적인 검토는 다음의 논문이 참고된다.
旗田巍, 〈高麗時代の王室の莊園－莊·處〉(《歷史學硏究》 246, 1960 ; 《朝鮮中世

하여 궁원과 사원 등이 지배한 일종의 장원이다. 이는 신라의 녹읍과 연결되는 것으로 나말려초의 혼란 속에서 고려 왕실이 지방호족이 지배하고 있는 촌락의 일부를 취해 왕실의 직속령으로 삼은 것에서 비롯하며, 군현제를 정비하여 호족이나 그들의 족단을 군현제의 틀 속으로 흡수·편입하는 과정에서 莊이 전국적으로 설립되었다고 이해되어 왔다.[44]

그러나 장·처를 왕실직영지로서의 독자적인 존재로만 볼 수 없다. 즉 장·처도 국가적 수취체계와 밀접한 관련을 맺고 있음을 확인할 수 있기 때문이다. 고려말의 전제개혁론자 趙仁沃의 상소에 의하면 장·처전은 왕실의 직영지로선 국가의 재정정책과 무관한 존재이기보다는 국가적 토지분급체계 내에서 국가의 재정원칙과 관련하여 운영되고 있음을 알 수 있다.[45] 엄격히 말해서 장·처전은 국가적인 토지분급제와는 무관한 궁원 및 사원 본래의 사적 소유지와는 구별되어야 한다. 예를 들면 정부가 料物庫 소속의 360 장·처전으로 선대에 사원에 시납된 전토를 모두 환수하려는 조치[46]는 장·처전이 궁·사원의 사유지와 달리 바로 국가적인 수취체계하의 존재임을 명백히 보여주는 예가 될 것이다.

한편 장과는 달리 處는 충렬왕 때 왕실재정의 관리기관이었던 內莊宅의 재정이 고갈됨으로 인하여 내장택 대신 별도의 內房庫를 설치하고 토지겸병과 인구집중에 앞장서게 되면서부터[47] 성립된 것이 아닌가 한다.

社會史の硏究》, 法政大出版局, 1972).

李相瑄, 〈高麗時代의 莊·處에 대한 再考〉(《震檀學報》 64, 1987).

莊·處의 土地經營을 전문적으로 검토한 논문은,

姜晋哲, 〈高麗時代의 農業經營形態-田柴科體制의 公田의 경우-〉(《韓國史硏究》 12, 1976 ; 앞의 책, 1980)이 참고된다.

한편 장·처에 관한 부분적인 검토는 다음의 논고가 참고된다.

宋炳基, 〈高麗時代의 農莊-12世紀 以後를 中心으로-〉(《韓國史硏究》 3, 1969).

金龍德, 〈部曲의 規模 및 部曲人의 身分에 對하여〉(《歷史學報》 88·89, 1980·1981).

朴宗基, 앞의 글(1984).

李樹健, 《韓國中世社會史 硏究》(一潮閣, 1984).

具山祐, 앞의 글(1988).

44) 旗田巍, 위의 글 참조.

45) 《高麗史》 권 78, 志 32, 食貨 1, 祿科田 신창 즉위년 7월.

46) 위와 같음.

47) 《高麗史》 권 79, 志 33, 食貨 2, 科斂 충렬왕 15년 3월.

장·처민의 신분적 처지에 대해서는 견해의 차이를 보이고 있지만, 역사적 기록 속의 莊丁(戶)·處干을 결국 장·처의 주민으로 파악하려는 점에 있어서는 지금까지의 연구자들 간에 이론이 없다.

> 處干이란 남의 토지를 경작하여 租는 그 주인에게 바치고, 庸과 調는 관에 바치는 곧 佃戶이다. 당시 權貴들이 민을 많이 모아 處干이라 이름하여 3稅를 포탈하니 그 폐가 더욱 심했다(《高麗史》 권 28, 世家 28, 충렬왕 4년 7월 을유).

여기서 장·처의 주민은 그들의 부담 가운데 조는 구체적으로 궁원·사원에 바치고 기타 요역·공물은 국가기관에 납부하는 처간으로 그 존재를 특징지어 볼 수 있을 듯하다. 결국 이들은 3세를 부담하는 셈이 된다. 아울러 처음에는 처간의 위치가 租만을 내는 존재에서 3세를 내는 존재로 변모하는 점에서 처의 지배력이 점차 성장하는 것으로 파악하였다. 한편 莊戶의 부담에 대해서는 자세히 명시되어 있지 않은 실정이지만, 궁원에 요역을 부담한 것은 분명한 사실이라 하겠다. 그리고 처간이 「남의 토지」를 경작한다는 점에서 장·처의 주민이 자기 토지를 소유·경영하는 자영농민층이기 보다는 소작농 내지는 예속농민층으로 이해될 수도 있다. 그러나 조인옥의 상소에서와 같이 장·처전이 국가적 분급토지하의 존재라는 점에 유의할 필요가 있다. 收租權의 입장에서 세의 귀속여부에 따라 수조권자인 왕실·사원은 田主로 보고, 실제 경작자이며 소유권자인 장·처의 주민은 佃客(佃戶)으로 간주하여 처간을 「남의 토지」 즉 왕실의 토지 경작자로 이해할 수 있다. 장·처의 주민은 결국 일반 촌락의 구성원에 지나지 않는다는 논리에서 이러한 생각이 가능할 것으로 본다. 다만 그들의 소속이 국가에 귀속되는 것이 아니라 왕실이나 사원에 귀속되는 차이만 있을 뿐이다. 따라서 장·처전은 일반 민전과 동질적인 토지로 규정할 수 있고[48] 민전의 경작자와 마찬가지로 장·처전의 경작자도 결국 민전의 경작자인 일반 촌락민과 신분적으로 달리 규정되어야 하는 존재는 아닌 것 같다.[49]

한편 장·처의 주민이 부담하는 일체의 요역이나 공물은 원칙적으로 국가기관, 구체적으로 군현의 지배를 받게 된다. 그러나 고려 후기에 접어들면서

48) 姜晋哲, 앞의 책, 188~191쪽 참조.
49) 《高麗史》 권 78, 志 32, 食貨 1, 租稅 현종 7년 정월·13년 2월.

일방적으로 장·처를 그들의 私領地로 삼으려는 현상이 빈번하게 된다.[50]

장·처전의 생산과 조세수납에 관한 일반적인 행정은 莊·處吏들에 의해 수행되고, 그들은 그 밖의 향리와 마찬가지로 이러한 역에 대한 반대급부로서 국가로부터 일정한 토지를 지급 받는다. 결국 장·처는 왕실의 직영지이긴 하였으나 그들의 소유지는 아니며 장·처의 「吏」를 매개로 지배하는 단순한 수조지에 불과하였기에 그 현실적 소유주는 농민(장·처민)이었다. 이 같은 장·처민들은 일정한 세를 그들의 지배자들에게 납부하였던 것이다. 이것은 민전의 소유자들이 국가에 대해서 부담한 세와 성질이 같은 것이며 다만 그 귀속이 다를 뿐이었다.[51]

다음, 驛站은 전근대사회의 교통통신에서 중추적 역할을 하였고 중앙집권적 통치를 실현하는 중요한 수단이었다. 고려는 일찍이 驛站制의 실시를 통하여 거의 전국적인 도로망을 가지고 있었다. 《高麗史》 병지 역참조에는 22개의 역도와 그에 소속된 525개의 역참명이 보인다. 이들 525개의 역참의 위치를 찾아 보면 그 위치를 정확하게 알 수 있는 역들이 360개이며, 그 위치를 비정할 수 있는 역들이 130개, 현재 그 위치를 알 수 없는 역들이 5개이다.

고려시대의 도로망은 군현제의 효과적 운영을 위해 마련된 것이다. 고려시대 도로망을 보면 계수관을 중심으로 한 간선 교통구(기본 도로망)와 그 밑에 여러 속군, 속현들을 거느리고 있는 지사부, 지사군, 현령관을 중심으로 한 지선교통구(말단 도로망)가 형성되어 있었다. 즉 3경 4도호부와 8목을 중심으로 간선도로가 이루어지고 각각 그 밑에 지방관들이 파견된 5개의 지사부, 57개의 지주사, 29개의 현령관, 23개의 영·진들에 지선 도로망이 형성되었으며 그것은 다시 간선 도로망과 연결되어 있었다.[52]

《高麗史》 지리지에 나타난 500개의 역참들을 연결하여 그 분포망을 그려 놓고 볼 때 22개 역도 분포의 북쪽 계선이 의주·안주·삭주·창주·연주·평로

50) 《高麗史》 권 5, 世家 5, 현종 20년 9월 을해.

51) 姜晋哲, 앞의 글 참조.

52) 역과 관련하여 内藤雋輔, 〈高麗驛傳考〉(《歷史と地理》 34-4·5, 1934 ; 《朝鮮史研究》, 京都大 東洋史研究會, 1961) 및 김은택, 〈고려시기 역참의 분포〉(《력사과학》 86-3, 1986)의 논문이 대표적인 것이다. 특히 후자는 고려시기 역참의 위치와 역참망의 분포도를 작성하여 고려역참제도의 전반적인 면모와 발전 정도를 이해하는데 큰 도움을 준다.

진・영원진・요덕・정주(정평) 등 천리장성의 계선과 일치한다. 이는 결국 22개 역도 분포망의 완성시기가 천리장성을 쌓은 11세기 중엽 이후에서 반몽고투쟁으로 북방계선이 달라지는 13세기 초 이전시기라는 것, 즉 11세기 후반기~12세기라는 것을 의미한다.

역참 분포망을 통하여 그 배치 원칙을 다음과 같이 추정할 수 있다. 첫째 고려의 역참망은 봉건적 중앙집권 통치의 수단으로 이루어졌다는 점에서 그 특징을 찾을 수 있다. 그 이유는 22개 역도의 525개 역참들이 모두 수도 개경을 중심으로 역참망을 형성하면서 사방으로 뻗어 나간 데서 찾을 수 있다. 이러한 관점에서 고려의 역참은 수도 개경으로부터 서북쪽으로는 의주, 동북쪽으로는 정주(정평), 동남쪽으로는 동래현, 서남쪽으로는 진도현까지 여러 갈래로 이루어졌다. 이는 중앙에서 직접 지방관을 파견한 계수관과 지사부, 지사군, 현령관 등에 역참이 빠짐없이 배치되었음을 말해 준다. 둘째 고려시기 역참은 군사적 목적 실현에서 일정한 의의를 가지고 있다. 그것은 고려의 전시기에 걸친 거란, 여진, 몽고, 왜구 등 많은 외래 침략자들과 부단히 싸우지 않을 수 없었던 역사적 상황과 관련되는 문제이다. 특히 군사적 요충지였던 양계의 거의 모든 방어군, 진, 현령관들과 그 속현들에 역참이 배치된 것은 고려의 역참배치가 국가의 방위력 강화와 밀접하게 관련되었음을 시사한다. 이는《高麗史》역참조에 양계지방의 역도와 역참을 5도(개성 이남)의 그것보다 먼저 기입해 둔 것에서도 짐작할 수 있다.

고려 역참배치의 이러한 군사적 성격은 각각 10여 개~40여 개씩 묶어서 이루어진 역도 편성에도 반영되었는데 이러한 역도들은 계수관 단위와 일치하지 않았을 뿐만 아니라 지방 군사단위인 5도의 44군목도나 양계의 군사단위 편성과도 구별되었다. 이처럼 고려의 역도 편성이 군현단위로 되어 있지 않은 것은 행정목적 보다 군사적 목적에 보다 큰 의의를 부여했기 때문이다. 이것은 조선의 역도에 비해 수적으로도 2배나 앞서는 고려 역도가 군현단위로 편성된 조선의 역도와 구별되는 점이기도 하다.

그리고 이러한 고려의 역참배치는 국토의 지형조건과 교통조건, 말의 수송능력들을 고려하여 평균 30~45리, 좀 더 구체적으로는 약 38리에 하나씩 배치하는 것을 원칙으로 삼았다고 추정할 수 있다. 그리고 총 역참 수가 525개

이므로 역참로의 총 길이를 가늠하면 2만여 리가 된다.[53)]

어떻든 역참은 정치·군사·경제상 요로에 설치된 역에 의해서 서로 연결되는 역로이기도 하였다. 그런데 교량이 없는 하천에는 津이 있어서 도선의 임무를 맡고 있었다. 진에는 津尺이 있었는데 이들도 전체적인 도로망의 연결을 위해서는 중요한 일익을 담당하고 있었다.

역에 거주하면서 站役이라는 특정한 부담을 지고 있는 사람을 驛民이라고 불러 왔다. 이것은 요역의 한 형태라고도 할 수 있는 것인데, 그 구체적인 내용은 국명을 전달하거나 국가의 중대사 특히 군사적 긴급사항을 보고하는 따위의 일이었다. 이 밖에도 생산물의 운반이 중요한 업무가 되었다. 또한 참역 이외에도 그들은 조세를 납부해야 하는 의무가 있었다. 역민이 개인적으로 토지를 소유할 수 있었는지는 알 수가 없지만 적어도 역에 주어지는 公須田·紙田, 驛吏에게 지급되는 外役田은 바로 이 일반 역민들에 의해 경작되었을 것이다. 이 곳에서 경작하는 대신 조세를 바쳐야 했음이 틀림이 없다.

그리고 이들은 법제적으로 驛戶로 파악되어 왔다. 이 역호에는 그 밖의 촌락과 마찬가지로 역리가 존재했던 것이다. 또한 이들은 일반 역민과 마찬가지로 참역의 의무가 있었다. 그러나 역민과 역리가 맡는 참역의 형태는 각기 달랐다. 역리는 노역의 직접 담당자는 아니었다고 생각된다. 대개 한 역에 배치된 역리의 수는 역의 크기에 따라 2~3명 정도였다.[54)] 이들은 「公館」에서 업무를 처리했다고 믿어진다. 하지만 역리 자체는 군현리와는 현격한 차이가 있었다. 양자간의 공식적인 칭호부터도 달랐지만, 의복의 착용에 있어서도 차별을 두었던 것이다.[55)] 그러나 그들이 군·현의 吏와는 물론 구별되었지만 그래도 「長」이라고 공식적으로 지칭되었다. 따라서 역리는 일반 역민의 실질적인 「長」으로서 이들에 대한 노역의 분배·수취·감독 따위의 일을 주관하였을 것으로 보아 좋을 듯하다.

---

53) 김은택, 앞의 글 참조.
54) 《高麗史》 권 82, 志 36, 兵 2, 站驛, 성종 2년 判.
55) “드디어 驛의 이름을 고쳐 義興으로 하고 역리에게 冠·帶를 내려 주현의 리와 같게 하였다”(《高麗史》 권 94, 列傳 7, 姜邯贊).

3) 촌락의 구조

농민들의 생활근거지인 촌락은 앞에서 살핀 군현체제 내의 행정단위로서의 지역들인 주·부·군·현과 별개의 것이 아니라 바로 그 밑에 있는 행정조직의 하부 단위이다. 따라서 촌락은 당시 민중들의 삶이 집약되어 있는 곳으로서, 전근대사회 촌락의 내부적인 조건이나 변화양상은 당대 사회구조의 성격 및 그 변화와 직결되므로 이에 대한 연구는 당시의 사회성격을 이해하는 중심 과제가 된다. 그러나《高麗史》와 조선 초기에 편찬된 여러 지리지, 즉《慶尙道地理志》·《世宗實錄地理志》·《新增東國輿地勝覽》등에는 고려시대의 촌락에 관해 극히 영세하고 단편적인 기록이 실려 있으므로 고려시대 촌락의 윤곽은 거의 밝혀져 있지 않다.

최근 고려시대 사회구조와 그 기축으로서의 사회경제적 연구성과가 축적되면서 고려사회에 관한 새로운 조망이 가능하게 되었고, 그 결과 자료의 부족에도 불구하고 고려의 촌락에 대해 새로운 차원에서의 접근이 어느 정도 가능하게 되었다.[56]

그 결과 고려시대의 「촌」이란, 첫째 촌을 국가적 수취를 실현하는 매개체로 이해하고, 둘째 고려시대 수취의 단위가 되는 촌은 자연촌이 아니라 몇 개의 자연촌이 합쳐진 지역촌이라는 것이다. 즉 고려의 촌이 신라의 지역촌과 조선의 面里制의 과도적 단계로서 신라에 비해서는 다소 성장하였으나 여전히 지역촌체제였으며, 이러한 촌락의 지배자는 富農 중에서 선임된 村長·村正이며 이들이 바로 백성층이라는 것이다.

그러나 최근 이러한 국가적 수취의 단위가 되는 「지역촌」의 개념문제와

---

56) 이 방면에 관한 李佑成의 업적은 고려시대 촌락연구의 기초를 다져 놓았고, 이후 연구에서는 대체로 이 설을 추종 내지 보완하는 입장이다.

李佑成, 〈麗代 百姓考－高麗時代 村落構造의 一斷面－〉(《歷史學報》14, 1961), 32～39쪽.

———, 〈高麗時代의 村落과 百姓〉(《高麗社會諸階層의 硏究》, 成均館大 博士學位論文, 1974 ;《韓國中世社會硏究》, 一潮閣, 1991).

李泰鎭, 〈禮泉 開心寺 石塔記의 分析－高麗前期 香徒의 一例－〉(《歷史學報》53·54, 1972), 51～53쪽.

武田幸男, 〈淨兜寺五層石塔形止記の硏究〉(《朝鮮學報》25, 1972).

고려시대 촌락의 역사적 성격과 내부 구조의 변동양상 및 국가와 민중의 매개체로서 역할한 촌락의 기능 등에 대한 문제가 제기되었다. 즉 고려시대 민중 지배의 매개체로서 국가가 조세와 역역의 수취를 위하여 인위적으로 설정한 촌의 성격을 구명하려 한 연구 등이 있어,[57] 이상의 연구성과를 토대로 고려시대 촌락의 구조는 다음과 같이 설명될 수 있을 듯하다.

고려시대의 촌은 거의 대부분 신라 帳籍에 보이는 沙害漸村 등과 유사한 자연촌락이었다고 이해된다. 이러한 자연촌락은 시기와 지역에 따라 몇 개가 합쳐진 일종의 지역촌을 이루기도 하여, 그것이 행정파악의 대상이 되었을 것이라 생각되지만, 고려시대 촌락의 이해를 도와주는 자료의 결핍으로 자세한 내막은 잘 알 수가 없는 실정이다.

그런데 신라는 人丁의 다과에 의해 9등급으로 나눈 戶等制를 실시하고 토지를 丈量하며 가축, 과수 등에 이르기까지 조사해서 촌락을 파악하여 조세·공부·요역을 부과 징수하였다.[58] 여기에서는 戶나 口가 아니라 촌락 그 자체가 수취의 단위가 된 듯하다. 특히 남녀의 연령을 6등급으로 세분하여 그 동태에 깊은 관심을 기울이고 있는 것은 수취의 주목적이 노동력지배와 직접적인 관련이 있음을 보여준다. 촌락에는 농민들의 토지인 烟受有田畓 이외에 전체 경지의 4.9%에 해당하는 官謨田畓, 內視令田畓, 麻田 등이 있었는데, 이것은 촌민의 집단노동으로 경작된 것으로 추측된다.

村主는 촌락마다 있는 것이 아니며, 촌주가 없는 촌락은 이웃 촌락의 촌주를 매개로 해서 군현지배에 예속된 것 같다. 또한 촌주는 여러 촌락 중에서

---

57) 朴宗基, 〈13세기 초엽의 村落과 部曲〉(《韓國史硏究》 33, 1981) 및 〈高麗時代 村落의 機能과 構造〉(《震檀學報》 64, 1987), 41~74쪽. 전자는 종래 촌락에 관한 주요 연구들의 연구범위가 주로 고려초기에 집중되어 있다는 점에서 고려중기 이후에 나타나는 촌락의 구조 및 발달과정에 대해 서술하고 있고, 후자에서는 촌락을 종래의 지역촌이라는 용어 대신 「行政村」이라는 용어로써 대체하여 사용하고 있다. 즉 행정촌은 조세의 징수와 치안의 유지 등 국가가 정치적 목적을 달성하려는 필요에서 作爲的으로 구성된 촌락으로서 이미 중국 촌락연구에서는 연구자들간에 하나의 기본개념으로 통용되어 오고 있기도 하거니와 그가 고려시대 행정촌제의 시행배경, 행정촌의 존재양상과 행정촌제가 고려의 사회구조속에서 차지하는 史的인 위치를 검토하고자 했다는 점에서 주목될 만하다. 이에 앞서 고려의 촌락을 행정촌으로 이해한 연구로 李鍾旭, 〈新羅帳籍을 통하여 본 統一新羅의 村落支配體制〉(《歷史學報》 86, 1980)가 있다.

58) 姜晋哲, 앞의 책, 290~292쪽.

가장 큰 촌락의 유력자가 선임된 듯하며, 이것은 관료로서가 아니라 촌민으로서 파악되었는데, 바로 이들이 일반 백성이 아닌 특수한 백성층이었다고 할 수 있다. 이를 매개로 군현은 3~4명의 촌주를 이용하여 촌락을 지배하여 지방행정을 수행하였던 것이다.[59]

村長·村正에 의하여 운영되는 고려시대의 村政을 말하려면, 우선 고려시대의 촌의 구조와 유형에 대한 이해가 필요하다. 촌이 지방조직의 하부 구조가 되는 중요한 매개고리임에도 불구하고 이에 대한 사료를 거의 발견할 수 없는 형편이다. 따라서 이웃 나라인 중국의 향촌제도를 참고하면서 신라·조선의 촌락사회와 대조하여 그 중간에 위치했던 고려의 촌락을 그려보기로 한다.

중국의 鄕村制度는《晋書》職官志에서 밝혔듯이[60] 西晋時代에 이미 실시되었고,《舊唐書》식화지에서[61] 알 수 있듯이 행정적으로 鄕里制가 편성되었으며, 그 편성은 일정한 호수를 기준으로 하였다. 이 향리의 기원은 멀리 先秦시대까지 소급되는 것이며 晋代를 거쳐 唐에 이르러 위와 같이 행정적 편제로 개조된 것으로 본다. 균전제와 부병제를 양대 기간으로 하는 당대의 율령정치는 이 향리의 편제를 토대로 했던 것이다.

그런데 우리 나라에서는 삼국시대로부터 중국의 지방제도를 모방하여 주부군현을 설치하면서도 향리의 제도는 실시하지 않았다. 지방제도의 상층 부분은 일단 중국식 군현체제를 갖추게 되면서도 그 하부에 있어서는 그대로 자연촌락을 온존시키고 있었던 것이 양자간의 차이점이라 하겠다. 신라시대에 향리제가 없었다는 것은 신라장적에 의하여 알 수 있으며, 다음의 고려시대도 역시 향리제가 시행되지 않았던 것으로 보인다. 다시 말하면, 고려시기에 이르기까지 지방조직의 하부 단위는 여전히 里가 아니고 村이었던 것이다. 신라장적에 나타나는 사해점촌·살하지촌 등 촌락이 자연촌락이라는 것은 이미 지적된 바 있다.[62]

이러한 촌락들의 지배양식에 대하여 다음과 같은 결론을 내릴 수 있다. 첫

---

59) 旗田巍, 〈新羅の村落〉(《朝鮮中世社會史の硏究》, 415~462쪽) 및 姜晋哲, 위의 책, 292~293쪽. 그리고 李佑成, 앞의 책(1975), 36~53쪽 참고.

60)《晋書》권 24, 志 14, 職官.

61)《舊唐書》권 48, 志 28, 食貨 上.

62) 旗田巍, 앞의 글.

째 한 사람의 촌주 지배범위가 한 개의 자연촌락이 아니라 몇 개의 자연촌락을 포함한 일종의 「연합촌」이라야 하고, 둘째 국가의 수취관계가 촌주로써 대표되는 일정한 「지역단위의 촌」을 대상으로 이루어져야 한다는 것이다. 이러한 촌을 자연촌과 구별하기 위하여 「연합촌」 혹은 「지역촌」이라고 불러오고 있다. 이 지역촌의 촌주는 위로 군현에 대하여 지방 자치세력을 대표하고 밑으로 몇 개의 촌락을 통솔하는 지배자적 권위를 지녔던 것으로 생각된다. 촌주는 물론 촌락(자연촌)의 출신이다. 그러나 여러 촌락 중에서 가장 유력자가 촌주로 되었을 것이다. 신라장적에 村主位畓이 있는 사해점촌이 다른 세 개의 촌락에 비하여 인구와 전지가 제일 많다는 사실은 이것을 설명해 준다.[63] 어떻든 촌주가 각 촌락마다 있는 것이 아니고 한 지역을 대표하는 것이라면, 군단위로 보아서 촌주는 3, 4명에 지나지 않을 것이다. 이 지역촌은 성질상 중국의 「鄕」이 비슷한 것으로 생각되는데 「鄕」에 대한 기록으로 앞서 인용한 《晋書》에서 보았듯이, 한 개의 현에 최소 2향으로부터 최대 4향을 넘지 않는다. 그리고 이 지역촌에 해당되는 조선시대의 「面」도 1군현 내에 보통 4면에 지나지 않았던 것을 감안하면, 신라의 지역촌이 당시 군현 내에서 3~4개의 지역으로 나누어졌던 것을 짐작할 수 있으며 다시 이 촌들은 문성왕 18년(856)에 주조한 竅興寺鐘銘에서 확인할 수 있듯이 어떠한 차등에 의하여 상촌(제일촌), 제이촌, 제삼촌의 식으로 순위를 정했던 것이라고 생각된다.[64]

그후 고려 초에 오면 촌주의 등급 표시가 없어지는데, 태조 24년(941)에 세워진 慈寂禪師碑의 陰記에서 확인된다.[65] 여기에서 촌주들이 자신들의 지역표시를 하지 않고 있다는 점이 주목된다. 이는 촌주의 지배하에 있는 지역촌이 국가의 수취관계상 하나의 단위로 인식되며 인위적으로 설정되었을 뿐, 자연촌과 같이 유구한 형성과정을 통하여 독자적인 촌락의 전통을 가지고 있지 않았음을 보여 주는 것으로 추측된다. 원래 고유한 명칭이 있는 것도 아니었고, 국가가 그 수취관계의 편의를 위하여 군현 단위로 촌의 등차를 정하여서 상촌·제이촌 등으로 불렀던 것으로 보인다.[66]

---

63) 李佑成, 앞의 책(1991), 42~44쪽.

64) 〈新羅竅興王寺鐘銘〉(李蘭暎 編, 《韓國金石文追補》, 亞細亞文化社, 1968).

65) 〈境淸禪院慈寂禪師凌雲塔碑〉(《朝鮮金石總覽補遺》, 朝鮮總督府, 1923).

66) 李佑成, 앞의 책, 45~47쪽.

신라장적을 보면 신라의 촌정은 하나 하나의 자연촌을 단위로 실태가 기술되어 있고 관모답이 각 자연촌에 균등하게 설정되어 있어서 국가의 관심이 여전히 이 자연촌에 중점을 두고 있었다고 생각할 수 있다. 이 자연촌에 비하면 지역촌은 국가 대 촌락간의 매개적 역할 이상은 아니었던 것 같다. 한 개의 고유명칭을 가질 정도의 독자성도 성숙되지 못했던 것이다. 여기 지역촌이 중국의 향과 비슷한 위치에 있으면서도 끝내 향으로 성립되지 못했으며, 그 칭호에 있어서도 자연촌과 혼미상태에 빠져 있어서 독립적으로 그 정체를 잘 드러내지 못하고 말았던 것이다.

이 지역촌은 고려를 거쳐 조선 초기까지 존속되는 반면에 자연촌은 꾸준히 성장하여 조선시대에 들어오면서 「里」로 바뀌어지는 것 같다. 다음의 사료가 바로 그러한 사실을 잘 보여 준다.

① 淸道의 서촌 仇佐里는 민호가 101호이고 전지가 306결인데 府(밀양도호부)의 임내인 豆也保部曲을 越境하였고 부(밀양도호부)의 서촌인 來進里와 相入하였다(《世宗實錄地理志》 慶尙道 密陽都護府).

② 越境處, 河陽縣의 남촌인 阿士也里는 민호가 30호이고 전지가 31결인데 府(경주부)의 임내인 仇谷部曲의 동촌 多文里에 월입하였다. 영천군의 북촌인 古新驛里는 민호가 4호이고 전지가 22결인데 부(경주부)의 임내인 竹長部曲의 남촌 只等伊里에 월입하였다(《世宗實錄地理志》 慶尙道 慶州府).

위의 기록을 볼 때 주변 군현내에 촌이 있고 촌내에 里가 있었음이 명백하다. 이처럼 조선시대에 이르러 「里」가 비로소 나타난다는 것은 우리나라 村制史上 매우 주목할 만한 일이다. 이미 「里」가 자연촌의 구각을 깨뜨리고 역사상에 등장한 이상 종래의 촌, 즉 지역촌도 그대로 존속될 수 없었던 것이다. 조선 성종 16년(1485)에 완성된 《經國大典》에서도 촌은 자취를 감추어 버리고 「面」이 대신 등장하고 있음을 알려 준다.[67] 이 面里制度는 중국의 향리제에 상당하는 것으로 우리나라의 지방조직이 행정적 편제로 완성된 것을 의미한다. 또한 이 사료를 통하여 고려시대의 행정촌에 대한 규정과 그 내용을 파악할 수 있다.

한편 종래의 이러한 고려시대 촌락에 대한 이해와는 달리 고려시대 촌락의 구조에서 행정촌제의 모습을 찾으려는 연구가 나왔는데 이 논리에 무리

---

67) 《經國大典》 권 2, 戶典 戶籍.

가 없다면 고려의 집권화과정과 밀접한 관련을 가진다는 점에서 주목할 만하다.[68] 촌성 배출지로서의 촌은 일반 자연촌과는 달리 토착적인 정치세력이 존재하고 있어 고려정부는 이들 세력을 재편하지 않고서는 원활한 민중지배가 불가능하였을 것이고, 이 같은 맥락에서 성종대 새로운 촌락지배층으로서 촌장·촌정제의 설정은 행정촌제가 고려 초기부터 시행되었음을 알려 주는 상징적인 조치로 이해하고 있다.

고려시대 행정촌에 대한 법제적 규정은《經國大典》의 기사가 유일한 것이라고 할 수 있다. 京外는 5戶를 1統으로 하고 지방의 경우 5統, 즉 25戶를 里로 삼아 里正을 두고 있다. 또한 1面마다 勸農官을 두되「地廣民多」일 경우 헤아려 더 설치하고, 京에는 一坊마다 管領을 두고 있다. 이는 곧 서울에는 5호 1통을 기본조직으로 하고 지방에는 5통 25호의 리를 기본조직으로 하고 있음을 의미한다. 어떻든 이 기록을 통해서 우리는《經國大典》이 반포될 무렵인 조선 전기 성종 때의 지방 군현에는 25호를 단위로 하는 행정촌이 법제화되어 있음을 확인할 수 있다. 이러한 이유로 행정촌이 조선시대에 비로소 등장하는 것으로 파악한 경우도 있다.[69] 그러나 그 시원문제에 있어서 직접적인 사료의 부족으로 단정적으로 말할 수 없지만 고려시대의 행정촌의 존재를 부정할 수 없다. 행정촌의 시원은 당연히 고려시대로 소급하여 모색해야 한다는 견해가 이미 발표되어 있다. 이러한 견해를 바탕으로 고려시대 행정촌제의 내용을 더 상세히 검토하기로 하자.

《經國大典》의 내용은 조선건국 이래로 당시까지 시행되어 왔던 문물제도 전반에 관한 것을 세조대에 비로소 하나의 제도로서 법제화시킨 것이다. 행정촌제인 리에 관한 규정 역시 조선 초기 이래 운영되어 오던 것을 이 시기에 비로소 법제화한 것이다. 예를 들면, 이보다 앞서 편찬된《世宗實錄地理志》에 의하면 이미 이 무렵 지방군현에는 里制가 하나의 뚜렷한 형태로서 드러나 있다.

이로써 몇 가지 특징을 정리하면 첫째,《世宗實錄地理志》에서 나타낸 동

68) 朴宗基, 앞의 글(1987), 57~60쪽에서 고려시대 행정촌제의 시행의 배경 등을 정치적인 면에서는 집권화과정과의 관련에서 찾고, 또한 촌락발달의 불균형을 해소하여 효과적인 촌락지배를 실현하기 위한 것에서 파악하기도 하고, 고려 건국 직후부터 개경지역에 실시된 坊里制에서 행정촌제의 시원문제를 찾으려고 하고 있다.

69) 有井智德,〈李朝初期の戶籍法について〉(《朝鮮學報》39·40, 1966).

촌과 남촌이 구체적인 촌락 명칭이기보다는 막연한 방위명을 표시한 方位村으로 보이며 이러한 방위촌이 이후 점차 동면, 남면 등의 방위면으로 변화하게 되고 구체적인 지역명을 갖는 면은 중기 이후에야 가능하게 된다는 것이다.[70] 결국 주지하듯이 조선시대의 면제는 실제 조선 중기 이후에야 성립된다는 점을 강조하면서 그 이유로《經國大典》에 리와는 달리 면의 규모에 대하여 구체적인 내용이 명시되지 않은 것을 들고 있다. 다시 말하여 이는 조선 전기에 면제의 성립이 불완전함을 의미한다는 것이다. 그러나 위의 기록과 같이 면의 하위 단위인 리에 관한 제도적인 성립은《經國大典》편찬 시기의 규정과 같이 조선 전기에 이미 확립되는 것으로 보고 있다.

둘째,《世宗實錄地理志》에서 "忠州東村里凡五"와 같이 충주지역의 동촌은 여러 개의 里로 편성되어 있다.[71] 당시 충주 동촌의 구체적인 촌락의 수는 확인할 수 없으나 1429년 당시에 이미 충주지역의 촌락이 행정적으로 여러 개의 리로 재편성되어 있음을 뜻한다. 이 경우의 리는 이 시기 행정촌제의 구체적인 단위로 이해되며, 나아가《經國大典》의 리제가 늦어도 이 무렵부터 존재하고 있음을 뒷받침하여 주고 있다. 한편 조선 전기에 이미 그 기능을 상실하였지만 鄕 지역에도 역시 리제가 확립되어 있음을 확인할 수 있다.[72]

이상과 같이《經國大典》의 리제는 늦어도《世宗實錄地理志》가 작성되는 15세기 초엽에 이미 성립되어 있었다. 이는 기록상으로 조선시대의 행정촌제가 15세기 초엽에 분명하게 시행되고 있음을 알려 주고 있다.[73]

한편 조선 초기 행정촌제는 이보다 앞선 고려시기에 이미 제도적인 기반이 마련되어 있었음을 다음의 기록을 통하여 확인할 수 있다.

(공양왕) 2년 12월에 憲司가 글을 올리기를 "우리 나라 백성은 유사시에는

---

70) ① "今上十一年己酉(1429) 割忠州東村里凡五 以屬之"(《世宗實錄地理志》忠淸道 延豊縣).
② "越境處 儒城東村郎山里 越入縣南面"(《世宗實錄地理志》忠淸道 懷德縣).
③ "越境處 陜川南村於等火里 草溪多乎帖里 越入新繁西村"(《世宗實錄地理志》慶尙道 宜寧縣).

71) 위의 주 70) ① 참조.

72)《世宗實錄地理志》忠淸道 淸州牧.

73) 朴宗基, 앞의 글(1987), 60~61쪽.

곧 군인이 되고 무사시에는 농민이 되므로 군과 민이 일치합니다. 근래에 각 도의 節制使가 앞을 다투어 통첩을 내려 도내의 군현과 경기의 농민으로 하여금 비록 유사시에도 여러 달 동안 서울에 머무르게 함에…鄕社里長에 이르기까지 또한 모두(절제사) 예속되니 나라에 불리하고 백성에게 불편합니다"라고 하였다(《高麗史》 권 81, 志 35, 兵 1, 五軍).

위의 인용문 가운데 「節制使」는 이보다 한 해 전인 공양왕 원년(1389)에 설치되었다가 4년에 폐지된다.[74] 절제사는 「將兵之任」, 즉 각 도의 군정을 전담하였으며 이 기구는 특히 왜구의 침입에 대비하여 설치되었다.[75] 憲司는 상소문에서 각 도의 절제사들이 무사시에도 일반 농민 뿐만 아니라 심지어 鄕社里長까지 동원하여 몇 개월씩 서울에 머물게 하는 폐단을 지적하고 있다. 여기서 주목되는 것은 「鄕社里長」의 존재다. 위 문맥의 전후관계로 보아 향사리장은 일반 농민과 같이 전시에 동원되는 존재가 아니라 이들은 별개의 임무와 기능을 맡은 존재로 생각된다.[76]

이 외에도 향사리장에 관한 기록은 2년 후인 공양왕 4년에 절제사와 향사리장을 파하도록 요청한 沈德符와 裵克廉의 상소에서 다시 나타나고 있다.[77] 이로 미루어 보면 향사리장은 헌사의 상소가 있었던 공양왕 2년 이전의 시기부터 존재하여 오다가 동왕 4년에 폐지된다. 따라서 이 제도는 중국에서 시행되고 있던 제도를 고려에서도 모방하여 이 무렵에 실제로 시행되었던 제도였음을 알 수 있다.

한편 坊里制 형식의 행정촌제가 시행되었던 개경에 1리마다 社長을 두고 이들로 하여금 인재교육과 풍속교정의 임무를 맡기게 하자는 기록이 있다.[78] 여기 「里社長制」는 바로 「鄕社里長制」에 비견된다. 다만 「이사장제」는 개경에서 시행되는 것을 전제로 한 데 비해 「향사리장제」는 각 도의 주군에서 시행된 것으로 되어 있어 양자간에는 실시 지역을 놓고 차이를 보이고 있다. 따라서 「향사리장제」는 고려 말 인재교육과 풍속교화를 위하여 설치되었던 제도

74) 《高麗史》 권 77, 志 31, 百官 2, 外職 節制使.
75) 《高麗史節要》 권 34, 공양왕 원년 12월.
76) 朴宗基, 앞의 글(1987), 62쪽.
77) 《高麗史》 권 116, 列傳 29, 沈德符.
78) 《高麗史節要》 권 33, 신우 14년 창왕 즉위년 8월.

로 생각할 수 있으며, 「향사리장」의 존재는 결과적으로 고려 말엽에 이러한 제도가 전국적으로 시행될 수 있을 정도로 행정촌제의 토대가 이미 마련되어 있었음을 입증하는 셈이 된다.79)

결국 고려시대의 이러한 행정촌제가 조선 초기로 계승되어지며, 그 구체적인 모습은《經國大典》에서 리제의 형태로 드러나게 된다. 행정촌제로서의 조선시대 리제는 이와 같이 고려시대 촌락의 발전선상에서 이루어진 역사적 사실이라는 점에서 행정출제의 제도적인 기반을 고려시대에서 찾을 수 있을 것 같다.

그러면 여기서 고려시대 촌락의 성격을 우리 역사 발전과정에서 파악해 보기 위해 신라와 조선의 지방조직 중에서 촌의 변천을 일별하면 다음과 같이 도식화할 수 있다.80)

新 羅 時 代	朝 鮮 時 代	
	慶尙道地理志	經 國 大 典
郡 縣	郡 縣	郡 縣
村(地 域 村)	村	面
村(自 然 村)	里	里

신라와 조선의 중간에 처한 고려는 어떠했는가. 우선《高麗史》지리지의 西京屬縣條를 참고해 보자.

① 江東縣은 인종 14년에 경기를 나누어 6현으로 만들 때 仍乙舍鄕, 班石村, 朴達串村, 馬雜村을 합하여 이 현(강동현)을 만들었으며 현령을 두었다.

② 中和縣은 (중략) 인종 14년에 경기를 나누어 6현으로 만들 때 荒谷, 唐岳, 松串 등 9촌을 합하여 이 현을 만들었고 현령을 두었다.

③ 順和縣은 인종 14년에 경기를 나누어 6현으로 만들 때 楸子島, 櫻遷村, 龍坤村, 禾山村을 합하여 이 현을 만들었으며 현령을 두었다(이상《高麗史》권 58, 志 12, 地理 3, 西京 屬縣).

79) 朴宗基, 앞의 글(1987), 62~63쪽.
80) 李佑成, 앞의 책, 48쪽의 도표를 그대로 실었다.

위의 세 현 중에서 강동현은 한 개의 향과 세 개의 촌이 합해져서 이루어졌고, 중화현은 아홉 개의 촌을, 그리고 순화현은 한 개의 섬과 세 개의 촌을 합한 것이다. 이 때의 촌은 어떤 촌이었을까. 만일 자연촌이라면 세 개 정도를 합쳐서 현을 이루기는 불가능할 것이다. 신라장적에 나타난 4개의 촌 중 가장 많은 호수가 15호밖에 안되었던 것을 감안하면, 고려시대의 자연촌락이 다소의 성장이 있었다고 하더라도 그 규모를 짐작할 수 있기 때문이다.

그렇다면 여기의 이 촌들이 지역촌이었을까. 신라의 군현이 몇 개의 지역촌으로 구성되었던 것을 생각하면 여기 몇 개의 지역촌이 합해져서 하나의 현이 된다는 추론은 전혀 무리가 없이 통할 수 있다. 다만 앞에서 신라의 지역촌은 자체의 고유한 명칭이 없다고 했는데 여기 班石村, 朴達串村 등의 명칭이 붙어 있는 것은 신라의 지역촌이 고려에 들어오면서 그 만큼 자기성장을 이룩한 것으로 볼 수 있다. 비록 중국의 「鄕」이나 조선시대의 「面」과 같이 되지는 못했으나, 그 자체의 독자적 명칭을 가질 만큼 지역성의 고정과 전통의 형성이 가능했던 것으로 보인다.81)

그러나 이것은 西京 주변과 같은 선진지역에서 볼 수 있는 국부적 현상일 뿐, 아직 전국 군현의 지역촌들은 별반의 변화가 없었다. 게다가 선진지역의 지역 촌에 있어서도 그 내부에는 자연촌락이 그대로 온존되어 있었고 조선시대와 같은 「里」는 나타나지 않았던 것 같다. 지역적 독자의 명칭이 생기기도 하고 새로운 현을 성립시킬 정도로 충실해지면서 그 내부에 아직 자연촌락을 그대로 지니고 있다는 점을 고려시대 촌락의 구조상 특징으로 볼 수 있다.82)

한편 고려시대 촌락의 유형과 관련하여 종래의 일원적인 이해를 탈피하고 사료에 나타나는 명칭을 중심으로 洞·里·村의 의미를 다음과 같이 제시한 견해가 있다.83)

첫째, 洞은 고려시대 행정적인 촌락이기보다는 차라리 당시 일반 민들이 里나 村 등 해당지역의 지리적 특성을 들어 雅稱할 때 관습적으로 호칭되는 경우가 더 보편적이었던 것으로 생각된다는 것이다. 즉 리나 촌이 각각 개경과 지방

81) 李佑成, 앞의 책, 47~49쪽.
82) 李佑成, 위의 책, 49쪽.
83) 이에 관한 상세한 분석은 朴宗基, 앞의 글(1987), 43~53쪽.

의 고유한 촌락의 단위명칭으로 편재되어 있는 것과는 달리 동은 개경과 지방에 골고루 분포되어 있는 사실에서도 뒷받침된다는 것이다.

둘째, 里는 대부분 개경에 분포되어 있다는 것이다. 이는 근본적으로 이 지역에 고려 초부터 坊里制와 같은 행정촌제가 시행되었던 사실에서 비롯한다. 개경 이외의 지역에서도 리의 사례가 다수 나타나고 있다. 이러한 사실은 지배의 속성상 가능한 한 이러한 통치방식을 확산시키려는 고려정부의 의지와 결부시켜 볼 때, 고려의 지방촌락이 개경과 같이 행정적으로 편재되었을 가능성을 시사하여 준다.

셋째, 村은 대부분 지방 군현에 분포되어 있다. 이는 촌이 지방 군현의 기초적인 촌락 단위임을 시사하고 있다. 한편 촌은 내면적으로 일반 자연촌락을 의미하는 촌, 이른바 자연촌과 이 위에 사회적 의미가 가미된 촌성 배출지로서의 촌의 두 가지 계열로 나누어진다.

다음으로 고려시대의 촌정을 촌장·촌정의 직능을 중심으로 알아보도록 하기 위하여 다음의 기록을 주목해 보자.

> 民長의 칭호는 鄕兵·保伍의 長과 같다. 즉 民 중에서 富足者를 선발하여 민장으로 삼았는데, 그 취락(마을)의 大事는 그 고을 관부에 나아가서 고하고 小事는 民長에게 속하게 했다(《高麗圖經》권 19, 民庶 民長).

이 기록에서 민장은 ① 중국의 향병 및 보오의 장과 같다는 것, ② 민간 부족자, 즉 부농 중에서 선임한다는 것, ③ 촌내에서 발생한 사건 중에서 큰 일은 관청으로 가고 작은 일은 민장이 직접 관장한다는 것이다. 이 중에서 ②는 촌장·촌정의 출자를 말하는 것이고 ①과 ③은 촌장·촌정의 직능에 관한 것이다. 특히 ③은 촌장·촌정에게 일부 판결권이 위임된 듯한 것으로 隋代의 鄕正을 연상하게 하고, 고려의 村政의 한 특징이 된다고 하겠다. 그런데《高麗史》에서 이와 비슷한 기사를 발견할 수가 없고 다른 문헌에서도 마찬가지이다. 따라서 결국은 ①에 대한 자세한 검토로 초점을 돌려야 하겠는데 보오는 중국의 隣保組織을 말하는 것으로 고려의 촌락이 자연촌락이었다고 생각하면 이 인보조직은 아직 도입되지 않았으리라고 생각된다.[84] 여기

84) 李佑成, 앞의 책, 49~50쪽.

서 말하는 향병과 보오는 村留二三品軍에 해당되는 것으로 보인다.[85] 또한 주군의 이속인 호장과 부호장이 1품군의 별장을 겸임했던 것으로[86] 미루어 촌장과 촌정은 촌유 2·3품군의 책임자로 볼 수 있다. 이로써 고려의 촌락민은 촌유 2·3품군이라는 이름 아래 촌장·촌정의 지휘를 받으며 집단적인 노역에 종사하였음을 짐작할 수 있다. 이들이 동원된 노역은 아마 주로 왕실·국가 등에서 직영하는 토지를 경작하기 위한 노동인 것 같다.[87]

한편 촌장·촌정의 활동은 때에 따라 반드시 「촌」내에 국한된 것은 아닌 것 같다. 고려 말에는 일반병정의 番上에 「鄕社里長」, 즉 촌장과 촌정이 같이 예속되어 있었던 것이다.[88] 요컨대 촌락의 책임자가 신라시대에는 군사조직의 핵심이 되었고 조선시대에는 그 명칭부터 권농관이라 하였듯 순전히 농사관계만을 맡았던 것인데 고려시대에는 향병의 장이면서 동시에 권농관적 역할을 하고 있었다. 다만 전자보다 후자의 비중이 컸던 것으로 생각되는 점에서 시대적 추이를 살필 수 있다.[89]

그러면 이제 출정을 주관한 촌장과 촌정의 신분문제에 대해서 알아보도록 하자. 「民長」의 복식에 관한 것을 알려 주고 있는 기록을 보면,[90] 머리에는 문라건을 쓰고(文羅爲巾) 몸에는 검은 명주 갓옷(裘)을 입고 검은 각대에 가죽신을 신었다고 하고, 아직 貢에 들지 않은 進士와 복식이 서로 비슷하였다고 하였다. 이를 통해서 볼 때 민장, 즉 촌장·촌정의 복식이 촌내에 있어서의 그의 지위와 권위에 상응할 만큼 상당히 호사스럽다. 촌민에게 尊奉을 받고 있다는 이 민장, 즉 촌장·촌정의 복식은 일반 백성들의 복식과는 큰 차이가 있었을 것으로 이해된다.

그러나 촌장·촌정은 주현 이속과 같이 향직에 참여하지는 못한 것 같다. 주현이속에게는 1품에서 9품까지의 향직이 수여되었으며, 직의 품계에 따라

85) 李佑成, 앞의 책, 51~52쪽과 姜晋哲, 앞의 책, 299쪽에서는 여기서 말하는 향병·보오가 어떤 것인지 정확히 말하기는 어려우나, 이른바 村留 二三品軍이 이에 해당하는 것으로 보고 있다.

86) 《高麗史》 권 82, 志 36, 兵 2, 五軍.

87) 姜晋哲, 앞의 책, 299쪽.

88) 《高麗史》 권 82, 志 36, 兵 2, 五軍.

89) 李佑成, 앞의 책, 52쪽.

90) 《高麗圖經》 권 19, 民庶 民長.

국가로부터 전시 지급의 대상이 되었던 것이다. 촌장과 촌정은 아무런 품계가 없었으며 科田도 받을 자격이 없었던 것 같다. 전시과체제하에서 과전지급의 대상에서 제외된 이들 촌장·촌정은 촌내에 있어서 아무리 존봉을 받더라도 신분에 있어서는 일반민과 다를 바 없는 백성 그것이었다. 이속과 더불어 지방 토착세력을 구성하고 있으면서도 이속과 같이 신분화·직제화되지 못한 사람들이 바로 이 촌장·촌정들인 것이다. 그것은 국가조직의 공적기구가 군현까지를 하한으로 삼고, 그 이하의 촌은 권력기구에 직결되지 못했기 때문이었다.

어떻든 촌락의 책임자가 관인이 아니고 백성이었던 것은 신라나 고려, 조선 모두가 마찬가지였다. 조선시대에는 그들의 지위가 떨어져서 그들이 담당하고 있었던 권농관·이정 따위의 직책을 庶孼賤流 외에 아무도 취임하려는 이가 없었고, 촌락의 책임자이면서 실질상으로 촌락을 지도할 능력이 없게 되었다.[91)]

그러면 과연 이러한 촌락의 규모는 어떠했을까. 어떤 의미에서 이 문제는 조세수취의 문제와도 직결되는 것이어서 주목할 필요가 있다. 주지하듯이 고려시대 力役의 징발과 조세의 수취는 호구를 단위로 하여 이루어졌다. 그러나 호구를 편성하는 기준은 한결같지 않았다. 우왕 14년(1388) 조준의 상소에서 그러한 사례를 살필 수 있다.[92)]

> 우왕 14년에 대사헌 조준이 상소하길, "…원컨대 지금 마땅히 量田하여 그 경작지를 살펴 경작지의 多寡로써 戶를 정하여 상·중·하 3등으로 하고 良賤生口는 분간하여 (호)적을 만드소서…라고 하였다."(《高麗史》 권 79, 志 33, 食貨 2, 戶口).

위의 기사는 '所耕多寡' 즉 토지소유량을 기준으로 戶는 상중하의 三等戶制로 편성되었음을 보여 준다. 그런데 '人丁의 多寡'에 따라 호를 9등으로 편성하는 경우도 있었다.[93)] 그러므로 고려시대의 편호제는 「토지소유량」과 「인정의 다과」 가운데 어느 한 가지 기준에 의해 운영되었으며, 결국 역역징발과

91) 李佑成, 앞의 책, 53~54쪽.
92) 《高麗史》 권 79, 志 33, 食貨 2, 戶口.
93) "編戶 以人丁多寡 分爲九等 定賦役"(《高麗史》 권 84, 志 38, 刑法 1, 戶婚).

조세수취는 이러한 호등편성의 기준을 전제로 하여 호를 단위로 이루어지게 되었고,[94] 역역징발과 조세수취의 실현을 위한 기초조직으로서의 행정촌 역시 호를 단위로 편성되었다고 할 수 있다. 예를 들면 고려 성종 5년(986)의 전국적인 호구 조사는 사실 이듬해 본격적인 행정촌제 시행의 계기가 되는 촌장·촌정층의 설정과 불가분의 관계에 있다는 점이 그것을 잘 나타내 준다.

개경의 방리제 역시 3등호제를 기초로 역역징발 등 제반 역제편성이 이루어지고 있다.[95] 이러한 운영방식은 지방군현에도 마찬가지였을 것으로 보고, 이 때의 호는 自然家戶가 아니라 일정한 기준에 의해 편제된 編戶로 간주하고 있다.[96] 이러한 편호의 기준에 대한 내용과 관련한 예를 들면 중국의 경우, 唐의 '鄕里制'는 100戶 1里, 5里 1鄕으로 하고 있으며,[97] 앞에서 언급한 바와 같이 조선의 리 규모는 5호 1통, 5통 25호이다.

다음의 자료는 대부분 개경지역의 것이기는 하지만, 화재지역의 호에 대한 기록이 里(洞) 단위로 되어 있어 행정촌의 규모를 파악하는 데 도움이 될 뿐만 아니라 坊里制 아래의 리의 규모를 짐작하는 데 큰 도움이 된다.

① (충선왕) 5년 정월 경술에 郭沙洞의 민가 11호가 불탔다(《高麗史》 권 53, 志 7, 五行 1).

② (고종) 40년 4월 경술에 長峯里의 40여 호가 불탔다(《高麗史》 권 53, 志 7, 五行 1).

③ (고종) 37년 5월 계미에 良醞洞의 민가 100여 호가 불탔다(《高麗史》 권 53, 志 7, 五行 1).

④ (충숙왕 11년) 3월 정미에 地藏坊里의 300여 호가 불탔다(《高麗史》 권 53, 志 7, 五行 1).

⑤ (의종 12년) 여름 4월에 新倉館里의 320여 호가 불탔다(《高麗史節要》 권 11).

⑥ (충렬왕 5년 3월) 竹坂洞의 인가 300여 호를 철거하여 新宮을 짓는데 역부가 무릇 4천 명에 달하였다(《高麗史》 권 29, 世家 29, 충렬왕 5년 3월).

---

94) 朴宗基, 앞의 글(1987), 66쪽에서도 이러한 입장을 피력하고 있다. 姜晋哲, 앞의 책, 265~271쪽에서도 이러한 입장에서 논지를 전개하고 있는데, 특히 호등편성의 이러한 두 가지 기준을 놓고 대체로 인정의 다과를 우선으로 보고 뒤에 그 기준이 토지소유의 실태로 바뀌게 되었던 것으로 이해하고 있다.

95) 《高麗史》 권 80, 志 34, 食貨 3, 賑恤 충렬왕 17년·권 84, 志 38, 刑法 1, 戶婚.

96) 朴宗基, 앞의 글(1987), 66쪽.

97) 《唐令拾遺》 戶令 第九, 開元七年令.

①~⑤는 리나 동의 화재에 관한 사실을 기록하고 있다. 화재의 피해를 입은 호의 규모가 최소 10여 호에서 최대 320여 호에 이르고 있다. 이 경우 호는 자연가호이다. 위의 기록에서 리나 동이 전소된 경우도 예상할 수 있으나 대부분 화재의 피해를 입은 가호의 수를 기록하고 있으므로 실제로 리를 구성하는 호의 규모는 이보다 컸을 것으로 이해된다. 그런데 ⑥은 신궁을 짓기 위해 동의 민가 300여 호를 철거한 사실을 기록하고 있다. 이 경우 신궁의 규모가 어느 정도인지 확인할 수 없으나 적어도 궁이 들어선 죽판동의 민가는 거의 대부분 철거되었을 것이 예상된다. 따라서 죽판동의 300여 가호는 실제로 리·동을 구성하는 호 전체의 규모로 볼 수도 있을 것이다. ④의 지장방리 300여 호, ⑤의 신창관리 320여 호는 이 관계 기록으로서는 최대의 것이다. 이로 볼 때 고려시대의 里(洞)는 자연가호 300여 호를 단위로 하는 규모였을 것이라고 추정해 볼 수 있겠다.98)

한편 고려말의 기록이지만 개경지역의 경우 자연가호를 일정한 기준에 의하여 대·중·소의 3등 편호제로 재편성하고 있다. 또한 효과적인 역역징발을 위해 이러한 편호방식을 외방의 민호에게도 적용시키고자 하였다. 이 기록에 의하면 대·중·소호 가운데 대호를 기준호로 삼아 중호는 둘, 소호는 셋을 각각 합쳐 기준호인 대호로 편성하고 있다.99) 이에 근거하여 1리의 자연 가호 300호를 편호로 환산할 경우 최대 300호(300호 모두 대호일 경우)에서 최소 100호(300호 모두 소호일 경우)의 편호가 된다. 그러나 자연가호 300호가 모두 대호로 구성되어 있을 경우는 상식에 벗어난다. 즉 자연가호 300호 가운데는 실제 대호에서 소호까지 다양하게 분포되어 있을 것이 분명하다. 이 경우 산술적인 평균치인 중호를 기준으로 할 때 1리는 편호 150호의 규모가 된다.

또한 우왕 때 李成桂는 安邊策의 하나로서 군사조직으로 100호를 1통으로 하는 이른바 「百戶統主法」의 시행을 주장하기도 하였다.100) 그가 제안한 「백호통주법」은 이 때 처음으로 계획된 것은 아니다. 이미 공민왕 5년(1356)에 이

98) 朴宗基, 앞의 글(1987), 67쪽.
99) 《高麗史》 권 84, 志 38, 刑法 1, 戶婚.
100) 《高麗史》 권 81, 志 35, 兵 1, 兵制 五軍 우왕 9년.

와 유사한 내용의 제도가 시행되었다. 이러한 사실은 고려 말 당시 편호 100호 단위의 행정조직이 하나의 관행으로 운영되었음을 알려 주고 있다. 다시 말하면 唐代의 행정촌인 1리가 100호라는 점과, 이보다 훨씬 시대가 내려가는 조선시대의 리의 규모가 25호인 점을 감안하면 고려시대 행정촌의 규모는 대체로 편호 100호에서 150호 이내의 범위로 추정할 수 있다는 것이다.101)

요컨대 고려시대 촌락의 성격은 고려시대 나름의 역사적 의미를 지니는 촌락, 즉 자연촌을 온존시키는 속에서 지역촌의 성향을 띠었고 역사의 진행과 맞물려서, 조선시대와 같은 완전한 里制인 행정촌은 아니었지만, 작위적인 편호제에 의한 행정촌의 모습을 서서히 띠기 시작했던 것이다. 결국 고려의 촌락은 그 규모가 어떠하든지 신라시대 촌락과의 계기적인 발전과정 속에서 형성된 역사적 산물이며, 조선시대 면리제를 성립시켜 주는 과도적 형태로서의 특징을 갖는다고 할 수 있다.

4) 향리와 기인 및 사심관

고려시대 외관을 보좌하여 지방행정의 말단을 담당한 것은 보통 長吏 또는 外吏라고 불리우는 향리층이었다. 이들은 각기 그가 속한 지역에 따라 州吏·府吏·縣吏·部曲吏 등의 명칭을 띠고 있었다. 향리들은 대민업무의 실질적 종사자로서 조세와 역역의 징수를 비롯하여 간단한 소송을 처리하는 등의 여러 가지 일을 맡고 있었고,102) 그 직을 세습했던 것이다.103)

특히 고려시대 귀족관인의 물질적 토대가 되었던 전시과 제도는 지방군현

---

101) 朴宗基, 앞의 글(1987), 68쪽.

102) 향리의 여러 가지 구체적인 직임으로는 文書와 錢穀 등의 기술적 관리를 통하여 국가 행정에 사무적인 뒷받침을 하는 刀筆之任(李佑成, 앞의 책, 3쪽 및 李惠玉, 〈高麗時代의 鄕役〉, 《梨花史學硏究》 17·18, 1988, 296~309쪽, 그리고 羅恪淳, 〈高麗 鄕吏의 身分變化〉, 《國史館論叢》 13, 1990, 144쪽) 외에도 지방군사조직의 장교로서 그 직무를 겸하기도 하였다(《高麗史》 권 81, 志 35, 兵 1, 兵制·권 75, 志 29, 選擧 3, 鄕職 및 李基白, 《高麗兵制史硏究》, 一潮閣, 1968, 161~218쪽, 그리고 千寬宇, 〈閑人考〉, 《近世朝鮮史硏究》, 一潮閣, 1979, 35~36쪽 참고).

103) 고려시대 향리신분의 세습성과 통혼권에 관한 연구로는 許興植, 《高麗社會史硏究》(亞細亞文化社, 1981), 131~254쪽과 李樹健, 《韓國中世社會史硏究》(一潮閣, 1984), 138~352쪽이 참고된다.

의 향리들이 일선에서 「收租權」에 따른 행정을 원활히 집행할 때 그 유지가 가능하도록 구축되어 있었다. 이 같은 측면에서 볼 때 고려 귀족관인층의 지배체제가 확립 발전해 오는데 향리층은 큰 몫을 담당해 왔다고 볼 수 있다. 따라서 전시과제도와 군현제도 등의 제도적 발전과정에서 향리층은 귀족관인층의 아류로서의 위치를 확고히 할 수 있었을 것이다.

더구나 중앙에서 파견한 常駐外官의 수가 제한되었고 지방 토착세력인 향리층이 다수 편제되었던 대읍 중심의 고려 군현제의 특징상 향리층은 전시대의 말단 행정담당자들에 비해 그들의 재량권도 많이 부여되었다. 그만큼 상주외관들의 감시 감독을 덜 받게 되었기 때문이다. 특히 대읍에 다수의 속읍을 소속시킨 대읍 중심의 군현제 하에서 주읍의 향리들이 활동할 공간은 그 만큼 많이 확보된 셈이고, 외관이 파견되지 않은 속읍의 경우 향리가 사실상 수령의 역할을 담당하고 있었다. 결국 대읍 중심의 군현제도는 향리들이 구조적으로 활동하기에 편리한 터전이었으며, 그들의 세력기반을 구축하기에 좋은 여건을 제공해 주었던 것이다.

한편 이러한 직역을 담당한 향리들에게는 그에 상응하는 일정한 경제적 기반이 보장되었을 뿐만 아니라 지방 토착성을 바탕으로 한 家業田을 계승함으로써 지방사회의 유력자로서 건재할 수 있었던 것이며, 吏職의 세습을 통해 향리층의 재생산을 가능하게 하였다. 그러나 몽고의 침입 이후 향촌사회의 질서가 무너지면서 鄕役의 변화가 초래되었다. 즉 지방생산체제의 붕괴에도 불구하고 계속되는 과중한 조세부과는 실무담당자인 향리 직역의 苦役化 현상을 빚게 하였으며 결과적으로 향리들의 면역 내지 피역현상을 촉구하는 격이 되었다. 따라서 이후 지방에 남게 된 향리들은 다만 身役을 의무로 수행하는 존재로 전락하기에 이르렀다.

이러한 역사적 추이 속에서 성쇠 소장해 갔던 고려시대의 향리는 나말려초의 호족에서 기원하며,[104] 그 전환의 시기는 성종 2년(983)으로 추정된다. 즉 고려 개국이래 堂大等·大等 등을 칭하면서 兵部·倉部 등 중앙정부에 비견될 만한 행정조직을 갖추고 있던 호족들이 성종 2년에 이르러 지방관이

---

104) 李純根, 〈羅末麗初 「豪族」용어에 대한 연구사적 검토〉(《聖心女大論文集》 19, 1987), 112~116쪽.

파견되는 것과 때를 같이하여 마련되는 향리직제 속에 개편·편입되었던 것이다.[105] 그 과정에서 대호족은 중앙관으로, 중소호족은 지방향리로 각각 편제되었다고 한다.[106] 이러한 시각은 고려의 건국이 흔히 호족연합정권이라고 보는 데서 기인한다. 따라서 성종대에 이르러 상주외관의 파견이 이루어지기 전까지 각 지방은 城主·將軍이라고 칭하는 호족들이 저마다 성을 쌓고 독자적인 군사력과 지배조직을 갖추고 있으면서 통치해 왔다고 한다.

그러나 고려왕조의 지배권이 확립됨에 따라 이들 호족에 대한 중앙정부의 통제는 불가피하게 되었다. 중앙정부의 이러한 통제의 방편으로 창안되어 제도화된 것이 바로 지방제도의 개편과 아울러 실시된 향리제도 및 기인과 사심관제도 등이라고 흔히 논급되어 오고 있다.

성종 2년에 처음 12목을 설치하고 상주외관의 파견과 향리제가 실시된 때는 고려왕조가 창건된 지 이미 65년이 경과한 시기이다. 그 기간 동안의 대민정치, 즉 조부·공역의 수취와 감면, 그리고 유민안집 등의 정책은 어떻게 실시할 수 있었을까 하는 문제를 생각할 때 상주외관의 파견 유무만으로 곧 군현제의 시행 척도로 삼을 수만은 없다. 나말려초의 과도기, 즉 후삼국의 대치가 종식됨과 동시에 각지의 호족 중에는 중앙의 집권층에 접근하기 위해서 온갖 수단을 동원했던 자들이 대부분이었을지언정 대립적 자세를 취한 자들은 별로 없었다. 그 주 요인은 이들의 세력기반이 중앙 지배층과 대결할 수 있을 정도로 확고하지 못하고 중앙권력 지향적인 성향을 띨 수밖에 없을 정도로 대부분 미약하였던 것에 있지 않을까 한다.

따라서 고려왕조는 태조이래 나말려초에 전국적으로 발생한 유민의 안집과 조부·공역의 효과적 수행을 위해 이미 군현의 구조적인 개편과 함께 새로운 직제를 설치하기도 하고 堂祭와 州吏 등을 새로 차임하기도 하였던 것이다. 이를 위해 당시 지방에서 강력한 세력을 구축하고 있었던 성주·장군들에게 지방통치를 위임하여 효과적인 군현통치를 기하고자 하였다. 태조 18년(935)에 신라의 경순왕 金傅가 투항해 오자 신라의 수도를 慶州로 삼고 金

---

105) 朴龍雲, 《高麗時代史》(上)(一志社, 1985), 132~133쪽 참조.

106) 江原正昭, 〈新羅末高麗初の豪族〉(《歷史學硏究》 287, 1964).
朴敬子, 〈高麗 鄕吏制度의 成立〉(《歷史學報》 63, 1974 ; 《高麗時代 鄕吏硏究》, 淑明女大 博士學位論文, 1986).

魏英을 州長으로 삼는 한편[107] 태조 23년에 이르러 광평성으로 하여금 경주의 堂祭 관리를 새로 임명케 한 것은, 그러한 사정을 보여 준다.

> 天福 5년 庚子에 廣平省吏 白文色이 羅號를 除하여 安東大都護府로 삼고, 邑號를 慶州司都督府로 하고, 慶州堂祭 拾을 크게 改差하였다(許興植 編, 〈東都歷世諸子記〉《韓國中世社會史資料集》, 亞細亞文化社, 1972).

위 기록에서 백문색에 의해 改差된 10명의 당제의 실체는 정확히 알 수 없지만 뒷날 호장과 같은 존재들이 아니었던가 한다. 위의 당제가 설사 호장과 같은 존재가 아니라고 하더라도 중앙의 관인에 의해 지방의 행정기구와 관리 등이 개편·통제되고 있었음은 분명하다. 태조 당시의 지방 행정관리의 존재는 비단 경주뿐이 아니고 김해와 밀양 등지에서도 排岸使[108]와 府吏[109] 등이 존치하고 있었던 사실에서도 확인된다.

특히 고려 태조는 건국 초창기부터 귀순한 성주·장군에게 본읍, 혹은 타읍을 녹으로 사여하여 지방통치를 실시함으로써, 귀순한 성주·장군 및 새 왕조의 창건을 지지·협찬한 제 세력의 이해를 저버리지 않으면서 동시에 유민의 안집 및 조부공역의 수취와 관련한 제 시책을 펴나가고자 하였다. 이들은 최승로의 외관설치의 건의상소에서 "향호가 매양 공무를 가탁하여 백성을 침해하고 있다"는 지적의 대상인 향호이다. 이들 향호는 중앙에서 통일적으로 외관을 파견하지 못하고 성주·장군에게 군읍을 녹으로 사여한 군읍통치의 위임시대에 일선에서 지방행정을 담당하고 있었던 자들, 즉 성주·장군의 자손들로서 「堂祭」·「堂大等」·「豪右」·「豪家」·「豪富」 등으로 불리면서 뒷날의 호장과 같은 존재로서 본읍의 향직 담당자였다. 이들 당제 등 향직담당자의 改差는 향호층에 대한 중앙정부의 일정한 통제를 행한 것으로서, 태조 이래 王親權勢之家에 해당하는 금유·조장의 파견과 함께 지방통치의 근본 목적인 조부공역의 부과 징수를 효과적으로 수행하기 위한 것이었다.

그러나 향직의 담당자인 향호들이 매양 공무를 가탁하여 백성을 침해하여 지방민들이 생명을 유지하지 못할 지경이고 외읍사자인 금유·조장이 권력

107) 《高麗史》 권 97, 列傳 10, 金富佾.
108) 《三國遺事》 권 2, 紀異 2, 駕洛國記.
109) 《新增東國輿地勝覽》 권 26, 密陽都護府 祠廟 城隍祠.

을 남용함으로 인해 원성의 대상이 되자 성종 2년 금유·조장의 혁파와 12목의 실시를 통해 전국적으로 통일된 군현제의 실시와 더불어 향리직제에 대한 통일적인 지배를 확립하고자 하였다.

> 성종 2년에 주·부·군·현의 이직을 개정하여 병부를 사병으로 하고, 창부를 사창으로 하고, 당대등을 호장으로 하고 대등을 부호장으로 하고 낭중을 호정으로 하고 원외랑을 부호정으로 하고 집사를 사로 하고 병부경을 병정으로 하고 연상을 부병정으로 하고 유내를 병사로 하고 창부경을 창정으로 하였다(《高麗史》 권 75, 志 3, 選擧 3, 銓注 鄕職).

위의 기사를 도표화하면 대략 다음과 같다.

堂大等 —	大等 —	[戶部] —	郎中 —	員外郎 —	執事
		(司戶)	(戶正)	(副戶正)	(史)
(戶長)	(副戶長)	兵部 —	兵部卿 —	筵上 —	維乃
		(司兵)	(兵戶正)	(副兵正)	(兵史)
		倉部 —	倉部卿		
		(司倉)	(倉正)		

* ( )는 개정 후의 명칭이고, [ ]는 추측한 것임

이 吏職 개편의 특징은 먼저 신라식 유제의 청산에 있다. 즉 당대등이나 대등과 같은 신라식 명칭을 호장, 부호장으로 고친 것이다. 한편 종래에는 위의 사료를 바탕으로 향리제의 기원을 성종 2년으로 인식하여 왔지만[110] 앞에서 살펴 본 바와 관련시켜 볼 때 이직 개정은 향리제의 시작을 명시해 주는 자료라기보다 이전의 이직을 통합하는 의미가 더 큰 것으로 파악할 수 있다. 이직 개정과 더불어 고려정부는 12목을 지방의 거점도시로 육성하고자 하였다. 성종 6년(987) 8월 12목에 각각 經學博士와 醫學博士 등을 파견하여 諸生들을 훈육시켜 훌륭한 인재로 양성하여 그들을 관료로 등용하겠다는 뜻을 내외에 천명하였다.[111] 이것은 의학과 경학 등의 교육을 통하여 12목을 지방 거점도시로 육성시키는 동시에 지방 토착세력의 자손, 즉 향호 당대등의 자제들을 관인신분층으로 흡수하려는 정책에서 나온 것이라고 볼 수 있다.

고려왕조의 이와 같은 정책은 지방의 토착세력까지 왕성인 개경으로 모두

110) 朴敬子, 앞의 글, 71쪽에서도 향리제도의 성립은 중앙집권체제가 확립되는 성종 2년에 이루어진 것이 분명하다고 확언하고 있다.

111) 《高麗史》 권 2, 世家 2, 성종 6년 8월.

흡수할 수 없었던 고육책에서 나온 것이기는 하지만 어느 정도 성공을 거두었던 것만은 확실하다. 첫째, 지방의 토착세력인 향호세력을 관인신분층으로 흡수하여 왕조의 세력기반으로 구축할 수 있었던 것이요, 둘째, 대읍 중심의 군현조직의 형성·발전으로 인해 향리들의 광활한 활동무대가 확보될 수 있었던 것이다.

광종 9년(958)부터 실시된 과거제도는 지방 토착세력에게는 확실히 불리한 제도였다. 이에 따라서 지방 토착세력, 즉 당대등을 포함한 향리세력들이 큰 반발을 일으켰을 가능성은 충분히 있다. 이들의 불만과 저항을 해소하기 위해서 성종은 우선 12목에 경학·의학박사 등을 파견하여 그들의 자제들을 교육시켜서 관료로 발탁하겠다는 약속을 하게 되었던 것이 아닌가 한다. 아무튼 이로부터 향리자손(貢生)을 중앙관인으로 뽑는 「鄕貢進士」의 제도가 확립되기에 이르렀던 것이다.[112] 고려시대에 나타나는 '鄕吏三丁一子入仕'의 규정은 여말선초에 나타나는 '鄕吏三丁一子免役'의 규정과는 달리 향리에 대한 일정한 우대정책에서 나온 것이다.[113]

성종 2년에 주부군현의 이직개편에 이어 동왕 6년 9월에 "諸村의 大監·弟監을 촌장·촌정으로 삼았다"고[114] 한다. 향리와 촌장은 다같이 군읍의 말단 행정을 담당하였던 계층이며, 그 연원도 대략 일치하고 있다. 그러나 주부군현의 향리와 제 촌의 촌장은 그 기능면에서 각각 완전히 다르다. 신라의 소읍 단위의 군현제도를 재정비하고 새로운 대읍중심의 군현제도를 창설함에 따라 촌장세력들의 역사적 활동은 종식을 고하였다. 대읍 중심의 군현제도의 성립으로 인해 대읍지방의 토착세력(향리)들은 성장기반이 더욱 확고하게 된 반면에 속읍지방의 토착세력(촌장)들은 몰락의 계기를 맞이하게 되었던 것이다.

현종 9년(1018)에 이르러 주현의 대소를 丁의 다과에 두고 그에 따른 향리의 정원을 책정하고, 향리의 공복을 제정하였다. 고려시대의 주부군현 중에 최고 1,000丁 이상으로부터 최하 20丁 이하에 이르기까지 등차가 현실적으로

112) 《掾曹龜鑑》 권 1, 吏職名目解.

113) 金皓東, 〈朝鮮前期 京衙前 「胥吏」에 관한 硏究〉(《慶南史學》 1, 1984).

114) 《高麗史》 권 75, 志 29, 選擧 3, 銓注 鄕職 성종 6년 9월 무진.

존재하고 있었다는 사실은 성종 2년 2월에 제정되었던 주부군현의 공해전시의 지급규정에서도 나타난다. 주부군현의 등차에 따라 공해전시의 지급액을 차이가 있게 책정해 놓은 것은 관리, 특히 향리촌의 정원을 달리 책정해 놓을 수밖에 없었던 조건이 되었을 것이다. 현종 9년에 이르러 주부군현의 호장으로부터 말단 史에 이르기까지 각각 정원을 제정하였다. 이 때 제정된 향리의 정원수에 대한 것을 표로 나타내면 다음과 같다.

顯宗 9年 鄕吏定員表

州・縣別	一般州府郡縣				東西防禦使・鎭將・縣令官			
鄕吏層 / 丁別	戶長 副戶長	兵倉正 副兵倉正	史類	計	戶長 副戶長	兵倉正 副兵倉正	史類	計
1千丁 이상	12인	8인	64인	84인	8인	8인	36인	52인
5百丁 〃	9인	8인	44인	61인	-	-	-	-
3百丁 〃	7인	8인	36인	51인	-	-	-	-
1百丁 〃	-	-	-	-	6인	8인	38인	52인
1百丁 이하	5인	4인	22인	31인	3인	4인	22인	29인

위 표에서 볼 수 있는 바와 같이 주부군현의 등급에 따라 향리의 정원도 최고 84인으로부터 최하 31인에 이르기까지 달리 책정되어 있었다. 그 중에서도 호장・부호장의 정원이 12인에 이르렀다는 사실은 큰 의미를 지닌다. 다수의 속읍을 대읍에 영속시킨 채, 외관의 극소화와 향리의 수적 극대화가 이루어진 대읍중심의 군현제 하에서 대읍의 호장・부호장을 비롯한 향리세력들이 만약 종적인 결합을 한다면 큰 정치적 집단이 될 수 있었던 여건이 마련된 셈이다.

한편 일반 주부군현의 등급에 따른 향리정원의 규정과 별도로 '동서 제방어사・진장・현령관'의 등급과 향리정원 등을 위의 주부군현과 거의 비슷하게 규정해 놓았다. 이렇게 그 양자를 구분해 놓은 것은 거란의 침입에 대비한 방위 체제의 구축을 위함이 틀림없다. 다만 이 당시의 향직제도를 포함한 군현제도의 정비는 거란의 침입과 연결시켜 농민에 대한 수취와 이들의 동원체제를 대폭 강화시키기 위한 조치임이 분명할 것이다. 이것은 향직을 兵・倉正, 兵・倉史, 公須・食祿史 등으로 세분하고, 그 정원을 대폭 증원시킨 조치 등에서 파악할 수 있다. 향직 정비를 "지방세력에 대한 구체적인 통제책이 단행된 것"으로 보는 견해도 있으나, 이것은 향리층에 대한 통제책보다 농민층을 지배하기 위한 강화책이요, 향리의 직임을 세분화한 것에 불과한 것이다.[115]

현종 9년의 향리공복 제정은 향리계층이 귀족관인층의 아류로서 그 위치를 확고히 할 수 있었던 것을 나타내 주는 것이다.《高麗史》여복지의 장리 공복조에 "현종 9년에 州府郡縣의 長吏공복을 제정했다" 하고, 호장으로부터 諸壇史에 이르기까지 각각 紫·丹·緋·綠·深靑·天碧衫 등의 彩衫을 입게 하고, 또 靴笏 등을 착용케 하였다. 이것은 백관공복의 紫·丹·緋·綠과 구별된다. 이 구별은 귀족관인 신분층과의 차이를 나타낸 것에 불과한 것이다. 결국 "吏職의 공복 제정은 이직에 대한 체계적인 통제책의 일환으로 이루어진 것"[116]은 결코 아니다. 도리어 향리의 공복제정은 농민의 지배를 위한 수단이요, 그들로 하여금 권위의 상징으로 받아들이게 하기 위한 조치의 일단이었을 것이다.

향리층은 고려 문벌귀족사회가 확립 발전해 가는데 큰 몫을 담당해 왔다. 이들은 귀족관인의 아류 동반자로서 존재해 왔으며, 토착적 세력기반과 지방통치조직을 바탕으로 농민의 지배와, 그 자신들의 기반을 구축하였다. 12·13세기를 전후한 시기의 전국적 농민항쟁의 와중에서 항쟁군의 중요한 공격대상의 하나가 지방의 향리층이었다는 사실은 이러한 시각에서 이해될 수 있으며, 언제라도 정치집단화될 가능성이 있었다. 그러므로 고려왕조는 대읍에 수령을 보좌하는 판관, 사록, 혹은 장서기 등의 관원을 파견하여 상호장 등과 함께 군현행정을 처리하도록 하는 한편, 이들로 하여금 속읍을 순찰케 하여 주읍과 속읍의 향리들의 결합을 방지하고, 속읍의 행정을 감독케 하였던 것이다.[117] 지방관이 수행하여야 할 중요임무인 奉行 6條의 하나에 이직에 대한 감찰 조목

115) 千寬宇는 향직의 정비가 '향리통제'를 위한 것이나, 公須史·食祿史·客舍史·藥店史·司獄史 등 '史'급의 말단직이 첨가된 것을 보면 그만큼 향리의 직능이 분화된 것으로 볼 수 있다고 했다(〈閑人考〉,《社會科學》2, 韓國社會科學研究會, 1958 ;《近世朝鮮史研究》, 一潮閣, 1979).

116) 河炫綱,《高麗地方制度의 研究》(韓國研究院, 1978), 26쪽.

117) 金皓東,〈高麗武臣政權時代의 地方統治의 一斷面－李奎報의 '全州牧司錄兼掌書記'의 活動을 중심으로－〉(《嶠南史學》3, 1987)

이 설정되는 한편[118] 그들로 하여금 지방의 호장을 직접 거망하여 給貼할 수 있도록 하는 조치[119] 및 이직에 대한 9단계의 단계적 승진규정의 제정은[120] 향리들의 세력화를 방지하기 위한 제도적 장치였던 것이다.

한편 중앙정부의 향리에 대한 통제책으로서 주목을 끄는 것이 바로 기인제도와 사심관제도이다. 먼저 其人制度에 관해서는 《高麗史》에서 다음과 같이 설명하고 있다.

> 국초에 향리자제를 選上하여 京城에 인질로 삼고, 또한 출신지의 일에 대한 顧問에 대비하게 하였으니 이를 其人이라 한다(《高麗史》 권 75, 志 29, 選擧 3, 銓注 其人).

여기서 기인제란 지방세력을 견제하고 회유하기 위한 집권적인 통제책의 하나로서 향리의 자제를 상경 시위하게 하는 제도임을 알 수 있다. 또 국초라 함은 태조 때를 의미한다는 사실도 알 수 있다. 우리 나라 기인제의 기원에 관하여는 논자간에 견해를 달리하고 있지만,[121] 고려 초에 확실히 향리의 자제를 기인으로 선정하였음에는 이론이 없다. 《世宗實錄》 세종 2년(1420) 3월 병신조의 기사 및 《掾曹龜鑑》 吏職名目解 安東金氏譜所引의 기사에는 호장의 자제를 기인으로 선상하였다고 하였으니 위의 사료에서 말한 향리는 향호의 후예인 호장이라고 해야 할 것이다. 인질의 성격을 띠고 서울에 머무는 기인의 존재 필요성은 지방의 성주·장군들인 향호들에게 지방통치를 위임한 시대에 필요한 제도였을 것이다.

---

118) 《高麗史》 권 75, 志 29, 選擧 3, 銓注 選用守令.
119) 《高麗史》 권 75, 志 29, 選擧 3, 銓注 鄕職.
120) 위와 같음.
121) 우리나라 기인제도의 변천과 그 성격에 대한 연구는 그 밖의 지방세력의 성쇠소장을 다룬 연구와 마찬가지로 비교적 일찍부터 활발한 연구가 진행되었다. 그 중 기인의 기원에 대해서는 논자 간의 상이함을 발견할 수 있는데, 즉 李光麟과 金成俊은 각각 〈其人制度의 變遷에 對하여〉(《學林》 3, 1954), 2~5쪽과 〈其人의 性格에 대한 考察〉 上 (《歷史學報》 10, 1958 ; 《韓國中世政治法制史硏究》, 一潮閣, 1985, 49~54쪽)에서 모두 《三國遺事》 권 2, 文虎王 法敏條에 실려 있는 車得公과 安吉의 이야기에 근거하여 그 시원을 삼국시대로 본 데 반해, 韓㳓劤은 〈古代國家成長過程에 있어서의 對服屬民施策－其人制起源說에 對한 檢討에 붙여서－〉(上)·(下)(《歷史學報》 12·13, 1960)에서 그 시기는 고려 태조대라고 주장하고 있다. 이 밖에도 河炫綱, 〈地方勢力과 中央統制〉(《한국사》 5, 국사편찬위원회, 1975)의 논고가 있다.

그러나 문종 31(1077)년의 其人選上 규정의 기사를 보면 그간 기인제도에 많은 변화가 있었음을 알 수 있다. 다음의 기사는[122] 기인의 성격이나 역의 변질 양상을 잘 나타내 주고 있다.

> 기인은 1,000丁 이상의 고을이면 足丁이라 하여 나이 40세 이하 30세 이상의 사람을 뽑아 올려 보내게 하며, 1,000丁 이하의 고을이면 半足丁이라 하여 兵倉正 이하 副兵倉正 이상을 막론하고 부강정직한 사람을 뽑아 올려 보내게 하되 족정은 15년을 기한으로 하고 반정은 10년을 한정하여 입역케 하며, 반정이 7년에 이르고 족정이 10년이 되면 同正職을 허락해 주고 입역한 기한이 끝나면 관직을 더 준다(《高麗史》 권 75, 志 29, 選擧 3, 銓注 其人).

위 기사에서는 다음의 몇 가지 사항이 주목된다. 첫째는 기인의 신분문제이다. 문종대에 와서는 호장신분층이 기인선상의 대상에서 제외되었던 것 같다. 병창정·부병창정 등이 지칭되고 있는 사실에서도 미루어 알 수 있다. 이것은 고려 국초에 지방호족의 자제를 상경시킨 것과는 큰 차이가 있다. 이러한 신분상의 변화는 기인의 역이 달라지는 데 연유하고 있다.

둘째는 역의 내용이다. 고려 국초의 기인은 지방호족의 국왕에 대한 충성의 담보로서의 의미가 있었다. 따라서 다른 身役을 진 것 같지는 않다. 그러나 문종대의 기인은 그 역의 내용은 분명하지 않으나 신역을 지고 있었던 것은 확실하다. 문종대의 규정에 40세 이하 30세 이상이라고 연령을 밝힌 것은 신역의 부담과 관련이 있는 것으로 생각할 수 있기 때문이다.

시대의 변천으로 지방 세력의 지위가 하락됨에 따라서 중앙에 선상된 기인을 노동의 인적자원으로 전용한 것 같다. 결국 문종대의 기인은 국초만 못하였지만, 여전히 역의 대가로 어느 정도의 대우는 받았던 것이다. 그것은 일정기간 근무하면 동정직을 받게 되고 그 역을 마치면 加職한다는 것에서 알 수 있다.[123]

그러면 병창정 이하 부병창정 이상의 향리층에서 기인을 선정하는 규정은

---

122) 이 사료에 대한 구체적인 검토는 金成俊, 앞의 글과 韓沽劤, 〈麗初의 其人選上 規制〉(《歷史學報》 14, 1961) 등에서 상세히 언급되고 있다.

123) 河炫綱, 앞의 책, 91～92쪽.
羅恪淳, 앞의 글, 159쪽.

언제 생긴 것일까. 이에 대한 구체적인 사료가 없지만 향호에게 지방통치를 위임한 상태에서 탈피하여 상주외관의 파견이 이루어지는 시기인 성종 2년의 주부군현의 이직개편이 있은 이후부터 문종대에 이르는 어느 시기가 아닌가 한다. 그것은 이 때의 이직개편으로 인해 지방세력이 중앙정부로 편입되면서 향리라는 명목을 가진 吏屬格으로 하락한 만큼 종래 강성한 지방세력을 견제하기 위한 발상에서 나왔던 기인제도상에도 일정한 변화가 있었을 것임은 충분히 짐작되는 일이다.

그런데 기인 선상의 대상이 호장에서 병창정 이하로 바뀌는 것은 앞에서도 언급한 바와 같이 향리에 대한 통제의 강화라는 시각에서만 파악될 것이 아니라, 대읍중심의 군현제하에서 원활한 지방행정의 운영을 위해 호족의 후예였던 호장층에 대한 일정한 우대의 차원으로도 이해할 수 있다. 이는 과거중에서 製述業·明經業에 응시할 수 있는 향리의 신분층을 부호장 이상의 孫과 부호정 이상의 子로 한정시킨 것과 같은 맥락으로 풀이할 수 있다.

기인은 중앙관서에서 이속격으로 잡무에 종사하면서, 諸業擧人의 選擧 때에 그 향의 赴擧者에 대한 신원조사를 맡아보는 일이라든지,[124] 事審官 선발의 자문에 응하는 일,[125] 당번을 나누어서 왕실을 시위하는 등의 일을 했다.[126] 이러한 역의 대가로서 기인전의 지급[127] 및 동정직이 제수되었던 것이다.[128]

고려 후기에 전국적으로 지방관 파견이 확대됨에 따라 토착적 세력을 유지하던 향리의 정치, 사회적 지위 전락과 더불어 기인역 또한 고역으로 변모하였다.[129] 예를 들면 고종 43년(1256)에 租賦의 감소에 따른 경비 보충을 위하여 閑地를 경작할 때 기인을 동원하고 있는 일이라든지,[130] 충선왕 때 궁실의 수리·축조와 관부의 사령역을 맡아보는 일[131] 등으로써 알 수 있다. 심지어 충숙왕 5년(1318)에는 기인의 役事가 노예보다 심하여 그 고통을 견디지 못하고

124) 《高麗史》 권 73, 志 27, 選擧 1, 科目 1.
125) 《高麗史》 권 75, 志 29, 選擧 3, 銓注 事審官.
126) 《世祖實錄》 권 3, 세조 2년 3월 병신 集賢殿直提學梁誠之疏.
127) 《高麗史》 권 80, 志 34, 食貨 3, 常平義倉.
128) 《高麗史》 권 75, 志 33, 選擧 3, 其人 문종 31년.
129) 李光麟, 앞의 글, 7~8쪽, 李成茂, 〈朝鮮初期의 鄕吏〉(《韓國史硏究》 5, 1970) 71쪽, 그리고 河炫綱, 앞의 책, 92쪽 참조.
130) 《高麗史》 권 79, 志 29, 食貨 2, 農桑.
131) 《高麗史》 권 83, 志 37, 兵 3, 工役軍.

逋亡함이 끊이지 않을 정도까지 되었던 것이다.[132] 이러한 기인역의 고역화 내지 천역화는 향리의 향역 변화의 실태와 흐름을 같이 하는 것이다. 이처럼 고려말에 오면 기인이 身良役賤의 신세로 변모하게 되자, 기인제도의 존폐 논의가 있기에 이른다.[133] 그러나 그들은 현실적으로 긴요한 인적 자원이었기에 좀처럼 혁파할 수 없었다. 따라서 고려말의 혁파논의에도 불구하고 기인제도는 조선조 광해군 때 大同法의 실시로 인해 사실상 기인의 역이 혁파될 때까지 비교적 질서있고 효과적으로 이용되었던 것이다.[134]

기인제도와 더불어 호족세력을 무마 통제하기 위하여 고려정부에서 마련한 또 하나의 제도가 事審官制였다.[135] 사심관제는 외관이 본격적으로 파견되지 못하였던 성종 무렵에 이르기까지는 지방통치에 있어서 핵심적인 기능을 수행하였다. 사심관의 기원은 고려 태조 18년(935)에 신라 경순왕인 金傅의 來降記事에서 찾을 수 있다.

> 태조 18년 신라왕 金傅가 항복하여 왔다. 신라국을 없애고 慶州로 삼았다. 傅로 하여금 本州의 사심으로 삼고 부호장 이하 직등의 일을 맡게 하였다. 이때부터 여러 공신이 또한 이를 본받아 각각 그 본주의 사심관이 되었다. 사심관은 이로부터 비롯된 것이다(《高麗史》 전 75, 志 29, 選擧 3, 銓注 事審官).

그러나 김부에 대한 이러한 형태의 조치는 당시 귀부나 내항해 온 공신들

---

132) 《高麗史》 권 84, 志 38, 刑法 1, 職制.
金成俊, 앞의 책, 74~85쪽에서 기인역의 고역화 내지 천역화에 대한 구체적인 자료를 열거하면서 비교적 소상히 서술해 놓아 참고된다.

133) 《高麗史》 권 75, 志 29, 選擧 3, 其人 권 84, 志 38, 刑法 1, 職制·권 116, 列傳 31, 越浚 등에서 기인제도 존폐논의의 전말을 생생하게 파악할 수 있다.

134) 조선 초기 기인제도의 운용과정에 대해서는《太宗實錄》권 1, 태종 원년 정월 병술·권 17, 태종 9년 4월 정축·권 31, 태종 16년 6월 병술,《世宗實錄》권 15, 세종 4년 3월 기묘·권 43, 세종 11년 2월 무자 등에 구체적 내용이 나타난다.

135) 사심관제에 대해서는 일찌기 旗田巍를 비롯한 선학들에 의해 일련의 연구가 있었고, 그로써 사심관제의 기원, 임무와 역할, 그리고 그 성격에 관한 기본적인 이해를 할 수 있게 되었다. 사심관제에 대한 연구는 다음과 같다.
旗田巍, 〈高麗事審官について〉(《東亞》 8-2, 1935 ; 〈高麗の事審官〉, 《朝鮮中世社會史の硏究》, 法政大學出版局, 1972).
周藤吉之, 〈高麗朝の京邸京主人とその諸問題－唐末五代宋の進奏院邸吏および銀台司との關係において－〉(《朝鮮學報》 111, 1984).
李純根, 〈高麗時代 事審官의 機能과 性格〉(《高麗史의 諸問題》, 三英社, 1986).
洪承基, 〈高麗後期 事審官制度의 運用과 鄕吏의 中央進出〉(《東亞硏究》 17, 1989).

에게 이미 베풀어지고 있었던 것이므로[136] 그 기원은 좀 더 소급될 수 있는 것이며, 다만 그것이 태조 18년 김부의 내항을 계기로 보다 구체화되고 제도화된 것이 아닌가 한다. 다시 말하면 사심이라는 역사적인 용어가 이 때 비로소 만들어진 것으로 이해될 수 있을 것 같다.[137] 따라서 공신들도 이 제도에 따라 출신 本州에 대한 연고권을 바탕으로 그 권리를 공인 받으면서 사심이 되었다고 볼 수 있을 것이다.

여기서 말하는 본주란 본관의 주를 의미할 것인데 당시의 공신들은 거의가 호족출신으로서 중앙귀족화되어 있었지만, 그 본관에는 여전히 전통적인 세력 기반을 가지고 있어서 그 지방에서 지배적인 지위를 확보하고 있었던 것이다. 따라서 중앙정부에서는 이러한 공신들의 재지 세력기반을 이용하여 그 지방의 향리세력을 통제하려고 하였던 것이 결국 지방관이 파견되지 않은 시기의 지방세력에 대한 유일한 통제수단이었다.

그런데 고려의 지방통치는 수령－향리－지방민으로 이어지는 군현제도의 운영을 통하여 이루어질 수도 있는 것이다. 또 실제로 지방통치에서 군현제도가 기본이 되어 왔다. 그렇지만 이러한 일반적인 지방 통치체계의 수립은 적어도 성종대에 와서야 본격화된다는 사실을 감안할 때 그 지방출신으로서 그 지역 사정을 누구보다도 잘 아는 사람을 중앙의 관리로 복무하게 하면서 그 출신지역을 제압 지배하게 한 것이 사심관의 설치 목적이었고, 그것은 당시의 역사적 상황 속에서 볼 때 합리적인 처사였다고 할 수 있다.

사심관의 설치목적이 지방세력의 통제에 있었던 만큼 그 임무가 지방관과 유사한 사심관을 둠으로써 지방관을 도와서 지방에 대한 중앙의 지배권을 굳건히 할 수도 있었고, 나아가 지방관과 재지세력과의 연결을 미연에 방지하여 이들을 효과적으로 견제하고자 하는 의도가 내포되어 있었던 것이다.

한편 향리와 사심관의 결탁 또한 중앙정부의 입장에서는 방지해야 할 일 중

136) 韓㳓劤, 앞의 글(1960)에서 歸附豪族에 대한 대우는 단순히 나말려초라는 시기에만 독특한 것이 아니라 옛부터의 우리 나라 전통적인 대복속민 시책의 하나였으며, 특히 신라의 경우는 정치·사회의 근간이라고 볼 수 있는 골품체제 형성과정과도 통하는 고대 국가영역의 중요한 확장원리로 이용되고 있었다고 지적하고 있다.

137) 이와 같은 새로운 해석은 李純根, 앞의 글, 187쪽에서 이미 제시되었는데 주목할 만하다.

의 하나였다. 그리고 실제로 사심관과 향리가 혈연을 토대로 결탁함으로써 많은 폐단을 일으켰다. 가령 현종 초에 친부나 친형제가 호장으로 있는 사람은 사심관에 임명되지 못한다는 것이 법제화된 사실을[138] 보아도 이를 짐작할 수 있다.

그러나 고려 정부가 지방에 대한 지배권을 어느 정도 확립하게 되면서 그 사정은 바뀌었다. 현종 9년(1018)에 지방제도의 정비가 일단락된 것은 지방세력에 대한 중앙정부의 우위를 상징하는 것으로 이해된다. 이 시점에서 중앙정부는 지방세력에 대한 지배방식을 일변하였는데, 즉 종래의 정치적 지배에서 경제적 수취로 서서히 바뀌게 된 것이다. 따라서 사심관과 향리의 관계개선이 수반되었고 이로써 지배를 위한 긴장 관계에서 수취를 위한 상호보완적인 협조의 관계가 열리게 되었던 것이다. 이러한 양자간의 친밀한 관계는 향리의 중앙진출로를 넓혀 줄 수 있었다. 즉 향리가 바로 이 친밀한 관계를 바탕으로 사심관에게 쉽게 의탁하여 중앙으로의 진출을 도모할 수 있게 되었기 때문이다. 따라서 사심관제도는 고려 중기 이후 특히 후기로 접어들면서 향리의 중앙진출을 보장해 준 제도로 인식되기에 이르렀던 것이다.[139]

결국 호장과 사심관이라는 이중적 지배구조가 공존하고 있었던 지방사회는 지방의 자치적이고 자율적인 통치권력과 중앙의 강제적이고 타율적인 통치권력의 대립으로 설명할 수 있고, 또 이것은 그 지역 출신으로서 동일지역에 연고권이나 세력기반을 가졌으면서도 서로 다른 방향을 지향하는 두 세력이 서로 분리·대응하면서 지방사회의 주도권을 장악하려는 현상에서 고려 초기 사심제의 성격을 발견할 수 있고[140] 여기에서 고려정부가 추구한 지방통치조직상의 특성을 찾아 볼 수 있는 것이다.

한편 지방관제의 정비가 진행됨에 따라 사심관도 그 제도적인 정비를 보게 되었다. 성종 15년(996)의 기록이 참고된다.

> 성종 15년에 결정하기를 사심관은 대체로 500丁이상의 주에는 4명을 두고, 300丁 이상의 주에는 3명을 두며, 그 이하는 2명을 두도록 하였다(《高麗史》 권 75, 志 26, 選擧 3, 事審官).

138) 이에 대해서는《高麗史》권 75, 志 29, 選擧 3, 事審官 "顯宗初年判 父及親兄弟爲戶長者 勿差事審官" 및 洪承基, 앞의 글, 236~237쪽을 참고하기 바란다.
139) 洪承基의 위의 글은 이러한 관점에서 출발하고 있다.
140) 李純根, 앞의 글, 204~205쪽.

위의 기사는 사심관의 정원을 규정하고 있다. 즉 사심관은 아무리 작은 군현이라 하더라도 최저 2명으로 복수 임명함으로써 일방적인 권력의 집중을 막으려는 고려정부의 정책적인 의도를 엿볼 수 있다.[141] 또한 사심관의 숫자가 크게 증가하고 있음을 볼 수 있다. 성종 14년의 전국 군현 총수는 약 600에 달하였다. 따라서 최저 2명으로 보더라도 사심관의 총수는 전국적으로 1,200명인 것으로 집계된다. 이것은 성종대의 중앙관료 대부분이 사심관에 임명되었다는 말이다. 반면 사심관이라는 역할을 매개로 하여 본주 출신의 호족을 중앙으로 편입시킴으로써 그들이 지녔던 호족적인 성격을 해소시키는 계기가 되었던 것으로 이해할 수도 있다.[142] 이처럼 사심관제는 지방제도의 강화와 더불어 점차 보완, 정비되어 갔던 것이다.

사심관은 人民의 宗主, 流品의 甄別, 賦役의 均平, 風俗의 表正 등의 기능을 갖고 있었다.[143] 이러한 직능은 바로 지방관인 외관의 직능과 흡사하다. 따라서 일부의 주읍에만 지방관이 파견되었던 고려 전기에 있어서 사심관이 지방통치상에서 차지하는 비중은 자못 큰 것이었음을 알 수 있다.[144]

외관과 사심관의 권한을 비교해 볼 때, 정치적·행정적 지배권의 상당한 부분을 외관이 장악했으며, 사심관은 이전부터 가지고 있던 많은 권한 중 사회경제적 측면에서의 권한을 유지해 갔던 것으로 볼 수 있다. 따라서 고려 지방사회의 통치는 이제 중앙을 중심으로 한 직접적인 통치방식이 일단 성공하게 됨으로써 사심관의 권한은 해당지역의 연고권에 기초한 경제적 관리권을 통해 지방사회 지배에 관여하는 것을 중심으로 외관과 이중적인 지배구조를 갖추는 정도로 제한되게 된 것으로 보인다. 이는 곧 사심의 역할과 기능면의 일대변화를 의미하며 동시에 고려시대 지방통치책이 가지는 구조적 특성을 나타내는 것이다.[145]

한편 사심관이 지방통치책의 차원에서 특히 사회경제적 수취체계에 대한

141) 旗田巍, 앞의 글 참고.
142) 河炫綱, 앞의 책, 85쪽.
143) 《高麗史》 권 75, 志 29, 選擧 3, 事審官.
144) 사심관과 지방 외관의 직능을 비교 분석한 것은 李純根, 앞의 글, 213~218쪽에서 비교적 자세하게 언급되고 있다.
145) 李純根, 앞의 글, 218쪽.

관리에 주로 집중되어 강력한 권한을 가지고 있었다는 것은, 일면 사심관에 의한 불법행위 자행의 가능성을 말해 주는 것이다. 그리하여 고려 후기에 오면 권호들의 경제적 부의 축적을 위한 수단으로 변질되면서 사심관이 '有害於鄕 無補於國'이라는 인식이 팽배해짐과 함께 사심관의 폐지가 논의되기 시작하였다. 사심관제는 충렬왕 9년(1283) 4월에 일차 폐지되었다가[146] 그보다 약 30년 뒤인 충숙왕 5년(1318)에 다시 혁파되었다. 이로써 고려시대의 지방통치는 종래의 지방관－향리－농민(지방군현민)이라는 장치와 사심관－향리－농민(지방군현민)이라는 기구의 이중적 조직에서 전자의 지방관제로 일원화되었던 것이다.

〈金潤坤〉

3. 지방의 중간 통치기구

1) 고려 지방 중간기구의 구조

고려의 지방제도는 州縣制를 기본으로 구성되었다. 전국에 약 500개의 州·府·郡·縣이 설치되어 지방행정구획으로 삼고 있었는데, 그 가운데 100여 개의 군현에 外官이 설치되어 이웃 몇 개의 속현을 관할하며 중앙정부와 직결되고 있었다. 이들 외관이 있는 主縣 중 14개의 京·牧·都護府를 界首官으로 하여 鄕貢의 選上이나 外獄囚의 推檢 등 일부 한정된 기능에 대하여 중간기구의 기능을 행사하게 하였다. 그러나 이러한 지방제도에 의한 지방통치는 불편하기 짝이 없었으며 이에 따라 보다 정비된 중간기구의 설정이 필요하게 되었다.

고려의 지방 중간기구의 특징은 지역에 따라 다른 삼원적 구조였다는 점이다. 즉 고려는 개경 주위의 畿輔 지역을 京畿로 삼고 국방지역에 兩界, 일반 南道에 5道로 삼아 전국 8개 지역을 각각 다른 통치조직으로 구성하던 것

146)《高麗史》권 29, 世家 29, 충렬왕 9년 4월 신해.

이었다. 이와 같이 고려가 지역에 따라 8개 중간기구를 경기・양계 5도라는 이질적 통치방법을 쓴 것은 후대 조선의 일원적인 8道制와 대비가 된다.[1)]

고려의 일반적인 지방중간기구는 남부지방에 설정한 5도제였다. 여기에는 按察使(뒤의 按廉使)가 파견되어 민사적 행정기능을 주로 한 일반적인 지방통치 구획이 설정되었다. 그러므로 5도는 고려의 지방 중간기구의 기본이 되었다고 할 수 있다. 이에 대하여 防禦州・鎭이 설치된 북방의 국경지역에는 군사적인 兩界兵馬使가 파견되었으며, 왕경 주위의 경기는 개성부가 통치하는 특수행정 정책을 실시하였다. 이와 같이 고려는 전국의 중간 행정기구를 세 가지 방법으로 병행하였으니, 이는 고려 지방제도의 특수성이라 할 수 있다.

그러나 이러한 세 가지 중간기구가 동시에 함께 성립한 것은 아니었다. 이들 중앙정부와 군현 사이의 중간적 통치구획이 일시에 성립된 것은 아니고 그들 사이에는 시간적 차이가 있었으며, 또 통치기구로서의 정비도 점진적으로 진행되었던 것이다. 이것은 고려의 삼원적인 중간 통치기구가 획일적으로 성립된 것도 아니고 또 처음부터 정비된 행정적 가능을 갖춘 채 출발한 것도 아니었음을 뜻한다.

중간 통치기구로 가장 먼저 정착한 것은 양계였다. 이것은 양계가 국방지대로 지방통제가 가장 긴급하였기 때문이었다. 이미 성종 8년(989)에 東西北面에 兵馬使가 설치되었는데 처음에는 군사적인 軍職의 성격을 띠었다가 靖宗 초(1034~1037)에는 행정관인 외직으로 화하여 양계의 중간 통치기구로 정립되었던 것이다.[2)] 이제 서북면과 동북면에는 군사적 기능을 주로 하면서

---

1) 고려의 지방 중간기구에 대한 연구로는 다음과 같은 것이 있다.
邊太燮, 〈高麗時代 京畿의 統治制〉(《高麗政治制度史研究》, 一潮閣, 1971).
———, 〈高麗按察使考〉(《歷史學報》 40, 1968 ; 위의 책).
———, 〈高麗兩界의 支配組織〉(위의 책).
河炫綱, 《高麗地方制度의 研究》(韓國研究院, 1977).
金潤坤, 〈麗代의 按察使制度 成立과 그 背景〉(《嶠南史學》 1, 嶺南大 國史學科, 1985).
金南奎, 〈高麗 兩界兵馬使에 대하여〉(《李弘稙回甲紀念 韓國史學論叢》, 新丘文化社, 1969).

2) 《高麗史節要》 권 3, 현종 10년 정월조에는 東北面兵馬使가 거란군의 개경침구에 대하여 3,200명의 군대를 보내 원조하였다고 하였는데, 《高麗史》 권 6, 世家 6, 정종 즉위년(1034) 11월조에는 八關會에 兩路兵馬使가 東西 2京・4都

민사적 기능도 아울러 행사하는 병마사 기구가 설치된 것이다.

이에 대하여 남부지역의 5道按察使制는 늦게 성립되었다. 안찰사는 정종 3년(1037)에 처음 기록에 보이기 시작하였으나 이 때에는 전국 5도에 파견된 것도 아니고 또 순행 감찰의 기능이 있을 뿐 행정관의 역할을 담당한 것도 아니었다. 5도인 楊廣忠淸州道·慶尙晋州道·全羅州道·西海道 등의 按察使道가 마련된 것은 예종대(1105~1122)이고 이 때는 전국에 안찰사가 파견되었으므로 12세기 초에 5도안찰사제가 형성되었다고 할 수 있다. 그러나 처음에는 아직도 미숙한 행정기구였으나 다음 인종·의종대로 내려오면서 완전한 중간 통치기구로 정립된 듯하다.

양계병마사와 5도안찰사가 비록 성립의 시기는 다르지만 결국 병렬적 중간 행정기구였는데 대하여 京畿는 또 다른 통치체제로 편성되었다. 경기는「道」나「界」를 칭하지도 않고 또 따로 중간 통치기구를 둔 것도 아니라 州縣制의 하나인 開城府로 하여금 관할케 하였다. 개성부는 성종 14년(995)에 처음으로 설치되어 6개 赤縣과 7개 畿縣을 관할하였는데 현종 9년(1018)에 赤(京)縣·畿縣을 합하여 경기라 칭하고 開城縣令과 長湍縣令을 통하여 직접 尙書都省에 直隷케 하였다. 그후 문종 16년(1062)에는 다시 개성부가 설치되어 12현을 관할케 함으로써 경기의 통치제는 일단락을 지었다. 이제 문종 때에 이르러 경기는 하나의 知府事가 파견된 개성부가 지배하는 미숙한 중간기구가 성립된 것이었다.

위의 양계·5도·경기는 성립시기에 차이가 있었을 뿐 아니라 통치기구의 조직에도 차이가 있었다. 보통 양계병마사와 5도안찰사는 동렬적으로 함께 호칭되고 그 기능도 비슷하였다. 명종 18년(1188) 制에 양계병마사·5도안찰사의 기능으로서 똑같이 民間利病의 咨訪, 守令賢否의 출척, 軍士의 撫恤 등을 든 것은 이를 표시하는 것이다. 그러나 같은 중간기구이지만 양자에는 차이가 없을 수 없었으니, 양계병마사가 군사적 직능을 주로 하면서 민사적 직능도 아울러 가졌는데 대하여 5도안찰사는 민사적 기능을 주로 하고 군사적 기능은 부차적이었다는 점이었다. 더욱이 양계병마사기구는 兵馬使 또는 知兵馬事 밑

護·8牧과 함께 上表 陳賀하였다고 하였으며 드디어 정종 3년(1037)에는 "外任及東西兵馬官吏"라 하여 하나의 外職으로 간주됨이 나타난다(《高麗史》권 64, 志 18, 禮 6, 凶禮 五服制度).

에 副使·判官·錄事 등의 관원을 갖추고 또 여기에 分臺御史 및 監倉使·分道將軍 등을 둔 것에 대하여 5도안찰사는 그저 營吏를 인솔할 따름으로 차이가 있었다. 양자는 같은 6朔 番代의 使任으로 함께 임명되어 같은 날 陛辭하여 임지로 출발하였지만 역시 양계병마사는 5도안찰사보다 지위가 높고 권력도 컸으므로 특별히 「藩鎭」·「營主」·「都統」 등으로 일컬어지기도 하였다. 이에 비하여 5도안찰사는 그 지위가 낮았고 더욱이 경기는 하나의 외관에 불과한 知開城府事가 다스리는 지방구획으로 그 격이 떨어졌던 것이다.

이러한 삼원적인 중간 통치기구의 설정은 고려의 현실로서는 불가피한 일이었으나 역시 이는 지방제도의 미숙성을 나타낸 것이었다. 따라서 고려의 지방제도는 삼원적 구조를 일원화하는 추세로 점차 발전하였다. 먼저 하부구조인 양계의 군사적인 防禦州·鎭이 일반적인 주·현으로 전환되어 갔으며, 중간 통치 구획도 처음 東界 소속의 春州道가 안찰사로 되더니 다시 江陵道(溟州道)마저 南道化되어 강원도 지방이 모두 북계에서 벗어났다.

고려 말에는 마침내 전국의 중간기구가 일원화되었다. 창왕 즉위년(1388)에 5도의 按廉使를 都觀察黜陟使로 격상시켜 兩府宰樞로 임명하고 敎書와 鈇鉞을 하사하여 파견하였는데 이듬해에는 京官口傳에서 정식으로 除授하여 專任官을 시켰으며, 공양왕 2년(1390)에는 다시 여기에 사무처인 經歷司를 설치하기에 이른 것이다. 또 공양왕 2년에는 전년에 있었던 趙浚의 건의에 따라 京畿 左右道에도 각각 도관찰출척사를 설치하였고, 서북면·동북면에도 역시 도관찰출척사를 임명하여 전국이 획일적인 관찰사제로 통일되었다. 비록 고려 멸망 3개월 전에 옛 제도로의 복구로 중간기구도 다시 환원되었지만 고려 후기의 지방 중간통치기구의 일원화는 지방제도의 발전을 뜻하는 것으로 그 의의가 크다고 하겠다. 고려의 특수한 삼원적인 지방 중간기구는 고려말에 이르러 일원화되는 전진의 과정을 밟았던 것이다.

2) 경 기

(1) 경기의 성립

京畿는 王京을 둘러 싼 지역으로 지방행정 구획상 가장 중요한 곳이다.

후대인 조선시대에 전국 8道 가운데 경기의 서열이 제일 앞선 것은 이 때문이었다. 그러나 고려시대에는 경기의 지방행정 구획상의 지위는 오히려 5道, 兩界에 비하여 떨어져 있었으니, 이는 고려 지방제도의 하나의 특성이었다.[3)]

고려가 개경 주변의 주현으로서 경기를 삼은 것은 현종 때의 일이다. 즉 현종 9년(1018)에 개성현에 예속된 3현과 장단현에 예속된 7현을 아울러 상서도성에 직접 예속케 하고 이를 「京畿」라 칭하였는데, 이것이 경기제의 시작이다. 그러나 실제로는 이에 앞서 성종 14년(995)에 赤縣 6개와 畿縣 7개를 개성부 관할 하에 두어 경기의 모체가 이루어졌으며, 이 개성부는 또한 건국초 설치한 開州를 개편한 것이었으므로 고려시대 경기의 성립을 살펴보기 위하여는 이 개주의 설치부터 고찰할 필요가 있다.

태조는 건국한지 6개월 후에 자신의 출신지인 松嶽 지방에 수도를 정하고 이를 개주로 삼았다. 즉 태조 2년(919) 정월에 송악 남쪽에 서울을 정하여 개주로 하고 궁궐을 창건하고 市廛을 세우며 坊里를 나누어 5部로 정하였다 한다.[4)] 원래 이 곳은 고구려의 扶蘇岬으로 신라 때 송악군으로 개정하였는데 고려 건국과 더불어 수도가 되어 개주가 된 것이다.

개주는 성종 때 개성부로 개편되고 적현 6과 기현 7을 관할케 되었다. 즉 성종 14년(995) 개주는 개성부로 승격되고 京의 외관인 府尹이 설치되었으며, 나아가 赤(京)·畿 13현을 관찰케 되었던 것이다.[5)] 이러한 개성부윤의 설치와 적(경)·기 13현의 관할은 바로 경기제의 모체라 할 수 있다. 이 때의 지방제도 개편은 唐制를 모방한 것인데, 개주의 개성부로의 승격은 당의 雍州의 京兆府로의 승격과 같은 것으로 여기에는 당제와 같이 부윤을 두어 일반 州府와 구별하는 특별구를 삼은 것이었다. 개성부는 하나의 지방기구이지만 왕경을 통치하는 특별구이기 때문에 개성부윤은 京官의 대우를 받아 중앙기

3) 고려시대 京畿에 관한 논문으로는 다음과 같은 것이 있다.
尹武炳, 〈所謂 「赤縣」에 대하여〉(《李丙燾華甲紀念論叢》, 一潮閣, 1956).
邊太燮, 앞의 책.

4) 《高麗史》 권 56, 志 10, 地理 1, 王京 開城府.
《高麗史》 권 1, 世家 1, 태조 2년 정월.
《高麗史節要》 권 1, 태조 2년 정월.

5) 《高麗史》 권 56, 志 10, 地理 1, 王京 開城府.
《高麗史節要》 권 2, 성종 14년 7월.

구의 위치에 있었던 것이다.[6]

성종 때의 개성부의 설치는 커다란 변화를 뜻하는 것이었다. 종래 왕경을 통치한 개주와 더불어 이제는 그 주변지역인 적현·기현 13현까지도 아울러 통치케 되었던 것이다. 적현·기현도 역시 당제를 본딴 것으로 京都 所治를 적현이라 하고 京之旁邑을 기현이라 하여 上都 京兆府도 2개의 적현과 21개의 기현을 두어 경조부윤의 통치를 받게 하였는데, 고려도 이 예에 따라 개성부에 6개의 적현과 7개의 기현을 예속케 한 것이었다.

이 때 개성부 관할하의 적·기현 13개의 현명은 기록에 나와 있지 않다. 그러나 뒤의 현종 9년(1018)에 적·기현이 개편된 경기 12현이 이에 해당되었을 것은 당연한 일이다. 현종 때의 경기 12현은 開城·貞州·德水·江陰·長湍·松林·臨津·兎山·臨江·積城·坡平·麻田이다. 나머지 1현은 확실치 않으나 건국 후 개주가 설치된 송악이 적현의 하나로 왕경을 통치하지 않았나 짐작된다. 그것은 당의 경조부에서도 두 적현이 바로 都內를 관할하고 있었던 예에서 추측된다. 그렇지만 이들 적·기 13현 가운데 적현 6과 기현 7을 가려내는 것은 더 더욱 어려운 일이다. 다만 적현 6은 왕경에 근접한 곳이고 기현 7은 그 외곽지역이었을 것임은 틀림없다고 보인다.[7] 그러나 사실상 고려의 통치제도로 보아 적현과 기현의 구별은 그리 중요한 의미를 갖는다고 할 수는 없을 것 같다. 그것은 적현이나 기현은 모두 수령이 파견되지 않은 속현으로 함께 개성부윤의 통치를 받아 제도상 어떤 구별이 없었기 때문이다.

고려는 마침내 현종대에 이르러 정식 경기제의 성립을 보게 되었다. 현종 9년(1018)에 개성부를 혁파하고 대신 개성현과 장단현에 현령을 설치하여 개성현은 정주·덕수·강음 3현을, 장단현은 송림·임진·토산·임강·적성·파평·마전 7현을 각각 관할하게 하였는데, 이들을 경기라 칭하고 모두 상서도성에 직예케 하였다는 것이다.[8] 그러므로 종래의 적현 6과 기현 7이 곧 경기

---

6) 그 증거로 목종 원년의 田柴科는 중앙관리만 포함되고 지방관은 제외되고 있었는데, 유독 開城府尹만은 제5과에 편입되고 있다.

7) 尹武炳은 앞의 글에서 6赤縣을 왕릉의 소재를 근거로 하여 松岳·開城·貞州·德水·松林·臨津縣으로 추정한 바 있다. 왕경인 開州의 관할현인 松岳·開城縣 및 현종 9년 개성현에 예속된 貞州·德水·江陰 등 5현이 적현에 포함되었을 것은 틀림없다고 보인다.

8) 《高麗史》 권 56, 志 10, 地理 1, 王京 開城府.

12현으로 개편된 것이다. 이 때 松岳縣은 京中 5부로 됨으로써 자동적으로 해체되어 경기는 2개의 主縣과 10개의 속현으로 구성되게 된 것이다.

현종 9년(1018)의 경기의 성립과 그 통치제도의 개정은 이 때 전국적으로 실시된 지방제도 개편의 일환으로 이루어진 것이었다. 즉 현종 9년 2월에 諸道安撫使를 혁파하고 전국에 4都護·8牧·56知州郡事·28鎮將·20縣令을 설치하였는데,[9] 경기에서 개성부윤이 폐지되고 개성·장단현령이 설치된 것은 이러한 개편의 일부로 실시된 것이었다. 이러한 현종대의 지방제도의 정비가 《高麗史》 지리지 구성의 골격이 되고 고려시대 군현제도의 기본을 이루었는데, 경기제는 이를 계기로 성립하였던 것이다.

(2) 경기의 통치제도

현종 9년 경기의 성립과 더불어 종래의 개성부가 폐지되고 개성현과 장단현에 현령이 설치되어 각각 3현·7현의 속현을 관할하며 중앙의 상서도성에 직속케 되었다. 이것은 지금까지의 적·기현에 대한 통치제도의 일대 전환을 뜻하는 것이었다. 태조 2년의 개주는 성종 14년 개성부로 승격하여 부윤이 설치되는 동시에 적현 6과 기현 7을 관할하였다. 개성부의 장관을 부윤으로 삼은 것은 개성부가 唐 京兆府의 예와 같이 수도를 통치한 특별구역인 까닭이었다. 목종 원년의 전시과에서 모든 외관이 제외되었지만 유독 개성부윤만이 포함된 것은 그가 경관의 대우를 받았음을 나타낸다. 특히 개성부에는 적(경)기 13현이 관할하에 놓이게 되었는데 이것은 실질적으로 경기의 장관이었음을 말하는 것이다. 이 때 개성부윤은 경중과 함께 수도 주위의 적기 13현도 아울러 통치하는 장관이었던 것이다. 그러나 현종 9년에 이르러서는 이러한 畿輔 지역의 행정조직에 커다란 변화가 일어났다. 이제 현종 9년의 경기의 통치체계를 도표로 만들면 다음 〈표 1〉과 같다.

즉 경기 12현은 개성현과 장단현의 현령이 각각 속현 3과 7을 관할하고 이들 양 현령은 중앙의 상서도성에 직접 예속되었으며, 이 때 경중의 5부는 이에서 벗어나 독립적으로 중앙정부의 통제를 받게 되었다.

현종 9년 경기제의 커다란 특징은 경기가 왕경 밖의 지방으로 화하여 경

9) 《高麗史節要》 권 3, 현종 9년 2월.

〈표 1〉 京畿의 통치체계(현종 9년)

- 尙書都省
  - 京中 5部
  - 京畿
    - 開城縣令－貞州・德水・江陰(3현)
    - 長湍縣令－松林・臨津・兎山・臨江・積城・坡平・麻田(7현)

기의 수령이 지방관으로 전환한 점이다. 지금까지 赤畿는 京中까지도 포함하였는데 이제는 왕경이 독립하여 중앙정부의 직할이 되고 경기에서 제외된 것이다. 성종 때의 적기 13현이 현종 때 경기 12현으로 1현이 감소된 것은 경중을 지배한 적현인 송악현이 5부로 화하여 중앙정부 직할로 편입됨으로써 경기는 12현으로 되고 왕경의 외곽지역만을 표시하게 되었다. 이에 따라 경기의 수령인 개성현령과 장단현령은 이전의 경관대우를 받던 개성부윤과 달리 지방

〈지도 1〉 개 경

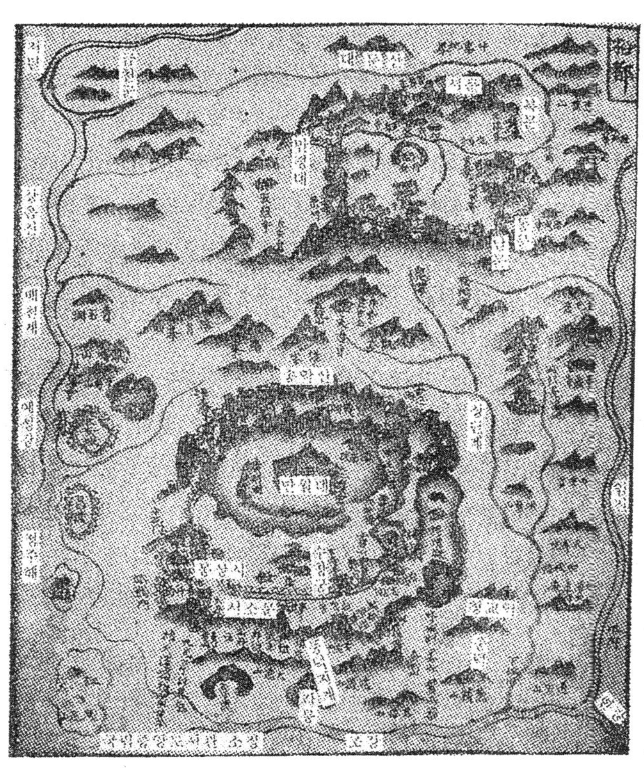

관으로 전락되고 경중 5부는 직접 중앙정부와 직결되게 되었다.

현종 9년 경기통치제의 또 하나의 특징은 경기가 하나의 장관으로 지배된 것이 아니라 개성현령과 장단현령 두 수령에 의하여 분할 통치된 점이다. 종래 개성부윤에 의하여 일원적으로 통치된 적기 13현이 이제는 두 현령에 의하여 나뉘어 지배케 된 것이다. 이들 경기지역은 중앙의 상서도성에 직접 예속되었으나 두 개의 외관에 의하여 분할 통치된 것이 큰 변화라 할 수 있다. 경기의 主縣인 개성현령과 장단현령이 상서도성에 직예하였지만 고려 초기에는 모든 외관이 중앙정부에 직속된 통치체계를 이루고 있었으므로 그런 면에서는 하등의 차이가 없었으며 다만 경기에는 따로 界首官이 없었기 때문에 양현령이 직집 상서도성에 직결된 점이 다른 것이었다.

이러한 경기의 통치제는 문종 때에 이르러 변화되었다. 즉 문종 16년(1062) 개성부로 개편되어 知府事가 설치되고 상서도성이 관장하던 11현과 西海道 平州의 속현인 牛峯郡 등 12현을 아울러 통할케 된 것이다. 그러므로 종래의 개성현령이 知開城府事로 승격하는 동시에 장단현령은 폐지되어 경기 12현을 모두 관할케 되었다 이제 경기는 우봉군의 내속으로 그 영역이 확대되었을 뿐 아니라 지개성사에 의하여 일원적으로 통치케 된 것이다.

이 문종 16년(1062)의 개성부는 전의 성종 14년(995)의 개성부와 같이 모두 개성부라 칭하였고 또 경기의 일원적인 통치기구인 점에서 동일하였지만 그 내용에는 커다란 차이가 있었다. 성종 때의 개성부는 왕경까지도 관할하여 장관을 開城府尹이라 칭하고 경관의 대우를 받았는데 대하여 문종 때의 개성부는 왕경 밖의 경기를 통치하는 하나의 지방관으로 장관도 지부사라 칭하고 治所도성외에 위치하고 있었던 것이다.[10] 비록 개성부라 칭한 것은 동일하였지만 성종조에는 왕경을 관할하여 유일한 부윤이 설치된 특별구였는데 대하여 문종조에는 天安府·安東府 등 여러 부와 똑같은 지방기구에 불과하여 양자 사이에는 커다란 차이가 있었다. 이제 경기는 한낱 府에 불과한 개성부의 지부사에 의하여 통치되게 된 것이다. 그리고 이러한 경기의 통치제도는 문

10) 개성부의 治所는 徐兢의《高麗圖經》에 "關城府 距城四十里"라 하여 왕성 밖 40리에 있었다 한다.

종 23년(1069)의 경기 확대여하를 불구하고 변동이 없이 계속되었다.11)

개성부가 다른 여타의 부차 동격의 지방기구였으나 그 사이에는 약간의 차이가 있었다. 이제 外官祿을 통해 개성부의 기구편성과 다른 부와의 관계를 표로 만들면 다음 〈표 2〉와 같다.

〈표 2〉 開城府의 기구 편성과 他府와의 비교

	文宗朝 外官祿[12]				仁宗朝 外官祿[13]			
開城府	府使 86석10두	副使 40석	判官 30석	法曹 13석 5두	知府事 86석10두	副事 40석	判官 26석10두	法曹 13석 5두
安東府	府使 86석10두	副使 40석	判官 26석10두		知府事 86석10두	副事 40석	判官 26석10두	法曹 13석 5두

이것을 보면 문종조의 개성부는 다른 일반 부와 대체로 동등한 관원과 대우를 받아 동격이었음이 나타난다. 즉 개성부는 府使·副使·判官·法曹로 구성되고 외관록의 액수는 府使와 副使는 타부와 동일하나 판관만 1급이 많으며 특별히 법조가 있는 점이 다를 뿐이다. 개성부에 일반 주·부·군에 없는 법조가 특별히 존재한 것은 이 때 개성부가 경기를 다스리는 외관일 뿐 아니라 일종의 계수관의 기능도 대행하고 있었기 때문이었다. 그러나 인종조 외관록을 보면 개성부가 일반 다른 부와 완전히 동격이 되었다. 이제는 개성부도 그저 '知州府郡事'의 하나로 표기되어 모든 주·부·군의 지사와 같았음이 나타나고 판관도 동액의 외관록을 받았으며 법조도 새로 증치된 그 밖의 부·주의

11) 《高麗史》 권 56, 志 10, 地理 1, 王京 開城府條에는 恭讓王 2년의 경기 확대에 관한 서술 중 細註로 문종 23년 정월 楊廣道·交州道·西海道에서 새로이 41州縣이 경기에 편입되었다고 기록하고 있는데, 이 기사에는 여러 가지 문제점이 있어 실제로 이 때 경기가 확대되었는지 의문이며, 비록 이것이 사실이라 하더라도 오래되지 않아 原京畿로 환원된 것 같다(邊太燮, 앞의 책, 251~254쪽 참조).

12) 文宗朝 外官祿에서는 開城府외에 天安·南原·長興·京山·安東府가 있었으며, 또한 公州 등 11州使, 古阜郡 등 5郡使가 모두 등격이었다. 이 표에 안동부를 대비시킨 것은 특별한 이유가 있는 것이 아니라 그저 일반 府의 하나로 택하였을 따름이다.

13) 仁宗朝 外官祿에서는 구체적인 지방기구명이 아니라 '諸知州府郡事', '諸知州府副事'로 되어 있고, 다만 判官은 개성·안동부 등 6부 등과 諸州·郡名이 수록되고 있으며, 法曹는 開城·安東 등 5부 및 春州 등 3주에 증치되어 있다.

그것과 동등한 대우를 받았다. 그러므로 개성부는 비록 경기의 일원적인 통치기구였으나 그 밖의 부와 동등한 기구편성과 동액의 외관록을 받아 특별한 우대를 받고 있지 않았음을 알 수 있다. 굳이 한 가지 특수성을 말한다면 문종대부터 법조가 설치되어 경기지역의 계수관의 역할을 담당한 점이라 하겠다.

이와 같이 경기가 개성부에 의하여 통치되었는데 京中 5部는 이에서 벗어나 직접 중앙정부의 통제를 받았다. 개경은 현종 15년(1024)에 5部·坊里를 정하여 5部·35坊·344里의 제도를 만들었다 한다.[14] 5부에는 使 1인(4품 이상), 副使 1인(5품 이상), 錄事 각 2인(甲科權務)이 두어졌는데 그들은 文武班祿이나 外官祿에 들지 못하고 모두 權務官祿에 편입되어 그들의 지위가 낮았음이 나타난다. 방리에는 別監·里正이 있었는데 경성에는 도적을 잡는 경찰기관으로 街衢所가 있어 使·別監이 있었던 바 방리의 별감이란 이 가구소의 별감을 가리킨 것인지 확실치 않다. 요컨대 경중 5부는 경기에서 벗어나 직접 중앙정부의 통치를 받아 행정체계가 달랐음이 특징이었다.

(3) 경기 통치기구의 개편

경기의 통치체제는 고려 후기에 이르러 커다란 변혁을 겪게 되었다. 忠烈王 때 開城府尹으로 승격하여 경기 뿐 아니라 왕경 5부까지 관장하게 되고, 恭讓王 때는 경기가 좌·우도로 확대되고 都觀察黜陟使가 설치되는 승격을 하게 되었다. 이제 경기의 통치제도는 격상되고 마침내는 다른 5도와 동등한 지방기구로 승격되기에 이른 것이다.

문종 때 개성부사에 의하여 통치된 경기는 점차 관할 속현에 외관이 설치되기 시작하였다. 인종조의 제도로 여겨지는 兵志 州縣軍條를 보면 경기는 開城府道·承天府道·江華道·長湍道의 4도로 편성되어 있는데,[15] 이 軍事道는 수령이 파견된 主縣을 기준으로 만들어졌으므로 이 때 경기에는 개성부·승천부·강화현·장단현에 외관이 설치되었음을 알 수 있다. 실제로 인종조 외관록조에는 지개성부사 외에 知昇天府事·江華縣令·長湍縣令·牛峯縣令이 있어 경기에 5개의 주현이 나오고 있다. 그러므로 경기에는 유일한 외관인 개

14)《高麗史》권 56, 志 10, 地理 1, 王京 開城府.
15)《高麗史》권 83, 志 37, 兵 3, 州縣軍.

성부 외에 속현이었던 승천(옛 貞州)·장단현·우봉현에 수령이 설치되고 강화현도 경기에 새로 편입되었던 것이다. 이들 외관 이외에도 토산·적성·파평·강음·송림·마전현에는 정식 현령은 아니지만 수령의 기능을 행사하는 監務가 설치되어 지배기구가 강화되어 갔던 것이다.[16]

이러한 경기의 통치체제는 몽고의 침입으로 일대 전환을 맞이하게 되었다. 몽고의 침입으로 고종 19년(1232) 개경의 5부 人戶를 강화도로 옮긴 후 개경에는 留守兵馬使를 두었으나 결국 경도는 몽고군의 유린으로 황폐화되었으며 이러한 현상은 원종 11년(1270) 개경환도까지 계속되었다. 그러나 이 때 복구된 경기는 결코 전과 같을 수 없었다. 원종 12년(1271)에는 都兵馬使의 요청에 따라 경기 8현에 祿科田이 설치되고 있으니,[17] 이제 경기제는 다시 개성부사에 의하여 통치되는 옛 제도로 환원된 듯하다.

그러나 이 경기 통치제는 결국 시정되지 않을 수 없었다. 충렬왕 34년(1308)에 개성부에 다시 왕경 통치기구로서 부윤이 설치되어 도성 안을 관장하고 또한 따로이 개성현으로 하여금 성외를 관장케 한 것이다.[18] 지금까지 개성부사는 경기 8현을 다스리는 지방기구였으며 왕경 5부는 중앙정부의 직할이었는데, 이제는 다시 개성부윤으로 승격하여 경기와 더불어 경중 5부까지 관장하게끔 변한 것이다.[19] 이 때 개성부는 給田都監을 병합하고 그 관원은 繕工職事까지도 겸대하여 그 기능이 확대되었다.[20] 5부의 장관은 副令(종6품)이었는데 이 때의 통치체계를 표로 만들면 다음 〈표 3〉과 같다.

이러한 개성부윤의 경기 8현 및 5부의 통치체제가 일대 변혁을 일으킨 것은 고려 멸망 직전인 공양왕 때였다. 즉 공양왕 2년(1390)에 경기를 좌·우도로 나누고 관할 주현을 확대하는 동시에 각각 도관찰출척사를 두었던 것이

16) 仁宗朝 外官祿條에는 牛峯縣令이 보이는데 지리지에는 예종 원년에 監務가 설치된 것으로 기록되어 차이가 있다.
17) 《高麗史》 권 27, 世家 27, 원종 12년 2월.
18) 《高麗史》 권 56, 志 10, 地理 1, 王京 開城府.
19) 충렬왕 34년의 개성부윤 승격은 사실은 충선왕에 의하여 실행된 개혁이었다. 충선왕은 이미 충렬왕 24년 즉위 때 中京留守·開元府尹이란 관직을 만들었는데, 이것은 개성부로 하여금 왕경의 통치기구로 삼으려는 의도로 보인다.
20) 《高麗史》 권 76, 志 30, 百官 1, 開城府.

다.[21] 이때 경기 좌우도에는 原京畿 13현에다 새로이 이웃 楊廣道·交州道·

〈표 3〉 충렬왕 34년의 경기의 통치체계

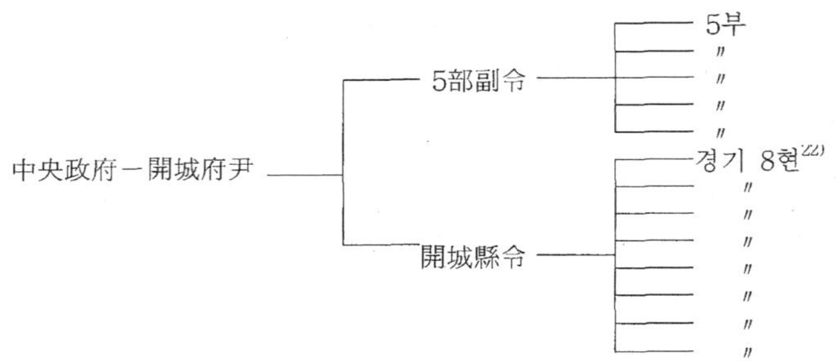

西海道에서 31현을 편입시켜 좌도 25현, 우도 19현으로 총 44현이 되었다.

이미 공민왕 때부터 군사적으로 경기 좌우도의 제도가 있었으나 이제 공양왕 2년에는 정식으로 행정구획상의 경기 좌우도가 생기고 여기에 타도와 같은 도관찰출척사가 설치되기에 이른 것이다.

경기의 확대와 道로의 승격, 그리고 도관찰출척사의 설치는 경기 통치제도의 발전을 표시한 것이었다. 지금까지 남도의 일반 행정조직과 달리 개성부에 의한 특수통치제를 실시한 경기가 5도와 같은 도관찰출척사의 도제로 변경된 것은 지방제도상의 전진을 뜻하는 것이었다. 공양왕 2년 경기 좌우도와 함께 양계에도 도관찰출척사가 설치됨으로써 고려 전국의 중간기구가 단일화되었다. 비록 경기 좌우도는 공양왕 4년 4월 諸道의 도관찰출척사가 혁파되고 按廉使로 환원될 때 개성부로 복구되었지만 조선 건국 후 다시 도관찰출척사가 설치되어 경기 통치제도의 발전은 그대로 계속되었던 것이다. 이렇게 보면 고려는 경기에 대한 특수 행정기구를 그 말기에 이르러 도제로 승격, 단일화하여 발전시켰다고 할 수 있다.

---

21) 《高麗史》 권 56, 志 10, 地理 1, 王京 開城府.

22) 開城縣의 관할인 경기 8현이 경기의 전체였는지는 의심이 된다. 그것은《高麗史》 권 78, 志 32, 食貨 1, 田制 祿科田, 공양왕 즉위 12월 趙浚의 상소문에 6道의 墾田數 50만 결 중 경기전이 10만 결이라 하여 5도의 40만 결의 4분의 1이나 된 것으로 그 지역이 넓었음이 나타나기 때문이다. 따라서 실제로 경기는 이 開城縣 소관 8현 외에도 외관이 설치된 주현이 더 있었다고 생각된다.

3) 5 도

(1) 5도안찰사제의 성립

고려의 5도란 楊廣道·慶尙道·全羅道·交州道·西海道를 말한다. 이들 5도는 남부지방에 설정한 일반적인 중간통치구획으로 민사적인 按察使가 파견되어 북부지방에 설정한 군사적인 兵馬使가 파견된 兩界와 구별되었다. 5도는 중앙정부와 군현 사이의 중간 행정기구이고 안찰사는 수령을 통할하는 상급행정관이었다.

그러나 고려의 5도는 처음부터 중간행정기구가 된 것은 아니었다. 고려 전기의 지방행정의 단위는 어디까지나 외관이 파견된 주현으로 수령은 중앙정부와 직결되고 있었으며, 다만 한정된 기능에 있어서 界首官이 중간기구로서의 역할을 대행하였을 따름이었다.[23] 이 때에도 도안찰사가 있었으나 처음에는 주현을 순행하여 수령을 감찰하는 명실공히 按察官에 불과하였던 것이다.

안찰사가 처음 설치된 것은 현종대 이후의 사실로 보여진다. 그것은《高麗史》백관지 외직 안렴사조에 현종 3년(1012) 節度使가 혁파된 후 안찰사가 설치되었다는 기록으로 알 수 있다. 실제로 안찰사가 처음 기록에 나타난 것은 靖宗 때였으니, 즉 정종 3년(1037) 정월 判에 입춘 이후 제도 외관은 모두 獄訟을 정지하여 백성이 농사에 오로지 힘쓰게 하고 만약 이를 어기는 외관은 안찰사로 하여금 糾理케 하라는 내용이었다.[24] 이 判은 바로 전년에 御史臺가 제도 외관의 농사 방해에 대하여 '遣使 審察黜陟'을 청한 데 따른 결과였으므로[25] 이 때의 안찰사는 상주관이 아니라 임시적인 사행임을 알 수 있다.

---

23) 고려의 州縣制에 관한 논문으로는 다음과 같은 글이 있다.
邊太燮, 〈高麗前期의 外官制〉(《韓國史研究》2, 韓國史研究會, 1968 ;《高麗政治制度史研究》, 一潮閣, 1971).
河炫綱, 앞의 책.
李惠玉, 〈高麗時代의 守令制度研究〉(《梨大史苑》21, 梨花女大 史學科, 1985).
李羲權, 〈高麗의 郡縣制度와 地方統治政策－主·屬縣考察을 中心으로－〉(《高麗史의 諸問題》, 三英社, 1986).

24)《高麗史》권 79, 志 33, 食貨 2, 農桑.

25) 위와 같음.

안찰사는 문종 때에 이르러 자주 기록에 나타난다. 문종 4년(1050) 判에는 주현의 水旱蟲霜으로 곡식이 부실할 때는 수령이 몸소 조사하여 戶部에 보고하고 정부는 그 界의 안찰사로 하여금 다른 사람을 보내어 자세히 점검케 하라고 하였고,[26] 5년에는 按察副使가 白翎鎭의 화재에 대하여 鎭將과 副將을 탄핵하였으며,[27] 11년(1057) 判에는 事審官으로 귀향해서 폐단을 일으키는 자는 按廉使(안찰사)와 監倉使로 하여금 서울로 옮겨 벌을 주게 하라는 것이었다.[28] 이것을 보면 문종조에는 제도에 안찰사가 파견되어 주현의 수령을 출척하는 중간기구의 역할을 담당하였던 것 같다. 그러나 문종 18년(1064)의 制에 따르면 구례에는 춘추에 外山祭告使를 10여 도에 파견하여 使命이 번다하고 驛路가 조폐하였으므로 지금부터는 양계는 감창사, 浿西道는 안찰사로 제고사를 겸하게 하고 그 밖의 山南諸道만은 전과 같이 제고사를 보내도록 한다고 하였으므로,[29] 패서도에는 이미 양계의 감창사와 같이 常遣된 안찰사가 있었으나 그 밖의 지역에는 안찰사가 보이지 않는다. 이러한 현상은 문종 때의 사실로 여겨지는 外獄囚에 대한 判에도 나타난다. 즉 주현의 외옥수를 監行 推檢하는데 서경과 양계는 分臺와 병마사, 關內西道는 안찰사, 東南海는 都部署, 그 밖의 지역은 계수관이 담당하여[30] 지역에 따른 중간기구에 차이가 있으며 안찰사는 관내서도에만 보인다. 이것을 보면 문종 때에는 전국에 일원적인 중간기구로 안찰사가 파견된 것이 아니라 지역에 따라 차이가 있었으며 다만 패서도・관내서도에만 안찰사가 기능하고 있었음이 나타난다. 또한 문종 15년(1061)에는 '西海道按察使'가 기록에 나옴으로써[31] 안찰사는 패서도・관내서도・서해도로 증가되었다. 그러면 문종 때 안찰사가 파견된 이들 3도는 어떤 관계에 놓여 있었을까.

楊廣道・慶尙道・全羅道 등 안찰사 파견의 5도가 성립한 것은 예종대였다. 그 이전의 도제는 주지하는 바 성종 14년(995)에 설치한 10도였는데, 그것은

---

26) 《高麗史》 권 78, 志 32, 食貨 1, 田制 踏驗損實 문종 4년 11월.
27) 《高麗史》 권 7, 世家 7, 문종 5년 2월.
28) 《高麗史》 권 75, 志 29, 選擧 3, 銓注 事審官 문종 11년.
29) 《高麗史》 권 8, 世家 8, 문종 18년 3월.
30) 《高麗史》 권 84, 志 38, 刑法 1, 職制.
31) 《高麗史節要》 권 5, 문종 15년 2월.

關內道·中原道·河南道·江南道·嶺南道·嶺東道·山南道·海陽道·朔方道·浿西道였다. 그러나 이들 10도는 사신의 巡行道의 구실을 하였을 뿐으로 안찰사가 상견된 것이 아니었으며, 더욱이 전술한 바 문종 18년의 祭告使 파견이나 또 外獄囚 推檢의 判에서 보듯이 이미 그 내용이 바뀌고 있었다.

즉 제고사 파견에서는 전국을 서북양계·패서도·산남제도로 나누었고, 외옥수 추검에서는 서경·동서양계·관내서도·동남해 및 그 밖의 지역으로 나누어 원래의 10도제는 원형이 상실되고 있었던 것이다. 이때 패서도·관내도·산남도의 10도명의 일부가 보이지만 관내도는 關內西道와 함께 關西·關北·關內 3도의 이름과 關內東道의 구별이 생겨 변질되었음이 나타나고 특히 남부지방은 모두 산남도로 표기되어 큰 변화를 엿보게 한다.[32] 서해도는 10도명에는 없는데 그 지역은 패서도·관내서도(관서도)와 동일하므로 결국 처음 설치된 3도안찰사는 서해도안찰사로 귀결된다고 보여진다. 그렇다고 서해도에만 안찰사가 파견된 것은 아니고 그 밖의 지역에도 파견되었을 것은 당연하지만 그러나 중간기구로 기능한 것은 서해도였다고 할 수 있다.

이와 같은 서해도안찰사만 기능하였던 기형적인 안찰사제가 정식 5도안찰사제로 정립한 것은 예종대였다.《高麗史》地理志에 의하면 예종 원년(1106)에 楊廣忠淸州道와 慶尙晋州道가 제정되었고, 이듬해 분견된 諸道安撫使는 양광충청주도·전라주도·경상진주도의 셋으로[33] 5도의 원형이 마련되었는데, 이는 안찰사제 성립의 기반이 되어가고 있음을 나타내는 것이다. 이제 전술한 바 변질된 10도제는 새로운 5도제로 바뀌고 있는 것이다.

예종 때 안찰사제가 성립하였다는 것은 예종 때 都部署를 안찰사로 개정하였다는 사실로도 엿볼 수 있다. 즉 百官志 外職 按廉使條에는 처음의 안찰사를 문종 18년(1069)에 도부서로 개정하였는데 예종 8년(1113)에 이를 다시 안

32) 문종 10년 撫問使 파견의 道는
① 山東南 忠·慶·尙州 3道撫問使
② 山南 晋·羅·全·淸·廣·公·洪州 7道撫問使
③ 關西·北·關內 3道撫問使
④ 關內東道 撫問使
라 하여 關內道가 關內·關西·關北·關內東道로 분화 표기되었고, 山南道는 남부 전지역의 표시로 쓰이고 있음이 나타난다.

33)《高麗史》권 12, 世家 12, 예종 2년 2월.

찰사로 환원하였다는 것이다. 사실상 도부서는 전국적인 행정기구가 아니라 水軍을 관장한 기구로 여기서는 경상도 지방의 東南海都部署를 가리킨 것으로 이 都部署使가 안찰사의 기능을 대행하고 있었는데, 예종 8년에 정식 안찰사로 바뀌었다는 것은[34] 이제 전국에 걸쳐 본격적으로 안찰사제가 시작되었음을 의미한다고 보아야 하겠다. 이것은 비단 동남해인 경상진주도에 제한된 것이 아니라 전국적인 안찰사제의 성립을 표시하는 것이 될 것이다.

예종대에 안찰사제가 실시되었다는 가장 확실한 증거는 실제로 5도 안찰사의 이름이 나오고 있다는 사실이다. 예종 때 구체적으로 서해도안찰사 외에 전라도안찰사·양광충청주도안찰사가 보이고 다음 인종 때에는 東南海(慶尙晋州道) 按察副使·春州道按察使가 나타나 전국적으로 5도 안찰사제가 확립되었음을 엿보게 한다.[35] 인종 11년(1133) 制에 외옥수의 감사 추검을 兩京留守·兩界兵馬使와 더불어 諸道按廉(察)使가 하고 있는 것은[36] 남도가 모두 안찰사의 통제를 받았다는 표시가 될 것이다. 지금까지 틈틈이 주현을 순행하여 수령을 출척하는 察訪使를 파견하였던 것을 인종 20년(1142) 이후에는 폐지하고 다만 안찰사에게 위임하였다는 사실도 이를 증명하는 것이다.[37]

전기한 인종 11년制에는 '諸道按廉使'라 하여 확실한 안찰사도의 수가 표기되지 않았다. 그러나 다음 의종 때에는 명확히 '5道按察使'의 이름이 나오고 있다. 즉 의종 17년(1163)에는 양계병마사와 5도안찰사가 함께 陛辭하여 동시에 발견되고 이들은 그 지방의 방물을 상납하는 임무를 가졌음이 나타난다.[38] 이와 같이 처음의 과도기적인 안찰사제는 예종 때부터 전국적으로 파견되고 결국 이는 5도안찰사의 완성을 보기에 이르렀던 것이다.

(2) 5도안찰사의 통치제도

5도안찰사는 양계병마사와 함께 중앙정부와 주현 사이의 중간기구로 정착

---

34) 〈慶尙道營主題名記〉《道先生案》에는 문종 23년(1069)부터 都部署使 임명의 기록이 나오고 예종 7년(1112)에 안찰사로 개정되어 있어 1년의 차이가 보인다.

35) 春州道는 원래 東界에 속한 監倉使道였는데 仁宗 때에는 하나의 안찰사도로 전환되었다.

36) 《高麗史》 권 16, 世家 16, 인종 11년 4월.

37) 《高麗史》 권 75, 志 29, 選擧 3, 銓注 選用監司, 명종 11년 9월.

38) 《高麗史節要》 권 11, 의종 17년 8월.

되었다. 예종 때의 5도는 楊廣忠淸州道·慶尙晋州道·全羅州道·西海道·春州道(交州道)로 편성되었다. 이 5도의 구성은 그 후 부분적인 변동이 있기는 하였으나 그 원형은 대체로 고려 후기까지 계속되었다. 명종 원년(1171)에 양광충청주도가 楊廣州道와 忠淸州道로, 그리고 경상진주도가 慶尙州道와 晋陝州道로 양분되어 7도로 증가하였다가 오래지 않아 5도안찰사로 복구되었으며, 충렬왕 2년(1276)에 按察使가 按廉使로 바뀌고 충선왕 즉위 후 提察使로 불리웠다가 충숙왕 후년에 다시 안렴사로 환원되었다.

그러면 고려 중기에 성립한 5도안찰사는 과연 행정적인 지방 중간기구였을까. 학자에 따라서는 5도안찰사제를 부정하고 고려의 道가 행정기구의 기능을 갖게 된 것은 고려 후기에 이르러서였다고 해석하기도 한다.[39] 그러나 의외로 일찍부터 5도안찰사가 수령과 같은 행정관의 기능을 행사하였음은 틀림없는 사실로 보인다. 그것은 의종 때 양계병마사와 5도안찰사가 동시에 임지에 출발하여 方物을 貢奉하였으며, 다음 왕인 명종 때에는 구체적으로 그들의 牧民官으로서의 임무가 명시되고 있기 때문이다. 즉 명종 18년(1188) 制에는 양계병마사와 5도안찰사의 직능으로서 ① 民間利病의 咨訪, ② 守令賢否의 黜陟, ③ 寃滯의 審治, ④ 農桑의 勸課, ⑤ 軍士의 撫恤, ⑥ 豪强의 摧抑, ⑦ 歲貢의 징수 등을 들고 있어[40] 이 때 이미 지방행정관의 역할을 담당하였음이 나타나고 있다. 여기에는 명종 18년의 기사로 쓰여 있지만 실제로는 그보다 훨씬 이전부터 목민관의 기능을 가졌다고 보여진다.

---

39) 河炫綱, 앞의 책.
우선 5道制에 대한 반론으로, 5도 이외에 6도·7도·8도 등 그 숫자가 고정되지 않고 또 도명도 楊廣忠淸州道가 아닌 忠淸州道로 불리기도 하며, 交州道도 春州道·江陵道 등으로 혼칭되고 있다는 것이다. 그러나 이것은 시대에 따른 5도제의 변동을 이해하지 못한 데서 나온 오해이다. 7도란 전술한 바 명종 원년의 분화에 따른 일시적인 것이고, 6도는 공민왕 5년 江陵道가 存撫使道에서 按廉使道로 바뀌면서 6도안렴사의 칭을 갖게 된 것이다. 이 밖에도 군사적인 도의 숫자는 다른 문제다. 도명도 역시 시대에 따라 변경되었으니, 楊廣忠淸州道는 명종 원년에 楊廣州道와 따로이 忠淸州道가 생긴 바 있고, 고종 때에는 아예 양광충청주도를 정식으로 충청주도로 개칭하였으며, 처음의 春州道는 고종 때 交州道로 바뀌었으며 江陵道는 처음 東界에 속한 存撫使道에서 공민왕 때 按廉使道로 된 곳으로 혼동해서는 안될 것 같다. 제도사 연구는 평면적으로 고찰해서는 안되고 시간적인 변화과정을 통해 그 실체를 구명해야 할 것이다(邊太燮, 앞의 글, 1968 ; 앞의 책, 一潮閣, 1971 참조).

40) 《高麗史節要》 권 13, 명종 18년 3월.

이와 같은 5도안찰사의 기능은 바로 고려 말 우왕 때 憲司의 상언에 표시된 제도안렴사의 직능과 같은 것이었다. 즉 우왕 4년(1378) 헌사의 상언에는 각도 안렴사의 직능으로 ① 軍國重事, ② 民生疾苦, ③ 守令得失, ④ 刑獄爭訟 등을 統察한다고 하였으니,[41] 이것은 명종 때의 그것과 같은 내용이었다. 결국 5도안찰사의 직능은 첫째 守令의 賢否를 출척하는 것이고, 둘째 民生의 疾苦를 물어 민간의 利病을 咨訪하는 것이며, 셋째 수령의 寃滯를 심치하여 형옥을 다스리는 것이고, 넷째는 貢賦와 方物을 수납하여 개경으로 수송하는 일이며, 다섯째는 軍士를 통솔하여 군사권도 가진 점이었다. 이것은 안찰사가 수령과 같은 지방행정의 담당자로 '按察·守令 臨民之任'[42]이라 일컬을 만한 것이다. 이제 5도안찰사는 같은 지방 행정기구이지만 주현의 수령을 통할하여 중앙정부와 연결하는 중간기구의 위치에 놓이게 된 것이다.

안찰사와 수령은 같은 臨民之任으로 지방행정관이란 점에서 동일하였다. 원래 안찰사는 수령을 출척하는 직임이었으나 충숙왕 5년(1318) 敎에서는 존무사·제찰사(안찰사)·수령에 대하여 憲臣 金千鎰 등을 파견하여 민간의 질고를 묻고 출척을 엄히 행하라 하여 오히려 안찰사도 수령과 함께 감찰의 대상이 되는 존재로 화하였다. 다만 양자의 차이가 있다면 5도안찰사는 주현 수령의 상부기구로 중간 통치기관이 된 데 있다.

고려 전기에는 중앙과 주현이 직결되고 있었는데 대하여 후기에는 안찰사를 중간기구로 하여 연결되었으니 그 좋은 예가 戶籍 작성법이다. 즉 국초에는 州郡이 매년 호구와 인민의 수를 조사하여 호부에 올려 호적을 작성하였는데 대하여[43] 후기에는 수령이 안렴사에 보고하면 안렴사가 版圖司(호부)에 보고하게끔 바뀌었던 것이다.[44] 또한 鄕貢의 選上도 전기에는 주현의 鄕貢이 계수관에 都會하여 뽑아 올렸는데[45] 후기에는 역시 각 도에서 會試하여 선상케 변하였던 것이다.[46] 이와 같이 고려 중기 이후 5도안찰사는 중간 행정

41) 《高麗史》 권 75, 志 29, 選擧 3, 銓注 選用監司 신우 4년 12월.
42) 《高麗史節要》 권 19, 충렬왕 원년 6월.
43) 《高麗史》 권 79, 志 33, 食貨 2, 戶口.
44) 《高麗史》 권 79, 志 33, 食貨 2, 戶口 신우 14년 8월 大司憲 趙浚 등 상소.
45) 《高麗史》 권 73, 志 27, 選擧 1, 科目 현종 15년 12월 등 諸條.
46) 《高麗史》 권 73, 志 27, 選擧 1, 科目 공민왕 23년 3월 敎.

기구로 되어 중앙정부와 주현 수령 사이를 연결하는 존재로 되었던 것이다.

안찰사가 수령과 같은 「臨民之任」을 가진 행정관리이기 때문에 그에게는 행정사무를 보는 治所가 필요하였는데, 그것이 곧 按察使營이었다. 안찰사는 6개월 임기의 「使命之任」이었으나 그가 본도에 부임하면 일단 안찰사영에 도착한 후 도내를 순행하고 다시 환영하여 6개월 동안 본영에 머물면서 행정사무를 보았다. 이것은 안찰사가 하나의 使行이면서 부과된 임무를 마치면 곧 귀경하는 다른 사신과 다른 점이었다. 비록 6개월이라는 짧은 기간이지만 임기가 있었다는 것이 그에게 행정관서의 설치를 필요케 한 것이다. 안찰사영은 대체로 도내의 가장 큰 고을인 계수관에 존치되었으며 여기에는 營吏가 있어 사무를 보았다.

(3) 5도안찰사제의 변화

고려의 5도안찰사가 지방의 중간통치기구가 되었지만 그 제도는 아무런 변화없이 고려 말까지 계속됨으로써 모순이 나타나게 되었다. 안찰사가 수령을 통할하는 상급 행정관이면서 그 관품이 낮았고, 專任官이 아니라 행정기구를 갖추지 못하였으며, 또한 6개월만에 교대하므로 임기가 짧은 것은 확실히 결함이 되지 않을 수 없었다. 이에 고려 후기에는 5도안찰사제의 모순을 개혁하려는 정책이 진행되었다.

첫째는 안찰사의 낮은 官秩에 대한 문제였다. 고려의 안찰사는 대체로 명문출신으로 등과한 문신이 임명되었으나 5, 6품의 관원이 임명되고 높아야 4품관으로 이는 권한이 큰 데 비하여 너무나 관질이 낮았다. 이것은 초기에 안찰사가 주현을 감찰하는 사행일 경우에는 무관하였으나 이제 수령을 통찰하는 상급 행정기구가 된 후에는 문제가 되지 않을 수 없었다. 수령이면서 경·도호·목의 장관은 3품 이상이었고 주·부·군의 사는 5품으로 안찰사보다 고위일 경우가 있어 상하의 행정체계가 확립될 수 없었다. 창왕 즉위년(1388) 7월에 趙浚이 주·부·군의 知官이 모두 正順·奉順大夫(정3품)이고 방진·부윤·주목·도호의 외관도 역시 양부의 大臣·奉翊(종2품)의 達官으로 안렴사보다 높으므로 안렴사가 수령의 출척이나 군민의 일을 잘 시행할 수 없는 즉, 안렴사도 양부대신으로 임명해야 한다고 청한 것은 이와 같은

모순을 지적한 것이었다.[47]

이러한 조준의 요청은 받아 들여져 다음달 안렴사를 도관찰출척사로 승격하여 교서와 鈇鉞을 수여하고 재추로 임명하였는데 이 때 임명된 제도 도관찰출척사는 다음과 같다.[48]

楊廣道	都觀察黜陟使－政堂文學 成石璘
慶尙道	都觀察黜陟使－前平壤尹 張 夏
全羅道	都觀察黜陟使－前密直副使 崔有慶
交州江陵道	都觀察黜陟使－前密直商議 金士衡
西海道	都觀察黜陟使－密直提學 趙云仡

이 때는 종래의 交州道에 공민왕 때 안렴사도로 된 江陵道가 합하여 하나의 교주강릉도가 되어 5도로 되는 동시에 양부 재추가 도관찰출척사로 임명되어 그 지위가 격상되었다. 이들 도관찰출척사의 권한이 컸음은 이들에게 교서와 부월을 하사하였는데, 이 때 내린 교서에서 제도 도관찰출척사로 하여금 대소의 군민관을 상벌하는데, 특히 수령·장수를 처벌할 경우 양부 이상은 감금한 후 聽候하고 봉익대부 이하는 직단케 한 것으로 알 수 있다.[49]

둘째로 들어야 할 안찰사제의 결함은 그들이 전임관이 아니고 또 사무기구를 갖추지 못한 점이었다. 안찰사는 일종의 사행이기 때문에 정식 제수하지 않고 京官을 구전으로 임명하는 비전임관이었으며, 더욱이 안찰사에게는 수령 밑의 향리 조직과 같은 사무관이 마련되지 못하고 있었으니, 처음의 순행관의 지위에 불과할 때는 문제가 없었으나 어엿한 중간기구로 된 이후에는 그 임무를 수행하는데 지장이 있었다. 이에 공양왕 원년에는 새로운 도관찰출척사를 종래와 같은 경관 구전이 아니라 따로 제수를 함으로써 정식으로 전임관이 되게 하였다.[50] 또한 이듬해에는 이들 5도관찰출척사에게도 행정기관인 經歷司를 설치하고[51] 4품 이상의 經歷이나 5품 이하의 都事를 首領官으로 삼아 사무장의 일을 보게 하였다. 이제 안찰사는 제도상으로도 경관의 일시적인

47) 《高麗史》 권 75, 志 29, 選擧 3, 銓注 選用監司.
48) 《高麗史節要》 권 33, 창왕 즉위 8월.
49) 《高麗史》 권 137, 列傳 50, 叛逆 6, 辛禑 5 신창 즉위 8월.
50) 《高麗史》 권 77, 志 31, 百官 2, 外職 按廉使 공양왕 원년.
51) 《高麗史》 권 77, 志 31, 百官 2, 外職 按廉使 공양왕 2년.

사행이 아니라 정식 도의 행정장관으로 외직화되고 그 밑에는 정비된 사무기구가 갖춰지기에 이른 것이다.

셋째의 결함은 안찰사의 6개월 교체제이다. 안찰사는 春夏番과 秋冬番의 반년 교대로 그 임기가 너무 짧았다. 처음 주현을 순행 감찰하는 사행일 때는 6개월로도 충분하였으나 목민관으로서 지방행정의 기능을 가지게 된 이후에는 그 임기가 문제가 되지 않을 수 없었다. 이에 우왕 4년(1378)에는 헌사가 6개월 교체의 폐단을 들고 1년간으로의 연장을 건의하였는데, 그 폐단이란 안찰사의 임무가 매우 무거운 데도 불구하고 6월 교대로 公事를 실행하는데 마치지도 못한 채 바뀌게 되어 공사가 廢弛하게 되고 또 잦은 迎送으로 백성들의 폐해가 많다는 것을 지적하였던 것이다.[52] 이 헌사의 상언이 받아들여져 이듬해부터 1년 교체로 변경됨으로써 이 결함은 시정되었다. 즉 權近의 《陽村集》에는 안렴사가 옛 제도는 춘추에 교대하였는데 우왕 5년(1379)에 대간이 1년 기한을 건의하여 廟堂(都評議使司, 즉 都堂)에서 秋期에 교대하게끔 바뀌었다 한다.[53] 이로써 6개월 교대의 안찰사는 1년 교대로 바뀌어 그 임기가 연장되었던 것이다.

이제 고려말에는 안찰사제의 결함인 큰 권한에 대한 관질의 卑下, 專任官이 아닌데 따른 행정기구의 미비, 그리고 6개월 교대에 따른 폐단이 시정되어 안찰사는 양부 대신으로 임명되어 도관찰출척사로 승격되었고, 정식 除授에 의한 전임 외직이 되고 사무기구인 경력사를 마련케 되었으며, 또한 6개월 교대에서 1년 교대로 임기가 연장되었다. 그러므로 고려말에는 명실공히 5도가 지방 중간기구로 행세하게끔 개편된 것이다.

5도에 도관찰출척사가 설치된 것은 창왕 즉위년(1388)이다. 이 때까지도 경기와 양계는 별개의 중간기구로 구성되고 있었는데, 2년 후에는 경기 좌우도와 양계에도 똑같이 도관찰출척사가 설치되고 여기에 경력사가 부수됨으로써 전국은 똑같은 지방통치기구로 일원화되었다.[54] 이는 고려 지방제도의 발전

52) 《高麗史》 권 75, 志 29, 選擧 3, 銓注 選用監司, 신우 4년 12월.

53) 權近, 《陽村集》 권 15, 序類, 送交州道林按廉序.

54) 《高麗史》 권 56, 志 10, 地理 1, 王京 開城府. 그리고 공양왕 2년 12월에 韓尙質이 西北面都觀察黜陟使·兼兵馬都節制使로 임명되어 이 때 양계에도 觀察使가 설치되었음이 나타난다(《高麗史》 권 45, 세가 45, 공양왕 2년 12월).

〈지도 2〉 5도 양계

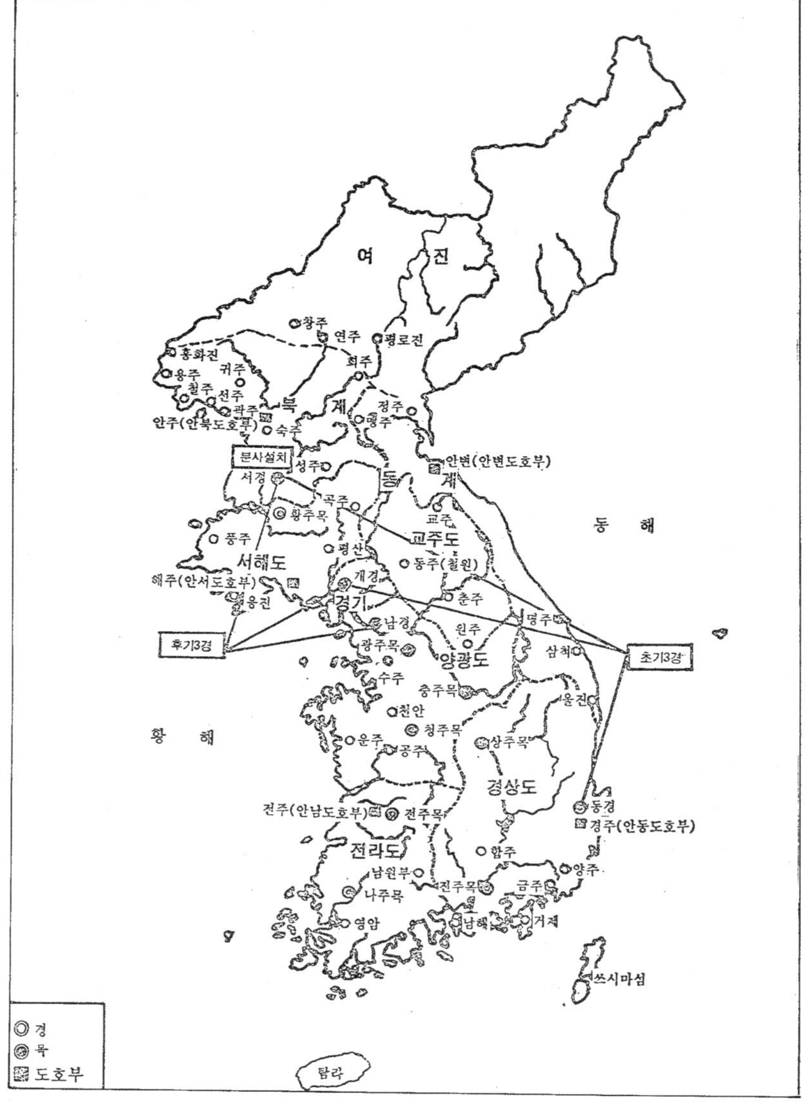
여
진
창주
연주
평로진
홍화진
용주
귀주
철주
선주
곽주
북
계
희주
정주
맹주
안주(안북도호부)
숙주
분사설치
성주
서경
동
계
안변(안변도호부)
곡주
황주목
교주
교주도
동 해
풍주
평산
서해도
동주(철원)
해주(안서도호부)
개경
옹진
경기
춘주
남경
명주
후기3경
광주목
원주
양광도
삼척
초기3경
수주
충주목
울진
천안
청주목
황 해
운주
공주
상주목
경상도
전주(안남도호부)
전주목
동경
경주(안동도호부)
전라도
합주
남원부
양주
진주목
금주
나주목
영암
남해
거제
쓰시마섬
경
목
도호부
탐라

하는 것이었다. 다시 말하면 특수한 경기 통치제와 군사적인 양계병마사제가 일반적인 5도체제로 동질화되었던 것이다. 이 관찰사제는 고려 멸망 3개월 전인 공양왕 4년 4월에 다시 안렴사로 복구되었으나 이는 조선 건국 후 곧 다시 관찰사로 환원됨으로써 지방 중간기구는 계속 발전되었던 것이다.

4) 양 계

(1) 양계병마사제의 성립

고려는 전국을 경기·5도·양계로 구분하여 경기는 개성부사가 통치하고 남쪽의 5도에는 안찰사를 파견하였으나 북쪽에는 특별히 양계를 설치하여 兵馬使를 파견하였다. 이것은 양계는 변경지역으로 군사적인 통치제가 필요하였기 때문이었다. 이와 같이 고려는 남부의 민사적인 5도에 대하여 북부에는 군사적인 양계를 설치하여 안찰사와 다른 병마사를 파견함으로써 고려의 독특한 지방중간기구를 이루었다.55)

고려에 처음으로 양계병마사가 설치된 것은 성종대의 일이다. 즉 성종 8년(989)에 처음으로 東西北面에 3품관인 병마사 1인을 설치하여 閫外를 專制케 하였는데, 또한 知兵馬事·副使·判官·錄事도 아울러 파견하였다 한다.56) 이때 북계에 설치된 병마사가 과연 후대의 양계병마사와 같이 상주하는 외직의 성격을 띠고 있었는지는 분명하지 않다. 우선 이 기사에서는 동서북면에 병마사 1인이 파견된 것으로 나와 있어 양계로 구분된 것 같지 않으며, 또한 실제로 병마사가 기록에 보이는 것은 현종 10년(1019)의 '東北面兵馬使'이고57) 지방 통치기구로 표기된 것은 정종 즉위년(1034) 八關會 때 上表 陳賀하는데 '東

55) 고려의 양계에 대한 연구로는 다음과 같은 글이 있다.
金南奎, 앞의 글.
———, 〈高麗 兩界의 監倉使에 대하여〉(《史叢》 17·18, 高大史學會, 1973).
邊太燮, 앞의 책.
李基白, 〈高麗 兩界의 州鎭軍〉(《高麗兵制史硏究》, 一潮閣, 1968).

56) 《高麗史》 권 77, 志 31, 百官 2, 外職 兵馬使.
《高麗史節要》 권 2, 성종 8년 3월.

57) 《高麗史節要》 권 3, 현종 10년 정월.

西 2京 · 東北兩路兵馬使 · 4都護 · 8牧'이 함께 나열된 기사에 비롯된다.[58] 현종 20년(1029)에 동북면병마사 李周佐가 朔方道의 登州 · 溟州 관내 19현이 蕃賊의 침구로 생업이 곤란하다 하여 무휼을 가할 것을 청하여 왕이 조부의 감면을 명한 바 있다.[59] 이는 현종 후년에 이미 양계병마사가 외직의 기능을 행사하였음을 보여 준다. 성종 8년(989)에 시작된 북계의 병마사는 현종 때 군사적인 양계병마사로 되고 그 후년에는 행정관의 성격도 갖게 되었던 것이다.

이러한 양계병마사제의 성립은 예종대(1105~1122)에 출발한 5도안찰사에 비하여 자못 이른 것이다. 이것은 남도의 주현에 비하여 북계의 州鎭이 보다 일찍부터 설치된 것과 맥을 같이 한다. 변경지방은 군사적 필요에서 일찍부터 防禦州 · 鎭의 외관이 설치되었으며 그의 상부조직인 양계병마사제도 먼저 성립하게 된 것이다.

지방통치기구로 성립한 병마사제는 다음과 같은 구성으로 조직되었다.[60]

兵馬使	3품	1인	兵馬判官	5 · 6품	3인
知兵馬事	3품	1인	兵馬錄事	參外權務	4인
兵馬副使	4품	2인			

즉 양계에는 3품관인 병마사 밑에 지병마사 · 부사 · 판관 · 녹사 등의 요원으로 병마사기구가 편성되었다. 그러나 실제로 병마사의 임명 사실을 보면 이와는 다른 것이 나타난다. 문종 초까지는 양계에 각각 병마사(장관)와 부사(차관)가 함께 파견되었으나 그 이후에는 장관으로서 서북면에 知兵馬事, 동북면에 兵馬副使가 파견되고, 예종 이후에는 서북면에 병마사, 동북면에 병마부사가 임명되고 있어 병마사나 지병마사 · 병마부사가 하나의 장관으로 파견되었던 것이다. 비록 정식 병마사가 아니고 지사나 부사라 하더라도 어엿한 병마사기구의 장관으로서 일반적으로 「병마사」라 통칭됨에는 차이가 없었다. 6部 尙書로 병마사에 임명되면 正兵馬使가 되고, 卿은 지병마사, 侍郎과 少卿은 병마부사가 됨이 원칙이었다.

58) 《高麗史》 권 6, 世家 6, 정종 즉위년 11월.
靖宗 3년 정월 制에서는 '外任及東西兵馬官吏'라 하여 양계 병마사가 外任과 동일시 되고 있다(《高麗史》 권 64, 志 18, 禮 6, 凶禮 五服制度).
59) 《高麗史》 권 94, 列傳 12, 李周佐.
60) 《高麗史》 권 77, 志 31, 百官 2, 外職 兵馬使.

이들 병마사기구의 관원은 모두 6개월 교대였음은 5도안찰사와 같았다. 양계 병마사는 6개월 임기로 춘하번과 추동번으로 나누어졌으니, 임명 시기는 대체로 춘하번은 정월(또는 2월), 추동번은 7월(또는 8월)이었다. 이들 양계 병마사기구는 兵馬使營에서 사무를 보았는데 병마사영은 양계의 유일한 계수관인 安北都護府와 安邊都護府에 있었던 것으로 보인다.

(2) 양계병마사의 통치제도

양계는 국방지역이었기 때문에 군사적인 병마사가 파견되어 중간기구의 역할을 담당하였다. 병마사는 다만 변경을 지키는 邊將에 그치지 않고 동북면과 서북면이라는 행정구획을 통치하는 지방장관이었다. 이들은 각각 자기 관내의 州鎭의 수령을 통할하고 중앙정부와 연결된 위치에 있었던 것이다.

양계의 장관을 병마사라 칭한 것은 5도의 민사적인 안찰사에 대하여 군사적 기능이 일차적이었기 때문이었다. 우선 양계는 하위 행정단위인 주현제부터 5도와 달랐다. 5도가 주로 일반 행정구획인 주·부·군·현으로 편성된 데 대하여 양계는 군사적인 방어주·진으로 구성되었다. 성종 2년(983) 남부에 12牧이 설치되었을 때 북계에는 여러 방어사주·진이 설치되었는데, 외관제가 일단의 완성을 본 현종 9년(1018)에는 전국에 4都護·8牧·56知州郡事·28鎭將·20縣令이 설치되었으니, 여기 군사적인 외관으로는 4도호·28진장 외에 56지주군사 중에도 많은 방어사주가 포함되었을 것으로 추측된다. 이제 양계의 주진의 구성을 《高麗史》 지리지에 의거하여 표로 만들면 다음 〈표 4〉와 같다.

〈표 4〉 兩界 州鎭의 구성

	主 縣	軍 事 州 鎭		民 事 州 縣	
		防 禦 使	鎭使·將	知 州 事	縣 令
西 北 面	43	25	12 (鎭使 8, 鎭將 4)		6
東 北 面	30	10	10 (鎭使 3, 鎭將 7)	2	8
합 계	73	35	22	2	14

여기서는 交州道 소속의 交州·春州·東州를 원래대로 동계에 포함시켜 계산하였다.

위 표를 보면 양계에는 외관이 파견된 主縣 73개 가운데 군사적인 방어사와 진사·진장이 설치된 주진이 57개이고 민사적인 지주사와 현령이 설치된 주현이 16개로 단연 군사적 주진이 많다. 더욱이 민사적인 주현은 準南道라 할 수 있는 西京 부근과 交州·溟州道지방에 분포하고 있어 순북계지역에는 군사적인 방어사주와 진으로만 편성되고 있음이 나타난다.[61] 이와 같이 군사적인 주진으로 구성된 양계에 병마사가 임명된 것은 당연한 일이었다.

양계의 군현제도의 또 하나의 특징은 모든 주진에 외관이 설치되어 외관이 없는 屬縣이 적은 점이다. 고려 중기를 기준으로 양계의 총주현은 122개였는데 그 중 외관이 설치된 주현이 76개이고 속현은 46개였다. 이는 경기·5도의 총 주현 381개 가운데 主縣 54, 屬縣 327개에 비하여 절대로 외관의 비율이 많은 것이다. 더욱이 이들 적은 속현도 준남도라 할 수 있는 서경과 춘주도·명주도가 있는 오늘의 강원도지방에만 분포하여 순북계지방에는 모두 외관이 설치되고 있다. 이것은 고려왕조가 북계에 대하여 군사적인 필요에서 집권적인 지방통제를 강화하였음을 나타내는 것이다.

병마사는 양계의 군사적인 기능을 주로 하였으나 또한 민사적인 행정기능도 함께 하였다. 그것은 병마사가 양계의 주진을 관할하는 중간기구의 위치에 있었기 때문에 당연한 일이었다. 5도안찰사가 민사적인 .기능을 주로 하면서도 도내의 군사적 기능도 아울러 가진 것과 대조가 되는 것이었다. 명종 18년(1188)制에서 양계병마사와 5도안찰사는 民間利病을 咨訪하고, 守令의 賢否를 출척하며, 寃滯를 審治하고, 農桑을 勸課하며, 군사를 무휼하고, 豪强을 摧抑하며, 세공을 징수한다고 하여[62] 양자가 군사적·민사적 기능을 똑같이 가졌음을 표시하고 있다.

이러한 양계 병마사와 5도안찰사의 기능은 그들이 중앙과 주현 사이의 중간기구임을 나타내는 것이다. 수령의 현부를 출척하였다는 것은 주현의 상급 행정기구인 까닭이었다. 문종조와 사실로 보여지는 외옥수에 관한 判을 보면 외

61) 邊太燮, 〈高麗兩界의 支配組織〉(앞의 책), 204~205쪽.

62) 《高麗史節要》 권 13, 명종 18년 3월.

옥수를 監行 推檢하는데 서경은 分臺, 양계는 병마사, 關內西道는 안찰사, 東南海는 都部署, 그 외 지방은 계수관이 담당하여,[63] 남부지방이 아직 계수관으로 중간기구의 기능을 행하였을 때 이미 양계에는 병마사가 중간기구로 등장하고 있었다. 이것은 변경지방의 군사적 필요에서 양계가 보다 일찍부터 짜여진 지배조직이 요구되었기 때문이었다.

중기 이후에는 양계병마사가 5도안찰사와 동렬적인 지방 중간기구가 되었으나 역시 양계의 중요성에 따라 병마사는 안찰사보다 권력이 강대하고 서열이 높았다. 그들은 특별히 부월을 親授 받고 閫外를 전제하여 營主·藩鎭·都統 등으로도 불렸던 것이다. 양계병마사 기구에만 특별히 감찰기관인 분대가 설치된 것도 양계의 중요성을 뜻하는 것이었다. 즉 북계에는 서경과 서북면·동북면에 각각 분대로서 監察御史가 파견되었는데 이는 5도안찰사에는 없는 특별기구였던 것이다.

양계의 통치제도의 특수성은 分道制가 실행된 점이다. 병마사와 주진 사이에 경제적 군사적인 분도가 또 하나 설정된 것이다. 그 하나가 監倉使制이다. 감창사는 북계에 雲中道·興化道, 동계에 溟州道·朔方道·沿海道 등 5도에 설치되었다.[64] 이들의 임무는 원래 조세와 창름을 감독하는 것이었다. 즉 양계에서는 조세를 그대로 현지의 군수용으로 쓰고 稅籍을 없애어 貢布의 징수도 하지 않았는데, 이에 따라 특별히 조세와 軍資를 전담하는 감창사를 설치할 필요가 있었다. 병마사가 군사·민사의 모든 분야를 관장한데 대하여 감창사는 小道 내의 조세를 비롯한 민사문제만을 다루었던 것이다.

양계에는 군사적으로도 분도제가 있어 防戍將軍이 파견되었다. 이 군사적 분도는 시대에 따라 일정하지 않았으나 서북면에는 義州·靜州·昌州·朔州·延州·宣州 등이 있고 동북면에는 定州가 보인다. 양계 중에서도 국경지대의 大州에 분도가 설치되어 이웃의 여러 주진이 예속된 군사적 집단을 분도제라 할 수 있다. 이들 분도 장군은 병마사의 지휘를 받았지만 또한 소도 내를 순행하여 州守를 통할하였다는 점에서 또 하나의 군사적인 중간기구가 되었던 것이다.

---

63) 《高麗史》 권 84, 志 38, 刑法 1, 職制.

64) 《高麗史節要》 권 12, 명종 3년 윤 정월에는 7道按察使(이때는 5道가 7道로 분화되었음)·5道監倉使에게 모두 勸農使를 겸한다 하여 5道監倉使의 칭이 나온다. 문종조에는 春州道監倉使가 있었는데 인종 때부터 안찰사도로 바뀌어 소멸되었다.

위에서 본 바와 같이 고려는 남부의 민사적인 5도안찰사에 대하여 북부에는 군사적인 양계병마사제를 실시하여 그 통치방법에 차이를 두었는데 이는 고려 지방제도의 특수성이었다. 언제나 외적의 침범에 대비해야 했던 고려로서는 변경 지대인 양계를 일반적인 행정구획으로 삼을 수 없었기 때문에 특별히 병마사를 지방장관으로 삼고 군사적인 임무를 주로 하게 하였으며, 또 계내에 감창사도와 분도장군제의 또 하나의 중간기구를 갖추어 지방통치제를 운영하였던 것이다.

(3) 양계병마사의 변동

고려후기에는 양계 통치제도에 일대 변동이 일어나게 되었으니, 그것은 고종 때부터의 몽고의 침략과 북방지역의 점탈에 따른 결과였다. 고종 18년(1231) 몽고의 침입으로 개경정부는 강화도로 천도하고 항전을 계속하였으나 본토는 몽고군에 유린당하고 특히 북계지방은 큰 피해를 입어 주진은 海島로 피난하였으며, 몽고에 굴복한 후에는 또한 몽고가 동북면에 雙城摠管府, 서북면에 東寧府를 설치함으로써 양계제는 붕괴되지 않을 수 없었던 것이다. 《高麗史》 지리지를 보면 몽고군의 침구로 양계 주진이 해도로 入保하거나 남부지방으로 內徙 假寓하였음이 나타난다. 宣州·雲州·博州 등 여러 방어주가 고종 18년(1231) 해도로 입보하였다가 원종 2년(1261)에 출륙하고 있는데, 출륙 후에도 原邑의 폐허화로 돌아가지 못하고 다른 고을에 假寓하거나 예속되는 변화를 겪었다. 이러한 피난은 양계 병마사기구도 마찬가지였는데, 동북면 병마사는 처음 猪島로 갔다가 뒤에 竹島로 옮겼음이 확실하다. 그것은 고종 45년(1258)에 高州·和州 등 15주 사람들이 저도로 옮겨 살았는데 동북면병마사 愼執平이 성은 큰 데 사람이 적어 방어키 어렵다 하여 다시 죽도로 옮겼다는 사실로 알 수 있다.[65] 서북면병마사기구는 대동강구의 席島와 椵島에 있었다. 《東文選》 권 14, 金之岱의 〈贈西海按部王侍御伸宣〉에는 고종 말에 김지대가 北邊知兵馬事였는데 "北界營在席島作"이라 하여 이 때 서북면병마사영이 석도에 있었음을 알 수 있다. 그러나 원종 10년 서북면병마사 記官 崔坦 등이 반란을 일으켰을 때 가도로 들어가 分司御史와 監倉使를 죽이고 병마사와 분도가

---

65) 동북면병마사기구가 竹島로 입보하였음은 《高麗史節要》 권 17, 고종 45년 10월 및 安軸의 《關東瓦注》 竹島詩二首 幷序에도 나타나 있다.

도망한 것을 보면[66] 이 때는 서북면병마사기구가 가도에 있었던 것 같다. 석도는 西海道 豊州에 속하고 가도는 西京 三和縣에 속하였으나 양도는 서로 인접하여 병마사영이 있었던 모양이다.

이와 같이 몽고의 침구는 양계의 주진과 병마사제를 붕괴시키고 말았다. 그러나 양계제의 완전한 해체는 몽고의 북계지역 점탈로 이루어졌다. 고종 45년(1258) 趙暉 등이 화주 이북의 땅을 들어 몽고에 投附하자 몽고는 여기에 雙城摠管府를 설치하고, 11년 후인 원종 10년(1269)에 서북면병마사영 기관인 최탄 등이 북계를 들어 몽고에 내부하여 여기에 東寧府가 설치되었던 것이다. 서북면의 동녕부는 21년 후인 충렬왕 16년(1290)에 고려에 환부되었지만 쌍성총관부는 공민왕 5년(1356)까지 거의 100년간이나 몽고의 통치하에 들어가 있었으므로 이 동안 양계는 근본적인 변형이 불가피하였다.

양계의 주진은 이미 몽고의 침구로 폐허화되고 邑司가 이웃 주현에 寓居하거나 귀속되는 경우가 많았다. 더욱이 동녕부와 쌍성총관부의 설치는 더 이상 양계병마사의 존재를 불필요하게 만들었다. 따라서 원종 11년(1270) 이후 양계병마사는 역사상에서 사라지고 그의 예하기구인 분대어사나 감창사·분도장군도 없어지고 말았다. 그러나 다만 명주지방은 쌍성총관부 밖에 있었으므로 여기에는 東界安集使가 설치되어 전국은 5도안찰사와 동계안집사의 통치를 받게 되었다. 또한 충렬왕 16년(1290)에 동녕부가 혁파되어 서북면지방이 회복됨으로써 불완전하나마 양계가 복구된 셈이었다. 즉 충렬왕 16년 서북면의 제성 수령이 다시 설치되고 여기에 西北面都指揮使가 임명됨으로써[67] 동계안집사와 함께 양계의 장관이 된 것이다. 단 격이 낮았던 동계안집사는 충렬왕 24년(1298) 충선왕 즉위 2월에 파하여지고 交州道按廉使가 겸하게 되었다.

충선왕이 복위하자 새로운 양계장관제가 형성되었다. 이 때 5道按廉使가 제찰사로 개칭되는 동시에 양계의 장관으로 존무사가 설치되었는데, 서북면에는 平壤道存撫使, 동계에는 江陵道存撫使가 설치되어 전국은 5도안찰사·양도 존무사로 편성되었다. 평양도존무사는 平壤府尹을 겸하여 평양에 置司하였고, 강릉도존무사는 처음에 명주에 그 청사를 두었다가 충숙왕 원년

66) 《高麗史節要》 권 18, 원종 10년 10월.
67) 《高麗史》 권 30, 世家 30, 충렬왕 16년 7월.

(1314)에 登州(安邊)로 옮겼다. 이리하여 쌍성총관부 치하인 화주 이북의 땅을 제외한 북방지역에 불완전하나마 양계제가 재현되었다.

공민왕 5년(1656) 쌍성총관부가 수복됨으로써 양계는 다시 정상화되게 되었다. 처음 쌍성총관부가 회복되자 화주 이북도 강릉도존무사의 통할을 받게 하였다. 강릉도존무사가 朔方道採訪使를 겸한 것은 이를 나타낸다.[68] 또한 오래되지 않아 양자는 하나의 행정구획으로 합하여 졌으니 공민왕 17년(1368) 郭儀는 삭방·강릉도안렴사에 임명되었던 것이다.[69] 그러나 결국 공민왕 후년에 가서는 양자는 분리되어 강릉도에는 안렴사가 설치되고 북계에는 따로이 都巡問使가 임명되기에 이르렀다. 역시 삭방도는 순전한 국경지대인데 대하여 강릉도는 민사적인 남도의 성격을 가졌기 때문이었다.

이제 양계의 지방장관은 도순문사로 격상되어 남도의 안렴사보다 그 직위가 높아졌다. 서북면 도순문사는 평양부윤을 겸하고 동북면 도순문사는 和寧府尹을 겸하여 각각 평양과 화령(和州)에 治司를 두었다.

그러나 양계는 아직도 민사적인 도관찰출척사가 아니라 군사적인 도순문사가 임명되어 차이가 있었다.[70] 이에 공양왕 원년(1389) 大司憲 趙浚은 양계에도 5도와 같이 관찰사가 설치되어야 한다고 건의하여 마침내 서북면과 동북면에도 관찰사가 파견되어 전국이 똑같은 통치기구로 일원화되었다. 그것은 공양왕 2년(1390)에 韓尙質을 西北面都觀察黜陟使·兼兵馬都節制使로 임명된 사실로 알 수 있다.[71] 서북면도관찰출척사는 전과 같이 군사직인 都節制使를 겸하고 또 그의 치소인 평양윤을 겸하였다. 東北面都觀察黜陟使의 기록은 보이지 않지만 그도 역시 도절제사와 화령윤을 겸하였을 것이다. 이리하여 고려말에는 양계에도 남도와 같은 민정장관인 도관찰출척사가 설치되

68) 鄭道傳, 《三峯集》 권 4, 行狀, 鄭云敬行狀.

69) 《高麗史節要》 권 28, 공민왕 17년 8월.

70) 이 때의 양계의 장관이 都巡問使였는지에 대하여는 이론이 있을 수 있다. 그것은 《高麗史》 권 77, 志 31, 百官 2, 外職 節制使條에 공양왕 원년에 都巡問使를 都節制使로 바꾸는 동시에 지금까지의 京官 口傳을 처음으로 除授로서 전임관화시켰으며 사무관인 經歷·都事를 설치하였다고 하였기 때문이다. 그러나 여기에는 도순문사의 아래 관직으로 元帥를 節制使로 개정하였다 하여 이것이 남도에도 존재하였던 병마직이 아닌가 추측되고, 실제로 공양왕 2년에 韓尙質이 西北面都觀察黜陟使·兼兵馬都節制使라 하여 역시 병마직임이 나타나기 때문이다.

71) 《高麗史》 권 45, 世家 45, 공양왕 2년 12월.

어 전국이 단일적인 행정기구로 통일되었다. 공양왕 2년(1390)에 京畿左右道에도 도관찰출척사가 설치된 바 있다.

이와 같이 고려의 군사적인 양계의 통치제도는 고려말에 이르러 민사적인 남도와 같게 되었다. 고려 후기에는 양계의 군사적인 방어주·진이 일반적인 주·현으로 전환되었으므로 그의 상부구조도 민정화된 것은 당연한 결과라 할 수 있다. 처음 동계에 속하였던 춘주도가 먼저 남도화되더니 뒤에 강릉도(명주도)도 남도화되었는데, 고려말에는 나머지 양계 전부가 경기·5도와 함께 도관찰출척사로 일원화되었다. 이것은 고려 지방제도의 발전을 뜻하는 것으로서 비록 고려 멸망 3개월 전인 공양왕 4년(1392) 4월에 모든 제도가 복구될 때 남도에 안렴사가 다시 설치되고 양계에도 다시 도순문사가 설치되어 조선 太宗 때까지 계속되었지만 발전의 추세는 어찌할 수 없는 사실이었다. 이렇게 보면 고려는 시간이 흐름에 따라 양계의 군사적인 특수지방제도가 일반화되는 발전의 과정을 밟았다고 할 수 있다.

〈邊太燮〉

Ⅲ. 군사조직

1. 경군

2. 주현군과 주진군

3. 고려 전기 군제의 붕괴

Ⅲ. 군사조직

1. 경　군

1) 태조대의 경군

(1) 태조대 경군의 규모

고려 전기의 중앙군은 전형적으로는 2軍 6衛라 총칭되는 8개부대로 편제되어 있었다. 2軍은 鷹揚軍과 龍虎軍으로 그 병력규모는 3천 명이었고, 6衛는 左右衛·神虎衛·興威衛·金吾衛·千牛衛, 그리고 監門衛 등으로 그 병력규모는 4만 2천 명이었다.

고려시대 군사제도의 연혁을 기록한《高麗史》兵志에 의하면 2군은 6위보다 상위의 부대들이었지만 그 설치시기는 6위보다 나중이었다고 한다.[1] 그리고 군주의 행적을 기록한《高麗史》世家에 의하면, 중앙에 6위가 설치된 것은 태조 2년의 일이었다고 한다.

> (太祖) 2년 春 正月 도읍지를 松嶽의 남쪽으로 정하여 궁궐을 짓고, 3省 6尙書 9寺 등을 두고, 市廛을 세우고, 坊里를 가르고, 5部를 구분하고, 6衛를 설치하였다(《高麗史》권 1, 世家 1, 태조 2년 정월).

그러나 고려의 중앙군이 태조 2년(919)부터 6위로 편제되어 있었다고 하는 위의 기록은《高麗史》편찬자의 잘못으로 판단된다. 6위의 중앙군제는 당나라의 12衛兵制를 바탕으로 한 병제였다. 그러나 태조대라고 하면 왕조의 창업기인 동시에 전란의 시대라서 정치적으로나 군사적으로 아직 중국식 제도들을 수용할 만큼의 안정되고 여유있는 상황이 아니었다. 고려 건국기의 名儒 崔承老가 전하는 바에 의하면, 태조대는 "禮樂文物이 오히려 결핍된 것이 많았고

---

1)《高麗史》권 77, 志 31, 百官 2, 西班.

무릇 百官과 官司의 품계와 격식이며 내외의 규정과 의식이 아직 정해져 있지 못했던 시기"였다고 한다.[2] 이러한 시기에 고려가 당나라 병제를 도입할 수 없었을 것이다.

태조대의 역사는 출병과 전투에 관한 사건들로 점철되어 있지만, 그 가운데 위의 실재를 방증할만한 구체적 단서는 전혀 없다. 만일 6위가 설치되어 있었다면 출전 무장들 가운데 반드시 6위의 武職을 지닌 인물이 있을 법도 한데 도무지 그런 사례가 보이질 않는 것이다.[3] 또한 고려에 3省 6部 9寺와 같은 중국식 정치기구들이 설치된 것도 사실은 태조대가 아니라 성종대의 일이었다.[4] 이러한 점들을 종합해 보건대, 태조대의 중앙군은 6위와는 무관한 방식으로 조직되어 있었음이 분명하다.

그러면 태조대 開京을 본거지로 하고 있던 정부직속군, 곧 京軍은 어떻게 조직되어 있었을까. 이 문제를 해명하기 위해서는, 간접적이고 단편적이기는 하지만, 주요전투에 출동한 중앙군의 규모라든지 지휘관의 직함 등에 관한 기사들을 참고해 보는 수밖에 없다. 그 중에서도 태조대 경군의 전체적 규모와 편제를 파악하는 데 가장 유리해 보이는 기사는 고려와 후백제와의 최후 최대의 결전이었던 一利川 戰役(태조 19년 9월)에 관한 기사일 것이다. 《高麗史》 세가 태조 19년 9월조에는 당시 戰場에 집결한 태조측 병력의 규모와 부대 편성에 관한 상세한 기록이 실려 있는데 그 내용을 정리해 보면 다음 〈표 1〉과 같다.

이 표에 의하면, 일리천(지금의 善山지방의 낙동강 줄기) 전역에 출전한 태조측 병력은 좌강·우강·중군, 그리고 원군 등 크게 네 개 부대로 편성되어 있었고 전체 병력수는 8만 7천 5백 명이었다. 그런데 태조측 병력 가운데에는 〈표 1〉의 병력구성 항목이 보여주듯이, 중앙의 정부직속군 뿐 아니라 지방의 유력 호족들의 응원군과 북방 유목민들의 기병까지도 포함되어 있었다. 원군을 구성한 1만 5천 명과 중군 소속의 흑수 등 말갈의 기병 9천 5백 명은 성격상 정부직

2) 《高麗史》 권 93, 列傳 6, 崔承老.

3) 鄭景鉉, 〈高麗前期 武職體系의 成立〉(《韓國史論》 19, 서울대 국사학과, 1988), 134~142쪽.

4) 邊太燮, 《高麗政治制度史硏究》(一潮閣, 1971), 3~8쪽.

〈표 1〉 《高麗史》에 전하는 太祖軍의 편성

부대편성	병력구성	筆頭의 지휘관	병력규모
左 綱	馬軍 10,000	甄萱(망명한 후백제王)	
	步軍 10,000	支天軍大將軍 能達	20,000
右 綱	馬軍 10,000	金鐵	
	步軍 10,000	補天軍大將軍 三順	20,000
中 軍	馬軍 20,000	王順式(溟州豪族)	
	步軍 1,000	祐天軍大將軍 貞順	
	步軍 1,000	天武軍大將軍 宗熙	
	步軍 1,000	杆天軍大將軍 金克宗	
	黑水 등 遊牧族의 勁騎 9,500	庾黔弼	32,500
援 軍	騎兵 300		
	諸城軍 14,700		15,000
			합계 87,500

속군이라 보기 어려운 병력이다. 그러므로 이들을 제외한 6만 3천 명(마군 4만 명과 보군 2만 3천 명)이 당시 고려 경군의 총 병력수였던 셈이 된다.[5)]

다시 〈표 1〉의 내용 가운데 경군의 편제문제와 관련하여 우리의 주의를 끄는 부분은 3군 소속 각 보군병력의 필두 지휘관들에게 한결같이 某某軍大將軍이라는 식의 직함이 주어져 있었던 점이다. 支天軍大將軍, 補天軍大將軍, 祐天軍大將軍, 天武軍大將軍, 그리고 杆天軍大將軍 등이 바로 그것이다. 여기서 언급된 지천군이니 보천군이니 하는 명칭들은 어쩌면 태조대 중앙군 소속의 보군부대 명칭들이었는지도 모른다. 만일 그렇다면 6만 3천 명 규모의 태조대 경군은 세 개의 마군부대와 다섯 개의 보군부대들로 편제되어 있었던 것으로 상정해 볼 수도 있다.

그러나 태조대 경군의 규모와 편제에 관한 이같은 상정은 후백제와의 결전 당시 태조측 병력에 대한 《高麗史》의 기록을 너무 쉽게 믿거나 피상적으

5) 洪承基, 〈高麗初期 中央軍의 組織과 役割－京軍의 性格－〉(《高麗軍制史》, 陸軍本部, 1983), 30쪽.
鄭景鉉, 《高麗前期 2軍 6衛制 硏究》(서울대 박사학위논문, 1992), 21～23쪽.

로 받아들인 데서 비롯된 하나의 성급한 일반화일 것이다. 왜냐하면 태조대 경군의 병력규모가 6만 3천 명이었다는 주장은 당대의 여러가지 객관적 여건에 비추어 볼 때 사실일 가능성이 매우 희박하며, 지천군 등의 5가지 명칭들을 당시 경군의 제도화된 부대명칭들이었다고 해석하기에는 몇 가지 미심쩍은 문제점들이 있기 때문이다.

우선 경군의 병력수 문제부터 검토해 보자. 앞서 언급했듯이, 〈표 1〉로부터 경군규모를 계산하면 6만 3천 명이 된다. 그 중 마군(기병)이 4만 명이고 보군이 2만 3천 명이다. 그러나 경군의 개념을 개경 주둔의 정부직속군이라고 전제할 경우 태조대의 경군 병력수가 6만여 명이었다는 주장은 쉽사리 수긍 될 수가 없다. 동서양을 막론하고 근대 이전의 전쟁사에는 출전병력의 규모가 터무니없이 과장되어 기록된 예가 허다하거니와[6] 일리천 전투에 출전한 고려측 병력수에 대한 《高麗史》의 기록도 그러한 경우라 판단되기 때문이다. 이제 그 구체적 이유들을 지적하면 다음과 같다.

첫째, 6만여 명이라는 병력수는 태조대 개경 일원의 인구사정상 도저히 불가능한 숫자였다. 《高麗史》가 전하는 이 병력수를 사실로 받아 들인다는 것은 당시 개경에 군인 가족만 30여 만 명이 밀집해 살고 있었다고 주장하는 것과 마찬가지다. 고려시대 수도권 인구가 어느 정도였는지는 전혀 알려지지 않고 있다. 그러나 조선조 세종대의 수도권 지역(漢城 및 城底 10里 일원)에 총 2만여 호가 살고 있었다.[7] 이 사실은 고려시대 수도권 인구의 대략을 추정하는데 매우 유리한 기준이 될 수 있다. 1호당 가족수를 4.5명으로 보면, 2만 호의 인구수는 9만 명 정도가 된다.[8] 그렇다면 고려시대 수도권 인구수, 그것도 태조대 수도권의 인구수는 그보다는 훨씬 적었으리라고 보아야 할 것이다. 그리고 고려시대 개경 일원의 인구가 남녀노소 합쳐 9만 이하였다는 것은 《高麗史》에 기록된 바 태조대의 경군 병력수(6만 3천)가 매우 과장된

---

6) H. Delbrück, *History of the Art of the War within the Political Framework, Vol. 1 : Antiquity*, trans. W.J. Renfroe, Jr. (London : Greenwood Press, 1975), 30쪽 이후 참조.

7) 《世宗實錄》 권 148, 地理志, 京都漢城府.

8) 고려시대 1戶당 평균 가족수는 未詳이다. 조선 후기의 경우에는 1호당 가족수가 평균 4.5명 정도였다(四方 博, 《朝鮮社會經濟史硏究》, 東京 : 國書刊行會, 1976, 43쪽).

전설적 숫자임을 말해 준다.

둘째, 태조대 정부직속군 가운데 무려 4만 명이 기병이었다는 기록 또한 사실일 가능성이 희박하다. 4만 명의 기병이 출전하였다는 것은 4만 필의 戰馬가 있었음을 의미하고, 4만 필의 전마가 있었다는 것은 그 어미말과 새끼말, 그리고 다른 종류의 말들까지 합쳐 당시 십 수 만 마리의 말들이 있었음을 전제한 주장이다. 고려 초기에 개경을 중심으로 하여 북으로는 黃州, 동으로는 鐵原, 남으로는 淸州 등에 걸치는 지역에 열 군데의 馬場이 설치되어 있었다. 그러나 그 가운데 개경, 貞州, 江陰 등 제일 중요한 마장 세 군데에만 2명씩의 牧監將校와 십 수 명의 看守軍들이 파견되어 있었다.[9] 이 점으로 미루어 보면 고려 초기에 마장 한 군데에서 기르고 있었던 말의 수효는 아무리 많아도 수 백 필을 넘을 수는 없었을 것이다. 사실상 한반도는 풍토적으로 말 사육에는 부적합한 지역이었다. 산지가 많아 목초지가 부족한데다가 겨울에는 말들이 뜯어 먹을 풀이 없다는 점이 가장 큰 문제였다. 또한 고려 의종 때 정해진 전국 목장에서의 畜馬飼料規定을 가지고 계산해 보면, 전마 4만 필의 사료용 콩만도 매달 2만 5천 가마가 소요될 것이었다.[10] 자연경제단계의 당시 농업생산력의 수준에 비추어 볼 때 그 만한 분량의 콩 생산은 불가능했을 것이다. 그러므로 태조대 경군 가운데 마군이 4만 명이었다는 《高麗史》의 기록은 문자 그대로 믿기 어렵다.

셋째로 일리천 전역에 출전한 고려 경군이 6만여 명이었다는 《高麗史》의 주장은 전술적 관점에서 고찰해 보아도 매우 부자연스럽다. 태조는 그의 군대를 이끌고 天安으로 내려 와서 忠州 방면으로 우회한 다음 鷄笠嶺을 넘어 선산의 일리천으로 기동하였다. 태조가 이와 같이 천안에서 대우회 기동을 한 것은 아마도 충주지역의 호족들을 비롯해 낙동강에 연한 舊新羅系 호족들로부터 군사들과 군량미를 지원받기 위해서였던 것으로 보인다.[11] 《高麗史》의 기록대로라면 태조는 그의 정부군 6만 3천 명과 북방 유목종족의 기병 9천 5백 명을 이끌고 천안에서 계립령을 거쳐 선산의 낙동강(일리천)까지 대략

9) 《高麗史》 권 83, 志 37, 兵 3, 看守軍.
10) 鄭景鉉, 앞의 글, 26쪽.
11) 鄭景鉉, 〈高麗太祖의 一利川 戰役〉(《韓國史硏究》 68, 1990), 3~7쪽.

180km를 행군해 간 것이다. 그런데 후삼국시대의 지방 및 산간의 도로사정이 매우 황폐되어 있었음을 감안해 볼 때, 그 병력은 일렬 종대의 대형으로 행군해 갈 수 밖에 없었을 것이다.[12] 약 5만 명의 기병과 2만여 명의 보병이 일렬 종대로 행군할 경우 그 대열의 총 길이는 무려 200km 정도에 이른다. 그렇다면, 7만여 명에 달하는 태조군의 행군대열 길이는 그들의 행군로 길이보다도 더 길었던 셈이 된다. 이것은 전술적으로는 거의 있을 수 없는 일이다.[13]

또 한가지 지적하고 싶은 문제점은 일리천 전역에 출동했다는 병력수가 그 이전의 통상적인 출전 병력수에 비해 갑자기 열 배 정도로 늘어났다는 점이다. 일리천 전역 이전, 고려와 후백제 사이에는 여러 차례의 전투가 있었고 그 중에는 태조와 甄萱이 직접 대규모 병력을 이끌고 출전하여 격돌한 경우들도 있었다. 그러나《高麗史》에 기록된 바에 의하면, 이들 전투에 출동한 양측의 병력 규모는 대부분 5천 명 미만이었고 만 명의 병력이 출전한 경우는 단 한 번 뿐이었다.[14] 물론 이같은 대략적인 병력수들은 그것이 다소 과장된 것임을 암시하지만, 여하튼 그러한 통상적 출전병력수에 비추어 볼 때 일리천 전역에서의 6만 3천 명은 너무나 비약적으로 증강된 병력수인 것이다.

동서고금을 막론하고 전쟁사에서 주요 전투에 출동한 피아의 병력수가 과장되게 기술되어 있는 경우는 허다하며, 그와 같은 현상은 일반적으로 고대 사서일수록 더욱 심하다.[15] 옛날 사람들일수록 만 단위 이상의 대규모 숫자에 대한 정확한 관념이 부족할 뿐 아니라, 승리를 미화하고 패배를 변명하기 위해 피아의 병력수를 쉽사리 침소봉대하고 쉽사리 믿어버리는 경향이 크기 때문이다. 일리천 전장에서의 태조군 부대편성에 관한《高麗史》의 기사내용은 비교적 상세한 편이다. 그러나 전장에서의 병력수에 관한 기록은 그 내용이 상세하다고 해서, 혹은 보다 옛날의 기록이라 해서 무비판적으로 믿어버릴 것은 아니다. 일리천 전장에서의 태조군의 부대편성에 관한 기록은 이미 고려 인종대에 편찬된《三國史記》에도《高麗史》와 같은 정도로 상세하게 전

12) 鄭景鉉, 앞의 글(1992), 29쪽.
13) 鄭景鉉, 위의 글, 29~30쪽.
14) 鄭景鉉, 위의 글, 32쪽.
15) H. Delbrück, 앞의 책, 30쪽.

해지고 있는데 거기에 기록된 태조측의 총 병력수는 무려 총 10만7천5백 명이었다.[16] 이같이 《高麗史》나 《三國史記》의 병력수 기록들이 모두 과장되어 있으면서도 서로 다른 것은 각각의 근거 자료가 전설적인 것이었기 때문으로 추정된다.[17]

그렇다면 태조대 경군의 실제적인 병력수는 어느 정도였을까. 먼저 지적할 수 있는 것은 고려의 병력수가 후백제의 그것에 절반 정도였다는 사실이다. 이 같은 사실은 태조 19년(936)에 견훤이 그 아들에게 말한 내용에서도 짐작할 수 있다.

> 이 늙은 아비가 신라시대에 후백제를 세워 지금에 이르렀다. 병력수는 北軍(고려군 : 필자주)의 두 배였음에도 불구하고 도리어 불리했으니 이것은 하늘이 고려를 도왔기 때문이다(《三國遺事》 권 2, 紀異 2, 後百濟 甄萱).

실제로 《高麗史》의 기록을 보더라도 고려와 후백제와의 전투에 있어서 일반적으로 후백제측이 좀 더 공세적이었다. 태조가 神劍軍과의 결전을 위해 북방 유목종족의 기병까지 동원하고 다시 천안에서 충주방면을 경유, 옛 신라지역인 일리천으로 크게 우회 기동한 것도 근본적으로는 후백제에 대한 병력의 상대적 열세를 극복하기 위한 조치였던 것으로 해석된다.

그런데 일리천 전역 당시 신검의 후백제군은 아무리 많아도 2만 명을 넘지는 못했을 것으로 판단된다. 왜냐하면 이 전투에서 신검의 후백제군은 접전 직후 8천 9백 명의 병력손실(전사자 5,700명, 포로 3,200명)을 당하자 곧바로 궤멸되었기 때문이다.[18] 이것은 태조측에 의해 주장된 전과라서 다소 과장되었을 가능성도 있다. 여하튼 신검이 9천 명 정도의 병력 손실을 당하자 더 이상의 저항을 못하고 항복하고 말았다는 것은, 이 전투에 동원된 후백제군의 총 병력규모가 손실병력의 두 배, 즉 2만 명을 넘지는 못했기 때문이 아닌가 추측된다. 그리고 이 병력 가운데에는 지방 각지에서 모은 농민군이 상당수 포함되어 있었을 것이다. 그렇다면 태조대 고려의 경군병력은 아무리

16) 《三國史記》 권 50, 列傳 10, 甄萱.

17) 고려 태조대에서 목종대까지의 實錄 원본은 현종 초 거란군이 개경을 함락했을 때 모두 불타 없어져 버렸기 때문에 현종은 黃周亮으로 하여금 각지를 방문하고 자료를 수집케 하여, 태조대에서 목종대까지의 역사를 다시 편찬하였다고 한다(《高麗史》 권 95, 列傳 8, 黃周亮).

18) 《高麗史》 권 2, 世家 2, 태조 19년 9월.

많다 하더라도 만 명 이하였을 것으로 추정된다.

여기서 우리는 다시 고려 건국기 개경의 인구사정을 참고할 필요가 있다. 앞서 지적하였듯이, 고려시대 개경 일원의 인구는 최대 2만 호를 초과할 수는 없었을 것이다. 그런데 설령 2만 호의 인구가 있었다고 하더라도 이들 2만 호가 모두 전업적인 군인의 家戶 곧 軍戶였다고 상정할 수는 없다. 군호는 전체 호수의 1/3을 넘지 못했을 것이다.[19] 그러므로 태조대 경군의 규모는 최대로 잡아 6천 명 정도였다고 볼 수 있다. 흥미롭게도 이러한 이론적 추정치는 《高麗史》가 전하는 태조측 군대의 통상적인 출전병력 규모가 넉넉잡아 5천 명 정도였다는 사실과 엇비슷하다.

(2) 태조대 경군의 편제

태조대의 경군은 별도의 명칭이 없는 세 개의 마군부대와 특정한 명칭을 지닌 다섯 개의 보군부대들(지천군, 보천군, 우천군, 천무군, 그리고 간천군)로 편제되었던 것으로 상정되어 있었다.[20] 이것은 〈표 1〉의 내용에 근거한 추론이었다. 그러나 〈표 1〉의 내용을 직접적인 근거로 하여 경군의 편제를 그같이 상정하는 데에는 몇 가지 문제점들이 있다.

첫째, 부대의 고유명칭이 보군부대에만 있고 마군부대에는 없었다는 점이다. 보군부대보다는 마군부대가 전투력의 면에서나 유지 관리의 측면에서 훨씬 더 고급의 부대였을 터인데도 고유한 부대 명칭들이 없었다는 것은 지천군이니 보천군이니 하는 보군부대의 부대명칭들이 제도적인 것이 아니라 임시적인 것이었음을 시사한다.

둘째로, 支天軍을 비롯한 다섯 개 부대명칭들은 오직 태조 19년(936) 9월의 신검 토벌전에 관한 기록에서만 보이고 있다. 그러한 부대명칭들은 그 이전이나 그 이후의 기록에서는 전혀 나타나지 않는다. 만일 그것들이 경군의

---

19) 《高麗史》 권 81, 志 35, 兵 1, 兵制 신우 9년 8월. 고려 전·후기를 막론하고 농민들의 열악한 생계 형편에는 별 변화가 없었을 것인 만큼 고려 전기의 軍戶 편성 또한 三家一戶의 원칙에 의거했을 것이다.

20) 李基白, 《高麗兵制史硏究》(一潮閣, 1968), 51쪽.
洪承基, 앞의 글, 31쪽.
朴龍雲, 《高麗時代史》上 (一志社, 1985), 283쪽.

제도화된 부대 명칭들이었다면 그러한 제도명들이 신검토벌 이전의 수많은 전투에 관한 기록 속에 언급되었을 법도 한데 전혀 그렇지 않은 것이다. 이것은 지천군대장군 따위가 특별한 출병이나 작전이 있을 때에 한하여 그 최고장수에게 임시적으로 부여되는 직함이었음을 시사한다. 태조 18년 태조가 나주를 경략하기 위해 마군장군 유금필을 출전시키면서 그에게 都統大將軍의 직함을 임시로 부여했던 사실이 그러한 예가 될 것이다.[21]

셋째로, 지천군대장군을 비롯한 다섯 개 보군대장군 칭호에는 한결같이 「天」자가 포함되어 있다. 이것은 그 부대들이 하늘의 뜻을 받들어 반군 토벌에 나선 군대임을 상징적으로 표현하고 있다. 그 구체적 사례가 《三國史記》 신라본기에서 확인된다. 즉 신라 헌덕왕 11년(819) 왕은 당나라의 요청에 따라 李斯道의 반군을 토벌하기 위한 응원군을 출동시켰다고 하는데 이 때 반군토벌군 사령관에게 부여된 직함이 「順天軍大將軍」이었던 것이다.[22] 물론 신라에는 순천군이라는 편제부대가 없었다. 따라서 「순천군」은 반군토벌을 위해 출동하는 병력에 대해 대의명분으로 붙여진 임시적이고 상징적인 명칭이었다. 이 같은 예에 따라 지천군대장군 등의 칭호들을 해석해 볼 때, 그것들 역시 「天命」을 받은 태조의 명령에 따라 「賊子」인 신검의 반군을 토벌하기 위해 출전한 여러 병력의 지휘관들에게 부여된 임시적이고 상징적인 직함들이었다고 판단된다.[23] 그러므로 태조대 경군의 편제는 병력수의 경우와 마찬가지로 보다 믿을만한 다른 근거에 입각해 추론하지 않으면 안된다.

태조대 경군의 편제를 파악하기 위해서는 당대 무관들의 직제를 살펴봄이 좋을 것이다. 중앙군의 부대편제는 무관직제와 상호 표리관계에 있었을 것이기 때문이다. 예컨대 성종대 이후 무관의 관직체계는 중앙군의 6위편제에 대응하여 제정된 것이었다. 마찬가지로 태조대 무관들의 직제 역시 당대 경군의 편제에 대응하여 제정되어 있었을 것이다.

태조대 무관직제에 대해서는《高麗史》권 77, 百官志 西班條에 "태조 초에 馬軍將軍·大將軍이 있었으니 이것이 武職이었다"고만 기록되어 있을 뿐 더

21) 《高麗史》 권 92, 列傳 5, 庾黔弼.
22) 《三國史記》 권 10, 新羅本紀 10, 헌덕왕 11년 7월.
23) 鄭景鉉, 앞의 글(1992), 37쪽.

이상의 해설은 없다.[24] 그러나 당대의 연대기에는 마군장군과 마군대장군의 구체적인 예들이 나올 뿐 아니라 海軍將軍·內軍將軍 등의 무관직을 지닌 장수들의 예도 확인된다.[25] 보군장군의 직은 사서에는 비록 그 구체적 예가 보이지 않지만 마군장군과 해군장군의 직제가 있었던 점으로 미루어 보아 실재했었을 것이다. 마군·보군·해군은 전투를 위한 병력이었던 반면 내군은 왕의 신변을 경호하는 병력이었다.[26] 이같이 태조대의 장군급 무관직제가 마군, 보군, 해군, 내군의 4가지 병력에 따라 설치되었다면, 경군의 편제 또한 기본적으로 이 4가지 병종별로 이루어졌으리라고 추정할 수 있다.

이상에서 고찰한 바를 종합하면 다음과 같다. 태조대의 경군은 개경 일원을 본거지로 하는 정부직속군이었다. 《高麗史》에는 태조 19년 9월의 후백제와의 결전(일리천 전역) 당시 고려측 출전병력의 규모와 편제에 관한 기사가 실려 있다. 그리고 종래의 대부분의 연구에서는 이 기사를 근거로 하여 태조대 경군의 규모와 편제를 주장해 왔었다. 그러나 그 기사가 전하는 병력수와 부대편제의 내용은 당대의 역사적인 여러 여건이나 구체적 사실들에 비추어 볼 때 너무나 거리가 멀거나 모순된 것이었다.

그 기사는 태조대 경군의 규모를 6만 3천 명이었다고 주장하였으나 그 수자는 하나의 전설로서 지나치게 비현실적으로 과장된 것이었다. 태조대 경군의 규모를 제약했던 결정적 요인은 당시 개경 일원의 인구 규모였을 것이다. 고려시대 수도권 인구에 대한 통계기록은 전해지지 않지만 조선조 세종대 수도권 인구가 2만 호였음을 감안할 때 결코 그보다 많지는 않았을 것이다. 더욱이 태조대 개경 일원의 인구는 2만 호를 훨씬 밑도는 규모였을 것이다. 그러므로 태조대 경군의 규모는, 가령 3家戶당 1명의 정규군인이 차출되었다고 하더라도, 최대 6천 명을 초과할 수가 없었을 것이다. 이 같은 추정치는 비록 이론적이긴 하나 일리천 전역 이전 고려와 후백제의 통상적인 출전병력 규모가 5천 명 미만이었다는 사실과 부합된다.

《高麗史》에 의하면, 대후백제 결전 당시 고려 경군이 두 개의 마군부대와

24) 《高麗史》 권 77, 志 81, 百官 2, 西班.
25) 鄭景鉉, 앞의 글(1988), 134~142쪽.
26) 李基白, 앞의 책, 56쪽.

다섯 개의 보군부대(지천군·보천군·우천군·천무군·간천군)로 편성되어 있었다고 했다. 그러나 이같은 부대편성과 명칭은 상설적으로 제도화되어 있었던 것이 아니라 신검 토벌을 명분으로 한 일리천 전투 당시에 임시적으로 사용된 것이었다. 하나의 제도로서 경군의 기본편제는 무장들의 관직제도와 표리관계를 이루고 있었을 것이다. 태조대 무장들의 관직은 장군급 이상에만 병종별로 설치되어 있었으니 마군장군·보군장군·해군장군, 그리고 내군장군 등이 그것이다. 따라서 경군 또한 마군·보군·해군, 그리고 내군 등의 네 가지 병종별로 구분되어 있었다고 판단된다. 마군이나 해군은 나름대로의 전업적 전투기술이 필요한 군인들이었다. 그리고 국왕의 신변경호와 궁궐경비의 병력인 내군 또한 별도의 특수임무를 수행하는 군인들이었다. 태조가 그의 직속병력을 이같이 병종별로 구분하여 운용한 것은 무엇보다도 후백제군과의 전투 및 영토확장을 보다 효율적으로 수행하기 위해서였을 것이다.

2) 2군 6위제의 성립

(1) 6위와 2군의 설치

위에서 고찰한 바와 같이 태조대 개경 거주의 전문적 군인들은 최대로 잡아 6천 명 정도였을 것으로 추정되며, 그 병력은 마군·보군·해군, 그리고 내군 등 네 가지 병종별로 구분되어 있었으리라 생각된다.

왕조 개창기이자 전란기였던 태조대는 지방사회에 대한 정부권력의 침투가 거의 불가능하였다. 태조대의 경군조직은 무엇보다도 그같은 시대적 여건의 산물이었다. 그러나 태조의 후계자들은 지방사회에 대한 중앙의 정치군사적 통제력을 계속 강화시켜 정부직속군의 규모·편제 등을 정비하였다. 그 결과 성립된 고려조의 정형화된 중앙군제가 2군 6위제도였다. 2군 6위란 중앙군을 이루는 8개 부대의 총칭으로서 2軍은 鷹揚軍과 龍虎軍을, 6衛는 左右衛·神虎衛·興威衛·金吾衛·千牛衛, 그리고 監門衛를 가리킨다.

후술하듯이 지위상으로는 2군이 6위보다 상위의 부대들이었다. 그러나 제도적으로는 6위가 2군보다 먼저 설치되었을 뿐 아니라 편제 병력의 규모 또한 2군에 비해 압도적으로 우세하였다. 편제상으로 보면, 중앙군 전체병력

(45,000명)의 93%(42,000명)가 6위에 소속되었다.

〈표 2〉 2군 6위의 조직과 편제

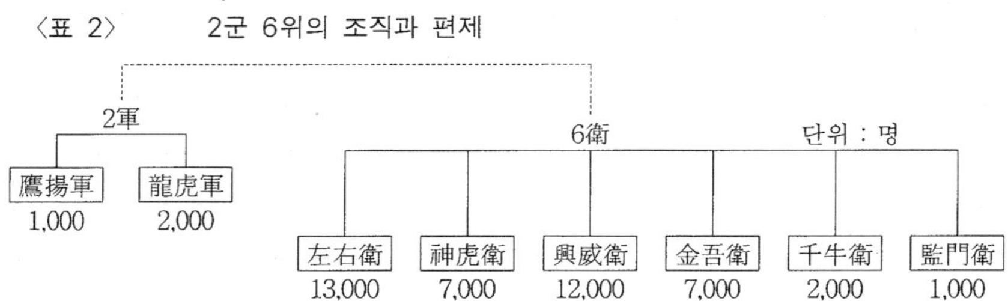

6위를 주축으로 하는 이 같은 중앙군 조직은 왕조 개창기인 태조대의 경군조직과 비교할 때 두 가지 특징을 지닌다. 하나는 중앙군의 제도적 형식이 당의 중앙군제인 府衛制度(혹은 府兵制度)를 모델로 하였다는 점이고, 다른 하나는 편제병력의 규모가 대폭 증강되었다는 점이다. 이 같은 변화는 광종대부터 중국식 국가체제를 모델로 추진된 집권화정책의 한 결과로서 이해된다.

2군과 6위가 정확히 언제 어떤 경위로 설치되었는지는 분명하지 않다.《高麗史》 백관지 머리말 부분에는 2군 6위의 설치 연혁에 대하여 다음과 같이 기록되어 있다.

> (태조) 2년에 6위를 설치하였다. 목종 5년에 6위의 직원들을 배치하였다. 그 후에 응양군과 용호군 2군을 설치했는데 2군은 6위보다 지위가 높았다(《高麗史》 권 77, 志 31, 百官 2, 西班).

앞 절에서 비판했듯이 태조 2년에 6위가 설치되었다는 부분은《高麗史》 편찬자의 어떤 착오에서 비롯된 것이다. 그리고 목종 5년에 6위의 직원들을 배치했다는 부분은 "목종 5년 5월 6위의 군영을 짓고 직원과 장수들을 배치했다"고 한《高麗史》 兵志의 기사에서 발췌한 것이다. 그러므로 위의 기록 가운데에서는 응양·용호의 2군이 6위보다 나중에 설치되었다고 한 부분만이 사실이었던 셈이다.

그러면 6위와 2군은 언제 어떤 역사적 배경 속에서 설치된 부대들이었을까. 먼저 6위가 실재했음을 전해 주는 최초의 기록은 목종 원년에 개정된 文

武兩班及軍人田柴科(문무양반과 군인들에 대한 보수규정)에서 발견된다. 그 규정을 살펴보면 '六衛長史'가 田地 45결과 柴地 22결을 받도록 되어 있었다.[27] 따라서 적어도 목종 원년에는 이미 6위의 부대조직이 편성되어 있었음이 분명하다.

이 전시과규정은 목종이 즉위한지 불과 2개월만에 개정된 것이다. 때문에 6위는 적어도 목종이 즉위하기 이전에 설치되었을 가능성이 높다. 목종의 전왕은 성종(981~997)이었다. 성종은 당제를 모델로 하여 중외의 행정제도를 대대적으로 정비함으로써 고려조 나름의 집권적 통치체제의 항구적 기반을 마련한 군주였다. 중앙의 3성·6부의 설치, 지방의 鄕吏職 개편과 12牧 설치를 비롯한 행정구역의 정리, 상주외관의 파견 등은 모두 성종대에 처음으로 시행한 제도들이다. 그러므로 당의 중앙군제를 본뜬 고려의 6위제도 또한 성종대에 성립되었을 것으로 추측된다.

이러한 추측이 가능하다면 6위가 설치된 보다 정확한 시기를 성종 14년(995)으로 생각할 수 있다. 이 해에 성종은 당나라식의 지방행정제도를 본 따서 종래의 12州牧을 12軍으로 개편하고 각 군마다 牧使 대신 節度使들을 파견·배치함으로써 지방사회에 대한 군사행정적 통제를 획기적으로 강화하였기 때문이다. 고려정부는 이들 절도사들을 통하여 지방사회로부터 대량의 병력자원을 새롭게 확보할 수 있었을 것이며 그 결과 중앙군의 병력편제 또한 확대 개편하였을 것으로 추측된다. 그렇게 해서 설치한 중앙군 편제가 아마 6위였을 것이다.

그렇다면 성종 14년 6위가 설치되기 전까지는 중앙군이 어떤 방식으로 편제되어 있었을까. 태조대의 경군조직이 그 때까지 그대로 지속되었을 것 같지는 않다. 성종 14년이면 태조가 죽은 지 약 50년 후인데다가 중국식 관제의 도입과 집권화 시책은 이미 광종대부터 꾸준히 진행되어 왔기 때문이다. 《高麗史》에는 성종 9년의 기사 가운데 '절충부 別將'과 같은 부병제식의 무관직을 지닌 한 개인이 언급되고 있는데[28] 이것은 당시의 중앙군 병력이 이미 「衛」 단위로 편제되어 있었음을 시사한다.

27) 《高麗史》 권 78, 志 32, 食貨 1, 田制.
28) 《高麗史》 권 3, 世家 3, 성종 9년 9월.

부병제와는 전혀 무관한 방식으로 편제되었던 태조대의 경군조직이 최초로 「衛」단위의 편제로 조정되기 시작한 시기는 빠르면 광종대가 아니었을까 추측된다. 태조대 특유의 정치제도가 처음으로 중국풍의 그것으로 개편되기 시작한 시기가 광종대였기 때문이다. 광종은 중국 後周의 통치제도를 본 따 왕권을 강화시켜 나간 군주였다. 그는 과거제도를 도입함으로써 문관 우위의 관료체제를 위한 제도적 기반을 확립하는 한편 태조대 이래의 공신급 무장들의 대부분을 모반 혐의로 처형하였다. 군사적인 면에서는 徇軍部를 軍部로, 內軍을 掌衛部로 개정하였다. 또한 지방의 주·군에서 풍채 좋은 장정들을 선발하여 중앙의 시위군 병력을 크게 증강하였다. 이러한 사실은 당대에 이미 국왕의 직접적인 통치권이 지방사회에 침투하기 시작하고 있었음을 말해 준다.[29)]

광종대의 정치적 분위기가 이와 같은 것이었다면 경군의 편제방식에도 어떤 변화가 있었으리라 짐작된다. 통일전쟁기였던 태조대에는 경군의 가장 중요한 임무가 전투의 수행에 있었지만 왕권강화를 도모한 광종대에는 왕실의 경호가 경군의 일차적 임무가 되었을 것이다. 또한 태조대 이래의 勳舊宿將들이 대거 처형당하고[30)] 지방에서 선발된 장정들이 중앙의 시위군으로 새로 편입하는 등 경군의 인적 구성에 있어 커다란 변화가 있었다. 광종은 군사부문에 있어서의 이런 사태변화를 어떤 새로운 제도로서 수습할 필요가 있었을 것이다. 여기서 우리는 그가 비록 미숙한 형태로나마 중국식의 중앙군제 즉 府衛制度를 도입하지 않았을까 추측하게 된다. 그러므로 태조대의 경군조직은 광종대에서 성종 초에 걸쳐 중국식 부위제도를 지향해 부분적으로 개편하다가 성종 14년에 이르러 마침내 6위제도로 정형화하였던 것으로 요약된다.

이번에는 2군(응양군과 용호군)의 설치경위에 대하여 살펴보자. 2군이 언제 어떻게 해서 설치된 것인지에 대해서는 직접적인 기록이 없다. 다만 이들 2군이 6위보다 나중에 설치된, 그러나 6위보다는 상위의 부대들이었다는 기록만이 전한다.[31)]

한편 《高麗史》를 살펴보면 현종 8년(1017)조의 기사 속에 2군 소속의 특정

---

29) 鄭景鉉, 앞의 글(1992), 89~90쪽.
30) 《高麗史》 권 93, 列傳 6, 崔承老.
31) 《高麗史》 권 77, 志 31, 百官 2, 西班.

무관에 관한 최초의 기록이 보인다.[32] 따라서 2군은 목종 5년(1002) 이후 현종 8년 이전의 어느 시기에 설치되었을 것이다.

그러나《高麗史節要》목종 12년(1009) 정월조 기사에는 '親從將軍 庾方'이라는 인물이 보이는데 친종장군이란 응양군과 용호군 소속 장군들의 별칭이었다.[33] 때문에 2군의 설치시기는 일단 목종 5년에서 11년 사이가 아니었을까 하고 추측해 볼 수 있다.[34]

그러나 목종대에 2군이 설치되었으리라는 추측에는 다소 석연치 않은 점이 있다. 하나의 군사조직이 새롭게 창설 운영되기 위해서는 그에 상응하는 인적, 행정적, 재정적 뒷받침이 요구된다. 게다가 2군은 왕을 측근에서 경호하고 의장하는 부대들이었다. 그러므로 고려정부가 6위 이외에 별도로 이 같은 친위 부대들을 새롭게 편제했을 때에는 그렇게 해야할 만한 객관적 사정이 있었을 것이다. 이를테면 왕을 경호하는 병력을 크게 증강해야 할 현실적 필요성이라든지 혹은 군사조직 전반의 개편사업의 추진과 같은 정책적 변화와 같은 것이 그것이다. 그러한 점에서 볼 때 목종대에는 6위 이외에 추가로 2군을 설치할 특별한 사정이 없었던 시대였다.

그렇다면 목종대의 기사 속에서「친종장군」이 보이는 것은 어떻게 이해해야 할 것인가. 2군의 장군들이 친종장군이라 불리기도 한 것은 親從－국왕에 대한 護衛侍從－이 바로 그들의 고유임무였기 때문이다. 반면에 응양군 장군이니 용호군 장군이니 하는 것은 그들의 소속부대에 따라 부여된 명칭들이었다. 하지만 친종하는 장군들은 2군이 설치되기 이전에도 있었을 것이다. 2군 설치 이전 이들 친종하는 장군들의 명칭은 무엇이었을까. 아마 그 임무에 따라 친종장군이라 일컬어질 수밖에 없었을 것이다. 그러다가 2군이 창설되면서 종래의 친종장군들이 응양군 장군이니 용호군 장군이니 하는 소속부대별 명칭으로도 일컫게 되었을 것이다. 이렇게 추론해 보면, 목종대 기사에 친종장군의 구체적 예가 보인다고 하더라도 그것을 근거로 당시에 2군이 설치되었다고 판단하기는 곤란하다.

32) 李基白, 앞의 책, 68쪽.
33)《高麗史》권 77, 志 31, 百官 2, 西班 鷹揚軍.
34) 洪承基, 앞의 글, 38~39쪽.

고려정부가 기존의 6위 이외에 별도로 2군을 설치한 것은 그렇게 해야할 만한 특별한 사정이 있었기 때문일 것이다. 그 같은 사정은 목종대가 아니라 현종대의 역사 속에서 보다 적절히 지적될 수 있다. 잘 알려져 있다시피, 현종은 그 원년에 거란군의 대규모 침입을 당하여 나주로 피난을 가야만 했다. 이 때 현종은 그를 수행하던 50여 명의 禁軍이 도중에 거의 다 逃散하는 바람에 賊徒들의 피습을 당하는 등 시종 신변불안으로 전전긍긍하는 피난생활을 하지 않을 수 없었다.[35] 거란군은 이듬해 정월 개경을 함락한 직후에 고려정부와 강화를 맺고 퇴각했으나 개경의 궁궐과 민가, 그리고 모든 공문서들은 이미 잿더미가 되어 있었다.[36] 사태가 그러했다면 막대한 수의 개경주민들이 살상되거나 행방불명되었을 것이고 그에 따라 개경 일원에 거주하는 군인들을 기반으로 한 국왕 시위군 병력 또한 거의 다 상실되었을 것으로 짐작된다. 중앙군 조직에 있어서의 이러한 피폐상이, 현종 6년(1014) 상장군 최질, 김훈 등이 諸衛의 군사들을 선동해 정변을 일으킬 수 있었던 시대적 배경의 하나로서 작용했던 것으로 판단된다.

이렇게 고찰해 볼 때, 고려정부가 기존의 6위 이외에 별도로 두 개의 시위군 부대 즉 응양군과 용호군을 신설했을 법한 가장 적절한 시기는 목종대가 아니라 현종 초 거란군의 침략을 당한 직후였을 것으로 보인다. 실제로 《高麗史》에서 응양군과 용호군의 칭호는 현종 8년과 9년조의 기사에서 최초로 언급되고 있다.[37] 반면 그 이전 시기의 역사기록에서는 2군의 칭호가 보이질 않는다. 그러므로 비록 2군 소속 장군들의 별칭이 친종장군이었고 친종장군에 대한 최초의 구체적 언급이 목종대 기사에 나타나고 있기는 하지만, 친위군부대가 별도 신설되었어야 할 현실적인 조건에 비추어 볼 때, 2군이 편제된 시기는 목종대보다는 현종대였을 가능성이 크다.[38]

고려 전기 2군 6위의 중앙군 조직의 성립과정에 대한 이상의 고찰은 다음과 같이 요약할 수 있다. 고려 건국기이자 통일전쟁기였던 태조대의 경군은

35) 《高麗史節要》 권 3, 현종 원년 12월·2년 춘 정월.
36) 《高麗史》 권 95, 列傳 8, 黃周亮.
37) 李基白, 앞의 책, 68쪽.
38) 李基白, 위의 책, 80~81쪽.

그 규모가 최대 6천여 명 정도였다고 추정되며 그 병력은 전투목적상 보군·마군·해군, 그리고 내군 등의 네 가지 병종별로 구분되었던 것으로 보인다. 그러나 광종대부터 중국식의 집권적 통치제도가 도입되기 시작하고 지방사회의 병력자원에 대한 중앙의 통제력이 강화되어 나감에 따라 중앙군의 편제는 서서히 당나라의 부병제도를 지향하는 방식으로 개편되어 나갔고 병력규모 또한 점진적으로 불어나게 되었다. 그러한 추세는 성종대에 접어들어 획기적으로 진전되었으며, 성종 14년 고려정부는 중앙과 지방에서 확보한 4만 2천 명의 대규모 병역자원을 토대로 외형상 당나라 12위 군제의 축소판인 6위군제를 성립시켰던 것으로 이해된다. 그런데 현종 초 거란군의 침략으로 중앙군 조직이 지리멸렬해지고 특히 친위군 병력 즉 친종병력의 대부분이 상실되자 고려정부는 국왕의 친위군을 재정비 강화해야 할 상황에 직면하여 기존의 6위와는 별도로 그리고 보다 상위의 친위군 부대들로서 응양군과 용호군을 添設하였던 것이 아닐까 한다. 고려 전기 중앙군 조직의 정형인 2군 6위의 군제는 대체로 이러한 역사적 과정을 거쳐 성립된 것으로 이해된다.

(2) 2군 6위의 임무와 병력편제

2군(응양군과 용호군)은 국왕에 대한 의장과 경호를 전담하는 친위군 부대들이었다. 2군의 상·대장군은 近仗 上·大將軍으로, 장군은 親從將軍으로 불리기도 했는데,39) 근장과 친종은 의장과 경호를 뜻한다. 용호군은 충선왕대에 한동안 親禦軍이라 개칭된 일도 있었다.40) 또한 의종대에 제정된 의장 및 경호 규정에 의하면, 法駕儀仗 때에는 무장한 응양군 군사들과 용호군 소속의 기병들이 임금의 수레를 호위하도록 되어 있었다.41) 2군의 임무가 이같이 국왕을 측근에서 호위하고 의장하는 것이었기 때문에 이 두 친위군 부대의 지위는 6위의 그것보다 높을 수밖에 없었다.

응양군과 용호군은 병력규모가 서로 달랐는데, 무관을 제외하고 보면 응양

39) 《高麗史》 권 77, 志 31, 百官 2, 西班 鷹揚軍.
40) 《高麗史》 권 77, 志 31, 百官 2, 西班 龍虎軍.
41) 《高麗史》 권 72, 志 2, 輿服, 儀衛 法駕衛仗.

군은 1천 명(1領), 용호군은 2천 명(2領)의 병사들로 편제되었다. 그러나 고려의 군제에 관한 기록에서는 항상 응양군이 용호군보다 먼저 언급되고 있으며, 西班(武班)의 우두머리는 제도상 응양군 상장군이 겸하도록 되어 있었다.[42] 그러므로 응양군은 2군 6위의 중앙군 가운데 최고의 지위를 차지하는 친위군부대였음을 알 수 있다.

뒤에 언급하겠지만 6위 중의 하나인 천우위 또한 국왕 호위를 담당하는 부대였다. 그런데 《高麗史》에는 국왕의 의장 및 경호를 담당하는 군인들에 대한 또 다른 명칭들이 보인다. 控鶴軍·牽龍軍·中禁軍·都知, 그리고 白甲 등이 그것이다. 공학군은 외국사신이 왔을 경우 문서나 예물을 받들고 국왕과 사신 사이를 왕래하는 군인들이었다.[43] 견룡군은 국왕 행차 때에 의장대열 속에서 말을 부리는 군사들이었다.[44] 중금군, 도지, 백갑 등도 다소간의 차이는 있어도 국왕의 의장 혹은 경호를 맡아보는 전문적 군사들이었다. 그런데 이런 명칭의 군인들이 조직 구성상 응양군·용호군, 혹은 천우위와 어떤 관계였는지는 분명하지 않다. 만일 공학군 등이 2군이나 천우위와는 무관한 별도의 친위군 부대들이었다면 그 각각은 나름대로의 무반조직을 갖추고 있었을 것이다. 그러나 문무백관의 관직제도 전반을 기술한 《高麗史》 百官志에는 2군 6위 외에 공학군이니 견룡군이니 하는 별도의 부대명칭들은 보이지 않는다. 따라서 이들 공학군·견룡군·중금군·도지, 그리고 백갑 등은 2군 소속의 군사들에게 부여된 보다 세분화된 임무별 명칭들이었을 것으로 판단된다. 의종 24년(1170) 무신란 주동자의 한 사람이었던 견룡군 散員(정8품) 이의방이 거사 직후 응양용호군 중랑장(정 5품)으로 越階한 것도 견룡군이 2군 소속의 군인이었기 때문이 아닐까 한다.[45]

2군보다 아래의 지위에 있는 중앙군 조직은 6위(좌우위·신호위·홍위위·금오위·천우위, 그리고 감문위)였다. 이들 6위는 다음 〈표 3〉과 같이 앞의 3위(좌우위·신호위·홍위위)와 뒤의 3위(금오위, 천우위, 감문위) 사이에는 몇 가지 기

42) 《高麗史》 권 77, 志 31, 百官 2, 西班 鷹揚軍.
43) 《高麗圖經》 권 11, 仗衛 控鶴軍.
44) 《高麗圖經》 권 12, 仗衛 2, 左右衛 牽龍軍.
45) 《高麗史》 권 128, 列傳 41, 叛逆 2, 李義方.

본적인 차이점이 있다. 우선 전자의 병력수(무관을 제외한 병사의 수)가 후자의 그것보다 압도적으로 많게 편제되어, 2군 6위 전체 병력수(45,000명)의 71%(32,000명)가 좌우위·신호위, 그리고 홍위위 소속의 군인들이었다. 구성 병력의 성격을 보면, 전자의 3위 군인들은 동일하게 保勝軍과 精勇軍의 두 가지 부류의 군인들로 편제된 반면 후자의 3위는 각기 상이한 부류의 군인들로 편제되어 있었다. 부대명칭에 있어서도 양자 사이에는 차이가 있다. 즉 전자(좌우·신호·홍위)는 모두가 고려 특유의 중앙군 부대명칭들인 반면 후자(금오·천우·감문)는 모두가 중국식 중앙군제에서 차용된 부대명칭들이었다. 6위가 이같이 크게 두 가지 범주의 부대들로 구성되어 있었다고 하는 것은 이들 각각의 임무를 이해하는데 유리한 단서를 제공해 준다.

〈표 3〉 6위의 병력구성

부 대 명	병 력 구 성	부 대 명	병 력 구 성
좌 우 위	보승군 10령 정용군 3령	금 오 위	정용군 6령 역령 1령
신 호 위	보승군 6령 정용군 5령	천 우 위	상 령 1령 해령 2령
홍 위 위	보승군 7령 정용군 5령	감 문 위	1령
계 32령(32,000명)		계 11령(11,000명)	

금오·천우·감문의 3위의 임무는 각각의 부대명칭에서 확연히 드러난다. 금오위는 漢代 이래로 도성 치안 및 경찰 임무를 맡는 중앙군 부대에 부여되었던 명칭이었다. 고려의 경우도 마찬가지였는데, 《高麗史》나 《東文選》 같은 사료에는 금오위가 도성을 순찰하고, 常道와 풍기를 문란케 하는 자들을 단속하며, 죄수들을 처리하는 일을 담당한 구체적 사실들이 나오고 있다.[46]

금오위는 정용군 6령과 역령 1령 등 7령으로 편제되어 있었다. 정용군과 역령이 어떻게 다른지, 그리고 금오위의 병력이 왜 이런 식으로 편제되었는지는 아직까지 밝혀지지 않고 있다. 역령은 아마도 죄수들의 감시를 전담하는 군인들이었을 것이라는 견해가 있으나 하나의 추측일 뿐이다.[47] 그러나 금오

46) 《高麗史》 권 8, 世家 8, 문종 13년 3월.
《東文選》 권 25, 盧之正金吾衛上將軍官誥.
《高麗史節要》 권 9, 인종 9년 6월.

47) 李基白, 앞의 책, 90쪽.

위의 임무의 성격상 그 조직에는 반드시 개경 거주의 전업적 군인들이 포함되어 있었을 것이며, 그들은 비록 말단의 지위이지만 문무관료들처럼 소정의 반대급부를 받는 군인들이었을 것이다. 문종 30년(1076)에 개정된 田柴科(문무양반 및 군인들에 대한 토지급여규정)에 보이는 '役步軍'이라는 부분이 '役軍 및 步軍'으로 해석될 수 있는 것이라면 이 경우의 役軍은 금오위 소속의 역령일 것으로 판단된다.[48)]

금오위와 마찬가지로 천우위 역시 그 명칭은 중국식 병제에서 비롯된 것이었다. 본래 천우란 국왕을 경호하는데 사용하는 칼로서, 중국에서는 천우도를 가지고 국왕을 호위하는 군사들을 千牛備身이라 하였다. 비신은 신변경호를 뜻하는 말이었다. 고려에서도 천우위장군의 별칭이 천우비신장군이었다. 또한 李奎報의 《東國李相國集》에는 천우위가 왕을 숙위 시종하는 부대이기 때문에 그 군사들은 주로 고관자제들 가운데 용의가 수려한 자들로서 선발되었다고 전하고 있다.[49)] 이와 같이 천우위는 국왕의 신변 경호를 담당하는 부대였던 것이다.

천우위는 常領 1령과 海領 1령 등 2령의 군사들로 편제되어 있었다. 상령과 해령이 어떻게 다른지는 분명하지 않다. 명칭의 뜻을 가지고 추측해 보건대, 상령은 상시 시종숙위하는 임무를 맡도록 되어 있었던 군사들인 반면 해령은 해군의 기능을 가진 경호군이 아니었을까 한다. 이를테면 해로를 통해 입국하는 중국사신의 영접행사라든지 국왕이 강으로 행차하여 배를 타야할 경우 등에는 해령의 군사들이 동원되었을 것으로 추측된다. 그리고 천우위 소속의 군사들은 그 임무의 성격과 출신성분으로 보아 개경 거주의 전업적 군인들일 수밖에 없었고 따라서 그 군역의 대가로 소정의 토지를 받았을 것이다. 국가로부터 토지를 받고 복역하였던 중앙의 「海軍」은 아마도 이들 해령에 속하는 군인들이었을 것이다.[50)]

48) 《高麗史》는 田柴科 지급대상자들의 직함이나 신분 명칭들을 하나 하나 띄어 쓰지 않고 연달아 표기해 놓았기 때문에 각각을 정확히 구분하기가 곤란한 부분들이 있다. 예컨대 "…典設役步軍…" 등이 그러한 부분인데, 이를 '典設役・步軍'으로 읽어야 할지 '典設, 役・步軍'이라 읽어야 할지는 그다지 분명치 않다.

49) 《東國李相國集》 권 33, 申宣冑讓千牛衛攝大將軍不允批答.

50) 鄭景鉉, 앞의 글(1992), 106쪽.

감문위의 임무는 명칭 그대로 도성문의 수위였다. 감문위 소속의 군인들은 편제상 1령이었으나 항상 도성의 각 문에 배치되어 있어야 할 감문군의 수효는 75명인 것으로《高麗史》에 기록되어 있다.[51] 도성문의 수위는 특별한 전투 기술이나 체력이 요구되는 일이 아니었다. 그러므로 감문위에는 본래의 감문위 소속 군인들 이외에 병들고 늙은 무의탁 군인들도 70세가 될 때까지 한시적으로 배속되어 있었다.[52] 감문위의 군인들은 비록 그 상대적 지위는 가장 낮았지만 역시 일정한 토지를 지급 받고 군역에 종사하는 전업적 군인들이었다. 문종 30년에 개정된 전시과는 모두 18등급으로 구성되는데 감문위 군사들은 이 중 17등급으로서 20결의 토지를 받도록 되어 있었다.[53]

금오위·천우위·감문위의 경우와 달리 좌우위·신호위·홍위위 등 3위의 임무는 그 명칭만 보아서는 알 수 없다. 이들 3위는 중앙군 조직에 있어 편제병력의 규모가 가장 큰 부대들이었다. 그리고 이들 각각은 모두 보승군과 정용군의 두 부류의 군사들로 편제되어 있었다. 이것은 이 3위의 군사들이 기본적으로 동일한 성격의 군역을 부담하고 있었음을 의미한다. 그러면 이들 3위의 공통된 임무는 무엇이었을까.

응양군과 용호군의 2군, 그리고 금오·천우·감문 등의 3위는 국왕 경호와 도성 치안을 위한 군사조직이었다. 그러나 고려정부로서는 그러한 군사조직뿐 아니라 반드시 국토방위와 변경수비를 주목적으로 한 직속군대를 편성·운용하고 있었을 것이다. 실제로 고려정부는 태조대 이래 줄곧 정부직속군을 북방의 국경지대(兩界地方)로 보내서 防戍토록 하였다.[54] 국경지대는 광범위한 데다가 防戍軍의 복무는 윤번제로 이루어지고 있었으므로 방수를 기본임무로 하는 중앙군 부대는 자연히 그 병력 규모가 방대할 수밖에 없었을 것이다. 이러한 점들을 고려해 볼 때 중앙군 전체 병력의 71%를 점한 좌우위·신호위, 그리고 홍위위 등의 군사들은 무엇보다도 국토방위를 위해 편성·운용된 병력들이었다고 판단된다. 靖宗 2년(1036) 7월 변경에 방수하러 간 '諸衛의 軍人들' 가

51)《高麗史》권 83, 志 37, 兵 3, 衛宿軍.

52) 吳英善, 〈高麗前期 軍人層의 二元的 構成에 관한 硏究〉(서울대 석사학위논문, 1981), 19~22쪽.

53)《高麗史》권 78, 志 32, 食貨 1, 田制.

54)《高麗史》권 93, 列傳 6, 崔承老.

운데 자기농토(名田)가 부족해 궁핍한 자들에게 公田을 加給토록 한 왕명이 있었는데[55] 여기서의 제위의 군인들은 필시 좌우·신호·홍위 등 3위에 소속된 군사들이었을 것이다. 실제로 그들은 다른 잡역에도 수시로 징발되었을 것이나, 그들에게 부과된 주된 군역은 역시 국경지대의 방수였을 것이다.

지금까지 우리는 2군 6위 각각의 임무와 병력편제에 대하여 고찰해 보았다. 2군은 금군, 곧 국왕을 호위하고 의장하는 친위부대들이었다. 그리고 천우위 역시 국왕을 측근에서 경호하는 친위군 부대였다. 2군은 친위군 강화의 목적으로 천우위가 설치된 이후에 추가로 창설된 부대들이었지만 지위의 면에서는 중앙군 가운데 가장 높았다. 금오위는 도성지역의 경찰부대였다. 그리고 감문위는 도성문과 주요 시설들을 수위하는 임무를 맡고 있었다. 결국 국왕경호와 수도치안을 담당한 이들 부대의 임무는 기본적으로 정치적인 것이었다고 하겠다. 반면에 병력규모의 면에서 중앙군 조직의 주축이었던 좌우위·신호위, 그리고 홍위위 등은 양계지방의 국경경비를 주임무로 하면서 유사시에는 전투병력의 기간을 형성하는 부대들이었다. 따라서 이 3위는 중앙군이긴 하지만 국토방위를 기본임무로 하는 부대들이었고 그런 점에서 그 밖의 군사조직과는 그 성격이 구별되었다.

이처럼 2군 6위의 중앙군은 그 임무의 성격상 도성방위를 위한 부대들과 국토방위를 위한 부대 등 크게 두 가지로 조직되어 있었다. 각 부대의 병력은 1천 명씩(1령)을 기본단위로 하여 편성되었으나 그 규모는 각각 달랐다.[56] 중앙군에는 2군 소속의 군사들처럼 특정한 제도적 명칭이 없는 군사들과 보승군·정용군·역령·상령·해령, 그리고 감문군 등 여러 종류의 군사들이 있었다. 그리고 그 임무의 차이에 따라 부대별로 배속된 군사들의 종류 또한 달랐다. 금오위 소속의 정용군 6령을 제외하고 보면, 보승군과 정용군은 국경방수를 주임무로 하는 좌우·신호·홍위 등의 3위에 집중적으로 배치되어 있었다.

국왕경호와 도성 방비를 전담하는 부대들에 배속된 군사들은 그 임무의 성격상 대부분 개경 거주의 전업적 군인들이었을 것으로 판단된다.[57] 그러나 윤

55) 《高麗史》 권 81, 志 35, 兵 1, 정종 2년 7월.
56) 이 글 〈표 2〉 2군 6위의 조직과 편제 참조.
57) 鄭景鉉, 앞의 글(1992), 107쪽.

번제로 북방의 국경지대에 들어 가 일정기간씩 방수의 역을 져야 했던 군인들(좌우위 · 신호위 · 홍위위 소속의 보승군과 정용군)은 어떤 부류의 군인들이었을까. 番上立役하는 이들 방수군은 그 군역의 성격상 반드시 전업적 군인들일 필요가 없었을 것이다. 그리고 당대 개경의 대체적인 인구사정에 비추어 보더라도 그렇게 많은 수의 군인들이 개경에 밀집해 살고 있었다고 보기는 어렵다. 그들은 필시 양계 이외의 지방사회에 거주하는 일부 선발된 농민군들이었을 것이다. 실제로 고려정부는 경기 및 남도지방(西海道 · 交州道 · 楊廣道 · 慶尙道 · 全羅道)을 여러 개의 軍事道(일종의 徵兵管區)로 나누어 각 군사도별 보승군과 정용군의 인원수를 직접 파악해 놓고 있었는데 이들이 곧 중앙군에 편성된 보승군과 정용군이었던 것으로 보인다.[58] 그러므로 2군 6위의 중앙군은 개경 거주의 전업적 군인들과 외방 거주의 번상 입역하는 농민군 등 크게 두 부류의 군인들로 구성되어 있었던 것으로 이해된다.

3) 중앙군의 인적 구성에 관한 제설

일반적으로 왕조국가시대의 중앙군 소속의 군인들은 그 복역방식에 따라 專業的 군인들과 윤번제로 입역하는 농민군의 두 가지 부류로 구분된다. 전자는 개경에 거주하면서 軍役을 하나의 職役으로 수행하는 군인들이었다. 때문에 그들에게는 일정한 보수제도가 마련되어 있었다. 한편 후자의 농민군들은 군역을 하나의 賦役으로 짊어지는 군인들이었다. 이들은 당번시 혹은 유사시에만 일정기간 군역을 치르는 의무병들이었기 때문에 그 거주지가 반드시 개경이어야 할 필요가 없었고 또한 군역에 대한 반대급부의 면에서도 전업적 군인들과는 상당한 차이가 있었다.

그렇다면 제도상 2군 6위의 중앙군은 어떤 부류의 군인들로 편성되어 있었던 것일까. 전업적 군인이나 번상입역하는 농민군 중 어느 한가지 부류만으로 편성되었던 것일까 아니면 양자가 혼성되어 있었던 것일까. 앞에서 언

58) 李佑成, 《高麗社會 諸階層의 硏究》(성균관대 박사학위논문, 1974), 62쪽.
姜晋哲, 《高麗土地制度史硏究》(고려대 출판부, 1980), 123쪽.

급했듯이 2군 6위는 개경에 거주하는 일부의 전업적 군인들과 지방에 거주하는 다수의 농민군 등 두 부류의 군인들로 혼합 편제되었을 것으로 생각된다.

고려 전기 중앙군의 인적 구성에 관한 문제는 전시과 제도상의 軍人田의 성격, 제위의 보승·정용군과 남도지방의 보승·정용군과의 관계, 그리고 당대 중앙군의 군역제도의 기본성격 등 여러 문제와 밀접히 연관되어 있다. 그러므로 중앙군이 어떤 부류의 군인들로 편성되어 있었는가 하는 문제는 고려 전기 군제사 연구의 오래된 중심 과제였다. 그러나 관련 자료가 워낙 부족한 데다가 각 자료의 의미 또한 부분적으로 애매하기 때문에 이 문제에 대한 논의는 아직까지도 완전한 합의에 이르지 못한 상태이다.

이 논의는 이른바 府兵制說과 軍班氏族制說 등의 두 가지를 축으로 하여 전개되었다. 그런데 근년에 이르러 이 두 견해를 비판적으로 종합한 하나의 절충적인 가설, 즉 고려 전기 중앙군이 개경 거주의 전업적인 특수군인층인 京軍과 지방에서 윤번입역하는 농민군인층인 外軍의 두가지로 혼성되어 있었다고 주장한 「京·外軍混成制說」이 제시되었다. 이하에서는 이들 세 가지 논의를 차례대로 검토하고, 경·외군혼성제설이 보다 타당해 보이는 이유 및 그것이 제기하는 새로운 연구과제가 무엇인지를 지적하고자 한다.

(1) 부병제설

府兵制란 본래 6세기 중엽부터 8세기 초까지 중국에서 행해진 중앙군제도인데 그 대표적인 것이 당나라의 부병제도이다. 당은 경기지역을 위시해 전국 각 지방마다 折衝府라고 하는 군정기구를 설치하여 군인으로 선발된 自營農民들을 해당지역 절충부에 소속시키고, 지방의 절충부들은 다시 12衛를 주축으로 하는 중앙군에 소속시키는 군사조직을 운영하였다. 절충부는 府에 소속된 농민군들, 곧 부병들에 대한 군적관리·훈련·동원·지휘 등의 업무를 관장하면서 정기적으로 이들을 징발하여 1년에 한 두달씩 서울에 번상복무케 하거나 국경지대의 방어거점을 경비토록 하였다.

당에서는 均田制를 시행하여 전체 농민이 골고루 소정의 농토를 분급받고 있었는데 그들 중 부병으로 선발된 농민들은 군역에 대한 보상으로 조세를 면제받도록 되어 있었다. 그리고 부병농민들은 평시에는 생업에 종사하다가 농한기에는 훈련을 받고, 다시 자신들의 차례가 되면 일정기간씩 복역하는 방식으로 군역을 부담하였다. 대체로 이러한 성격의 병농일치의 집권적인 중앙군제가 당나라의 부병제(혹은 府衛制)였던 것이다.

고려 말 조선 초기의 관료들은 고려시대의 중앙군제를 부병제였던 것으로 인식하고 있었다. 즉 趙浚(1346~1405)은 "우리 왕조의 5軍 42都府는 대체로 중국의 남북군과 당나라의 부위병이었다"고 했고,59) 鄭道傳(1342~1398)은 "고려 전성기의 부병은 자못 당나라 병제의 취지를 살린 것"이라고 하였다.60) 그리고 조선 초기에 편찬된《高麗史》병지 서문에는 다음과 같이 적혀 있다.

> 고려 태조는 三韓을 통일하고 비로소 6衛를 두었는데, 衛에는 38領이 있고, 領에는 각기 천 명씩이 있으며, 상하가 서로 유지되고 체통이 서로 연속하니 당의 부위제도를 방불하였던 것이다(《高麗史》권 81, 志 35, 兵 1, 序).

오늘날에도 고려 전기의 중앙군제는 기본적으로 부병제였다고 주장하는 학자들이 있다. 즉 2군 6위의 중앙군은 軍班氏族이라 불리는 군인들로 편성되어 있었는데, 이들 군반씨족은 "職業(?) 軍人이 아니라 본질적으로 농민이었기 때문에 고려전기 중앙군제는 기본적으로는 당의 부병제와 비슷한 것"이라는 견해이다.61)

부병제설에서 가장 중요시한 논거의 하나는《宋史》의 다음 기사이다.

> 나라 안에 개인 사유지(私田)는 없다. 백성은 가족 수에 따라 役을 부과 받으며 16세가 넘으면 군역에 충당된다. 6軍 3衛는 항상 官府에 머물러 있다. 3년마다 선발되어 서북의 국경지대를 파수하는 군인들은 반년마다 교대된다. 군인들은 비상시에는 무장을 하고 役事가 있을 때에는 징발된다. 일이 끝나면 농사처로 돌아간다(《宋史》권 487, 列傳 246, 外國 3, 高麗).

이 기사에서 6軍 3衛라는 부분의 의미는 다소 분명하지 않다. 6군은 6위를 가리키는 듯하며, '六軍三衛'는 그것의 술부인 "항상 관부에 머물러 있다"는 부분과 관련지어 판단할 때 6군(6위) 중 3위라는 뜻으로 해석되어야 할 것 같다. 왜냐하면 6위 가운데 금오위·천우위, 그리고 감문위 등의 3위

---

59)《高麗史》권 81, 志 35, 兵 1, 兵制 공양왕 원년 12월.
60) 鄭道傳,《三峯集》권 6, 經濟文鑑 下, 衛兵.
61) 姜晋哲, 앞의 책(1980), 111~132쪽.

는 임무의 성격상 항상 경성에 머물러 있어야 하는 부대들이었기 때문이다. 여하튼 6군 3위가 중앙군을 지칭하고 있음은 분명하다. 그리고 이 기사에서 언급된 군인들 혹은 그 일부는, 교대제로 국경 경비의 役을 부담하거나 수시로 부과되는 소정의 역을 마치면 자신들의 농사 처로 돌아가도록 되어 있는 농민군들이었다.

제위의 군사들이 농민들로 편성되었음을 보이는 기록은《高麗史》에서도 확인된다.

(문종) 4년 10월 都兵馬使 王寵之가 上奏하였다. '傳에 이르기를 안전할 때에도 위태로운 때를 잊어서는 안된다고 했고 또 이르기를 적이 오지 않는다 하여 방비를 소홀히 해서는 안된다라 하였습니다. …하물며 諸衛의 군사들은 국가의 爪牙이니 마땅히 농한기에는 훈련을 시켜야 합니다. …'(《高麗史》 권 81, 志 35, 兵 1, 兵制 문종 4년 10월).

(고종 4년 10월) 安東·慶州·晋陜州·尙州·靈岩·羅州·全州·楊廣州·淸州·忠州 등 10道에 사신을 파견하여 諸州의 土貢을 독촉하고 또 겨울옷을 가지고 오겠다는 이유로 귀향했다가 오랫동안 番上하지 않는 군인들에게 빨리 서울로 올라오도록 명령하였다(《高麗史》 권 22, 世家 22, 고종 4년 10월).

위의 첫 번째 기사 중 농한기에는 반드시 제위 군사들을 훈련시켜야 한다는 구절은 그 군사들이 농민들이었음을 알려 준다. 만일 제위 군사들이 농민군이 아니라 전업적 군인들이었다면 이 구절은 그들의 훈련시기를 농작물 피해가 없도록 농한기로 한정하자는 식으로 해석되어야 한다.[62] 그러나 이런 해석은 그 구절의 전후 문맥의 흐름에 어울리지 않는다. 두 번째 기사에서는 겨울옷을 가지러 남도지방의 고향으로 내려갔다가 번상하지 않는 군인들에 관한 이야기가 나온다. 따라서 제위의 중앙군이 번상입역하는 농민군들로 편성되었으리라는 부병제설은 상당한 설득력이 있다.

부병제론자는 또 하나의 중요한 논거로서, 남도지방에도 보승군과 정용군이라는 이름의 군인들이 있었다는 사실을 지적하였다.《高麗史》 병지 州縣軍條에는 경기 남방 5도 지역의 병역자원 일람이 기재되어 있다. 고려정부는 이들 각 행정도를 다시 몇 개의 軍事道로 구획한 다음 각 군사도별 병력자원을 보승군·정용군·일품군 등의 세 가지로 분류하여 각각의 兵員數를 파악하였

62) 李基白, 앞의 책, 275쪽.

다. 중앙정부가 남도지방의 보승군과 정용군의 현황을 직접 파악하고 있었다는 사실은, 이들이 제위 소속의 보승군과 정용군이었을 가능성을 강력히 시사한다. 그런데 중앙군에 편제된 보승군(22,000명)과 정용군(16,000명)은 모두 38령(38,000명)인데 비하여 《高麗史》 병지 주현군조에 기재된 보승군(8,601명)과 정용군(19,754명)의 총수는 2만 8천여 명이다. 양자 사이에는 커다란 차이가 있다. 6위의 병력편제는 성종 14년(995)에 제정된 것이지만, 주현군조에 기재된 보승군과 정용군 수는 인종대에서 고종대 사이의 어느 시기에 조사된 것으로 추정된다.[63] 그리고 인종대에 이미 군역제도가 크게 붕괴된 것으로 이해되고 있다.[64] 그러므로 제위 소속 보승군·정용군의 편제병력수와 《高麗史》 주현군조에 기재된 지방 소재 보승군·정용군 수효의 차이가 있더라도 그것 때문에 지방농민군의 번상입역제도를 부인할 수는 없다는 것이 부병제론자들의 반론이다.[65]

과연 중앙군이 번상입역하는 농민군들로 편성되어 있었다면 국가는 그들의 군역에 대하여 어떤 종류의 제도적 보상을 하였을까. 고려정부는 양반관료계급에 대해서 뿐 아니라 군인들에 대해서까지도 토지를 지급하는 방식의 보수제도를 마련해 놓고 있었다. 즉 목종 원년에 개정된 「文武兩班及軍人田柴科」 규정에 의하면 馬軍은 田 23결을 그리고 諸步軍은 田 20결을 받도록 되어 있다.[66] 이와 같이 문무관료들과 더불어 소정의 토지를 받도록 규정된 마군이라든지 제보군은, 물론 전국의 군인 일반이 아니라 중앙의 정부직속군이었다. 그리고 이들 특정부류의 군인들을 위해 제정된 전시과 제도상의 토지가 곧 군인전이었던 것이다.

그렇다면 정부직속의 군인들에게 이러한 군인전이 지급되었다는 것은 구체적으로 어떤 상태를 의미하는가. 부병제설에 따르면, 그것은 군인들에 대한 토지 그 자체의 지급이 아니라 그들이 농민으로서 본래 소유하고 있던 농토(民田)에 대한 조세면제권의 지급이었다는 것이다. 즉 “군인전을 형성하는 모

63) 李基白, 위의 책, 205쪽의 각주 3 참조.
64) 金塘澤, 〈別武班의 設置와 軍制의 變化〉(《高麗軍制史》, 陸軍本部 1983), 241~249쪽.
65) 姜晋哲, 앞의 책(1980), 122~124쪽.
66) 《高麗史》 권 78, 志 32, 食貨 1, 田制.

체가 되는 토지는 원래 군인들이 농민으로서 「所有」해 오던 그들의 민전이며 「免稅」를 조건으로 주로 이 민전 위에 군인전을 설정하여 「支給」이라는 의제적인 형식절차를 취하였을 뿐"이라는 것이다.[67] 부병제설의 입장에서는 중앙군이 자영농민층에서 선발된 군사들로 구성된 것으로 파악하였기 때문에 논리상 군인전을 自耕免租地로 밖에는 달리 해석할 수가 없었을 것이다.

이상에서 정리해 본 부병제설의 요지는 다음 3가지로 간추릴 수 있다. ① 2군 6위의 중앙군은 자영농민층에서 선발되어 번상입역하는 농민군들로 편성되었다. 그들은 군반씨족이라 불렸다. ② 경기 및 남방 5도에 산재한 보승군과 정용군이 곧 중앙군 소속의 보승군과 정용군을 형성하였다. ③ 중앙군에 대한 전시과 제도상의 군인전 지급은 해당 군인들의 본래 소유지(민전)에 대한 면세권의 지급을 의미하는 것이었다.

이와 같은 요지의 부병제설에는 물론 납득할 만한 점들이 있다. 그러나 그와 동시에 몇 가지 간과하기 어려운 문제점들도 내포되어 있다.

첫째, 국가가 번상 입역하는 농민군들에게 면세권을 지급했다고 상정하는 것은 당대의 역사적 여건에 비추어 볼 때 개연성이 희박해 보인다. 왜냐하면 번상입역하는 농민군에 대한 조세면세권의 지급과 같은 조치는 봉건적인 국가권력의 속성상 상당히 부자연스러울 뿐 아니라 재정형편상으로도 불가능한 일이었을 것이기 때문이다. 예컨대 조선시대에도 번상입역하는 농민군에게 조세면제권과 같은 반대급부를 주지는 않았다. 그리고 군인 1인당 면세지를 20결씩 잡으면 중앙군 전체의 면세지 만도 무려 90만 결이 되는데 이것은 고려의 농경지를 다 합친 것보다도 많은 면적이다.[68] 고려정부가 그처럼 터무니없이 모순된 제도를 제정했을 것 같지는 않다.

둘째, 군인전은 문무양반 및 군인전시과 체제의 일부였다. 그리고 각급의 문무양반 관료들이 이 전시과 체제에서 지급 받는 소정의 토지는 그들 토지의 실제 경작농민들로부터 租를 받을 수 있게끔 되어 있는 收租地였다.[69] 그렇다면 군인들에 대한 토지도 수조지였을 것이다. 그러나 부병제설은 전시과

67) 姜晋哲, 앞의 책(1980), 114쪽.

68) 고려말 공양왕 3년(1391)의 土地調査에 의하면, 전국의 농경지 총면적은 79만 8천 118결이었다(《高麗史》 권 78, 志 32, 食貨 1, 田制 공양왕 3년 5월).

69) 姜晋哲, 앞의 책(1980), 74쪽.

체제 안에서 유독 군인전만을 군인들의 자경면조지로 해석하였다. 이것은 군인전을 받는 군인들이 번상입역하는 농민군인들이었다는 그의 결론과는 부합되는 개념이지만 수조지 지급을 원칙으로 한 전시과 제도의 기본 성격과는 맞지 않는 하나의 무리하고 복잡한 가설이 아닐 수 없다.

셋째, 중앙군으로 편성된 군인들 가운데 번상입역하는 농민군들이 포함되어 있었음은 분명해 보이지만 그렇다고 해서 중앙군 전체가 그런 부류의 군인들로만 편제되었다는 확증은 없다. 현실적으로 국왕 경호와 도성 수비를 고유 임무로 하는 중앙군 가운데 전업적 군인들이 전혀 없었다고 보기는 어렵다. 즉 국왕의 경호와 의장 혹은 도성지역의 경찰 등은 지방에서 번상입역하는 농민군들에게는 부여될 수 없는 성격의 임무들이었다. 따라서 개경에는 틀림없이 일정 규모의 전업적 군인들이 존재했을 것이고, 한 걸음 더 나아가 이들의 군역은 당대 신분제사회의 속성상 세습되고 있었으리라는 점까지 추리해 볼 수 있다. 그 말뜻으로 보건대 「군반씨족」이라 불리던 군인들이 바로 그러한 전업적이고 세습적 군인들이었을 가능성이 매우 높다. 대체로 이러한 관점에서 입각해 부병제설을 비판하면서 등장한 설명체계가 다음에 소개될 군반씨족제설이다.

(2) 군반씨족제설

군반씨족제설의 요지는 2군 6위 군사들 모두가 세습적·전문적으로 군역에 종사하는 특정한 씨족, 즉 「군반씨족」 출신의 군인들로만 편성되어 있었다는 것이다.[70] 이러한 주장은 개념상 ① 군반은 세습적·전업적 군인들이었다. ② 중앙군은 모두 군반으로 편성되었다는 등의 두 가지 부분으로 구성된다.

앞서 살폈듯이 부병제설에서는 군반을 중앙군으로 선발된 농민군으로 해석했었다. 그러나 군반씨족제설에서는 군반을 세습적·전문적 군인들로 파악하였다.[71] 군반을 그렇게 파악한 것은《高麗史》에 나오는 다음 기사 때문이다.

> (文宗 18년) 兵部에서 아뢰기를, '軍班氏族의 帳籍이 작성한 지 오래되어 낡고 썩었습니다. 때문에 군인의 수효(軍額)가 명확하지 않습니다. 이전의 방식에

70) 李基白, 앞의 책, 141~144·283~289쪽.
71) 위와 같음.

의거해 그 장적을 다시 만들기를 청합니다'라고 하였다, 왕이 그 請을 받아들였다(《高麗史》 권 8, 世家 8, 문종 5년 윤 5월).

주지하다시피 고려시대에는 정부직속의 관인들을 그 직역의 종류에 따라 집합적으로 구분할 때에 「班」자를 사용하였다. 文班·武班, 그리고 南班 등이 그것이다. 이런 맥락에서 보면 '군반'이란 군역을 자신들의 직역, 곧 직업적 소임으로 하는 군졸집단에 대한 제도적 명칭이었다고 해석될 수 있다. 그리고 그들의 씨족이 帳籍, 곧 軍籍에 등재되고 있었음은 그들이 세습적 군인들이었음을 시사한다. 그러므로 군반씨족제설에서는, 군반은 세습적·전업적 군인들로서 그 직역의 성격상 개경 거주의 군인, 즉 경군이었다고 주장하고 있다.

또 45령(45,000명)의 2군 6위 군졸 전부가 개경 거주의 군반들이었던 것으로 주장한다. 즉 태조대의 경군병력은 4만 3천 명이었는데[72] 통일 후 이들이 세습적 군인신분층으로 굳어지면서 성립된 것이 바로 군반씨족이라는 것이다.[73] 그리고 위 인용기사에서 군인의 수효가 부정확한 것은 군반씨족의 장적이 낡고 썩었기 때문이라 했으므로, 그 군인들(2군 6위의 중앙군)은 오직 군반씨족으로만 구성되었으리라는 것이다.[74]

그러면 이들 세습적·전업적 군인들로서의 군반씨족이 받은 군인전은 어떤 성격의 토지였을까. 부병제설에서는 군반을 중앙군 소속의 특정한 농민군으로 파악하였기 때문에 전시과 제도상의 군인전을 그들의 자경면조지로 해석했었다. 그러나 군반제설에서는 군반을 넓은 범위의 관인계급에 속하는 세습적·전문적 군인들로 파악하였기 때문에 군인전을 문무양반의 그것과 마찬가지의 收租地였다고 주장하였다.[75] 수조지란 그 농토의 실제 경작자들로부터 소정의 租를 받도록 되어 있는 농토였다. 군인전=수조지라는 이같은 해석은 군인전이 아무 단서조항 없이 문무양반 전시과의 일부로 포함되어 있었다는 사실과 잘 부합된다.

이미 지적하였듯이 중앙군의 주축은 보승군과 정용군이었다. 그리고 경기

72) 李基白, 위의 책, 51쪽.
73) 李基白, 위의 책, 285쪽.
74) 李基白, 위의 책, 141~142쪽.
75) 李基白, 위의 책, 144~149쪽.

및 남도지방의 각 군사도마다 보승군과 정용군이 있었다. 그런데 군반제설에서는 45령의 중앙군 모두가 개경에 거주하는 군반출신의 군인들이었다고 주장한다. 그것은 제위의 보승·정용군과 지방사회의 보승·정용군은 명칭이 동일해도 소속이 다른 군인들이었다는 말이다. 즉 전자의 보승·정용군은 중앙군 소속의 군인들이었던 반면 후자의 그들은 주현군이라 불리는 '독자적인 통일적 지방군 조직'에 소속된 군인들이었다는 것이다.76) 이처럼 부병제설에서는 전자와 후자를 동일시한 반면 군반제설에서는 양자를 별개로 보았다.

군반제설에 의하면 중앙군의 주축인 보승군과 정용군이 전시과 제도상의 군인전을 받는 군인들이었다. 그러나 전시과 규정에는 '馬軍'·'諸步軍'·'監門軍' 등의 군인들만 지적되었을 뿐 보승군과 정용군이라는 명칭들은 전혀 언급되지 않았다. 이에 대하여 군반씨족제설을 주장한 논자는, 군반씨족제설을 전제로 전시과 제도상의 步軍과 馬軍이 각각 보승군과 정용군에 해당되는 군인들이었으리라고 추측하였다.77) 이러한 논법에 있어서는 보군과 마군이 실제로 보승군과 정용군을 의미하는 것이었는가 아니었는가 하는 문제가 논리상 매우 중요하다. 만일 보승·정용군이 실제로 보군·마군 또는 마군·보군의 구별을 뜻하는 것이 아니었다면, 그리하여 양자가 서로 차원을 달리한 병종 구분이었다면 군반씨족제설의 설득력은 아주 약해질 것이다. 이 문제에 대한 검토는 논의의 편의상 잠시 뒤로 미루겠다.

요컨대 군반씨족제설의 개념적 핵심은 ① 2군 6위의 중앙군은 군반씨족이라 불리는 개경 거주의 전문적이고 세습적 군인들로만 편성되어 있었다. ② 그들 모두는 전시과 제도상의 군인전을 지급 받았는데 그 토지는 수조지였다. ③ 제위 소속의 보승·정용군은 경기 및 남도지방의 보승·정용군과는 소속과 성격이 다른 군인들이었다는 등의 세 가지로 압축해 볼 수 있다.

이같은 요지의 군반씨족제설은 추론과정에 있어서 합리적으로 이해되는 부분들이 있는가 하면 좀처럼 납득하기 어려운 부분들도 있다. 중앙군의 가장 중요한 고유 임무가 국왕경호와 도성 수비였다는 점을 감안해 보면, 그들 가운데 개경 거주의 전업적 군인들이 포함되어 있었으리라는 것은 쉽게 짐작할

76) 李基白, 위의 책, 198쪽.
77) 李基白, 위의 책, 72~90쪽.

수 있다. 또한 군반씨족은 그 명칭의 의미라든지 그 용어가 포함된 기사의 앞뒤문맥으로 보건대 윤번입역하는 농민군이라기보다는 군역을 직역으로 세습하는 군인들로 해석함이 보다 더 합리적이다. 그리고 전시과 제도는 중앙의 官人들을 대상으로 한 수조권 지급형태의 보수제도였으므로 그 제도 속의 군인전 역시 수조지로 파악함이 타당해 보인다. 따라서 군반씨족제설의 절반 부분, 즉 군반씨족은 군역을 직역으로 세습하면서 그 대가로 소정의 수조지(군인전)를 지급 받는 전업적 군인들이었다는 부분은 충분한 설득력을 지닌다.

그러나 군반씨족제설의 나머지 절반부분, 즉 2군 6위의 소속군인 전부가 그러한 군반씨족 출신의 군인들로 편성되어 있었다는 일반화는 무리해 보인다. 그 논자는 군반씨족의 군적이 썩어 문드러져 군인들의 수효가 불분명하게 되었다는 앞의 인용기사를 근거 삼아 2군 6위의 중앙군 전체가 군반씨족이었다는 일반화를 도출하였다. 그러나 그것은 너무 비약된 해석이라는 느낌을 준다. 그러한 일반화의 또 다른 간접적 근거로서 그가 지적한 것은 태조대 경군의 병력수였다. 그러나 그가 추정한 태조대 경군의 병력수 4만 3천명도, 앞에서 비판했듯이 너무나 과장되고 비현실적인 숫자였다.[78] 또한 부병제설에서 지적한 일부 중요한 논거－이를테면 번상입역하는 농민군들에 관한 기사들－에 대한 군반제설의 반론은 다소 부자연스러워 보인다.[79] 군반제설의 가장 큰 난점은 특히 군인전 해석부분에서 두드러진다. 군반제설의 주장대로라면, 4만 5천 명에 달하는 중앙군의 군인전만도 90만 결이 있어야 했는데 실제로 고려시대 전국의 농경지 총면적은 약 80만 결에 불과했기 때문이다.[80] 이 점에 대해서는 잠시 뒤에 다시 언급할 것이다.

요컨대 중앙군 가운데 군반씨족이라 불리는 전업적이고 세습적 군인들이 있었음은 충분히 인정되나 45령의 중앙군 전체가 그러한 종류의 군인들로만 구성되었다는 주장은, 부병제설에서 중앙군 전체를 농민군으로 간주한 경우와 마찬가지로, 하나의 성급한 일반화였다고 판단된다.

---

78) 李基白, 위의 책, 51쪽.

79) 李基白, 위의 책, 276쪽의 내용과 張東翼, 〈高麗前期의 選軍－京軍構成의 理解를 위한 一試論〉(《高麗史의 諸問題》, 三英社, 1986), 474~475쪽의 내용을 비교해 볼 것.

80) 주 68) 참조.

(3) 경·외군 혼성제설

우리는 위에서 부병제설과 군반씨족제설 각각의 요지와 문제점들을 고찰해 보았다. 중앙군 가운데 지방에서 번상입역하는 농민군들이 포함되어 있었음은 거의 확실하다. 이 점에 관해서는 부병제설의 입론이 타당해 보인다. 그러나 중앙군 중에는 수조지로서의 군인전을 받으면서 전업적·세습적으로 군역에 종사하는 군인들 즉 「軍班氏族」도 포함되어 있었다. 이 점에 관해서는 군반씨족제설의 주장이 설득력이 있다. 그러나 45령의 중앙군 전체가 번상입역하는 농민군 혹은 군반씨족의 어느 한 부류의 군인들로만 편성되어 있었다고 일반화한 점에 있어서는 두 가지 설 모두 설득력이 부족하다. 왜냐하면 그와 같은 일반화들은 근거가 불충분하거나 부적절할 뿐 아니라 당대의 객관적 여건, 이를테면 전국의 토지면적, 개경의 인구 및 주택사정, 그리고 농민들의 정치적 지위 등과 명백히 모순되기 때문이다.

부병제설과 군반제설의 이러한 문제점 때문에 최근에는 양설의 내용을 비판적으로 종합하는 절충적 가설들이 제시되고 있다. 즉 2군 6위의 중앙군은 크게 개경에 거주하는 전업적 군인층(경군)과 지방에서 번상입역하는 농민군층(외군) 등 두 종류의 군인층으로 편성되어 있었으리라는 가설이 그것이다.[81]

이러한 절충적 가설의 논거로서 다음 몇 가지가 지적되고 있다. 우선 전시과 제도상으로는 분명히 마군·보군·감문군 등의 군인들이 소정의 군인전을 받도록 되어 있었다. 그러나 중앙군 전체에게 규정된 면적의 군인전을 주려면 전국의 농토를 다 합쳐도 태부족이었다. 이것은 군인전을 지급 받는 군인들이 중앙군 가운데 일부였음을 의미한다. 또한 2군 6위의 중앙군은 편제상 그 병력 규모가 4만 5천 명이었다. 그러나 당대 개경지역의 인구사정이나 주택사정으로 보아 그렇게 많은 수의 전업적 군인들이 밀집해 살 수가 없었다. 이 점 역시 중앙군의 일부만이 개경에 거주하고 있었음을 의미한다. 따라서 중앙군

81) 직·간접적으로 이러한 가설을 제시한 논문들로서는 張東翼, 앞의 글과 鄭景鉉, 앞의 글(1992)·앞의 글(1990) 및 吳英善, 앞의 글 외에 다음의 글들이 있다.
洪元基, 〈高麗·二軍六衛制의 性格〉(《韓國史硏究》 68, 1990).
鄭景鉉, 〈高麗前期 京軍의 軍營〉(《韓國史論》 23, 서울대 國史學科, 1990).
馬宗樂, 〈高麗時代의 軍人과 軍人田〉(《白山學報》 36, 1991).

이 경군과 외군으로 혼성되어 있었음은 거의 확실하다는 것이다.

중앙군이 경군과 외군의 두 계층의 군인들로 구성되었으리라는 점은 2군 6위 각 부대의 임무 분석을 통해서도 엿볼 수 있다. 앞서 지적하였듯이 2군 6위의 임무는 크게 두가지 범주로 구분된다. 하나는 좌우위·흥위위·신호위 등에 부과된 국경지대 경비(防戍)의 임무이며, 다른 하나는 응양군과 용호군, 금오위·천우위, 그리고 감문위 등이 전담한 친종과 근장·치안·성문수위 등의 임무였다. 전자는 다수의 농민군들이 윤번제로 수행할 수밖에 없는 군역이었던 반면 후자는 개경 거주의 비교적 특정한 계층의 군인들이 전업적으로 수행해야 할 군역이었다.[82] 즉 중앙군에는 부역으로서의 군역을 짊어지는 군인들과 직역으로서의 군역에 종사하는 군인 등 크게 두 부류의 군인층이 있었다고 이해된다.

중앙군의 이중적 구성설은 고려 전기 지방행정제도의 발전과정과도 잘 부합되는 것 같다. 주지하다시피 고려 초기의 국가권력은 지방사회에 상주 지방관도 파견하지 못할 정도로 미약하였다. 그러나 중국식의 집권적 국가체제를 모델로 하여 통치제도를 크게 개혁한 성종대에 이르러서는 12군 절도사제가 시행되는 등 지방사회에 대한 정부의 군사행정적 통제력이 획기적으로 강화되었다. 그리고 그 결과 지방사회의 우수한 농민군들이 대거 중앙정부의 직접적인 통제 아래 들어오게 되었을 것이다. 성종 14년경에 38령 규모의 중앙군 조직(6위)이 성립될 수 있었던 것은 기본적으로 이러한 사태의 진전을 배경으로 했을 것이다. 따라서 성종대의 6위는 태조대 이래 경성의 토박이 군인들(경군)과 새롭게 편입된 지방농민군(외군)의 두 가지 군인층으로 편성되었으리라는 것이다.

고려 전기 중앙군의 인적 구성이 이중적이었음은 중앙군으로 선발된 군인들의 신분분석 결과 좀 더 구체적으로 확인되었다. 2군 6위의 실제 병력규모는 편제상의 그것보다 거의 언제나 부족했다. 중앙군의 병력수는 전란을 겪고 나면 크게 줄어들었고 그같은 병력 부족의 현상은 평상시 도망군들이 속출함으로써 만성화되었다. 때문에 정부는 選軍都監이라는 관청을 설치하여 수시로 중앙군의 결손을 보충하기 위해 군인을 선발(選軍)하였다.[83] 그러면 선군도감에서는

82) 鄭景鉉, 앞의 글(1992), 97~113쪽.
83) 張東翼, 앞의 글, 444~457쪽.

어떤 계층의 사람들을 선발하여 중앙군에 편입시켰던 것일까. 법제상으로 6품 이하의 양반 및 일반 양민(白丁)들의 자제가 모두 선군의 대상이었다. 그러나 실제로는 5품 이상의 자제라든지 향리, 왕족 및 공신의 후손들 심지어는 역을 부담하는 천인(有役賤口)까지도 선발되어 중앙군으로 보충되고 있었다.[84]

이상의 논거들을 종합적으로 고려해 볼 때, 고려 전기 중앙군은 농민군 아니면 세습적 전문군인 중 어느 한 가지 종류의 군인들로만 편제되어 있었던 것이 아니다. 중앙군 안에는 농민군도 있었고 전문적 군인들도 있었다. 혹은 그 어느 쪽도 아닌 군인들이 포함되었을 가능성도 배제할 수 없다. 그렇지만 고려 전기 중앙군을 구성한 여러 부류의 군인들은 그들이 짊어진 군역의 성격과 그에 대한 국가적 보상 등의 면에서 기본적으로 두 종류로 대별해 볼 수 있다. 하나는 군역을 직역으로 수행하는 대가로 군인 전시과를 받는 소규모의 특수 군인층이었고, 다른 하나는 군역을 국가적 부역으로 짊어지기 때문에 군인전시과를 받지 못하는 대다수 농민군인층이었다. 그리고 전자의 군인들은 개경 거주의 군인들(경군)이었고 후자의 군인들은 거의가 지방 거주의 군인들(외군)이었을 것이다.[85]

고려 전기 중앙군이 이처럼 기본적으로 상이한 두 종류의 군인층으로 구성되어 있었다면 그들의 군역에 대한 보상제도 또한 각기 달랐을 것이다. 군반씨족을 비롯한 개경의 전업적 군인들은 전시과 제도상의 군인전을 지급 받았고 그 군인전은 수조지였다.[86] 다음 기사는 강감찬이 군호에게 급여한 양전이 바로 수조지로서의 군인전이었음을 시사하고 있다.

> 吏部尙書 강감찬이 아뢰기를 '臣이 開寧縣에 良田 12結이 있는데 청컨대 軍戶에게 주고자 합니다'고 하니 왕이 허락하였다(《高麗史節要》 권 3, 현종 7년 12월).

강감찬은 開寧縣(지금의 경북 상주지방)에 양전 12결을 가지고 있었다. 그런데 그는 그 토지를 軍戶에게 주기 위해 왕의 허락을 받아야 했던 것이다. 이것은 개령현에 있는 강감찬의 토지가 국가로부터 받은 수조지였음을 의미하

84) 張東翼, 위의 글, 458~468쪽.
85) '京軍' 과 '外軍' 의 구분은《高麗史》권 81, 志 35, 兵 1, 兵制 문종 원년조에 잘 나타나 있다.
86) 李基白, 앞의 책, 144~159쪽.

는 동시에 그 토지를 받게 된 군호 또한 수조지를 넘겨받을 수 있는 군인, 곧 개경 거주의 전업적 군인이었음을 말해 준다.[87]

한편 윤번제로 입역하는 지방 농민군들에게는 군역의 대가로 무엇이 주어졌던 것일까. 이 문제와 관련하여 적어도 다음 두 가지 점은 분명해 보인다.

첫째, 이들 농민군들에게는 수조지 혹은 면조지로서의 군인전이 지급되지 않았으리라는 점이다.[88] 중앙군의 이중적 구성을 주장하는 연구자들은 38령 규모의 보승군과 정용군이 곧 윤번입역하는 농민군들로 편성된 것으로 이해하고 있다.[89] 그런데 정부의 입장에서 보면, 이들에 대한 군인전의 지급은 그것이 수조지이건 면조지이건 결과적으로는 동일한 액수의 세입결손을 초래할 것이기 때문에 현실적으로 실행 불가능한 일이었다. 뿐만 아니라 고려정부가 번상입역하는 농민군들에 대해서까지 조세면제의 보상제도를 마련했다고 가정함은 당대 국가권력의 근본 성격에 비추어 보아도 어울리지 않는다.

다른 하나는 농민군들의 군역에 대해서도 비록 열악한 수준의 것이지만 모종의 보상제도가 있었으리라는 점이다. 보승군과 정용군의 주임무는 윤번제로 반년 혹은 1년간씩 양계지방의 여러 州와 鎭에 들어가 수자리(방수)하는 일이었다.[90] 남한지역의 농민군들이 북방 양계지방에 들어가 부담하는 방수역은 도중에 많은 군인들을 질병으로 죽게 할만큼 혹독한 고역이었다.[91] 또한 수자리하러 간 군인의 가족들은 생계에 커다란 위협을 받지 않을 수 없었다. 그러므로 고려정부가 지방의 농민군에 의한 방수제도를 유지하려고 하는 한 그들의 과중한 군역부담에 대해서도 모종의 보상조치를 강구해야만 했을 것이다.

실제로 국경지대의 주·진에 입거하는 군인들에게는 일정한 보상제도가

---

87) 鄭景鉉, 앞의 글(1992), 152쪽.

88) 李基白은 保勝軍과 精勇軍을 軍班氏族으로 간주하여 이들에게 收租地가 지급되었을 것이라 하였고(李基白, 앞의 책, 149~150쪽 참조), 姜晋哲은 保勝軍과 精勇軍을 농민군으로 파악했기 때문에 이들에게는 自耕免租地가 주어졌을 것이라 했다(姜晋哲, 앞의 책, 1980, 127쪽 참조).

89) 張東翼, 앞의 글.
洪元基, 앞의 글.
鄭景鉉, 앞의 글(1992).

90) 李基白, 앞의 책, 138쪽 참조.
鄭景鉉, 앞의 글(1992), 173~183쪽 참조.

91) 鄭景鉉, 위의 글, 180~183쪽 참조.

시행되고 있었는데, 다음의 두 기사는 그러한 사실을 보여 준다.

(문종) 27년 3월 州鎭 入居軍人들에 대해서는 관례대로 本貫의 養戶 2명씩을 급여하라는 왕명이 내려졌다(《高麗史》 권 81, 志 35, 兵 1, 兵制 문종 27년 3월).
(인종) 22년 西京과 東西州鎭의 入居軍人들에 대해서는 본관의 잡역을 면제해 주기로 하는데 만일 이를 위반하는 자가 있으면 그 실무관리들을 처벌키로 결정하였다(《高麗史》 권 81, 志 35, 兵 1, 兵制 인종 22년).

이처럼 문종대에는 주진 입거군인들에게 각자의 본향에서 2명씩의 양호를 배당해 주는 제도가 있었고 인종대에 이르러서는 그들 본향에서의 잡역도 면제하라는 정부조치가 있었다. 주진 입거군인들에게 그 본향의 잡역을 면제해 준다는 것은 그 군인의 가호에 대해 잡역을 부과하지 않는다는 뜻으로 이해된다. 한편 주진 입거군인들에 대한 양호의 지급은 잡역면제 조치 훨씬 이전부터 하나의 제도로서 시행되고 있었던 점으로 미루어 보아 그들에 대한 대표적인 보상제도였던 것으로 생각된다.

그러면 양호가 군인에 대하여 부담한 역은 무엇이었을까. 다음 기사는 양호의 임무를 구체적으로 보여 준다.

예종 3년 2월에 왕이 명하였다. '근래 州·縣의 官吏들이 왕실과 조정의 농토에 대해서만 사람들을 시켜 갈고 씨를 뿌리고 있다. 그러나 軍人田의 경우는 비옥한 땅인데도 불구하고 농사짓도록 힘써 장려하지도 않을 뿐더러 양호들이 양식을 나르도록 명령하지도 않고 있다. 때문에 군인들이 굶주림과 추위로 도망가고 흩어지고 있는 것이다. 그러므로 지금부터는 우선 군인전부터 각각 佃戶를 배정하여 농사를 장려하고 양식을 나르도록 하는 일에 관해 해당 관서는 상세히 보고하여 결재받도록 하라'(《高麗史》 권 79, 志 33, 食貨 2, 農桑 예종 3년 2월).

이 기사에 의하면 양호는 입역 중인 군인에게 양곡수송의 역을 부담하고 있었음이 분명하다. 그런데 이 기사에서 언급된 군인들은 주진 입지군인은 아니었던 모양이다. 왜냐하면 그들에게는 양호에 의한 양곡수송이 불가능하고 불필요했기 때문이다.[92] 그러므로 이 기사의 군인들은 개경 거주의 전업적 군인들이었거나 아니면 번상입역 중인 농민군들이었을 것이다. 그렇다면 이 기사의 양호 또한 개경 거주의 특수군인층의 양호들이었거나 아니면 지방 농민군들의 양호들이었을 것이다. 만일 전자였다면 그들은 군인수조지(전시과 제도상

92) 李基白, 앞의 책, 104쪽.

의 군인전)의 경작농민으로 이해함이 타당해 보인다.[93] 그러나 후자였다면 그들은 입역 중인 농민군 가족의 농사를 돌봐 주어야 하는 일종의 생계보조자들이었다고 이해될 수 있다.[94] 그리고 이 경우라면 앞 기사의 「군인전」은 전시과 제도상의 특정한 군인전이 아니라 군인의 농토라는 일반적 의미의 군인전으로 해석될 수밖에 없다.

문맥상 앞 기사의 군인·양호, 그리고 군인전이 과연 어떤 쪽의 것들이었는지는 분명하지 않다. 그러나 다음 몇 가지를 고려해 볼 때 후자의 해석이 보다 더 타당해 보인다. 첫째, 양호는 오직 군인에게만 배당된 생활보조자들이었다. 그러나 수조지는 군인에게만 급여된 것이 아니었다. 군인은 수조지에 의한 보수체계(전시과제도) 안의 극히 작은 일부에 불과한 집단이었다. 그리고 수조지 경작농민의 부담은 그것이 군인들의 수조지이건 양반관료의 수조지이건 원칙적으로 차이가 없었을 것이다. 그럼에도 불구하고 군인들에게만 양호라 하는 특정한 생활보조자들이 배당되었음은 양호들이 수조지로서의 군인전과는 관계없는 존재, 달리 말하면 수조지를 받는 전업적 군인들과는 관계없는 존재들이었음을 시사한다.

둘째, 州鎭 入居軍들은 남도의 농민군들이었다.[95] 그들에게는 수조지가 급여되지 않았다. 그러나 앞서 고찰했듯이, 그들에게는 1인당 2명씩의 양호가 제도상 배당되고 있었다. 이러한 사실 또한 양호가 수조지를 받는 군인들이 아니라 수조지를 받지 못하는 군인들, 곧 중앙군 소속의 농민군들과 관련된 농민들이었음을 의미한다.

셋째, 양호란 그 의미상 佃戶(소작인)라기보다는 생계부양자를 뜻한다. 양호의 정체를 이해하고자 할 때에는 이 점도 물론 고려되어야 한다. 앞의 두 가지 논거에 비추어 보면 더욱 그러하다. 조선시대에는 번상입역하는 군인들에게 「奉足」을 배당하여 그들로 하여금 군역에 필요한 물자를 뒷바라지하게 하는 제도가 시행되었다.[96] 고려사회와 조선사회 사이에 정치·경제적 여건

93) 李基白, 위의 책, 149~152쪽.
94) 姜晋哲, 앞의 책(1990), 128~130쪽.
95) 李基白, 앞의 글, 104쪽.
96) 閔賢九, 〈近世朝鮮前期 軍事制度의 成立〉(《韓國軍制史－近世朝鮮前期篇－》, 陸軍本部, 1968), 34~41쪽.

의 근본적인 변화가 없었다는 일반적 사실에 비추어 볼 때, 조선시대의 봉족제도와 고려시대의 봉족제도 사이에는 유사성이 많았을 것으로 추측된다.[97]

따라서 양호란 고려 전기 중앙군 소속의 주진입거 혹은 번상입역하는 지방의 농민군들에게 배당된 생계보조자들로서 그들의 기본임무는 해당 군인들이 입역해 있는 동안 그 軍人戶의 농사를 보조해 주는 농민들이었다고 판단된다. 그리고 그들 가운데서도 번상입역 중인 군인의 양호는 주진 입거군인의 양호와는 달리 해당 군인에 대한 양곡운반의 부담까지 있었던 것이 아닐까 한다.

중앙군의 보수제도에 관한 이상의 논의를 종합하면, 비교적 소규모의 전업적 군인들(경군)은 전시과에서 규정된 수조지로서의 군인전을 받는 반면, 윤번입역하는 대다수의 지방농민군들(외군)은 입역기간 중 양호라 불리는 농사보조자를 배당 받도록 제도화되어 있었다고 이해된다.

경·외군 혼성제설과 관련하여 설명되어야 할 마지막 사실은 보승군과 정용군이다. 고려 전기 중앙군이 경군(특수군인층)과 외군(농민군인층)의 두가지 군인층으로 구성되었다고 보는 연구자들은 한결같이 지방의 보승·정용군을 제위의 보승·정용군과 동일시하고 있다.[98]

군반제설에 의하면 중앙군 전체가 전시과 제도상의 군인전을 지급 받는 전업적 군인들이었고 그 주축은 보군과 마군이었다. 한편 병종상으로는 보승군과 정용군이 중앙군의 주축이었다. 그러므로 보군과 마군은 곧 보승군과 정용군의 구별일 것으로 간주되어 왔었다.[99] 이 점은 군반씨족제설과 경·외군 혼성제설과의 매우 중요한 차이점의 하나이다.[100] 따라서 경·외군 혼성제설의 입장에서는 보승군과 정용군이 전시과 제도상의 보군 및 마군이 아니었음을 보다 적극적으로 논증할 필요가 있다.

우선 보승군과 정용군이 각각 보군과 마군을 지칭하는 것이었을 개연성은

97) 鄭景鉉, 앞의 글(1992), 154~158쪽.

98) 張東翼, 앞의 글.
洪元基, 앞의 글.
鄭景鉉, 위의 글.

99) 李基白, 앞의 책, 72·90쪽.

100) 府兵制說의 姜晋哲씨도 保勝軍과 精勇軍을 步軍과 馬軍의 구별로 보았다(姜晋哲, 앞의 책, 1980, 122쪽).

극히 희박하다.《高麗史》병지는 병력수를 병종별로 구별하여 표시할 때 언제나 보승군 항을 먼저 쓰고 그 다음에 정용군 항을 썼다. 이러한 기재방식은 양자간의 제도적 서열을 표시하며 보승군이 정용군에 비하여 상위의 군사들이었음을 암시한다. 또한 고려시대 지방의 농민군들 가운데에는 기병보다는 보군이 훨씬 더 많았다.[101] 그러나《高麗史》병지 주현군조에 보고된 경기 및 남도지방의 병종별 군인 수효를 보면 보승군보다는 정용군이 두배가량 더 많았다. 따라서 적어도 보승군과 정용군이 각기 보군과 마군의 별칭이 아니었음은 명백하다.

그러나 보승군과 정용군이 각기 마군과 보군의 별칭이었던 것도 아니다. 의종대에 정해진 法駕衛仗에 관한 규정을 보면 용호군 소속의 기병 600명이 法駕를 衛仗하게끔 되어 있었다.[102] 이들 용호군 소속의 기병은 틀림없이 군인전을 지급받는 마군 바로 그들이었다고 판단된다. 그러나 주지하듯이 용호군에 소속된 2령의 군사들은 보승군도 정용군도 아니었다. 이런 사실은 군인전 지급대상자로서의 마군 및 보군은 보승군 및 정용군과는 서로 다른 범주의 군인들이었음을 말해 준다.

보승군과 정용군이 이처럼 전시과 규정상의 보군과 마군(혹은 마군과 보군)이 아닌 지방의 농민군들이었다면 보승군과 정용군의 차이는 무엇이었을까. 앞서 지적했듯이 보승군은 정용군 보다 어떤 면에서 상위의 군사들이었다.《高麗史節要》숙종 9년(104) 9월조에는, 왕이 長源亭에 행차하여 보승군만을 소집 열병하였다는 기사가 보이는데[103] 이 역시 보승군의 상대적 지위가 그만큼 높았음을 시사한다.[104] 그러나 보승군은 실제적인 전투력에 있어서 정용군보다 우위의 군사들이었던 것 같지는 않다. 용맹성 때문에 선발된 군인들은 오히려 정용군들이었을 것이다.「精勇」이라는 명칭 자체가 그 점을 뜻하기 때문이다.

이런 점들을 종합적으로 고려하면, 보승군은 향촌사회에서 비교적 그 家勢가 부강한 농민들 중에서 선발된 군인들이었던 반면 정용군은 비록 신분이나 가세는 보잘 것 없지만 개인적 용맹성 때문에 중앙군으로 선발된 군인들

---

101) 鄭景鉉, 앞의 글(1992), 131~132쪽.
102) 鄭景鉉, 위의 글, 132~133쪽.
103) 鄭景鉉, 위의 글, 128쪽.
104) 千寬宇,《近世朝鮮史研究》(一潮閣, 1979), 28쪽.

이었을 것으로 추측된다.105)

보승군과 정용군에 대한 이러한 해석은 고려 전기 중앙군이 개경 거주의 특수군인들(경군)과 지방 거주의 농민군(외군)으로 혼성되어 있었다고 하는 절충적 가설과 잘 부합된다. 전업적인 특수군인층과 번상입역하는 농민군인층의 기본적 차이는 각기 부담하는 군역의 성격과 그에 따른 제도적 보상의 차이였다. 전자의 군인들에게는 군역이 전업적 직역이었고 그렇기 때문에 그들에게는 수조지로서의 군인전이 주어졌던 반면 후자의 군인들에게는 군역의 윤번제에 의한 賦役이었기 때문에 양호의 지급이라는 비교적 소극적인 반대급부만 주어졌던 것으로 이해된다.

지금까지 우리는 고려 전기 중앙군(2軍 6衛)의 군역제도에 대하여 府兵制說, 軍班氏族制說, 그리고 京·外軍 混成制說 등 세 가지 주요 입론들을 살펴보았다. 총 4만 5천 명 편제의 2군 6위의 군사들이 어떤 부류의 군인들로 충원되어 있었으며 어떤 보수제도하에서 운용되었는가 하는 문제에 대하여 이 세 가지 입론은 각기 주장이 달랐다. 부병제설은 중앙군 전부를 윤번입역하는 농민군들(군반씨족=부병)로 파악하였으며 전시과 제도상의 軍人田은 군역의 대가로 조세를 면제받게 된 이들 농민군들의 自耕地(民田)였다고 주장하였다. 그러나 군반씨족제설은 중앙군 전부가 개경 거주의 전업적이고 세습적 군인들(군반씨족)로 편성되어 있었으며 전시과 제도상의 군인전은 이들에게 주어진 수조지였던 것으로 이해하였다. 한편 경·외군 혼성제설에 의하면, 고려 전기 중앙군은 개경 거주의 비교적 소규모의 전업적인 특수군인층(京軍)과 윤번제로 입역하는 대다수의 지방 농민군(外軍=保勝軍과 精勇軍)으로 혼합 편성되어 있었으며, 전자에게는 전시과제도에 따라 수조지로서의 군인전이 지급된 반면 후자에게는 복역 중인 軍人戶의 생계보조자(養戶)가 군인 1명당 2명씩 배당되었다.

경·외군 혼성제설은 부병제설과 군반씨족제설을 비판적으로 종합하면서도 몇 가지 구체적인 증거들을 새롭게 제시하였다. 그리고 이 가설은 다른 두 가설에 비해 보다 많은 관련 증거들을 보다 합리적으로 설명하고 있다. 그런 점에서 경·외군 혼성제설에 의한 史實 해석이 부병제설이나 군반씨족제설에 비해 보다 더 타당한 것으로 판단된다.

---

105) 鄭景鉉, 앞의 글(1992), 141~142쪽.

종래에는 일반적으로 군반씨족제설에 의해 고려 전기의 군사조직과 군역제도가 설명되었다. 그리하여 2군 6위의 중앙군은 곧 京軍으로 인식되었고, 州縣軍은 경기 및 남도지방의 보승군과 정용군을 주축으로 한 별도의 지방군 조직인 것으로 해석되어 왔었다. 그러나 경·외군 혼성제설에 따르면, 중앙군이 居京 군인 곧 경군만으로 편성되었던 것은 아니다. 오히려 경군은 중앙군의 적은 일부였으며 나머지 대다수는 경기 및 남도지방의 농민군 곧 보승군과 정용군으로 구성되어 있었다. 따라서 우리가 경·외군 혼성제설을 인정하는 한, '경군'을 2군 6위와 동일시 할 수는 없다. 바꾸어 말하면, 2군 6위의 군사조직을 경군조직이라고 지칭해서는 안되는 것이다. 또한 '주현군'도 하나의 지방군 조직으로서 이해될 수가 없다. 경기 및 남도의 보승·정용군이 중앙군 조직에 편제되어 있었다면 그들을 기간병력으로 하는 별도의 지방군 조직은 성립할 수가 없었을 것이기 때문이다. 사실상《高麗史》병지의 편찬자들도「주현군」을 반드시 지방군 조직이라고 생각한 것은 아니었다. 그들이《高麗史》병지의 한 항목으로 명명한 주현군이란 기본적으로 '州와 縣에 산재해 있던 군인들'이라는 뜻이었다. 그 서문에는 다음과 같이 언급되어 있다.

> 高麗의 兵制는 모두 唐의 府衛制度를 모방한 것이었다. 따라서 州와 縣에 산재해 있던 군인들도 생각컨대 또한 모두 六衛에 속하였을 것이요. 6위 밖에 따로 州縣軍이라는 것이 있지는 않았을 것이다. 그러나 참고할 만한 것이 없기 때문에 일단 '州縣軍'이라는 제목을 사용하였다(《高麗史》권 83, 志 38, 兵 3, 州縣軍).

일찍이 군반씨족제설에서 비판된 바와 같이, 고려의 병제가 모두 당의 부병제도를 모방한 것이었다는《高麗史》편찬자들의 歷史像은 사실과 크게 다른 것이었다.[106] 또한 국경지대인 양계지방의 州·鎭에 산재한 군사들은 6위 밖에 별도의 지방군 조직을 갖추고 있었다. 이른바 州鎭軍이 그것이었다. 때문에 앞서 인용된《高麗史》병지 편찬자의 의견 전부를 무비판적으로 받아들일 수는 없다. 그러나 경기 및 남도의 州·縣에 별도의 지방군 조직이 있었을 것 같지는 않다는 부분 만큼은 음미할 필요가 있어 보인다. 고려 전기의 남도지방은 양계지방과 달리 독자적인 지방군 조직을 갖추고 있어야 할 군사적 이유가 거의 없었다. 그리고 무엇보다도 주·현에 산재한 보승군과 정용군은 중앙군

106) 李基白, 앞의 책, 4~15쪽.

소속의 군인들이었던 것이다.

이와 같이 고려 전기 중앙군이 경군과 외군으로 편성되어 있었다는 가설하에서는 '경군'과 '주현군'에 대한 해석이 종래의 그것들과는 크게 달라지지 않을 수 없다. 특히 지방군 조직으로서의 주현군에 대한 부정은 고려 전기 군사조직에 대한 전반적 구도를 크게 바꾸는 것이기도 하다. 그러나 주현군이 주진군과 같은 의미의 지방군 조직이었다는 통설은 몇 가지 구체적 수준의 연구결과로 나온 것이기 때문에 중앙군의 인적 구성이 이중적이었다는 사실만 가지고서는 그러한 통설을 부인하기가 불충분하다. 즉 경·외군 혼성제설의 관점에서 주현군 자체를 구체적으로 다시 검토하고 해석하는 일이 요구된다. 그런 의미에서 경·외군 혼성제설은 하나의 새로운 결론을 제시하는 동시에 새로운 문제를 제시하는 가설이다.

〈鄭景鉉〉

2. 주현군과 주진군

1) 주현군과 농민

(1) 주현군[1]의 성립

가. 광 군

가) 광군의 성격

定宗 2년(947)에 契丹의 침입에 대비하기 위하여 光軍이 조직되었음은 다 아는 바와 같다. 하지만 광군의 조직이나 성격, 그 활동상 등에 관한 기록은

1) 《高麗史》 권 83, 志 37, 兵 3, 州縣軍條를 보면 高麗의 지방군 모두를 州縣軍이라고 칭하고 있다. 하지만 같은 지방군이었다고 하더라도 5道에 배치되었던 지방군과 兩界의 그것은 구별되는 존재였다. 이 점에 대해서는 다음 항목인 〈州鎭軍과 國防體制〉에서 자세히 언급하게 될 것이지만 주현군이란 5도에 배치되어 있었던 지방군을 가리키는 용어로 사용한다.

별로 없다. 광군이 만들어질 당시 병력이 30만 명이었다는 것, 그 통수부는 光軍司였으며 光軍都監으로 바뀌었다가 顯宗 2년(1011) 다시 광군사로 되었다는 것, 현종 초 慶北 醴泉에 있는 開心寺의 석탑을 쌓는 데에 광군이 동원되었던 사실 따위를 알 수 있을 뿐이다. 그러므로 우리는 이러한 단편적인 사실들에 기초하여 광군에 대하여 검토할 수밖에 없는 형편이다.[2)]

우선 광군은 중앙군이 아닌 지방군이었다. 가령 예천에 있는 개심사 석탑을 쌓는 일에 중앙군이 동원되었을 까닭이 별로 없어 보인다. 그리고 이처럼 광군이 지방군이었다면 그것을 농민으로 구성된 농민군이었다고 보아 큰 잘못은 없을 것이다.

다음으로 무려 30만 명에 달했다는 광군이 항상 전투태세를 갖추고 있는 상비군이었다고 생각하기는 어려울 것이다. 하지만 그렇다고 하여 그것이 거란의 침입이라는 일시적인 위기에 대처하기 위하여 만들어지고, 그 위급한 사태가 사라지자 해체된 것은 아니었다. 이 점은 현종 초에 광군이 개심사의 석탑 조성에 동원되었다는 사실에서 명백히 드러나고 있는 것이다.

그러므로 광군은 필요하면 언제든지 동원될 수 있도록 계획되어 있는 상설적인 군사조직으로서 일종의 농민예비군과도 같은 성격을 지닌 것이었다고 일단 규정할 수 있을 것이다. 이제 광군의 성격을 보다 분명히 하기 위하여서는 그 임무와 지휘권의 소재, 그에 대한 중앙정부의 통제 등에 대하여 살펴보는 것이 좋을 듯하다.

광군이 거란의 침입에 대비하여 설치되었던 것인 만큼 유사시 광군이 전선에 투입되었을 것임에는 이론의 여지가 없어 보인다. 비록 광군이 전투에 동원되었다는 기록은 찾을 수 없지만, 현종 원년(1010) 거란의 2차 침입 때 康兆가 30만 군을 이끌고 출동하였다고 하므로 그의 휘하에는 광군이 속해 있었을 법도 하다.

그런데 광군이 농민들로 구성된 예비군이었을 것이라는 점에서 광군이 전투에 동원되는 것은 대규모로 군사를 일으켜야 할 필요가 있는 예외적인 경

---

2) 李基白, 〈高麗 光軍考〉(《歷史學報》 27, 1965 ; 《高麗兵制史硏究》, 一潮閣, 1968)는 州縣軍의 한 기원으로서 光軍에 주목한 본격적인 연구이다. 이하 광군에 대한 서술은 이에 의거하게 될 것이다.

우에 한하는 것이 아니었나 한다. 다시 말하자면 광군은 전투보다는 노역을 담당하는 부대였던 것으로 보는 것이 자연스러울 듯한 것이다. 광군이 개심사 석탑을 쌓는 일에 동원되었다는 사실에서 이를 짐작할 수 있겠거니와, 더욱 추측을 가한다면 광군이 조직되었던 정종 2년부터 활발히 진행되었던 변경 지역에서의 축성에 광군이 동원되었을 가능성도 배제할 수 없을 듯하다.

이처럼 노역을 주 임무로 하였던 光軍의 조직은 어떠하였으며, 그 지휘권은 누가 장악하였던 것일까. 〈開心寺 石塔記〉에 따르면 그 조성 공사에 수레 18량, 우 1,000필과 함께 광군 46隊가 동원되었다고 한다. 따라서 광군이 대를 단위로 하여 조직되었음을 알 수 있다. 중앙군의 1대가 25명으로 편성되었던 점에 비추어 보면 광군의 경우도 역시 그러하였을 것으로 여겨진다. 〈開心寺 石塔記〉에 나오는 隊正 邦祐는 아마도 광군의 대를 지휘하였던 인물이었을 것이다. 그런데 방우를 포함하여 개심사 석탑을 세우는 데 있어 주동적인 역할을 하였던 인물들은 예천 지방의 鄕吏들이었다. 이 사실은 석탑 건립에 동원된 광군이 향리의 지휘 아래에 놓여 있었음을 알려 주는 것에 다름아닐 것이다.

고려 초에는 본격적인 의미의 지방관이 파견되지 못하였다. 成宗 2년(983)에 겨우 12곳에 지방관을 둘 수 있었으며, 비교적 넓은 지역에 지방관을 파견할 수 있었던 것은 성종 14년에야 가능하였던 것이다. 이는 성종대 이전에 중앙정부가 지방에 대한 통치력을 온전히 확보하지 못하고 있었음을 말한다. 즉 지방의 통치는 그 지방의 豪族들에 의하여 이루어지고 있었던 것이다. 이러한 상황에서 중앙정부가 농민들을 군역에 동원하기가 불가능하였을 것임은 자명한 일이다. 그렇다면 이제 광군이 중앙정부의 징병에 의해 조직된 것이 아니었음을 짐작할 수 있을 듯하다. 다시 말해 당시 지방의 통치를 사실상 맡고 있었던 호족세력에 의하여 조직된 것이 바로 광군이었다고 생각하는 것이다. 따라서 광군의 부대 지휘권을 장악하였던 것도 지방의 호족들이었다고 보아야 할 것이다. 그리고 후에는 그들의 후신인 향리들이 그 지휘권을 이어 갖게 되었던 것이 아닌가 한다.

한편 이처럼 광군의 부대 지휘권을 호족이 장악하고 있었다고 하더라도 광군에 대한 중앙정부의 통제가 이루어지고 있었다는 사실을 간과할 수 없다. 가령 광군의 설치와 함께 두어졌던 광군사는, 비록 그 임무에 대하여 전하는 기록을 찾을 수는 없지만, 전국의 광군을 통제하기 위해 설치된 중앙의 관부였을 것이다.

광군사가 유사시 광군을 전투에 동원하는 임무를 맡는 기관이었을 것이라는 점에는 별 이론이 없을 줄 안다. 그런데 광군이 전투부대였다기보다는 노역부대였을 것이라는 점을 고려하면 광군사의 기능이 비단 그에 그치지는 않았을 것이라는 점을 떠올리게 된다. 이와 관련하여 王規의 난을 진압하면서 집권하였던 정종이 왕권을 강화하려고 노력하였던 사실이 주목된다. 정종이 西京으로의 천도를 추진하였던 것은 그 노력의 일환이었거니와, 그렇다면 광군의 설치도 같은 맥락에서 이해할 수 있는 여지가 있지 않을까. 정종이 광군의 조직을 구상하였던 것은, 거란의 침입에 대비하기 위함이기도 하였지만, 궁극적으로는 농민의 역역에 대한 중앙정부의 직접적인 지배를 목표로 한 것이었으며, 그것을 담당할 관부가 바로 광군사가 아니었을까 하는 것이다.

하지만 성종 이전에 중앙정부는 지방에 대한 지배력을 확고히 하지 못하고 있었다. 이러한 상황에서 위와 같은 정종의 계획은 그대로 실현될 수 있는 성질의 것이 아니었다. 우선 지방의 호족들이 그에 반발했을 것이다. 그리고 그 호족들과 연결을 가지는 중앙의 貴族들도 역시 그러했을 것으로 짐작된다. 뿐만 아니라 그리 된다면 호족은 물론 중앙정부로부터도 노역을 부담했어야 할 농민들이 그에 반발하였으리라는 점도 쉽게 상상이 될 것이다. 결국 농민의 역역을 직접 장악하려는 중앙정부의 의도는 그대로 관철될 수 없었을 것이다. 그래서 호족들에게 광군에 대한 지휘권을 맡기는 간접적인 지배가 이루어졌으리라고 생각하는 것이다. 요컨대 광군은 중앙정부와 지방의 호족에 의한 농민 역역의 공동지배 속에 이루어진 군사조직이었다고 할 수 있지 않을까 한다.

나) 광군과 품군

그렇다면 이러한 성격의 광군이 어떻게 州縣軍으로 변모하게 되는 것일까. 광군사의 명칭이 광군도감으로 바뀌었다가 다시 광군사로 환원되었다는 사실에서 그에 대한 실마리를 찾을 수 있을 듯하다.

光軍司가 光軍都監으로 개칭된 시기는 전하지 않고 있다. 다만 현종 2년(1011) 이전일 것이라는 점을 알 수 있을 뿐이다. 그런데 광군이 지방의 군사조직이었다는 점에서 그 시기가 현종 2년 이전 지방의 통치조직이 정비되었던 어느 때였으리라는 점은 충분히 예상할 수 있을 것이다.

이렇게 생각하고 보면 성종 14년(995)의 지방제도 개편이 크게 부각된다. 12軍(12節度使)의 설치는 군사적으로 호족세력을 견제하기 위한 것이었다.[3] 이 점을 고려하면 당시 성종이 호족의 지휘 아래에 놓여 있었던 광군을 중앙정부의 지배하에 두려는 조치를 계획하지는 않았을까 헤아려 보게 되는 것이다. 그리고 광군사에서 광군도감으로의 명칭 변경도 이러한 움직임과 무관하지 않았을 것으로 추측하는 것이다.

성종이 꾀하였을 구체적인 조치는 무엇이었을까. 그것을 잘 알 길은 없지만 성종대에 折衝府의 명칭이 나타나고 있다는 점, 穆宗 원년(998) 전시과에 折衝都尉와 果毅 등의 관직이 등장하고 있다는 점 등에 주목할 수도 있다. 절충부는 府兵制를 실시하였던 唐의 지방 軍府였으며, 그 장관과 차관이 절충도위와 果毅都尉였다. 이 사실은 성종이 당의 부병제를 모방하여 군사제도를 개혁하려는 뜻을 갖고 있었음을 시사한다. 그런데 성종 14년(995)에 중앙군의 핵심인 6衛가 조직되었을 것이라고 여겨지고 있다.[4] 이러한 점들을 아울러 염두에 두면 성종이 광군을 당의 절충부와 같은 것으로 개편하려고 하였을 가능성을 생각할 수도 있지 않을까. 광군도감은 광군을 개편하여 6위 소속의 절충부로 만드는 일을 관장하고 처리하기 위한 관부였을 지도 모르겠다.[5]

그러나 광군을 중앙정부의 지배하에 두려던 성종의 시도－그것이 당의 부병제에 입각한 것이었든지 그렇지 않았든지 간에－는 실패로 끝나고 말았던 듯하다. 〈開心寺 石塔記〉에 보이듯이 현종 초에도 광군이 존재하고 있었을 뿐만 아니라 여전히 豪族(鄕吏)의 지휘하에 놓여 있었던 것이다. 성종 14년(995)의 지

3) 千寬宇, 〈閑人考－高麗 初期 地方統制에 관한 一考察－〉(《社會科學》 2, 1958 ; 《近世朝鮮史硏究》, 一潮閣, 1979, 24～25쪽).

4) 李基白, 〈高麗 二軍 六衛의 形成過程에 대한 再考〉(《黃義敦先生古稀記念 史學論叢》, 1960 ; 앞의 책, 1968, 77～79쪽).

5) 하지만 이와 다른 견해도 있다. 일반 농민들이 光軍에 소속되었다면, 같은 농민이였지만 豪族 휘하의 私兵으로 있던 자들은 6衛에 속하게 되었고, 그것을 담당하였던 기관이 折衝府였다는 것이다(洪元基, 〈高麗 二軍·六衛制의 性格〉(《韓國史硏究》 68, 1990, 58～60쪽).

방제도가 목종 8년에 크게 후퇴할 수밖에 없었다든지, 현종 2년 광군도감이 광군사로 복구되었다는 사실도 이를 시사하는 것이라고 여겨진다.

그렇다면 광군이 주현군으로 변모하는 것은 언제였으며, 주현군 중 어느 부대와 연결되는 것이었을까. 주현군은 保勝軍·精勇軍·一品軍과 村留하는 2·3品軍으로 구성되어 있었다. 그 중에서 향리들이 지휘관으로 임명되었고, 노동부대의 성격을 지니고 있었던 것은 1품군이었다. 그러므로 광군이 주현군 중의 1품군으로 개편되었다고 생각해도 좋을 것이다. 단《高麗史》권 83, 兵志, 州縣軍條에 의하면 1품군은 총 19,882명에 불과하였던 것으로 되어 있다. 이는 광군 30만 명에 크게 못 미치는 수이다. 아마 1품군에 속하지 않았던 나머지는 2·3품군이 된 것이 아닌가 한다.

그런데 光軍이 적어도 현종 2년까지 존재하였음은 이 해에 광군도감이 광군사로 복구되었음이나 역시 이 해에 작성된 것으로 보이는〈開心寺 石塔記〉에 광군이 등장하고 있음에서 알 수가 있다. 한편 1품군에 관한 최초의 기록은 현종 22년(1031)에 세워진 淨兜寺 5층 석탑의 造成形止記 속에서 찾을 수 있다. 그렇다면 광군이 주현군으로 개편된 것은 현종 3년에서 현종 22년에 이르는 사이의 어느 시기였다고 보아 좋을 것이다. 현종 3년 12군을 폐지하고 75道 按撫使를 두는 것을 내용으로 하는 지방제도의 개편이 시작되어 현종 9년에 지방제도의 골격이 갖추어졌다. 이러한 지방제도의 정비와 동시에 광군이 주현군으로 개편 정비되었던 것이라고 생각된다.

나. 진수군

이제까지 豪族(향리)의 지배하에 있었던 광군이 주현군 중 1품군과 2·3품군으로 개편되었음을 살펴보았다. 그런데 지방에 존재하였던 군대가 광군만은 아니었을 것이다. 중앙정부의 직접적인 통제를 받는 병력이 지방에 배치되어 있었으리라는 점은 충분히 예상되는 바일 것이다. 이들을 鎭守軍이라고 부르기로 하겠거니와, 진수군은 광군과 더불어 주현군의 기원이 되었다고 할 수 있다.[6]

---

6) 光軍과 달리 중앙정부의 직접 지배 아래 있었던 지방군을 鎭守軍이라고 하고, 그것이 州縣軍의 한 기원이 되었음을 규명한 것으로는 李基白,〈高麗 地方制

성종 2년 이전에 상주하는 지방관을 파견하지 못하였던 중앙정부는 지방의 요지에 중앙의 지휘를 받는 군대를 두어 만약의 사태에 대비하려고 하였다. 그리하여 설치하였던 것이 都護府와 都督府였다.

이미 태조는 자신이 즉위하던 그 해(918)에 여진족을 제어하기 위하여 平壤大都護府를 둔 바 있었다. 그후 태조 13년에는 후백제를 공격하는 기지로서 天安都督府를 만들었다. 한편 후삼국을 통일한 이후에는 후백제의 수도였던 全州에 安南都護府를, 신라의 서울 경주에 安東大都護(督)府(혹은 慶州大都督府)를 각각 두었다. 이들은 후백제와 신라의 옛 백성들의 반란을 예방하기 위한 목적에서 설치되었을 것으로 여겨진다.

태조대의 도호부와 도독부들은 곧 사라지고 말았다. 하지만 광종과 경종대에는 安南都護府(古阜)와 安東都護府(尙州)가 새로이 두어졌다. 이들을 설치하였던 목적은 이전의 안남도호부나 안동대도호부의 경우와는 달랐을 것으로 생각된다. 후백제나 신라의 옛 백성들의 동태를 군사적으로 감시하기 위한 것이기보다는 지방에 반독립적인 상태로 남아 있었던 호족들을 견제하기 위하여 설치되었을 것으로 헤아려지는 것이다.

이러한 도호부와 도독부에 소기의 목적 달성을 뒷받침할 수 있는 군대가 주둔하고 있었을 것임은 당연하다. 그런데 그 군대가 중앙에서 직접 파견되었을 경우는 물론이지만, 그렇지 않고 해당 지역의 백성들로 이루어진 것이었다고 하더라도 그것이 중앙정부의 통제를 받았을 것임에는 거의 의심의 여지가 없어 보인다. 도호부와 도독부의 설치 목적에 비추어 볼 때 그 지휘권은 지방의 호족들이 아니라 중앙에서 파견된 관리들에게 있었을 것이기 때문이다. 성종 2년의 12목 설치로부터 지방제도가 정비되기 시작하였음은 다 아는 바이거니와, 지방제도에서 군사적인 측면이 크게 고려되었던 것은 성종 14년에 이르러서였다. 이 때에 개편된 지방제도를 일람표로 만들어 제시하면 다음의 〈표 1〉과 같다.[7]

그 중에서도 군사적 성격이 뚜렷한 것은 도호부사가 임명된 5주와 절도사

度의 整備와 州縣軍의 成立〉(《趙明基博士華甲記念 佛敎史學論叢》, 1965 ; 앞의 책, 1968, 182~201쪽)이 있다. 이하의 서술은 대체로 李基白이 논의한 바에 의지하게 될 것이다.

7) 李基白, 위의 책, 193쪽에서 옮김.

〈표 1〉

地方官 道	都護府使	節度使	都團練使	團練使	刺史	防禦使
關內道 (29州 28縣)	豊州(豊山) (安西都護府)	楊州(서울) (左神策軍) 海州 (右神策軍) 廣州 (奉國軍) 黃州 (天德軍)		抱州(抱川) 樹州(富平) 衿州(始興) 水州(水原) 竹州(竹山)		鹽州(延安) 安州(載寧) 鳳州(鳳山) 信州(信川) 平州(平山) 洞州(瑞興) 谷州(谷山)
中原道 (13州 42縣)		忠州 (昌化軍) 淸州 (全節軍)			堤州(堤川) 鎭州(鎭川)	
河南道 (11州 34縣)		公州 (安節軍)	運州(洪城) 懽州(天安)		仁州(牙山) 林州(林川)	
江原道 (9州 43縣)		全州 (順義軍)				
嶺南道 (12州 48縣)		尙州 (歸德軍)	岱州(星州) 剛州(榮州)		龍州(龍宮) 稽州(永同) 善州(善山) 吉州(安東)	
嶺東道 (9州 35縣)	金州(金海) (安東都護府)				永州(永川) 河州(河陽) 咸州(咸安) 密州(密陽)	
山南道 (10州 37縣)		晋州 (定海軍)	許州(咸陽)		固州(固城)	
海陽道 (14州 62縣)	朗州(靈岩) (安南都護府)	羅州 (鎭海軍) 昇州 (袞海軍)	潭州(潭陽)		貝州(寶城) 光州(光州)	
朔方道 (7州 62縣)	和州(永興) (安邊都護府)			交州(淮陽) 春州(春川) 東州(鐵原) 漳州(漣川) 登州(安邊) 溟州(江陵) 陟州(三陟)		高州(高城) 湧州(德原) 文州(文川)
浿西道 (14州 4縣 7鎭)	寧州(安州) (安北都護府)					雲州(雲山) 延州(朔州) 博州(博川) 嘉州(嘉山) 撫州(寧邊) 順州(順川) 殷州(殷山) 肅州(肅川) 慈州(慈城)

가 임명된 12주 그리고 防禦使가 임명된 19주이다. 그 중 방어사가 임명된 여러 주들은 禮成江과 元山灣 이북에서 찾아지므로 논외로 한다면 일단 도호부사와 절도사가 임명된 여러 주들이 관심을 끈다.

都護府使가 임명된 5주는 흔히 5都護府라고 불리고 있다. 성종 2년에 두어졌던 安北都護府에 더하여 네 도호부가 이 때 새로 설치되었다. 이들 도호부는 국방을 위한 군사적 기지로서의 성격을 갖고 있었다. 도호부가 북쪽의 대륙으로부터나 서쪽 및 남쪽의 바다로부터 오는 외적의 침략에 대비할 수 있는 곳에 위치하고 있었다는 점만으로도 능히 이를 짐작할 수 있는 것이다.

節度使가 임명된 12주에는 軍이 설치되어 있었으므로 이들을 12군이라고 불러 좋을 것이다. 12군을 두었던 것은 지방에 대한 군사적 통제를 강화하고자 하는 데 그 목적이 있었던 것으로 파악되고 있다.[8] 都護府가 외적의 침입에 대비하는 국방기지였다면 12군은 국내의 호족세력을 견제하기 위한 것이었다고 생각하는 것이다.

성종 14년에 크게 정비된 지방제도는 그보다 10년 뒤인 목종 8년(1005)에 후퇴하였다. 양계지방을 논외로 한다면 지방관은 5도호부와 12군만이 남게 되었던 것이다. 道가 없어짐에 따라 5도호부와 12군은 이제, 성종 2년에 설치되었던 12목이 그러하였던 것처럼, 方伯과 같은 성격을 띠게 되었다. 이는 중앙정부의 지방에 대한 통제가 여전히 간접적으로 실현될 수밖에 없었음을 의미할 것이다. 아울러 군사적인 성격이 강한 5도호부와 12군만이 남게 되었다는 것은 당시까지도 지방 통치가 군사력을 배경으로 할 수밖에 없었음을 시사하는 것이라고 할 수 있을 것이다.

성종 14년 설치된 5도호부와 12군이 속하였던 군대는 어떠한 성격의 것이었을까. 이미 살펴 본 바와 같이 당시 지방에는 광군이 있었다. 그리고 성종 14년 중앙정부에서 광군을 직접 지배하려고 시도하였을 것으로 추측된다는 점도 앞에서 지적하였다. 그렇다면 광군도 도호부사와 절도사의 감독과 지휘를 받게끔 예정되어 있었을 것이다. 하지만 광군을 직접 지배하려던 성종의 노력은 실패로 돌아갔던 듯하다. 뿐만 아니라 국방과 호족세력의 견제라는 5

8) 千寬宇, 앞의 책, 24~25쪽.

도호부와 12군의 설치 목적에 비추어 볼 때, 그 곳에 노동부대의 성격을 지니면서 호족의 지휘를 받았던 광군이 배치되어 있었다고 보기는 어려울 것이다. 이 점에서 5도호부와 12군에는 광군과는 달리 오히려 전투부대적 성격을 지닌, 그리고 호족세력에 대한 견제를 무력으로 뒷받침해줄 수 있는 중앙정부 직속의 군대가 배치되어 있었다고 할 수 있으며, 그것은 이전의 도호부나 도독부에 배치되어 있었던 군대와 그 성격이 서로 통한다고 여겨진다.

鎭守軍을 구성하였던 군인들은 구체적으로 누구였을까. 그것을 알려 주는 기록은 찾을 수 없다. 다만 다음과 같은 추측은 가능할 것이다. 우선 중앙에서 파견된 군대를 떠올리게 된다. 그러나 진수군이 그들만으로 이루어져 있었다고 하기는 어려울 것 같다. 가령 태조 때에 중앙군의 지배하에 놓여 있었던 지방의 농민을 징발하여 진수군에 충당하는 경우가 있었음[9]을 떠올리면 지방민들로 구성된 부대가 배치되어 있었을 수도 있는 것이다.[10] 다음에 언급하게 될 것이지만, 진수군의 맥을 잇는 것으로 여겨지는 州縣軍 소속 保勝軍과 精勇軍은 지방민으로 이루어져 있었다. 이 점에서 오히려 해당 지방민들이 진수군의 주력을 형성하고 있었지 않았을까 헤아려지거니와, 그렇다면 그 대부분은 그 지역의 농민들이었다고 일단 상정할 수 있을 듯하다.

그런데 진수군을 구성하였던 농민들은 광군에 소속되었다가 주현군 중의 品軍으로 편제되었던 농민들과 어떠한 점에서 구별되는 것일까. 이와 관련된 사료 역시 찾을 수 없다. 다만 호족 지배하에 역역을 담당하는 일반 농민들과 군역을 담당하였던 兵農一致的인 성격을 갖는 私兵이 있었으며, 일반 농민들이 광군에 소속된 반면 사병들은 6衛에 흡수되었을 것이라는 견해가 제시되고 있을 뿐이다. 호족세력의 군사적 기반을 해체하기 위한 성종의 일련의 시도가 성공을 거두었으며, 그 결과 호족들의 사병이 국가의 公兵으로 흡수되었다는 것이다.[11] 이는 결국 주현군 소속의 보승군과 정용군이 부병제적인 원리에 의해 番上하여 京軍 소속의 그것을 구성하였다는 의견으로서, 이 점에 대해서는 논란의 여지가 있을 것이지만, 만약 이 견해를 따른다면 진수

9) 李基白, 〈高麗 太祖時의 鎭〉(《歷史學報》 10, 1958 ; 앞의 책, 1968, 233~235쪽).
10) 李基白, 〈高麗 土地制度의 整備와 州縣軍의 成立〉, 위의 책, 195쪽.
11) 洪元基, 앞의 글, 56~60쪽.

군을 구성하였던 농민들은 호족들의 사병이었다는 것이 된다. 그런데 호족들의 사병의 대부분이 본래는 농민 출신이었다고 하더라도, 그렇다고 하여 그들을 병농일치적인 성격의 농민으로 볼 수 있을까 의문이 든다. 그들은 전문적인 군인이었던 것이 아닌가 하는 것이다.[12)]

한편 호족 휘하의 群小豪族들과 직업적 군인들을 진수군의 구성원으로 파악하려는 견해도 있다.[13)] 성종대에 호족세력의 무력적 기반이 해체되면서 그들이 국가의 군사조직 체계에 흡수되어 주현군 소속의 보승군과 정용군이 되었고, 그들이 번상하여 경군 6위의 그것이 되었다고 본 점 등은 앞의 견해와 비슷하며, 오히려 선구적인 듯한 느낌이지만, 그들을 후대의 향리와 같은 계층이라고 보는 점에서는 크게 차이가 나고 있다. 그러한 계층에 속하였던 인물들이 진수군에 포함되어 있었을 것으로 여겨지지만, 그렇다고 하여 과연 그들로만 진수군이 구성되었다고 할 수 있을까 의심스럽다.

이들 5도호부와 12군에 소속된 진수군이 주현군으로 재편성되었던 것은 언제였을까. 광군의 예에 비추어 본다면 이 역시 현종 3년(1012)에서 현종 9년에 이르는 어느 시기였다고 보아 좋을 줄 안다. 현종 3년 지방제도 정비의 골자는 12절도사를 75도 안무사로 개편한 데에 있었다. 그 중 지방관의 수가 12명에서 75명으로 크게 늘어났다는 점이 눈길을 끈다. 이에서 지방에 대한 지배력을 강화하기 위한 중앙정부의 의도를 읽을 수 있는 것이다. 하지만 지금의 논의와 관련하여 보다 주목되는 것은 지방관의 명칭이 절도사에서 안무사로 바뀌었다는 사실이다. 이는 지방에 대한 군사적 감찰이라는 성격이 강하였던 지방제도가 행정적인 성격의 것으로 바뀌었음을 뜻하는 것으로 풀이된다. 그렇다면 12군의 진수군은 이 때 지방의 행정조직과는 별도의 군사체계에 편입되도록 계획되어 있었던 것은 아니었을까. 진수군은 12군의 폐지와 함께, 따라서 75도 안무사의 설치와 더불어 실질적으로 주현군으로 변모하기 시작하여 현종 9년 지방제도의 골격이 갖추어지면서 주현군으로의 재편성이 완료되었다고 보는 것이다.

---

12) 李基白, 〈新羅私兵考〉(《歷史學報》 9, 1957 ; 《新羅政治社會史研究》, 1974), 276～277쪽.

13) 金塘澤, 〈高麗 初期 地方軍의 形成과 構造－州縣軍의 性格－〉(《高麗軍制史》, 陸軍本部, 1983), 119～124쪽.

진수군은 주현군 소속 보승군과 정용군의 직접적인 기원이 되었을 것으로 추측된다. 그 구체적인 증거를 찾을 수는 없지만, 광군이 향리가 장교가 되는 1품군이나 2·3품군의 기원이었다면 중앙정부의 지휘하에 놓여 있었을 이들을 보승군과 정용군에 연결시켜 볼 수 있지 않을까 한다. 그들과 같은 명칭을 가진 부대가 중앙군에도 있었다는 점으로 미루어 이를 짐작할 수 있는 것이다.

(2) 주현군의 성격

가. 병종과 배치

〈표 2〉

道	軍事道	保勝	精勇	一品	계
交州道	春州道	133	776	572	[1,481]
	東州道	-	971	650	[1,621]
	交州道	-	477	305	[782]
	계	[133]	[2,224]	[1,527]	[3,884]
楊廣道	廣州道	258	546	536	[1,340]
	南京道	133	864	529	[1,526]
	安南道	159	292	282	[733]
	仁州道	194	187	227	[608]
	忠州牧道	175	291	372	[838]
	原州道	241	357	520	[1,118]
	清州牧道	122	203	248	[573]
	公州道	538	708	850	[2,096]
	洪州道	326	553	527	[1,406]
	嘉林道	338	497	713	[1,548]
		98	251	201	[550]
	계	[2,582]	[4,749]	[5,005]	[12,336]
慶尙道	蔚州道	134	145	181	[460]
	梁州道	57	147	173	[377]
	金州道	188	278	431	[897]
	密城道	245	427	532	[1,204]
	尙州牧道	665	1,307	1,241	[3,213]
	安東大都護道	591	953	1,018	[2,562]
	京山府道	54	801	647	[1,502]
	晋州牧道	277	404	730	[1,411]
	陝州道	373	229	448	[1,050]
	巨濟道	-	50	128	[178]
	固城道	26	53	109	[188]
	南海道	(行首幷)17	17	64	[98]
	계	[2,627]	[4,811]	[5,702]	[13,140]

14) 李基白, 〈高麗 州縣軍考〉(《歷史學報》 29, 1965 ; 《高麗兵制史硏究》, 1968, 204~205쪽)에서 옮김. [ ]의 합계는 李基白의 계산임.

全羅道	全州牧道	150	1,214	867	[2,231]
	南原道	205	800	636	[1,641]
	古阜道	54	610	545	[1,209]
	臨陂道	-	341	200	[541]
	進禮道	-	211	152	[363]
	羅州牧道	454	848	922	[2,224]
	靈光道	-	401	368	[769]
	寶城道	322	412	513	[1,247]
	昇平道	240	184	415	[839]
	계	[1,425]	[5,021]	[4,618]	[11,064]
西海道	黃州道	214	320	277	[811]
	谷州道	295	293	291	[879]
	安西大都護道	450	874	838	[2,162]
	豊州道	333	455	235	[1,023]
	甕津道	107	210	612	[929]
	계	[1,399]	[2,152]	[2,253]	[5,804]
京畿	開城府道	52	240	190	[482]
	承天府道	50	160	113	[323]
	江華道	199	54	171	[424]
	長湍道	134	343	303	[780]
	계	[435]	[797]	[777]	[2,009]
총	계	[8,601]	[19,754]	[19,882]	[48,237]

《高麗史》 兵志 州縣軍條는 구성원의 兵種에 따른 배치상황을 전하고 있는데, 그것을 정리한 것이 위의 일람표이다.[14)]

〈표 2〉에 따르면 주현군은 보승군과 정용군 그리고 1품군으로 구성되어 있었다. 한편 〈표 2〉에는 보이지 않지만 이들 외에도 주현군에 넣어야 할 것으로 2·3품군이 있다. 1품군이 주현군에 속하였다면 당연히 이들도 주현군으로 취급하여야 할 것이다.

우선 기록에 「村留」라고 하는 수식어가 붙어 있는 2품군과 3품군은 村을 단위로 배치되어 있었을 것이다. 2·3품군이 兵志 州縣軍 기록에 빠져 있다는 사실은 그들이 중앙의 직접적인 지휘를 받지 않았음을 의미한다고 생각되며, 그렇다면 2·3품군은 주·부·군·현의 治所에는 배치되지 않았던 것이 아닐까 한다. 그리고 屬縣의 경우도 마찬가지였을 것으로 짐작된다. 뒤에 언급되지만 속현에는 보승군 등이 배치되어 있었던 것으로 여겨지는 것이다.

한편 보승군·정용군·1품군이 촌에까지 그 부대조직을 가지고 있었다고 보기는 힘들 것이다. 〈표 2〉를 보면 보승군 등은 5도 및 경기 내의 보다 세분된 도를 단위로 배치되어 있었다. 그러므로 이 도는 주현군의 배치를 위하여 구획된 軍事道라고 해야 할 것이다.[15] 이 군사도는, 기록의 누락이라고 여겨지거나 혹은 예외에 해당된다고 생각되는 경우를 제외하고는, 留守官·都護府使·牧使·知事·防禦使·縣令 등이 파견된 京·州·府·郡·縣 등과 일치하고 있다. 이 점에서 일단 보승군 등은 지방관이 파견되는 행정구역을 단위로 배치되어 있었다고 할 수 있다. 그렇다고 하여 보승군 등이 경·주·부·군·현의 치소에만 배치되어 있었던 것은 아니었다. 〈표 2〉에 보이는 병력의 수가 각 군사도 내 병력의 한계라는 점에서 보승군 등이 속현에도 배치되어 있었음을 추정할 수 있는 것이다.

이렇게 볼 때에 중앙에서 지방관이 파견되었는가의 여부와 관계없이 京에서 村에 이르는 모든 수준의 지방행정단위에 주현군이 배치되었다는 결론에 도달하게 된다. 이것은 주현군이 지방의 양인·농민·장정으로서 이 조직망에서 빠질 수 있는 자가 거의 없을 정도로 전국적인 군사조직이었음을 말하여 주는 것이다.

이러한 주현군이 지방관이 파견되는 행정구획을 단위로 파악되었다는 것은 중앙정부의 주현군에 대한 파악과 통제가 직접적인 것이었음을 말한다고 하겠다. 단 그 일부인 2품군과 3품군이 중앙에서 파악하고 있는 통계 속에서 빠져 있다는 점은 같은 주현군이라도 중앙으로부터 받는 통제의 정도에 차이가 있었음을 알려 준다.[16]

나. 보승군과 정용군

가) 경군 소속 보승군·정용군과의 관계에 대한 제논의

주현군 소속의 보승군과 정용군은 같은 이름을 가진 부대가 경군에도 있다는 점에서 크게 주목받은 바 있다. 이 점은 양자의 관계가 밀접하였다는 사실을 강력히 시사하고 있다. 알려진 대로 高麗 前期 兵制史를 둘러싼 논쟁은 경군이 부병제적인 원리에 의해 번상한 주현군으로 구성되었는가 혹은 그렇지 않고, 軍班氏族 출신의 전문적인 군인으로 구성되었는가에 집중되고

---

15) 末松保和는 이를 五道의 道와 구분하여 「下部道」라고 하였다(〈高麗四十二都府考略〉,《朝鮮學報》 14, 1959, 580쪽).

16) 州縣軍의 兵種과 配置에 대한 이상의 서술은 李基白, 앞의 책, 203~208쪽에 의함.

있거니와, 주현군 소속 보승군과 정용군이 경군의 그것들과 어떠한 관계에 있었는가 하는 문제는 그 논쟁의 핵심적인 사항 중의 하나이다. 그러므로 여기에서는 관련이 있는 여러 견해들을 간략히나마 소개하도록 하겠다.[17]

먼저 주현군 소속의 보승군·정용군은 물론 1품군까지 모두 상경 시위하여 경군을 형성하였을 것이라는 견해[18]와 주현군 중 1품군을 제외한 보승군과 정용군이 중앙으로 번상하면 곧 경군 6위의 그것이 되는 것으로 보는 견해[19]가 제출되었거니와, 서로 간의 차이는 있지만, 이들은 모두 주현군이 부병제적인 원리에 의해 경군과 연결된다고 하는 주장이다.

그런데 이에는 다음과 같은 문제점이 있음이 지적되었다. 첫째, 1품군은 노동부대였으므로 그것을 전투부대였던 경군 6위의 보승군이나 정용군과 연결시킬 수 없다.[20] 둘째, 1품군을 제외하더라도 주현군의 보승군과 정용군은 각각 8,601명과 19,754명인 것에 비해 경군의 보승군은 22령 22,000명, 정용군은 16령 16,000명이다. 이 점에서 주현군의 보승군이 상경하여 경군의 보승군을 구성하였다고 보기 어렵다.[21] 셋째, 혹 주현군과 경군 소속 보승군의 수 차이를 무시한다고 하더라도 주현군의 보승군과 정용군의 총 인원 수는 28,355명에 불과한 반면 경군에 속한 보승군과 정용군의 합계는 38,000명이므로 전자가 교대로 상경하여 후자의 그것을 구성하기에는 전자의 인원이 상당히 부족하다.[22]

이상과 같은 이유를 들어 주현군의 보승군과 정용군을 바로 경군의 그것들에

---

17) 이 문제에 대해서는 京軍에 대한 항목에서 검토될 것이다. 보다 자세한 것은 그것을 참고하도록 한다.

18) 末松保和는 5道의 軍事道 당 평균 병력 수가 대략 1,000명인 것에 착안해서 약 500명 정도인 京畿의 4개 군사도를 둘로 묶고, 지방의 42(원래는 44)군사도의 州縣軍은 주둔 병력이 아니라 중앙에 番上하여 京軍 6衛의 42領을 구성하도록 할당된 병력의 수였을 것으로 추측하였다(앞의 글, 583~584쪽).

19) 李佑成, 〈高麗의 永業田〉(《歷史學報》 28, 1965), 19쪽.

20) 李基白, 〈高麗 軍人考-附說 末松氏의 「高麗四十二都府考略」을 읽고-〉(《震檀學報》 21, 1960 ; 앞의 책, 129쪽).

21) 李基白, 위의 글, 128~129쪽. 이는 末松保和의 의견에 대한 비판이었지만, 一品軍을 논외로 하였던 李佑成에 대한 비판으로 보다 유효하다.

22) 즉 州縣軍의 保勝軍과 精勇軍이 번상하여 京軍의 그것을 구성하려면 전자의 인원 수가 후자의 인원 수에 비해 많거나 최소한 그와 같아야 할 것이다(李基白, 〈高麗 州縣軍考〉, 앞의 책, 210쪽).

연결시키는 것에 반대하였던 논자도, 그러나 양자가 밀접한 관련을 맺고 있었으리라는 점은 인정하였다. 그는 주현군의 보승군과 정용군이 正軍訪丁人 1,000명과 함께 경군의 1領을 구성하였다는 望軍丁人 600명일 것으로 추측하였다. 주현군 소속의 정용군과 보승군은 準京軍이며, 국가에서는 이를 편제상으로만 6위 소속으로 파악하고 있었다는[23] 것으로 그 구체적인 이유는 다음과 같다.

첫째, 경군의 1령이 1,000명으로 구성되므로 正軍訪丁人은 경군 소속의 정규 군인일 것임에 비해 望軍丁人은 경군의 현실적인 구성원이기보다는 편제상의 존재일 것으로 추측되고, 이 점에서 그들이 지방에 있었다고 보아 무난할 것이다. 둘째, 아래의 〈표 3〉에서 보듯이 2군과 6위의 45령에 각 600명씩의 망군정인이 있었다면 그 총 수는 27,000명이 되는데, 주현군 소속 보승군과 정용군의 총 수도 28,355명이어서 수적으로 비슷하다.[24]

〈표 3〉

	京軍의 望軍丁人	州 縣 軍
保 勝 軍	13,200 (600×22)	8,601
精 勇 軍	9,600 (600×16)	19,754
其 他	4,200 (600× 7)	-
계	27,000 (600×45)	28,355

하지만 부병제 논자들의 견해를 비판하고 주현군의 보승군과 정용군을 경군의 망군정인으로 보고자 하였던 이러한 의견에 대해 다음과 같은 문제점이 제시되었다.[25]

23) 千寬宇는 앞의 책, 26쪽의 주 26)에서 州縣軍이 "형식상의 편제로는 京軍과 마찬가지의 六衛에 소속되는 체제를 취하였던 듯하다"고 한 바 있다. 단 千寬宇는 주현군 전부가 그러하였다고 보았으나, 그 중 保勝軍과 精勇軍만이 그러하였을 것이다(李基白, 앞의 책, 209쪽의 주 8).

24) 李基白, 위의 책, 210~211쪽. 한편 李基白은 자신의 견해가 생각할 수 있는 여러 안 중에서 가장 타당성이 많다고 하면서도, 다음과 같은 문제점이 있음을 자인하였다. 첫째, 京軍의 望軍丁人을 州縣軍의 保勝軍과 精勇軍에 비길 수 있는 구체적인 증거가 없다. 둘째, 〈표 3〉에서 알 수 있듯이 경군 소속의 보승군과 정용군으로 구분된 망군정인의 인원 수와 주현군의 보승군과 정용군의 인원 수(혹은 비율)가 일치하고 있지 않는 난점이 있다.

25) 姜晋哲, 〈軍人田〉(《高麗土地制度史硏究》, 高大出版部, 1980), 112~124쪽.

첫째, 이미 지적된 바이지만,[26] 주현군 소속 보승군·정용군과 경군 소속 그것들의 수의 차이 혹은 비율의 차이는 그 각각에 대해 전하는 사료가 연대적으로 차이가 있기 때문에 발생한 것으로 볼 수 있다. 즉 시간이 흐르면서 군사적, 사회적 요인의 변화가 생길 수밖에 없고, 그에 따라 보승군과 정용군의 병력 수는 크게 변화할 수도 있는 것이다. 둘째, 주현군 소속 보승군과 정용군의 총원이 28,355명으로 경군 소속 보승군과 정용군의 총원에 현저히 미치지 못하는 것은 경군 소속 그것들의 총원 38,000명이 규정상의 것일 뿐이고, 실제 병력은 그에 못 미쳤기 때문에 생긴 현상이라고도 할 수 있다. 셋째, 주현군의 보승군과 정용군을 경군의 망군정인으로 볼 경우 경군의 보승군과 정용군을 제외한 2군 및 기타 領의 망군정인(〈표 3〉의 기타 4,200명)도 주현군의 보승군과 정용군이 되는 셈이어서 문제가 있다.[27]

결국 이러한 견해는 부병제적인 원리에 의해 주현군의 보승군과 정용군이 경군의 그것들과 연결될 수 있다는 것으로서 이를 바탕으로 주현군 소속 보승군과 정용군을 경군의 그것들과 직결되는 것으로 파악하는 견해들이 제시되었다.[28] 하지만 이들 중에는 주현군 소속 보승군과 정용군이 교대로 상경하여 경군의 그것 전부를 구성한다고 보는 견해[29]가 있는가 하면 경군의 그것 중 일부와 연결시키는 견해[30]도 있어 차이를 드러내고 있다. 또한 주현군 소속 보승군과 정용군의 구성원을 향리에 준하는 신분을 가진 직업적 군인으

---

26) 末松保和, 〈高麗の四十二都府について〉(《學習院史學》 1, 1965 ; 《青丘史草》 1, 1965, 238쪽).

27) 望軍丁人에 대해서는 경군 소속이면서 京軍의 정규군과는 구별되는 존재였던 雜色軍의 전신(武田幸男, 〈高麗田丁の再檢討〉, 《朝鮮史硏究會論文集》 8, 1971, 5~6쪽), 혹은 군인 선발의 인적 자원으로서 국가로부터 閑人田을 지급받았던 閑人(金塘澤, 앞의 글, 111~112쪽), 혹은 유사시 군대에 충보되어 군역을 질 수 있는 充軍 대상자로서의 白丁(文喆永, 〈高麗末·朝鮮初 白丁의 身分과 差役〉, 《韓國史論》 26, 1991, 79~80쪽)으로 보는 견해들이 제출되고 있는 실정이거니와 望軍丁人을 正軍訪丁人 중 명망있는 가문 출신자들을 가리킨다고 파악하는 의견도 있는 것이다(張東翼, 〈高麗前期의 選軍-京軍 構成의 이해를 위한 一試論〉, 《高麗史의 諸問題》, 三英社, 1986, 471~474쪽).

28) 金塘澤, 위의 글, 106~116쪽.
洪元基, 앞의 글, 74~75쪽.
張東翼, 위의 글, 477~478쪽.

29) 金塘澤, 위의 글, 106~116쪽 및 洪元基, 위의 글, 72~79쪽.

30) 張東翼, 앞의 글, 468~479쪽.

로 본 견해[31]와, 또는 농민으로 파악하는 견해[32]도 있어 역시 차이가 있다.

이상에서 살펴 본 바와 같이 주현군 소속의 보승군과 정용군이 경군의 그것들과 어떠한 관계에 놓여 있었는가에 대한 논의는 전자가 후자와 직결된다고 보는가 그렇지 않다고 보는가에 따라 크게 갈라지고 있는 형편이다. 현재로서는 양자가 직결되는 것으로 보는 견해가 많지만, 그들 사이에서도 세부적으로는 의견이 다른 형편이다. 그러므로 아직까지 이 문제에 대한 어떤 결정적인 해결점에 도달하였다고 하기는 어려운 실정이다.

하지만 주현군 소속 보승군과 정용군과 같은 명칭을 가진 부대가 경군에도 있었다는 사실이, 그들이 어떠한 방법으로든 중앙정부의 군사적인 직접 지휘 아래 놓여 있었음을 의미하고 있다는 점에 대해서는 대체로 의견을 같이 하고 있는 것으로 보인다. 사실 이들에 대한 지휘권은 지방관을 비롯하여 중앙정부에서 파견한 지휘관들에게 있었던 것이다.[33]

나) 임원·구성원·처우

같은 주현군 소속이었다고 하더라고 그 기원을 달리 하였던 보승군과 정용군이 1품군 및 2·3품군과 구별되는 존재였을 것임은 자명하다. 주현군에 있어서 가장 핵심이 되는 부대는 보승군과 정용군이었다고 할 수 있다. 이는 그들과 같은 이름의 군대가 경군의 6위에 포함되어 있다는 점만을 떠올려도 쉽게 수긍이 될 것이다.

보승군과 정용군의 임무는 무엇이었을까. 당연한 일이지만 그들은 전투에 동원되었다. 외적의 침입에 대한 방어에도 동원되는 경우가 있기는 하였으나, 그들의 주된 임무는 국방보다는 내란의 진압 등 지방의 치안 유지였을 것이다.

보승군과 정용군은 防戍의 임무도 띠고 있었던 듯하다. 그런데 방수에 동원되었던 보승군과 정용군은, 그 기간 중에 필요한 식량을 국가로부터 지급받았을 뿐 부임하는 동안의 식량은 물론 그에 소요될 의복이나 개인 무기 등을 스스로 마련하여야만 했던 것으로 여겨진다. 〈표 2〉에서 볼 수 있듯이 각 軍

31) 金塘澤, 위의 글, 90~92쪽.
32) 洪元基, 앞의 글, 56~72쪽.
張東翼, 앞의 글, 468~479쪽.
33) 李基白, 앞의 책(1965), 211~213쪽.

事道마다 방수에 동원되는 인원 수가 결정되어 있었을 것임은, 각 군사도의 軍額이 서로 다름에서 미루어 짐작할 수 있다.

이처럼 보승군과 정용군이 전투는 물론 방수에도 동원되었다면, 그러한 임무를 원활히 수행하기 위한 훈련이 그들에게 부과되었을 것임은 이를 나위가 없을 것이다. 이밖에도 그들은 흔히 역역에 동원되기도 하였다.

각 군사도마다 주현군의 군액이 정해져 있었을 것이므로 그것이 항상 충원되어 있어야 할 것임은 당연하다고 하겠다. 보승군과 정용군의 군액을 확보하는 방법은 連立制 즉 세습에 의한 것이 아니었을까 한다. 그리고 逃散 등으로 인하여 생기는 결원을 보충하기 위해서 選軍을 하였다. 이렇게 항상 충원되었다면 그들의 軍籍도 작성되어 있었다고 보는 것이 옳을 듯하다.[34]

주현군 소속 보승군과 정용군을 구성한 군인들은 누구였을까. 이를 알 수 있는 자료는 찾을 수 없다. 다만 北界 寧州(安北府)의 향리 출신인 宋△淸이 의종 5년(1151)에 州鎭軍의 정용으로 임명된 일이 참고가 된다.[35] 宋△淸이 '鄕邑薄書之役'을 맡았다고 한 것을 보면 그는 향리직 중 諸史에 해당하는 하급 향리였을 것이다. 주진군이나 주현군 소속 정용군의 군인이 그 사회적 신분에 있어서 별로 차이가 없었다고 하면, 주현군의 정용군에도 하급 향리 출신자가 있었으리라고 생각할 수 있다. 1품군의 장교나 其人이 될 수 없었던 하급 향리들이 주현군 중 보승군과 정용군에 소속되었을 가능성이 있어 보인다.[36]

하지만 그렇다고 하여 주현군 소속 보승군과 정용군이 하급 향리들로만 구성되어 있었다고 보는 것은 무리가 있어 보인다. 그들이 '民'이라고 불리기도 하였음을 보면 주현군의 보승군과 정용군은 민병적인 존재였다고 할 수

34) 이상 州縣軍 소속 保勝軍과 精勇軍의 임무 등에 대해서는 李基白, 앞의 책, 213~218·209·211~213쪽에 의거함. 그 임무 중 防戌와 관련하여서는 趙仁成, 〈高麗兩界의 州鎭軍과 防戌軍〉(《高麗光宗硏究》, 一潮閣, 1981) 122~125쪽도 참고된다.

35) 〈宋將軍墓誌〉(《朝鮮金石總覽》 上, 朝鮮總督府), 425쪽.

36) 李基白, 앞의 책, 218~219쪽.

있다.[37] 이렇게 생각하고 보면 그 대부분은 농민들이었을 것이라고 보는 것이 온당할 듯하다.[38]

이처럼 주현군 소속의 보승군과 정용군이 대부분 농민으로 구성되었다고 할 때 그들과 品軍에 속하였던 농민들과는 어떻게 다른 것일까. 아무래도 그것은 그들의 경제적인 처지의 차이와 관련이 있는 듯하다. 곧 이어 말하게 될 것이지만 주현군 중 보승군과 정용군은 원래의 소유지를 국가로부터 지급 받는 형식으로 군역의 대가를 받았다고 여겨진다. 그렇다면 그들은 품군 소속의 농민들에 비해 상대적으로 부유한 농민들이 아니었을까. 즉 그들은 임무 수행에 드는 비용이나 물품 등을 스스로 조달할 수 있을 정도의 토지 소유자였을 것으로 생각되는 것이다.[39]

한편 앞에서 살펴 본 바에 따르면 주현군 소속 보승군과 정용군은 전투에 동원되었을 뿐만 아니라 防戍나 훈련 등의 의무를 지고 있었고, 그에 소용되는 무기는 물론 식량과 피복 등을 스스로 마련하였다. 그렇다면 그들에게 국가로부터의 응분의 보상이 있었다고 보아야 할 것이다. 그것이 토지였을 것이라는 점에는 별 이론의 여지가 없어 보인다.[40]

주현군의 보승군과 정용군이 부병제적인 원리에 의해 번상하여 경군의 그것이 된다고 생각하는 논자들은 전시과 안에 보이는 군인전이 그들에게 지급되었던 것으로 보고 있다.[41] 그런데 이들 가운데서도 군인전이란 그들이 본래부터 소유하고 있었던 民田이며, 그 지급이란 것도 그에 대한 면제조치

37) 李基白, 앞의 책(1965), 217쪽. 州縣軍 소속의 保勝軍과 精勇軍이 지방 관아에 상주하는 경우가 예상되기는 하지만(金塘澤, 앞의 글, 92쪽), 그렇다고 하여 전부가 그러하였으리라고는 여겨지지 않는다.

38) 李基白, 앞의 책, 218~219쪽. 州縣軍의 保勝軍과 精勇軍을 府兵制의 원리에 입각하여 番上侍衛하는 부대로 파악하는 경우는 말할 나위가 없거니와, 그것을 부정하는 경우에 있어서도 이 점에는 의견을 같이 하고 있는 것이다. 단 金塘澤만은 주현군 소속의 보승군과 정용군이 鄕吏에 버금 가는 계층의 인물들로 구성되었을 것이라는 의견을 제시하고 있다(앞의 글, 90~92쪽). 하지만 위에서 지적한 바와 같이 그들만이 그 구성원이었다고 보기는 아무래도 어려운 것이 아닌가 한다.

39) 姜晋哲, 앞의 책, 132쪽. 吳一純은 田 17結이 軍 1丁을 내는 기준이 되는 토지 면적이었으며, 이를 기준으로 징발된 군인은 京軍과는 구별되는 州縣軍, 그 중에서도 保勝軍과 精勇軍이었을 것이라고 하였다(〈高麗前期 部曲民에 관한 一試論-田柴科制度, 一品軍과의 관련을 중심으로〉, 《學林》 7, 1985, 7~8쪽).

40) 李基白, 앞의 글, 219쪽.

에 불과한 것이라고 보고 결국 주현군 소속의 보승군과 정용군을 본질적으로 농민과 다름없는 존재라고 파악하는 견해[42]가 있는가 하면, 한편 그들이 收租權者로서 명실상부하게 군인전을 지급 받도록 되어 있었다고 보는 견해[43]도 있다. 그 중 주현군 소속 보승군과 정용군이 수조권자였다는 주장은 그들 모두가 농민이 아니라 향리에 버금가는 신분의 소유자였다는 것을 전제로 하고 있어 문제가 있어 보인다.

반면 전시과에 규정된 군인전 외에도 주현군 소속 보승군과 정용군에게 지급되었던 토지로서 軍田이 존재하였을 것으로 보는 견해도 있는데, 단 그것이 그들의 민전 위에 설정되었던 것으로 여겼다는 점에서는 기존의 견해[44]와 통하는 면이 있다.[45] 전시과의 군인전과는 별도의 군전이 존재하였으리라는 점은 다른 연구자에 의해서도 제기된 바 있는데,[46] 이에 대해서는 앞으로 좀 더 논의가 될 필요가 있을 것으로 여겨진다.

한편 주현군의 보승군과 정용군이 비록 편제상으로는 경군 6위에 소속되어 있었으나 그들이 교대로 상경하여 京軍의 그것이 되었다고 여기지 않는 논자[47]는 주현군 중 보승군과 정용군이 경군과 같이 家田과 永業田을 가지고 있었으나, 이 영업전이 전시과에 포함되어 있는 직역의 제공자인 경군의 그것과 동일한 것일 수는 없다고 하였다. 비록 국가로부터 세습이 인정되었다고 하지만, 실은 국가로부터 새로 지급되었다기보다는 그들의 자영지를 명목상으로 그렇게 규정하였을 따름이었다고 한다. 즉 그들이 국가에 대하여 짊어지고 있었던 役을 정당화하기 위하여 왕토사상에 입각해서 관념적으로 국가로부터 지급된 것으로 처리[48]된 데 지나지 않았다는 것이다.[49]

41) 姜晋哲, 앞의 책, 109~116쪽.
金塘澤, 앞의 글, 96~101쪽.
42) 姜晋哲, 위의 책, 109~116쪽.
43) 金塘澤, 앞의 글, 97~98쪽.
44) 姜晋哲, 앞의 책, 109~116쪽.
45) 洪元基, 앞의 글, 63쪽의 주 102).
46) 吳一純, 앞의 글, 4~9쪽.
47) 李基白, 앞의 책(1965), 208~211쪽.
48) 李佑成, 〈新羅時代의 王土思想과 公田〉(《趙明基博士華甲記念 佛教史學論叢》, 1965), 225쪽.
49) 李基白, 앞의 책, 215쪽.

이 토지는 보승군과 정용군에 의해서 어떻게 경영되었을까. 그들이 교대로 상경하여 경군의 그것이 되었다고 보는 입장에서는 당연히 그 기간 동안의 노동력 부족을 메꾸어 줄 존재를 예상하고 養戶가 복무 중인 군인을 대신하여 군인전의 경작을 돕고, 식량의 수송도 맡았다고 보았다.[50] 반면 이와 달리 주현군 소속 보승군과 정용군이 번상하여 경군의 그것을 구성하지 않는다는 입장에서는 그들이 그 토지를 스스로 경작하였다고 보았다. 그 토지가 원래 그들의 자영지였을 것이라는 관점에서 뿐아니라, 그들에게 따로 양호가 설정되어 있지 않았을 것이라는 점에서도 그러하다는 것이다.[51]

이상에서 본 바와 같이 주현군 소속 보승군과 정용군이 어떤 명목의 토지를 받았는지, 그것을 어떻게 경영하였는지에 대해서도 그들이 경군의 그것과 어떠한 관계에 놓여 있었다고 보는가에 따라 의견이 갈리고 있다. 다만 국가에서 원래 그들이 소유하고 있었던 토지를 지급의 형식을 빌어 그들이 지는 役의 대가로 하였으리라는 점에는 대체로 의견을 같이 하고 있다. 그리고 주현군 소속의 보승군과 정용군이 원칙적으로 자영농민들로써 구성된 兵農一致의 군인이었으리라는 점에 대해서도 그러하다.

다. 1품군과 2·3품군

1品軍은 2·3品軍과는 달리 보승군·정용군과 함께《高麗史》兵志 州縣軍條에 그 인원 수가 기록되어 있다. 보승군이나 정용군과 마찬가지로 중앙정부에 의해서 1품군의 인원 수가 파악되고 있었다는 것은 1품군도 중앙의 명에 의해서 동원되는 부대였음을 알려준다. 보통 1품군은 일정한 기간씩 교대로 동원되도록 규정되었는데 2번 교대가 원칙이었고 기간은 1년씩이었다.

1품군이 전투에 동원되는 경우가 전혀 없지는 않았겠지만, 1품군은 전투를 위한 부대라기보다는 오히려 노동부대였다. 그것도 특별한 기술을 지닌 오늘날의 공병과 같은 것이 아니라, 단순한 육체노동을 제공하는 것이었다. 이처럼 1품군이 노동부대였다는 점에서 그것은 같은 州縣軍 소속의 보승군·정용군과 구별된다.

---

50) 姜晋哲, 앞의 책, 128~129쪽.
51) 李基白, 앞의 책, 219~220쪽.

그리고 1품군의 지휘관은 향리가 겸임하는 것이었다는 점에서도 차이가 있다. 그 지휘관은 향리 중에서 궁술에 의해서 선발하고, 그 직위의 높고 낮음에 따라 적절히 임명되었던 것이다.[52] 이 사실은 1품군이 호족(향리)의 지배하에 놓여 있었던 광군의 후신이라는 점과 밀접한 관련을 맺고 있음을 반영한다고 할 수 있으며, 따라서 1품군 소속의 군인들도 물론 그 지방의 농민들이었을 것이다.

한편 1품군과는 달리 2품군과 3품군은 중앙정부의 직접적인 통제 밖에 있었다. 兵志 州縣軍條에 2·3품군은 기재되어 있지 않다는 점에서도 그러하거니와, 또 2·3품군 앞에 '村留'라는 수식어가 붙어 기록되어 있음도 이를 알려 주는 것이라고 여겨진다.

1품군이 그러하였던 것처럼 2·3품군도 노동부대였을 것이다. 단지 중앙의 직접적인 통제 밖에 놓여 있었던 점으로 미루어 보아 지방에 있어서의 노동에 동원되었다고 추측된다.[53] 구체적으로는 佃軍으로서 宮院田·朝家田·軍人田 등의 경작에 집단적으로 동원되었을 것이라는 견해,[54] 군사조직 내에서 養戶의 임무를 맡았을 것이라는 견해[55] 등이 제시되고 있다.

2·3품군의 지휘관에는 향리가 아닌 村長·村正이 임명되었다고 짐작된다.[56] 그리고 당연한 일이지만 촌락에 거주하는 농민들이 2·3품군을 구성하였을 것이다.

그렇다면 1품군과 2·3품군은 어떻게 구별되는 것일까. 1품군이 중앙정부의 명령에 의해 동원되었다면 그들에 대한 국가적인 처우에 있어서 보승군이나 정용군과 큰 차이가 없었던 것이 아닐까 하는 짐작이 가능하다. 그렇다면 이들도 원래 토지를 소유하고 있었던 농민이었다고 보아야 할 것이다.[57] 하지만 주현군 소속의 보승군·정용군과 일품군이 지는 역의 경중이 있었고,

52) 千寬宇, 앞의 책, 35~36쪽.
53) 이상 一品軍과 二·三品軍에 대한 서술은 李基白, 앞의 책, 220~226쪽에 의거함.
54) 李佑成, 〈高麗의 永業田〉(《歷史學報》 28, 1965), 10~12·15~16쪽.
55) 金塘澤, 앞의 글, 94~95쪽.
56) 李佑成, 〈麗代 百姓考-高麗時代 村落構造의 一斷面-〉(《歷史學報》 14, 1961), 41쪽.
57) 李基白, 앞의 책, 225쪽.

전자의 역이 후자의 역보다 무거운 것이었다면 비록 토지를 소유한 같은 농민이었다고 하더라도 전자의 경제적 지위가 후자에 비해 높았으리라는 추리가 가능할 듯하다.

그에 비해 2·3품군을 구성하였던 촌락농민들은 국가에서 공적으로 수조하는 토지를 경작하여 租를 바치는 농민들이었다고 생각하는 견해가 있다. 보승군·정용군은 물론 1품군과는 달리 2·3품군을 生產物地代를 내는 佃戶와 같은 농민으로 보는 것이다. 그리고 그들이 2·3품군이라는 군사조직 속에서 파악된 까닭은 신라 이래의 촌락민 공동경작의 유풍이 남아서 2·3품군이 흔히 공동으로 노동에 동원되었을 것이기 때문이라는 것이다.[58]

한편 이상과 같은 파악과는 상당히 다른 견해도 있다. 1·2·3품군이 신라의 1·2·3두품과 연결되지 않을까 하는 의견이 제시된 바 있었다.[59] 이는 같은 촌락농민이 다시 2·3품군으로 구별되는 이유와 관련하여 주목을 받았지만, 양자의 숫자의 순서가 거꾸로 되어 있고, 또 신라의 통일기, 적어도 하대에는 이미 1·2·3두품의 구별이 소멸되었다고 생각된다는 점에서 문제가 있다.[60]

최근 신라의 眞村主와 次村主가 각각 5두품과 4두품에 해당한다면 그 밑의 촌락민은 3두품과 2두품에, 집단예민으로서의 部曲民은 1두품에 비겨 볼 수 있지 않을까 하는 견해도 제출되었다. 그리고 그러한 인식이 고려시대에까지 남아 군현에 소속된 촌보다 낮은 지위에 있었던 부곡에서의 군역부담자를 1품군이라고 부르게 되었을 것이라고 한다.[61] 결국 이에 따르면 1품군의 사회경제적 지위가 가장 열악하였다는 것이 된다. 하지만 그 구별이 없어지면서 '平人' 혹은 '百姓'이라고 불리웠던 3·2·1두품에 부곡민을 포함시킬 수 있을까 하는 의문이 든다.

58) 李基白, 앞의 책, 225~226쪽.
59) 武田幸男, 〈新羅の骨品社會〉(《歷史學硏究》 299, 1958), 146~148쪽.
60) 李基白, 위의 책, 226쪽의 주 35.
61) 吳一純, 앞의 글, 31~33쪽.

2) 주진군과 국방체제

(1) 양계의 주진과 주진군

兩界는 북방민족과의 국경지대에 설치되어 있었다. 그들이 침략해오는 길목에 위치하였던 것이다. 그러므로 양계는 군사적 성격을 강하게 지닌 특수한 지역이었다고 할 수 있다.

양계를 구성하였던 행정단위는 州·鎭·縣 등이었다. 그 중에서 현은 그 수도 적었을 뿐만 아니라 兩界에서는 어느 정도 후방 지역에 해당한다고 할 수 있는 淸川江 및 元山灣 이남에 위치하고 있었다. 반면 가장 수가 많았고, 주로 전방 지역에 위치하였던 것은 防禦使와 鎭將(使)이 임명되는 주와 진이었다. 결국 양계 행정조직의 기본 단위는 5道의 주현과는 달리 주진이었다고 할 수 있다.

양계 주진은 성곽에 의해 둘러싸여 있었다. 《高麗史》 兵志 城堡條에 나오는 축성 기록의 거의 대부분은 양계의 그것이다. 그러므로 축성은 곧 주진의 설치를 의미하는 것이었으며, 諸州鎭은 諸城이라고도 불렸다. 다음의 〈표 4〉와 〈표 5〉에서 볼 수 있듯이 고려의 공식문서인 「式目形止案」에도 각 주진이 某城으로, 제주진이 제성으로 표기되어 있다.

이와 같이 행정도시가 아니라 무장도시였던 양계의 제주진은 각각 하나의 독립된 전투단위를 형성하고 있었다. 따라서 5도의 제현과는 달리 屬縣을 거느리지 않는 것이 일반적이었다.[62] 그리고 양계의 제주진은 安北(北界)·安邊(東界)의 두 都護府에 의해 관할되었다. 도호부는 국방을 위한 군사 기지로서의 성격을 지니고 있는 것이었다. 이 점에서도 양계 주진이 군사적 성격이 강한 행정단위였음을 다시 확인할 수 있다.[63]

《高麗史》 兵志 州縣軍條에는 地方軍 모두를 주현군이라고 하고 있지만 州

---

62) 江原正昭, 〈高麗の州縣軍に關する一考察〉(《朝鮮學報》 28, 1963), 38쪽.
63) 이상 兩界 州鎭의 군사적 성격에 대해서는 주로 李基白, 〈高麗 兩界의 州鎭軍〉(앞의 책), 240~244쪽에 의거하였다.

鎭의 지방군이 州縣의 그것에 선행되어 기록되어 있다. 한편《高麗史》地理志에서는 5道에 이어 兩界가 취급되고 있음에 비교한다면 이는 주진에 배치된 지방군의 중요성을 나타내는 것이라고 할 수 있을 것이다. 아마 고려시대에도 역시 그렇게 인식되었을 법하다. 그리고 주진의 지방군에 대해서는 지휘계통을 비롯하여 다양한 부대들의 지방별, 부대별 인원 수를 기록하고 있는 반면 주현의 지방군에 대해서는 단순히 지방별·부대별 인원 수만을 기록하고 있음을 알 수 있다. 이는 양계의 군사적 중요성으로 인하여 주진의 지방군이 주현의 그것보다 조직적이었음을 의미한다고 생각된다.[64] 이와 같은 까닭에 5도의 주현에 배치된 지방군을 주현군이라고 한다면 양계의 주진의 그것은 州鎭軍이라고 구별하여 파악하는 것이 좋을 듯하다.[65]

(2) 주진군의 조직과 지휘계통

朝鮮 文宗 즉위년(1450) 藝文館 提學 李先齊가 올린 상서문에 양계 주진의 군사조직이 기재되어 있었던 고려의「式目形止案」일부가 인용되어 있다.[66] 이선제는「식목형지안」으로부터 龜州·寧州(安北府)·猛州·麟州 등 4城에 배치된 주진군의 조직(〈표 4〉)과 西北界 41성 주진군의 상황을 뽑아 제시하였다

〈표 4〉

	㉮						㉯				㉰		
軍額	都領	中郎將	郎將	別將	校尉	隊正	抄軍	左軍	右軍	保昌	合(行)軍	白丁軍	
單位 / 城	人	人	人	人	人	人	隊	隊	隊	隊	人	隊	計人
龜州城	(中郎將) 1	2	6	14	28	57	24	20	5	8	1,637	125	3,294
寧州城(安北府)	(中郎將) 1	假中郎將 1	6 攝郎將 3	13	26	53	16	26	4	7	1,523	141	3,666
猛州城	(郎將) 1		1	5	11	22	8	8 (弩1)	2 (馬1)	4	630	89	2,072
麟州城	(中郎將) 1	2	7	18	39	79	34 (馬6)	34	4	7	2,230	36	821

64) 李基白, 앞의 책, 244~245쪽. 千寬宇도 兩界와 5道의 지방군이 구별되는 것임을 지적하였다(앞의 책, 27쪽의 주 27).

65) 李基白, 앞의 책, 239쪽.

66)《文宗實錄》권 4, 문종 즉위년 10월 기묘.

〈표 5〉

① 諸城, 共 41			
② 合 計			
a, 抄猛將相將校軍士	幷 14,491	計, 隊(馬軍 97幷)	538 行軍 13,460
b, 左猛將相將校軍士	幷 13,475	計, 隊(馬軍 71隊 弩軍 48隊幷)	503 行軍 12,570
c, 右猛將相將校軍士	幷 4,979	計, 隊(馬軍 16幷)	107 行軍 4,803
d, 保昌將相將校軍士	幷 7,451	計, 隊	268 行軍 7,168
以上, 抄猛將相將校軍士	幷 40,396		
③ 雜 尺			
所 丁	1,268		
津 江 丁	624		
部 曲 丁	382		
驛 丁	1,585		
④ 白 丁 軍	70,960人	計, 隊	2,895

(〈표 5〉).67)

《高麗史》 범례에 따르면 志 편찬에 있어 기본사료가 되었던 것은 《古今詳定禮》·《式目編修錄》과 諸家의 잡록 등이었다고 한다. 「式目形止案」은 《식목편수록》과 상당한 관련이 있는 문서로 보인다. 양자의 명칭을 보거나 이선제가 《고려사》 및 《高麗史節要》의 편찬 위원이었음을 고려할 때 그러하다. 그리고 이선제에 따르면 그가 제시한 북계 주진군에 관한 자료는 고려 전성기 때의 상황을 반영하고 있는 것이라고 한다. 그렇다면 이선제의 상서문에 인용된 주진군의 조직은 그에 대한 일차 사료라고 하여 좋을 만큼 가치를 지니는 것이라고 할 수 있을 것이다.68)

하지만 이선제가 「式目形止案」으로부터 인용하여 제시한 자료만으로 양계 주진군 조직의 전체적인 모습을 그려내기 어려움은 물론이다. 따라서 그 전모를 알기 위해서는 그와 아울러 《高麗史》 兵志 州縣軍條의 주진군 관계 기록에 주목하지 않을 수 없다. 그것을 北界와 東界로 나누어 정리한 것이 다음의 〈표

67) 末松保和, 〈高麗式目形止案について〉(《朝鮮學報》 25, 1962), 129~130쪽에서 옮김.

68) 「式目形止案」의 사료적 가치에 대해서는 末松保和, 위의 글, 123~126쪽이 참고된다.

6〉과 〈표 7〉이다.[69]

〈표 4〉의 주진군에 대한 기록은 세 부분으로 구성되어 있다. 이를 편의상 ㉮·㉯·㉰로 표시하였다. ㉮는 주진군의 지휘계통과 그들의 인원수에 관한 것이다. ㉯에는 각 주진에 소속된 여러 부대와 그 병력의 수가, ㉰에는 白丁軍의 부대 수와 그 병력 수가 적혀 있다. 이러한 기재 방식은 〈표 6〉·〈표 7〉에서도 찾아 볼 수 있다. 다른 점이 전혀 없는 것은 아니지만 〈표 6〉·〈표 7〉의 ㉮·㉯·㉰는 대체로 〈표 4〉의 그것들과 대응하는 것이다.

우선 ㉮를 보면 주진군의 지휘계통은 대략 都領(中郎將)－中郎將－郎將－別將－校尉－隊正으로 정리할 수 있다. 〈표 6〉·〈표 7〉에는 都領이 없는 주진이 적지 않은 것으로 되어 있지만, 〈표 4〉에 비추어 볼 때 이는 기록의 누락이라고 여겨진다. 단 북계의 朝陽鎭 등의 예에서 보듯이 도령이 임명되지 않은 경우 鎭將이 그 역할을 대신하였던 듯하다. 도령에는 중랑장 중 1명이 임명되는 것이 일반적이었으나 중랑장이 없을 경우에는 낭장이 임명되기도 하였다. 도령 이하 이들 지휘관들을 통틀어 將相將校라고 불렀음은 〈표 5〉의 ②에서 알 수 있다.

㉯에 나오는 부대로는 抄軍·左軍·右軍·保昌·精勇·寧塞과 西京의 海軍이 있다. 이 중 정용군은 〈표 6〉에만 보이는데, 이는 초군과 같은 부대로 보인다. 〈표 4〉에는 〈표 6〉의 정용군(麟州·猛州)과 초군(安北府·龜州)이 모두 초군으로 표시되어 있고, 〈표 6〉에서 정용군이 있으면 초군이 없고, 초군이 있으면 정용군이 없어 양자가 서로 보완하는 관계를 갖고 있다는 점 등으로 미루어 볼 때 그러하다. 초군·좌군·우군이 각각 抄猛·左猛·右猛으로도 불렸음은 〈표 5〉의 ②를 통해 알 수 있다.

다음으로 북계에는 영색군이 없는 대신 보창군이 있고, 반면 동계에는 보

---

69) 李基白, 앞의 책, 246~247·250~251쪽에 실린 〈표〉를 옮김.
〈표〉의 밑줄은 李基白의 계산이며, 〈〉는 李基白이 수정한 것이다. 수정한 수로 계산하면 〈표〉에 나타난 州鎭軍은 약 125,372명이 된다. 東界에는 神騎·步班·白丁隊가 보이지 않지만 그것들의 존재를 가정하고, 이를 北界에서와 비슷한 비율로 따지면 약 17,000명 정도가 된다. 이러한 계산에 의하면 주진군의 총병력은 대략 142,372명 정도로 볼 수 있거니와, 이에 대한 자세한 논의는 李基白, 앞의 책, 248~249·252~253쪽 참조.

창군이 없는 대신 영색군이 있다. 양자가 어떤 차이를 갖는 부대였는지는 잘 알 수 없으나 상호대응하는 부대라는 점에서 대략 같은 성질의 것으로 취급할 수 있지 않을까 한다. 서경의 해군은 국왕 행차시 大同江 등에서의 시위를 담당하는 특수부대였을 것이다.

그런데 抄軍·左軍·右軍과 保昌軍·寧塞은 구별되는 점이 있었다고 여겨진다. 우선 전자에는 馬隊와 弩隊가 포함되어 있다. 더구나 좌군과 우군에 비추어서 초군을 中軍으로 생각할 수 있다면, 이들은 전투시의 부대 배치의 하나인 이른바 3군를 연상시키는 명칭을 하고 있다고 할 수 있다. 이러한 점들을 고려하면 이들이 바로 주진군의 정예부대였다고 할 수 있을 것이다. 반면 보창군·영색군에는 마대나 노대가 전혀 포함되어 있지 않다. 그리고 서경의 보창군은 保昌雜軍이라고 기록되어 있기까지 하다. 그러므로 이들은 초군 등에 비해 그 격이 떨어지는 부대였다고 추측된다.

이들 초군·좌군·우군·보창군·영색군 등은 ㉮에 나오는 장상장교의 지휘를 받는 부대였다. 〈표 5〉의 ②에 보이듯이 초맹·좌맹·우맹·보창의 장사장교와 군사를 합하여 그 인원이 표시되어 있는 것이다. 〈표 4〉에는 行軍 혹은 행군을 합한 인원수가, 〈표 5〉·〈표 6〉·〈표 7〉에는 행군의 수가 기재되어 있는데, 행군은 이들 여러 부대에 소속된 병사들을 가리키는 것이다.

여기서 초군 등 여러 부대의 편성을 다음과 같이 예상할 수 있다. 그 최소 단위는 25명의 행군으로 구성되는 隊[70]였으며, 그 지휘관은 隊正이었다. 그런데 隊正과 校尉, 校尉의 別將, 別將과 郎將의 인원 비율은 대개 2:1로 계산할 수 있다. 그러므로 隊 위에 50명, 100명, 200명 단위의 부대가 있었을 것으로 예상되며, 그 지휘관은 각각 교위, 별장, 낭장이었을 것으로 추측할 수 있다. 郎將과 中郎將은 약 4:1의 비율로 볼 수 있으므로 中郎將은 800명 단위의 부대를 지휘하였을 것으로 짐작된다.

㉯는 白丁軍(〈표 4〉)과 神騎·步班·白丁 및 元定兩班·軍·閑人·雜類로 구성된 부대(〈표 6〉), 工匠·田匠·投化·銈川軍·沙工 등의 부대(〈표 7〉)에

70) 末松保和, 앞의 글, 130~131쪽.

관한 기록이다. 그런데 이들을 비교해 보면 서로 간의 출입이 심하다. 북계에는 백정대가 기록되어 있지만 동계에는 보이지 않고 있다. 반면 동계의 공장 등의 여러 부대는 북계에 없었던 것으로 되어 있다. 이는, 일부 부대의 경우 실제 그러하였을 수도 있겠으나, 대체로 기록의 누락 탓이라고 보아야 할 듯 하다. 〈표 5〉의 ③에 나오는 북계의 雜尺은 동계의 공장 등 여러 부대의 구성원에 비견될 수 있지 않을까 여겨지거니와, 이들이 〈표 6〉에 기록되어 있지 않음에서 그를 짐작할 수 있는 것이다.

白丁隊는 북계만 하더라도 그 수가 2,440대 61,000명(〈표 6〉) 내지 2,895대 70,960명(〈표 5〉)에 달하였다. 이렇게 보면 백정대는 필시 동계에도 있었을 것이며 그 수 역시 상당하였으리라고 추측된다. 농민들로 구성되었을 것으로 보이는 백정대는 아마도 州鎭屯田軍으로서 둔전의 경작에 동원되었던 것이 아닌가 한다.[71]

神騎·步班은 그 명칭으로 보아 別武班과 어떤 관련이 있을 것으로 여겨진다. 이들에 해당하는 것이 서경의 원정양반·군·한인·잡류로 구성된 부대(〈표 6〉)였을 것으로 짐작되므로, 신기와 보반은 다양한 신분층으로 구성되어 있었을 것이다. 말을 소유하여야 했을 신기에는 경제적 여유가 있는 양반들이 주로 소속되었을 법하다. 보반에는 백정을 제외한 여러 층들이 포함되어 있었을 것이다.

〈표 2〉의 雜尺이나 〈표 4〉의 工匠 등의 여러 부대들은 특수 임무와 연관이 있었을 것이다. 所丁이나 공장대는 군수 물자를 조달하는 수공업과 관련이 보이고, 津江丁과 驛丁은 군사적 통신과 교통에, 部曲丁과 田匠은 屯田의 경작과 연결시켜 볼 수 있지 않을까 한다.[72]

〈표 7〉의 沙工隊는 해군으로서 元興鎭에 설치되어 있었던 都部署와 관련

---

71) 李基白, 앞의 책, 266쪽 및 文喆永, 앞의 글, 1991, 80~81쪽. 趙仁成은 〈표 5〉의 ③에 보이는 部曲丁 등을 州鎭屯田軍이라고 보았으나(〈高麗 兩界의 國防體制〉, 《高麗軍制史》, 陸軍本部, 1983, 163~164쪽) 그 수가 너무 적은 듯하다. 한편 주진둔전군을 군사체제와 무관한 것으로 보아 州鎭의 주민들 중 屯田 경작에 종사하는 자들을 일컫는다고 하는 견해도 있다(安秉佑, 〈高麗의 屯田에 관한 一考察〉, 《韓國史論》 10, 1984, 52~54쪽).

72) 趙仁成, 위의 글, 154쪽.

이 있었을 것이다. 鎭溟縣에도 도부서가 있었고, 북계에는 通州都部署와 鴨江都部署가 설치되어 있었으므로 거기에도 사공대가 있었을 법하다.[73] 銈川軍은 어떤 부대였는가 알 수 없다.

그런데 ㉯에 나오는 부대들과 ㉰의 그것들은 성격을 달리하고 있었다. 초군·좌군·우군·보창군·영색군은 양계 주진의 핵심부대로 상비군이었다고 생각된다. 주진군의 장상장교가 모두 이들 부대의 지휘관이었다는 사실에서 그러하다. 〈표 4〉·〈표 6〉·〈표 7〉에서 보듯이 이들 부대에 관해 중복됨을 무릅쓰고 상세하게 표시하고 있는 점도 이를 알려 주고 있다. 반면 그 지휘계통이 분명히 명시되어 있지 않은 ㉰의 여러 부대들은 주진군의 예비 부대의 성격을 지닌 것으로 헤아려지며, 이들은 유사시 전투에 동원되는 것이 원칙이었을 것으로 생각된다.

〈표 6〉과 〈표 7〉에 나타난 주진군의 배치 상황을 《高麗史》 地理志와 비교해 보면 주진군이 지방관이 파견되어 있는 행정구획을 단위로 기록되어 있음을 쉽게 알 수 있다. 이것은 주진군이 5도의 주현군과 마찬가지로 중앙정부의 직접적인 지휘통제를 받고 있었음을 의미한다.

이러한 중앙정부의 지휘통제는 지방관을 통해 실현되었다. 도령 이하 장상장교는 상비군을 직접 지휘하였지만 상비군은 물론 백정대를 중심으로 하는 예비군의 총괄지휘는 일단 주진의 장관이었던 防禦使와 鎭將에게 맡겨져 있었다. 방어사와 진장은 지방관으로서 민정에 대한 책임을 져야만 하였을 뿐만 아니라 주진군의 지휘권도 갖고 있었던 것이다. 주현군의 지휘를 지방관이 맡고 있었다는 사실에 비추어 보면 이는 당연하게 여겨질 것이다. 그리고 지방관들은 다시 양계에서 군사적으로 전제할 수 있는 권한을 갖고 있었던 兵馬使의 지휘를 받아야 했다.[74] 이해를 돕기 위하여 그 지휘 통솔의 예를 보기로 하자.

高宗 18년(1231) 9월 西北面 兵馬使 朴犀는 撒禮塔이 이끄는 蒙古軍이 龜州에 이르자 朔州分道將軍 金仲溫, 靜州分道將軍 金慶孫, 靜州·朔州·渭州·

73) 兩界의 都部署에 대해서는 金南奎, 〈高麗都部署考〉(《史叢》 11, 1966 ; 《高麗兩界地方史研究》, 새문社, 1989), 49~61쪽이 참고된다.

74) 이상 州鎭軍의 조직과 지휘계통에 대한 서술은 주로 李基白, 앞의 책, 244~259쪽에 의거하였다.

泰州의 守倅 등으로 하여금 각기 병력을 이끌고 귀주에 모이도록 하였다. 그리고 김중온과 김경손 휘하의 병력으로 하여금 각기 귀주성의 동서쪽과 남쪽을 지키도록 하는 한편 都護別抄와 위주·태주의 별초 250여 인은 3면을 나누어 지키도록 하였다.75)

分道官은 본래 문신이 맡는 것이었지만 무신란 이후에는 防戍軍의 장군이 이를 겸직하게 되었다. 分道將軍이었던 김중온과 김경손은 방수장군이 분도관을 겸임하고 있었던 예이다.76) 그러므로 이들이 이끌고 왔던 것은 방수군이었을 것이다. 이에 대해 정주 등의 지방관이 이끌고 왔던 것은 주진군이었을 것이다. 그리고 都護別抄를 비롯한 별초들은 해당 주진군 중에서 가려 뽑은 병력이었을 것인데, 이들의 지휘는 각 주진의 수령들이 맡았을 것으로 보아 좋을 듯하다. 단, 삭주와 정주 별초가 보이지 않는 것은 그 주진군이 분도장군 휘하에 편제되었기 때문일 것이다. 그렇다면 이에서 주진군이 지방관의 지휘를 받았다는 구체적인 예를 발견하게 된다. 그리고 병마사가 주진군의 최고 사령관이었으며 양계 주진에 파견된 방수군의 지휘권도 아울러 지니고 있었음을 볼 수 있다.77)

(3) 주진군의 임무

州鎭軍은 내란의 진압에 동원되기도 하였다. 가령 妙淸의 난이 일어나자 주진군이 그 토벌작전에 동원되기도 하였던 것이다. 하지만 그 가장 중요한 임무는 국방이었다고 하여야 할 것이다.

고려는 대륙의 契丹·女眞·蒙古 등의 이민족과 늘 대립하고 있었을 뿐만 아니라 이들의 침략을 자주 받았다. 유사시 주진군은 방수군과 더불어 가장 먼저 전투에 임하였다. 주진군은 상비군이거나 예비군이거나를 막론하고 전투에 동원되었으며, 향리 등 주진군에 속하지 않았던 주민들도 무장을 하고 주진군

---

75) 《高麗史》 권 103, 列傳 16, 朴犀.
《高麗史節要》 권 19, 高宗 18년 9월.

76) 分道官에 대해서는 邊太燮, 〈高麗兩界의 支配組織〉(《高麗政治制度史硏究》, 一潮閣, 1971), 221~224쪽을 보라.

77) 趙仁成, 앞의 글, 158~161쪽.

과 함께 전투에 참여하는 것이 보통이었다. 《高麗史》 등에서는 이들이 북방으로부터의 이민족의 침입에 대항하여 얼마나 용감히 싸웠는가를 전하는 적지 않은 사료들을 찾아 볼 수 있다. 그러므로 고려가 이민족과의 항쟁을 성공적으로 수행할 수 있었던 공로의 일부는 주진군에 돌려져야 한다고 믿거니와, 여기에서는 주진군의 활약상을 잘 보여준다고 생각되는 사례 하나를 소개하는 것에 그치고자 한다.

고종 18년 9월 병마사 박서의 명에 따라 정주 등의 주진군이 방수군과 함께 귀주에 집결하여 몽고의 침입에 대한 방어의 태세를 갖추었다는 사실은 앞에서 살펴 본 바 있다. 이에 대해 몽고군은 한 달 동안 갖가지 방법과 공성 무기를 동원하여 귀주성을 함락시키려고 하였으나 박서의 지휘하에 귀주 수비군은 성을 굳게 지켜냈다. 그 후에도 몽고군의 귀주 공략은 계속되었다. 같은 해 10월 · 11월 · 12월에도 몽고군의 대규모 공격이 있었던 것이다. 하지만 그로써도 귀주성을 빼앗지는 못하였다. 이러한 수비는 적으로부터도 인정을 받을 정도여서, 몽고의 한 노장수는 귀주성의 성루와 수성 무기 등을 둘러보고는 이와 같이 심하게 공격을 당하고도 항복하지 않았던 예를 일찍이 본적이 없다고 평하기까지 하였다는 것이다. 고려와 몽고의 강화가 이루어지는 통에 고종 19년 정월 박서가 이끄는 귀주 수비군도 어쩔 수 없이 몽고군에게 항복하게 되었지만,[78] 귀주성 방어에 주진군의 역할이 컸으리라는 점은 쉽게 짐작할 수 있는 바일 것이다.

위의 귀주성 방어 전투에서 잘 드러나 있듯이 주진군의 전술은 주진을 둘러싼 성에 의지하여 굳게 지키는 이른바 堅壁固守를 기본으로 하였다. 견벽고수란 많은 적을 상대로 지구전을 폄으로써 적의 예봉을 피하는 한편 군량 수송이나 병력 보충 등의 어려움으로 적이 약화되기를 기다리는 전술이라 할 수 있다.[79]

견벽고수의 전술을 보다 효과적으로 수행하기 위해서 한편으로는 틈을 보

78) 보다 자세한 상황은 《高麗史》 권 103, 列傳 16, 朴犀 및 《高麗史節要》 권 19, 高宗 18년 9월 · 10월 · 11월 · 12월 및 19년 정월 참조.

79) 堅壁固守는 三國時代 이래의 전술이다. 唐 太宗의 침입을 받은 高句麗軍이 安市城을 끝까지 지켜 당의 침입을 저지시킨 것은 좋은 예가 될 것이다(李基白, 〈高麗의 北進政策과 鎭城〉, 《軍史》 1, 1980, 55~56쪽).

아 성의 병력을 이끌고 나가 적을 공격하기도 하였다. 이를 引兵出擊의 전술이라고 불러 좋을 것인데, 견벽고수하여 지킨 주진을 근거지로 하여 적의 배후를 교란, 습격하거나 퇴각하는 적에 타격을 가하는 것이었다.[80]

이 밖에도 이른바 淸野戰術이 병행되는 경우도 있었다. 이것은 백성과 재물을 모두 성 안이나 섬으로 옮기는 한편 그 나머지는 전부 불살라 적이 거처할 집과 먹을 양식을 없애는 전술이었다. 후방으로부터의 보급이 여의치 않았을 적을 더욱 곤경에 빠뜨리기 위한 이 전술도 앞서의 인병출격과 더불어 견벽고수를 보다 효율적으로 수행하는 데 크게 도움이 되었을 것으로 생각된다.[81]

이러한 전술로 말미암아 외적들은 수많은 성들을 그대로 방치하고 깊숙이 침입하기 어려웠다. 그리고 비록 침공해 들어왔다고 하더라도 장기간 체류할 수가 없었던 것이다. 예컨대 거란군이 개경을 함락시키고도, 이렇다 할 호위병도 없이 羅州까지 피난했던 顯宗을 추격하지 못하였을 뿐만 아니라 외교적 성과도 별로 없이 곧 후퇴하였던 것은 바로 견벽고수의 전술이 극히 효과적인 것이었음을 잘 말하여 주는 사례라고 할 수 있다.[82]

堅壁固守의 전술을 수행하기 위해서는 무엇보다도 적의 공격에 견딜 수 있는 성곽이 중요하였다. 양계 주진의 성은 삼국시대의 그것처럼 산성은 아니었다. 비록 그 주위에 산성이 있기는 하였지만, 주진성 자체는 조선시대의 邑城과 비슷했던 것으로 보인다. 즉 평지와 낮은 산을 함께 연결하여 쌓은 성이었던 것이다. 이는 영토 확장에 따른 거주와 방어라는 두가지 목적에 의해 주진성의 형태가 결정되었던 것임을 의미한다.[83]

주진의 성에 적의 동태를 살피기 위한 망루를 비롯하여 적의 공격을 견디어 낼 수 있는 각종 시설물들이 설치되어 있었을 것임은 이를 나위가 없다. 성을 지키기 위한 무기도 준비되어 있었다. 가령 박서는 몽고군의 공격으로

80) 이상 州鎭軍의 임무와 활약상 그리고 전술에 대한 서술은 李基白, 앞의 책, 259~261쪽에 의함.

81) 趙仁成, 앞의 글, 209~210쪽. 한편 堅壁固守와 마찬가지로 引兵出擊과 淸野의 전술도 이미 三國時代부터 사용되었다. 漢의 대군이 침략하자 高句麗軍은 이 세가지 전술을 병행하여 그를 궤멸시킨 예가 있다. 보다 자세한 상황에 대해서는 《三國史記》 권 16, 高句麗本紀 4, 新大王 8년 11월 참조.

82) 李基白, 앞의 책, 260쪽.

83) 李基白, 앞의 글(1980), 53~54쪽.

부터 귀주성을 방어하면서 砲車와 大于浦·鐵絙 등을 동원하였다. 포차는 수레에 石砲를 실은 것으로서 성을 공격하는 무기이기도 하지만 주진군은 이를 수성 무기로 사용하는 예가 많았을 것이다. 대우포는 공성용 사다리인 雲梯를 막기 위하여 사용되었고, 鐵絙은 일종의 장애물로 설치되었으므로 이들이 수성용 무기임에는 틀림이 없어 보이지만 그 형태는 잘 알 수 없다.[84]

아울러 견벽 고수의 전술이 지구전을 꾀하는 것이었으므로, 상당량의 군수를 비축하지 않고서는 성공을 기대하기 어려운 것이었다. 그러므로 군량의 확보를 위해 屯田이 설치되어 있었다. 그리고 양계에서 거두어들인 조세는 군수에 충당하는 것이 원칙이었다. 뿐만 아니라 군량을 비롯한 각종 군수가 漕運을 통해 수송되기도 하였다.[85]

적군의 본격적인 침입에 대한 방어 외에도 주진군은 戍를 중심으로 군사적 임무를 수행하기도 하였다. 〈표 6〉을 보면 북계에는 수가 전혀 없었던 것으로 되어 있다. 하지만 《高麗史》 兵志 城堡條 등을 보면 대략 長城이 지나가는 국경지대에 수가 설치되어 있었음을 알 수 있다. 〈표 7〉에 의하면 동계에 세 戍가 기록되어 있다. 이들은 安邊 부근의 동해안에 돌출하고 있는 해상의 요지에 자리하고 있다. 한편 〈표 7〉에는 나오지 않지만 동해안에는 몇 개의 수가 더 설치되어 있었다.

戍는 규모가 작은 성책으로서 그 주둔군도 소수에 지나지 않았다. 이 점에서 戍는 접적지역 혹은 그럴 가능성이 있는 지역에 있었던 주진군의 전방 초소와 같은 것이었다고 할 수 있을 것이다. 그리고 수 주둔군은 적군의 동태를 탐지하여 그 정보를 본진에 통보한다거나 적의 소규모 침입을 격퇴하는 등의 활동을 하였다. 특히 동계의 수는 주로 여진족의 침입에 대비하여 만들어졌다고 보인다.[86]

---

84) 州鎭의 성과 수성무기에 대해서는 소략하지만 趙仁成, 앞의 글, 171~175쪽 참고.

85) 邊太燮, 앞의 글, 220~221쪽. 이에 대한 보다 자세한 논의로는 趙仁成, 위의 글, 162~167쪽 및 安秉佑, 앞의 글, 10~18쪽을 참조, 특히 屯田에 대해서는 安秉佑의 글 참고.

86) 李基白, 앞의 책, 261~263쪽.
江原正昭, 앞의 글, 39쪽.

(4) 주진군 소속의 군인

종래 주진군 소속 군인으로 방수군을 들기도 하였다.[87] 그런데 방수군의 최고 지휘관은 防戍將軍이었다. 하지만 방수장군은 〈표 4〉·〈표 6〉·〈표 7〉에 보이는 지휘계통(㉮) 어디에도 포함되어 있지 않다. 그 반면 도령 이하 대정은 어디에서나 찾아볼 수가 있다.

이 사실은 도령 이하 대정이 주진군의 지휘계통이었음에 비해 방수장군은 그렇지 않았음을 의미하는 것에 다름 아닐 것이다. 따라서 방수장군이 지휘했을 방수군이 주진군의 軍額에 포함되는 것이 아니었을 것임은 쉽게 생각할 수 있는 것이다. 결국 양계 주진에는 지휘계통이 다른 두 개의 군사조직이 존재했던 것이다. 그 하나는 도령 이하 장상장교들의 지휘를 받는 주진군이었고, 또 다른 하나는 방수장군이 지휘하는 방수군이었다.[88]

州鎭軍을 구성하였던 것은 누구였을까. 北界의 寧州(安北府) 향리 宋△淸이 의종 5년(1151)에 병마사에 의해 주진군의 정용으로 選軍된 일이 있었다. 그런데 그의 집안은 영주에 토착해 살았던 가문이었으며, 그가 정용이 될 수 있었던 것은 군인으로서의 자질이 있었기 때문이었다고 한다.[89] 이에 따르면 주진군의 상비군은 각 주진의 주민들 중 무재가 있는 자를 선군하여 구성되었다고 할 수 있을 것이다. 한편 주진군에는 예비군이라고 불러 좋을 부대들도 있었다. 이들도 역시 각 주진에 거주하였던 주민들이었음에 틀림없어 보인다.[90]

송△청은 그 후 주진군의 장상장교가 되었고 趙位寵의 반란을 진압하기 위하여 영주의 주진군을 이끌고 활약하였다고 한다.[91] 이로 미루어 보면 주진군 중 상비군에 소속된 군인들은 물론이고 그 지휘관들조차도 모두 각 주진의 주민들로 구성되었다고 할 수 있다. 주진군의 최고 지휘관인 도령이 각 주진의 지방 세력가들이었다는 점도 이러한 사실을 뒷받침한다.[92] 각 주진의 장상장

87) 李基白, 위의 책, 263~264쪽.

88) 趙仁成, 〈高麗 兩界 州鎭의 防戍軍과 州鎭軍〉(《高麗光宗硏究》, 1981), 120~121쪽.

89) 〈宋將軍墓誌〉(《朝鮮金石總覽》 上, 朝鮮總督府, 1919).

90) 李基白, 앞의 책, 264쪽.

91) 〈宋將軍墓誌〉

92) 江原正昭는 都領의 직위를 귀화한 女眞人에게만 준 것으로 보았는데(江原正昭, 앞의 글, 59~71쪽), 잘못이다. 만약 그러하였다면 州鎭軍의 최고지휘관이

교와 京軍 소속 지휘계통의 祿俸을 비교해 보면(〈표 8〉), 양자가 전혀 구별되어지는 것이였음을 알 수 있거니와,[93] 이러한 구별은 주진의 장상장교들이 토착인들로 구성되어 있었다는 사실과 밀접하게 연관을 맺고 있으리라고 생각된다.[94]

〈표 8〉

武班祿俸 (文宗朝)		州鎭將相將校祿(睿宗朝)		武班祿俸(仁宗朝)	
上將軍	300石			上將軍	300石
大將軍	233石 5斗			大將軍, 攝上將軍	233石 5斗
將軍	200石			將軍, 攝大將軍	200石
中郎將	120石	中郎將	40石	中郎將, 攝將軍	120石
郎將	86石 10斗	郎將, 攝中郎將	33石	郎將, 攝中郎將	76石 10斗
別將	46石 10斗	攝郎將(或18石)	20石	別將, 攝郎將	46石 10斗
散員	33石 5斗	別將	18石	攝別將	33石 5斗
校尉	23石 5斗	校尉	14石	校尉	23石 5斗
隊正	16石 10斗	隊正	9石	隊正	16石 10斗

이 밖에도 州鎭入居軍人을 주진군에 넣어 생각할 수 있을 듯하다. 이들은 완전히 토착한 군인은 아니었다. 그들은 본관 즉 원주지에 가족을 남겨 두고 주진에 입거한 군인인 것이다.[95] 하지만 방수군이 교대로 동원되었던 것에 비해 아예 입거한다는 점에서 토착민이 중심이 된 주진군에 넣어 생각할 수 있을 듯하다.[96] 그리고 〈표 7〉에 投化軍이 보이므로 이로 미루어 본다면 투화

모두 여진인 출신이었다는 것이 되는데, 이는 상상할 수도 없는 일이다. 이에 대한 보다 자세한 논의는 李基白, 앞의 책, 254~256쪽이 참고된다. 한편 주진군의 도령이 지방의 세력가들이었음은 金南奎, 〈高麗 兩界의 都領에 대하여〉(《慶南大學論文集》 4, 1977 ; 앞의 책), 112~116쪽에서 밝혀진 바 있다.

93) 崔貞煥, 〈高麗 祿俸制의 運營實態와 그 性格〉(《慶北史學》 2, 1980), 120~121쪽. 〈표 8〉은 같은 논문 121쪽에서 옮김.

94) 趙仁成, 앞의 글(1981), 131~133쪽. 崔承老는 成宗 원년(982)에 올린 그의 상서문에서 京軍이 짊어지는 방수의 괴로움을 면제시키고 군량 수송의 비용을 덜기 위하여 변경의 토착민 중 무예에 능한 자들을 뽑아 방수에 충당하고 또 장수를 선발하여 그들을 지휘하도록 하자고 제안하였다(《高麗史》 권 82, 志 36, 兵 2, 鎭戍). 비록 京軍이 방수의 임무로부터 벗어날 수는 없었지만, 이러한 崔承老의 의견은 州鎭軍 형성에 상당히 기여했던 것이라고 믿어진다. 즉 그의 건의가 토착민 중에서 주진군의 지휘관 및 상비군을 선발하는데 큰 영향을 주었던 것이 아닌가 한다.

95) 李基白, 앞의 책(1968), 264~265쪽.

96) 趙仁成, 앞의 글(1981), 131쪽.

한 여진인들 중 주진군에 포함되는 경우도 있었을 것임을 알 수 있다. 하지만 이들이 주진군에서 차지하는 비중은 그리 크지 않았을 것이다.[97]

주진군에는 兩班에서부터 所丁 등에 이르기까지 다양한 사회적 신분의 소유자들이 소속되어 있었다. 하지만 주진군 소속 군인의 대부분은 농민이었을 것이다. 가령 백정군은 州鎭屯田軍으로서 둔전의 경작에 동원되었을 가능성이 커 보인다. 그리고 주진의 상비군들도 토지를 소유하고 농경에 종사하였을 것이다. 그런데 양계에서 거두어들인 조세는 군수에 충당하는 것이 원칙이었다. 이 점에서 크게 보아 주진군은 둔전의 경작에 종사하건 그렇지 않았건 간에 屯田軍的인 성격을 지닌 것이었다고 할 수 있을 듯하다.[98]

〈趙仁成〉

3. 고려 전기 군제의 붕괴－경군을 중심으로－[1]

1) 경군 붕괴의 원인

고려 전기 京軍에 속해 있었던 군인들의 임무 곧 그들이 지고 있었던 軍役으로는 국왕의 시위와 외국 사신의 영송 및 수도의 치안 유지, 출정과 방수, 역역 등을 들 수 있다.

국왕과 그가 거처하는 궁성을 경호하고, 국왕이 참석하는 행사와 그 행차에 수행하면서 국왕을 보호하는 것은 주로 친위군의 성격을 지니고 있었던 2軍 즉 鷹揚軍과 龍虎軍의 임무였을 것이지만 6衛 소속의 군인들도 그에 동원되었다. 특히 千牛衛 소속 군인들이 그러하였다.

경군은 開京의 치안 유지도 맡고 있었다. 6위 중 金吾衛 소속 군인들은 點檢軍으로서 시내의 요소는 물론 시외의 요소에 배치되어 순검하도록 되어

---

97) 李基白, 앞의 책, 265쪽.

98) 李基白, 위의 책, 265～267쪽.

1) 高麗 전기의 군사제도가 여러 가지 부문으로 구성되어 있었음은 두말할 나위가 없다. 그 중에서도 가장 핵심이 되는 것은 역시 京軍이었다고 여겨지거니와, 여기에서는 경군을 중심으로 고려 전기 군제의 붕괴를 다루기로 한다.

있었다. 창고 등에 대한 감시를 맡고 있었던 看守軍도 그들이었다. 그리고 監門衛 소속 군인들은 圍宿軍으로서 궁성 안팎의 여러 문에서 수위의 역할을 하였다.

이 밖에도 경군은 외국 사신들을 맞이할 때와 그들이 들아 갈 때의 의식을 담당하였으며, 그들이 머무는 동안의 의식 절차에 동원되기도 하였다.[2)]

위에서 설명한 바와 같이 경군 소속의 군인들은 개경에서 국왕의 시위를 비롯한 여러 가지 임무를 수행하였지만, 한편 이들은 전쟁이나 내란이 일어나면 출동하도록 되어 있었다. 전투에 동원될 때 그들은 3軍 혹은 5軍의 조직에 편입되어 그 임무를 수행하였다. 그런데 이 3군 혹은 5군 조직은 전투의 수행을 위한 임시적인 것이었으나, 전투가 끝났다고 하여 그것이 해체되었던 것은 아니었다. 3군 혹은 5군 조직은 평상시에도 출정에 대비하여 편제상으로 존재하고 있었으며, 상임 장교가 임명되어 있었던 것이다. 이처럼 전투를 위한 3군 혹은 5군 조직이 상설되어 있었다는 것은 경군 소속 군인들의 중요 임무가 바로 국방이었음을 알려 주고 있다고 할 수 있다.[3)]

유사시 전투에 동원되는 것 외에 국방과 관련된 京軍의 임무로는 방수를 들 수 있다. 이미 성종 이전부터 국경 지역의 수비를 맡아 왔었던 경군은 이후에도 양계 지방에 파견되어 주진군과 더불어 그 임무를 나누어지고 있었다.

경군 중에서도 전투와 방수에 동원되었던 것은 주로 左右衛·神虎衛·興威衛 등 3위에 소속된 保勝軍과 精勇軍이었을 것으로 여겨지고 있다. 좌우위 등 3위에는 경군 전체 45領의 거의 3/4에 이르는 32령이 속해 있었다. 이는 좌우위 등 3위가 경군의 주력이었음을 알려 주는 것에 다름 아닐 것이다. 그렇다면 경군의 주력이었던 이들 3위가 주로 국방의 임무를 담당하였던 것으로 보아 자연스러울 것이다. 앞에서 언급한 바와 같이 2군과 6위 중 나머지 3위인 金吾衛·千牛衛·監門衛 등이 각각의 임무를 지니고 있었다는 점을

---

2) 외국 사신의 迎送과 관련된 京軍의 임무에 대해서는 李基白, 〈高麗 軍役考〉(《高麗兵制史硏究》, 1968), 133~135쪽에 자세하다.

3) 李基白은 京軍이 전투에 동원될 때 5軍 조직으로 재편성되었다고 보았고(위의 글, 136~138쪽), 洪承基는 3軍이 기본 틀이고, 필요에 따라 5軍으로 편성되었다고 하였다(〈高麗 초기 中央軍의 組織과 役割－京軍의 性格－〉, 《高麗軍制史》, 陸軍本部, 1983, 55~57쪽).

떠올릴 때에도 이는 그럼 직할 것이다.

경군 소속 군인들은 위에서 살펴 본 여러 가지 임무를 수행하는 것 외에도 흔히 토목공사 등에 동원되어 노력을 봉사하였다.[4] 力役은 경군이 져야 했던 본연의 임무가 아니었다. 경군을 노력 동원에서 제외해주는 것이 원칙이었던 것이다. 하지만 현실적으로 경군은 역역에 동원되는 것이 보통이었으며, 그리하여 경군의 역역 동원은 당연한 일로 여겨지게 되었던 것이다.[5]

지금까지 고려 전기 경군 소속의 군인들이 지고 있었던 군역의 내용을 간단히 알아 보았다. 그런데 그들이 짊어져야 했던 이상의 여러 가지 일들이 결코 손쉬운 것은 아니었던 듯하다. 유사시 전투에 동원되는 경우는 말할 나위가 없겠거니와 평상시에 있어서는 防戍의 임무가 그러하였던 듯하다. 방수 중에 사망한 자의 시체를 驛送하도록 하였다거나, 장례 비용을 국가에서 지급하도록 하였다는 것은 방수를 위해 왕래하는 도중에 혹은 주둔 중에 사망하는 방수군이 적지 않았음을 말하여 준다. 심지어 방수 중인 자는 늙고 병든 부모를 모시는 侍親의 혜택까지도 받을 수 없었다. 시친의 혜택이 일반 장정은 물론이고 移鄕罪人에게까지도 허락되었던 예가 있었음에 비추어 보면 방수의 의무가 얼마나 힘겨운 것이었나를 알 수 있는 것이다.[6]

그러나 무엇보다도 경군 소속 군인들의 부담을 무겁게 하였던 것은 역역이었다. 그들이 맡아야 했던 역역은 賤役이라고 일컬어질 정도로 힘든 것이었다고 한다. 武臣亂에 군인들이 적극적으로 참여하였던 이유 중의 하나가 바로 역역의 과중함이었다는 사실에서도 경군이 져야 했던 역역이 고역이었음을 쉽게 짐작할 수 있는 것이다.[7]

이와 같이 경군 소속의 군인들이 과중한 軍役에 시달려야만 하였다면 그로 말미암은 도망자를 충분히 예상할 수 있는 것이 아닐까 한다. 즉 군역의 과중함으로 인한 군역의 기피를 경군 붕괴의 한 원인으로 지적할 수 있을 듯하다.

---

4) 李基白, 앞의 글, 138~139쪽.

5) 洪承基, 앞의 글, 59~61쪽. 이상 京軍소속 군인의 軍役에 대해서는 李基白, 위의 글, 132~141쪽 및 洪承基, 위의 글, 54~61쪽에 의함.

6) 李基白, 위의 글, 138~139쪽.

7) 李基白, 위의 글, 139~141쪽.

그런데 경군 소속 군인들이 군역으로부터 벗어나고자 하였던 이유를 오직 임무의 과중함에서만 비롯된 것으로 보기는 어려운 면이 있다. 가령 그 들이 자신들의 임무 수행에 상응하는 대우를 받았다면 군역을 피하려고 하였을까. 그렇지는 않았을 것이다. 이에 국가가 경군 소속의 군인들을 어떻게 처우하였는가 하는 점을 살펴 볼 필요성이 떠오른다. 경군 소속 군인들이 군 역을 기피하게 되었던 보다 근본적인 원인은 그들의 군역 수행에 대한 국가의 반대 급부가 미흡하였기 때문은 아니었을까 하는 느낌이 든다.

국가는 경군 소속의 군인들에게 토지를 지급하였는데, 이를 흔히 軍人田이라고 한다. 군인전은 경군 소속 군인들이 져야 했던 군역에 대한 보상이었다. 뿐만 아니라 군인전은 그들 가족의 생계는 물론 복무에 필요한 비용과 장비의 마련을 위한 것이기도 하였다. 방수 중일 경우에는 국가에서 식량을 지급하였지만, 이를 제외하고는 복무에 필요한 식량, 의복, 무기 등을 그들 스스로 마련하는 것이 원칙이었다.[8]

군인전과 관련하여 자연스럽게 염두에 떠오르는 것은 전시과에 군인에게 토지를 지급하도록 규정되어 있었다는 사실(〈표 1〉)이다.[9] 그런데 현재 이에 대한 해석이 엇갈리고 있는데, 이는 경군 소속 군인의 사회적 성격을 어떻게 보는가 하는 문제와 깊은 관련을 맺고 있다.

경군 소속의 군인이 군역을 세습하는 軍班氏族 출신의 전문적 군인이며, 鄕

〈표 1〉

<table>
<tr><td>穆宗 元年(998)</td><td>改定文武兩班及軍人田柴科</td><td>馬 軍
17科 23結</td><td colspan="2">步 軍
18科 20結</td></tr>
<tr><td>德宗 3年(1034)</td><td>改定兩班及軍閑人田柴科</td><td colspan="3">軍 人</td></tr>
<tr><td>文宗 30年(1076)</td><td>更定兩班田柴科</td><td>馬 軍
15科 25結</td><td>役軍・步軍
16科 22結</td><td>監門軍
17科 20結</td></tr>
</table>

8) 李基白, 위의 글, 155~156쪽.

9) 군인이 田柴科의 지급 대상으로 나오는 것은 목종 원년(998)의 이른바 改定田柴科부터이지만 이전에도 군인들에게 토지가 지급되었다. 태조 23년(940) 役分田 지급 대상에 '軍士'가 포함되어 있었던 것이고 그 예가 된다.

吏나 吏屬 등에 준하는 신분의 소유자로 보는 논자는 그들이 졌던 군역이 職役의 일종이었으며, 田柴科의 군인전 지급 규정은 경군 소속의 군인들에게 해당 토지에 대한 收租權을 지급하도록 한 것이라고 파악하고 있다.10)

반면 경군 소속 군인들이 군반씨족 출신이기는 하지만 그 일부만이 전문적인 직업군인들이었을 것이고, 나머지 대다수는 본질적으로 농민들이었다고 보는 입장에서 田柴科에 보이는 군인전이란 군인들이 농민으로서 소유되고 있었던 민전을 토대로 그 위에 설정된 것이며, 전시과의 군인전 지급 규정은 민전에 대한 免稅를 조건으로 지급하는 擬制的인 형식을 취한 것에 불과하다고 보는 견해도 있다.11)

그 밖에 경군이 군반씨족 출신의 전문적 군인 등과 농민들로 이루어져 있었다고 보고 그들 중 전자에게는 전시과의 군인전을 지급하였으나, 후자에게는 그들 소유의 면전을 군인전이라는 명목으로 지급하는 형식을 취하였을 것이라고 생각하기도 한다.12)

이상에서 간단히 소개한 바와 같이 전시과의 군인전 지급 규정에 대해서는 여러 가지로 논란이 있지만, 그것은 여하간에 경군 소속 군인들에게 그들의 군역을 경제적으로 뒷받침하기에 필요한 양의 군인전이 주어지도록 예정되어 있었을 것임에는 별 이론의 여지가 없어 보인다.

가령 전시과의 군인전 지급을 수조권의 지급이라고 이해하는 논자는 군인들이 실제로 규정된 田結數의 군인전을 받고, 또 제대로 收租를 하였다면, 군인 가족의 생활이나 軍資의 조달을 위하여 충분하였으리라고 한다. 목종 원년(998) 혹은 문종 30년(1076) 전시과의 군인전 최하 액수인 20결을 기준으로 하고, 1결의 수확량을《高麗史》食貨志 田制 租稅 성종 11년(992) 判에 나

10) 李基白, 〈高麗 軍班制 下의 軍人〉, 앞의 책, 284~289쪽. 洪承基는 앞의 글, 42~52·64~66쪽에서 李基白의 견해를 지지하고 있다.

11) 姜晋哲, 〈軍人田〉(《高麗土地制度史硏究》, 1980), 114~132쪽.

12) 張東翼, 〈高麗前期의 選軍－京軍構成의 이해를 위한 一試論－〉(《高麗史의 諸問題》, 1986), 468~479쪽.
洪元基, 〈高麗 二軍·六衛制의 性格〉(《韓國史硏究》68, 1990). 한편 私田 소유 군인과 公田 소유 군인으로 나누어 보는 견해도 있다(馬宗樂, 〈高麗時代의 軍人과 軍人田〉, 《白山學報》36, 1989).

타난 최하의 경우인 7석으로 계산하더라도 총 수확량은 140석이 된다. 그 반을 취한다면 군인의 수입은 年 70석이 되며, 혹 그 1/4을 취한다고 하더라도 그 수입은 35석이 되는데, 이것을 녹봉만으로 생활하는 工匠이 최고 20석, 최하 6석을 받고 있었던 것[13]과 비교해 보면 군인들의 수입이 결코 적은 것이 아니었음을 알 수 있다는 것이다.[14]

군인전이 면전에 대한 면세를 조건으로 지급하는 의제적인 형식을 취한 것에 불과하다고 본 논자는 군역을 부담할 수 있는 富農을 먼저 軍戶로 삼는 것이 원칙이었을 것이라고 하였다. 그러한 부농이란 군역 수행을 뒷받침할 수 있을 만한 양의 민전을 소유한 가호이며, 전시과에 규정된 군인전 액수가 그 민전의 양일 것으로 보았다.[15]

한편 전시과에 규정된 군인전은 경군의 일부에게만 주어지는 것이었고, 나머지에게는 그들 소유의 民田을 군인전으로 지급하는 형식을 취하였을 것이라고 하더라도, 그 민전의 양은 군역을 뒷받침하기에 필요한 정도로 계획되어져 있었을 것으로 여겨 무방할 것이다.

하지만 실제 경군 소속의 군인들에게 군인전이 제대로 지급되었던 것은 아니었다. 즉 군인전 지급의 원칙과 실제가 달랐던 것이다. 따라서 전시과에 보이는 군인전의 액수는 최고액을 규정한 것일 뿐이며, 실제 지급액은 그에 훨씬 못 미쳤다고 생각할 수도 있다. 이는 고려 초기 전국의 전결 총액은 약 100만결 정도에 불과하였으리라고 추정되는 반면 문종 30년 전시과 중 步軍에게 지급될 군인전 22결을 기준으로 한다면 경군 전체 45,000명에게 지급되어야 할 군인전이 거의 100만결에 달한다는 점에 근거하고 있다.[16]

그 이유가 어떠하든 軍役을 뒷받침할 수 있을 만한 양의 군인전을 갖지 못한 군인들이 많았다. 德宗 3년(1034) 개정된 전시과가 시행된 지 불과 2년 뒤인 靖宗 2년(1036) 7월 정종이 내린 制[17]에 諸衛의 군인들 중 名田[18] 곧 자신

13)《高麗史》권 80, 志 34, 食貨 3, 祿俸 諸衙門工匠別賜.
14) 李基白, 앞의 책, 156~157쪽.
15) 姜晋哲, 앞의 책, 32쪽.
16) 李基白, 앞의 책, 157~158쪽. 이에 대해 姜晋哲도 비슷한 입장이다(위의 책, 112~113쪽 및 132쪽).
17)《高麗史》권 81, 志 35, 兵 1, 兵制.
18) 李基白, 앞의 책, 158쪽 및 姜晋哲, 앞의 책, 113쪽 참조.

의 명의로 등기된 군인전이 부족한 자가 대단히 많다고 하였음은 이를 알려 준다. 군인전 부족 현상을 시정하기 위해 정종은 公田을 加給하도록 조치하였지만, 그러나 그것으로서 모자라는 군인전이 충족되었던 것은 아니었다. 문종 25년(1071) 6월에 내린 制[19]를 보면 제위의 군인들 중 부강한 자들은 권세가와 결탁하여 군역을 면하고, 빈궁한 군인들만이 그를 담당하였다고 지적되어 있다. 군인들 중 군역을 면할 수 있을 정도로 부강한 군인들은 소수에 지나지 않았을 것인 반면 빈궁한 군인들이 대다수였으리라는 점은 충분히 짐작이 가고도 남을 것이다. 그리고 빈궁한 군인들은 그들이 지급 받은 군인전을 통해 가족들의 생계를 유지하거나 군수를 장만할 수 없었던 자들로서 바로 '名田'이 부족한 군인들이었을 것이다. 이처럼 경군의 대다수가 군인전의 부족으로 인하여 빈궁한 군인이 되었던 것이 문종대의 실정이었던 것이다.[20]

다시 문종이 내린 制를 보면 군역을 오로지 하게 되었던 빈궁한 군인들은 衣食이 아주 없고, 거의 휴식하지 못하여 도망하는 자가 심히 많았다고 한다. 군역을 감당할 수 있는 부강한 군인들은 군역을 면하고 그렇지 못한 빈궁한 군인들만이 군역을 져야 했다면 빈궁한 군인들이 그것을 피하려고 하였을 것임은 지극히 당연한 일이다. 이를 시정하기 위해 문종은 力役의 부담을 줄여 주는 등의 조치를 취하도록 명령하였지만, 부족한 군인전을 보충시키지 않는 한 이러한 조치는 미봉책일 수밖에 없었다. 비록 모자라는 군액을 보충하기 위해 선군이 실시되기는 하였지만 군인전이 제대로 지급되지 않는 상황에서 새로 군인이 된 자도 군역을 기피하려고 하였을 것임은 두말할 나위가 없다.[21]

이제 軍戶連立 즉 군역 세습의 원칙은 무너져 가게 되었다.[22] 그리고

---

19) 《高麗史》 권 81, 志 35, 兵 1, 兵制.

20) 李基白, 앞의 책, 159쪽.

21) 選軍의 대상은 6品 이하 兩班 및 白丁의 子로 되어 있으나 주로 백정의 자가 選軍되었을 것이다. 選軍이 되면 軍人田을 지급하는 것이 원칙이었지만('選軍給田') 역시 충분히 지급되지는 않았을 것이다. 選軍에 대해서는 李基白, 〈高麗 軍人考〉(《震檀學報》 21, 1960 ; 앞의 책, 110~123쪽)에 자세하다.

22) 軍役은 세습되는 것이 원칙이었다. 군인이 60세가 되거나 신병이 있어 군역을 담당할 수 없게 되면 그 자손이나 친족으로 그를 대신하도록 하였으며 이를 軍戶連立이라고 부른다. 하지만 군호연립의 원칙이 반드시 지켜질 수 있는 것은 아니었다. 군역을 대신할 자손이나 친족이 없거나 혹은 군역을 기피하여 도망하는 예를 떠올릴 수 있다. 그럴 경우에는 選軍을 통하여 군인을 뽑았다.

이로 말미암아 경군은 점차 부실해질 수밖에 없었다. 경군 소속 군인들에게 군인전이 제대로 지급되지 못하였던 것은 고려 전기 군사제도에 치명적인 타격을 주는 것이었다.[23]

2) 별무반의 설치와 그 의의

널리 알려진 바와 같이 別武班은 여진 정벌을 위하여 설치된 군사 조직이었다. 肅宗 9년(1104) 정월 東女眞의 기병이 定州 關外에 진출하자 숙종은 林幹으로 하여금 만일의 사태에 대비하게 하였다. 그 해 2월 임간은 여진군과의 전투에서 패배하였고, 3월 임간의 후임자였던 尹瓘도 역시 패전하였다. 윤관은 숙종에게 패전의 원인을 설명하고 여진과의 전쟁에 대비할 것을 건의하였으며, 그에 따라 별무반이 만들어졌던 것이다.[24]

별무반은 神騎軍과 神步軍·跳盪軍·梗弓軍·精弩軍·發火軍 등 및 降魔軍으로 구성되어 있었다. 그들 중 항마군을 제외한 나머지 부대의 이름은《高麗史》兵 1, 兵制條의 서두에 나오는 5군의 조직에서 발견할 수 있다(〈표 2〉). 한편 주진군 조직에서는 神騎와 步班을 발견할 수 있는데,[25] 그들은 별

요컨대 군역 세습이 원칙이었고, 選軍은 보조 수단이었던 것이다(李基白, 앞의 책, 141~144쪽).

23) 李基白, 위의 책, 159쪽.

24) 別武班에 대한 종합적인 기록은《高麗史》권 96, 列傳 9, 尹瓘傳에 전한다.《高麗史》권 81, 志 35, 兵 1, 兵制 숙종 9년 12월조와《高麗史節要》권 7, 숙종 9년 12월조에서도 尹瓘傳에 실린 기사와 거의 비슷한 기록을 찾아 볼 수 있다. 한편 그에 대한 전론으로는 李基白,〈高麗 別武班考〉(《金載元紀念論叢》, 1969 ;《高麗貴族社會의 形成》, 1990)가 있거니와, 이하의 서술은 주로 그에 의한다.

25)《高麗史》권 83, 志 37, 兵 3, 州縣軍 北界. 그런데《高麗史》권 81, 志 35, 兵 1, 兵制 문종 17년(1063) 2월조를 보면 州鎭軍 소속의 神騎와 步班이 別武班 설치 이전부터 있었음을 알 수 있다. 이 사실은, 別武班의 부대 조직 전부가 종래의 것을 적용한 것이었는가는 단정하기 어렵지만, 그것이 전적으로 尹瓘의 창의에 의한 것만은 아니었음을 알려 준다(李基白, 위의 책, 199쪽). 이와는 달리 이들 부대 명칭이 別武班에서 유래하는 것으로 보는 견해도 있다(內藤雋輔,〈高麗兵制管見〉,《靑丘學報》15·16, 1934 ;《朝鮮史硏究》, 1961, 194쪽 및 白南雲,《朝鮮封建社會經濟史》上, 1937, 657쪽). 한편《高麗史》권 81, 志 35, 兵 1, 兵制條의 서두를 보면 別號諸班이라는 표제 밑에 神騎·神步·梗弓·石投·大角·鐵水·剛弩·跳盪·射弓·發火 등의 軍號가 나열되어 있

〈표 2〉

中　軍	兵陣都指諭・都將校 五兵都指諭・將校・都業師 神騎都領・指諭 左梗弓都領・指諭 右梗弓都領・指諭 左精弩都領・指諭 右精弩都領・指諭	神步都領・指諭 石投都領・指諭 大角都領・指諭 鐵水都領・指諭 發火都領・指諭 跳盪都領・指諭 剛弩都領・指諭
前　軍	兵陣都指諭 神騎都領・指諭	神步都領・指諭 精弩都領・指諭
後　軍	同　上	
左　軍	同　上	
右　軍	同　上	

무반의 신기군과 신보군과 통하는 것으로 여겨진다.

5군은 전투를 수행하기 위한 부대 조직이었다.[26] 주진군도 역시 그러하였다.[27] 그리고 일찍부터 유사시에는 사원의 隨院僧徒들을 징발하여 諸軍에 배치하기도 하였다.[28] 그러므로 별무반은 전투를 위한 부대 조직이었다고 할 수 있겠거니와, 별무반이 여진과의 전쟁에 대비하여 설치되었음을 생각할 때 이는 당연하다고 할 수 있을 것이다.

다음으로는 별무반의 인적 구성에 대하여 살펴보기로 하자. 神騎軍은 문무의 散官과 吏胥로부터 商人・奴僕 및 일반 州府郡縣民에 이르기까지 말을 가진 자들로 이루어진 부대였다. 그들 가운데 말을 갖고 있지 않는 자들은 신보군・도탕군・경궁군・정노군・발화군 등에, 20세 이상의 남자로서 과거 응시자가 아닌 자들은 신보군에 속하였다. 그리고 승도를 뽑아 항마군을 조

다. 이 別號諸班은 別武班과 깊은 관련을 갖고 있는 것으로 여겨진다. 別號諸班이라는 명칭이 別武班과 유사할 뿐만 아니라, 비록 서로 간에 출입이 있지만, 소속된 軍號가 일치하는 것이 적지 않은 것이다. 이 점에서 別號諸班이 곧 別武班을 가리키는 것이라고 보기도 한다(李基白, 위의 책, 198쪽).

26) 李基白, 〈高麗 軍役考〉(앞의 책, 1968), 136~138쪽.

27) 李基白, 〈高麗 兩界의 州鎭軍〉(위의 책), 253・259~263쪽.

28) 《高麗史》 권 81, 志 35, 兵 1, 兵制 숙종 9년 12월.

직하였다. 그러므로 당시 장정으로서 별무반의 징발 대상에서 빠지는 경우는 거의 없다고 할 수 있다. 징발 대상에서 제외된 것은 正職文武官과 문관 후보자인 과거응시자, 승려의 일부에 지나지 않았던 것이다.

이처럼 광범위한 사회적 신분층의 장정을 징발하여 조직된 것이 별무반이었는데 주요 구성원은 어느 계층이었을까. 이를 알아보기 위해서는 부대별 구성원에 대한 검토가 도움이 된다. 논의의 편의를 위하여 신기군과 도탕군·경궁군·정노군·발화군 등의 구성원에 대해 미리 살펴보기로 한다.

신기군은 주로 문무의 산관 등 귀족들로 이루어진 부대였을 것이다. 물론 이서나 상인 혹은 일반 주부군현민으로 신기군에 소속되었던 자들도 있을 것이지만, 그런 예는 별로 많지 않았을 것이다. 왜냐하면 말을 가지고 있는 자들은 그럴만한 경제적인 여유가 있는 부유층이었을 것이기 때문이다.

도탕군·경궁군·정노군·발화군 등은 일정한 특수 무기와 그를 조작하는 兵技에 따라 구별되는 특수군들인 듯하다. 도탕군이 어떤 특수한 무기를 사용하였는가는 알 수 없지만, 그것이 돌격부대였을 것으로 추측되는 만큼 그에 알맞는 특수 무기를 사용하였을 법하다. 梗弓은 强弓과 같은 말이므로 경궁군은 원거리용 활을 쓰는 부대였다면, 정노군은 일반 弩보다 정교한 弩를 사용하는 부대였을 것이다. 발화군은 화기를 이용하는 화공부대였을 것이다. 그런데 이러한 특수 무기의 조작 방법을 익히기가 쉽지는 않았을 것으로 헤아려진다. 이는, 특수군 소속 군인들이 비록 神步軍과 같이 無馬者였다고 하더라도, 그들이 신보군 소속 군인들과는 구별되는 존재들이었음을 시사한다. 아마도 종래 6衛 소속의 군인들로서 각종 특수 무기의 사용에 능통한 자들로 조직되었던 것이 이들 특수군이 아니었을까 한다.

윤관은 자신이 여진군과의 전투에서 패전한 원인으로 그들이 기병 중심인 것에 비해 고려군이 보병 중심이라는 점을 지적한 바 있다. 그러므로 기병인 여진군에 대항하기 위하여 설치된 것이 신기군이었다고 할 수 있으며, 신기군은 전술적으로 중요한 부대였다고 할 수 있다. 그런데 주로 귀족들이 신기군에 소속되었을 것임을 고려하면, 그 전술적 중요성에도 불구하고, 신기군에 소속된 군인의 수는 오히려 소수였을 것이다. 여러 특수군도 전술적으로는 중요하였겠지만, 특수군이고 보면 그에 소속된 군인의 수가 많지는 않았을 것이다.

그러므로 17만 명에 달하였다는 별무반 소속 병력의 대부분은 神步軍과 降魔軍 소속 군인들이었을 것이다. 그 중 신보군은 주로 일반민들로 구성된 부대로 여겨진다. 신보군에 문무의 산관이나 이서 등이 소속되어 있었을 것임이 분명하지만 그 수는 그리 많지 않았을 것이다. 그들보다는 역시 일반민인 주부군현민이 압도적으로 많았을 것으로 믿어진다. 그런데 주부군현민이라고 하더라도 그 대다수는 白丁이었을 것이다. 이는 군인의 보충을 위한 選軍의 대상자가 주로 백정이었다는 사실[29]로 미루어 짐작할 수 있는 것이다.

항마군은 이른바 隨院僧徒로 이루어진 부대였다. 수원승도는 일반 승려와는 다른 존재였다. 그들은 사원 소유의 토지를 경작하고, 수확량의 일정부분을 사원에 바치는 한편 그 나머지를 자신의 재산으로 축적할 수 있었다. 즉 수원승도는 농민으로서 사원의 佃戶였던 것이며, 따라서 이들은 신보군의 주요 구성원이었던 백정과 비슷한 사회적 처지에 놓여 있었다고 할 수 있다.

이상의 논의를 통해 別武班의 주요 구성원이 농민, 구체적으로는 백정이거나 그에 준하는 수원승도였음을 알 수 있게 되었다. 즉 별무반은 바로 농민을 주력으로 하는 전투부대였던 것이다.

고려 전기에도 농민이 전투에 동원되는 경우가 있었다. 가령 주진군 조직에는 백정으로 구성된 白丁隊가 편성되어 있었다. 그들이 유사시 전투에 동원되는 경우가 있었으리라는 점은 충분히 짐작할 수 있다. 하지만 그들이 직접 전투에 투입되는 것은 매우 위급한 상황에 한하였을 것이다. 전투 병력은 주진군 중 抄軍·左軍·右軍 등과 방수 혹은 출정중인 京軍이었으며, 백정대는 예비 병력에 지나지 않았던 것이다.[30] 그러므로 농민을 중심으로 하는 전투 부대인 별무반의 출현은 고려 전기 군사제도의 중대한 변화를 말하여 주는 것이라고 할 수 있을 것이다.

이와 관련하여 고려에 이미 정비된 군사조직이 있어 왔고, 거란과의 전쟁에서도 별무반과 같은 조직을 필요로 하지 않았다는 사실이 유의된다. 이는 별무반의 설치를 고려 전기 군사제도의 변화와 관련지어 보아야 함을 의미하고 있는 것이다. 다시 말해 종래 경군을 중심으로 주진군과 주현군 등을 동원함

---

29) 李基白, 앞의 책(1968), 121쪽.

30) 李基白, 위의 책, 255~256쪽.

으로써 감당해 낼수 있었던 군사동원이 불가능해짐에 따라 별무반이 만들어지게 되었음을 알려 주고 있거니와, 별무반의 설치는 특히 경군이 유명무실해지고 있었던 사실과 밀접한 관련을 맺고 있는 것으로 여겨지고 있다.[31]

앞에서 지적한 바와 같이 역역을 비롯한 군역의 과중함과 군역 수행을 경제적으로 뒷받침하는 군인전의 부족으로 말미암아 경군 소속 군인들이 군역을 피하여 도망하였다. 그 결과 군호연립의 원칙은 무너져 갔고, 경군은 허구화되고 있었다. 그러한 경군을 동원하여 여진과의 대규모 전쟁을 치를 수 없는 상황이 되었던 것이다. 따라서 주로 농민층을 대상으로 하여 새로운 군사조직 곧 별무반을 만들게 되었던 것이다.

別武班은 여진과의 강화가 설립됨에 따라 해체되었다. 그러나 兵農一致에 입각한 군사조직을 지향하는 과정에서 나타난 하나의 단계가 되었다는 점에서 그 역사적 중요성을 찾아볼 수가 있다. 또 동시에 백정으로 대표되는 농민들의 사회적 지위에도 새로운 변화가 일어나고 있다는 것을 말하여 주는 것이다.

〈趙仁成〉

31) 李基白, 위의 책, 196쪽 및 〈高麗의 軍事組織〉(《한국사》 5, 1975 ; 《高麗貴族社會의 形成》, 188쪽). 일찍이 《高麗史》 兵志 撰者는 別武班의 설치를 六衛制의 변질과 관련하여 파악한 바 있거니와(《高麗史》 권 81, 兵志 序), 別武班이 高麗 전기 군사제도의 변질 과정에서 불가피하게 조직된 것이었다는 점은 널리 인정되고 있다.

Ⅳ. 관리 등용제도

1. 관리 등용의 여러 방식

2. 과거제

3. 음서제

Ⅳ. 관리 등용제도

1. 관리 등용의 여러 방식

고려시대의 관리 등용방식에 대하여 《高麗史》 권 73의 선거지 서문에는, "비록 名卿 大夫라 하더라도 반드시 科目으로 진출하는 것만은 아니었으니, 과목 이외에 또 遺逸의 薦擧와 門蔭에 의한 敍用, 成衆愛馬의 選補, 南班·雜路를 통한 陞轉 등이 있어 진출하는 길이 하나만은 아니었다"고 서술되어 있다. 즉 ① 科擧(科目), ② 遺逸의 薦擧, ③ 蔭敍(門蔭), ④ 成衆愛馬의 選補, ⑤ 南班을 통한 陞轉, ⑥ 雜路를 통한 陞轉의 6가지 방식이 제시되어 있는 것이다.

이 가운데에서 가장 중요하면서도 일반적인 벼슬길은 잘 알려진 대로 과거와 음서였다. 그러므로 이들에 대해서는 자리를 따로 마련하여 좀더 자세하게 알아 볼 필요가 있다.

遺逸의 천거는 학식과 재능·덕행이 뛰어났으면서도 가세 등이 미약하여 仕官치 못하고 있는 인물을 천거에 의해 특별히 등용하는 제도였다. 그리하여 고려에서는 성종 11년(992) 이래로 가끔 敎令을 내려, 兩府宰樞·臺省의 侍臣 및 지방관 등으로 하여금 경향 각지에 묻혀 있는 현량한 인재의 천거를 명하고 있는데,[1] 하지만 이 제도가 어느 정도의 실효성을 가지고 있는 것이었는지는 의문시되는 점이 없지 않다. 강력한 문벌적 기반 위에 서 있던 당시 사회에서 그것이 본래의 취지대로 운용되기 어려웠을 뿐더러[2] 시행 자체가 그렇게 적극적이고 활발하지는 못했다고 보여지기 때문이다. 아마 이 제도는 보조적 역할을 하는 것으로 그치지 않았나 짐작된다.

다음 또 하나의 방식으로 들어진 成衆愛馬의 選補에 대해서 찾아보면, 고

---

1) 《高麗史》 권 75, 志 29, 選擧 3, 銓注 凡薦擧之制.
2) 金翰奎, 〈高麗時代의 薦擧制에 대하여〉(《歷史學報》 73, 1977).

려 전기에는 成衆官이라고 불리는 일군의 특수한 벼슬이 있었는데[3] 그것을 통한 고위 관직으로의 진출을 거론한 것으로 생각된다. 성중관은 구체적으로 內侍를 비롯하여 茶房·司楯·司衣·司彜 등을 일컬었거니와,[4] 이들은 궐내의 여러 일을 담당하는 宮官이었다. 예컨대 다방의 경우 왕실에서 필요로 하는 茶의 출납을 관장한 것으로 짐작된다는 점[5] 등으로 미루어 그와 같이 추측되는 것이다. 이 같은 근무지와 임무의 특수성 때문에 그들의 선발 자체도 世籍과 才藝·容貌 등을 두루 살펴 뽑았지마는, 특히 내시는 글자 그대로 국왕을 측근에서 모시는 近侍職이었으므로 귀족의 자제 등이 주로 발탁되었다.[6] 그리하여 이들 내시를 중심으로 하는 성중관은 일정한 기간의 근무를 거쳐 쉽사리 관로에 들어 설 수 있었던 것이다.

그런데 뒤에 고려와 몽고와의 관계가 긴밀하여지면서 저들의 숙위 임무를 맡은 애마와 성중관이 합쳐져 성중애마라는 칭호의 성립이 있게 된 것 같다.[7] 아마 고려의 성중관들이 숙위의 일도 맡아서 성격상 몽고의 애마와 유사했으므로 두 칭호가 결합되어 그 같은 말이 생겨나게 된 듯싶은 것이다. 그러므로 '成衆愛馬의 選補'는 고려 후기의 상황을 말한 것임을 알 수 있는데, 하지만 고려 전기부터도 그것이 관인 등용의 한 통로로 구실한 것은 사실이었다.

또 다른 통로로 지적된 南班과 雜路는 실제로 하급의 관원과 吏屬의 仕路였다. 즉 이들 중 남반은 왕명의 전달, 殿中의 당직 및 조회에서의 儀衛 등을 맡은 內僚職으로 掖庭局 소속의 內殿崇班(정7품) 이하의 직위가 그것이었는

---

3) 朴孝信, 〈高麗時代의 「內侍」-그의 獨自性과 別稱-〉(《駿台史學》 19, 1966).
4) 《高麗史》 권 75, 志 29, 選擧 3, 銓注 成衆官選補之法. 이에 대해서는 曺佐鎬, 〈麗代南班考〉(《東國史學》 5, 1957), 5~9쪽 참조.
5) 周藤吉之, 〈高麗初期의 內侍·茶房과 明宗朝 以後의 武臣政權과의 關係-宋의 內侍·茶房과의 關連에 있어서-〉(《東方學》 55, 1977 ; 《高麗朝官僚制의 硏究》, 法政大學出版局, 1980, 473쪽).
6) 金昌洙, 〈麗代 內侍의 身分〉(《東國史學》 11, 1969).
周藤吉之, 위의 책.
朴漢男, 〈高麗內侍와 門閥貴族의 形成關係-高麗前期 東萊鄭氏家門을 中心으로-〉(《首善論集》 8, 成均館大 大學院, 1984).
7) 金昌洙, 〈成衆愛馬考-麗末鮮初 身分階層의 一斷面-〉(《東國史學》 9·10, 1966), 24~25쪽.
韓永愚, 〈朝鮮初期의 上級胥吏 「成衆官」-成衆官의 錄事로의 一元化過程-〉(《東亞文化》 10, 서울大 東亞文化硏究所, 1971), 8쪽.

데, 이들은 7품을 限職으로 하고 있었다.[8] 그리고 雜路 역시 말단 이속인 注膳·幕士·所由·門僕·電吏·杖首 등 잡류의 仕路로서 이것도 品官線을 상한으로 하여 胥吏 신분에 묶여 있는 吏族의 진출로였던 것이다.[9] 따라서 남반이나 잡로를 통한 陞轉이 고위직으로 나아가는 길이 되지 못하리라는 것은 쉽게 짐작할 수 있다. 그럼에도 불구하고 선거지 서문에 이것들이 名卿大夫로 진출하는 한 방안으로 든 것은 역시 고려 후기의 상황을 두고 한 설명인 듯싶다. 고려 후기에 접어들어 관제의 문란과 함께 신분제가 동요되면서 남반·잡류 출신들도 고위직으로 올라가는 일이 자주 있었기 때문이다.

이처럼 선거지 서문의 설명은 실제 상황에 꼭 들어맞는 이야기는 아니었다. 이는 고려 전기를 염두에 둘 때 더욱 그러하다. 뿐만 아니라 관리의 등용 방식은 여기에서 거론된 것 이외에도 吏役을 통하거나 무공 등 특별 유공자들에 대한 서용을 비롯해 여럿이 더 추가될 수 있는 것이다.[10] 이런 점에서 선거지 서문의 설명은 얼마간의 제약성을 지니는 것이지만, 그것들이 관리 등용 방식으로 중요한 기능을 한 것은 틀림이 없었다. 그러면 아래에서 그 중 가장 으뜸이 되는 방식으로 지적된 과거부터 검토하여 보기로 하자.

〈朴龍雲〉

2. 과 거 제

1) 과거제의 도입

시험에 의해 관리를 선발하는 국가고시제인 科擧가 처음으로 도입, 실시된 것은 널리 알려진대로 광종 9년(958)이다. 이 때의 과거제 도입은 우리로서는 역사상 최초로 채택한 정식 국가고시제였고, 외국인인 後周 출신 雙冀의 건

8) 曺佐鎬, 앞의 글, 11～12쪽.
李丙燾, 〈高麗南班考〉(《서울大論文集》 人文 社會科學 12, 1966), 162쪽.
9) 洪承基, 〈高麗時代의 雜類〉(《歷史學報》 57, 1973), 69～76쪽.
10) 朴菖熙, 〈高麗時代「官僚制」에 대한 고찰〉(《歷史學報》 58, 1973), 49쪽.

의에 의해 중국의 제도를 이끌어다가 시행한 것이며, 그럼에도 불구하고 별다른 문제없이 수용·정착되어 이후의 우리 사회에 매우 큰 영향을 미쳤다는 점에서 중요한 의의를 지닌다.

그러던 이 과거제를 처음으로 도입하게 된 이유는 무엇일까. 먼저 도입의 배경부터 살피기로 하는데, 그것은 더 말할 필요도 없이 광종 9년 당시까지의 국내 정치형세와 밀접한 관련을 가지고 있었다. 즉 고려는 건국한 이래로 호족과 그 출신의 武勳功臣들 세력이 매우 강하여 왕권은 늘 불안한 상태에 있었거니와, 광종은 그 같은 현상을 타파하기 위하여 일련의 개혁정치를 단행하는데 과거제의 도입도 그 일환으로 이루어지는 것이다. 과거는 한문학이나 유교 경전의 능력을 시험하여 그 성적에 따라 관인을 선발하는 제도였으므로, 그렇게 되면 지금까지 커다란 정치적 비중을 차지하고 있던 무훈 공신들의 세력은 자연히 약화되는 대신에 군주에게 충성을 본분으로 하는 신진인사들이 기용되어 왕권은 안정을 기할 수 있었기 때문이다.[1)]

더구나 이 제도의 시행을 건의한 쌍기가 군주권의 확립을 위해 제개혁을 단행한 후주 世宗의 혁신정치에 직접 관여한 경험이 있는 사람이었다는 데서 그 목적은 한층 뚜렷해진다. 이런 연유로 해서 과거 이외에도 광종이 시행한 여러 혁신적 정치에는 쌍기가 깊이 관여하였을 것이라는 견해가 제시되어 있거니와,[2)] 하여튼 그의 건의는 왕권을 강화하는 한 방안으로 시의 적절한 것이었고, 그렇기 때문에 광종은 그를 높은 자리로 발탁하여 과거제를 적극 추진시켜 간 것으로 생각되는 것이다. 나아가서 쌍기를 비롯한 중국의 귀화인들은 고려에 어떤 세력 근거도 가지고 있지 않았으므로 혁신정치를 단행하여 가는 데는 안성맞춤이었다. 그리하여 이들은 왕권과 밀착된 가운데 개혁정치를 주도하는 한 세력으로 활약하였거니와, 과거제는 이와 같은 배경 위에서 도입, 시행될 수 있었다.

과거는 중국에서 이미 상당한 기간 동안 시행하여 온 제도였다. 거기에다가 이 제도를 도입하는데 주동적인 역할을 한 사람들이 그에 대해 상당한

1) 金龍德, 〈高麗 光宗朝의 科擧制度 問題〉(《中央大論文集》 4, 1959), 147~148쪽.
2) 姜喜雄, 〈高麗初 科擧制度의 導入에 관한 小考〉(《韓國의 傳統과 變遷》, 高麗大 亞細亞問題硏究所, 1973), 261~267쪽.

지식과 경험을 가지고 있었으므로 그것은 출발부터 어느 정도의 체제를 갖추고 있었던 것 같다. 이는 맨 처음 실시된 광종 9년의 科試에서 製述科(業)와 함께 明經科(業), 그리고 雜科(業)의 하나인 卜業의 及第者를 낸 사실에서 짐작할 수 있다. 광종은 처음 과거제를 도입한 때로부터 18년간 재위하면서 8회의 과시를 設行하였는데, 그 실시 상황과 급제자에 대해 간략하게 도표로 소개하면 아래의 〈표 1〉과 같다.[3)]

〈표 1〉 光宗朝의 科擧 設行과 及第者

區分 / 施行年	考試官 (知貢擧 등)	科業別 及第者數			製述科 及第者(進士)
		製述科	明經科	雜科	
① 9년(958)	雙冀	2	3	2(卜業)	崔暹(慶州 出身?)[4)] 晋兢(鄕貢으로 及第.南原出身)
② 11년(960)	〃	7	1	3(醫業)	庬(慶州 出身?) 內議令 弼의 子.利川出身)
③ 12년(961)	〃	7	1		王擧
④ 15년(964)	趙翌	1	1	1(卜業)	金策(三重大匡 峻의 子. 光陽出身)
⑤ 17년(966)	王融	2			崔居業
⑥ 23년(972)	王融·金柅	4			楊演 柳邦憲(鄕貢으로 及第. 全州出身)
⑦ 24년(973)	王融	2			白思柔(稷山 出身)
⑧ 25년(974)	〃	2			韓藺卿(楊州 出身)
?	?				崔亮(慶州 出身)
계		27인	6인	6인	12인

이상과 같은 광종대 과거제의 운영에서 가장 주목되는 사항은 급제자수가 극히 소수였다는 점이다. 보다시피 18년간 8회의 시행에서 進士인 제술과 급제자가 27인이며, 명경과와 잡과의 급제자까지 합해도 39인에 지나지않고 있

3) 이 도표는 《高麗史》 권 73, 志 27, 選擧 1, 科目 1, 選場條를 기본으로 하고, 거기에 姜喜雄의 위의 글 및 吳星, 〈高麗 光宗代의 科擧合格者〉·金塘澤, 〈崔承老의 上書文에 보이는 光宗代의 '後生'과 景宗元年田柴科〉(《高麗光宗硏究》, 一潮閣, 1981)의 두 논문과 필자가 작성한 〈科試 設行과 製述科 及第者〉(《高麗時代蔭敍制와 科擧制 硏究》, 一志社, 1990), 328~330쪽을 참조하여 작성한 것이다.

4) 崔暹에 대해 姜喜雄과 吳星은 각기 위의 글 278쪽과 33쪽에서 慶州출신으로 짐작한데 비하여 金塘澤은 역시 위의 글, 49쪽에서 靈巖출신으로 추정하였다.

다. 이 중 과시의 중심이었던 제술과 급제자를 가지고 따져 보면 1회 평균 3.4인이 급제하고 있는 셈이며, 年平均으로는 1.5인에 불과하여 고려 전기간의 1회 평균 25.3인, 연 평균 14.6인과[5] 비교해 아주 적은 숫자인 것이다. 이러한 결과를 낳게 된 이유는 몇 가지 측면에서 생각할 수 있겠으나 우선은 운영에 신중을 기하여 급제자를 엄선했다는 해석이 가능할 것 같다. 그리고 이것은 동시에 급제자의 학적 수준이 상당히 높았다는 의미도 될 듯싶다.[6] 한데 이러한 운영방침에도 불구하고, 현재 개인의 신상을 알 수 있는 급제자가 매우 제한되어 있기는 하나, 지역별로 보아 신라 계통의 경주 출신이 2~3인, 후백제 계통이 3인 내외, 그리고 近畿地方 출신이 3인으로 비교적 골고루 분포되어 있고,[7] 또 徐熙와 金策처럼 중앙의 고위관료 자손이 있는가 하면 晋兢·柳邦憲처럼 鄕貢 출신도 있어 주목된다. 결국은 過去 적대적 관계에 있었던 지역이나 또는 서울과 지방을 가리지 않고 실력과 능력을 갖춘 인재를 정선하였음을 알 수 있거니와, 왕권은 이들에게서 물론 충성스러운 봉사를 기대하였을 것이다. 이것은 종래 국가에 공로가 많고 지위가 높은 관료 자손 중심으로 사람을 쓰던 방식과는 다른 방향으로서 과거제 수용의 목적이나 그 기능을 이런 데서도 살필 수 있다.

하지만 한편으로 당시의 급제자 수가 매우 적었다는 것은 과거제 도입의 목적이 제한적이었음도 나타낸다. 그것은 과거제가 기존의 관리 등용제도를 그렇게 크게 위협하지 않는 선에서 운영되었음을 의미하기 때문이다.[8] 이런 측면에서 도입·수용 시기의 과거제는 일정한 제약성을 지닌다고 할 수 있다.

그런데 이는 일면 광종이 기존의 질서와 충돌을 피하면서 과거제를 조속히 고려화하여 정착시키려던 의도와도 관계가 있었던 것 같다. 그리고 제4회의 과시에서 이미 쌍기를 물러가게 하고 고려인 趙翌을 知貢擧로 임명하고, 2회의 과시에서 급제한 宰相 徐弼의 아들 徐熙를 초임에 廣評員外郎이라는 높은 자리에 발탁하고 있으며,[9] 또 4회의 과시에서 급제한 三重大匡 金峻의

5) 朴龍雲, 〈高麗時代의 科擧－製述科의 運營－〉(앞의 책, 1990), 271~272쪽.
6) 姜喜雄, 앞의 글, 269쪽.
7) 吳星, 앞의 글, 33~38쪽. 구체적인 숫자에는 이와 약간의 차가 있다.
8) 姜喜雄, 앞의 글, 267~270쪽.
9) 《高麗史》 권 94, 列傳 7, 徐熙.

아들 金策에게도 특별히 은사를 베풀고 있는 것[10] 역시 그와 무관하지 않다고 짐작된다.

아울러 과거제 도입의 성공에는 고려사회가 그것을 수용할만한 준비를 갖추고 있었다는 점 또한 간과해서는 안될 사항이다. 신라 이래로 오랫동안 쌓아 온 교육과 학문적 수준이 고도의 지식을 필요로 하는 과거제를 수용할 수 있게 하였다고 생각되는 것이다.[11] 이 같은 높은 학적 수준은, 광종 당시에는 서울이나 지방이 유사했던 것 같다.[12]

어떻든 이렇게 하여 도입 수용된 과거제 운영의 방식은 이후에도 비슷하였다. 그러다가 성종 8년(989)을 계기로 급제자수가 상당히 늘어난다. 이는 학문적 전통이 비교적 얕은 호족 계통의 요구에 의한 것이라는 해석이 있거니와,[13] 그 후 그 숫자는 점차 증가하는 경향을 보인다. 그러면서 제도 자체에도 여러 가지 규정이 생기면서 과거제는 하나 하나 정비되어 갔다.

2) 과거제의 정비와 변천

(1) 예비고시와 본고시의 분화

가. 예비고시=국자감시의 설치

과거제도가 실시된 처음의 얼마 동안은 고시 절차가 비교적 단순하였다. 중앙 관리의 자제인 國學生이나 지방 출신의 鄕貢을 막론하고 예비고시 단계를 거침이 없이 곧장 본고시에 응시할 수 있었다고 생각되기 때문이다.

그러나 점차 국가의 기반이 잡히고 관료체제가 갖추어지면서 과거제에도 여러 가지 복잡한 규정이 생기게 되는데, 그 중 가장 중요한 것이 예비고시로 생각되는 國子監試의 설치였다. 이에 대해서는《高麗史》권 74, 선거지 2, 과목 2, 국자감시조에, "곧 進士試이다. 덕종이 처음 설치하였고, 賦 및 六韻詩·十

10)《高麗史》권 74, 志 28, 選擧 2, 科目 2, 凡崇奬之典 광종 15년.
11) 姜喜雄, 앞의 글, 277쪽.
12) 許興植,〈高麗 科擧制度의 成立과 發展〉(《韓國史硏究》10, 1974 ;《高麗科擧制度史硏究》, 一潮閣, 1981, 14~16쪽).
13) 李基白,〈科擧制와 支配勢力〉(《한국사》4, 국사편찬위원회, 1974), 175쪽.

韻詩로 시험하였다. 그 후 혹 成均試라 칭하기도 하고, 혹 南省試라고도 하였다. …충숙왕 4년에는 九齋朔試로 대신케 하였으며, 7년에는 擧子試라 칭하였다"고 하여 그의 설치 시기는 덕종 때(즉위년)이며,[14] 성균시·남성시·거자시 등의 異稱이 있었음도 전해 주고 있다. 그 후의 조사에 의하여 국자감시는 司馬試·擧子科·南官試·百字科 등으로도 불리었음이 확인되었거니와,[15] 그런데 위에서 이 시험의 성격을 과거의 예비고시라고 설명했지만[16] 그와는 달리 보는 견해가 제시되어 얼마간의 문제가 되고 있다. 즉 그것은 과거의 본고시에 앞서 치러야 하는 예비고시가 아니라 국자감에의 입학 자격시험이었다는 주장이 여러 논자에 의해 개진되고 있는 것이다.[17] 특히 試官의 문제나 국자 감시 합격자에 대한 고찰 등 다각적인 분석과 고증을 통해 이를 증명하는 주장도 있어[18] 주목을 끈다. 《高麗史》 등의 사서와 문집을 보면 국자감시 및 그의 異稱과 함께 그냥 감시라고 한 것과 그 앞에 科業名을 붙인 제술업감시·명경업감시·잡업감시·율업감시 등 다양한 명칭이 찾아지는데, 그 가운데 제술업감시류가 과거의 예비고시이고, 국자감시 등은 기능이 달랐다고 파악하고 있는 것이다. 그리고 그냥 「監試」라고만 한 명칭은 예비고시 또는 입학 자격시험의 두 경우가 모두 있는 것처럼 보고 있기도 하다.

하지만 그 같은 주장에도 불구하고 감시는 어느 경우나 국자감시·성균

---

14) 《高麗史節要》 권 3에는 설치한 때가 덕종 즉위년 윤 3월로 되어 있다.
15) 許興植, 앞의 글(1974), 22~27쪽.
　———, 〈高麗의 國子監試와 이를 통한 鄕吏의 身分上昇〉(《韓國史硏究》 12, 1976 ; 위의 책, 127~134쪽).
　朴龍雲, 〈高麗時代 科擧의 考試와 體系에 대한 檢討〉(《韓國史硏究》 61·62, 1988 ; 앞의 책, 1990, 149~156쪽).
16) 曺佐鎬, 〈麗代의 科擧制度〉(《歷史學報》 10, 1958), 138쪽 및 許興植, 위의 책(1981), 24쪽·趙東元, 〈麗代 科擧의 豫備考試와 本考試에 對한 考察〉(《圓光大論文集》 8, 1974, 224~225쪽·許興植, 위의 글(1976) 등에 그 같은 의견이 피력되어 있다.
17) 宋俊浩, 《李朝生員進士試의 硏究》(國會圖書館, 1970), 12쪽.
　周藤吉之, 앞의 책, 72쪽.
　李成茂, 〈韓國의 科擧制와 그 特性-高麗·朝鮮初期를 中心으로-〉(《科擧》, 一潮閣, 1981), 92쪽 및 98~99쪽.
　申千湜, 〈高麗中期 敎育理念과 國子監運營-睿宗의 敎育改革을 中心으로-〉(《高麗敎育制度史硏究》, 螢雪出版社, 1983), 57쪽.
18) 柳浩錫, 〈高麗時代의 國家監試에 대한 再檢討〉(《歷史學報》 103, 1984).
　———, 〈高麗時代 進士의 槪念에 대한 檢討〉(《歷史學報》 121, 1989).

시・남성시 등과 같은 뜻이었던 것 같으며, 또 이들은 제술업감시류와도 성격・기능이 동일한 시험이었던 것으로 생각된다. 구체적인 사례를 검토하여 보면 감시나 국자감시 및 제술업감시류는 모두 과거의 본고시인 禮部試(東堂試)에 앞서 치른 예비고시로 나타나기 때문이다.[19] 그러므로 국자감시는 여전히 과거의 예비고시로 이해하는 게 옳다고 생각되므로 여기서도 일단은 그와 같이 간주하고 설명을 이어 가도록 하겠다.

예비고시인 이 국자감시는 중앙의 국자감 학생이나 지방의 鄕貢 등이 모두 거쳐야 하는 과정이었다. 그러나 후자의 경우는 곧장 이 국자감시에 응시할 수 있었던 것이 아니라 지방에서 또 다른 한 단계의 예비고시를 통과해야만 하였다. 界首官試(鄕貢試)가 그것이었는데, 이에 대해서는 역시 《高麗史》 권 73, 선거지 1, 과목 1, 현종 15년(1024) 12월의 判文으로, "諸州縣은 1,000丁 이상일 경우 3인을 歲貢하고, 500丁 이상은 2인, (그) 이하는 1인으로 하되, 界首官으로 하여금 試選케 하는데, 제술업은 五言六韻詩 1首로 시험하고 명경업은 五經 각 1机씩을 시험하여 例에 의거해 서울로 보낸다. 그러면 국자감에서 更試하여(國子監更試) 入格者는 赴擧를 許하고 나머지는 모두 뜻에 따라 本處로 돌아가 학습하게 하되, 만약 계수관이 합당치 못한 사람을 貢擧했을 때는 국자감이 考覈하여 科罪토록 하였다"고 한 데서 그 내용을 대략 파악할 수 있다. 京・都護府・牧의 守令인 계수관은 관하의 향공을 선발하는 책임자이기도 하였는데, 그 選上하는 향공의 숫자는 주현의 크기에 따라 차등이 두어졌던 것이다. 그런데 京 가운데 행정상 특별대우를 받던 西京의 경우는 留守官이 따로 선상하는 시험을 관장하였는데,[20] 그것은 유수관시 또는 서경시라고 부르는게 좋을 것 같다. 그리고 그 시험의 위치는 역시 계수관시와 동일한 단계로 보는 것이 옳을 듯하다.[21] 서울인 開京에도 國學生과 私學 12徒生을 제외

19) 朴龍雲, 앞의 글(1988), 156~172쪽.

20) 《高麗史》 권 73, 志 27, 選擧 1, 科目 1, 예종 5년 9월 判.

21) 許興植은 앞의 글(1974), 28~30쪽에서, 西京은 교육수준이 높았던 데다가 分司國子監이 설치됨에 따라 分司國子監試가 設行되었으리라는 점을 들어 留守官試는 開京에서 시행된 國子監試와 같은 단계의 시험일 것이라고 언급하고 있다. 그러나 예종 11년(1116)에 둔 分司國子監은 겨우 20년간 존치되는데 그치고 있으므로 유수관시를 줄곧 그 같은 단계로 보는 데는 난점이 없지 않다. 이것에 대해서는 朴龍雲, 앞의 글(1988), 188~189쪽 참조.

한 일반 유생들이 응시하는 초시가 있었던 것 같은데, 그 시험은 예에 따라 開京試라 부르지 않았나 짐작된다.[22]

이렇게 지방출신의 貢士들은 계수관시(향공시)나 유수관시(서경시) 및 개경시를 초시로 치러 합격한 뒤에 다시 다음 단계의 예비고시인 국자감시에 응시하였다. 그런데 이 때 치르는 2단계의 고시에 대해 위에 든 현종 15년의 판문에는 "國子監에서 更試"하였다고 표현되어 있으며, 그로부터 얼마의 시기가 지난 문종 2년(1048) 10월의 판문에는 "尙書省의 國子監에서 審考"하였다고[23] 서술해 놓고 있어 이 '國子監 更試'나 '尙書省國子監審考'도 국자감시 또는 제술업감시류하고는 다른 계통의 시험이었다는 주장도 나오고 있다.[24] 하지만 향공 등이 치르는 '國子監 更試'가 과거 응시자의 대부분이 치르는 국자감시와 달라야 할 뚜렷한 이유는 찾아지지 않는다. 따라서 두 시험은 일시 동일한 고시로 이해하는 게 옳다고[25] 생각한다.

지금 이와 같이 정리하여 놓고 보면 국자감시는 현종 15년(1024)에 처음으로 설치한 셈이 된다. 그런데 앞서 인용한 바 있는 선거지 국자감시조에는 이와 달리 덕종 때(卽位年)에 처음 설치하였다고 했으므로 양자간에 모순이 생기게 되는데, 이 문제는 다음과 같이 이해하는 게 좋을 듯싶다. 즉 덕종 즉위년의 것은 중앙의 국자감생을 비롯하여 모든 과거의 응시자들이 이 시험을 거쳐야 했다는 국자감시제의 완성을 뜻하는 내용인데 비해, 이보다 7년 앞서 현종 15년에 제정된 판문은 향공들에게 국자감시를 부과한다는 규정이 아니었을까 하는 것이다.[26] 이처럼 국자감시는 얼마간의 시일을 두고 점차 정비되었다고 생각되거니와, 사실 그것이 처음으로 설치된 때는 현종 15년보다 좀더 거슬러 올라 갈 수 있는 가능성마저 없지 않다.[27] 하지만 여기서는 일단 현종 15년에 최초로 설치되고, 덕종 즉위년에 이르러 정비를 본 것으로 결론을 내려 둔다.

---

22) 이 점에 대해서도 朴龍雲, 앞의 글(1988), 186~188쪽 참조.
23) 《高麗史》 권 73, 志 27, 選擧 1, 科目 1.
24) 柳浩錫, 앞의 글(1984), 6쪽.
25) 許興植, 앞의 글(1974), 25~27쪽.
朴龍雲, 앞의 글(1988), 184~186쪽.
———, 〈高麗時代의 科擧－製述科의 應試資格〉(앞의 책, 207~210쪽).
26) 許興植, 위의 글(1976), 134~136쪽.
27) 朴龍雲, 앞의 글(1988), 190~191쪽.

지방출신들 경우 鄕貢試 등의 초시를 거쳐 다시 국자감시에 응시한 반면 서울인 개경의 국자감 학생들은 곧바로 국자감시에 응시할 수 있었다고 했지마는, 그러나 후자들 역시 아무런 제약을 받지 않은 것은 아니었다. 靖宗 2년(1036) 7월에 제정되는 바 "생도들은 입학한지 3년이 되어야 감시에 응시하는 것을 허락한다"는 판문이[28] 그것이다. 이 판문은 그로부터 70여 년이 지난 예종 5년(1110)에 이르러 그와 같이 3년을 재학하는 동안 300일을 출석하여 수학하면 응시할 수 있게 한다는 규정으로[29] 바뀌거니와, 아마 유사한 위치에 있던 私學 12徒生들도 국자감시에 응시할 경우 이와 비슷한 제약을 받았을 듯싶으나 구체적인 내용은 알 수가 없다.

과거제가 실시된 처음 6, 70년간은 고시 절차가 비교적 단순하여 擧子들은 본 고시만 치르면 되었다. 그러다가 현종 15년경에 예비고시로서, 지방출신들에게는 계수관시·유수관시·개경시 가운데 하나를 거치게 하고 다시 개경의 국자감에서 주관하는 국자감시를 부과하였으며, 그 얼마 뒤인 덕종 즉위년부터는 서울의 국자감생과 사학 12도생들에게도 국자감시를 부과하여 科試는 3단계 내지 2단계로 분화되었다. 이 때 신설되는 국자감시를 어떤 이들은 제술업감시류나 '國子監 更試'등과 다른 성격의 시험이라고 주장하는 견해를 제시하기도 했으나 아마 그렇지는 않았던 것 같다. 과거시험에 있어서 이와 같은 예비고시와 본고시의 분화는 제도가 정비·발전하여 가는 한 과정으로서 주목할 필요가 있다고 생각된다.

나. 본고시＝예부시(동당시)의 설행

과거의 본고시는 앞에서 설명했듯이 급제를 위해 다시 한번 치러야 하는

---

28) 《高麗史》 권 73, 志 27, 選擧 1, 科目 1.

29) 《高麗史》 권 73, 選擧 1, 科目 1의 "(睿宗 5年) 九月判 ㉮ 製述明經諸業新學者屬國子監三年 ㉯ 仕滿三百日者 各業監試許赴"가 그것인데, 이에 대한 해석은 曺佐鎬, 앞의 글, 138쪽 및 李成茂, 앞의 글, 98쪽, 柳浩錫, 앞의 글(1984), 14~15쪽 참조. 한편 許興植은 앞의 글(1976), 28쪽과 〈高麗 科擧의 應試資格〉(앞의 책, 1981) 60쪽에서 이와 달리 ㉮부분과 ㉯부분을 분리, 해석하여 ㉮부분은 일단 3년간을 국자감에서 수학한뒤 國子監試에 합격한 進士라 할지라도 다시 더 3년동안 국자감에 소속케 한 다음에야 禮部試에 응시하게 하였다는 뜻으로 이해한 반면 ㉯부분은 入仕者가 국자감시에 응시할 수 있는 자격 요건을 말한 것이라고 보았으나 옳은 것 같지는 않다. 이 점에 대해서는 朴龍雲, 앞의 글(1988), 192~193쪽 참조.

시험이었는데, 그것은 禮部試·禮闈·春官試·春闈·春場·省試·東堂試 등의 명칭으로 불리었다. 하지만 그 호칭은 여기에서 그치는 게 아니었다. 저들 이외에도 文科·文闈·賢科 및 干支를 붙인 「△△科」 등이 있었으며, 또 進士를 뽑는 製述科와 관련된 것으로 「登進士第」·「擢進士第」·「擧進士第」·「中進士第」와 秀才科 등 실로 다양한 표현이 사용되었던 것이다.[30]

그 중 禮部試와 禮闈는 과거의 본고시를 주관한 관부가 尙書禮部인 데서 비롯된 칭호이다. 고려시대의 모든 과거 업무는 貢院이 따로 설치되어 있어서 처리하였거니와, 그것이 곧 예부 소속 부서였던 것이다. 아울러 春官試(春官)·春闈·春場 등도 예부의 주나라 때 이름인 춘관에서 비롯하며, 省試 역시 예부가 尙書省 기구의 하나였으므로 생겨난 명칭이었다.

東堂은 본래 중국 晋나라의 궁전 이름으로서, 科場으로 이용되기도 하여 郤詵이라는 사람이 그곳에서 급제한 故事로부터 시험장을 뜻하는 말이 되었다 한다.[31] 이것이 그 경로는 분명하게 알 수 없으나, 우리나라에 전래되어 과거의 본고시를 의미하는 용어로 줄곧 사용되었다. "穆宗 원년(998) 3월에 恩賜 1인을 취하였는데 동당에서 은사를 취하는 것은 이 때로부터 시작되었다"든지,[32] "예종 14년(1119)에 동당에서 처음으로 經義를 사용하였다"든지,[33] 또는 "충숙왕 2년(1315)정월에 瀋王이 동당을 고쳐 應擧試로 하였다"고[34] 한 예가 그런 것들이다. 동당을 칭한 사례는 이 밖에도 상당수가 더 찾아지지마는, 그런데 사서나 문집에는 이와 유사한 「東堂監試」라는 말도 자주 등장하고 있다. 그리하여 어느 연구자는 이 「東堂監試」가 바로 과거의 본고시를 뜻하는 용어였다고 설명하여[35] 많은 지지를 얻기도 하였다. 그러나 좀더 신중하게 검토하여 보면 그렇지는 않았던 것 같다. 或者는 「동당감시」가 본고시를 뜻하는 하나의 용어였던 게 아니라 실은 본고시를 의미하는 동당과 예비

---

30) 許興植, 앞의 글(1977), 21~23쪽.
朴龍雲, 위의 글, 125~149쪽.
31) 諸橋轍次, 《大漢和辭典》 6, 190쪽.
中華學術院印刊, 《中文大辭典》 5, 21쪽.
《晋書》 권 52, 列傳 郤詵.
32) 《高麗史》 권 74, 志 28, 選擧 2, 科目 2, 恩例.
33) 《高麗史》 권 73, 志 27, 選擧 1, 科目 1.
34) 위와 같음.
35) 曺佐鎬, 앞의 글, 127쪽.

고시를 의미하는 감시의 합성 문구였다고 해석하고 있거니와,[36] 「동당감시」가 본고시를 뜻하는 용어였던 게 아닌 것은 어느 정도 확실하며, 반면에 東堂 내지 東堂試는 본고시를 의미하는 용어였던 게 분명하다고 생각되므로 양자를 엄격하게 구분하여 사용하는 것이 옳을 듯하다.

文科·文闈는 다시 말할 필요도 없이 武科와 대칭되는 칭호였다. 그러나 고려시대에는 무과가 대체적으로 존재하지 않았다고 해도 좋을 만큼 그것이 설치된 시기는 몇몇 해에 지나지 않았으므로 과거라고 하면 곧 문과를 의미하였다. 따라서 굳이 문과·문위라 표현하지 않아도 좋았을 듯싶은데, 실제로는 그 같은 용어를 써서 과거의 본고시 단계를 나타내고 있다. 한편 賢科는 글자 그대로 어진 인물을 뽑는 科試라는 정도의 뜻을 지녔던 것 같은데, 이 역시 과거의 본고시를 나타내는 용어 가운데 하나였다고 생각된다.

이렇게 특별한 칭호를 사용하지 않더라도 고려 때는 과거가 실시된 해의 간지나 왕대를 써서 본고시를 나타내기도 하였다. 「丙寅科」·「癸丑科」 또는 「文宗八年科」 등이 그런 예들이다.[37]

그리고 특히 제술과와 관련하여서는 「登進士第」·「擢進士第」·「擧進士第」·「中進士第」 등으로도 표현되었다. 이는 진사를 뽑는 제술과에 등제·탁제·거제·중제하였다는 뜻이지만, 그것은 곧 그 과정의 본고시에 급제하였다는 의미를 지닌 표현이었던 것이다. 진사는 원래 명경과 상대되는 위치에 있던 科業과 관계된 용어였으므로 예비고시나 본고시를 구분하지 않고 합격자에게는 동일하게 이 칭호가 주어졌다.[38] 그에 따라 진사에 대한 이해를 둘러 싸고 약간의 혼란도 없지 않았지마는, 위에 예시한 「등진사제」 등은 모두 본고시에 급제하였다는 의미였던 것이다.

秀才科는 원래 중국의 隋와 唐에서 설치했던 과업명이었다. 그러나 고려에서는 이를 과업으로 채택하지 않았는데, 그럼에도 불구하고 후기에는 그것이 제술과의 본고시를 뜻하는 명칭으로 쓰여진 몇몇 사례가 찾아지고 있다. 아마 수재과가 수·당에서는 으뜸되는 과업이었으므로 고려에서의 제술과도 그

36) 朴龍雲, 앞의 글(1988), 125~132쪽.
37) 朴龍雲, 위의 글, 139~140쪽.
38) 朴龍雲, 위의 글, 140~141쪽.
柳浩錫, 앞의 글(1989).

러한 과업이라고 추켜세우는 뜻에서 그같이 표현한 게 아닐까 추측된다.[39]

끝으로 그 동안 자주 논란의 대상이 되었던 進士科라는 명칭에 대해 잠시 살펴보기로 하자. 종래 그것은 본고시였다는 설명과[40] 예비고시였다는 주장으로[41] 엇갈려 왔다. 그 중 과연 어떤 이해가 정당했을까. 실례를 찾아보면 그것은 고려 전기에는 거의 쓰이지 않다가 후기에 들어와 가끔 눈에 띄는데, 모두가 예비고시를 지칭하고 있다. 그러므로 이 용어의 사용에도 역시 매우 조심할 필요가 있다고 생각된다.

이상에서 주로 과거의 본고시를 나타내는 용어·표현들에 대해 검토하였는데, 이 시험에는 물론 국자감시에 합격한 진사들이 다시 응시하였다. 그러한 부류로 앞 대목에서 지방출신의 향공 등과 중앙의 국자감생 및 12도생을 지적한 바 있지마는, 아마 鄕吏와 胥吏 자신들도 그 일부를 이루고 있었던 것 같다. 논자에 따라서는 이들 가운데에서 향리의 자손이 아닌 본인들 경우에만은 응시 자격이 주어지지 않았다는 견해를 피력하고 있기도 하다.[42] 그러나 실례를 보면, '吏로서 登第하였다'든지, 또는 '본래 △△ 지역의 吏였는데 登第하였다'고 한 표현 등이 여럿 눈에 띄는 것으로 미루어 향리 자신들 역시 서리처럼 국자감시를 거쳐 다시 예부시에 응시할 수 있었지 않았나 짐작된다.[43]

그런데 어떤 부류는 이 예비고시를 거치지 않고 곧장 본고시에 응시하기도 하였다. 그 하나로 국자감생 가운데 考藝試에서 우수한 성적을 얻은 사람들을 들 수 있다. 고예시란 국자감에 재학하는 학생들을 대상으로 실시한 일종의 성적고시로서, 여기에서 좋은 성적을 얻으면 본고시에 直赴할 수 있었고, 또 때로는 아예 그 시험의 初場 내지 中場까지도 면제받을 수 있었던 것이다.[44] 아

---

39) 朴龍雲, 위의 글, 147~148쪽.
40) 曺佐鎬, 앞의 글(1958), 127쪽.
宋俊浩, 앞의 책, 11~13쪽.
41) 許興植, 앞의 글(1974), 22쪽 및 24쪽.
———, 위의 글(1976), 131~132쪽.
42) 李成茂, 〈朝鮮初期 文科의 應試資格〉(《國民大 論文集》 9, 1975), 83쪽.
許興植, 위의 글(1976), 146~155쪽.
———, 위의 글(1974), 82~84쪽.
43) 朴龍雲, 앞의 글(1990), 212~216쪽.
44) 許興植, 앞의 글(1974), 34쪽.
朴龍雲, 위의 글(1988), 167~168·193쪽.

마 이러한 특전은 入齋考試인 升補試－麗末의 生員試－에 합격하여 齋生(生員)이 된 사람들에게도 일정한 절차를 거쳐 주어졌을 듯싶은데,[45] 그 구체적인 내용은 잘 모르겠다. 아울러 충숙왕 4년(1317)에 이르러 9齋朔試로서 국자감시를 대신케 한 사실과 연관하여 볼 때 사학 12도생들에게도 유사한 조처가 있지 않았을까 짐작되나[46] 역시 그 내용은 분명하지가 않다.

예비고시를 치르지 않고 곧 바로 본고시에 응시한 또 다른 부류는 在官者들이었다. 고려 때는 원칙상 權務官으로부터 7품관까지를 각기 하한과 상한으로 하여 그 사이의 하급관원들에게는 예비고시의 제약을 받지 않고 자유로이 본고시에 응시할 수 있도록 배려하고 있었던 것이다. 더구나 그 하한선에만은 융통성을 두지 않았으나 상관에는 예외를 인정하여 6품 또는 5품까지도 본인이 원하기만 하면 赴試를 허락하였으므로 다수의 재관자들이 예부시에 직접 응시·급제하고 있는데,[47] 이는 科擧와 蔭敍의 관계를 이해하는데도 중요한 의미를 지니는 사실인 만큼 한층 주목해 둘 필요가 있다.

예부시·춘관시·동당시 등으로 불리운 본고시는 擧子들이 급제를 위해 통과해야 할 마지막 관문이었다. 따라서 과거제의 도입과 더불어 처음으로 설행된 시험은 본고시였다고 할 수 있다. 그러다가 얼마 뒤에 예비고시가 신설되어 이 시험은 제3 내지 제2단계의 고시가 되었고, 거기에는 국자감시에 합격한 진사와 제생·생원 및 재관자 등이 응시하였지마는, 그것은 과시 중에서도 가장 중요한 단계의 고시였다.

(2) 복시·친시의 설행

禮部試(東堂試)는 최종 고시의 성격이 강한 시험이었다. 하지만 그렇다고 하여 이보다 한 차원 높은 단계의 시험이 아예 없었던 것은 아니었다. 예부시 급제자들을 대상으로 국왕이 친히 시험하는 覆試가 따로 설치되곤 하였던 것이다.

이 복시가 처음으로 설행되는 것은, "(성종 2년 12월)에 명하여 진사를 취하

45) 許興植, 위의 글, 34쪽.
朴龍雲, 앞의 글(1990), 218쪽.
46) 朴龍雲, 위의 글.
47) 許興植, 앞의 글(1981), 74~75·79~80쪽.
朴龍雲, 위의 글, 218~219쪽.

게 하고, 왕이 臨軒해 복시하여 姜殷川 등 3인과 明經 1인에게 급제를 주었는데, 복시는 이로부터 시작되었다. 은천은 곧 邯贊이다"라고 전하듯이[48] 성종 2년(983)이다. 이 자료는 그 밖에 복시가 당해 과거의 예부시에서 이미 급제한 사람들을 대상으로 시행하였으며, 왕이 친히 주재하였다는 점도 알려주고 있어서 주목되는데, 어떤 연구자는 이번의 복시가 常例의 예부시가 아닌 임시 특설의 과거에서 합격한 사람을 대상으로 한 재시험이었으므로 통상적인 것과는 약간 성격이 달랐다고 말하고는 있지만,[49] 복시의 기본적인 내용을 이해하는 데는 별 문제가 없다고 생각된다.

하여튼 이처럼 성종 2년부터 시작된 복시는 그 후 간헐적이기는 했으나 계속되어 예종 15년(1120)까지 34회가 설행되었다. 그런데 복시는 위에서 설명했듯이 원칙적으로는 당해 예부시의 급제자만을 대상으로 하는 시험이었던 만큼 及落과는 관계가 없었고, 다만 시·부를 가지고 재시험하여[50] 급제순위를 결정하는 것이었다. 하지만 혹간 그렇지 않은 경우도 있기는 하였다. 예컨대 예종 10년에 설행된 복시는 예부시 합격자에 대한 성적 사정이 잘못되었다는 낙제자의 호소에 따른 것이었으므로 그 시험에는 낙방자들도 추가되었을 가능성이 있다. 이어서 다음해의 복시에서는 그 때의 예부시 합격자 24명과 함께 전번의 御試에 응시했던 10인과 鎖廳 4인 및 진사로 여덟 번 응시했다가 不第한 20인과 別喚 4인 등 모두 62인에게 응시하게 하여 그 중 38인만 급제시키고 있다.[51] 이 두 차례의 복시에서는 예부시 합격자였다 하더라도 결국은 낙방했을 가능성도 없지 않은 것이다.[52] 그러나 이것은 예외에 해당하는 경우이고 대체적으로는 원칙대로 시행하였다고 생각된다.

이와 같은 복시의 설행은 과시에 대한 왕권의 개입이라는 점에서 중요한 의미를 지닌다. 그것은 예종 11년의 예처럼 당해년의 예부시 합격자 이외에

---

48) 《高麗史節要》 권 2, 성종 2년 12월. 같은 사실을 알리는 《高麗史》 권 73, 志 27, 選擧 1, 科目 1, 選場條에는, "(成宗二年) 十二月 正匡崔承老·左執政李夢游·兵官御事劉彦儒·左丞盧奕 取進士 王覆試 賜甲科姜殷川 乙科二人 明經一人 及第"로 되어 있다.

49) 柳浩錫, 〈高麗時代의 覆試〉(《全北史學》 8, 1984), 32쪽.

50) 《高麗史》 권 73, 志 27, 選擧 1, 科目 1 성종 2년.

51) 《高麗史》 권 73, 志 27, 選擧 1, 科目 1, 凡選場 당해 년월조.

52) 柳浩錫, 앞의 글(1984a), 41~42쪽.

도 여러 사람들을 응시케 한 경우는 더 말할 나위가 없지만 원칙대로 시행된 때라 하더라도 복시를 설행함으로써 과시에 국왕의 영향력이 크게 미치게 마련이었으며, 이는 試官(知貢擧·同知貢擧)에 대한 견제적 의미도 동시에 가지는 것이었다.[53)]

그러나 복시 설행의 뜻과 목적이 거기에만 있었던 것은 아니었다. 그것은 과시를 공정하게 시행한다는 의미도 지니는 것이었기 때문이다.[54)] 그 점은 위에 들어 두었듯이 예부시의 성적 사정이 잘못되었다는 낙방자의 호소에 따라 설행된 예종 10년의 복시에서 단적으로 드러나고 있지만, 비록 그렇지 않은 경우라 하더라도 복시의 시행으로 과시의 공정성이 한층 보강될 수 있었으리라는 것은 능히 짐작이 가는 일이다.

아울러 그것은 文風을 진작시키고 유학을 장려한다는 의미도 지녔던 듯하다. 복시를 실시하는 자리에 太子와 宰樞·文翰官들을 불러모아 주연을 베풀고 시를 짓게 하거나, 그 급제자들에게 국왕이 은전을 부여하는 경우가 많았다는 데서[55)] 그러한 점을 엿볼 수가 있는 것이다.

이처럼 여러 모로 커다란 의미를 가진 복시였지마는, 그러나 그것은 위에서 설명한 바와 같이 원칙적으로 예부시 합격자의 급제 순위를 정하는 정도의 고시였고, 시기적으로도 성종대부터 예종대까지만 시행되는 데 그치고 있다. 더구나 그 기간에도 매번의 과시 때마다 설행된 것이 아니라 전체 87회의 예부시가 시행되는 사이에 복시는 34회만 열려[56)] 대략 40%의 비율을 보이고 있다. 이런 점에서 당시의 복시는 상당한 제약성도 지닌 것이었다.

사서에 볼 것 같으면 복시와 함께 親試도 간혹 시행되고 있다. 그러면 이 시험은 어떤 성격의 고시였을까. 그 한 예가 "경종 2년(977) 3월에 進士를 親試하여 甲科로 高凝 등 3인과 乙科 3인에게 급제를 주었다"고[57)] 한 것인데,

53) 許興植, 앞의 글(1974), 35~37쪽.
柳浩錫, 위의 글, 32·48쪽.
54) 曺佐鎬, 앞의 글(1958), 128쪽.
55) 柳浩錫, 앞의 글(1984b), 49쪽.
56) 許興植, 앞의 글(1974), 37쪽 및 柳浩錫, 위의 글, 33쪽의 통계와 약간의 차이가 나는 것은, 문종 19년에 設行되었다가 폐지된 경우 같은 것을 계산에 넣느냐의 여부 등에 의한 것이다.
57) 《高麗史》 권 73, 志 27, 選擧 1, 科目 1, 選場.

이 시험은 이미 예부시에 합격한 사람들을 대상으로 한 게 아니라 진사를 뽑는 예부시 그 자체였다고 해석된다. 예부시를 국왕이 친히 주재하여 시행하고 있는 예라 생각되는 것이다. 그 뒤 의종 6년(1152) "5월에 親試하여 劉羲 등 35인에게 급제를 주었다"는 기사도[58] 전하는데, 이번의 시험은 대상자의 자격에 대한 언급이 전혀 없어 그 성격도 판가름하기가 어렵게 되어 있다. 이후의 또 다른 예로는 충렬왕 6년(1280) 5월에 '文臣을 親試'한 것과 역시 같은 왕 28년(1302) 5월에 친시한 사실이[59] 보이는데, 이 두번의 시험은 예부시의 신급제자를 대상으로 한 것이 아니라 이미 급제하여 벼슬을 하고 있는 「文臣」을 상대로 한 시험이었다.[60] 그러므로 이들 시험은 모두 국왕이 친히 주재하였다는 의미에서 친시로 표현되고는 있으나 그 내용이나 성격은 조금씩 달랐다는 것을 알 수 있다.

이런 점은 복시와 친시의 관계에서도 비슷했다고 이해된다. 두 시험은 역시 국왕이 친히 주재했다는 데서 공통성이 찾아지나 그 내용이나 성격은 상당히 달랐던 것이다.

(3) 과거 3층제의 성립

國子監試와 禮部試(東堂試)를 주축으로 하여 鄕貢試와 覆試 등이 추가로 부과되기도 했던 고려시대 과거의 체계는 공민왕 18년(1369)에 이르러 변혁을 맞게된다. 즉 이 해에 "元朝의 鄕試·會試·殿試制度를 채용하고, 정하여 常式으로 삼았다"고[61] 한 바와 같이 향시·회시·전시의 科擧三層制로 바뀌는 것이다.

이에 따라 공민왕 18년부터 과거 지망생은 이전과는 달리 누구를 막론하고 먼저 제1단계로 향시를 치르지 않으면 안되게 되었다. 그 시험은 반드시 각자의 본관지 해당 道에 가서 응시토록 되어 있었는데,[62] 이 향시의 기능은 종래의 향공시와 서경시·개경시 및 국자감시의 단계까지를 포괄하는 고시

58) 《高麗史》 권 73, 志 27, 選擧 1, 科目 1, 選場.
59) 《高麗史》 권 73, 志 27, 選擧 1, 科目 1, 選場.
60) 이상의 사례에 대한 설명은 柳浩錫, 앞의 글(1984b), 19~24쪽 참조.
61) 《高麗史》 권 73, 志 27, 選擧 1, 科目 1 공민왕 18년.
62) 《高麗史》 권 73, 志 27, 選擧 1, 科目 1 공민왕 23년 3월.

였다고 이해된다. 국자감시는 이보다 한 해 전인 공민왕 17년에 이미 폐지되고 있지만, 그것은 이러한 제도의 변혁과 관련이 깊다고 생각되는 것이다.[63] 단 이번에도 在官者들만은 예외를 인정하여 따로 開京試－종래 개경 출신 일반 유생들이 치르던 개경시와 명칭은 같지만 그 내용은 전혀 다른 고시－를 거치도록 하였으나, 그러나 이들이 치른 당해 시험은 開京鄕試와 동일한 초시의 성격을 띤 것으로서 그 체제만은 궤도에서 벗어난 것이 아니었다.

향시에 합격한 擧子들은 다음으로 중앙 관부인 예부에서 주관하는 會試에 응시하였다. 그러므로 개편된 회시는 종래의 예부시에 해당하는 시험이었다고 할 수 있다.[64] 이어서 회시 합격자는 다시 殿試를 치러야만 하는데, 그것은 고려 전기에 시행되던 복시와 성격·기능 등이 같은 고시였다.[65] 그러나 복시의 경우 상례로 설행되지는 않았던 데 비하여 전시는 과거 3층제에서의 최종단계 시험으로 급제를 위해서는 반드시 거쳐야 했으므로 그의 위상이 한층 강화되었다고 할 수 있다.

이러한 내용을 지니는 이번 과거제 개혁의 특징은, 우선 첫째로 과시에서 經學이 더욱 중요한 위치에 서게 되었다는 점을 들 수 있다. 그리고 둘째로 전시가 정규화되어 과시에서 왕권의 영향력이 한층 커지게 되었다는 점도 큰 특징이었다. 셋째로 과거의 체계가 일원화되어 더욱 정제되었다는 점 역시 빼놓을 수가 없다.

공민왕 18년(1369)은 잘 알려진 대로 그가 승려인 辛旽을 등용하여 제2차의 개혁정치를 단행하던 시기이다. 이 때의 혁신정치는 정치적·사회경제적 측면에 중점이 두어졌었지만, 그에 앞서 교육제도나 학풍에 혁신이 일고 있었다. 이미 충렬왕 때에 주자성리학의 전래와 더불어 국학의 진흥운동이 있었지만, 공민왕조에 들어 와 크게 부상한 新進士類 세력이 신돈과 타협하여 왕

63) 《高麗史》 권 74, 志 28, 選擧 2, 科目 2, 國子監試 공민왕 17년 및 《高麗史節要》 권 25, 공민왕 17년 2월. 이들 사료에는 辛旽과 宦官인 李剛達이 試官의 임명 문제를 둘러 싸고 서로 다투었으므로 그를 미워한 왕이 아예 제도를 혁파했다고 설명하고 있다. 그러나 이것은 표면적인 이유이었을 뿐이고 보다 근본적인 원인은 다음해에 있을 科擧制의 전면적인 개편과 관련되어 있다고 생각된다. 이에 대해서는 許興植, 앞의 글(1974), 73쪽 참조.

64) 許興植은 앞의 글(1981), 73쪽에서 會試를 國子監試에 비긴 반면, 柳浩錫은 앞의 글(1984b), 28쪽에서 禮部試에 비기고 있는데, 후자의 견해가 옳다고 생각된다.

65) 柳浩錫, 위의 글, 28～29쪽.

16년에 成均館을 重營하는가 하면 6經 4書齋도 分設하는 것이다. 그리고 李穡을 중심으로 하여 金九容·鄭夢周·朴尙衷·朴宜中·李崇仁 등 신진 士人들이 學官을 맡아 새로운 방법으로 경서를 강론하여 경학이 크게 일어나게 되는데, 과거제의 개혁도 이러한 분위기 속에서 교육과 과거 자체가 지니고 있는 폐단을 시정한다는 차원에서 이루어졌다고 생각되는 것이다.[66]

그러므로 과거 3층제는 공민왕이 시해되고 구세력이 다시 정국을 주도하게 되는 우왕 2년(1376)에 이르러 폐지된다.[67] 그후 威化島回軍으로 신진사류세력이 정권을 장악하는 창왕 즉위년(1388)에 부활되지마는,[68] 이처럼 과거 3층제는 많은 우여곡절을 겪었던 것이다. 따라서 이 제도는 사실 공민왕 말년의 몇 년과 창왕·공양왕 때의 몇 년간에 걸쳐 시행된 데 지나지 않았다는 시간상의 한계성을 지닌다.

(4) 무과와 승과 및 제과

위의 설명은 모두 문과에 관한 것이었거니와, 무과는 다시 말할 필요도 없이 그와 상대되는 입장에 있는 무신을 선발하기 위한 과거였다. 그런데 사실 고려시대의 무과는 앞서 잠시 언급했듯이 무시해도 좋을 만큼 미미했지마는, 비록 그렇기는 해도 예종 때에 와서 처음으로 설치가 되는데, 그것은 왕 4년(1109)에 이르러 국학 진흥책의 단행과 함께 여진과의 관계가 긴박해지면서 두는 7齋 가운데 하나인 講藝齋와 관계가 깊다. 하지만 문반 중심의 貴族制社會였던 당시에 武學齋인 강예재는 처음부터 많은 어려움을 겪었던 것 같다. 같은 왕 11년 4월에 문무 양학은 국가 교화의 근원으로서 유학재와 함께 무학재를 세워서 諸生을 양육하여 將相의 擧用에 대비코자 하는데 유사가 異論을 고집해 定議하지 못하고 있다고 지적하면서 속히 정하여 아뢰고 시행하라는 制를 내리고 있는 것으로[69] 미루어 이를 짐작할 수 있다. 이러한

66) 이에 대해서는 許興植, 앞의 글(1974), 44~50쪽 및 朴龍雲, 앞의 글(1988), 201쪽 참조.

67) 《高麗史》 권 73, 志 27, 選擧 1, 科目 1 신우 2년 5월.

68) 《高麗史》 권 73, 志 27, 選擧 1, 科目 1.

69) 《高麗史》 권 74, 志 28, 選擧 2, 學校.

制가 있은 지 4년째 되는 예종 15년(1120) 5월에 韓安仁을 知貢擧로, 金富佾을 同知貢擧로 하는 예부시가 시행되어 진사를 취하고, 이어서 복시가 설행되어 李之氐 등 38인에게 급제를 줌과 동시에, "이 과거에서 武學生도 對策으로 시험한" 사실이 전하는데,[70] 이것이 기록상으로는 최초로 시행된 무과인 것이다. 보다시피 이번의 무과에서는 급제자가 있었는 지의 여부조차 알 수가 없지만 이 때에 과시가 있었던 것만은 분명한 듯하다.

그로부터 얼마의 시기가 지난 인종 11년(1138)에 이르러 문무 양학간에 불화가 초래된다는 명분 아래 무학재는 폐지되고 만다. 그런데 그 같은 조처를 취하면서 내린 判文에 의하면, "武學齋의 생도는 赴學하는 자가 적기 때문에 책론에 비록 합격하지 못하더라도 응분의 수에 따라 選取하여 급제하기가 매우 쉬웠으므로 여러 학생들이 다투어 무학에 속하여 근본을 버리고 末業을 좇는다"거나, "지금부터는 이미 등제한 자는 文士와 마찬가지로 敍用하되 무학으로 取士하는 것"은 停罷하라고[71] 한 내용으로 미루어 보아 그 간에도 몇 차례 더 무과가 설행되어 급제자가 있었음을 알 수 있다.

이렇게 잠시 시행되다가 폐지된 무과는 그후 공민왕 원년(1352)에 이르러 다시 설행하자는 논의가 나왔으나 실행에 옮겨지지는 못하였다. 그러다가 공양왕 2년(1390)에 와서야 都評議使司의 奏請으로 다시 설치하도록 결정되었지만,[72] 그 2년 후에 나라가 망하므로 이 역시 그렇게 큰 의미를 가지는 것은 못되고 말았다.

僧科는 스님들을 대상으로 시행한 과거였다. 이 승과도 광종조에 처음으로 설행한 이후 계속되는데,[73] 그러나 이에 대해서는 따로 항목이 설정되어 있으므로 여기서는 더 이상 언급하지 않도록 하겠다.

制科라는 명칭도 눈에 띄는데, 이것은 고려인이 중국의 과거를 가리킬 때

---

70) 《高麗史》 권 73, 志 27, 選擧 1, 科目 1, 選場.

71) 《高麗史》 권 74, 志 28, 選擧 2, 學校 인종 11년 정월.

72) 《高麗史》 권 74, 志 28, 選擧 2, 科目 2, 武科. 이 무과에 대해서는 申千湜, 〈高麗時代 武科와 武學〉(《軍史》 7, 1983) 참조.

73) 李載昌, 〈高麗佛敎의 僧科·僧錄司制度〉(《朴吉眞華甲紀念 韓國佛敎思想史》, 圓光大出版局, 1975).
許興植, 〈高麗의 僧科制度와 그 機能〉(《歷史敎育》 19, 1976 : 앞의 책).

사용하는 일종의 범칭이었다.[74] 그리하여《高麗史》권 74, 선거지 2, 과목 2에는 制科條가 따로 설정되어 있지마는, 여기에는 고려인으로서 중국의 과거에 응시·급제한 내용을 기술해 놓고 있다. 하지만 이 제과는 고려의 과거제에 관한 것은 아니므로 역시 더 이상 언급하지 않는다.

3) 고시과목과 고시방법

(1) 제술과

앞서 설명한 바 있듯이 고려시대에 문반관료와 기술직을 선발하기 위한 과업은 제술과와 명경과, 그리고 잡과였다. 그러면 이들 각 과업의 고시과목은 무엇이었을까. 지금부터는 이 문제에 대하여 살피기로 하겠는데, 그 중 가장 중시되었던 製述科의 과목부터 알아보면 우선 鄕貢試 등의 초시에서는 5言 6韻詩 1수가 부과되었음이 확인된다.[75] 그리고 이어서 치른 製述業監試에 대해서는《高麗史》권 74, 선거지 2, 과목 2, 國子監試條와 國子試之額條에 보이듯이 시기에 따라 약간의 차이는 있어도 대체적으로 6운시와 賦나, 아니면 10운시 가운데 하나를 선택하여 응시하는 제도였다고 이해된다.[76]

이러한 예비고시를 통과한 擧子들이 치르는 본고시인 禮部試製述業(東堂試製述業)의 과목에 관해서는《高麗史》권 73, 선거지 1, 과목 1 등에 비교적 자세하게 전해지고 있다. 즉 그것에 의하면 과거제가 처음으로 도입되는 광종 9년(958)에는 詩·賦·頌·時務策이 고시과목이었던 것을 알 수 있거니와, 그 2년 뒤인 왕 11년에는 그 중 시무책이 제외되었다가 다시 왕 15년에 추가되며, 성종 6년(987)에는 송이 제외되고 있다.

그러다가 고시과목을 포함한 과거제에 큰 폭의 개정이 있는 것은 목종 7

74) 柳浩錫,〈高麗時代의 制科應試와 그 性格〉(《宋俊浩停年紀念論叢》, 1987).

75)《高麗史》권 73, 志 27, 選擧 1, 科目 1.

76) 이에 대해서는 다음 논문 참조.

許興植,〈高麗 禮部試의 諸業別 出題와 及第者의 進出〉(《白山學報》20, 1976 ;《高麗科擧制度史硏究》, 一潮閣, 1981, 95~96쪽).

朴龍雲,〈高麗時代의 科擧－製述科의 運營〉(《高麗時代 蔭敍制와 科擧制 硏究》, 一志社, 1990), 248~250쪽.

년(1004)이었다. 즉, "(목종) 7년 춘3월에 科擧法을 개정하였다. 이전에는 늘 春月에 試取하였으나 혹 가을 (또는)겨울에 이르러서야 放牓하였었는데, 이때 와서 비로소 3월에 科場을 개설하여 (10일간) 문을 폐쇄하고는, 1일에 禮經 10조를 貼試하고, 다음날에는 시·부를 시험하며, 하루를 지나 시무책을 시험하고, (10일이 되어서) 科等을 결정하여 아뢰고 문을 열도록 정하였으며, 明經 이하의 諸業은 전년 11월에 시취한 뒤 진사와 같은 날에 방방하도록 정하고, 그를 恒式으로 삼았다"고[77] 했듯이 과거의 설행·방방 기일과 함께 과목도 첫 날에 예경 10조, 둘째 날에 시·부, 그리고 하루를 지나 넷째 날에 시무책을 고시하도록 개정하고 있는 것이다. 이 가운데에서 각 과목을 3場으로 나누어 고시하도록 정한 것은 새로운 제도로서 주목되거니와, 아마 이 이전에도 여러 과목을 한꺼번에 치르게 할 수 없었던 이상 비슷한 조처가 있었으리라 짐작되나 3장제로 규정화되어 있었는지의 여부는 확실치가 않다.

그 뒤에도 고시과목은 여러 차례 변경되었다. 하지만 그 하나 하나에 대한 설명은 생략하고 위에서 소개한 부분까지를 일괄하여 고시과목의 변천사항을 〈표 2〉로 제시하여 두도록 하겠다.

이들 고시과목에 대해서는 脚註를 통해 설명하였듯이 논자들 간에 이견을 나타내고 있을 뿐더러 시기에 따라서도 一起一伏이 있어 일률적으로 말하기는 어려울 것 같다. 하지만 크게 볼 때 禮經·6經義·4書疑 등의 경학과 시·부·송 등의 문예, 그리고 시무책·책문·대책 등의 시무로 나뉘어져 있었으며, 이 세 분야를 초장·중장·종장의 3장으로 구분하여 고시했다고 할 수 있다. 말하자면 제술과 응시자들은 경학에 대한 이해 정도와 문학적 창작력 및 정치적 식견에 걸치는 종합적인 심사를 받았던 것이라 하겠다.

한데 이같은 과정에서 응시자들은 三場連卷法이라 하여 초장 및 중장·종장 모두를 차례로 합격해야 급제할 수 있었다. 이에 대해서는 "(인종 14년)

---

77) 《高麗史節要》 권 2. 《高麗史》 권 73, 志 27, 選擧 1, 科目 1, 목종 7년 3월조에도 같은 기사가 실려 있는데, 다만 이곳에는 인용문에 표시해 두었듯이 ( )부분인 "10일이 되어서"가 뒤에 나오고, 끝의 "그를 恒式으로 삼았다"는 구절이 생략되어 있다.

〈표 2〉 禮部試製述業의 考試科目 變遷表

年代＼三場	初 場	中 場	終 場
光 宗 9년(958)	詩·賦·頌 및 時務策		
〃 11년(960)	詩·賦·頌		
〃 15년(964)	詩·賦·頌 및 時務策		
成 宗 6년(987)	詩·賦 및 時務策		
穆 宗 7년(1004)	禮經 10條(貼經)	詩·賦	時務策
顯 宗 원년(1010)	〃 〃 〃	詩	賦
〃 10년(1019)	〃 〃 〃	詩·賦[78]	論
睿 宗 5년(1110)	〃 〃 〃[79]	〃	策
〃 14년(1119)	經 義[80]	〃	〃
仁 宗 5년(1127)	〃	〃	論
〃 14년(1136)	〃	〃	〃[81]
〃 17년(1139)	〃	論·策 중 하나	詩·賦
毅 宗 8년(1154)	論·策중 하나	經 義	〃
忠肅王 7년(1320)	〃 〃 〃	〃	策 問
忠穆王 즉위년(1344)	6經義·4書疑	古 賦	〃
恭愍王 11년(1362)	〃 〃	賦[82]	詩
〃 18년(1369)	〃 〃[83]	〃	對 策
禑 王 2년(1376)	〃 〃	〃	詩
〃 12년(1386)	〃 〃	〃	策 問

에 判하여 무릇 제술업은 經義·詩·賦를 連卷 試取토록 하였다"든지[84] "(의

78) 許興植은 앞의 글(1976), 94쪽에서 「詩」만을 들고 있는데 비해 趙東元은 〈麗代科擧의 豫備考試와 本考試에 對한 考察〉(《圓光大論文集》 8, 1974), 234쪽에서 「詩·賦」를 함께 들고 있는데, 후자가 옳다고 생각된다.

79) 趙東元은 위의 글에서 詩·賦를 각기 初場·中場의 과목으로 보았으나, 그 보다는 許興植의 위의 글에서처럼 이들은 모두 中場의 과목이고 初場은 역시 禮經 10條가 부과되었다고 이해하는 게 옳을 것 같다.

80) 許興植은 위의 글에서 經義를 곧 6經의 經義로 파악하고 있는데, 그러하였을 가능성은 충분하다고 판단되나 기록상으로 그 점이 명시되어 있지는 않다.

81) 趙東元은 앞의 글(1974)에서 '論·策中의 하나'로 기술하고 있으나, 그러나 역시 許興植의 위의 글에서처럼 '論'으로만 이해하는 게 옳을 듯하다.

82) 許興植은 위의 글에서 '古賦'를 中場, '詩·賦'를 終場의 과목으로 파악하고 있으나 그렇게 되면 賦를 두번이나 고시했다는 모순이 생긴다. 그러므로 여기서는 古賦를 제외시키고 詩·賦를 분리하여 보았으나 물론 확실치는 않다. 이같은 不安은 그 이하의 경우에도 마찬가지인데, 더구나 그것은 許興植의 이해와 사뭇 달라 앞으로 더 연구가 되어야 할 것으로 생각된다.

83) 공민왕 18년 이후에 계속하여 初場에 '6經義·4書疑'가 부과되었는지도 분명치가 않다. 이 부분 역시 許興植과는 달리 파악하고 있는데, 앞으로 더 검토하여야 할 과제로 생각된다.

84) 《高麗史》 권 73, 志 27, 選擧 1, 科目 1.

종 8년 5월에) 국학생은 6行을 고사하여 14分 이상을 쌓은 사람에게는 종장에의 直赴를 허락하여 그 액수에 구애받지 않도록 하였으며, 인하여 3장연권법에서 제외시켰다"고[85] 한 것과, 그리고 보다 구체적으로는《高麗史》鄭夢周傳에 우왕 11년(1385)의 기사로 "故事에 매번 一場을 시험할 때마다 문득 심사하여 出榜하는데 초장의 불합격자는 중장에 들어 갈 수 없었으며 종장 역시 같았다"고[86] 한 사료 등을 통해 확인할 수 있다.

3장연권법이 철저히 시행되는 한 응시자들에게는 초장·중장·종장 가운데 어느 것 하나 중요하지 않은 과정이 있을 수 없었다. 그러나 이 중에서도 최종적인 과정일 뿐 아니라 科次가 정해지는 제3장이 가장 중요하였으며, 따라서 여기에서 어느 과목을 부과하느냐 하는 문제가 논란의 대상이 되었다. 이는 특히 여말에 성리학이 도입되고 새 정치세력이 태동함에 따라 詞章 중심·詩賦 존중에서 經學 중심·時務 존중으로 학풍이 바뀌어 가는 과정에서 시행하였지마는, 이처럼 과거의 고시과목은 학풍과는 말할 것 없고 당시의 정치적·사회적 분위기와도 밀접한 관련이 있었다는 점에서 그것이 지니는 의미는 퍽 컸다고 생각된다.

그러면 다음으로 이들 각 과목의 고시방법에 대해서 알아보기로 하는데, 거기에는 구술시험과 필기시험의 두 가지가 있었다. 그리하여 시·부·송·시무책·책문 등은 필기시험으로 치러졌으며, 예경·6경의·4서의 등 경학은 두 가지 방식이 모두 이용되었던 것이다.

그런데 경학의 경우 구술시험에는 다시 경서의 의리를 구두로 묻고 답하게 한 口義(口問口對·講經)와 경서의 본문 또는 註疏를 1행만 남겨 놓고 앞뒤를 덮은 위에 또 그 1행 중의 몇 자를 덮고 알아 맞추게 한 貼經(帖經)의 두 방법이 있었으며, 필기시험에 있어서도 경서의 의리를 필기로 답하게 한 단답 형식의 墨義와 경서의 본문을 내 놓고 그에 대한 해석을 가하면서 論을 세우게 한 논문식인 經義(義疑·製述)의 두 방식이 있었다.[87] 이 가운데에서 고려 때 채택

---

85)《高麗史》권 73, 志 27, 選擧 1, 科目 1 및《高麗史節要》권 11.

86)《高麗史》권 117, 列傳 30, 鄭夢周.

87) 이에 대해서는 曺佐鎬,〈科擧 講經考－近朝鮮 初期의 士風에 對하여－〉(《趙明基華甲紀念 佛教史學論叢》, 1965), 621～622쪽 및〈李朝 經學振興策의 一面－특히 科擧의 講經을 中心으로－〉(《成大 人文科學》3·4, 1973·1974), 98쪽 참조.

한 방법은 앞서 제시한 예부시제술업의 고시과목 변천표에서 보였듯이 貼經과 經義였다. 즉 목종 7년부터 예종 13년까지 부과한 예경 10조는 첩경으로, 예종 14년 이후는 줄곧 경의의 방식으로 고사하였던 것이다.

이와 같은 구술시험과 필기시험은 각기 단점을 안고 있었다. 전자의 경우 私情이 개입되기 쉽고 채점의 기준이 모호하다는 점 등의 문제가 제기된 반면 후자로 할 경우 유생들이 경서는 읽지 않고 모범 답안집인 抄集만을 보는 등 갖가지 폐단이 야기되었던 것이다. 그러므로 조선 초에는 경학의 시험을 講經으로 할 것인가 製述로 할 것인가 하는 문제로 廷臣들간에 심한 논란이 있었으며, 그에 따라 여러 차례 변경이 되었다 한다.[88] 비슷한 문제는 고려조에서도 있었을 듯싶은데, 그러나 이 점을 알아 볼 수 있는 기록은 별로 눈에 띄지 앉는다.

시험의 채점방식에 대해서 살펴 볼 수 있는 기록도 고려 때의 것은 찾아지지 않는다. 그러므로 이 부문 역시 조선 초의 사료를 참고로 할 수밖에 없는데, 구술시험인 강경의 경우, 몇 번의 변경을 거쳐《經國大典》에 실린 내용을 보면 通·略·粗·不의 4등급으로 나누어 通은 2分, 略은 1分, 粗는 0.5分으로 계산하는 방식을 취한 것으로 되어 있다. 따라서 응시자가 4서 3경에서 모두 통을 받으면 14분을 얻게 되는 것이다. 여기에서 通은 '句讀·訓釋이 모두 精熟하고 旨趣에 融貫하여 辨說에 조금도 의심할 것이 없는' 경우이며, 略은 '句讀·訓釋이 모두 분명하고 비록 大旨에는 통하나 融貫에 이르지 못했을 때', 그리고 粗는 '句讀·訓釋에 모두 差誤가 없고 講論은 비록 該通하지는 못하나 一章의 大旨를 잃지 않았을 때' 얻는 성적이었다. 그리하여 어느 수험생에 대한 질의·응답이 끝날 때마다 시관들이 각자의 판단에 따라 상기한 통·략·조·불을 쓴 木牌[講籤]를 내밀면, 그것을 수합해 다시 등급을 결정하게 되는데, 그 원칙은 강첨의 수가 많은 쪽의 등급을 취하고, 강첨의 수가 같을 경우에는 낮은 쪽의 등급을 하도록 되어 있었다.[89]

필기시험의 경우, 역시 몇 번의 변경을 거쳐《經國大典》에 실린 내용에 의할 것 같으면, 매장마다 上上부터 下下까지의 9등급으로 구분하고 上上은

88) 曺佐鎬, 위의 글.

89)《經國大典》권 3, 禮典 諸科. 이에 관한 연구로는 曺佐鎬,〈李朝式年文科考(上)〉(《大東文化硏究》10, 1975)가 있다.

9분, 上中은 8분, 上下는 7분, 이하 차례로 내려가 下下는 1분으로 계산하는 제도였다. 그러니까 중장 또는 종장에서 두 과목을 보거나, 한 과목을 부과했다 하더라도 그의 중요성·난이도 등에 따라 배수로 채점하면 上上은 18분, 上中은 16분, 上下는 14분, 이하 차례로 내려가 下下는 2분을 얻게 된다.[90] 이와 같은 채점방식이 고려조에서도 적용되었는지의 여부는 위에서 설명한 바와 같이 잘 알 수가 없으나, 유사한 제도가 시행되었을 가능성은 많다고 생각된다.

구술시험 보다는 덜했겠지만 필기시험에서도 채점시에 부정이 있을 수 있었다. 그러므로 이를 방지하기 위한 몇 가지 방안이 강구되었는데, 糊名法(封彌法)과 易書法 등이 그런 것들이었다. 이 중 전자는 답안지가 어느 수험생의 것인지 알아볼 수 없도록 성명을 비롯한 인적 사항 위를 풀로 붙여 봉하는 것을 말하며, 후자는 필적 등으로 인해 시관에게 수험생이 알려지는 것을 방지하기 위해 試卷을 복사시켜 그 사본을 가지고 채점하게 한 제도를 일컫는다 고려 조정 나름으로 과거를 공정하게 치르려고 노력했음을 알 수가 있다.

(2) 명경과

明經科의 고시과목은《高麗史》권 73, 선거지 1, 과목 1에 명시되어 나오듯이《周易》과《尙書》·《毛詩》·《禮記》·《春秋》등 5경이었다. 이들 과목은 각 단계가 마찬가지였는데, 다만 단계마다 분량에 차이를 주어 향공시 등의 초시에서는 '각 1机씩'만을 부과한 데[91] 비해 명경업감시에서는 莊丁의 경우《周易》·《尙書》·《毛詩》각 2궤와《禮記》·《春秋》각 3궤씩으로써 모두 12궤를 부과하였고, 白丁의 경우에는《周易》·《尙書》각 1궤와《毛詩》·《禮記》각 2궤 및《春秋》3궤로써 모두 9궤를 부과하도록[92]되어 있었다.

그런데 이 때 그 분량을 나타낸「机」가《增補文獻備考》에는「機」로 대체되어 있으며,[93]《慵齋叢話》에서는 동일한 뜻을 나타내는데「栍」字를 쓰고

90) 위와 같음.
91)《高麗史》권 73, 志 27, 選擧 1, 科目 1, 현종 15년 12월 判.
92)《高麗史》권 73, 志 27, 選擧 1, 科目 1, 인종 14년 11월 判.
93)《增補文獻備考》권 184, 選擧考 1, 科制 1. 이에 대해서는 曺佐鎬,〈麗代의 科擧制度〉(《歷史學報》10, 1958), 135쪽 참조.

있는 점을[94] 아울러 생각하면 「机」는 오늘날의 문항과 비슷한 의미를 지닌 글자로 해석된다.[95] 즉 시관의 공정한 문제 출제를 위해 거자가 답해야 할 각 경의 여러 문항 내용을 궤나무에 기록하여 筒 속에 넣어 두었다가 당일에 시관이 그 중 하나를 뽑아(抽机·抽機·抽柢) 제시하면 수험생은 해당 부분을 읽고 해석하며 의리를 설명하도록 되어 있었다고 이해되는 것이다. 향공시는 각 경마다 1궤씩이었으므로 抽机가 한 번씩 있었을 것으로 짐작되며, 감시에서는 그보다 훨씬 많은 추궤가 있었겠는데, 그러나 이 때 부과된 전체 궤 가운데에서 몇 궤에 통해야 합격이 되었는지는 두 경우 모두 언급이 없어 잘 알 수가 없다.

監試 합격자들이 끝으로 급제를 위해 치르는 禮部試明經業에 대해서는 역시 《高麗史》 권 73, 선거지 1, 과목 1, 인종 14년(1136) 11월의 판문에 비교적 자세하게 언급되어 있다. 이제 그 내용을 보기 쉽게 정리하여 제시하면 다음과 같다.

○《尙書》偏業(專攻)者의 경우
　① 初日…《周易》10條를 貼經－6조 이상 통해야 함.
　② 翼日…《毛詩》10條를 貼經－　　　〃
　③ 第3日 이후
　　i)《禮記》10机를 讀經케 함－破文에 겸하여 의리는 6궤를 통해야 하되, 매 의리마다 6問하여 파문은 4궤를 통해야 함.
　　ii)《尙書》10机를 讀經케 함－破文에 겸하여 의리는 6궤를 통해야 하되, 매 의리마다 6문하여 파문은 4궤를 통해야 함.
　　iii)《周易》·《毛詩》·《春秋》 각 1궤씩을 揷籌로 출제하여 讀經케 함.[96]
○《周易》偏業(專攻)者의 경우
　① 初日…《尙書》10條를 貼經－6조 이상 통해야 함.
　② 翼日…《毛詩》10條를 貼經－6조 이상 통해야 함.
③ 第3日 이후

94)《慵齋叢話》권 2. 이에 대해서는 曺佐鎬, 앞의 글(1975), 183쪽 참조.

95) 朴龍雲, 〈高麗時代의 科擧－明經科에 대한 檢討〉(《國史館論叢》20, 1990 ; 앞의 책, 573~574쪽).

96) 判文에 이 iii)항의 규정만은 보이지 않는다. 하지만《周易》전공자에게만 iii)항이 부과되고《尙書》전공자에게는 그것이 부과되지 않았다고 이해하기에는 균형상으로 맞지 않아 곤란하므로 추가하였다. 이 점에 대해서는 許興植, 앞의 글(1976), 107쪽 참조.

i)《禮記》10机를 讀經케 함 -《尙書》偏業者의 경우와 같음.

ii)《尙書》10机를 〃 - 〃 〃

iii)《周易》·《毛詩》·《春秋》 각 1궤씩을 揷籌로 출제하여 讀經케 함.

이 예부시명경업에 관한 인종 14년 11월의 판문 내용을 살펴보면, 첫째로 고시과목은 위에서 지적한 대로 예비고시와 동일하게 5경이었으나, 그러나 여기서는 모든 응시자들에게 그것들이 똑같이 부과된 게 아니라《尙書》전공자와《周易》전공자로 나누고 그에 따라 각 과목의 배열과 비중을 달리 하였음을 알 수 있다. 그런데 이들 과목에 관한 기사는 인종 14년의 것 이외에는 더 찾아지지 않는다. 그러므로 이 과목들이 고려시대의 전기간에 걸쳐 그대로 계속해 부과되었는지, 아니면 어느 때 변동이 있었는지, 그 여부는 잘 알 수가 없다.

둘째로 시험은 제1일(初日)과 제2일(翼日), 그리고 제3일 이후의 3단계로 나누어 실시하였음이 확인된다. 이것은 더 말할 필요도 없이 초장·중장·종장에 해당하는 것으로서, 역시 종장이 가장 어려우면서도 중요한 과정으로 되어 있으며, 따라서 그 기간도 '第3日 以後'라 하여 하루가 아니라 며칠간에 걸쳐 실시하였음을 시사하고 있다. 제술과의 경우 첫 시험으로부터 발표하기까지를 10일간으로 정하고 있지마는, 명경업도 그 기간은 비슷했으리라 생각된다. 아울러 여기서도 3장연권법이 적용되어 초장의 불합격자는 중장에, 그리고 중장의 불합격자는 종장에 나갈 수 없도록 되어 있었으며, 따라서 3장 모두를 차례로 등과해야 급제가 되었으리라는 것은 넉넉히 짐작할 수 있다.

셋째로 고시의 방법은 초장과 중장이 貼經, 종장은 口義로서, 모두 구술시험으로 진행되었다는 점도 대략 알 수가 있는데, 이것은 제술과가 대부분 필기시험으로 치러진 것에 비하면 극히 대조되는 사실로서 주목된다. 그리고 첩경은「條」로, 구의는「机」로 문항이 제시되고 있다는 점 역시 눈에 띄지마는, 거기에서 얼마 이상을 맞혀 합격한다는 의미의「通」이 성적을 매기는「通·略·粗·不」가운데 하나로서의「通」인지, 아니면 그냥 통과된다는 의미의 通인지 그점은 잘 판단이 되어지질 않는다.

시·부를 특히 중시했던 고려사회에서 이렇게 5경만을 고시과목으로 하였던 명경과에 대한 인식이 어떠했을까는 한 번쯤 짚어 볼 필요가 있을 것 같다. 아울러 그 고시방법도 모두 구술시험이었다는 점 또한 제술과와 대조를 이룬다는 측면에서 염두에 둘 필요가 있지 않나 생각된다.

(3) 잡 과

雜科는 다시 각각의 전문분야에 따라 律業(明法業)·算業(明算業)·書業(明書業)·醫業·呪噤業·卜業·地理業·何論業·三禮業·三傳業·政要業 등의 11종류로 나뉘었다. 그런데 이들 잡업 각 과의 향공시에서 어떤 과목을 부과했으며 또 어떤 방법으로 시험을 치렀는지는 전하는 자료가 없어 잘 알 수가 없다. 하지만 감시와 특히 예부시의 그들에 대해서는 앞 대목에서 검토한 바 명경과에 관해 언급하고 있는《高麗史》권 73, 선거지 1, 과목 1, 인종 14년(1136) 11월 판문에 대부분 분야의 규정이 정리되어 있어 대체적인 내용은 파악이 가능하다. 그러면 지금부터 이들의 고시과목과 고시방법에 대해서도 하나 하나 살펴보기로 하자.

가. 명법업

明法業에 관한 선거지 과목 인종 14년 11월의 판문 내용을 정리하여 보이면 아래와 같다.

○ 律業監試
　白丁…律 2机·令 3机
　莊丁…律 3机·令 3机
○ 禮部試明法業
　① 初日…律 10條를 貼經－전부 통해야 함.
　② 翌日…令 10條를 貼經－전부 통해야 함.
　③ 第3日 이후
　　i) 律을 읽고 해석에 겸하여 의리는 6机에 通해야 하되, 매 의리마다 6問하여 破文은 4궤에 통해야 함.
　　ii) 令을 읽고 해석에 겸하여 의리는 6机에 通해야 하되, 매 의리마다 6問하여 4궤에 통해야 함.

감시와 예부시에서 다같이 律과 令으로 고시하고 있거니와, 후자는 예에 따라 3장으로 나누어 치르고 있음도 확인된다. 그리고 이 3장의 고시방법은 역시 명경과에서와 마찬가지로 초장과 중장은 貼經으로, 종장은 口義로 치르고 있다.

나. 명산업

明算業監試에 관한 선거지 과목 인종 14년 11월의 판문은 다음과 같다.

○ 筭業監試
白丁…業經 3机・筭 2机
莊丁…業經 5机・筭 2机

어느 연구자는 이들이 치른 과목 가운데 業經은 다음의 예부시에서 부과한《九章》또는《綴術》중의 하나였을 것이며, 筭은 실제 계산에 대한 시험이었을 것이라고 이해하였다.[97] 여기에 이어서 설행한 예부시는 아래와 같은 방식으로 시행되고 있다.

○ 禮部試明筭業
① 初日…《九章》10條를 貼經－전부 통해야 함.
② 翌日…《綴術》4條・《三開》3條・《謝家》3條를 貼經－전부 통해야 함.
③ 第3日 이후
i)《九章》10卷을 읽고 해석(破文)에 겸하여 의리는 6机에 통해야 하되, 매 의리마다 6問하여 破文은 4궤에 통해야 함.
ii)《綴術》을 읽고 4机에 (통해야 하며) 겸하여 의리를 질문해 2궤에 (통해야 함).
《三開》3卷을 (읽고) 겸하여 의리를 질문해 2궤에 (통해야 함).
《謝家》를 (읽고) 3机에 (통해야 하며) 겸하여 의리를 질문해 2궤에 (통해야 함).[98]

다. 명서업

明書業에 대한 선거지 과목 인종 14년 11월의 판문 내용은 아래와 같다. 실무가 퍽 많은 직위였던 만큼 앞서의 과업과는 좀 달리 예부시의 중장도 이론을 시험하는 첩경 방식이 아니라 실기를 고사하고 있음이 주의를 끈다.

○ 書業監試
白丁…《說文》30卷 내에서 3冊을 破文 試讀하고 또 眞書(楷書)를 쓰게 하였다.
莊丁…《說文》30卷 내에서 5冊을 破文 試讀하고 또 眞書를 쓰게 하였다.
○ 禮部試明書業
① 初日…《說文》6條・《五經字樣》4條를 貼經－전부 통해야 함.

---

97) 許興植, 앞의 글(1976), 111쪽.
98)《九章》등의 각 서적에 대해서는 許興植, 위의 글, 111쪽 참조.

② 翌日…書品長句詩 1首와 眞書・行書・篆書・印文 중 1窠를 쓰게 함.
③ 第3日 이후…《說文》10机를 읽고 해석(破文)에 겸하여 의리는 6机에 통해야 하되, 매 의리마다 6問하여 破文은 4궤에 통해야 함.

라. 의 업

선거지 과목 인종 14년 11월 판문에는 醫業의 예부시에 관한 규정만이 제시되고 있다. 그리고 예비고시에 대해서는 "本司에서 試選하였다"고만 언급하고 있는데, 그 本司는 太醫監(典醫寺)으로 생각된다. 그러나 고시과목은 여전히 알 수 없거니와, 아마 다음에 소개하는 예부시의 과목 가운데에서 일부가 부과되지 않았을까 짐작된다. 아래에 예부시의업의 고시과목과 고시방법 등을 정리하면 다음과 같다.

○ 禮部試醫業
① 初日…《素問經》8條・《甲乙經》2條를 貼經-6조 이상에 통해야 함.
② 翌日…《本草經》7條・《甲乙經》3條를 貼經-6조 이상에 통해야 함.
③ 第3日 이후
i)《脉經》10卷을 읽고 破文에 겸하여 의리는 6机에 通해야 하며, 파문은 4궤에 통해야 함.
ii)《針經》9卷・《難經》1卷, 합하여 10卷을 (읽고) 破文에 겸하여 의리는 6궤에 통해야 하며, 파문은 4궤에 통해야 함.
iii)《灸經》을 읽고 破文은 2궤에 통해야 함.[99]

마. 주금업과 복업

선거지 과목 인종 14년 11월 판문에는 醫業・呪噤業・地理業의 순서로 예부시에 대해 설명한 데 이어서 감시에 해당하는 대목에서는 "凡醫卜地理業各其本司試選"이라고 하여 의업・복업・지리업을 언급하고 있다. 예부시의 呪噤業이 감시에서는 卜業으로 대치되고 있는 것이다. 뿐 아니라 本 판문을 제외한 다른 자료에는 복업만이 보이고 주금업은 찾아지지 않는다. 그러므로 종래 논자들은 주금업과 복업을 동일한 과업으로 이해하려는 경향을 띠어왔는데, 최근의 한 연구에서는 다음과 같은 예부시 주금업의 고시과목을 예로 들면서 다른 견해를 제시하기도 하였다.[100]

---

99) 여기에 든 각 서적들에 대해서는 許興植, 위의 글, 113~115쪽 참조.
100) 許興植, 위의 글, 116쪽.

○ 禮部試呪噤業

① 初日…《脉經》10條를 貼經－6조 이상 통해야 함.

② 翌日…《劉涓子方》10條를 貼經－6조 이상 통해야 함.

③ 第3日 이후

i) 小經으로《瘡疽論》7卷·《明堂經》3卷을 읽고 겸하여 의리는 6궤에 통해야 함.

ii) 大經으로《針經》10机를 읽고 겸하여 의리는 6궤에 통허야 함.

iii)《七卷本草經》을 읽고 2궤에 (통해야 함).

이처럼 주금업의 고시과목은 의업의 그것과 대부분 중복되고 있다. 다만《劉涓子方》과《瘡疽論》이 다른 과목이나 이들이 의업과 관계된 서적이라는 것은 명칭만 보아도 쉽게 짐작할 수가 있다. 더구나 주금업 급제자의 진출로로 생각되는 呪噤博士(종9품)나 呪噤師·呪噤工 등이 典醫寺(太醫監) 소속의 관원이었다는 사실도[101] 그 점을 이해하는 데 도움을 준다. 주금업의 小經, 즉 전문분야로 하는 서적은 보다시피《瘡疽論》과《明堂經》이었다는 데서 이 과업 급제자의 본업을 어느 정도 짐작할 수 있지마는, 따라서 "呪噤業은 의업의 보조적인 기능을 하는 의업의 일 분야였던 것으로" 파악한 견해는[102] 타당하다고 생각된다.

반면에 卜業은 太卜監, 즉 司天臺(書雲觀)와 연결되어 있었던 것 같다. 이 과업 급제자의 진출로였을 卜正(종9품)과 卜博士(종9품)가 이곳 소속 관원으로 되어 있기 때문이다.[103] 그렇다면 선거지 과목 인종 14년 11월 판문에 어찌하여 복업에 관한 고시과목의 규정이 따로 없는가 하는 의문이 생기나 그 이유는 잘 알 수가 없다.

바. 지리업

선거지 과목 인종 14년 11월 판문에는 地理業의 감시에 해당하는 대목에 대해 "本司에서 試選하였다"고만 언급하고 있어 내용을 잘 알 수가 없고, 역시 예부시의 과목과 시험방법의 규정만을 제시하고 있어 그에 관한 대체적인 윤곽은 파악이 가능하다. 아래에 그 내용을 열거하면 다음과 같다.

---

101)《高麗史》권 76, 志 30, 百官 1, 典醫寺.

102) 許興植, 앞의 글(1976), 116쪽.

103)《高麗史》권 76, 志 30, 百官 1, 書雲觀.

○ 禮部試地理業

① 初日…《新集地理經》10條를 貼經－6조 이상 통해야 함.

② 翌日…《劉氏書》10條를 貼經－6조 이상 통해야 함.

③ 第3日 이후

i) 《地理決經》8卷·《經緯令》2卷, 합하여 10卷을 읽고 破文에 겸하여 의리는 6궤에 통해야 하며, 파문은 4궤에 통해야 함.

ii) 《地鏡經》4卷·《口示決》4卷·《胎藏經》1卷·《謌決》1卷, 합하여 10卷을 읽고 破文에 겸하여 의리는 6궤에 통해야 하며, 파문은 4궤에 통해야 함.

iii) 《蕭氏書》10卷을 읽고 破文은 1机에 (통해야 함).[104]

사. 하론업

"(文宗) 33년 6월에 判하여, 三禮業·何論業·政要業監試는 제업의 시험이 끝난 뒤에 國子監이 本業員과 함께 試取토록 하였다"고[105]한 것으로 보아 하론업감시가 실시된 것은 틀림없는 사실로 이해된다. 하지만 선거지 과목 인종 14년 11월 판문에는 그의 예부시에 관한 규정만이 보일 뿐 감시에 대해서는 전혀 언급이 없어 그 내용도 잘 알 수가 없다. 그러면 예에 따라 아래에다 禮部試何論業의 고시과목을 소개하면 다음과 같다.

○ 禮部試何論業

眞書로 奏狀을 쓰게 하고 喫筭을 小貼하며《何論》10机·《孝經》·《曲禮》 각 2 机·《律 前後帙》각 1机씩을 읽게 한다.

이 규정은 앞서 살핀 과업들의 그것에 비하여 정제되어 있지 못하다는 것을 알 수 있다. 그리고 '喫筭'과 '律 前後帙'은 어떤 성격의 과목이고, 또 小貼은 어떤 방식으로 시행하는 것인지 하는 점 등도 이해가 잘 되지 않는다. 현재 논자들에 의해 「何論」은 아마 「何晏注論語」일 것이라는 의견이 개진되어 있고,[106] 또 《孝經》과 《曲禮》가 "일상생활의 규범을 밝힌 禮書 가운데 가장 초보적인 것"이므로 "何論業은 기초 교양으로 吏屬을 선발하는 고시가 아니었을까"하는 견해가[107] 제시되어 있는 정도일 뿐으로, 이 과업의 실체는 아직 여러 가지가 불분명한 상태인 채로 남아 있다. 앞으로 더 검토가 있어

104) 여기에 든 각 서적들에 관해서는 許興植, 앞의 글(1976), 117쪽 참조.
105) 《高麗史》권 73, 志 27, 選擧 1, 科目 1.
106) 曺佐鎬, 앞의 글(1958), 136쪽.
107) 許興植, 앞의 글(1976), 119쪽.

야 할 것으로 생각된다.

아. 3례업·3전업·정요업

三禮業과 政要業은 위에 든 문종 33년의 판문에 의하여 감시가 실시되었음을 알 수 있거니와, 비슷한 위치의 三傳業 역시 그와 같은 시험이 있었으리라는 것은 능히 짐작이 된다. 하지만 이들 감시의 내용에 관한 자료는 전해지지 않아 알 수가 없고, 예부시의 경우도 인종 14년 11월의 판문이 아니라 그보다 꽤 앞선 시기인 선종 원년(1084) 11월의 판문에 따로 보이고 있다. 즉 "(宣宗) 원년 11월에 判하여, 三禮·三傳業은 역시 前代의 取人하는 법이니 停廢할 수 없다"는 말로[108] 시작된 이 사료는 그나마도 3례업과 3전업의 두 과업에 대해서만 일러 주고 있지마는, 그들의 규정을 알기 쉽게 정리하면 다음과 같다.

○ 禮部試三禮業

① 《禮記》 20권을 徧業大經으로 삼아 10處를 貼經하여 6곳 이상 통해야 하며, 10處를 挿籌해 破文에 通하고, 口問口對로 하는 의리는 6곳 이상 통해야 한다.

② 《周禮》와 《儀禮》를 小經으로 삼아, 一經은 10處를 挿籌하여 破文에 通하고 의리는 6곳 이상 통해야 하며, 一經은 파문과 함께 2궤를 읽어야 한다.

○ 禮部試三傳業

① 《左傳》은 肄業大經으로 삼아 10處를 貼經하여 6곳 이상 통해야 하며, 10處를 挿籌해 破文에 통하고 의리는 6곳 이상 통해야 한다.

② 《公羊傳》과 《穀梁傳》을 小經으로 삼아, 一傳은 10處를 挿籌하여 破文에 통하고 의리는 6곳 이상 통해야 하며, 一傳은 다만 2궤를 읽게 한다.

3례업은 《禮記》·《周禮》·《儀禮》, 3전업은 《春秋三傳》을 고시과목으로 하고 있는데, 명경과의 일부 과목을 부과한 이같은 과업을 왜 별도로 설치해야 했는지 그 이유를 잘 알 수 없거니와, 존재 의의 자체도 그리 크지는 않았던 것 같다. 그렇기 때문에 그들은 선종 원년(1084) 당시에 이미 폐지될 위기에 처해 있었다. 그것은 비록 급제했다 하더라도 잘 등용되지 않은 까닭이었다. 그러므로 式目都監에서 그의 시정책을 건의하고 있기도 하지만,[109] 이후에도 사정은 비슷했던 모양 같다. 위에서도 말했듯이 모든 과업의 내용을 종합적으로 정리하여 놓은 선거지 과목 인종 14년 11월 판문에 이들 3례업과 3전

108) 《高麗史》 권 73, 志 27, 選擧 1, 科目 1.

109) 《高麗史》 권 73, 志 27, 選擧 1, 科目 1 숙종 7년 윤 6월.

업에 대해서는 전혀 언급이 없다고 했거니와, 그것은 이 때에 즈음하여 이미 그들이 폐지되었기 때문으로 이해되고 있는 것이다.[110)]

정요업에 관해서는 감시를 실시했다는 앞서의 문종 33년 6월 判 이외에 전해오는 자료가 없어 고시과목 등[111)] 모든 면이 의문인 상태이나 현재로서는 역시 앞으로의 과제로 남겨 둘 수밖에 없을 것 같다. 다만 추측컨대 이 과업도 3례업·3전업과 마찬가지로 인종 14년 즈음하여서는 이미 폐지되었던 것으로 생각된다.

4) 응시자격

고려시대 과거의 응시자격은 어떠하였을까. 이 점을 고찰하여 감에 있어서는 다음의 두 가지 측면을 유의할 필요가 있다. 즉, 그 하나는 행정체계 내지는 절차상의 응시자격과 신분상의 그것을 아울러 검토해야 한다는 점이며, 다른 하나는 그 응시자격을 하나로 뭉뚱그린 전체로서가 아니라 각 과업별로 세분하여 고찰해야 한다는 점이다. 하지만 이 가운데에서 절차상의 응시자격 문제는 앞서 〈과거제의 정비와 변천〉 대목에서 다룬 바 있으므로 여기에서 다시 취급할 필요가 없을 것 같다. 그러므로 이 자리에서는 주로 신분상의 응시자격을 과업별로 검토코자 하지마는, 그 점을 알아보는 데는 아래의 다섯 사료가 가장 중요하다고 생각된다. 좀 번거롭긴 하지만 먼저 그들을 제시하고 설명을 이어 가도록 하겠다.

1. 靖宗 11년(1045) 4월에 判하여, 五逆·五賤·不忠·不孝·鄕·部曲·樂工[112)]·雜類의 자손은 과거에 나가는 것을 허락지 않도록 하였다(《高麗史》 권 73, 志 27, 選擧 1, 科目 1).

2.-㉮ 문종 2년(1048) 10월에 判하여, 각 주현의 副戶長 이상 孫과 副戶正 이상 子로 製述業과 明經業에 赴試코자 하는 자는 所在官이 시험하여 京師에 貢擧하면 尙書省의 國子監에서 審考하여 지은 바의 詩·賦가 격식에 어긋난 자 및 명

---

110) 趙東元, 앞의 글(1974), 235쪽.
許興植, 앞의 글(1974), 119쪽.

111) 曺佐鎬는 앞의 글(1958), 136쪽에서 政要業은 《貞觀政要》를 중심으로 하는 科業이 아니었을까 추측했으나 잘 납득이 가지는 않는다.

112) 樂工을 樂·工으로 해석하는 논자도 있다.

경업으로 1·2궤를 읽지 못하는 자는 그 試貢員을 科罪토록 하였다. (하지만) ㉯ 醫業 같은 것은 반드시 널리 학습시키는 게 필요하므로 戶正 이상의 子에 한정하지 않고 비록 庶人이라도 樂工·雜類에 관계되지 않았으면 모두를 試解토록 하였다(《高麗史》 권 73, 志 27, 選擧 1, 科目 1).

3. 文宗 12년(1058) 5월에…李子淵 등이 또 아뢰기를, '製述業의 康師厚는 열 번 응시하여 급제하지 못했으니 甲午年 赦令의 예에 의거하여 脫麻케 함이 마땅하오나, 그러나 師厚는 儒林郎·堂引이었던 上貴의 曾孫인데, 堂引은 驅史의 관리로 戊子年의 制旨에 電吏·所由·注膳·幕士·驅史·門僕의 자손으로 製述·明經·律·書·筭·醫·卜·地理의 학업에 능하여 등과하였거나 혹은 전쟁에서 큰 공을 이룬 자라야 조정반열에 오르는 것을 허락한다 하였고, 또 丙申年의 별도 制旨에 의하면 上項人의 자손으로 恩賜를 입어 入仕하는 자는 父祖의 仕路에 따라 참작하여 제수하라 하였은즉, 지금 師厚를 脫麻케 함은 마땅치 않습니다'하였다. 叅知政事인 金顯 등이 아뢰기를, '師厚의 증조인 上貴는 관직은 비록 堂引이었으나 儒林郎을 겸하였었고, 아비 序도 열 번 應擧하여 역시 탈마해 입사하였은즉, 師厚의 10년간 형설의 공도 생각하여 주지 않을 수 없습니다. 엎드려 바라옵건대 역시 탈마를 허락하옵소서' 하였으나, 子淵 등의 논의에 따랐다(《高麗史節要》 권 5 ; 《高麗史》 권 75, 志 29, 選擧 3, 銓注 限職 문종 12년 5월 및 권 95, 列傳 8, 李子淵).

4. 인종 3년(1125) 정월에 判하여, 電吏·杖首·所由·門僕·注膳·幕士·驅史·大丈 등 자손은 군인의 자손에게 諸業 選路에 허통케 한 예에 의거해 赴擧토록 하여, 제술·명경의 兩大業에 오른 자는 5품까지를 限定으로 하고, 醫·卜·地理·律·筭業에 오른 자는 7품까지를 한정으로 하도록 하였다(《高麗史》 권 75, 志 29, 選擧 3, 銓注 限職).

5.-㉮ 인종 14년(1136) 11월에 判하여, 무릇 製述業은 經義와 詩·賦를 連卷試取하며, 무릇 明經業의 試選式은 2일간 貼經하는데, 초일에는 《尙書》 偏業者의 경우 《周易》을, 《周易》 偏業者의 경우 《尙書》를 각각 10조씩 貼試하고…무릇 何論業式은 眞書로 奏狀을 쓰게하고 喫筭을 小貼하며, 《何論》 10궤·《孝經》·《曲禮》 각 2궤·律 前後帙 각 1궤씩을 읽게한다. ㉯ 무릇 明經業監試의 格은, 莊丁은 12궤인데 《周易》·《尙書》·《毛詩》는 각 2궤씩, 《禮記》·《春秋》는 각 3궤씩으로 하며, 白丁은 9궤인데 《周易》·《尙書》는 각 1궤씩, 《毛詩》·《禮記》는 각 2궤씩, 《春秋》는 3궤로 한다. ㉰ 무릇 書業監試는 《說文》 30권 내에서 白丁은 3책, 莊丁은 5책을 破文 試讀하고 또 眞書를 쓰게 한다. 무릇 筭業監試는, 白丁은 業經 3궤와 筭 2궤, 莊丁은 業經 5궤와 筭 2궤로 한다. 무릇 律業監試는, 白丁은 律 2궤와 슈 3궤, 莊丁은 律 3궤와 슈 3궤로 한다. 무릇 醫·卜·地理業은 각기 本司에서 試選토록 한다 하였다(《高麗史》 권 73, 志 27, 選擧 1, 科目 1).

이 가운데에서 맨 먼저 나온 靖宗 11년(1045)의 판문인 사료 1부터 검토키로 하자. 여기에는 보다시피 과거에 응시할 수 없는 여러 신분층이 열거되고 있는데, 그 중 五逆과 不忠·不孝는 범죄자류로 생각된다. 이러한 사람들에게는 본인은 말할 것 없고 그 자손에게도 응시할 자격을 주지 않았다. 그리고 구체적인 내용은 잘 알 수 없으나 여러 종류의 천인을 지칭한 듯한 五賤에게도 같은 조처가 취해지고 있는데, 당연한 처사로 이해된다. 아울러 이들의 응시가 금지된 과업에 제술과는 물론이요 명경과와 잡과까지 포함되었다는 점 또한 대략 짐작할 수 있다.

하지만 이들과 함께 응시를 허락하지 않았다는 鄕·部曲人 자손과 잡류의 자손은 얼마간의 문제가 될 것 같다. 그 중 특히 잡류는 구체적으로 사료 3·4에 보이는 電吏·所由·注膳·門僕·幕士 등의 말단 이속을 말하지마는[113] 벌써 문종 12년(1058) 기사인 사료 3에 이들의 자손이 제술과 이하의 각 과업에 응시할 수 있었음이 드러나 있기 때문이다. 더욱이 사료 3은 康師厚라는 사람이 10번이나 제술과에 응시하였으므로 관례에 따라 脫麻시키는 것이 마땅하나 마침 그의 증조부인 上貴가 잡류직인 堂引을 지낸 것이 말썽이 되어 朝臣 간에 논쟁이 일어난 기사지만, 그 과정에서 무자년 곧 문종 2년(1048)에[114] 전리 등 잡류 자손으로 과거에 급제했거나 전쟁터에서 큰공을 세운 자에게는 조정에 설 수 있도록 허락하는 制旨가 있었다는 언급이 나올 뿐더러, 이 논쟁이 있기 이전에 강사후는 이미 계속하여 10차례나 응시하였고, 그의 부친인 康序 역시 그러하였으므로 그 시기를 거슬러 올라가면 정종 11년 또는 그 이전부터 이들은 잡류 자손으로서 제술과에 응시하여 왔다는 사실을 알 수 있는 것이다. 따라서 정종 11년의 금지조항이 얼마나 철저하게 준수되었을까에 대해서는 의문이 가게 마련이다. 아마 금령을 내려놓고도 실제적으로는 응시를 묵인하여 오다가 문종 2년부터는 정식으로 허용하는 방향을 취한 게 당시의 실정이 아니었을까 추측된다.[115] 그로부터 얼마의 시기가 지난 인종 3년(1125)에 이르러

113) 이에 대해서는 洪承基, 〈高麗時代의 雜類〉(《歷史學報》 57, 1973) 참조.

114) 朴宗基는 〈高麗 部曲制 成員의 身分〉(《高麗時代 部曲制研究》, 서울大出版部, 1990), 48쪽에서 戊子年을 이보다 훨씬 더 거슬러 올라가 성종 7년(988)으로 보았다.

115) 朴龍雲, 〈高麗時代의 科擧－製述科의 應試資格〉(앞의 책, 1990), 236쪽.

잡류 자손의 급제자에 대한 限品敍用의 규정이 제정되고 있지마는(사료 4), 그 역시 이렇게 미묘한 현실을 재정리한 조처가 아닐까 짐작된다.

어떻든 이처럼 잡류 자신은 그렇지 않았다 하더라도 그의 자손들에게는 일시적인 금지 조처에도 불구하고 실제적으로는 응시가 가능토록 하였고, 또 곧 이어 정식으로 허용한 사실을 확인할 수 있다. 이렇게 말단 이속인 잡류의 자손들에게 응시가 허락된 만큼 그 이상의 서리층에게는 물론 과장이 개방되어 있었으리라는 짐작을 할 수가 있다. 중앙의 서리층에게는 제술과를 비롯한 각 과업의 응시에 별다른 제약이 없었던 것이라 하겠다.

지방 향리의 경우 제술과와 명경과에 응시할 수 있는 신분층에 대한 규정은 사료 2-㉮의 판문에 보이는데, "각 주현 副戶長 이상의 손과 副戶正 이상의 子"로 되어 있다. 이 판문이 나온 3년 뒤인 문종 5년에는 향리의 승진 규정이 마련되어 ⑨ 諸壇史로부터 ⑧ 兵史·倉史로, 다시 거기에서 ⑦ 州府郡縣史로, 이어서 ⑥ 副兵正·副倉正→⑤ 副戶正→④ 戶正→③ 兵正·倉正→② 副戶長→① 戶長의 순서로 9단계를 밟도록 제정하고 있지마는,[116] 응시자격을 이와 견주어 볼 때 꼭 가운데에 위치한 부호정과 그 위의 호정 및 병정·창정은 子까지, 다시 그 위의 부호장·호장은 子·孫까지 응시하게 하고, 부병정·부창정 이하의 자손에게는 응시자격을 주지 않았음을 알 수 있다. 제술업과 명경업에는 향리층 가운데에서도 일정한 선 이상의 자손만이 응시가 가능했던 것이다.

그러면 제술업과 명경업에는 이와 같이 일정한 선 이상의 신분층만이 응시가 가능했을까. 일반양민의 경우는 어떠했을까. 이 문제와 관련하여 주목되는 기사가 인종 3년의 판문인 사료 4에 보이는 바 "군인의 자손에게 諸業選路에 허통케 했다"는 대목이다. 이곳의 「軍人」을 어떻게 이해하느냐에 따라 일반양민의 응시 가능성도 생각해 볼 수 있기 때문이다. 잘 알려져 있듯이 京軍 소속의 군인들 성격에 대해서는 두 가지의 다른 견해가 제시되어 있다. 즉, 경군은 세습적으로 군인직을 이어 가는 전문적 군인들로서 서리·향리 등과

116) 《高麗史》 권 75, 志 29, 選擧 3, 銓注 鄕職 문종 5년 10월 判. 이 사료에 나오는 後壇史는 앞뒤의 문맥으로 보아 諸壇史로 이해함이 타당하다. 이 점에 대해서는 千寬宇, 〈閑人考－高麗初期 地方統治에 관한 一考察－〉(《社會科學》 2, 1958 ; 《近世朝鮮史研究》, 一潮閣, 1979, 33~34쪽) 참조.

유사한 신분층에 속했다는 주장과,117) 그들 역시 군인이면서 동시에 농민이었다는 주장으로118) 나뉘어져 있는 것이다. 따라서 후자의 견해대로 한다면 군인의 신분은 전체가 일반양민이 되는 셈인데, 하지만 두 견해는 모두가 커다란 설득력을 지니고 있으면서도 난점 또한 없지 않다는 사실은 두 논자 사이의 토론 과정에서 밝혀진 바 있다. 그러므로 서로 견해를 달리하는 부분에 대해 새삼스럽게 이 자리에서 논의할 필요가 없다고 생각되거니와, 다만 지금처럼 45,000명 가까운 경군 전원을 군인직을 전문으로 하는 군인으로 보는 데에는 얼마간의 의문을 가지고 있으나 왜 많은 수가 그와 같은 성격의 군인으로 구성되었으리라는 데는 동감하고 있다. 그리하여 인종 3년 기사의 군인 역시도 이러한 군인직을 전문으로 하는 군인을 지칭했다고 해석하고자 하는 것이다. 만약에 이와 같은 이해가 옳다고 할 것 같으면 「軍人」에게 제술과 및 명경과에 응시할 수 있는 자격을 주었다고 해서 그 사실을 근거로 일반 양민에게도 허용되었을 것이라고 하는 논리는 성립하기 어렵게 된다.

어떤 이는, 文克謙이 刪定都監判官에 재임하면서 여러 차례 응시했으나 급제하지 못하자 "白衣도 또한 10赴를 하는데 藍衫은 어찌 3赴로 그쳐야 합니까. 청컨대 5赴를 한정으로 하도록 해 주소서"라는 奏請을 하고 있지마는,119) 이 주청 속에 나오는 白衣를 평민으로 해석하여 양민들도 제술과를 포함하는 각 과업에 응시할 수 있었다는 견해를 피력하고 있다.120) 그러나 여기에 나오는 백의는 평민이란 뜻이 아니라 어느 논자의 해석처럼 「벼슬이 없는 사람」이라는 의미로121) 짐작되는 만큼 이것도 또한 그에 관한 적절한 증거가 되지는 못한다고 생각된다. 이 밖에도 일반 양민이 제술과까지 응시할 수 있었다는 주장을 편 논고는 몇몇 더 찾아지는데,122) 그들의 立論이 그렇게

---

117) 李基白, 〈高麗 軍班制下의 軍人〉(《高麗兵制史硏究》, 一潮閣, 1968).

118) 姜晋哲, 〈高麗初期의 軍人田〉(《淑明女大 論文集》 3, 1963).
―――, 〈軍人田〉(《高麗土地制度史硏究》, 高麗大出版部, 1980).

119) 《高麗史》 권 99, 列傳 12, 文克謙·《高麗史》 권 73, 志 27, 選擧 1, 科目 1, 의종 8년 5월 《高麗史節要》 권 13, 명종 19년 9월.

120) 曺佐鎬, 앞의 글(1958), 152쪽.

121) 許興植, 〈高麗 科擧의 應試資格〉(《高麗科擧制度史硏究》, 一潮閣, 1981), 79쪽.

122) 文炯萬, 〈高麗科擧制度에 있어 赴擧資格의 再檢討〉(《釜山史學》 4, 1980), 4~6쪽.
李成茂, 〈韓國의 科擧制와 그 特性-高麗 朝鮮初期를 中心으로-〉(《科擧》, 一潮閣, 1981), 74·96쪽.

설득력이 있어 보이지는 않는다.[123]

하기는 근자에 일반양민보다 사회적으로 낮은 대우를 받았던 향·부곡인에게 조차 과거에 응시할 자격이 주어졌다는 의견이 제시되기도 하였다.[124] 이 논자는 과거라고만 표현하고 있으나 그것은 제술과를 포함한 각종 과업을 모두 지칭한 듯 싶은데, 그가 제시하고 있는 중요한 논거는 대략 다음과 같은 것이었다. 즉, 위에서 사료 1로 제시한 바 "五逆·五賤·不忠·不孝·鄕·部曲·樂工·雜類의 자손은 과거에 나가는 것을 허락지 않도록 하였다"고 한 정종 11년의 판문을 이와 좀 달리 해석하여, "五逆·五賤·不忠·不孝의 죄를 범한 鄕·部曲·樂工·雜類의 자손"과 같이 볼 것을 제의하면서, 이처럼 「五逆」 등은 수식어가 되기 때문에 그와 같은 죄를 범하지 아니한 향·부곡인 등의 자손은 과거에 응시할 수 있었다는 주장을 펴고 있는 것이다. 하지만 그같이 해석할 경우 '五逆·不忠·不孝'는 그런 대로 납득이 가나 '五賤'은 죄의 종류가 아니라 어떤 부류의 천인 자체를 의미한다고 짐작되는 만큼 수식어로 사용되었다고 보기가 어려워 이해에 곤란이 따른다. 역시 새로운 해석에 동의하기에는 난점이 없지 않은 것이다.

위의 논자는 또 '부곡인이 과거에 응시할 수 있음을 보여 주는 好例'로 母系가 부곡인이었던 鄭文을 들어 자신의 논지가 정당하다는 뒷받침으로 삼고 있다. 그러나 정문을 이처럼 부록과 직결시켜 파악하는 데는 무리가 많다고 생각된다. 그의 전기에 "文外祖 系出處仁部曲"이라 했듯이[125] 실은 외조가 부곡계였을 뿐이었던 데다가, 그나마 그 외조는 생모 계통이었고, 호적상의 부모는 전혀 그렇지 않았던 것이다. 실제로 그의 부친은 제술과에 장원으로 급제한 후 禮部尙書(정3품)·中樞使(종2품)의 지위에까지 올랐고, 뒤에 사학 12도 가운데 하나인 弘文公徒를 열어 門下待中(종1품)·光儒侯에 추종된 鄭倍傑이었다는 점을 감안할 때 한층 그러하다.

지금까지 제술과와 명경과에는 서리와 향리의 일정한 선 이상층만이 응시가 가능하였고 일반양민과 함께 향·부곡인들에게는 그것이 허락되어 있지 않았음

123) 이에 대해서는 朴龍雲, 앞의 글(1990a), 240~241쪽 참조.
124) 朴宗基, 앞의 글(1990), 48~51쪽.
125) 《高麗史》 권 95, 列傳 8, 鄭文.

을 살펴보았다. 그런데 이러한 규정은 전자의 경우에는 이후에도 계속 적용된 듯하다. 하지만 후자, 즉 명경과의 경우는 그렇지가 않았던 것 같다. 인종 14년(1136)부터는 白丁과 莊丁에게 응시를 허락했음을 보여 주는 사료가 눈에 띄기 때문이다. 위에 제시한 사료 5-㉯가 바로 그것이다. 한데 이 인종 14년 판문은 보다시피 각 과업의 예부시 고시과목에 이어서 명경업감시와 잡업감시의 과목 및 거기에 응시하는 백정과 장정에 관한 규정을 마련하고 있는데, 오직 제술업감시에 대한 것만은 찾아지지 않는다. 이것은 백정과 장정이 이 제술과에만은 응시할 수 없었던 때문이라는 견해가 제시되어 있거니와,[126] 그러나 어떻든 명경과에는 이들이 응시가 가능했다는 사실을 분명하게 확인할 수 있는 것이다.

여기에서 백정과 장정이 과연 어떤 부류였느냐 하는 매우 어려운 문제가 다시 제기되는데, 현재 연구자들은 백정이란 직역을 부담치 않아 국가로부터 토지를 지급 받지 못한 농민층으로 보려는 견해가 많은 것 같다.[127] 이에 따른다면 그들은 신분적으로 양민이었다고 할 수 있다. 물론 논자 중에는 백정층에 驛民·島民 등이 포함되었음을 들어 그들 모두를 양민적 존재로 파악하는 데 이의를 제기하고는 있지만, 압도적 다수가 양인농민층이었다는 점에는 의견을 같이 하고 있는 것이다.[128] 다음 백정보다 조금 불리한 대우를 받았던 장정은 莊·處民과 관련시켜 생각해 볼 수 있는 여지는 많은 듯하나 그 실체는 여전히 분명치가 않다. 아마 백정에 비해 신분적으로 약간 불리한 입장에 있기는 했어도 유사한 존재가 아니었을까 하는 막연한 추측이 갈 뿐이다.[129]

이처럼 백정과 장정의 실체가 불분명한 상태에서 어떤 단안을 내리기는 어려운 실정이지마는, 그들의 압도적 다수가 농민층을 포함하는 일반양민이

---

126) 李基白, 〈科擧制와 支配勢力〉(앞의 책, 1974), 179~180쪽.

127) 旗田巍, 〈高麗時代의 白丁-身分·職役·土地-〉(《朝鮮學報》 14, 1959 ; 《朝鮮中世社會史의 硏究》, 法政大學出版局, 1972).
李佑成, 〈閑人·白丁의 新解釋〉(《歷史學報》 19, 1962).

128) 旗田巍, 위의 글.
李佑成, 위의 글.

129) 旗田巍는 〈高麗時代의 王室의 莊園-莊·處〉(《歷史學硏究》 246, 1960 : 위의 책)에서 莊·處民을 賤民的 存在로 보았다. 하지만 이 문제는 앞으로 좀 더 검토가 필요할 것 같다. 한편 許興植은 앞의 글(1976), 107쪽에서 莊丁과 白丁을 年齡區分으로 이해하였는데, 응시자격에서 연령이 그렇게 큰 문제가 되지 않았다는 사실을 감안할 때 잘 납득이 되어지지는 않는다.

었다는 점에 의거하여 여기서는 일단 이들로 한정시키도록 하자. 그리고 나서 다시 명경업의 응시자격을 생각해 보면 더 말할 필요도 없이 거기에는 일반 양민까지 포함되게 된다.

그런데 이렇게 되면 이 인종 14년(1136)의 판문과 사료 2-㉮의 문종 2년(1048) 판문 사이에는 모순이 생기게 된다. 문종 2년에는 신분적으로 일반 양민보다 상층에 속하는 하급 향리의 자손에게 응시자격을 주지 않았던 데 비해 인종 14년에는 일반 양민에게까지 그것을 허용한 것으로 나오기 때문이다. 이 양자 간의 모순에 대한 해결은 두 가지 측면에서 생각해 볼 수 있을 것 같다. 첫째는 두 판문 사이에 80여 년의 간격이 있는데, 그 동안에만 하급 향리의 자손에게 응시자격이 주어지지 않았다고 이해하는 것이다. 둘째는 현재 전해지는 단 하나의 사료인 사료 2-㉮에 근거하여 하급 향리의 자손은 응시자격이 없었다고 해석하고 있지만, 그러나 실제적으로는 응시가 가능했으리라고 이해하는 것이다. 문종 2년의 전후를 막론하고 이들과 신분상 동급으로 생각되는 잡류층에 응시가 허용되었던 점을 감안할 때 그러했을 가능성을 배제할 수 없기 때문이다. 그러나 명경업보다 중시된 제술업의 경우이긴 해도 잡류층에게 응시가 허락되고 있을 때에 하급 향리에게는 그것을 불허하였으리라 짐작되는 시기가 있었다는 점을 고려한다면 여기에도 문제는 남는다. 이처럼 명경업의 응시자격을 논함에는 여러 가지 난제들이 뒤따르지만 잠정적으로 문종 2년까지는 중류층 이상 전원에게 개방되었으나, 그로부터 귀족정치가 성숙하고 향리층에 대한 제약이 강화되는 얼마 동안은 하급 향리에 한하여 제술업 뿐 아니라 명경업에도 응시를 불허하지 않았을까 짐작되며, 그러나 다시 인종 14년 이후에는 크게 완화하여 명경업만은 일반양민에게까지 응시를 허용하였던 것으로 정리하여 둔다.

그러면 다음으로 雜科의 응시자격은 어떠하였는가에 대해 잠시 살펴보기로 하자. 앞서 사료 1인 정종 11년의 판문은 잡과 응시자에게도 적용되었음을 지적한 바 있지마는, 따라서 5역·불충·불효 등의 범죄자류와 5천 및 향·부곡·악공·잡류의 자손은 잡과에도 응시가 불가능했다고 할 수 있다. 하지만 이러한 금지조항에도 불구하고 역시 앞에서 설명했듯이 잡류의 자손은 실제로 제술과를 포함한 각 과업에 응시가 허락되었고, 그로부터 3년 뒤에 나온 문종 2년(1048)의 판문에는 다시 잡과 가운데 하나인 醫業에 庶人의 응시를 허락한 사실이 보인다(사료 2-㉯). 그리고 이어서 인종 14년(1136) 판문에는 書業監試·算業監試·律業監試의 고시과목을 백정과 장정별로 정하고 있어서(사료 5-㉰), 이들 일반 양민의 응시를 새삼 확인할 수가 있다. 이런 상황으로 짐작컨대 비록 문종 2년 이전은 좀 미심한 면이 있다 하더라도 대체적으로 잡과의 모든 분야는 일반양민 이상층에게는 개방되어 있었다고 이해해도 좋지 않을까 생각된다.130)

이렇게 잡과가 양민에게 개방된 것은 매우 큰 의미를 지니지만, 그러나 다른 한편으로 그들 가운데에서 과연 얼마만한 숫자가 거기에 급제하여 관리로 진출할 수 있었을까를 생각할 때는 그렇게 밝은 전망이 가지 않는다. 현실적인 경제적·사회적 난관을 극복하고 잡과에 응시 급제한다는 것은 매우 어려운 일이었을 것이기 때문이다. 잡과가 이러하였다면 명경과의 경우는 더더욱 그러했을 것이다. 그리고 제술과에 있어서도 잡류층 등은 유사한 형편에 놓여 있었으리라 짐작된다. 이런 점에서 고려시대의 과거제가 지니는 한계성의 일 단면을 엿볼 수가 있다.

5) 급제등급과 급제자수

과거에서 마지막 관문인 예부시의 종장을 통과하면 급제가 되는데, 제술과의 경우 그 사실은 흔히들 '甲科 某'·'甲科 某等 幾人' 또는 '乙科 某等 幾人'과 같이 甲科·乙科, 그리고 丙科·同進士와 함께 서술되고 있다. 그러면 이와 같은 갑과·을과 등은 무엇에 따른 구분일까. 이 점에 대해서는 이미 꽤 오래 전부터 성적에 근거한 것이라는 연구가 나와 있거니와,131) 타당한 이해라고 생각된다. 그러니까 갑과 급제가 고시에서 가장 우수한 성적을 받은 사람이고, 다음이 을과, 다시 다음이 병과·동진사의 순서였던 것이다.

이러한 구분은《高麗史》권 73, 선거지 1, 과목 1 선장조의 초기 기사에

130) 이에 대해서는 朴龍雲, 〈高麗時代의 科擧-雜科에 대한 檢討〉(앞의 책, 1990), 603~604쪽 참조.

131) 曺佐鎬, 앞의 글(1958), 134~135쪽.

의할 것 같으면 과거가 처음으로 실시된 광종조에는 갑과 급제자만을 내다가 경종 2년에 이르러 을과가 추가되고, 이어서 성종 3년과 12년에 각기 병과와 동진사가 추가되는 등 점차 확대·정비되어 갔음을 알 수 있다. 그와 같은 과정에서 일정한 규칙이 없이 주로 2分 또는 3分되던 급제 등급은 얼마 뒤에 을과와 병과·동진사로 구분하는 게 일반화되지만, 그것은 갑과의 소멸과 관련이 깊었다. 개인별 사례 역시 그러하거니와 선거지 선장조에서도 현종 17년(1026)을 마지막으로 하여 갑과는 더 이상 찾아지지 않는 것이다.

甲科가 없어진 뒤에는 '乙科第一人'이 물론 수석 급제자가 되었다. 그리고 그것은 달리 壯元 또는 魁科라는 용어로 표현되기도 하였다. 이에 따라 제2위와 제3위의 급제자는 '乙科第二人'·'乙科第三人'이 되었을 것이다. 훨씬 뒤인 고려 후기의 일이지만 대체적으로 을과는 3인, 병과는 7인, 동진사는 23인을 급제시켰다. 그러했을 때 제4위부터 제10위까지는 병과 급제, 그 이하는 동진사 급제가 되었을 것임은 더 말할 나위가 없다.

이상에서 설명한 갑과와 을과·병과·동진사와는 별도로 또 恩賜及第라는 게 있었다. 이는 10회에 걸쳐 赴擧하였으나 합격하지 못한 응시자들에게 글자 그대로 恩例로써 賜與하는 급제를 말하는데,[132] 늘 주어지던 것은 아니었다.[133] 아울러 別賜라 하여 외국인인 송나라 출신에게 특별히 급제가 사여되기도 했지마는, 그것은 숙종 7년과 예종 9년, 명종 14년 등 세 차례 시행되는 동안 각각 한 명씩 모두 3명에게 주어진 데 그치고 있다.[134]

명경과의 경우는 제술과가 단순하게 을과·병과·동진사 등으로 표기했던 바와는 약간 달리 등급 앞에 먼저 과업명을 적고 이어서 2과 또는 3과 등으로 표시하였던 것 같다. 이는 현재까지 전해 오는 及第放牓敎書와 榜目 등을 통해 확인할 수 있는 사실로서, 예컨대 예종 2년(1107)에 실시한 과거의 급제 방방교서 가운데 명경과에 관한 부분을 볼 것 같으면, "明經 李揚發 등은 孔子의 글을 깊이 읽어 (漢나라) 邊孝先이 (5經을) 배에 가득 채운 듯하다. 성인의 깊은 도리를 보았으니 옛것을 배워 벼슬에 들어갈 만하고, 군자의 儒를 알았으

---

132) 《高麗史》 권 74, 志 28, 選擧 2, 科目 2, 凡恩例 목종 즉위년.
133) 《高麗史》 권 74, 志 28, 選擧 2, 科目 2, 凡恩例 목종 원년 3월.
134) 《高麗史》 권 73, 志 27, 選擧 1, 科目 1.

니 명경에 取士될 만하다. 이양발에게는 2과 급제를 주고, 崔慶雲에게는 3과 급제를 준다" 하였고,[135] 또 정확한 연도는 알 수 없으나 위의 과시와 비슷한 시기에 시행된 것으로 생각되는 과거의 다른 급제 방방교서에는 某에게 "本業의 某科及第를 준다"고[136] 보이는 것이다. 이 중 후자의 '本業'은 물론 명경업을 의미하며, '某科'는 2과 또는 3과를 뜻한 게 틀림없을 듯하다. 이같은 방식은 충렬왕 16년(1290)의 과시에서 명경과에 급제한 安甸의 급제 등급을 "明經二科一名"으로 표기하고 있는 예와도[137] 일치하거니와, 그것은 명경업에서 2과의 수석으로 급제했다는 의미의 표시로 해석된다.

위에 든 예종 2년의 급제 방방교서 내용을 볼 때에 이양발은 명경과의 수석 급제자로 판단되는데, 그럼에도 불구하고 그에게는 2과급제가 주어지고 있다. 아마 제술업에서 갑과가 소멸된 후 을과가 首科의 지위를 이은 것과 동일한 원리에서 명경업도 2과가 수과의 위치에 있었던 모양 같다. 따라서 '明經二科一名'으로 급제한 안전은 전체 명경 급제자의 수석을 차지한 예로 이해된다. 그러나 2과와 3과의 구분이 순수하게 성적에 의한 것이었는지, 아니면《尙書》偏業 또는《周易》偏業과 같이 전공에 따른 것이었는지 그 점은 분명치가 않다.

다음 잡과 급제자의 급제 등급은 어떤 방식으로 표시되었을까. 이 점을 알아보는 데는 충숙왕 17년(충혜왕 즉위년 : 1330)에 明書業에 급제하여 그 증서로 수여된 李子脩의 紅牌가[138] 유일한 것인데, 거기에는 '二科第四人明書業及第者'로 되어 있다.[139] 이것은 제술업의 을과·병과·동진사와 같은 방식이 아니라 명경업에서 2과·3과로 구분한 것과 동일한 방식임을 알 수 있다. 그런데 이처럼 같은 방식을 취한 명경업의 경우 등급 앞에 과업명을 기재하도록 되어 있었다. 따라서 명서업도 그와 동일하지 않았을까 생각된다. 즉 이자수 홍패의 경우는 후세에 옮겨 쓰는 과정에서 어떤 착오로 인해 등급과 과업명

---

135)《東文選》권 23, 金富弼 作 及第放牓敎書.

136)《東文選》권 23, 金富軾 作 及第放牓敎書.

137)〈高麗朝科擧事蹟〉(《國朝榜目》, 國會圖書館, 1971), 519쪽.

138) 紅牌에 대해서는 朴龍雲,〈高麗時代의 紅牌에 관한 一考察〉(《碧史李佑成敎授定年退職紀念論叢－民族史의 展開와 그 文化》上, 1990 ; 앞의 책) 참조.

139) 李基白 編著,《韓國上代古文書資料集成》(一志社, 1987), 149쪽.

의 위치가 바뀐 것일 뿐,[140] 아마 원래는 '明書業二科第四人及第者'와 같이 되어 있었으리라고 짐작되는 것이다.

명경업에서는 2과가 수과였던 점에 비추어 볼 때 명서업 역시 마찬가지였다고 생각된다. 그러니까 이자수는 당해년의 과시 명서업에서 네 번째 성적으로 급제하였고, 그것이 '二科第四人'으로 표시되었다고 이해되는 것이다. 하지만 명서업 자체에 2과와 함께 3과의 구분 같은 것도 있었는지 그 점은 분명치가 않다.

잡과 가운데에서 명서업 이외에 급제 등급이 표시된 다른 분야의 예는 찾아지지 않는다. 따라서 이들 급제자에 대한 급제 등급의 표시방식 역시 분명치가 않은데, 하지만 짐작컨대 명경업·명서업과 같지 않았을까 생각된다.

그러면 다음으로 이들 급제자의 전체 숫자 및 그와 관련된 몇 가지 문제에 대하여 살펴보기로 하자. 그럴 때에 가장 중요한 자료가 되는 것이 잘 알려진 대로 과시의 設行年月과 試官·壯元及第者 성명, 그리고 급제자수 등을 종합적으로 정리하여 놓은《高麗史》권 73, 선거지 1, 과목 1, 선장조이다. 아래에 이 사료를 기본으로 하여 먼저 제술과의 경우부터 설행 횟수와 급제자수를 도표로 작성하여 제시하면 〈표 3〉과 같다.

〈표 3〉 禮部試製述科의 왕대별 설행 횟수와 급제자수 통계표

왕 명	재위기간	설행횟수	급제자수 ( )는 은사급제자	설행간격	1회평균 급제자수	연 평 균 급제자수
4대 광 종	18	8	27	2.3	3.4	1.5
5대 경 종	6	2	12	3.0	6.0	2.0
6대 성 종	16	14	82	1.1	5.9	5.1
7대 목 종	12	7	121(1)	1.7	17.3	10.1
8대 현 종	22	14	133(3)	1.6	9.5	6.0
9대 덕 종	3	2	17(3)	1.5	8.5	5.7
10대 정 종	12	6	81	2.0	13.5	6.8
소 계	89년	53회	473인(8인)	1.68년	8.9인	5.3인
11대 문 종	37	19	373(10)	1.9	19.6	10.1
12대 순 종	0	0	0	0	0	0
13대 선 종	11	7	178	1.6	25.4	16.2
14대 헌 종	1	1	26	1.0	26	26.0

140) 韓相俊·張東翼, 〈安東地方에 전래된 高麗 古文書 七例 檢討〉(《慶北大論文集》人文社會科學 33, 1982), 55쪽.

15대 숙 종	10	6	186	1.7	31	18.6
16대 예 종	17	11	356(9)	1.5	32.4	20.9
17대 인 종	24	17	497	1.4	29.2	20.7
18대 의 종	24	15	465	1.6	31.0	19.4
소 계	124년	76회	2,081인(19인)	1.63년	27.4인	16.8인
19대 명 종	27	17	511	1.6	30.1	18.9
20대 신 종	7	6	195	1.2	32.5	27.9
21대 희 종	7	5	167	1.4	33.4	23.9
22대 강 종	2	2	60	1.0	30.0	30.0
23대 고 종	46	27	819	1.7	30.3	17.8
24대 원 종	15	9	262(7)	1.7	29.1	17.5
소 계	104년	66회	2,014인(7인)	1.59년	30.5인	19.4인
25대 충렬왕	34	20	640(인)	1.7	32.0	18.8
26대 충선왕	5	1	33	5.0	33.0	6.6
27대 충숙왕	25	7	231	3.6	33.0	9.2
28대 충혜왕	6	5	165	1.2	33.0	27.5
29대 충목왕	4	1	33	4.0	33.0	8.3
30대 충정왕	3	0	0	0	0	0
소 계	77년	34회	1,102인(2인)	2.26년	32.4인	14.3인
31대 공민왕	23	10	297	2.3	29.7	12.9
32대 우 왕	14	7	231	2.0	33.0	16.5
33대 창 왕	1	2	66	0.5	33.3	66.0
34대 공양왕	3	2	66	1.5	33.0	22.0
소 계	41년	21회	660인(0인)	1.95년	31.4인	16.1인
총 계	435년	250회	6,330인(36인)	1.74년	25.3인	14.6인

이 도표를 정확하게 작성하는 데는 몇 가지 어려움이 따른다. 예컨대 설행 횟수의 경우 문종 19년(1065) 6월에 일단 設科는 하였으나 복시에 즈음하여 盧旦이 奏事한 게 왕의 노여움을 사 과시 자체가 파해지고 은사 급제자 몇 명만을 뽑은 일이 일어났다. 따라서 이 기사는 선거지 선장조에서는 빠지고 은례조에 실려 있지마는, 이를 계산에 넣어야 하느냐, 아니 넣어야 하느냐 하는 문제가 그것이다. 여기서는 포함시키지 않아도 좋겠다는 판단에서 제외하였지만, 또 다른 문제로 의종 6년(1152) 4월과 충렬왕 6년(1280) 4월 및 동 28년 4월의 과시는 각

각 다음 달의 친시로 이어지고 있어 이를 각각 따로 계산해 주어야 할지의 여부도 잘 판단이 서질 않는데, 이 역시 여기서는 1회씩으로만 간주하였다. 그런가 하면 이와는 반대로 선거지 선장조에는 정리되어 있지 않으나 족보류에 의해 충렬왕 22년과 23년, 그리고 충숙왕 11년에 과시가 설행되었다는 사실이 알려지고 있어서[141] 이것들을 어떻게 처리해야 할 것인가도 한 큰 문제인데, 이에 대해서는 사료의 정확성 때문에 얼마간의 의문이 제기되고는 있으나 각각 1회씩의 설과로 간주해 추가하였다.

이러한 설행 횟수의 문제는 급제자수의 그것과도 직결된다. 구체적으로 문종 19년에는 5인의 은사 급제자를 내고 있고 의종 6년에는 4월의 과시에서 27인의 급제자를 뽑은 데 이어서 5월의 친시에서도 35인을 급제시키고 있는데, 이들을 어떻게 계산해야 정확한 통계가 될 수 있을지를 잘 알 수가 없는 것이다. 여기서는 일단 모두를 계산에 포함시켰지만, 그러나 특히 의종 6년의 경우 그 내막을 파악하기가 어려워 모두를 계산에 넣긴 했어도 두 과시의 급제자가 서로 중복되었을 가능성이 많기 때문에 상당한 불안이 있다. 그런가 하면 충렬왕 6년 5월의 친시 급제자는 대부분 그 이전의 과시에서 급제한 인원들이라는 사실을 알 수 있어서 전원 제외시켰으며, 동왕 28년 5월의 친시 급제자는 7인 중 성명이 밝혀진 1인만을 계산에 포함시켰다. 그리고 충렬왕 22년과 23년 및 충숙왕 11년의 과시는 대략 1회에 33인을 급제시키던 시기이므로 여기서도 그같이 계산하여 넣었다.

한데 급제자수의 문제는 거기에서 끝나지 않고 선거지 선장조에 과시의 설행 사실을 전하고 있으면서도 급제자수를 누락시킨 사례가 11회나 되어서 그들에 대한 처리도 해결해야 할 과제가 되고 있다. 경종 4년과 성종 5년·예종 2년·인종 24년·의종 4년과 8년·신종 3년·원종 3년·충숙왕 4년과 13년·충혜왕 後元年의 과시가 바로 이러한 사례인데, 이 중에서 예종 2년과 충혜왕 후원년의 급제자수는 다른 사료에 각각 27인과 33인이라는 기록이 남아 있어 정확한 파악이 가능하다.[142] 하지만 그 밖의 과시는 부득이 각 시기의 전후에 실시된 고시에서 급제자가 얼마나 되었던가를 참작하여 추측할

141) 이에 관해서는 許興植, 〈選擧志 選場의 分析〉(앞의 책), 244~245쪽 참조.
142) 許興植, 위의 글, 246쪽.

수밖에 없을 것 같다. 그리하여 여기서는 경종 4년의 경우 6인, 그리고 성종 5년은 3인, 인종 24년과 의종 4년·8년 및 원종 3년은 29인, 신종 3년과 충숙왕 4년·13년은 각각 33인씩으로 계산하였다.

이러한 필자 나름의 가감·추단을 그대로 용인한다는 전제 아래에서 고려시대 제술과의 설행 회수를 살펴보면 모두 250회가 된다. 다른 논자들은 각기 252회씩으로 계산하고 있지마는,[143] 이는 물론 위에서 설명한 바 친시 등을 여하히 처리하느냐 하는 데 따른 차이이다. 그러나 어떻든 250회로 간주할 때에 과거가 처음 실시된 광종 9년부터 고려가 멸망하는 공양왕 4년까지가 435년 간이니까 제술과는 평균 약 1.74년에 한 번씩 시행되었다는 계산이 나온다.[144] 이와 같은 설행 간격에 대해《高麗史》권 73, 선거지 1, 과목 1, 선장조 첫머리에는 "혹은 比年(매년) 혹은 間歲(隔年)로 (열어) 定期가 있는 것은 아니었다"고 하여 비교적 바르게 서술해 놓고 있다. 구체적인 설행 시기를 검토하여 보면 1년에 두 차례 시행한 때도 있고, 또 매년 시행하는가 하면 2년 내지 3년 혹은 그 이상의 시간이 지난 뒤에 시행하는 등 일정치가 않았기 때문이다. 그러나 전체 횟수를 평균하였을 때는 1.74년에 한 번 꼴이 되는 것이다. 사료 중에는 "선종이 즉위(1083)해 詔하여, 진사 이하의 諸業은 지금부터 3년에 한 번씩 시험할 것을 許한다고 하였다"는 기사도[145] 눈에 띄지만, 혹시 일시적으로 그러한 기간이 있었는지는 몰라도 전반적으로 볼 때 그렇지는 않았다.

이러한 설행 간격을 다시 시기별로 볼 때 초기부터 무신정권기까지는 전체 평균 설행 간격보다 약간 좁은 데 비해 몽고간섭기와 여말은 전체 평균 설행 간격에 비해 좀 넓은 것으로 나타나고 있다. 그 가운데에서 무신정권기의 평균 간격이 1.59년으로 과시가 가장 頻數하게 설행되었음을 보여 주고 있는 데 반해 몽고 간섭기의 평균 간격은 2.26년으로 비교적 많은 시간이 경과한 뒤에 설행되는 현상을 보이고 있지마는, 이것은 전자가 새로운 무신정권의 수립과 몽고에 대항하여 전쟁을 치르는 과정에서 요망되는 하급 문신관료층에 대한

---

143) 曺佐鎬, 앞의 글(1958), 129쪽.
趙東元, 앞의 글(1974), 238쪽.
許興植, 위의 글, 246·252~253쪽.

144) 許興植은 위의 글, 253쪽에서 1.73년에 한 번씩이라는 결론을 내놓고 있다.

145)《高麗史》권 73, 志 27, 選擧 1, 科目 1.

필요 및 민심수습 등과 관련이 많은 듯싶은데 비해 후자는 충렬왕과 충선왕, 그리고 충숙왕과 충혜왕 사이의 重祚에서 단적으로 나타나듯이 대내외적으로 무척이나 혼란스러웠던 정치적 상황 등과 관련이 깊었던 게 아닌가 생각된다.

다음으로 급제자수는 역시 《高麗史》 권 73, 선거지 1, 과목 1, 선장조의 첫머리에 "그 取士 또한 定額이 없었다"고 한 바와 같이 고려 전기에는 1회에 혹 수 명을 붙이는데 불과했던 때가 있는가 하면 50명을 급제시키기도(목종 원년) 하는 등 일정치가 않았다. 그러다가 고려 후기에 접어들어서도 얼마의 시기가 경과한 신종조(1198~1204)와 희종조(1205~1211)에는 앞서 설명했듯이 대체적으로 을과 3인, 병과 7인, 동진사 23인, 합하여 33인씩을 급제시켰던 것 같다. 그리하여 이것이 하나의 제도로 성립된 듯싶지만, 그러나 아직 정착되지는 않아 이후에도 규정수대로 뽑지 않는 경우가 많다가 충렬왕 14년(1288)부터 비로소 몇 번의 예외를 제외하고는 제대로 시행되어 여말까지 지켜진다. 이렇게 하여 250회에 걸친 과시에서 합격한 전체 급제자수는 6,330인으로 집계되며, 여기에 恩賜 급제자 36인과 別賜 급제자 몇 명 등을 합하면 그 숫자는 물론 좀 더 늘어나게 된다.

은사와 별사를 제외한 정식 급제자수 6,330인을 가지고 계산할 때 1회의 평균 급제자수는 25.3인이다. 전체의 1회 평균이, 통상 33인이던 제도와 비교하여 이처럼 적은 것은 과거의 정비기라 할 수 있는 광종~정종 연간의 1회 평균이 8.9인-연 평균은 5.3인-인데 주원인이 있는 것으로 분석되거니와, 그 이후의 시기, 즉 문종~의종 연간은 1회 평균 27.4인(연 평균 16.8인), 무신정권기는 1회 평균 30.5인(연 평균 19.4)인, 몽고간섭기는 1회 평균 32.4인(연 평균 14.3인), 공민왕 이후의 여말은 1회 평균 31.4인(연 평균 16.1인)으로 대략 원만히 운영되었던 것을 알 수 있다. 그 가운데에서 특히 무신정권기에는 1년 평균의 급제자수 비율이 어느 시기보다도 높아 주목되지마는, 이는 당해 기간에 과시의 설행 자체가 가장 잦았다는 사실과 함께 유의해 둘만한 점이라 생각된다.

다음으로 명경과의 설행 횟수와 그에 따른 급제자수에 대해 알아보기 위하여 역시 《高麗史》 권 73, 선거지 1, 과목 1, 선장조의 내용을 중심으로 한 통계를 도표로 만들어 제시하면 〈표 4〉와 같다.

〈표 4〉 禮部試明經科의 왕대별 설행횟수와 급제자수 통계표

왕 명	재위기간	설행횟수	급제자수 ( )는 은사급제자	설행간격	1회평균 급제자수	연 평 균 급제자수
4대 광 종	18	4	6	4.5	1.5	0.3
5대 경 종	6	0	0	-	-	-
6대 성 종	16	9	34	1.8	3.8	2.1
7대 목 종	12	7	59	1.7	8.4	4.9
8대 현 종	22	11	42	2.0	3.8	1.9
9대 덕 종	3	1	2(2)	3.0	2.0	0.7
10대 정 종	12	6	13(3)	2.0	2.2	1.1
소 계	89년	38회	156명(5명)	2.34년	4.1인	1.8명
11대 문 종	37	19	51(11)	1.9	2.7	1.4
12대 순 종	0	0	0	-	-	-
13대 선 종	11	7	22(12)	1.6	3.1	2.0
14대 헌 종	1	1	3 (3)	1.0	3.0	3.0
15대 숙 종	10	6	19(29)	1.7	3.2	1.9
16대 예 종	17	5	14 (4)	3.4	2.8	0.8
17대 인 종	24	1	2 (5)	24.0	2.0	0.1
18대 의 종	24	6	19	4.0	3.2	0.8
소 계	124년	45회	130명(64명)	2.76년	2.9명	1.0명
19대 명 종	27	10	40(11)	2.7	4.0	1.5
20대 신 종	7	1	4	7.0	4.0	0.6
21대 희 종	7	3	18 (9)	2.3	6.0	2.6
22대 강 종	2	2	11	1.0	5.5	5.5
23대 고 종	46	23	68(95)	2.0	3.0	1.5
24대 원 종	15	7	9(13)	2.1	1.3	0.6
소 계	104년	46회	150명(128명)	2.26년	3.3명	1.4명
25대 충렬왕	34	6	8(13)	5.7	1.3	0.2
26대 충선왕	5	0	0	-	-	-
27대 충숙왕	25	1	2 (2)	25.0	2.0	0.1
28대 충혜왕	6	0	0	-	-	-
29대 충목왕	4	0	0	-	-	-
30대 충정왕	3	0	0	-	-	-
소 계	77년	7회	10명(15명)	11년	1.4명	0.13명
31대 공민왕	23	1	2	23.0	2.0	0.1
32대 우 왕	14	2	10	7.0	5.0	0.7

33대 창 왕	1	0	0	-	-	-
34대 공양왕	3	0	0	-	-	-
소 계	41년	3회	12명	13.66년	4.0명	0.27명
총 계	435년	139회	458명(212명)	3.13년	3.3명	1.05명

〈표 4〉에 의하면 고려 때의 명경과는 모두 139회 설행된 것으로 나타나 있다. 그러나 당시의 과시 설행은 비록 月數에는 차이가 있었다 하더라도 명경과라 하여 제술과와 분리하여 시행한 것은 아니었다. 그러므로 명경과 역시 제술과와 마찬가지로 평균 1.74년에 한 번 꼴로 모두 250회 설행되었다고 볼 수 있는 것이다. 하지만 이 과업은 매번의 과시 때마다 급제자를 낸 것은 아닌 듯하다. 《高麗史》 권 73, 선거지 선장조에 정리된 과시 가운데에서 명경과 급제자를 선발한 것은 136회에 그치고 있는데, 이것이 물론 전부는 아니었다. 선장조에는 기록에서 빠졌으나 다른 자료에 의해 명경 급제자를 뽑은 횟수가 몇 번 더 있었다는 사실을 확인할 수 있기 때문이다. 예컨대 예종 2년 과시의 경우 선장조에는 설행했다는 기록만이 전하나 《東文選》 권 23에 실려 있는 당해년의 급제 放牓敎書에 의해 진사 27인과 함께 명경 급제자 2인도 있었다는 사실이 밝혀졌다. 또 고종 15년의 과시에 대해 선장조에는 마치 진사 31인만을 뽑은 것처럼 서술되어 있으나 당해 과시를 주관했던 李奎報가 자신의 문집인 《東國李相國集》 所收 年譜에서 이때 명경 4인도 선발했다는 내용을 밝혀 놓아서 새로이 확인되고 있으며, 앞서 설명한 바 충렬왕 16년에 명경과에 급제한 安甸의 경우도 선장조에는 누락되어 있는 것이다. 이 3회를 합하면 명경과의 설행은 모두 139회가 되지만, 위의 설명과 같이 몇몇 누락된 예가 있음에 비추어 그 횟수가 좀더 늘어날 가능성은 많다고 생각된다. 그러나 우리들이 현재 확인할 수 있는 것은 139회인 셈인데, 그렇다면 250회 가운데 139회를 뺀 나머지 111회 때는 명경과 급제자를 설행 당시부터 선발하려 하지 않았던 것일까, 아니면 적격자가 없기 때문에 부득이해서 뽑지 않았던 것일까. 잘 알 수 없어도 명경업감시에서의 선발이 있었을 때에도 예부시에서는 뽑지 않은 예가 있는 점 등으로 미루어 후자의 경우가 더 많지 않았을까 짐작된다. 이렇게 볼 때 통계표에 산출은 해놓았지만 139회를 기준으로 한 설행 간격은 그다지 큰 의

미를 가지지 못한다는 것을 알 수 있다.

실제적으로 명경 급제자를 뽑은 설행 횟수의 실태가 이러했을 뿐 아니라 1회의 선발 인원 역시 제술과와는 비교가 되지 않을 정도로 적은 숫자였기 때문에 전체 급제자수도 458인에 그치고 있다.[146] 진사급제자 6,330인에 비하여 약 1/14밖에 되지 않는 비율이다. 따라서 연평균 급제자수도 제술과가 14.6인이었던 데 비해 명경과는 1.05인에 지나지 않고 있다.

明經及第者 중에는 458인 이외에 恩賜의 혜택을 입은 사람이 212인 더 있는 것으로 계산은 되고 있다. 명경의 은사급제자란 제술과에서와 마찬가지로 10회에 걸쳐 赴擧하였으나 합격하지 못한 응시자에게 은례로써 특별히 사여한 급제를 말하는데, 그 숫자에는 약간의 의문이 없지 않다. 진사의 은사급제자는 36인에 불과하기 때문이다. 《高麗史》 선거지 선장조를 볼 것 같으면 진사 급제자수·은사 급제자수·명경 급제자수의 순서로 기록한 경우와, 진사 급제자수·명경 급제자수·은사 급제자수의 순서로 기록한 두 방식이 나타나고 있다. 이를 구분하여 전자는 진사의 은사 급제자이며 후자는 명경의 은사 급제자로 판단해 36인 : 212인이라는 숫자를 얻었지만, 시험에 의한 급제자의 진사 : 명경이 6,330인 : 458인이라는 비율로 미루어 보아도 그러하고, 또 그 명경의 급제자 458인에 비해 은사 급제자가 212인이나 된다는 것도 납득하기 어려운 수치인 것이다. 기록상에 어떤 착오가 있었거나, 아니면 이해상의 문제, 즉 후자와 같은 기록 방식의 경우 은사 급제자는 진사와 명경 모두를 합한 숫자가 아닐까 하는 등등 몇 가지 이유를 생각해 볼 수 있겠는데, 어떻든 명경의 은사 급제자가 212인이라는 그 숫자에 신빙성을 두기 어렵다는 점만은 어느 정도 분명한 듯하다. 그러므로 은사 급제자를 포함한 논의는 피하는 것이 좋다고 생각된다.

시기상으로 볼 때 상대적인 이야기이기는 하지만 과거제가 설치된 초기부터 무신정권기까지는 설행 횟수나 급제자수 양면에서 원만한 운영이 이루어져 왔음을 살필 수 있다. 그러다가 몽고간섭기인 충렬왕 이후 명경과는 그의 존재 의미를 거의 상실하고 마는 것 같다. 이런 점은 제술과와 비교

146) 曺佐鎬는 앞의 글(1958), 135쪽에서 449인으로, 趙東元은 앞의 글(1974), 237~238쪽에서 448인으로 집계를 하고 있다.

할 때 더욱 두드러지고 있지마는, 명경과가 지니는 제약성의 일면이라 할 것이다.

잡과도 제술과·명경과와 함께 시행되곤 했으므로 그도 또한 1.74년에 한 번씩 모두 250회가 설행되었다고 할 수 있다. 이렇게 과시가 시행되어 선발한 급제자를 총망라해 정리하여 놓은 것이 역시 《高麗史》 권 73, 선거지 1, 과목 1, 선장조인데, 그러나 여기에 잡과 급제자를 뽑았다는 기록을 남긴 과시는 초기의 9회 뿐으로서 그 전체 인원도 81인에 그치고 있다. 참고로 그 상황을 표로 보이면 아래 〈표 5〉와 같다.

〈표 5〉 選擧志 選場에 나타난 雜業 及第者表

연대 \ 잡업명	明法	明算	明書	醫	呪噤	卜	地理	何論	三禮	三傳	政要	계
광종 9년						2						2
〃 11년				3								3
〃 15년						1						1
성종 6년	2			2		1						5
〃 7년				2								2
〃 8년						2						2
〃 12년	3											3
〃 16년	5	4	3						10	2		24
목종 원년	23	11	5									39
계 9회	33	15	8	7	0	6	0	0	10	2	0	81

여기에 기록된 것이 잡과 시행의 전부라고는 물론 말할 수가 없다. 그것은 위에서 설명한 바 충혜왕 즉위년에 명서업에 급제한 李子脩의 예 하나만을 보더라도 쉽사리 알 수 있는 일로서, 이 이외에 비슷한 사례는 더 찾아지는 것이다. 앞서 고려 때 설행된 250회의 과시중 명경과 급제자를 선발한 것은 139회인데, 그 가운데에서 선거지 선장조에 기록된 횟수는 136회 뿐이고 나머지는 다른 자료에 의해 확인되는 것으로, 이보다 더 많은 횟수가 설행되었을 가능성이 있다는 이야기를 했지만, 잡과의 경우는 그 정도가 훨씬 더 심하다는 생각이 든다. 아마 위에 예시한 선거지 선장조의 기록은 극히 일부분에 지나지 않는 것이라고 보아도 좋을 것 같다. 따라서 잡과 급제자의 전체 숫자를 어림잡는 일조차 지금으로서는 불가능한 상태이다. 그러나 다만 우리들은 〈표 5〉

를 통해 한번의 과시에서 잡과의 11개 분야 급제자를 모두 뽑는 것은 아니었으며, 그 선발 인원도 일정하지 않았다는 정도는 추측해 볼 수 있지 않나 생각된다.

6) 급제자의 초직과 승진

(1) 제술과

고려시대의 급제자들이 처음으로 받는 관직은 어떤 것들이었으며 또 그 품계는 어느 정도였을까. 지금부터는 이 문제에 관하여 알아보기로 하겠는데, 먼저 제술과를 대상으로 하여 찾아본즉 전체 급제자 가운데에서 현재 初仕職을 확인할 수 있는 인원은 200명이 조금 넘는 숫자였다.[147] 부족한대로 이것의 분석을 통해서도 그 내용의 대략을 짐작할 수는 있다고 생각되거니와, 크게 보면 이들은 京職과 外職으로 나뉘어지며, 다시 경직은 文翰·學官職과 一般職으로 구분된다.

문한직이란 翰林院(藝文館)과 史館(春秋館)·秘書省(典校寺)·寶文閣·同文院·留院 등 이른바 禁內6局의 직을 말하며, 학관은 國子監(成均館)의 직을 일컫거니와 제술과 급제자들이 처음으로 보임 받는 관직 중의 한 부류는 바로 이들이었던 것이다. 보다 구체적으로는 한림원과 사관의 權務職이던 直翰林院과 直史館을 비롯하여 비서성의 9품직인 秘書校書郎과 그 아래에 위치했던 校書校勘 및 보문각교감과 그리고 종9품인 國子學論·國子直學이나 博士(정8품~정7품) 등 하급의 학관직이 그것들이었다.

급제자들은 이러한 문한·학관직 뿐 아니라 중앙의 諸寺와 諸署 및 諸司都監各色·諸府 등의 관부에도 제한 없이 골고루 진출하고 있다. 이 때 그들

147) 張東翼은 〈高麗時代의 官僚進出(其一)－初仕職－〉(《大丘史學》 12·13, 1977), 88~99쪽에서 時期別·官署別 통계를 제시하고 있으며, 金龍善은 〈蔭敍制度와 科擧制度의 比較〉(《高麗蔭敍制度硏究》, 韓國硏究院, 1987 ; 一潮閣, 1991, 113~118쪽)에서 전체 숫자를 187직으로 파악하고 그들에 대한 京·外職別 통계를 제시·분석하고 있다. 여기서 분석의 대상으로 삼은 資料에 대해서는 朴龍雲, 《高麗時代 蔭敍制와 科擧制 硏究》(一志社, 1990), 328~557쪽 참조.

이 주로 받는 관직은 권무와 9품에 해당하는 判官·錄事 등이었지마는, 좀더 나은 경우 8품 또는 7품직을 받기도 하였다. 물론 특별하게 6품직을 받은 예가 보이며, 이것저것도 여의치 않은 경우 왕 측근의 內侍에 소속한 예도 여럿 눈에 띈다. 그러나 기본적으로는 8품 내지 9품 또는 권무직을 받는 게 보통이었던 것이다.

제술과 급제자들이 초직으로 진출하는 데 있어 또 하나의 큰 특징은 외직에 널리 보임되고 있다는 사실이다. 즉 이들은 京·都護府·牧·州·府·郡·縣 및 防禦州·鎭 등 전국에 걸친 각급 지방행정단위의 7·8품직인 司錄·書記·判官(通判)·參軍事, 그리고 縣尉·監務·鎭副將 등을 초사직으로 받고 있는 것이다. 이렇게 급제자가 처음에 외직으로 나가는 것은 하나의 관례처럼 되어 있었다. 이규보가 "무릇 登科者는 年紀에 제한을 받지 않고 外寄에 直補되는 것이" 국가의 成例였다고[148] 한 언급은 바로 그 점을 지적한 말로 생각된다. 그리고 실례를 보더라도 급제 후 외직으로의 진출을 '例受'·'例補'·'例出' 등으로 표현하고 있어서[149] 그 같은 상황을 다시 확인시켜 주고 있다.

요컨대 제술과 급제자들은 초사직으로 중앙의 권무 내지는 8·9품에 해당하는 일반직을 어느 정도 제수받기도 했지만 주로는 역시 권무 내지 9품에 해당하는 문한·학관직과, 그리고 각급 지방행정 단위의 7·8품직을 보임 받았던 것이라 하겠다. 이를 시기별로 보면 고려 전기에는 외직에 보임된 숫자가 경직의 그것보다 많고, 다시 경직 가운데에 일반직과 문한·학관직의 보임 비율은 비등하게 나타나며, 이러한 양상은 무신정권기에도 대략 비슷하다. 그러다가 충렬왕대 이후부터는 반대로 경직에의 보임 숫자가 외직의 그것보다 많아지고, 그 차이는 공민왕대 이후에 한층 심해지는데, 이는 주로 문한·학관직으로 진출하는 숫자가 많아지는 데 기인되고 있다.[150]

외형상의 품계만 가지고 논한다면 혹시 7·8품-주로 7품-을 받는 외직이 주로 9품 내지 권무를 받는 경직보다 진출상 유리하지 않았을까 하는 생각을 해 볼 수 있을 것 같다. 그러나 실제 내용은 그렇지가 않았다. 경직과

148) 李奎報, 《東國李相國集》 권 26, 上趙太尉書.
149) 이 점은 이미 許興植이 앞의 글(1976), 100쪽에서 지적한 바 있다.
150) 이 점에 대해서는 朴龍雲, 앞의 글(1990a), 277~296쪽 참조.

외직 사이에 개재하는 근본적인 차이가 있었기 때문이다. 이는 7·8품의 외직을 받고 지방에서 몇 년간 근무하다가 중앙으로 올라올 때는 대부분의 경우 초사직으로 주어지던 9품 또는 권무직에 보임되고 있는 데서 잘 나타난다.[151]

그렇다면 다같은 급제자들 가운데에서 누가 유리한 경직을 받고 누가 불리한 외직으로 나갔을까. 그것을 구분 짓던 한 기준으로 먼저 급제 성적을 상정하여 볼 수 있을 것 같다. 그리고 실제로 그것이 진출에 영향을 미친 듯한 기록이 눈에 띄기도 하지만,[152] 그러나 실 내용에 있어서는 그렇지 않은 면이 많았던 것 같다. 장원 급제자 중에서도 많은 수가 초사직으로 외직을 받고 있다는 사실이[153] 그 같은 점을 보여 주는 단적인 증거이다. 잘 알려져 있듯이 조선시대의 경우, 《經國大典》에 의하면 文科의 갑과 제1인에게는 종6품, 나머지 즉 제2인·제3인에게는 정7품, 을과는 정8품, 병과는 정9품계를 주도록 제도화되어 있었다.[154] 고려시대에도 급제시의 성적이 초사직을 받는데 얼마간의 영향을 주기는 했겠지만, 조선 때처럼 성적 등급에 따라 제수받는 품계에 차등을 두는 제도는 없었던 것 같으며, 또 경직 혹은 외직에 임명하는데 있어서도 그것이 결정적 기준은 되지 않았던 듯하다.

그렇다면 급제자들이 보다 유리한 초사직으로 나가는데 작용한 중요 요소는 따로 있었겠는데 그게 무엇일까. 생각컨대 그것은 아무래도 家門·門閥이었던 것 같다. 이 점을 이해하는 데는 이규보가, 등과자들이 지방관으로 나가지 않고 京官에 직보되기 위해서는 詔旨가 필요했다고 한 발언이[155] 크게 참고된다. 이처럼 급제자가 초사직으로 경관직을 얻는 데는 국왕의 재가를 필요로 할만큼 많은 배려 위에서 비로소 가능했거니와, 이러한 관문의 통과에는 필시 가문·문벌과 깊은 관련이 있었으리라 짐작되는 것이다.

이제 그와 같은 실정을 염두에 두고 초사직으로 8·9품 내지는 권무의 경직을 받았던 사람들의 면면을 보면 국왕과 각별한 관계에 있었던 인물도 찾아지나 대부분은 문벌가의 자손이었다는 사실이 재삼 확인된다. 그리고 특별

151) 이 점은 이미 張東翼이 앞의 글(1977), 93쪽에서 지적한 바 있다.
152) 《高麗史》 권 13, 世家 13, 예종 9년 하 4월 경술.
153) 이에 대해서는 朴龍雲, 앞의 글(1990a), 282-283쪽 참조.
154) 《經國大典》 권 1, 吏典 諸科.
155) 《東國李相國集》 권 26, 上趙太尉書.

하게 6품직을 제수 받은 사람들도 물론 이 범주의 가문에서 벗어나지 않는 집안의 후손들이다.[156] 학문적 실력을 표방한 과거제였지만 그 실제의 운영에 있어서는 이처럼 가문의 배경이 많이 작용하고 있었던 것이다.

급제후 초사직에 나가기까지의 대기 기간 문제도 이와 맥락을 같이하는 것이 아닌가 짐작된다. 과거제 시행의 초기에는 그렇지 않았으나 과시가 본궤도에 오른 문종조 이후는 벌써 전과 같이 급제 후 곧 등용되기도 했지만 경우에 따라서는 상당한 기간 동안 대기했다가 초사직을 받는 예가 다수 눈에 띄고 있다. 그 기간은 빨라야 2년, 늦으면 4년 또는 5년에 이르고 있는데,[157] 그러한 장·단의 이유는 물론 급제 성적과 관련이 없었다고 할 수 없겠으나 역시 보다 근본적인 요인은 가문·문벌과 연관이 있었다고 생각되는 것이다. 이와 같은 대기 기간은, 가문하고만 연결된 문제는 아니었지만 정치기강이 크게 문란해졌던 무신정권기에 들어 와 한층 길어져 10년 여나 기다렸다가 비로소 초직을 받는 예가 종종 보이고, 심지어는 2, 30년이 되도록 취임하지 못하는 사례까지 나오고 있다.[158] 과거제 운영의 난맥상을 드러낸 일례라 할 것이다.

위의 설명은 모두 진사·생원 등 無官職者로 급제한 사람들의 경우에 대한 것이었다. 그러나 고려시대에는 그들 뿐 아니라 在官者들도 대거 과거에 응시하여 급제하였다. 그러면 이들의 경우 초직은 어떠하였을까. 이 점을 해명하기 위해서는 당해자의 응시 직전 관직과 급제 후의 초직을 모두 알아야 하는데 그런 예는 전기간을 통하여 34개가 찾아졌다. 지금 이 자리에서는 번잡을 피해 그들 사례를 하나 하나 제시하지 않으려 하지만,[159] 그것들을 분석한 결과 대략 다음과 같은 몇 가지 원칙을 추출해 낼 수 있었다.

첫째로 응시자가 實職 품관이었을 경우 급제 후에는 그 품계보다 대체적으로 1~2품계 높은 관직을 제수 받았다는 점이다.[160] 이것은 더 말할 필요도 없이 급제에 따른 대우로서, 그리하여 이들이 받은 관직은 7품 이상직이었으므

156) 朴龍雲, 앞의 글(1990), 284~285쪽.
157) 朴龍雲, 위의 글, 286쪽.
158) 朴龍雲, 위의 글, 291~292쪽.
159) 사례는 朴龍雲, 위의 글, 298~299쪽 참조.
160) 이 점은 이미 張東翼이 앞의 글(1977), 99쪽에서 지적한 바 있다. 그런데 金龍善은 역시 앞의 글(1987), 122~123쪽에서 이를 부정하고 있는데, 옳은 견해라고 생각되지는 않는다.

로 그만큼 승진에 유리하였을 것이 예상된다. 둘째로 權務官으로 응시하였을 때는 급제 후 역시 7품~9품의 실직을 받고 있다. 이것 또한 첫째의 경우에 못지 않는 대우로서, 특히 7품직을 받은 예는 파격적인 超遷에 해당하는 것이다. 셋째로 품관 同正職에 있으면서 응시한 경우인데, 이들에게는 권무직이 제수되고 있다. 그런데 이 권무직은 생원·진사 등 무관직자로서 급제한 일부의 인원들에게도 초사직으로 주어지던 것이었으므로 품관 동정직에 재임한데 따른 배려가 없지 않았느냐는 생각을 해 볼 수도 있지만, 앞에서 지적했듯이 이들은 응시 과정에서 이미 상당한 혜택을 누리고 있고, 또 후자의 경우 외직으로 나가는 인원이 많았다는 점을 감안하면 품관 동정직자에 대한 급제 후의 권무직 제수도 일정한 대우의 의미는 있다고 생각된다. 넷째로 무반의 실직 품관으로 응시하여 급제하였을 때는 대개 동일한 품계의 문반관직을 제수받는 특징도 나타나고 있다. 과시에 응시한 무반직은 別將(정7품)·郎將(정6품)·中郎將(정5품)에 걸치고 있지마는, 당해인의 이러한 무반직 帶有는 그들이 무신이었기 때문이 아니라 흔히 음직으로 이런 직위들이 주어진 데서 비롯하는 것이었다. 따라서 그 직위 자체는 이들에게 그렇게 큰 의미를 가지지 못했을 듯 싶은데, 이제 급제를 계기로 그 품계에 해당하는 문반직을 받게 된 것으로서, 이는 역시 커다란 승진의 뜻이 있다고 이해된다. 다섯째로 급제 후에 그 전보다 오히려 낮은 품계의 관직을 받는 경우인데, 이러한 현상은 창왕 원년 10월의 기사로 나오는 바[161] 비록 참상관으로서 급제했더라도 일단은 三館에 分屬해야 한다는「舊例」때문이었던 듯하다. 하지만 그와 같은 조처를 받았던 사람들도 그 후 대체로 승진을 거듭하여 고위직에까지 오르고 있다.

요컨대 재관자였다 하더라도 다시 급제를 함으로써 과거 출신이 아니면 진출이 불가능하였던 문한직에 취임할 수 있었을 뿐 아니라[162] 약간의 예외는 있었지만 품계상으로도 커다란 혜택을 받았음을 알 수 있다. 더구나 급제 전의 재관자는 대부분이 음서 출신이었으므로 이 대목은 양자의 관계를 이해하는 데 있어서도 중요한 의미를 지닌다는 점에서 한층 주목되는 부분이기도 하다.

같은 제술과 급제자였지만 각자의 입지에 따라 초직을 받을 때까지의 대기

161)《高麗史》권 137. 이에 관한 설명은 朴龍雲, 앞의 글(1990a), 301쪽 참조.
162) 金龍善, 앞의 글(1987), 122~123쪽.

기간이 달랐고, 초직의 품계에도 차이가 났으므로, 승진 역시 같은 속도일 수 없었을 것이다. 그러나 급제는 仕路로 나가는 당시의 가장 중요하면서도 보편적인 방식들 중의 하나였으므로 遲·速에 얼마간의 차이는 있었다 하더라도 급제자 중의 많은 수가 고위직까지 승진하였다. 한 연구자가 현재 관력이 전해지는 급제자들의 최고직을 통계로 내어 보니 전체 821인 가운데 宰樞에까지 오른 사람이 388인으로 47.3%, 3품~5품까지를 지낸 관원이 204인으로 24.8%, 6품 이하 9품까지가 130인으로 15.8%, 기타 품계를 잘 알 수 없거나 동정직자·권무관·조선 초의 관직 帶有者 등이 99인으로 12.1%의 분포였다 한다.[163] 이 통계는 사료의 미비로 인한 숫자상의 제약성 및 품계에 대한 판독의 문제와 더불어 현재 전해지는 기록이 대체적으로 고위직을 지낸 인물을 주류로 한 것이라는 점 등을 감안하고 보아야 한다. 하지만 대략적인 경향을 이해하는 데는 여전히 유효한 자료라고 생각되며, 그런 관점에서 음미할 때 과거가 벼슬로 통하는 길로서 가지는 기능이 매우 컸다는 사실을 재삼 느끼게 된다.

(2) 명경과

명경과 급제자의 초직과 승진 문제도 구체적인 사례를 통해 살펴 볼 수밖에 없는데, 그러나 이 과업의 전체 급제자수 458인 가운데 성명만이라도 알려진 사람은 10여 인에 불과하며, 다시 그 중에서 관력을 파악할 수 있는 인원은 몇 명에 지나지 않아서 어려움이 많다. 따라서 우리의 목적이 얼마만큼 달성될 수 있을까 염려되는 바 없지 않으나, 일단은 연대순으로 각자의 관력을 중심으로 한 신상을 먼저 소개하고 문제의 해결에 접근해 보도록 하겠다.

① 全輔仁(? ~현종 10 : 1019)

i) 성종 8년(989) 4월에 羅州牧 經學博士로서 교육에 공로가 많다고 하여 포상을 받음(《高麗史》 권 3, 世家 3 ; 《高麗史節要》 권 2).

ii) 明經 출신으로 여러 차례 學官을 제수받은 바 있음(《高麗史》 권 4, 世家 4, 현종 10년 2월).

iii) 현종 4년(1013) 4월에 右常侍(정3품)로 재임하면서 表를 올려 致仕를 청함(《高麗史》 권 4, 世家 4).

iv) 현종 9년(1018) 11월에 尙書左僕射(정2품)를 제수받음(《高麗史節要》 권 3).

---

163) 朴龍雲, 앞의 글(1990a), 301쪽.

v) 현종 10년(1019) 2월에 右僕射(정2품)로서 卒함(《高麗史》 권 4, 世家 4 : 《高麗史節要》 권 3).

② 朴 某

明經 第一로 급제하여 文林郎(종9품 상)·衛尉注簿同正(종7품)·行平壤府(公?)[164] △△錄事로 재임중 隴西李公의 사위가 됨(〈隴西李公墓誌銘〉, 《韓國金石文追補》, 83쪽).

③ 金誠(문종 30 : 1076~의종 원년 : 1147)

i) 京兆 金氏로서 贈檢校太子太師인 錫符를 父로, 檢校太子太傅인 殿邦을 祖父로, 尙書右僕射인 吳顕을 外祖로 하여 문종 30년(1076)에 출생함.

ii) 弱冠의 나이로 明經에 擢第되어 秘書校書郎同正(정9품)을 제수받음.

iii) 德州防禦使의 倅를 거쳐 예종 2년(1107)에는 母弟인 中書侍郎平章事 吳延寵의 女眞征伐에 종군하여 공을 세우고 典廐令(종7품)이 됨.

iv) 그 후 大府注簿(종7품)→寶城郡刺史→將作注簿(종7품)→順州의 守令→大府注簿(종7품)→尙書都事(종7품)→監察御史(종6품)·西京分臺→刑部員外郎(정6품)→東京副留守(4품 이상)→秘書丞(종5품)→兵部郎中(정5품)·三司判官→衛尉少卿(종4품)·知刑部事→秘書少監(종4품)·御書檢討官·知戶部事→仁宗朝에 戶部尙書(정3품) 등을 역임.

v) 의종 원년(1147) 11월 8일에 72세의 나이로 卒함(〈金誠墓誌〉, 《朝鮮金石總覽》 上, 356쪽).

④ 申 淑(?~의종 14 : 1160)

i) 高靈郡人으로 인종조에 明經科에 登第함(《高麗史》 권 99, 列傳 12, 申淑 ; 《新增東國輿地勝覽》 권 29, 慶尙道 高靈 人物).

ii) 여러 번 옮겨 御史雜端(종5품)이 된 후 言事함(《高麗史》 권 99, 列傳 12, 申淑 ; 《高麗史節要》 권 11, 의종 3년 3월).

iii) 의종초에 右諫議大夫(정4품)로서 여러 차례 言事함(《高麗史》 권 99, 列傳 12, 申淑 ; 《高麗史節要》 권 11, 의종 6년 3월·6년 4월·6년 7월).

iv) 의종 10년(1156) 10월 현재 知樞密院事(종2품)로 재임함(《高麗史》 권 18, 世家 18).

v) 의종 12년(1158)에 知門下省事(종2품)가 된 후 鄭諴의 일을 諫함(《高麗史》 권 99, 列傳 12, 申淑 : 《高麗史節要》 권 11, 의종 12년 6월).

vi) 의종 12년 8월에 守司空·尙書右僕射(정2품)로 좌천 당함(《高麗史》 권 99, 列傳 12, 申淑 ; 《高麗史節要》 권 11).

vii) 의종 13년 2월에 벼슬을 버리고 고향으로 돌아갔다가 다시 소환됨(《高麗史》 권 99, 列傳 12, 申淑 : 《高麗史節要》 권 11, 의종 13년 2월·13년 5월).

viii) 叅知政事로 致仕함(《高麗史》 권 99, 列傳 12, 申淑).

ix) 의종 14년(1160) 7월에 죽음. (《高麗史》 권 99, 列傳 12, 申淑 및 권 18,

164) 原文에는 平壤公으로 나오나, 이는 平壤府의 오기로 생각된다.

世家 18 :《高麗史節要》권 11).

⑤ 金大齡

위에서 살핀 金諴의 손자로 祖父의 업을 계승하여 明經에 擢第된 후 國學學諭(종9품)가 됨(〈金諴墓誌〉,《朝鮮金石總覽》上, 356쪽).

⑥ 韓 略

i) 처음에는 司憲府 令史(吏屬)였는데, 明經科에 登第한 후 우왕의 외척으로써 관직을 超授함(《高麗史》권 111, 列傳 24, 慶復興 및 권 133, 列傳 46, 우왕 2년 윤 9월).

ii) 乳媼·宦寺 등에게 부탁하여 持平(정5품)이 되기를 구하므로 우왕이 그를 臺官으로 임명하려 했으나 慶復興의 반대로 결국은 좌절됨(《高麗史》권 111, 列傳 24, 慶復興).

위에 든 인물들 중 급제 후의 초사직에 대해 시사를 주는 사람은 ② 朴某와 ③ 金諴 ⑤ 金大齡이다. 그 가운데에서 김함이 받은 秘書校書郎同正(정9품)은 기술의 내용으로 보아 급제에 따른 초사직이 분명한데, 그것은 문한직의 하나인 비서성(전교시)의 관직이라는 점과 함께 실직이 아니라 散職인 동정직이라는 사실이 주목된다. 다음 朴某의 衛尉注簿同正(종7품)은 초사직인지 아닌지 그 점은 분명치가 않다. 하지만 급제한 그가 당시까지 이 직위를 대유하고 있었던 것을 감안할 때 가령 그것이 초사직은 아니었다 하더라도 처음에는 동정직을 제수받았을 가능성이 많다고 생각된다. 그렇다면 명경업 급제자에게 주어지던 초직에는 품관 동정직이 많았다고 말할 수 있는게 아닐까. 제술과 급제자에게도 동정직이 초직으로 제수되는 경우가 있었다. 하지만 그것은 예외라고 할 수 있을 정도로 극히 적은 숫자였다.[165] 그러나 명경과의 경우는, 워낙 사례가 적어서 단정하여 말하기는 어렵지마는 동정직을 제수하는 비율이 제술과와는 비교가 되지 않을 만큼 높았으리라는 추측은 가능할 듯싶다.

한편 김대령이 급제한 뒤에 받은 國學學諭도 기술의 내용으로 보아 초사직으로 판단된다. 국학학유는 국자감의 종9품 학관직이거니와, 그렇다면 이것은 위의 예들에 비해 매우 큰 혜택을 입은 셈이 된다. 형이 음직을 받을 정도로[166] 조부인 김함의 지위가 높았던 데다가, 김대령은 바로 그 조부의 업을 이어 계속하여 명경과에 급제하였으므로 특별한 대우를 하여 준 게 아

165) 朴龍雲, 앞의 글(1990a), 287쪽.

166) 〈金諴墓誌〉(《朝鮮金石總覽》上, 朝鮮總督府, 1919), 356쪽.

닌가 짐작된다. 이처럼 명경과 급제자도 경우에 따라서는 국자감의 학관직과 같은 경직을 초사직으로 제수받기도 했으나 대체적으로는 제술과 급제자보다 불리한 대우를 받아 동정직에 임명되는 예가 많았던 것 같다.

이들이 급제 후 초직을 받기까지의 대기 기간에 대해서는 헤아려 볼 만한 구체적인 자료가 찾아지지 않는다. 그러나 예종이 왕 2년(1107) 정월에 어머니 柳氏를 왕태후로 책봉하고 다음달에 恩赦를 내리는 가운데, "명경·제술 兩大業의 登科人 및 三韓功臣의 자손으로 4祖 내에 工·商·樂의 이름이 있음으로 해서 미루어져 시행되지 못한 자는 所司에 바라건대 예에 따라 신속히 아뢰고 재가를 받도록 하라"는 조처를[167] 취하고 있는 것으로 미루어 제술업과 명경업 공히 등과를 하고도 초직을 받지 못한 채 적체된 상태의 인원이 꽤 많았던 점만은 짐작할 수 있다. 제술과의 경우 고려 전기에는 급제 후 얼마 되지 않아 곧바로 초직을 받기도 했으나 2년 또는 4, 5년까지 대기해야 하는 예가 많았다는 사실에 대해서는 이미 설명한 바 있지만, 추측컨대 명경과 급제자의 경우 역시 비슷한 사정이지 않았을까 짐작된다.

다음 명경과 급제자의 仕路와 陞進 문제인데, 위에서 김함과 김대령의 경우 각기 초사직부터 문한직의 하나인 비서성의 관직과 국자감 학관직을 제수받은 사실에 대해 언급했지만, 그후의 사로를 보더라도 이들 관직에의 진출은 자유로웠던 것으로 생각된다. 역시 김함이 같은 관부의 秘書丞(종5품)과 秘書少監(종4품), 그리고 또 다른 문한직인 御書檢討官을 역임하고 있고, 김대령과 함께 全輔仁도 經學博士를 비롯한 여러 학관직을 거치고 있는 것이다.

그런데 한편으로 전보인과 신숙, 특히 김함의 경우 관력이 자세하게 전해지고 있음에도 불구하고 문한직 중에서 가장 중시된 한림원(예문관)과 사관(춘추관)의 관직은 하나도 보이지 않고 있다는 사실이 주목된다. 때문에 혹자는 이들 관직만큼은 제술과 급제자에게만 허용되어 있었으며, 따라서 명경과 급제자들은 그곳으로 진출할 수 없었고, 아울러 국자감의 國子祭酒(종3품) 같은 중요 직책에도 임명이 되지 않았다는 견해를[168] 밝히고 있다. 앞서 설명하였듯이 몇 안 되는 사료에 근거한 결론인 까닭에 마음에 꺼려지는 면이

167) 《高麗史》 권 12, 世家 12, 예종 3년 2월 신묘.
168) 許興植, 앞의 글(1976), 108쪽.

없지 않지만 현전하는 자료에 입각하는 한 그같은 의견에 동의하지 않을 수 없는 실정이다.

그러나 이러한 제약 이외에 다른 제한은 없었던 것 같다. 보다시피 명경과 급제자들은 諸寺를 비롯하여 6部와 淸要職인 臺諫, 尙書省과 宰樞兩府 등에 두루 진출하고 있는 것이다. 그리고 직위도 郎舍의 최고직인 常侍(정3품)와 6부의 상서(정3품) 및 재추(2품 이상)까지 승진한 사례가 보여 물론 限品制 같은 제한도 없었음을 알 수 있다. 고위 관직에 오른 관원수나 승진 속도 등에 있어 제술과 급제자 만큼은 훨씬 못했겠지만 명경과 급제자라 하여 어떤 제약이 있는 것은 아니었다고 생각된다.

(3) 잡 과

雜科는 주로 해당 분야의 기술직을 선발하기 위한 과업이었으므로 급제 후에는 당연히 해당 부서의 관직에 취임해 일을 보았으리라 짐작된다. 그런 점에서 尙書刑部 소속－뒤에는 成均館 소속－의 律學博士(종8품)와 律學助敎 (종9품) 등은 명법업 급제자의 진출로였으리라 생각되며, 또 국자감 소속의 算學博士(종9품)와 중앙 각 관서의 吏屬인 算士 등은 명산업 급제자의 진출로였다고 추측된다. 서업과 관련하여서는 역시 국자감 소속의 書學博士(종9품)나 목종 원년 전시과의 제16과에 보이는 篆書博士 등이 그런 직위로 지목될 수 있을 듯하며, 또 중서문하성과 춘추관·전교시의 이속인 書藝나 예부의 이속인 篆書書者, 중서문하성·예문관 등의 이속인 書手 등도 명서업 급제자와 연결시켜 생각해 볼 수 있을 듯싶다.[169] 아울러 典醫寺(太醫監)와 奉醫署(尙藥局)의 각종 직위 및 각 州牧에 파견되었던 醫學博士 등은 의업 급제자로 보임되었다고 생각되거니와, 다른 과업 역시 이와 사정이 비슷했으리라 짐작되는 것이다.

잡업 각과의 급제자들이 취임하는 직위는 이와 같이 대략 하급 관료나 이속직이었던 것 같다. 여기에서 혹 급제자들이 과연 이속직에도 진출했을까 하는 의문이 없지 않을 듯싶은데, 비록 여말인 공양왕 2년의 일이긴 하나 都評議使司에 經歷司를 설치하고 그곳의 7·8품에 해당하는 典吏를 잡업 급제

169) 이 점에 대해서는 許興植, 위의 글, 111~112쪽 및 趙東元, 앞의 글(1974), 236쪽 참조.

자중에서 不仕者를 뽑아 충당시켜 書寫를 맡도록 한 조처를[170] 보면 그 의문은 어느 정도 해소되어질 수 있지 않을까 생각된다. 잡업 각과 모두가 일률적으로 그러하지는 않았겠지만, 상당수 과업의 급제자들은 이속직에도 활발히 진출하였다고 추측되는 것이다.[171]

명서업 급제자 가운데 관력을 비교적 자세하게 남기고 있는 한 사람이 있어 주목된다. 이자수가 바로 그 장본인인데, 그의 신상·관력 등에 대해서는 홍패와 함께 공민왕 15년 당시의 政案과 우왕 2년 및 8년에 발급된 告身이 전해 올 뿐 아니라[172] 《高麗史》 권 40, 세가 40, 공민왕 12년 윤 3월조에는 寢園令(정5품)에 재임하면서 '收復京城 二等功臣'으로 봉함을 받은 사실이 실려 있는 등 여러 자료가 남아 있는 것이다. 이제 그들에 입각하여 초직부터 얼마간의 관력을 적어 보면 아래와 같다.

① 충숙왕 17년(충혜왕 즉위년 : 1330) 11월(?)에 鄕貢擧人으로 明書業 '二科第 四人'으로 급제함(紅牌).
② 충혜왕 즉위년(1330) 9월 4일에 通仕郎(9품)·都染令同正(정8품)·明書業 급제를 받음(政案).
③ 충혜왕 후5년(1344) 6월 22일 有備倉注簿(종8품).
④ 충목왕 2년(1346) 5월 10일 司僕直長(종7품).
⑤ 〃 4년(1348) 5월 15일 奉車直長(정7품).
⑥ 충정왕 원년(1349) 8월 27일 承奉郎(정6품)·試監察糾正(종6품).
⑦ 공민왕 11년(1362) 3월 10일 承奉郎(정6품)·典工佐郎(정6품).
⑧ 〃 〃 〃 3월 25일 朝奉郎(종5품)·豊儲倉使(事?)(종5품).
⑨ 〃 〃 〃 12월 25일 朝奉郎(종5품)·寢園署令(정5품).
⑩ 공민왕 12년(1363) 윤3월 寢園令(정5품)에 재임하면서 '收復京城 二等功臣'에 봉함을 받음.

이를 검토컨대 우선 그가 급제 후 초직으로 받은 관직이 都染令同正(정8품)이라는 점이 눈길을 끈다. 그가 급제한 날짜에 대해 정안에는 1330년의 9월로, 《高麗史》 권 73, 선거지 1, 과목 1, 선장에는 10월로, 그리고 다시 홍패에는 11월로 되어 있어 초직을 파악하는 데도 약간의 혼란이 없지 않으나 鄕貢

170) 《高麗史》 권 77, 志 31, 百官 2, 諸司都監各色 都評議使司.
171) 朴龍雲, 앞의 글(1990a), 622쪽.
172) 李基白 編著, 《韓國上代古文書資料集成》(一志社, 1987), 149·220·234·240쪽.

擧人의 자격으로 급제한 사실을 감안할 때 바로 그 해에 받은 도염령동정이 초직이었을 가능성은 많다고 이해된다. 그런데 그것이 산직인 품관 동정일 뿐 아니라 염색 업무를 관장하여 서업과는 아무런 관련이 없는 都染署의 관직이어서 주목할 필요가 있다는 것이지만, 그 이후 승진하면서 거친 관직 역시 서업과는 거의 관계가 없는 직위들이다. 물론 초직을 받은 뒤에 다시 有備倉注簿로 취임하기까지에는 14년의 간격이 있으므로 정안에는 기재되지 않았으나 그간에 서업 관계의 관직에서 일을 보았으리라 추측되기는 한다. 그러나 서업 급제자라 하여 그 계통의 관직에만 복무한 게 아니라 일반직으로도 널리 진출할 수 있었다는 그 점만은 유의해야 하리라 생각되는 것이다. 다만 당시는 여러 모로 관제가 문란해 있던 때라 그 같은 현상이 이런 관제 문란의 소산이었는지, 아니면 일반적인 것이었는지 그 점은 잘 알 수가 없다.

고려왕조는 공민왕 10년에 이르러 紅巾賊의 침입을 받아 수도인 개경이 함락당하는 국난을 맞는다. 그러나 조정 상하가 단결하여 저들을 물리치고 개경을 되찾지만 앞서 지적했듯이 이때 이자수도 공로를 세워 왕 12년 윤 3월에 '수복경성 2등공신'에 봉함을 받았다. 이는 다시 말할 필요도 없이 그의 立身에 좋은 영향를 미쳐 그후 빠른 속도로 승진하였다. 그리하여 그는 결국 관계로는 종2품의 通憲大夫, 관직으로는 정3품의 判典儀寺事까지 오르고 있다. 이와 함께 충렬왕조에 주자 성리학을 도입한 것으로 널리 알려진 安珦의 父인 安孚가 의업 급제자로서 정3품직인 密直副使까지 지낸 사실도 알려져 있다.[173] 하지만 이 두 예가 일반적인 현상을 보여 주는 것은 아니라고 생각된다. 역시 잡업 각과의 급제자는 대체적으로 자기의 전문분야에 해당하는 관직에 보임되었고, 그 지위도 그렇게 높지 않은 품계에서 그치는 경우가 대부분이지 않았을까 짐작된다.

7) 고시관

과거에는 그 시험을 주관하는 고시관이 있게 마련이었다. 그들은 물론 시험의 단계에 따라 달랐는데, 먼저 예비고시인 감시의 시관에 대해서는, ① 《高麗

173) 《高麗史》 권 105, 列傳 18, 安珦.

史》 권 73, 선거지 1, 과목 1에 예종 16년(1121) 5월의 판문으로 "명경업 이하 제업의 감시는 司業 이상관이 各業員과 함께 試選토록 하였다"고 전하고 있다. 즉, 명경업과 명법업·명서업·명산업·의업·복업·지리업 등 잡업의 監試 시관은 국자감의 종4품인 國子司業 이상관이 각 해당 과업의 관원과 함께 시선토록 했다는 것이다. 이는 국자사업 이상관이 감시를 주관하되 명경업 이하 각 과업의 급제자 선발에는 전문가가 필요했을 것이므로 이들도 시관 대열에 함께 참여시킨 것으로 이해된다.

그런데 한편으로 같은 시험을 의미한다고 생각되는 국자감시의 시관에 대해서는, ②《高麗史》 권 74, 선거지 2, 과목 2 國子試試員條에 "3品 以下官으로 삼았다"는 내용이 전해지고 있다. 그리하여 혹자는 이같은 시관의 규정에 대한 ①·②사료의 차이점을 들어 각업 감시와 국자감시는 각기 성격이 다른 고시라고 주장하기도 하였다. 그는 ① 사료를 해석함에 있어 사업이 국자감 소속의 관원이라는데 중점을 두어 감시 시관은 국자감 관원으로 한정되었던 것에 비해 국자감시 시관은 관서에 관계없이 '3품 이하관'으로 임명되었던 만큼 양자는 같은 성격의 고시로 볼 수 없다는 주장을 폈던 것이다.174)

그러나 생각해 보면 명경업 이하 제업의 감시를 주관하는 시관을 '司業以上官'으로 한다는 ① 사료의 '司業以上官'을 반드시 사업이 소속한 관서와 연결시켜 해석할 필요가 있을까는 의문이다. '以上官'에 중점을 두어 읽으면 '국자감의 사업과 같은 종4품 이상관'으로 주관케 하라는 의미의 판문이었다는 이해도 가능하기 때문이다. 그렇지만 필자가 보기에 그 판문의 중점은 오히려 '각업원과 함께 시선토록 하라'는 대목에 있지 않았을까 짐작된다. 4품 이상관이 주관하되 명경업과 잡업의 시험에서는 그 방면의 전문지식을 가진 관원도 함께 시관으로 참여케 한 조처가 바로 이 판문의 근본 취지가 아니었을까 생각된다는 것이다. 이런 관점에 서서 검토할 때 ①과 ②사료는 서로가 판이한 내용을 전하는 것은 아니라고 이해된다. ①에서는 4품 이상관, ②에서는 3품 이하관이라고 했지만 그것은 곧 상·하의 범위를 나타내는데 불과할 뿐 더러, 《高麗史》 권 74, 선거지 2, 과목 2, 國子試之額條에 연대순으

174) 柳浩錫, 〈高麗時代의 國子監試에 대한 再檢討〉(《歷史學報》 103, 1984), 16~17쪽.

로 정리되어 있는 국자감시 시관의 관직 역시 거의 모두가 국자사업을 포함한 3품·4품으로 되어 있는 것이다. 만약 이러한 해석에 무리가 있다고 한다면, ①은 명경업 이하 제업 감시의 시관에 관한 판문인 데 비해 ②는 제술업 감시의 시관에 대한 규정이라고 이해하여도 좋다는 생각이 든다.[175] 이런 견지에서 일단 제술과를 포함한 각 과업의 감시는 국자사업을 비롯한 3품·4품 관원이 총괄하는 책임을 맡고, 그 아래에 각 과업별로 전문지식을 갖춘 관원들이 추가되어 있었던 것으로 정리하여 둔다.

다음 본고시인 예부시의 시관에 대해서는《高麗史》권 74, 선거 2, 과목 2, 시관조에 밝혀져 있듯이 책임자는 지공거와 동지공거였다. 광종이 처음 과시를 설행할 때는 이들 가운데 지공거만을 두었다. 그리하여 몇 번의 과시를 치르고 나서 동지공거는 광종 23년(972)에 새로 증치하였으나 곧 폐지되었고, 그 후 문종 37년(1083)에 이르러 다시 설치한 이후부터 常例化되었던 것이다. 그리고 이들 시관의 명칭도 경종 2년(977)의 친시 때는 讀卷官이라 불리기도 했지만, 성종 15년(996)에는 지공거를 都考試官이라 고쳤다가 이듬해에 본래의 이름으로 되돌아가고 있으며, 또 충숙왕 2년(1315)에는 지공거를 고시관, 동지공거를 同考試官으로 고쳤다가 같은 왕 17년에 다시 본래의 이름으로 되돌리고도 있다. 이처럼 동지공거는 얼마 동안 설치되지 아니하였고 또한 시관의 명칭상에도 몇 차례의 변천이 있었지만 대체적으로 지공거와 동지공거가 각기 책임자와 부책임자로서 과거의 본고시를 주관하였다고 할 수 있다.

사료에는 이들 두 칭호 이외에 더 찾아지는 것이 없다. 그럼에도 불구하고 지공거와 동지공거를 각기 책임자와 부책임자로 규정한 것은 이들 아래에 실무를 담당하는 시관이 더 있었으리라 짐작되기 때문이다. 물론, 지공거와 동지공거는 제술과의 경우 문제를 출제하고 시험을 감독하며 채점과 함께 科次를 정하는 일까지 담당했던 것 같다.[176] 그러나 이들이 명경과와 잡과에 있어서의 그 같은 일까지 담당했다고는 생각되지 않는다. 역시 명경과와 잡과의 경우는 감시 때와 마찬가지로 그 방면의 전문가들이 같이 업무를 보지 않았을까. 지공거와 동지공거는 그들 업무를 총괄하고 감독하는 책임자

175) 이에 대해서는 朴龍雲, 앞의 글(1990b), 562~563쪽 참조.

176)《高麗史》권 74, 志 28, 選擧 2, 科目 2, 원종 14년 10월.

였다고 생각하는 게 옳을 듯싶은 것이다.

지공거와 동지공거의 임명에 대해서는 원종 14년 10월의 기사로, "舊制에 二府가 지공거를, 卿·監이 동지공거를 담당토록"했다고[177]한 사료를 통해 대략 짐작할 수가 있는데, 그러나 실제로 이들 직위에 임명된 사람들에 관하여 검토해 보면 그대로 시행되지 않았던 면도 나타난다. 먼저 지공거의 경우 고려 전기의 상황을 보면 약 반수 가량이 기록대로 宰府와 樞府, 즉 양부(2부)의 재상들로 채워진 반면, 반수 가량은 吏部尙書나 侍郎·翰林學士·國子祭酒·秘書監 등 중요 관서의 3·4품 관원들로 이루어지고 있는 것이다. 그러다가 양부 재상들이 대부분의 지공거직을 차지하는 것은 고려 후기의 일이지마는, 그러나 동지공거의 경우는 전기간을 통하여 3품의 경·감이 임명된 때는 일부분에 지나지 않고 역시 중서문하성이나 중추원·상서 6부·한림원·국자감 등 중요 관서의 3·4품 관원들로 이루어지고 있으며, 말기에는 재상들까지 이 직위에 임명되고 있기도 하다.[178] 이처럼 지공거와 동지공거의 실제적인 담당자는 각기 양부의 재상과 경·감만으로 구성된 듯이 나오는 사료와 얼마간 차이가 있지만, 그에 상당하는 중요 직위의 고관들로 채워지고 있다는 점은 확인이 된다.

그것은 지공거와 동지공거가 그만큼 중요하면서도 영광된 자리였다는 사실의 반영일 것이다.[179] 고위 관원들이 앞을 다투어 이 직위를 차지하려 한 것도 그 때문으로 생각된다. 한 연구에 의하면 지공거와 동지공거에 임명되었던 사람들은 대체적으로 고려기의 명문으로 알려진 집안 출신들이었다고 하거니와[180] 이 역시 그와 밀접한 관련이 있다고 여겨진다. 그리고 이러한 사실은 고려시대의 과거제를 이해하는 데 하나의 중요한 시사를 준다는 점에서 주목할 필요가 있을 듯하다.

이들 掌試者는 흔히들 學士라고도 불리었다. 그리하여 당해 학사 밑에서 급제한 사람들은 그의 문생이 되었지마는, 이들은 그 학사를 恩門이라 부르

177) 《高麗史》 권 74, 志 28, 選擧 2, 科目 2, 원종 14년 10월.
178) 崔惠淑, 〈高麗時代 知貢擧에 대한 硏究〉(《崔永禧華甲紀念 韓國史學論叢》, 探求堂, 1987), 173~184쪽.
179) 曺佐鎬, 앞의 글(1958), 148쪽.
180) 崔惠淑, 앞의 글(1987), 184~197쪽.

며 座主와 門生의 관계를 맺었다.[181] 한데 이러한 좌주·문생의 관계는 매우 각별하여 부자와 같은 예를 취하였다는 것이지만, 그런 가운데에서 서로 서로 도와 가는 하나의 학벌을 형성하였다.[182] 그러나 이렇게 과거를 통하여 형성된 좌주와 문생이 공고한 유대를 가지고 학문의 전통을 이어갈 뿐 아니라 정치적·사회적으로 많은 영향을 미친 데 대해서는 서로 다른 엇갈린 반응을 보이고 있다. 한편에서는, "좌주·문생간의 은혜와 의리가 온전함은 족히 국가의 원기를 배양하는 일이 되는 것이며, 詩書의 넉넉함과 詞翰의 빛남은 비록 백년이 지나더라도 바뀌지 않을 것이라고"[183] 긍정적으로 평가하는 입장이 있는가 하면, 다른 한편으로 공민왕 때의 신돈 같은 이는, "儒者들은 좌주·문생을 칭하며 中外에 포열해 서로 干請하여 하고자 하는 바를 자행하는데, 이제현 같은 사람은 문생의 門下에서 문생을 보게 되어 드디어 나라에 가득 찬 도적이 되었으니 유자의 해됨이 이와 같다"[184]고 하여 매우 부정적으로 평가하고 있는 입장도 찾아지는 것이다. 후자는 과거제에서 비롯되는 폐단의 일면을 지적한 말로 생각되거니와, 앞서 설명했듯이 복시·친시를 시행하여 과시에 왕권이 개입함으로써 고시관의 영향력을 축소시키고자 했던 것도 이런 문제와 관련이 깊었다고 할 수 있다.[185] 하지만 이러한 좌주·문생의 관계가 제도적으로 단절되는 것은 조선조에 들어 와서야 이루어진다.[186]

8) 과거제의 역사적 의의

과거는 시험에 의해 각자의 실력 여하를 따져 官途로 나가게하는 제도였다. 그러므로 이 길은 국가의 입장에서 보더라도 유능한 인재를 뽑아 쓰는

181) 《高麗史》 권 74, 志 28, 選擧 2, 科目 凡試官 충숙왕 2년.
李齊賢, 《櫟翁稗說》 後集 2, 唐楊嗣復率門生宴先僕射於里第.
182) 曺佐鎬, 앞의 글(1958), 162~164쪽.
183) 李穡, 《牧隱詩藁》 권 26, 詩 門生掌試圖歌幷序.
184) 《高麗史》 권 110, 列傳 23, 李齊賢.
185) 許興植, 〈高麗 科擧制度의 成立과 發展〉(《韓國史硏究》 10, 1974 ; 앞의 책, 37~43쪽).
186) 李楠福, 〈麗末鮮初의 座主·門生關係에 關한 一考察〉(《鄭在覺古稀記念 東洋學論叢》, 고려원, 1984), 211~213쪽.

가장 합리적인 방식이 되었고, 따라서 조정에서는 여러 가지 의식과 시책을 베풀어 그것을 적극 장려하였다.

감시 합격자나 예부시 급제자의 발표에 즈음하여 행한 放牓儀는 그 하나라 할 수 있다. 이 의식은 국왕이 직접 임석하여 급제자들을 치하·격려하는 행사로서,[187] 이들에게는 더 없는 영광의 자리이기도 하였던 것이다. 이어서 급제자들은 綴行 또는 成行이라 하여 며칠간에 걸친 시가행진을 벌였으며,[188] 그것을 알리는 呵喝의 소리는 뭇 사람들의 부러움을 사는 계기가 되었다.[189] 이와 함께 급제자들에게 합격증서로 수여되는 홍패는 사령을 파견해 직접 본인의 집에 가서 사급했는가 하면,[190] 지방출신 급제자가 고향으로 돌아 갈 때는 州官이 州吏들을 거느리고 五里亭까지 나와 맞고 그의 부모를 초치하여 주연을 베푸는 의식을 행하도록 되어 있었으며,[191] 또 세 아들 혹은 그 이상이 급제했거나 두 아들이 장원급제했을 경우에는 그들의 어머니에게 곡식을 내려 포상하는 시책을[192] 펴기도 하였다.[193] 과거에 대하여 국가가 어떻게 인식하고 있었던가를 잘 보여 주는 몇 가지 단적인 예인 것이다.

한편 급제자들은 위에서 설명했듯이 자기가 급제했을 때의 지공거와 동지공거를 좌주 또는 은문이라 부르고, 스스로는 그의 문생이 되어 깊은 유대관계를 맺었다. 뿐 아니라 同榜者 끼리는 同年으로서 형제처럼 친밀하게 지냈으며 또 장원 급제자들은 모여 따로 龍頭會를 만들기도 하였다. 과거를 중심으로 하는 이러한 집단의 형성은 서로의 이해를 위한 면이 많았겠지만, 엘리트 의식의 발로이기도 한 것으로서, 이런 점에서 역시 과거에 대한 당시 인들의 평가를 짐작할 수가 있다.[194]

---

187) 《高麗史節要》 권 19, 원종 12년 5월.
《高麗史》 권 68, 志 22, 禮 10, 東堂監試放牓儀.

188) 《高麗史》 권 74, 志 28, 選擧 2, 科目 2, 崇獎之典 명종 6년 8월·원종 7년 5월·충목왕 3년 10월.

189) 《高麗史》 권 118, 列傳 31, 趙浚.

190) 《高麗史節要》 권 12, 명종 8년 6월.

191) 《高麗史》 권 68, 志 22, 禮 10, 新及第進士榮親儀.

192) 《高麗史》 권 74, 志 28, 選擧 2, 科目 2, 崇獎之典 숙종 2년·의종 10년 6월.

193) 이상의 의식과 시책에 대해서는 이미 曺佐鎬가 앞의 글(1958), 159~160쪽에서 지적한 바 있다.

194) 이 점에 대해서는 역시 曺佐鎬, 위의 글, 162~164쪽 및 許興植, 〈高麗의 科擧와 門蔭과의 比較〉(《韓國史研究》 27, 1979 ; 앞의 책, 230~233쪽) 참조.

이처럼 과거에의 급제는 국가와 사회의 우대를 받으며 벼슬길에 나갈 수 있는 최선의 방식이었을 뿐더러 본인은 말할 것 없고 가문에 영광을 돌리는 일이었다. 나아가서 蔭敍 출신자들에게 가해졌던 문한·학관직과 지공거직에의 취임 불허와 같은 제약을 극복할 수가 있었고, 또 재관 중에 급제를 하면 승진이 촉진되었던 만큼 가문이 좋거나 좀 못하거나를 막론하고 여러 가지 어려움을 감내하면서 급제하려고 많은 노력을 기울였던 것이다.

현재의 벼슬을 그만 두고 應擧하여 급제한 예와[195] 법제상 6품 이상은 원칙상 응시할 수 없으므로 4년간이나 그 직위에의 취임을 유예하면서 급제한 예도 보이며,[196] 또 藍衫 벼슬에 있는 사람은 세 번밖에 응시할 수 없는 규정을 다섯 번까지로 고쳐 가면서 급제한 사례[197] 역시 찾아진다. 위의 세 장본인인 任溥와 許冠·文克謙은 각기 당대의 명문인 定安任氏·孔巖許氏·南平文氏의 자제이거니와, 그들도 급제에 얼마나 집착했던가를 잘 엿볼 수가 있다. 이상의 세 예는 성공한 경우이지만 그렇지 못하였을 경우에는 큰 한을 품게 되었다. 田元均과 金方慶(安東金氏)이 후자의 예에 해당하는 사람들이다. 즉, 전원균은 비록 문음으로 입사하였으나 급제하지 못한 것을 한으로 여겼다고 전하며,[198] 역시 음서로 입사하여 최고의 지위에까지 오른 김방경이었지만 桂籍에 참여치 못했음을 한하였다는 것이다. 특히 후자는 그렇기 때문에 아들 金恂에게 일찍이 등제한 할아버지 金孝印의 業, 즉 「祖業」을 이을 것을 바랐고, 그에 따라 김순은 힘써 공부하여 마침내 급제하였다고 한다.[199] 그런가 하면 尹瓘(坡平尹氏)의 遠孫으로 역시 음서로 출사하여 고위직에 오른 尹侅도 "우리 집안에서는 侍中公(尹瓘) 이하 무릇 7세가 등과했는데 우리 부자는 (그렇지 못했으니) 후회한들 어찌 미치리오"라고 한탄했다는 기록도[200]

195) 《高麗史》 권 95, 列傳 8, 任懿 附 溥.
196) 《高麗史》 권 105, 列傳 18, 許珙 附 冠. 같은 내용의 기사가 《高麗史節要》 권 22, 충렬왕 29년 추 7월에도 실려 있다.
197) 《高麗史》 권 99, 列傳 12, 文克謙. 같은 내용의 기사가 《高麗史節要》 권 13, 명종 19년 9월에도 실려 있다.
198) 《東國李相國集》 권 35 및 〈田元均墓誌〉(《朝鮮金石總覽》 上, 朝鮮總督府, 1919, 571쪽).
199) 〈金恂墓誌銘〉(金龍善, 〈新資料 高麗 墓誌銘 17點〉, 《歷史學報》 117, 1988, 155~157쪽).
200) 《牧隱文藁》 권 18 및 〈尹侅墓誌〉(《朝鮮金石總覽》 上, 朝鮮總督府, 1919), 689쪽.

전해 오고 있다. 지금 이 자리에서는 세 예만을 들었지만 이와 같은 한을 남긴 사람은 아마 이루 다 헤아릴 수 없을 정도로 많았을 것이다. 과거에의 급제는 양반·귀족들에게도 매우 큰 값어치를 지닌 것이었음을 알 수 있다.

그러나 이들 못지 않게 하급 양반층이나 서리·향리 및 일반양민들도 급제를 열망하였으리라고 생각된다. 그것을 계기로 관직을 얻게 되고, 그에 따라 신분의 상승이동까지도 가능했을 것이기 때문이다.[201] 앞서 가장 중요한 과업인 제술과의 경우 향리층의 부호정 이상 子 및 부호장 이상 孫과 서리층 이상은 응시가 가능했다고 하였거니와, 이들은 급제를 하여 관도로 진출하게 됨에 따라서 양반·귀족 신분으로 상승할 수 있는 발판을 마련하여 갔을 것이다. 그리고 이러한 사례는 실제로 다수가 찾아진다. 그런가 하면 명경과와 잡과에는 일반 양민층 이상이면 어느 시기부터 응시가 가능했으므로 이들의 중류층 내지 양반층으로의 신분상승도 짐작할 수 있다. 하지만 이 후자의 사례는 아직 찾아지지 않는다. 그 이유는 사료의 결핍 때문인지, 아니면 급제까지의 여러 가지 어려운 여건 관계로 인해 실제로 성공을 거둔 예가 없어서 그런 것인지 그 점은 좀 분명치가 않다. 그러나 추측컨대 그리 많은 숫자는 아니었겠지만 일반양민으로 명경과나 특히 잡과에 급제하여 신분을 상승시켜 간 예는 얼마간 있었다고 보는 것이 온당할 듯 생각된다. 하여튼 과거는 이처럼 신분의 변동을 齎來하는 매체의 역할을 하였음에 틀림이 없다. 이런 점에서 과거제가 지니는 사회적 기능은 매우 컸던 것이라 할 수 있다.

그런데 과거제의 이 같은 사회적 기능이 상당히 한정된 것이었다는 데서 또한 제약성도 찾아진다. 그것은 과업중에 절대적 중요성을 가지고 있던 제술과에 국민의 대다수를 이루고 있는 일반양민 이하층에 응시자격이 주어지지 않았다고 생각된다는 점에서 단적으로 드러난다. 과거라 하여 실력에만 기준을 두고 관리를 선발한 것은 아니었다. 그 역시 신분제의 바탕 위에 설치된 제도였던 것이다.

과거제가 지니는 제약성은 그것의 운영상에서도 나타나고 있다. 과거는 특권신분층의 이익에 부합하도록 운영되는 면이 많았던 때문이다. 품관 또는 권무관의 경우 예비고시를 거치지 않고 직접 본고시에 응시할 수 있도록 한

201) 朴菖熙, 〈高麗時代「官僚制」에 대한 고찰〉(《歷史學報》 58, 1973), 54쪽.

것이 그 하나였다. 즉 특권신분층의 자손들은 初蔭職으로 품관 내지 권무직을 받거나, 이속에 보임 받았다 하더라도 얼마 후에는 품관으로 승진하여 예비고시 단계를 거치지 않고 직접 본고시에 응시하여 비교적 수월하게 급제할 수 있었던 것이다. 나아가서 대부분이 고위관료 자손이었던 국자감생들에게 考藝試를 치르게 하고 좋은 성적을 얻었을 때 본고시의 초장 내지 중장까지 면제시켜 준 제도 역시 실은 음서제와도 간접적으로나마 관련이 있지 않았나 하는 생각이 많이 든다. 한 연구에 따르면 음서 출신자 중 약 40%가 과거에 급제하였다고 하거니와,202) 이 정도의 음서 출신 과거 급제자가 배출될 수 있었던 것도 위와 같은 과거제의 운영과 무관하지는 않을 것 같다. 뿐만 아니라 급제 후에 보다 나은 초사직을 받는데 있어서나, 또 초사직을 받을 때까지의 대기기간 문제에 있어서도 가문 관계가 많이 작용하였다. 과거제 역시 고려 貴族社會 體制 내의 산물이었던 만큼 그에 배치되는 동떨어진 제도는 아니었던 것이다. 근자에 과거는 정치적·경제적·사회적으로 유리한 지위에 있는 자들이 그들의 특권을 배타적으로 공유하는 하나의 방법이었다는 견해가 피력되었는데,203) 그에 동감되는 점이 많다.

과거와 함께 관리 등용의 가장 중요한 방식의 하나로 기능한 것은 음서였으므로 양자는 흔히들 비교되곤 하였다. 이제 그 내용을 구체적으로 보면, 음서 출신자는 문한·학관직에 취임할 수 없었던 데 비해 과거 급제자에게는 그 같은 제약이 없었고, 또 제수받는 초직의 직위에 있어서도 전반적으로 전자보다 후자의 것이 높아 관료생활에서 과거 급제자가 여러 모로 유리하였다. 거기에다가 재관 중에 급제하게 되면 급제 전의 직위보다 대체적으로 1·2품계 높은 관직을 수여 받는 게 관례였던 듯하므로 이런 점에서도 급제자는 유리한 입장에 있었다고 판단된다.

이렇게 초직의 진출에 있어서는 급제자가 유리했던 게 확실한데, 그러나 음서 출신자에게도 한 가지 커다란 이점이 있었다. 그것은 이들이 과거 급제자보다 이른 나이에 관도로 나갈 수 있다는 점이었다. 평균 연령을 보면 음

202) 金龍善, 앞의 글(1987), 96~102쪽.

203) 李基白, 〈高麗 貴族社會의 形成〉(《한국사》 4, 국사편찬위원회, 1974, 184쪽 ; 《高麗 貴族社會의 形成》, 一潮閣, 1990, 61쪽).

직을 받은 것이 14, 5세인데 비해 과거 급제는 24.4세로 나타나[204] 10년 가량 음서출신자들이 과거 급제자보다 앞서서 관도로 나가고 있음이 확인된다. 여기에다가 급제의 경우 초직을 받을 때까지의 대기 기간을 감안하면 그 차이는 더 벌어지게 된다. 혹자는 음서와 과거 출신자의 승진과정을 정밀히 추적하여 하위직에서 뿐 아니라 고위직까지도 전자가 후자보다 적은 나이에 진급하고 있다는 결론을 얻고 있어 주목되거니와, 수긍이 가는 견해이다.[205]

이처럼 음서 출신자들이 처음으로 받는 직위는 과거 급제자들의 것보다 좀 낮았으나 대신에 관도로 일찍 진출함으로써 오히려 승진과정은 빨랐다. 이 점에서 전자는 후자보다 유리한 입장에 있었던 셈이다. 그러나 한편으로 음서 출신자들은 문한·학관직에 취임할 수 없었으니 이 점에서는 물론 과거 급제자들보다 불리한 입장이었다고 할 수 있다. 말하자면 음서와 과거 출신자들은 관료 생활을 해 가는데 있어서 각각 유리한 점과 불리한 점을 아울러 지니고 있었던 것이다.[206] 필자는 入仕 수단으로서의 음서와 과거의 예부시 급제가 차지하는 위상은 비슷하였다고 말한 바 있지만,[207] 지금 되새겨 보더라도 그 생각은 옳았던 듯싶다.

요컨대 음서제만큼은 아니었다 하더라도 과거는 역시 귀족사회체제 내의 제도였으므로 그의 테두리 안에서 기능하는 면이 많았다. 하지만 그것은 능력 본위를 지향하는 제도였고, 그리하여 일정한 범위내에서의 일이기는 하나 실제로 신분 변동을 가능케 하는 사회적 기능도 가지고 있어서 폐쇄적인 고려 귀족사회에 신선한 공기를 불어넣는 역할도 수행하였다. 그런 점에서 이 제도의 한계성과 함께 발전적인 면을 동시에 엿볼 수 있는 것이다. 과거제는 음서제와 더불어 가장 중요한 관리 등용 방식의 하나로서 그것이 지니고 있던 역사적 의의는 매우 컸다고 이해된다.

〈朴龍雲〉

---

204) 朴龍雲, 〈高麗時代 蔭叙制의 實際와 그 機能(下)〉(《韓國史硏究》37, 1982 ; 앞의 책, 45쪽) 및 앞의 글(1990a), 308~309쪽. 金龍善은 앞의 글(1987), 132쪽에서 음서의 제수 평균연령을 15.4세, 科擧 급제의 평균연령을 23.6세로 계산 해놓고 있다.

205) 金龍善, 위의 글, 131~137쪽.

206) 金龍善, 위의 글, 140쪽.

207) 朴龍雲, 앞의 글(1982), 52쪽.

3. 음 서 제

1) 음서제도의 성립

고려시대의 가장 보편적인 관리등용법은 科擧制度와 蔭敍制度이다. 그런데 과거제도가 개인이 가진 일정한 학문적 능력에 따라 관리로 선발하는 것에 비하여, 음서제도는 조상의 蔭德에 의하여 그 자손이 관리가 될 수 있게 하는 제도이다. 즉 음서제도는 일정한 官品에 오르거나, 일정한 자격을 갖춘 관리의 자손에게 관직을 줌으로써 그 후손을 관리로서 복무하게 하는 제도인 것이다. 이러한 까닭에 이 제도는 하나의 入仕路로서의 기능으로 그치는 것이 아니라, 나아가 사회적 정치적으로도 커다란 의의를 지니게 된다고 할 수 있다. 특히 고려시대를 문벌귀족이 다스리는 사회라고 이해할 경우, 조상의 음덕에 의하여 자손이 관리가 되는 음서제도야말로 고려의 귀족들이 문벌을 형성해 가고 그 특권을 유지해 나가는데 큰 영향을 끼쳐 준 제도가 되었던 것이다.[1)]

그러면 이러한 고려의 음서제도는 언제 제도로 성립되었던 것인가. 현재 남아 있는 자료에 의할 때 고려시대 음서의 시행에 관한 최초의 기록은 고려 7대 왕인 穆宗 때의 기사에서 찾아 볼 수 있다.

> 목종 즉위년(성종 16년) 12월 威鳳樓에 행차하여 사면령을 반포하여 3년간의 役을 면제하고…文武의 관리에게(官爵) 1級을 더해주며, 5품 이상(관리의) 子에게는 蔭職을 수여하였다(《高麗史節要》 권 2, 성종 16년 11월 및 《高麗史》 권 75, 志 29, 選擧 3, 銓注 蔭敍).

즉 목종은 즉위에 즈음하여 반포한 교서를 통하여 여러 가지 恩典을 내리

1) 고려의 음서제도에 대하여는 이미 많은 연구자들이 주목하여 음서의 제도적 성립 시기, 음서의 종류, 음서의 구체적인 운영 형태 및 음서제와 과거제의 비교 등이 이루어졌다.

고 있는데, 그 중의 하나가 바로 문무 5품 이상 관리의 子에게 음서의 특전을 내리는 것이었다. 이 즉위 교서는 12월에 반포되었는데 목종은 불과 2개월 전인 10월에 즉위하였다. 따라서 고려의 음서제도는 적어도 목종이 즉위하기 이전인 성종대에 이미 그 제도적 시행을 위한 규정이 만들어져 있었다고 보아도 좋을 것 같다.

성종대에 음서 시행을 위한 제도적 규정이 만들어졌다는 구체적 자료는 남아 있지 않지만, 음서 시행과 관련지을 수 있는 몇 가지 조치가 시행되었음을 알려 주는 사실은 찾아 볼 수 있다. 이와 관련하여 주목되는 것은 성종 때부터 5품이상 관리와 6품 이하의 관리를 구분하여 특별한 대우를 하였다는 점이다. 즉 성종은 京官 5품 이상의 관리들로 하여금 時政의 得失을 논하게 하였고,[2] 관리에게 加資를 시킬 때에도 경관 6품 이하의 관리들은 四考加資를 하지만 5품 이상의 관리들에게는 반드시 王旨를 취하게 하였으며,[3] 또한 경관 5품 이상의 관리들에게 각기 관리후보자 1명씩을 천거하도록 명령을 내린 적도 있다.[4] 그러므로 이러한 점에서 볼 때 성종대 고려의 통치체제의 기반이 전반적으로 확립되는 것과 짝하여 5품 이상 관리의 자손에게 음서의 혜택을 주는 제도가 마련되어 있었으리라는 짐작은 충분히 할 수 있다.

고려시대의 음서가 이렇게 성종대에 제도적으로 정비되었다고 보는 견해는 이미 여러 학자들에 의해 개진된 바 있다.[5] 하지만 이와는 달리 "성종조의 제도적 성립을 위한 기반이 조성, 목종·현종·정종 연간의 제도적 성립의 과도기를 거쳐 고려시대의 모든 제도·문물이 정비 내지 완성되는 문종대에 비로소 하나의 제도로 정착된 것"[6]으로 보는 주장도 있다. 그러나 여기서

2) 《高麗史》 권 3, 世家 3, 성종 원년 6월.
3) 《高麗史節要》 권 2, 성종 8년 4월.
4) 《高麗史》 권 75, 志 29, 選擧 3, 銓注 薦擧.
5) 金毅圭, 〈高麗朝蔭職小考〉(《柳洪烈博士華甲紀念論叢》, 서울大出版部, 1971 ; 《高麗社會의 貴族制說과 官僚制論》, 知識産業社, 1985, 25~29쪽).
李基白, 〈高麗貴族社會의 形成〉(《한국사》 4, 국사편찬위원회, 1974 ; 《高麗貴族社會의 形成》, 一潮閣, 1990, 69~70쪽).
朴龍雲, 〈高麗時代 蔭敍制의 實際와 그 機能〉(上)·(下)(《韓國史研究》 36·37, 1982 ; 《高麗時代 蔭敍制와 科擧制 硏究》, 1990, 一志社, 3~8쪽).
6) 南仁國, 〈高麗 門蔭制度의 몇 가지 問題〉(《歷史敎育論集》 6, 慶北大師大 歷史敎育學會, 1984), 152쪽.

말하는 기반 조성이나 과도기 등이라는 표현이 다소 애매하기는 하지만, 고려의 음서 시행에 있어서 제도적 정착기를 문종대로 잡는 것은 그 하한을 너무 늦춘 것은 아닌가 여겨진다. 왜냐하면 앞의 사료에서 보았듯이 목종은 즉위한지 겨우 두 달만에 음서를 시행하라는 교서를 직접 내렸듯이 적어도 목종 즉위년에는 이미 음서가 구체적으로 시행될 수 있는 제도적 규정이 갖추어져 있다고 보아야 마땅하다고 생각되기 때문이다. 또한 목종 이후 현종 5년 12월에도 '兩班職事五品以上' 관리의 자손 등에게 음서를 시행하라는 교서가 내려졌다.[7] 그리고 음서가 제수된 실제의 사례를 조사해 보아도 현종 즉위년에 「家蔭」이라는 음서를 제수 받은 인물이 나타나고 있으며,[8] 정종 10년에도 「門蔭」을 통하여 관직에 나아간 인물도 있다.[9]

따라서 음서가 여러 차례에 걸쳐 제도적 정비가 이루어진 것은 분명하지만,[10] 문종대에 제도적 정착이 이루어졌다고 보는 것은 너무 신중하다는 느낌이 든다. 고려시대 음서 시행을 위한 제도적 성립은 적어도 성종대에는 그 근간이 이루어져 있었으며, 이후 몇 번의 정비를 통하여 음서제도가 시행되어졌다고 보는 것이 타당하지 않을까 여겨진다. 그리고 이 음서제도의 성립은 성종대의 전반적인 통치체제의 정비와 짝하는 것이라고 할 수 있을 것이다.

단지 한 가지 고려 음서제도의 성립문제를 검토함에 있어서 아쉬운 것은 이 제도의 전통이 어디에서부터 왔는가 하는 문제에 대하여 아직 본격적으로 연구되지 않고 있다는 점이다. 간혹 고대사회에서의 骨品體制 아래 신분세습 원리와 고려 음서제의 유사성이 언급되기도 하고,[11] 중국으로부터의 영향도 언급되고 있기는 하지만,[12] 고려 음서제도의 연원에 대하여 좀더 깊이 있는 검토가 필요하다고 생각된다.

---

7) 《高麗史》 권 75, 志 29, 選擧 3, 銓注 蔭敍.

8) 〈李隴西公墓誌銘〉(李蘭暎 編, 《韓國金石文追補》, 亞細亞文化社, 1968), 84쪽.

9) 〈李頲墓誌銘〉(《朝鮮金石總覽》 上, 朝鮮總督府, 1919), 280쪽

10) 특히 《高麗史》 권 75, 志 29, 選擧 3, 銓注 蔭敍條의 인종 12년 6월의 判文을 통한 제도적 정비를 그 예로 들 수 있을 것이다.

11) 朴龍雲, 앞의 책, 3~4쪽.

12) 朴龍雲, 위의 책. 중국의 음서제도에 대하여는 申採湜, 〈北宋의 蔭補制度〉(《歷史學報》 42, 1969) 및 〈南宋의 蔭補制度에 대하여〉(《全海宗博士華甲紀念史學論叢》, 一潮閣, 1979 ; 《宋代官僚制硏究》, 三英社, 1981)가 도움이 된다.

2) 음서의 종류와 유형별 분석

고려시대의 음서 시행에 대한 구체적 규정은《高麗史》권 75, 選擧志 3, 銓注條 '凡蔭叙'라는 항목 아래 수록되어 있다(이하《高麗史》선거지 음서조라고 약칭함). 그런데 이《高麗史》선거지의 전주조에는 '凡蔭叙'라는 항목 이외에 또 '凡叙祖宗苗裔'와 '凡叙功臣子孫'이라는 항목이 잇달아 선정되어 있다. 이 항목들은 그 제목에서도 알 수 있듯이 조종의 苗裔와 공신의 자손들에게 관직을 수여하여 관리로 등용케 하는 것을 그 내용으로 하고 있다. 그러므로 이 항목들도 왕실의 후예와 공신의 자손에 대해 실시하는 음서에 대한 규정이 수록되어 있는 것이므로, 넓은 의미에서 음서와 같은 내용을 가진 것이라 볼 수 있을 것이다. 또 이 항목에 나타난 규정이 시행되는 시기도 '凡蔭叙'조에 나타난 시기와 대체로 동일한 시기에 시행된 것으로 나타나고 있다. 즉《高麗史》선거지의 이 세 항목들은 원래는 대부분 같은 시기에 반포된 규정이었지만,《高麗史》의 편찬자가 임의로 세분하여 놓은 것이라 할 수 있는 것이다(〈표 2〉 참조). 이 점은《高麗史節要》의 기사와《高麗史》선거지의 해당기사들을 한꺼번에 놓고 대조해 보면 곧 알 수 있는 일이다. 그러므로 규정에 의할 때 고려시대의 음서는 이 세 종류, 즉 문무 5품 이상 관리의 자손에 대한 일반적인 음서와 공신자손에 대한 음서, 그리고 조종의 묘예에 대한 음서 등 세 가지로 나누게 될 것이다.

한편 이와 같은 규정 이외에도 고려시대에 음서가 시행된 구체적 사례는《高麗史》의 열전 기록이나 고려시대의 墓誌銘 등과 같은 다른 기록을 통하여 많이 찾아 볼 수 있다. 그런데 이들을 종합하여 대조해 보면 명시된 규정과 실제로 나타나는 사례가 일치하지 않는다는 문제가 생겨나게 된다. 예컨대, 고려시대의 음서 시행의 사례 가운데에는《高麗史》선거지 음서조의 규정을 벗어나는 다음과 같은 형태의 음서를 찾아 볼 수 있는 것이다.

制하여 內史侍郎平章事 劉徵弼은 대대로 경사를 누렸으며, 문필로써 여러 왕을 보좌하여 그 공을 기념할 만하니, 그의 아들 緯에게 工部書令史 職을 주도록 하라고 하였다(《高麗史》 권 6, 世家 6, 정종 6년 3월).

(宋)有仁은 인종 때 아비가 사직을 위하여 목숨을 바쳤으므로, 散員 자리를 주었다(《高麗史》 권 128, 列傳 41, 叛逆 2, 鄭仲夫 附 宋有仁).

이러한 음서는 「문무 5품 이상 관리」이거나 「功臣」이라는 자격으로 그 자손에게 음서의 혜택을 받게 한 것이 아니라, 국가에 대한 일정한 공로를 세웠으므로 그 자손이 음서를 받게 된 사례라고 할 수 있다. 따라서 이러한 음서는 《高麗史》 선거지에 명시된 규정을 벗어난 음서라고 할 수밖에 없을 것이다.

또한 祖宗苗裔에 대한 음서의 경우 그것은 규정상으로는 분명히 존재하고 있으므로 이러한 음서가 고려시대에 실제로 시행되었다고 보는 것은 당연한 일일 것이다. 그러나 현재 남아 있는 기록에 의할 때, 이 음서가 시행된 실제의 사례는 하나도 찾아지지 않는다. 그러므로 이 음서의 존재 그 자체에 대하여 일정한 의미를 부여하여야 하겠지만, 시행된 실제의 사례가 전혀 찾아지지 않는다는 점에서 이 음서의 제도적 실체의 이해를 통한 역사적 의의를 추구한다는 것은 불가능한 일이 될 수밖에 없다.

이렇게 규정된 범위를 벗어나서 시행된 음서가 있고, 구정된 것이라 할지라도 실제의 사례를 찾아 볼 수 없는 종류가 있다는 점에서, 과연 고려시대의 음서를 규정에 따라 세 가지로 분류하는 것이 타당한 방법인가 하는 의문이 들게 된다. 이에 따라 고려의 음서에 대하여 하나는 "넓은 의미의 음서와 좁은 의미로 大夫 이상 관인 자손의 음서"로 구분할 것을 제의하고 조종 묘예와 공신 자손에 대한 음서를 넓은 의미의 음서로 파악한 견해가 있다.[13] 또 다른 하나는 《高麗史》의 규정을 존중하는 입장에서 고려의 음서를 5품 이상 고위관료의 자손을 대상으로 하는 일반음서와 공신자손과 조종묘예에 대한 음서의 세 종류가 있었다고 파악하고, 일반음서에는 정기적으로 시행되는 定規蔭叙와 국왕의 즉위나 관료의 致仕 등에 따라 부정기적으로 시행되는 特賜蔭叙 등의 두 가지 종류가 있었다고 보는 견해가 있다.[14] 그런데 후자의 음서의 유형 분류

13) 許興植, 〈高麗의 科擧와 門蔭과의 比較〉(《韓國史硏究》 27, 1979 ; 《高麗科擧制度史硏究》, 一潮閣, 1981, 210쪽).

14) 朴龍雲, 〈高麗時代의 蔭叙制에 관한 몇 가지 問題〉(앞의 책, 122쪽). 한편 南仁國도 앞의 글, 152~153쪽에서 《高麗史》 선거지의 기사에 따라 세 가지 종류로 음서를 구분할 것을 제안하였다.

는 전·현직 고위관료에 대한 정규음서와 특사음서, 공신자손 음서 및 조종묘예 음서라는 네 가지 유형으로 분류한 견해와 거의 흡사한 것이기도 하다.[15]

또한 음서가 제수되는 요인을 강조하여 음서의 내용을 관직 5품 이상 子에 대한 음서와 아울러 頒赦蔭敍 및 勳功, 太祖功臣, 引年致仕, 戰死卒蔭, 前朝功臣, 轉品과 親祀大廟의 경우에 음서가 시행된 것으로 파악한 연구성과는[16] 음서가 제수되는 시기를 알아보는 데 매우 유용한 방법이 될 수 있을 것이다. 이외에 음서의 시행 사례에 나타난 음서의 명칭 가운데 父蔭·祖蔭 등과 같이 친족의 명칭이 붙는 음서를 조사하여 그 명칭을 분류하는 방법을 고찰한 시각도 있다. 즉 음서제도가 父·祖나 다른 친족의 음덕에 의하여 그 자손을 관직에 나가게 하는 제도라고 정의해 볼 때 음서의 시행은 원칙적으로 친족 쌍방간의 관계에서 비롯된다는 점에 착안해 본 것이다.[17]

이러한 관점에서 《高麗史》 선거지의 음서조에 명시된 바 음서의 혜택을 받을 수 있는 친족의 범위를 정리해 보면 다음의 〈표 1〉과 같이 된다.

〈표 1〉 蔭敍가 除授되는 親族의 範圍

번호	시기	기사의 형태	子	收養子	孫	外孫	女壻	弟	姪	甥
1	목 종 즉 위 년	教書	○							
2	현 종 5년 12월	教書	○		○			○	○	
3	숙 종 즉 위 년	詔書	○							
4	〃 5년 2월	詔書	○							
5	예 종 3년 2월	詔書	○	○	○					
6	인 종 5년 2월	判文	○	○						
7	〃 12년 6월	判文	○	○	○	○			○	○
8	〃 13년윤2월	判文	○		○	○				
9	고 종 40년 6월	詔書	○	○	○	○	○		○	○
10	충렬왕 8년 5월	教書	○	○	○	○	○		○	○
11	충선왕 즉 위 년	教書	○	○	○	○	○		○	○
12	〃 복 위 년	教書	○		○	○	○		○	○

* 《高麗史》 권 75, 志 29, 選擧 3, 銓注 蔭敍에 의함.

15) 盧明鎬, 〈高麗時代 承蔭血族과 貴族層의 蔭敍機會〉(《金哲埈華甲紀念論叢》, 知識産業社, 1983 ; 《高麗時代의 貴族制說과 官僚制論》, 知識産業社, 390쪽).

16) 金毅圭, 앞의 글 참조.

17) 金龍善, 《高麗蔭敍制度硏究》(一潮閣, 1991), 11~21쪽.

이 〈표 1〉에 의할 때, 시기적으로 약간의 변동은 있지만 대체적으로 고려시대에 음서를 제수 받을 수 있는 친족의 범위는 子(收養子 포함)·內孫·外孫·女壻·姪·甥·弟에 이르게 된다. 따라서 이들이 받는 음서의 명칭도 각각 父蔭·祖蔭·外祖蔭·妻父蔭·伯父蔭·叔父蔭·甥舅蔭(外叔父蔭)·兄蔭이 될 것이다. 음서의 혜택을 받은 인물과 그 음서의탁의 대상이 된 인물을 편의상 「受蔭者」와 「托蔭者」라고 불러 두고, 음서가 제수될 수 있는 이들 친족관계를 그려보면 〈그림 1〉과 같이 된다.

〈그림 1〉 高麗時代 蔭叙가 除授되는 親族의 範圍

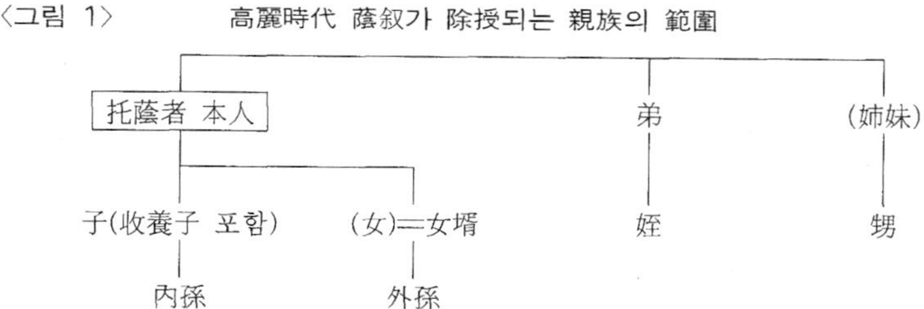

그러므로 《高麗史》 선거지의 음서조 규정에 의할 때 이러한 친족의 범위 안에서 시행되는 8개의 음서가 가장 전형적이며 일반적인 음서가 되는 것이다. 그러나 음서가 시행된 실제의 사례를 조사해 보면, 이러한 친족의 명칭이 붙는 음서 이외에도 曾祖蔭[18]·高祖蔭[19]·外高祖蔭[20]·高祖之父蔭[21]·父之外高祖蔭[22]·七代祖蔭[23]과 같이 규정의 범위를 벗어난 친족의 명칭이 붙는 음서들이 나타나고 있다. 그렇게 되면 고려시대의 음서는 규정에 나타난 범위 안에서 시행된 음서와 그 규정을 벗어나 시행된 음서라는 두 가지 종류의 음서가 있었다는 사실을 확인할 수 있게 되는 것이다.

18) 崔肅의 증손 崔懋가 증조의 蔭을 받아 관리가 되었다(《高麗史》 권 8, 世家 8, 문종 11년 2월).
19) 〈張文緯墓誌銘〉(《韓國金石文追補》), 96~97쪽.
20) 〈許載墓誌銘〉(《韓國金石文追補》), 107쪽.
21) 〈張忠義墓誌銘〉(《朝鮮金石總覽》), 133쪽.
22) 〈梁元俊墓誌銘〉(《韓國金石文追補》), 145쪽.
23) 〈吳孝元墓誌銘〉(《韓國金石文追補》), 268쪽.

그런데 규정을 벗어나 시행된 음서를 살펴보면 이 음서들은 모두 「功臣蔭叙」라는 공통점이 있다는 사실이 조사되었다. 즉 이 음서의 탁음자들을 조사해 보면 그들은 모두 配享功臣, 三韓功臣 혹은 功臣이라는 칭호를 가지고 있었던 것이다.[24] 즉 증조음 이상의 친족의 명칭이 붙는 음서를 받은 인물들은 모두 공신 자손이었으며, 이들은 이러한 공신 자손이라는 자격으로서 그 음서의 혜택을 입게 된 것이라고 할 수 있다. 이와는 달리 규정 내의 범위에서 시행된 음서의 실제 사례를 조사해 보면, 부음·조음 등과 같은 음서의 탁음자들은 공신이 아니더라도 그 자손들에게 음서의 혜택을 줄 수 있었음을 알 수 있다.[25] 따라서 이러한 점에서 고려시대의 음서는 규정의 범위 안에서 시행된 음서와 규정의 범위를 벗어난 음서라는 두 가지 유형으로 나눌 수 있으며, 이들은 각각 문무 5품 이상 관리의 자손을 대상으로 하여 실시한 일반적인 음서와 공신 음서라는 성격을 가진 것이라고 말할 수 있을 것이다.

그런데 공신음서라는 것은 넓은 의미에서 볼 때, 「勳功蔭叙」에 속한다고 보아도 좋을 것 같다. 따라서 《高麗史》 선거지에 나오는 공신 자손에 대한 음서의 규정도 넓은 의미에서의 훈공음서로 보아도 무방할 것이라고 생각된다. 조종 묘예에 대한 음서도 마찬가지의 성격으로 파악하여도 좋지 않을까 생각된다. 이렇게 되면 법제적으로 마련된 규정과 실제의 사례를 아울러 종합해 볼 때, 고려의 음서는 일반적인 음서와 공신음서를 포함하는 넓은 의미에서의 훈공음서로 일단 대별할 수 있다고 여겨진다.

고려시대의 음서를 이렇게 두 종류의 성격을 가진 음서로 파악하려 할 경우 이 음서의 명칭을 조선시대의 기록에 따라서 「門蔭」과 「功蔭」이라는 명칭으로 불러보자는 안이 제시되었다.[26] 즉 고려시대에 시행된 음서 가운데 《高

---

24) 예컨대 曾祖蔭은 配享功臣인 崔肅, 父之外高祖蔭은 三韓功臣인 崔英休, 高祖蔭은 功臣 張元之를 托蔭者로 하여 각각 시행되었다.

25) 예컨대 〈金誠墓誌銘〉(《朝鮮金石總覽》 上), 356~357쪽 및 〈崔裒抗墓誌銘〉(《韓國金石文追補》), 113~114쪽 참조.

26) "吏曹判書 李稷이 상소하여 관리를 선발하는 방법을 논하였다. 그 상소를 略하면 다음과 같다. '…門蔭·功蔭子弟를 叙用하는 법은 이미 마련되었습니다. 앞으로는 그 문음과 공음 이외에 職이 없는 자제들은 나이가 18세 이상이고 才幹이 있는 자를 大小의 관리들에게 천거하게 하고 內外祖父의 관직과 이름을 적어서 本曹에 바치면 書·算·律로써 그의 能否를 시험하여 바야흐로 서

麗史》 선거지 음서조의 규정에 나타난 것과 같이 문무 5품 이상 관리의 자손을 대상으로 하여 시행된 음서를 「門蔭」이라 하고, 공신자손이거나 특별한 공훈을 세운 관리의 자손에게 내려 준 음서를 「功蔭」이라고 파악하자는 것이다. 고려시대에 시행된 음서의 성격을 이와 같이 두 가지 성격을 가진 것으로 나누어 본다면 이 시기에 만들어졌던 규정과 아울러 그 규정의 미비함, 또 실제의 시행 사례를 모두 만족시킬 수 있는 방법이 될 수 있을 것이다.

물론 고려시대의 기록에는 음서를 이와 같은 문음과 공음으로 분명하게 분류해 줄 수 있는 기록은 없다. 실제로 고려시대의 음서 시행 사례를 보면 음서라는 명칭을 매우 다양하게 사용하고 있는 동시에, 막연히 「蔭」이라 표현하는 경우도 많으므로 이러한 음서들이 과연 문음과 공음 어디에 속하는 것인지 모호한 것도 많이 있다. 그러나 특사음서와 공신음서 등과 같은 분류도 막상 그 실제를 조사해 보면 구분이 모호해지는 경우가 많이 생겨난다. 따라서 문음과 공음이라는 용어는 다소 그 기준이 모호해질 우려가 있지만, 고려의 음서의 성격을 이해하기 위하여는 이러한 방식의 개념 정리라도 필요해지는 것이 아닐까 여겨진다. 말하자면 하나의 역사적 용어로서 「門蔭」과 「功蔭」의 개념을 도입해 볼 때 고려 음서제도의 실상을 제도로 이해할 수 있다고 생각된다.

3) 음서의 시행시기

고려의 음서를 크게 보아 일반적인 음서(門蔭)와 특별한 음서(功蔭)로 나눌 수 있다면 이러한 음서는 언제 시행되었던 것일까.

음서 시행에 관한 규정이 《高麗史》 선거지의 凡蔭敍 이외에도 凡敍祖宗苗裔와 凡敍功臣子孫을 통하여 제시되어 있다는 점은 앞에서 언급한 바 있다. 이 세 기사에 나타난 음서의 시행 계기를 다른 관련 기록들을 참조하여 정리해 보면 〈표 2〉와 같이 된다.

용하게 하면 요행을 바라는 무리를 막을 수 있을 것입니다…' 이 의견을 따랐다"(《太宗實錄》 권 9, 태종 5년 2월 을해). 즉 이 기사에 의하면 적어도 조선의 태종 5년 이전에 이미 門蔭과 功蔭이라는 두가지 음서에 의한 관리등용법이 마련되어 있었음을 알 수 있다(金龍善, 〈朝鮮前期의 蔭敍制度〉, 《아시아文化》 6, 한림대 아세아문화연구소, 1990 ; 앞의 책) 참조.

〈표 2〉 蔭敍 施行의 時期와 그 契機

번호	연 대	蔭敍	敍功臣子孫	敍祖宗苗裔	시행의 계기
1	목 종 즉 위(12월)	○			왕의 즉위
2	현 종 5년 12월	○	○		金訓 등의 쿠데타에 따른 포상
3	문 종 6년 10월		○		王姪의 책봉
4	〃 37년 윤6월		○(判)		<判 文>
5	숙 종 즉 위(11월)	○	○	○	왕의 즉위
6	〃 3년 10월			○	왕의 책봉과 그에 따른 太廟親享
7	〃 5년 2월	○		○	왕태자 책봉
8	예 종 3년 2월	○	○	○	왕의 책봉
9	〃 4월		○	○	尹瓘의 平女眞과 그에 따른 大廟親享
10	〃 6년 (1월)		○		왕의 生辰에 따른 포상
11	인 종 5년 2월	○(判)			<判 文>
12	〃 8년 12월		○(判)		<判 文>
13	〃 12년 6월	○(判)			<判 文>
14	〃 13년 윤2월	○(判)			<判 文>
15	의 종 16년 (5월)			○	盜의 발생 등 국가적 어려움에 따른 恩賜赦免
16	〃 21년 9월		○	○	南京으로 부터의 還京
17	〃 23년 4월		○	○	西京으로 부터의 還京
18	신 종 즉 위(11월)		○	○	왕의 즉위
19	고 종 40년 6월	○	○	○	왕 즉위 40년의 경축
20	충렬왕 8년 5월	○	○	○	旱에 따른 恩賜와 赦免
21	충선왕 즉 위 (1월)	○	○	○	왕의 즉위
22	〃 복 위(10월)	○	○	○	왕의 복위
23	충숙왕 12년 (10월)		○	○	왕비의 병환에 따른 宥赦
24	공민왕 5년 6월		○		奇轍 일당 제거 후 실시
25	〃 12년 5월		○		倭寇의 내침 등 어려움에 따른 宥赦
26	〃 23년 3월		○		국가적 어려움에 따른 宥赦?
27	우 왕 원년 2월		○		〃

* 《高麗史》 권 75, 志 29, 選擧 3, 銓注에 의함.

이 〈표 2〉 에 나타나듯이 음서는 우선 새 국왕의 즉위나 복위, 왕과 왕태후, 세자의 책봉, 기타 다른 국가적 경사가 있을 때 시행되었음을 알 수 있다. 그리고 西京과 南京을 순행하였을 때에도 음서가 시행되었으며, 기타 국가적 변란이 일어났을 때에도 음서가 시행되었다.[27] 즉 고려시대에 국왕의

27) 朴龍雲, 앞의 책, 27~30쪽.

즉위 등과 같은 국가적 경사가 있을 때에 대규모의 恩赦가 베풀어지는 것이 일반적인 관례였는데 이 가운데 공신 자손·조종 묘예·5품 이상 관리의 자손 등에게 내려진 은전이 바로 이와 같은 음서의 혜택이었던 것이다. 그러므로 이와 같은 점에서만 본다면 고려시대의 음서는 특별한 경우에 간헐적으로 제수된 非常例의 특전이라고 할 수 있을 것이다.[28] 이 규정에 나타난 음서는 앞서 정의한 바와 같이 문음과 공음 중 공음에 속하는 것이라고 할 수 있다. 즉 공음은 공신 자손이거나 특수한 공훈을 세운 관리의 자손에게 주었던 음서였던 만큼 그 음서의 성격상 특수한 경우를 당하여 부정기적으로 시행될 수밖에 없었던 것으로 이해할 수 있을 것이다.

그러면 문음은 어떠한 시기에 실시되었던 것인가. 이에 대하여 명확한 규정은 남아 있지 않다. 따라서 이 음서의 시행 시기에 대하여 현재 의견이 엇갈리고 있는 형편이다.[29] 그러나 실제의 사례를 조사해 본 결과 음서는 연중 어느 달이나 제수된 것으로 나타나므로 고려시대의 음서는 어느 때나 시행될 수 있는 恒例的인 제도였다고 보여진다.[30]

고려의 과거제도의 경우 특히 제일 중요한 위치에 있었던 製述科의 시험도 고려 전기의 경우를 살펴보면 주로 3·4·5월에 많이 시행되기는 하지만, 이외에도 2월·6월·7월·8월·9월에도 가끔 시행되었으며 10월에도 시행된 적이 있다.[31] 즉 과거의 시험조차 반드시 정기적인 시기에 시행되었다고 보기는 어려운 점이 있는 것이다. 또한 이 시험의 급제자들도 일정한 절차를 거쳐서 일정한 시기에 관리로 서용되었다고 보는 것이 합리적이라고 생각할 수 있을 것이다. 그러나, 대부분 2월~5월 사이의 봄에 급제한 급제자들에게 초

28) 許興植, 앞의 책, 210~212쪽.

29) 盧明鎬는 특사음서와 달리 일반음서는 소정의 자격 요건을 갖춘 자들을 대상으로 일정한 시험–논어·효경–을 거쳐 합격자에 한하여 世系를 참고하여 1년에 3·6·9·12월 4차례에 걸쳐 정기적으로 음서를 제수한 것으로 보았으나 朴龍雲은 위의 견해의 문제점을 지적한 뒤, 고려시대에는 常例, 즉 정기적으로 제수되는 음서(常例奏蔭)가 있었으며 그 시행 시기도 정기 인사가 단행되는 12월 무렵으로 파악하였다(朴龍雲, 앞의 책, 98~101쪽).

30) 金龍善, 앞의 책, 42~43쪽.

31) 朴龍雲, 〈高麗時代의 科擧–製述科의 運營〉(앞의 책, 302~557쪽)에는 〈科試設行과 製述科 及第者〉라는 資料가 첨부되어 있다. 이 자료에는 고려시대의 제술과가 시행된 사례들을 망라하고 있는데, 이 자료의 번호 1에서 129까지의 고려 전기 科試 시행 시기를 조사한 결과에 의거하였다.

직을 주는 시기가 정기인사가 있는 12월로 보게 되면 너무 늦춰지는 것이 아닌가 하는 느낌이 든다. 그러므로 이러한 점을 감안하면서, 문음과 같은 일반적인 음서가 정기적인 시기에 시행되었다고 보는 문제는 앞으로 좀더 여러 각도에서 검토해 보아야 하리라고 여겨진다.

그리고 음서의 제수에 있어서도 일정한 시험이 부과되었다는 견해도 있지만 이 문제도 역시 재고의 여지가 있지 않나 생각된다. 물론 조선시대에는 "講五經中一 四書中一"[32]이라는 시험 절차를 통한 뒤에야 음서의 제수를 받을 수 있었다. 특히 조선시대에는 일반 관리의 자손뿐만이 아니라 공신 자손도 모두 이 蔭取才의 시험을 치러야 했던 것이다.[33] 그러나 고려의 경우 음서 시행을 위한 시험이 있었다는 기록은 없다. 또 「특사음서」나 「공신자손 음서」와 같은 공음의 경우 시험이라는 절차와 관계없이 바로 관직에 「直補」되었다는 느낌을 강하게 받을 수 있다. 그렇다면 일반음서 즉 문음과 같은 경우에도 그러한 절차가 없어야 한다는 것이 당연한 일이 아닐까 여겨진다. 따라서 고려시대 음서는 조건을 갖추기만 하면 누구나 관직을 받을 수 있었으므로 조선시대에 비하여 상대적으로 쉬운 입사로가 될 수 있었다고 생각된다.

4) 음서제도의 운영

(1) 음서의 연령

《高麗史》 선거지 음서조에는 "모든 음서 출신자는 나이 18세 이상으로 한정한다"라는 규정이 있다. 그러나 이 규정은 거의 지켜지지 않은 듯하다. 실제의 음서 시행 사례를 조사해 보면, 44개의 사례 가운데 18세에 음서의 제수를 받은 것은 두 사례뿐인데 비하여, 70%에 가까운 31사례가 17세 이하에서 음서를 제수 받는 경우로 나타나고 있기 때문이다.[34] 그러므로 음서조의 이 명문은 적어도 死文化된 규정이었거나 아니면 고려말에 제정된 법제였을

32) 《經國大典》 권 1, 吏典 取才 蔭子弟.
33) 金龍善, 앞의 책, 200~201쪽.
34) 金龍善, 위의 책, 76~79쪽.

것이라고 짐작할 수밖에 없다.

어떻든 실제의 사례를 조사해 보면 고려시대 음서를 제수 받는 연령은 최저 5세에서 최고 33세로까지 나타나는데 그 총평균 연령은 15.4세가 된다. 이를 시기별로 보면 고려 전기에서 의종 때까지의 평균 연령이 17.2세, 명종에서 원종까지의 기간은 18.5세, 충렬왕에서 충목왕 때까지는 13.7세, 공민왕에서 공양왕까지는 12.3세로 나타난다. 즉 후기로 갈수록 음서의 혜택을 받는 연령이 낮아지고 있음을 보여준다. 한편 고려 전시기에 걸친 과거급제자의 평균 연령은 제술과의 경우 24.4세로 조사된 바 있으며, 국자감시의 평균 합격연령은 18.68세로 나타났다.[35] 즉 음서 출신자들은 과거 급제자에 비하여 대략 9년 정도 앞서서 관리가 될 수 있었던 것이다. 이 음서출신자들은 조기에 관직을 받아 출세할 수 있었으며, 그에 따른 녹봉이나 토지의 지급 혹은 다른 경제적 대우를 받을 수 있었을 것이다. 그러므로 이와 같은 점에서 음서제도가 고려의 지배계층들에게 그 자손의 입사로로서 중요한 구실을 하여 주었다는 사실은 충분히 짐작할 수 있다.

그러나 동시에 지적되어야 할 것은 20세 이상이 되어 음서를 받는 사례도 11개로 전체의 25%나 된다는 사실이다. 그리고 이 가운데에는 다음과 같은 인물도 있었던 것이다.

> (尹承解는) 어려서 열심히 공부하였다. 18세에 司馬試에 일등으로 합격하였으나 科擧에 두 번이나 응시하여도 합격하지 못하자 門蔭으로써 관리가 되었다(李奎報, 《東國李相國集》 권 35, 尹承解墓誌銘).

즉 이 기사에서 보이듯이 尹承解는 처음부터 음서를 받아 관리가 된 것이 아니라 과거에 여러 차례 응시한 뒤에야 관리가 되었던 것이다. 그리고 이와 비슷한 경우를 음서 출신의 인물 가운데에 상당수 찾아 볼 수 있다. 그러므로 관직에의 조기 진출이라는 면에서 상당히 이른 나이에 음서를 제수 받는 경우도 많이 있었지만, 정반대의 경우가 있었다는 점도 동시에 기억해 두어야 할 것이다.

---

35) 朴龍雲, 앞의 책, 324쪽.

(2) 초음관직

고려시대에 만들어진 初蔭職의 수여 규정 가운데 그 직명을 구체적으로 밝히고 있는 것은《高麗史》선거지 음서조의 기사 중 인종대에 반포된 두 개의 判文을 꼽을 수 있다. 먼저 이 규정을 보기로 하자.

> 致仕 및 見任宰臣의 直子는 軍器主簿同正, 동 收養子와 內外孫·甥·姪은 良醞令同正으로, 前代宰臣의 直子는 良醞令同正, 동 內外孫은 令史同正으로, 樞密院의 直子는 良醞令同正, 동 牧養子와 內外孫·甥·姪은 良醞丞同正으로, 左·右僕射와 六尙書 이하 文武 正三品의 直子는 良醞令同正, 동 收養子와 內外孫·甥·姪은 主事同正으로, 從三品의 直子는 良醞令同正, 동 收養子와 內外孫·甥·姪은 令史同正으로, 正從四品의 直子는 良醞丞同正으로, 正從五品의 直子는 主事同正으로 한다(《高麗史》권 75, 志 29, 選擧 3, 銓注 蔭敍 인종 12년 6월 判文).
>
> 前代宰臣의 直子는 良醞丞同正, 內孫은 令史同正, 外孫은 史同正으로 한다(《高麗史》권 75, 志 29, 選擧 3, 銓注 蔭敍 인종 13년 윤 2월 判文).

이 기사를 알아보기 쉽게 표로 정리하면 아래 〈표 3〉과 같은데 初蔭職은 탁

〈표 3〉 高麗時代 初蔭職 授與規定

受蔭者 / 托蔭者		直子		收養子		內外孫		甥姪	
관직	품계	관직	품계	관직	품계	관직	품계	관직	품계
致仕見任宰臣	종 1~2	軍器注簿同正	정 8	良醞令同正	정 8	良醞令同正	정 8	良醞令同正	정 8
前代宰臣	〃	良醞令同正	〃			令史同正	吏屬		
(前代宰臣)	(〃)	(良醞丞同正)	(정9)			(內孫:令史同正) (外孫:史同正)	(〃)		
樞密院	종 2	良醞令同正	정 8	良醞丞同正	정 9	良醞丞同正	정 9	良醞丞同正	정 9
左右僕射·六尙書以下文武正3品	정 2 정 3	〃	〃	主事同正	吏屬	主事同正	吏屬	主事同正	吏屬
從 3 品	종 3	〃	〃	令史同正	〃	令史同正	〃	令史同正	〃
正·從4品	4	良醞丞同正	정 9						
正·從5品	5	主事同正	吏屬						

음자의 관품과 치사 여부, 수음자와의 친족관계에 따라 차이가 있음을 알 수 있다. 그리고 이 규정은 무반의 초음직에 대한 규정이 빠져 있는 등 음직 수여의 전체 내용을 포괄하고 있다고는 생각할 수 없다.[36] 그러나 대략적인 경향을 살펴 보면 첫째 초음직으로 수여된 관직은 實職이 아닌 散職인 同正職이었다는 점,[37] 둘째 그 관품은 크게 정8품과 정9품의 품관 동정직 및 이속 동정직으로 나누어진다는 점이다. 그리고 친족관계에 따라서 초음직에 차이가 있어서, 父蔭을 받는 경우에는 주로 품관직을 받게 되지만 부음 이외의 음서를 받을 때에는 대체로 이속직을 받는 것으로 나타나고 있다. 즉 부음을 통하여 입사하는 것이 음서 가운데 가장 유리하였다고 할 수 있는 것이다.

한편 실제로 제수된 음직의 사례를 인종대의 규정과 비교하여 볼 때, 반드시 규정에 나타난 관직만을 준 것은 아니지만 그 품계는 대체로 일치한 것으로 보인다.[38] 그런데 고려 전기에는 산직인 동정직도 수여되었지만 반수 가까이는 실직을 준 것으로 나타나고 있다. 그리고 후기에는 초음직이 모두 실직으로 바뀜과 아울러 품관으로서의 초직인 權務職이[39] 음직으로 제수되는 사례도 많이 나타나고 있다. 이러한 실제의 사례는 음서 출신자들이 조기에 실직을 가진 관리가 됨으로써, 더 빨리 고위 관품으로 승진해 갈 수 있었음을 말하여 주는 것이라고 할 수 있다.

그런데 현재 조사된 127개의 사례 가운데 이들의 초사직을 분류해 보면 대부분이 무관직보다는 문반직을 제수 받았다는 사실을 알 수 있다(108 : 19). 이러한 사실은 음서를 통하여 무반들이 그의 자손들을 문반으로 改班시켰다는 의미가 될 것이다. 그리고 외직보다는 경관직이 압도적으로 많이 제수된 것으로 나타나고 있지만(124 : 3), 그것은 모두 일반 관직으로 주어진 것이고 文翰職은 특수한 사례 2개를 제외하면 전혀 제수되지 않은 것으로 나타났다. 이 점에 있어서 음서의 초직은 과거 급제자의 그것과 매우 달랐다고 할 수 있다.[40]

---

36) 朴龍雲, 앞의 책, 54쪽.

37) 同正職에 대하여는 金光洙, 〈高麗時代의 同正職〉(《歷史敎育》 11·12, 1969) 참조.

38) 金龍善, 앞의 책, 64~76쪽.

39) 權務職이 品官으로서의 初職의 성격을 지녔다는 점은 金光洙, 〈高麗時代의 權務職〉(《韓國史硏究》 30, 1980), 46~53쪽 참조.

40) 金光洙, 위의 글.

(3) 탁음자의 관품

음서의 혜택을 자손들에게 주기 위하여 고려의 관리들이 갖추어야 할 자격, 즉 탁음자의 관품과 관직은《高麗史》선거지 음서조의 기사에 규정되어 있다. 이 규정 중 주요한 것은 앞에서 〈표 3〉으로 인용한 바 있는데, 이에 의하면 5품 이상의 관리가 될 것을 요구하고 있다. 이 규정은 고려 전기에 해당되는 것으로서, 이 시기에는 일단 5품 이상의 관리가 되면 그 자손에게 음서의 혜택을 줄 수 있었다고 생각된다. 그리고 앞에서 검토한 바와 같이 그 자손들은 어린 나이에 유리한 관직을 받아서 관리생활을 해 나갈 수 있었을 것이다. 따라서 이러한 규정이 공정하게 시행되었다면 5품에서 1품까지의 각 관품에 걸쳐서 탁음자의 분포가 비슷하게 나타나거나, 아니면 1~2품의 관직보다는 4~5품의 하위관품에 있을 때 그의 자손에게 음서의 혜택을 줄 탁음자가 더 많이 나타나야 하는 것이 정상적인 현상이라고 보아야 할 것이다.

그런데 실제 시행된 사례를 보면 2품 이상의 고위관리가 된 이후에 탁음자가 되는 현상이 두드러지게 나타나며, 사망한 다음에 탁음자가 된 관리도 상당수 보인다. 즉 음서에서 가장 유리하였던 父蔭의 경우 그 탁음 때의 관직이 규정된 관품보다 훨씬 높게 나타나며,[41] 祖蔭과 같은 경우에는 생존했을 때보다 죽은 뒤 탁음자가 된 사례가 더 많다는 사실[42]을 주목할 필요가 있다. 이러한 사실은 다음과 같이 해석될 수 있지 않을까 한다. 즉 관리들은 5품 이상의 직위를 가짐으로써 자손에게 음서의 혜택을 줄 수 있는 제도적 권리를 확보하게 되었지만 그 권리를 즉시 사용하지 않고 유보해 두었다가 그 후 필요하게 될 때 그 권리를 행사하였다는 것이 아닌가 생각된다.

예컨대 앞에서 인용한 바 있는 윤승해의 경우 그는 과거의 급제에 실제한 뒤에야 음서를 통하여 관리가 되었다. 그리고 병약하다는 이유로 과거 응시 대신에 음서로 입사할 것을 부친으로부터 강요당한 李頲이나,[43] 집이 가난하

---

41) 조사된 15인의 父蔭 托蔭者 가운데 2품 이상 관리가 10인, 3품 3인, 4품 2인으로 나타난다. 이 중에서 사망자는 2인, 미상 3인, 생존자 10인이다(金龍善, 앞의 책, 60쪽).

42) 祖蔭의 사례 17인 가운데 당시 생존자 5인, 사망자 9인, 불명 3인으로 나타난다(金龍善, 앞의 책, 90~91쪽).

여 과거에 의한 진출이 어렵게 된 이후에 비로소 음서 입사를 택한 許載 등의 경우[44]도 찾아볼 수 있다. 이러한 점에서 볼 때에, 음서는 자격을 갖추었다고 하여 모두가 강제적이고 의무적으로 택해야 하는 입사로가 아니라 탁음과 또는 수음자가 필요할 때, 비교적 자유롭게 선택할 수 있는 입사로가 아니었나 생각된다. 그렇다면 그 자손들은 확보된 음서의 권리를 사용할 수도 있었을 것이며 때로는 포기하는 경우도 있었다고 볼 수 있을 것이다.

이렇게 생각해 보면 고려시대 관리의 자손들은 음서의 종류가 다양했던 만큼이나 광범위한 음서의 기회를 가지고 있었겠지만,[45] 그에 비례하여 음서의 제수도 실제 광범위하게 이루어졌는가 하는 문제는 다시 검토해 볼 필요가 있다.

(4) 음서의 시행 원리와 수혜 인원

고려시대의 관리들은 일단 5품 이상 관직을 가짐으로써 그 자손에게 음서의 혜택을 줄 수 있는 권리를 확보하게 되었다. 그러면 그 권리는 몇 번이나 행사할 수 있었는가 하는 문제가 생겨나게 된다. 즉 「1인 1회」로서 1인의 자손에게 혜택을 주었는가 아니면 그 이상으로 「多子」에게 줄 수 있었는가 하는 문제이다.

《高麗史》 선거지의 음서관계 기사에는 '許一子蔭職'[46]·'無職子許入仕'[47] 등의 기록만이 나올 뿐 구체적 회수나 인원은 명시해 놓고 있지 않다. 다만 공신음서의 경우 태조공신이나 삼한공신 등에 대하여 여러 차례 음서를 시행하였다는 사실이 《高麗史》 기사에 나타나므로, 이러한 공신의 자손들은 동일 탁음자에 의하여 여러 차례에 걸쳐 음서를 받을 수 있었던 것으로 보인다.[48] 그런데 일반 음서 즉 문음의 경우에는 어떠하였을까. 이에 관하여 기존의 연

43) 〈李頲墓誌銘〉(《朝鮮金石總覽》 上), 280쪽.
44) 〈許載墓誌銘〉(《韓國金石文追補》), 107쪽.
45) 盧明鎬, 앞의 책, 390~402쪽.
46) 《高麗史》 권 75, 志 29, 選擧 3, 銓注 蔭敍 숙종 5년 2월 詔.
47) 《高麗史》 권 75, 志 29, 選擧 3, 銓注 凡敍功臣子孫 숙종 즉위 詔.
48) 이러한 사례는 실제로 여러 차례 나타나는데, 특히 공신으로 책봉된 張元之에 의탁하여 그의 자손 2명이 음서의 혜택을 받은 사례를 꼽을 수 있다(〈張文緯墓誌銘〉, 《韓國金石文追補》, 96~97쪽 및 〈張忠義墓誌銘〉, 《朝鮮金石總覽》 上, 396쪽 참조).

구는 현재 「一人 一子」를 규정짓는 명문이 남아 있지 않을 뿐만 아니라, 한 관료가 5품직에 승진한 뒤에도 수십 년 동안 재임하는데 한번만의 음서 기회를 준다는 것은 납득하기 어려운 일이라고 보고, 실제로 음서 시행의 사례를 볼 때에도 1인의 관료가 여러 사람의 자손에게 음서를 준 사례가 다수 나타나고 있기 때문에 「一人 多子」 또는 再蔭, 三蔭의 가능성은 충분히 있을 수 있는 일이라고 보았다.[49] 그러나 이 문제 역시 구체적 명문이 남아 있지 않기 때문에 일단 실제의 시행 사례를 통하여 검토해 볼 수밖에 없다고 생각한다. 예컨대 부음의 경우, 음서의 시행에서 이 음서를 제수 받는 것이 가장 유리하였다는 사실은 규정에 나타나고 있다. 그런데 이 부음의 탁음자들은, 앞에서도 언급하였듯이 2품 이상 고위관리가 압도적으로 많이 나타나며, 또 父가 이미 3품의 고위 관리가 되었는데도 불구하고 상대적으로 불리한 공신음서를 받으려 한 경우도 실제로 나타나고 있는 것이다.[50] 또 祖蔭의 경우에도 사후에 탁음자가 많다는 사실도 앞에서 언급한 바 있다. 그리고 실제 사례에서 볼 때에 같은 인물이 재음, 삼음의 혜택을 주는 경우도 있지만 그러나 전체 사례에서 찾아지는 것은 그다지 많다고는 생각되지 않는다. 즉 실사례에서 75명의 탁음자가 있는데 그 중 5명만이 2회 이상 탁음자가 된 것으로 나타나고 있기 때문이다.[51] 물론 새로운 자료가 찾아지면 이러한 숫자는 바뀔 수도 있겠지만, 지금까지의 사례로 볼 때 재음 이상의 경우는 오히려 예외적인 현상으로 여기는 것이 더 합리적인 해석이 되지 않을까 할 정도이다.

또 형제간에 여러 명이 음서를 받는 경우에도, 여러 형제가 과거에 급제한 것 만큼이나 다양하게 나타나는데, 주의해서 보면 이들이 받은 음서의 명칭이나 내용이 서로 달랐던 경우가 오히려 더 많았던 것으로 나타난다. 또 관리 한 명이 여러 차례 음서의 혜택을 주는 것이 가능하였다면 부음·조음 등의 음서만 가지고도 충분히 음서제도를 운영해 나갈 수 있었을 터인데, 숙부음, 외숙부음과 같은 종류의 음서도 존재하고 있는 것이다. 이러한 사실은 5품 이상의 관리는 1회의 음서 기회를 가질 뿐이었지만, 자손들의 입장에서

49) 朴龍雲, 앞의 책, 102~113쪽.
50) 예컨대 參知政事 李作仁은 太祖功臣蔭을 사칭하여 그의 子에게 음서를 받게 하다가 탄핵되기도 하였다(《高麗史》 권 5, 世家 5, 현종 21년 11월 기사 참조).
51) 金龍善, 앞의 책, 85쪽.

는 여러 종류의 음서를 적절히 이용함으로써, 여러 형제가 음서의 혜택을 입을 수 있었던 것이 아닌가 생각해 볼 수 있게 한다. 즉 음서는 이러한 운영원리를 가짐으로써 비교적 혼란스럽지 않게 시행될 수 있었던 것이 아닌가 생각이 든다.

이와 관련하여 또 하나 생각해 보아야 할 문제는 음서에 대한 사회적 필요성에 관한 문제이다. 음서라는 것이 일정한 자격만 갖추면 누구나 자동적으로 관리가 되는 것이기 때문에, 이 제도가 고려의 문벌귀족 계층에게 유리한 입사로가 된 것은 틀림이 없다. 따라서 고려사회에서는 음서를 통하여 관계에 조기 진출하여 많은 특권을 누릴 수 있었으며, 이 음서 출신자들은 限品의 제약 없이 누구나 고위관리로 승진할 수 있었다. 그런데 음서 출신의 인물 가운데 41.9%나 되는 인물들이 과거에 다시 급제한 것으로 나타나고 있었다.[52] 이러한 사실은 음서를 받아 관리가 된 이후에 다시 과거에 급제하는 것이 관리 생활을 하는 데 있어서 훨씬 유리하다는 것을 말해 주는 것이라고 할 수 있다. 그리고 실제로 상당히 많은 관리들이 음서를 제수 받을 수 있는 조건을 충분히 갖추고 있었음에도 불구하고, 음서 대신에 과거로 진출하려 하였으며 음서를 통하여 고위 관리가 된 이후에도 과거에 급제하지 못하였음을 후회하는 관리들도 있을 정도였다.

그러므로 음서가 시행되는 원리를 제대로 이해하기 위하여서는 규정이나 시행 사례에 대한 면밀한 검토와 아울러, 좀더 넓은 시각에서의 검토도 필요하지 않을까 생각된다. 이러한 검토가 여러 각도에서 이루어질 때 고려 음서제도의 역사적 의의도 제대로 찾을 수 있는 것이 아닌가 한다.

〈金龍善〉

---

52) 金龍善, 위의 책, 96~104쪽.

집 필 자

개 요 ………………………………………………………………………… 변태섭

Ⅰ. 중앙의 정치조직

1. 중앙의 통치기구 ……………………………………………………… 변태섭
2. 관직과 관계 …………………………………………………………… 박용운
3. 중앙 정치체제의 권력구조와 그 성격 ………………………… 박용운

Ⅱ. 지방의 통치조직

1. 지방 통치조직의 정비와 그 구조 ………………………………… 하현강
2. 군현제도 ………………………………………………………………… 김윤곤
3. 지방의 중간 통치기구 ………………………………………………… 변태섭

Ⅲ. 군사조직

1. 경 군 …………………………………………………………………… 정경현
2. 주현군과 주진군 ……………………………………………………… 조인성
3. 고려 전기 군제의 붕괴－경군을 중심으로－ …………………… 조인성

Ⅳ. 관리 등용제도

1. 관리 등용의 여러 방식 ……………………………………………… 박용운
2. 과거제 …………………………………………………………………… 박용운
3. 음서제 …………………………………………………………………… 김용선

한국사 13
고려전기의 정치구조

편찬간행 **국사편찬위원회**

초판1쇄 2003년 11월 30일
2쇄 2013년 6월 4일

번각발행 **탐구당**

등록일 1950년 11월 1일
등록번호 서울 제 03-00993 호

주소 서울특별시 용산구 한강대로 62 나길 6
전화 (02) 3785-2211(대표)
팩스 (02) 3785-2272
홈페이지 www.tamgudang.co.kr
전자우편 tamgudang@paran.com

ISBN 978-89-8236-579-9
978-89-8236-566-9(세트)

값 19,500 원